기업과 법 그리고 세상이야기

회사를 다니면서 회사법을 몰라?

박민우

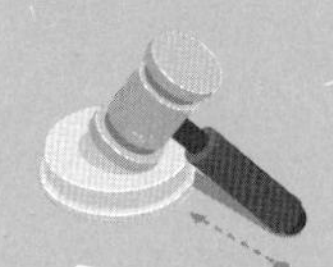

도서출판 청람

_차례

제1편 | 회사와 회사법은 왜 존재할까?

제2편 | 회사법

부록 | 상법

제 1 편

기업과 법 그리고 세상이야기 | 회사를 다니면서 회사법을 몰라?

회사와 회사법은 왜 존재할까?

이번 편에서는 회사법의 존재이유에 대해서 살펴본다. 회사법이라는 낯선 분야를 알아가기 위한 첫 번째 과제는 “도대체 이 법은 왜 존재하는가?”라는 질문에 대한 답일 것이다. 상법의 관련 조항은 단 하나인 제169조만 해당되지만 회사법의 존재이유와 근본원리에 대해서 이해하는 기회가 될 것이다.

제 1 절 ▶ 회사의 존재이유는?

1. 회사는 무엇을 쫓나?(영리)

내가 타고 다니는 차는 1995년에 현대자동차에서 만들어진 마르샤이다. 주행하는데 큰 지장은 없지만, 만든 지 20년이 넘어서인지 에어컨이나 계기판은 잘 작동하지 않는다. 에어컨은 프레온가스를 새로 주입하는 작업에도 불구하고 초여름 정도까지만 탈 수 있을 정도의 성능을 발휘하고 있고, 계기판의 주행계는 주행을 하면 할수록 숫자가 적어지는 마법을 부리고 있다. 그리고 외관도 당연히 고풍(?)스럽다. 그래서일까? 아버지 차가 무엇이고 살고 있는 집의 평수가 무척이나 중요한 나이인 나의 아들들하나는 재수생이고, 하나는 중학생이다은 그 차를 타는 것을 무척이나 꺼린다. 아마 친구들이 볼까 두려운 모양이다. 그렇다보니 나도 자동차를 바꾸고 싶지만 대학에서 초빙교수전업 시간강사의 높임말로 생활하고 있는 경제적 형편상 쉽지가 않다. 만약 내가 이 차를 좀 더 좋은 차로 바꿀 수 있다면 나와 나의 아들들의 삶은 조금 더 행복해질 수 있을까?[1)]

^ 1995년형 마르샤

1) 나는 이 차를 책이 출판되기 전 차량 정기검사를 통과하기에는 돈이 너무 많이 들것 같아 폐차할 수밖에 없었다. 차를 폐차하는 과정에서 부수적으로 국제 고철가격의 동향에 대해 잠시라도 공부할 수 있었고, 폐차 가격으로 20만원을 받은 것이 위안거리이다.

돈과 인간의 행복이 어느 정도나 상관관계를 갖고 있는지는 잘 모르겠다.[2] 한동안 각광받았던 행복경제학에서는 소득이 일정수준을 넘어선 경우 소득이 계속 늘어나더라도 더 행복해지지는 않는다고 주장하며 그 일정수준을 만족점satiation point이라 표현하였다. 그리고 만족점은 국민소득 기준으로 1만5천달러에서 2만달러를 사이에 위치하고 있다고 한다.[3] 즉 1만5천달러에서 2만달러 사이의 어디에 존재하는 순간까지는 소득이 늘어날 때 돈과 행복이 같이 커지지만 그 이상에서는 같이 움직이는 않는다는 것이다.[4] 그러나 최근에는 그 이상의 기준에서도 소득과 행복은 상관관계가 있다는 주장 역시 등장하고 있다.[5] 갖고 있는 돈이 많아질수록 행복도 함께 커진다는 것인데, 이렇게 되면 세계에서 가장 부자인 마이크로소프트Microsoft Corporation의 창업주인 빌 게이츠Bill Gates나 우리나라에서 가장 부자인 삼성그룹의 이재용 부회장이 나보다 더 행복할 가능성이 높다는 것이다.[6]

---

2) 국가의 벌이가 나아졌다고 국민이 꼭 행복해지는 것은 아니라고 한다. OECD에 가입한 후 지난 20년간(1996년 가입) 한국은 전 세계가 놀랄 만큼 성장했다. 경제규모는 세계 10위권으로 커졌고, 삼성전자와 현대자동차처럼 세계 시장을 호령하는 글로벌 기업도 많아졌다. OECD에 가입한 1996년 우리나라의 1인당 소득(구매력평가환율 기준)은 1만 7,670달러로 미국의 45%였다. 2015년에는 3만4,396달러로 미국의 67%로 늘었다. 그렇지만 20년간 국가와 기업의 성장에도 불구하고, 국민 행복도는 크게 나아지지 않았다. UN(국제연합) 자문기구가 2016년 초 발표한 '세계행복보고서'(World Happiness Report)를 보면 한국인의 행복도는 세계 58위다. 아시아 국가들 중 싱가포르(22위), 태국(33위), 대만(35위), 말레이시아(47위), 일본(53위), 카자흐스탄(54위) 등이 우리나라보다 행복도에서 앞선 것이다: 정진우 · 정혜윤 "태국보다 행복하지 않은 한국, '신뢰'높여야 선진국", 머니투데이, 2016년 7월 18일, available at http://news.mt.co.kr/mtview.php?no= 2016071508120830657&type=1&MS2

3) Richard Layard, Happiness: Lessons from a New Science (Penguin Books, 2005); 우리나라에서의 연구결과는 연간소득이 8,800만원까지만 소득에 따라 행복감이 늘어난다고 한다: 윤성민, "돈=행복 '비례 법칙' 안 통한다", 국민일보, 2016년 1월 12일, 1면.

4) 물론 부탄과 같이 국민소득이 3,000달러에 불과하지만 국민의 97%가 행복하다고 믿는 나라도 있다: 김기훈, "부탄의 행복지수 1위 비결은?…'행복의 기술 전합니다'", 연합뉴스, 2017년 5월 10일, available at http://www.yonhapnews.co.kr/bulletin/2017/05/10/0200000000AKR20170510162200005.HTML

5) 강남규, "'소득 늘어난 만큼 행복해진다' … 메르켈 독트린 뿌리째 흔들어", 중앙일보, 2013년 10월 5일, 종합 18면.

사람마다 정도의 차이는 있겠지만 돈이 대부분 인간의 삶에 꽤 중요한 요소임에는 틀림없다. 사업이 망해서 경제적으로 어려움에 빠지게 되었다는 이유로 자신의 삶을 포기하는 경우가 있고, 멋진 차나 넓은 아파트와 같은 경제적 풍요를 위해서 남을 해치는 일이 있는 것을 보아도 알 수 있다. 그렇다면 나도 지금보다 돈이 더 많아지면 과연 무엇을 할 수 있고, 그로 인해 얼마나 더 행복해질 수 있을까? 우선 나는 차를 바꿀 수 있을 테니 나의 아들들은 더 행복해질 것이고, 아들들이 좋아하면 나도 조금 더 행복해질 것이다. 또한 가족끼리 해외여행을 한번 하는 것도 좋을 것 같다. 중학생인 둘째는 차에 대한 불만은 형보다 적지만 자기는 해외에 한 번도 가본 적이 없다는 아쉬움을 털어놓기도 했었다녀석이 기억을 못할 뿐이지 나의 유학 시절에 미국에서 태어났다. 또한 집사람도 긴 연휴기간 직전에 아이들 학부모 모임에 나갔더니 우리집을 제외하고 모든 가족이 해외로 여행을 가기로 했다는 이야기를 전하면서 서운해 한 적이 있다. 이들을 위해서라도 나는 가족과 함께 해외여행을 한번 가봐야 할 것 같다. 그런데 언젠가 신문기사에서 본 이코노미클래스 증후군Economy class syndrome이 생각난다. 우리말로 하면 '3등석 증후군'인 이코노미클래스 증후군은 비행기 같은 좁은 공간에서 장시간 머물러 생기는 심부정맥혈전증을 의미하는데 발과 다리가 쉽게 붓는 부종이 생기면서 심한 경우 죽을 수도 있는 질환이다.[7] 즉 이코노미석에서 꼼짝 못하고 긴 시간 여행하다 보면 죽는 일도 생길 수 있다는 이야기인데 그렇다면 이왕 갈 거 지금까지 한 번도 타보지 못한 비즈니스석이나 퍼스트클래스면 더 좋을 것 같다. 지금까지 3등석을 제외

---

6) 마이크로소프트의 빌 게이츠는 자산이 834억달러로 한화로는 97조원에 달한다고 하며, 돌아가신 고 이건희 회장님은 119억달러로 13조 8,000억원이라고 한다: 정백헌, "이건희 父子 등 한국 톱5 부자, 재산 40조원 넘어", 뉴스 핌, 2015년 12월 7일, available at http://news.newsway.co.kr/view.php?tp=1&ud=2015120713224356978&md=20151207133605_AO

7) 지난 2002년 기준으로 1998년부터 기내 및 공항, 병원 사망자 48명 중 이코노미클래스 증후군으로 인한 사망자 숫자가 27명에 이를 것으로 의심된다고 한다. 이유명, "'이코노미클래스 증후군' 이건 또 뭐야", 뉴시스, 2007년 7월 13일, available at http://news.naver.com/main/read.nhn?mode=LSD&mid=shm&sid1=103&oid=003&aid=0000488759

하면 한 번도 높은 등급의 비행기를 탄 적이 없는데 잠깐의 이런 상상만으로도 기분이 좋아지고 행복감이 더 높아지는 것이 느껴진다. 그러고 보니 돈이 많으면 나도 더 행복해지는 게 분명한 것 같다.

〈The Bachelor〉의 한 장면

사실 돈을 추구하는 사람들은 우리 주위에서 흔히 볼 수 있다. 그렇기에 미국의 케이블방송에서 방영되었던 〈The Bachelor〉나 〈The Next Joe Millionaire〉와 같은 프로그램이 미국 내에서 많은 시청자를 불러 모을 수 있었을 것이다. 두 프로그램은 형식에 있어 약간의 차이는 있지만 돈을 매개로 한 신분상승이라는 인간의 욕망을 자극하여 크게 인기를 끌었다는 점에서는 동일하다. 특히 〈The Next Joe Millionaire〉는 더 노골적이었다. 첫 번째 시리즈에서 주인공인 백만장자 남자는 20명의 여성과 데이트한 뒤 마지막 남은 여성에게 프러포즈를 한다. 그런데 알고 보니 이 남자는 빈털터리였던 것이다. 이런 상황에서 마지막 남은 여성은 과연 주인공과의 결혼을 선택할 것인가? 이 같은 자극적인 스토리로 개인의 돈에 대한 욕망을 실감나게 표현하면서 큰 인기를 모을 수 있었다.[8] 삶에 있어서 돈의 중요성을 극명히 보여준 것이다.

그렇다면 우리가 앞으로 배워야 할 그리고 우리 주위에 존재하는 수없이 많은 회사는 과연 무엇을 위한 것일까? 이미 언급했듯이 많은 사람들은 돈이 개개인의 삶에 있어서 중요한 요소라는 것을 알고 이를 추구하기에, 사회가 개인이 돈을 추구하는데 있어 가장 합법적이고 합리적인 수단을 제공한 것이 바로 회사이다. 이를 뒷받침하기 위하여 우리 상법은 제169조에서 "회사란 상행위나 그 밖의 영리를 목적으로 하여 설립한 법인을 말한다"라고 규정

8) 〈The Bachelor〉의 경우는 2002년 미국의 ABC 방송을 통해 방영이 시작되었으며 현재까지도 시리즈가 이어지고 있다. 전 세계 14개국에서 같은 형식의 프로그램이 만들어졌다고 한다. 또한 미국의 Fox 방송을 통해 방영된 〈The Next Joe Millionaire〉는 미국 내에서 평균 시청자가 약 3천 5백만 명에 달할 정도로 성공을 거두었다고 한다.

하여 회사와 돈과의 관계를 명확히 보여주고 있다. 즉 우리가 이 책에서 알아볼 회사는 나를 포함하여 많은 사람들이 좋아하고 추구하는 돈을 벌기 위한 수단이며 스스로 영리를 추구하고 있는 존재라 말할 수 있다.

2. 기업(회사)의 사회적 책임

내가 학부시절에 읽은 책 중 가장 감명 받은 것 중에 하나가 바로 「세계는 넓고 할 일은 많다」라는 책이었다.[9] 한없이 멀게만 느껴졌던 유럽이나 미국이 책을 통해 가깝게 느껴졌고, 꿈을 위해 노력하고 싶다는 생각을 들었다. 대학시절 배낭을 짊어지고 유럽으로 여행을 가고, 결혼하고 나서 늦은 나이에 미국 유학을 가게 된 것도 아마 이 책의 영향이었을 것이다.

^「세계는 넓고 할 일은 많다」의 표지

사실 이 책의 저자인 대우그룹의 김우중 회장님은 본인이 이룩한 사업이나 저서로만 우리 사회에 영향을 미친 것이 아니다.[10] 1970년대에 김우중 회장님이 설립한 대우재단은 학술지원 사업을 통하여 대우학술지원총서의 출판을 도왔다.[11] 과거나 지금이나 정통 인문학과 관련된 책은 사람들에게 큰 인기가 없다인문학 책이 아님에도 불구하고 나도 책을 준비하면서 과연 출판할 수 있을까 하는 의문을 갖고 썼다. 시장의 수요가 없어 출판되기 어려웠던 책들이 대우재단의 지원 덕분에 세상에 빛을 볼 수 있었으며 이를 통해서 우리 사회에 영향력을 미쳤던 것이다. 하지만 아쉽게도 아시아 금

9) 김우중, 「세계는 넓고 할 일은 많다」(김영사, 1989).

10) 김우중 회장님은 2019년 12월 9일 향년 83세를 일기로 돌아가셨다: 송기영, "김우중 前 대우그룹 회장 별세… 향년 83세", 조선일보, 2019년 12월 10일, available at https://biz.chosun.com/site/data/html_dir/2019/12/10/2019121000070.html

11) 대우학술총서의 경우 1981년부터 사업을 시작하여 2021년 현재까지 750권 이상의 다양한 분야의 전문학술서적을 발간하였다,

융위기Asian Financial Crisis: 소위 말하는 IMF 사태 이후 대우그룹은 해체되었고, 김우중 회장님은 분식회계로 인하여 유죄판결을 받아 추징금을 선고받았는데, 내지 못한 미납금이 무려 17조 9,000억원에 달한다고 한다.[12] 우리나라 역사상 최대의 금액이라고 하며 일반인들은 이 정도의 금액의 빚과 추징금은 만들고 싶어도 절대 만들지 못할 만큼의 큰 액수이다.

유식이름만큼 유식하다이라는 이름을 가진 나의 친구는 지금도 삼성그룹에서 일하고 있다. 한 달에 한 번 정도 꼬박꼬박 만나서 술을 마시자 집사람은 그 친구와 사귀냐고 놀리기도 한다. 학창시절에 만났을 때는 세계평화를 염려하고 지구 환경오염을 걱정했지만, 지금은 회사이야기와 아이들 교육, 그리고 집안 이야기만으로도 시간이 모자란다. 그 친구가 삼성에 입사하고 얼마 되지 않아 우리 경제가 큰 위기에 봉착하였었다. 바로 앞에서 언급한 아시아 금융위기인 소위 IMF 사태가 발생한 것이다. 금융시장에서 대출금리가 20%를 상회하자 대우그룹, 기아자동차, 한보, 삼미 등 우리나라 굴지의 많은 기업들이 파산하였고 심지어 가장 안전한 직장이라는 은행들까지 어려움에 처해 서로 합병할 수밖에 없었다. 당시 자금담당 부서에서 일하고 있던 유식이는 회사의 어려운 사정을 이야기하면서 나에게 이런 말을 했다. "그래도 우리 회사가 가장 튼튼하니까 한국의 기업 중에 가장 끝까지 버티다가 제일 마지막에 망할 거야." 다행스럽게 삼성그룹은 지금 건재하고, 나의 친구는 월급이 나보다 훨씬 많다는 이유로 아직까지 술값을 주로 내고 있다.

우리는 최근 기업의 사회적 책임Corporate Social Responsibility이라는 용어를 흔히 듣고 있다. 기업이 탈세나 환경오염과 같은 불법행위를 저지르거나 기업주가 사회적 물의를 일으키는 경우 그러한 행위를 한 기업과 기업주를 비난하면서 기업의 사회적 책임을 다하지 않았다고 한다. 때로는 천재지변과 같은 재난상황에서 이재민을 돕지 않거나 연말연시에 불우이웃 성금을 조금 밖에 내지 않았다는 이유로도 사람들은 기업의 사회적 책임을 들먹인다.

12) 서욱진, "김우중 귀국… 추징금 입장 밝히나", 세계일보, 2013년 9월 17일, A11면.

^ 최근 강조되고 있는 기업의 사회적 책임

기업의 사회적 책임이 과연 무엇이기에 우리가 기업에 대하여 그런 비난을 가할 수 있을까. 기업의 사회적 책임은 "기업의 사회적 지위와 비중에 비추어 지역사회와 근로자 등에 대하여 다소의 공공적 책임을 지울 수 있으며, 기업이 획득한 부의 일부를 사회에 환원하도록 하여 기업도 사회의 일원으로서 어느 정도의 역할을 하게 하는 것"으로 정의된다.[13)]하지만 이를 법에 법제화하는 것에 대해 소극적 입장을 취하는 학자가 다수였으며, 회사의 본질과 사회적 책임 등의 위험성, 의무내용의 모호성, 의무대상의 부존재, 명제의 비법률성 등의 이유로 실정법적 규범으로 받아들이기는 어렵다고 한다.[14)]

사실 우리가 기업으로부터 얻는 것은 매우 많다. 우선 기업이 만들어내는 수많은 제품과 서비스를 들 수 있다. 이를 통해 나와 같은 보통 사람이 고려나 조선시대의 국왕님들보다도 더 쾌적하고 안락한 삶을 살고 있다고 할 정도이다. 하기야 세종대왕님도 평생 동안 시원한 에어컨바람이나 세상의 온

13) 최준선, 「회사법」 (삼영사, 제16판, 2021), 44~45면.
14) 이철송, 「회사법강의」 (박영사, 제29판, 2021), 69~71면.

갖 정보가 담긴 스마트폰 등은 상상조차 못하셨을 것이다. 그렇지만 이러한 제품과 서비스 말고도 기업은 다양한 방법으로 사회에 기여하고 있다. 바로 많은 일자리와 세금이다.

헨리 포드와 포드자동차

삼성전자를 한번 예를 들어보자. 삼성전자가 생산하는 갤럭시 S21과 같은 제품은 당연히 우리가 삼성전자라는 기업을 통해 얻을 수 있는 것이다. 그런데 삼성전자가 공개한 '2014년 지속가능경영보고서'에 따르면 이러한 제품과 함께 삼성전자가 고용한 임직원 수는 28만 6,248명에 달하며, 이들에게 지급하는 인건비는 한해 21조 4,000억원이나 된다고 한다. 또한 삼성전자가 정부에 지급한 조세와 공과금은 2013년에 약 9조원 이르며, 이에 더하여 지역사회 지원에 5,000억원, 채권자의 이자비용에 5,000억원, 협력사 구매 비용에 152조 9,000억원을 사용했다고 하는데, 이를 모두 포함한 이해관계자 가치배분액수는 214조 8,000억원이나 된다는 것이다.

이렇게 많은 것을 주는 기업에게 우리는 추가로 기업의 사회적 책임이라는 더 많은 것을 요구할 수 있을까? 미국의 경영자들에게 가장 큰 영향을 미친 법원의 판례 중 1위에 오른 것은 바로 미시간Michigan주 대법원이 1919년에 판결한 포드자동차 사건이다.[15) 16)] 포드자동차Ford Motor Company는 1903년 헨리 포드Henry Ford와 닷지형제John F. Doge and Horace E. Dodge 등에 의해서 창립되었다. 창업주인 헨리 포드는 회사지분의 58%를 소유하고 있었으며, 동시에 회사의 사장직president과 이사회의 이사직을 갖고 있었다. 이에 비해 닷지형제

15) Dodge v. Ford Motor Co., 170 N.W.668 (Mich. 1919).

16) 김화진, 「상법강의」 (박영사, 제3판, 2016), 160면.

는 10%의 지분만을 소유하고 있는 주주였다. 당시의 포드자동차는 대량생산 체제를 갖춘 세계최초의 자동차 회사였으며, 이를 통하여 낮은 가격에 제품을 공급할 수 있어 엄청난 수요를 창출하였고 동시에 큰 수익을 낼 수 있었다. 회사는 1911년부터 계속적으로 주주들에게 120만달러의 정기배당금을 지급하였으며, 1913년부터 1915년까지는 주주들에게 정기배당금에 추가하여 특별배당금 명목으로 매년 1,000만달러에서 1,100만달러를 지급하였다.[17] 이에 헨리 포드는 충분한 이익을 취한 주주들에 대해 더 이상의 특별배당을 거부하고 이를 대신하여 제품가격의 인하를 통해 소비자들을 만족시키고 급여의 파격적 인상을 통한 노동자의 이익을 추구하겠다는 계획을 발표하였다. 이런 계획에 반발하여 주주였던 닷지형제는 법원에 소송을 제기하였으며, 미시건주 대법원은 헨리 포드가 근로자들이나 지역사회가 아닌 주주를 위해 포드자동차를 경영해야 한다고 판시하였다.[18] 회사는 원칙적으로 주주들의 수익을 위해 조직되고 운영되어야 한다는 것이다A business corporation is organized and carried on primarily for the profit of the shareholders. 즉 기업은 기본적으로 다른 어떤 것보다 주주들의 이익을 위해서 운영되어야 한다고 결정한 것이다.

현대사회는 기업에게 일자리와 세금, 그리고 재화와 서비스 말고도 추가적으로 기업의 사회적 책임을 요구하고 있다. 그리고 이를 지키지 않았을 경우 기업의 실적과 생존에 큰 영향을 미치기도 한다. 과거 두산그룹이 낙동강 상수원에 페놀을 버리는 사건을 일으키자, 당시 두산그룹에 소속되었던 OB맥주가 하이트맥주에 시장점유율을 잃기도 한 예에서도 이러한 사실을 알 수 있다.[19] 하지만 이 같은 사회적 분위기와는 달리 법에서는 기업의 사회적

---

17) 100년 전 5센트로 살 수 있는 물건은 맥주 한 통, 담배 한 갑, 장미 12송이였으며, 이를 근거로 당시 1달러의 가치를 현재가치로 계산해보면 1달러당 8,000달러에 이른다고 한다: 강신용, "1달러와 100달러", 미주한국일보, 2013년 9월 24일, available at http://www.koreatimes.com/article/815779

18) 물론 이 판결은 지지자들도 많지만 동시에 많은 비판을 받고 있기도 하다: Lynn A. Stout, *Why Should Stop Teaching Dodge v. Ford* (UCLA School of Law, Law-Econ Research Paper No. 07-11, 2007).

19) 정재웅, "[맥주전쟁] ① 80년 만에 열린 '삼국시대'", Business Watch, 2014년 4월 18일,

책임을 강제하고 있지 않고 있으며 법은 기본적으로 기업회사은 영리를 위해서 운영되어야 하는 것으로 규정하고 있다.

고 김우중 회장님이 쓰신 책은 나에게 큰 감명을 주었고, 대우재단은 우리나라 인문학 발전에 기여하였지만 대우그룹은 도산하여 국가경제에 큰 짐이 되고 말았다. 그에 비해 삼성그룹은 나의 친구에게 직장을 주고 있고, 그 친구는 아직까지 나에게 술을 사고 있다. 과연 나는 누구에게 더 감사해야 하는 걸까?

---

available at http://www.bizwatch.co.kr/pages/view.php?uid=6786

제2절 ▶ 회사의 주인은 누구일까?

(누가 회사를 효율적으로 경영할 수 있을까?)

지금은 다른 일을 하고 있지만 한동안 나의 처남은 프랜차이즈 음식점을 운영한 적이 있다. 일본풍의 덮밥이나 우동 등을 팔았는데, 맛은 조금 자극적이었지만, 우리에게는 늘 특별대우를 해주었기 때문에 한동안 외식은 무조건 처남이 운영하는 가게에서만 했다. 그런데 음식 맛이 갈 때마다 조금씩 달랐다. 맛있는 날도 많았지만 때로는 조금 과하게 신맛이 나기도 했고, 때로는 밥이 너무 질기도 했다. 처남에게 이야기했더니 자기가 직접 조리를 할 때와 아르바이트생이 조리할 때가 맛이 다르다는 말을 하는 것이다. 그냥 정해진 매뉴얼대로 하면 되는데, 눈치를 보면서 이를 지키지 않는 경우가 많아 음식 맛이 들쑥날쑥 하다고 속상해 했다. 하기야 아르바이트생이 받는 돈이라고는 최저임금보다 조금 높은 수준인데, 주인과 똑같은 마음가짐을 갖고 최선을 다해서 일하는 사람이 과연 얼마나 될까? 바로 처남의 음식점에서 경제학에서 이야기 하는 대리인 비용agency costs: 주인을 대신하는 사람은 주인처럼 일하지는 않는다는 사실에서 나오는 비용[20]이 발생하고 있었던 것이다.

회사를 만들고 운영하기 위해서는 회사에 자금을 제공하는 ① 주주와 ② 채권자, 회사를 경영하는 ③ 경영자, 그리고 경영자를 도와 회사에서 실질적으로 일을 하는 ④ 근로자, 마지막으로 회사의 제품을 사줄 ⑤ 소비자 등이 꼭 필요하다.[21] 이 중에서 음식점을 차렸던 나의 처남이 자신이 운영하는

20) 대리인 비용이란 개인 또는 집단이 의사결정과정을 다른 사람에게 위임할 때 대리인 관계가 성립되는데, 이들 간에는 정보의 불균형, 감시의 불완전성 등으로 인해 도덕적 해이, 역선택 등의 문제가 발생할 수 있다. 바로 이 문제를 해결하기 위해서 드는 비용이 대리인 비용이라는 것이다. 주인이 식당일을 모두 직접 하고, 주주가 회사를 직접 경영한다면 이 같은 대리인 비용이 들지 않을 것이다.

21) 이들 중 주주, 채권자, 경영자 등이 바로 우리가 살펴볼 회사법에서의 주인공들이다. 이들 사이의 역학관계가 바로 회사법의 핵심사항이기 때문이다.

가게의 앞날을 걱정했듯이, 회사의 앞날을 고민하고 미래를 걱정하는 주인으로서 역할을 수행할 사람이 누구인지 알아야 하는 것은 매우 중요하다. 처남의 음식점에서 발생하는 똑같은 일이 바로 회사에서도 발생할 수 있기 때문이다. 그렇다면 과연 주주, 채권자, 경영자, 근로자 그리고 소비자 중에서 진정한 회사의 주인은 누구일까?

1. 주주(오를 지어다. 그럼 나는 팔 것이다)

월급쟁이에게 주식투자의 성공처럼 기쁜 일이 또 있을까? 아내 몰래 비자금으로 투자한 주식이 많이 오르기라도 한다면 당장 평소에 보아두었던 양복 한 벌을 살 수 있고, 늘 얻어먹던 내가 친구들에게 크게 한턱 쏠 수도 있다. 조금 많이 벌었다 싶으면 차를 바꾸어 가족들에게 가장의 위신이 높아질지도 모른다. 그렇다보니 주식시장이 활황일 때는 직장에서 너도나도 업무보다는 주식투자에 열을 올려 문제가 되기도 한다.[22)]

그런데 이런 개인투자자들은 기업의 장기적인 가치를 보지 않고 단기적인 호재나 정보에 좌우하여 투자하는 경우가 많기 때문에 한 종류의 주식을 오랫동안 갖고 있는 경우는 드물다. 현재는 그 숫치가 많이 떨어졌으나 2002년 개인투자자의 거래회전율은 무려 928%에 달하기도 하였었다. 이는 1년 동안 주식의 주인이 9번도 넘게 바뀌었다는 의미이다2013년에는 196%로 하락하였지만 이 숫치도 1년에 2번 정도는 주인이 바뀌었다는 것이다.[23)] 하지만 1년에 주인이 9번 바뀌었다는 것도 초단타매매High Frequency Trading를 생각하면 애교수준이다. 초단타매매는 사람의 판단이 배제된 가운데 컴퓨터가 주문을 내며 자동화된 주식

22) 황인혁 · 김인수, "산업銀 · 사학연금 주식거래와 전쟁?", 매일경제신문, 2011년 6월 29일, 31면; 조유미 · 원우식, "'월급만 믿다간 벼락거지' 8시 50분이면 화장실 가는 주식 열풍", 조선일보, 2020년 11월 28일, available at https://www.chosun.com/national/national_general/2020/11/28/6JHBZ3RBXNBMRGL3OIZQ3EX5P4/

23) 김소현 · 김준석 · 양진영, "주식시장의 구조적 변화: 거래회전율 감소의 원인", (자본시장연구원, 2015), 17면.

누구나 워런 버핏을 꿈꾼다

처분 프로그램에 의해서 작동한다. 시세에 영향을 주는 데이터를 먼저 입력하면 그에 맞게 프로그램이 작동하여 거래를 이루는 것이다. 많게는 초당 수천 건의 거래를 하기도 하는데 시장에 유동성을 제공하는 역할을 하기도 하지만 동시에 주문의 폭주로 시장을 마비시키거나 폭락하게 할 위험이 있기도 하다.[24] 이러한 초단타매매에 의하면 주주는 불과 몇 초 사이에 바뀌기도 한다. 그렇다면 그 몇 초 사이에 주주는 회사의 미래나 앞날에 대하여 얼마나 고민을 하면서 회사의 주인 역할을 할 수 있을까. 그리고 이러한 주주를 우리는 회사의 진정한 주인이라 할 수 있을까?

2. 채권자(일본과 독일은 회사의 주인이 은행이다?)

일본에서는 고도성장기에 주거래은행이 경영의 감시기능을 수행하였다. 주거래은행은 기업의 최대 채권자인 동시에 다양한 형태로 회사의 경영에 관여한 것이다.[25] 일본뿐만 아니라 독일 역시 은행에 의한 회사지배를 기업지배구조의 특징으로 한다.[26] 즉 많은 기업의 경영에 은행이 어떤 식으로든지 참여한 것이다. 독일의 경우 은행이 대출채권자로서의 영향력을 갖을 뿐만 아니라 주식을 직접 보유하기도 하는 등 여러 통로를 통해 회사에 대하여 영향력을 행사하기도 한다.[27] 우리나라의 경우에도 회사가 재정적으로 어려움에 처하게

24) 성문재, "'독이냐 약이냐' … 월가 거물들까지 가세한 초단타매매 논쟁", 이데일리, 2014년 4월 5일, available at http://www.edaily.co.kr/news/NewsRead.edy?SCD=JH31&newsid=01118486606053168&DCD=A00803&OutLnkChk=Y

25) 정호성 · 구본관 · 심정욱, "최근 일본의 기업지배구조 변화에 대한 평가와 전망" (삼성경제연구소, 이슈페이퍼, 2008), 3면.

26) 김화진, 「M&A와 경영권」 (박영사, 개정판, 2001), 68~70면.

27) 김건식, "독일의 회사지배와 은행", 「법학」 제38권 제1호 (서울대학교 법학연구소,

되면 회사 경영에 금융기관들이 직접적으로 참여하는 경우는 헤아릴 수 없이 많다. 금호그룹이나 STX그룹, 동부그룹과 같이 기업이 재정적으로 어려움에 빠져 구조조정이 필요한 경우 은행이 주축이 된 채권자들은 기업의 경영에 어김없이 깊숙이 참여하였다.28) 회사 중요자산의 매각과 같은 경영의 가장 핵심적인 사안에 대하여 채권자들이 자신의 의사를 관철시켰다. 이러한 것을 보면 회사의 주인은 마치 채권자인 것 같다.

그러나 회사가 재정적 어려움이 없는 경우에는 어떨까? 그때는 은행을 포함한 금융기관들이 회사의 경영에 참여할 이유가 별로 없다. 경영자를 감독하여 대리인 문제를 감소시켜야 할 직접적인 필요가 없는 것이다. 채권자들은 기업의 성과와는 관계없이 원금 및 이자라는 정해진 금액에 대한 청구권만을 갖고 있기 때문에, 일반적인 경우에는 회사의 경영에 관여하지 않는다.29) 즉 산업은행은 LG전자가 원금과 이자를 꼬박꼬박 잘 갚고 있으면 트롬 세탁기가 잘 팔리든 안 팔리든 상관없다는 것이다. 이런 채권자들 중에서 자신이 빌려준 돈이 아니라 회사의 미래와 이익을 걱정해 주는 진정한 주인 역할을 하는 자가 얼마나 될까?

3. 전문경영인(박 사장이 회사만을 걱정할까?)

기업의 주인이 경영진이라는 것은 회사의 지배를 전문경영인들에게 맡겨야 한다는 생각을 바탕으로 한다. 주식소유가 널리 분산되면 현실적으로 경영자의 지위와 권한이 강화되기 마련이다. 소위 말하는 소유와 경영이 분리되기 때문이다. 이 이론의 기초는 전문경영인들이 개인적인 이해관계에 구속됨이

1997), 96면.

28) 우리나라의 경우 기업구조조정에 관한 촉진법에 의해서 금융기관인 채권자들이 경영에 개입할 수 있는 법률적 근거를 만들어 놓았다.

29) 이상호, “주주의 권리보호와 채권자의 기업지배구조 역할”, 「대한경영학회지」(대한경영학회, 2007) 제20권 제5호, 2159면.

없이 회사가 공공의 이익을 위해 기능할 수 있도록 해줄 것이라는 믿음에 기초한다. 하지만 1970년대를 거치면서 이 주장은 설득력을 잃어버렸는데 전문경영인들이 회사의 투자결정에 관하여 전권을 행사하게 된다면 이를 이기적인 목적에 사용할 수 있으며 전문경영인들이 지배하는 회사가 공공의 이익을 위한 경영에는 더 효과적일 가능성이 있지만, 동시에 개인의 이익을 위하여 행동할 수 있으므로 그로 인한 비효율성의 위험은 더 크다는 것이다.[30)]

사실 전문경영인의 비효율성이 드러난 대표적인 기업이 바로 기아자동차이다. 재벌 문제가 부각되면서 소유와 경영이 분리된 모범기업으로 칭송받던 기아자동차는 태국에서 외환위기가 시작된 직후 1997년 7월 15일에 사실상 부도를 냈는데, 회사가 어려워진 가장 큰 원인 중 하나로 지적되고 있는 것이 당시 전문경영인으로 기아그룹을 이끌었던 김선홍 회장과 강성 노조의 야합이었다. 회사가 도산에 이르렀을 때 기아자동차의 부채는 10조원이었고 분식결산은 5조원이 넘었으며 그 와중에 종업원들의 부품 빼돌리기가 다반사였다고 한다.[31)] 확실한 주인이 없는 기아자동차에서 김선홍 회장은 자신의 임기를 지속하기 위하여 노조의 눈치를 볼 수밖에 없었으며, 그 폐해는 회사 전체에 영향을 미쳤다. 이런 현상은 지금도 벌어지고 있다. 현재 우리나라의 많은 공기업들에게서 볼 수 있는 경영의 비효율성이 그 예에 해당한다.[32)] 이러한 점은 전문경영인이 회사

전문경영인은 대리인 비용이 더 높다는 것이 정설이다

30) 김화진, 「소유와 경영」(박영사, 초판, 2003), 245~246면.

31) 권순활, "'외환위기 前夜'를 떠올리는 요즘", 동아일보, 2011년 6월 7일, A30면.

32) 포스코 그룹과 같이 확실한 주인이 없는 경우 이러한 폐해가 더욱 확연히 드러난다. 포스코 그룹은 정권이 바뀔 때마다 경영진에 대해 검찰 수사가 진행되고 있다: 이희경·김민순, "검찰, 8개월간의 '포스코 비리' 수사 뭘 남겼나", 세계일보, 2015년 11월 11일,

의 주인역할을 할 수 있느냐에 대해 강한 의문을 제기하게 한다.

전문경영인이 창업자의 가족들보다 더 유능할 수 있다. 하지만 기업의 이익과 본인의 이익이 일치하지 않을 경우 이러한 유능함은 회사에 전혀 도움이 되지 않고 도리어 해를 끼칠 수 있는 것이다. 이 같은 문제점은 미국처럼 전문경영인이 우리나라보다 훨씬 활성화되어 있는 나라에서 더 부각되고 있다. 과연 이러한 전문경영인을 회사의 주인이라 할 수 있을까?

4. 근로자(저쪽이 더 준다면 당연히 나는 이직한다)

기업은 기업의 가치를 극대화하는 방향으로 경영되어야 하고, 이를 위해서는 기업의 가치에 공헌할 수 있는 여러 당사자들의 권리와 이익을 같이 고려해야 한다. 즉 기업가치 제고는 주주들만의 힘으로는 부족하고, 경영자, 근로자, 지역사회의 적절한 참여 없이는 불가능하다. 따라서 기업은 그 기업이 파산하였을 때 가장 피해를 볼 사람을 중심으로 경영되어야 한다는 주장이 있다.[33)]이 이론을 근거로 하였을 때 회사가 망했을 때 누가 가장 큰 피해를 보며 동시에 주인이 될 수 있을까? 기업이 망했을 때 그 기업에서만 유용한 특수한 숙련을 오래 쌓은 근로자들이 바로 그러한 피해를 입는 사람들 중에 하나일 것이다. 또한 경기가 침체되어 이직 자체가 쉽지 않는 지금과 같은 경제상황인 경우에는 특수한 직종에 종사하지 않았다 하더라도 기업의 운명이 종종 근로자의 운명과 같이 하기도 한다. 그렇다면 이러한 근로자가 기업의 주인일까?

회계법인인 딜로이트Deloitte가 한국을 포함하여 29개국에서 2008년 세계금융위기 무렵부터 직장생활을 시작한 이른바 밀레니엄 세대 근로자들을 대상으로 한 조사에 따르면 한 우물을 파는 것을 미덕으로 여겼던 이전 세대

available at http://www.segye.com/content/html/2015/11/11/20151111003991.html?OutUrl=naver

33) 이근, "기업의 주인은 누구인가", 매일경제신문, 2015년 7월 11일, A30면.

와는 달리 5년 내에 이직을 희망하는 근로자의 비율이 66%에 달했으며, 그 중에서도 한국은 무려 74%에 달하여 일본52%은 물론 미국64%나 영국71%에 비해서도 크게 높았다.[34] 즉 근로자들은 기회가 있다면 언제든지 더 좋은 직장으로 이직할 준비를 하고 있는 것이다. 이러한 세태 때문인지 근로자들이 자신들이 근무했던 기업의 경쟁업체로 이직을 하여 문제가 생기기도 하고 때로는 법정소송으로 이어지기도 한다.[35] 즉 근로자들이 회사에 대하여 갖는 충성심과 같은 주인으로서의 기본자세는 크게 낮아지고 있는 것이다.

이러한 이유 때문인지 1970년대에 큰 지지를 받았던 근로자들이 회사를 지배해야 한다는 주장은 실업률 저하로 인한 노동조합 운동의 침체와 함께 점차 관심을 상실하였으며, 이제는 근로자들이 회사의 경영에 깊숙이 참여하는 독일식 회사지배구조가 확산될 것이라 믿는 사람은 거의 없어지고 말았다.[36]

5. 회사법에서는 누구를 회사의 주인으로 하고 있나?

지금까지 보아온 회사의 주인이 누구인가에 대한 질문에 대한 답일 가능성이 있는 것은 주주와 채권자, 그리고 경영자와 근로자였다. 이 중에서 주주가 중심이어야 하며 이를 제외한 나머지 중심 모델은 소멸할 것이라는 주장이 전 세계 상법학계에 큰 영향을 주었다.[37] 이미 살펴본 것처럼 주주나 채권자, 경영자와 근로자 모두 회사의 주인이 될 가능성을 갖고 있으나 동시에 주인이 되기에는 부족한 면이 있다. 그렇지만 이중 주주가 회사의 주인의 역할을 해

34) 원문은 available at http://www2.deloitte.com/content/dam/Deloitte/global/Documents/About-Deloitte/gx-millenial-survey-2016-exec-summary.pdf에서 볼 수 있다.

35) 김기성 · 김진철, "'연구비 1조' 삼성 TV기술, 엘지서 빼갔나", 한겨레신문, 2012년 4월 5일, available at http://www.hani.co.kr/arti/society/area/527028.html

36) 김화진, 「소유와 경영」 (박영사, 초판, 2003), 247면.

37) Henry Hansmann & Reinier Kraakman, *The End of History for Corporate Law*, 89 Geo. L. J. 439 (2001).

야 한다는 주장이 상법학자들 사이에서는 일반적으로 받아들여지고 있으며,[38] 이러한 주장에 맞게 우리나라 상법도 기본적으로 주주가 주인인 것을 전제로 만들어져 있다. 즉 앞으로 우리가 살펴볼 회사법이라는 제도는 기본적으로 회사의 주인이 바로 주주라는 것을 받아들여 만들어져 있는 것이다. 우리 상법에서의 기업의 주인은 채권자도 전문경영인도 근로자도 아닌 바로 주주이다.

38) 김화진, 「기업지배구조와 기업금융」 (박영사, 중판, 2010), 27면.

제3절 ▶ 회사법의 존재이유와 적용범위

1. 좋은 회사법은 왜 있어야 할까?

KBS는 신년이 되면 자체 제작한 다큐멘터리를 방영하곤 한다. 보통 새해 특집으로 방영하는 다큐멘터리는 제법 흥미로운 경우가 많기 때문에 나는 즐겨보는 편이다. 2014년에는 '부국의 조건'이라는 타이틀로 다큐멘터리가 방영되었다.[39] 내용은 왜 어떤 나라는 가난하고 어떤 나라는 부유한가에 대해서였는데, 이때 예를 든 곳이 바로 노갈래스Nogales라는 어느 작은 미국과 멕시코의 국경도시였다. 노갈래스는 미국과 멕시코의 국경으로 나뉘기 전까지 같은 지리적 · 인종적 · 문화적 환경을 가진 동일한 도시였으나 지금은 미국의 노갈래스와 멕시코의 노갈래스로 나뉘어 완전히 다른 도시가 되었고 수많은 멕시코 쪽의 노갈래스 주민들이 미국의 노갈래스로 가기 위해 죽음도 불사한다는 것이었다.[40]

^ 멕시코의 노갈래스

그렇다면 무엇이 완전히 동일했던 도시를 완전히 서로 다른 도시로 만든 것일까? 바로 제도적 요인 때문이라는 것이다. 정치, 경제, 법 등 수많은 제도의 차이가 이런 차이를 만든 근본 원인이 된다.[41]

39) 유튜브를 통해 다시 볼 수도 있다: available at https://www.youtube.com/watch?v=ilMRlqUz3dQ

40) 미국 쪽의 노갈래스는 연간 3천만원의 가계 소득을 올리는데 비하여, 멕시코 쪽은 8백만원에 불과하다.

사실 제도적 차이가 이런 차이를 만든 예는 멕시코 같이 먼 곳에서 찾을 필요가 없다. 바로 우리와 북한을 보면 더욱 더 극명하게 나타나기 때문이다. 2015년의 대한민국은 GNP국민총생산 규모가 세계 11위다. 남과 북의 경제 지표를 비교해보면, 북한의 GNI국민총소득는 남한1496조 6,000억원의 44분의 1 수준인 34조 2,360억원이었고, 1인당 GNI는 남한2,968만원의 21분의 1 수준인 139만원이었다. 또한 북한의 무역총액은 76억달러로 남한1조 982억달러의 144분의 1 수준에 불과하다. 1960년대 우리는 분명히 북한보다 못했고 아프리카의 가나와 비슷한 수준이었으나 지금은 차이가 너무 커 비교대상조차 되지 못하고 있다. 즉 여러 제도의 차이가 서로 상호작용을 해서 나라를 흥하게도 망하게도 만들고 가난하게 또는 부유하게 결정하며,[42] 결국 남북처럼 큰 결과의 차이를 낳는데 이런 역할을 하는 여러 제도 중 중요한 것 중에 하나가 바로 상법이고 그 중 회사법인 것이다. 즉 잘 만든 회사법은 국가의 흥망을 좌우할 만큼 중요하다.

이러한 회사법은 어떻게 국가의 흥망을 결정하는 요소로서 역할을 하는 것일까? 여기에 답을 찾기 전에 잠시 영화 이야기를 한번 해보자. 요사이는 많은 사람들이 영화관에 자주 가지만 난 어렸을 때 극장에서 본 영화가 몇 편 없다.[43] 상어가 인간을 공격한다는 내용을 가진 〈조스Jaws〉라는 영화를 초등학교 때 본 기억이 있고, 외계인과 지구 소년엘리엇: Elliott과의 우정을 그린 〈E.T.the Extra-Terrestrial〉라는 영화를 중학교 때 보았을 뿐이다. 영화 E.T.는 외

---

41) 국가의 성패를 가르는 결정적 요인은 지리적 · 역사적 · 인종적 조건이 아니라 바로 제도라는 점을 강조한 대런 애쓰모글루 · 제임스 A, 로빈슨, 「국가는 왜 실패하는가」(최완규 역, 시공사, 2012)는 우리나라에서도 인기를 얻었지만 미국에서 출판과 함께 큰 화제를 모으기도 했다.

42) 편집국, "60년대 최빈국 한국과 가나가 30년후 천양지차 된 이유", 미디어펜, 2014년 2월 18일, available at http://www.mediapen.com/news/articleView.html?idxno=18356

43) 우리나라의 영화의 총관객수는 2억 명이 넘고 인구 1인당 평균 영화 관람횟수는 2014년 기준으로 4.19회라 한다: 이항영, "[시시콜콜] 한국 영화, 다시 날개 단다", Money Week, 2015년 4월 3일, available at http://www.moneyweek.co.kr/news/mwView.php?type=1&no=2015032610268034869&outlink=1

^ 외계인이 당신에게 기술을 준다면

계인과 그의 지구인 친구인 엘리엇이 서로 손가락을 마주하면서 교감하는 장면과 지구인들에게 쫓기는 E.T.와 엘리엇이 자전거를 타고 하늘을 나는 장면이 명장면으로 꼽힌다. 그런데 이 장면에 더하여 만약 외계인이 자기를 구해 준 선물로 친구인 엘리엇에게 외계인의 앞선 기술을 선물로 몽땅 손가락을 통해 전수해 주면 어떤 일이 벌어질까?

엘리엇은 우주인 친구 덕분에 이제는 지구상의 누구보다도 앞선 기술을 갖고 있다. 혁신의 아이콘은 애플사의 창업주인 스티브 잡스Steve Jobs가 아니라 바로 엘리엇인 것이다. 이제 그는 마음먹기에 따라 애플이 만든 아이폰이나 삼성이 만든 갤럭시폰을 갑자기 구석기 시대의 유물처럼 보이게 할 수도 있다. 그는 얼마든지 세상을 놀라게 할 기술이 있기 때문이다. 그런데 만약 E.T.가 만난 친구가 캘리포니아 어느 숲속에서의 엘리엇이 아니고 아프리카 황무지에서 만난 무탐보라는 이름의 한 소년이였다면 어땠을까? 무탐보도 아이폰이나 갤럭시폰을 능가하는 스마트 폰을 만들어 세상을 놀라게 하고 큰돈을 벌 수 있을까?

무탐보가 태어난 곳이 아프리카라고 해서 그가 어떤 제약을 받을 것 같지는 않다. 그렇지만 엘리엇이 태어난 미국에 비해서 멋진 스마트폰을 만들 때 어느 정도는 제도적 미비로 인하여 불편하고 시간이 더 걸릴 것이다. 하지만 아프리카에서도 우리가 상상할 수 없을 정도로 법과 제도가 제대로 작동하지 않는 곳이라면 어떨까? 그곳은 제대로 된 법도 아예 없고 있다고 하더라도 의도대로 작동하지 않는 곳이다. 만약 그런 곳이 무탐보의 고향이라면 그는 어떤 방법으로 우리를 놀라게 할 스마트폰을 만들어 낼 수 있을까?

비록 무탐보가 멋진 기술이 있기는 하지만 이를 제품화하기 위해서는 그를 도와줄 인력이 필요하고 이를 위해서 회사가 필요하다. 그런데 무탐보가 회사를 차리기 위해서 가장 필요한 것은 우선 돈일 텐데 어떻게 이것을 구할 수 있을까? 기본적으로 돈을 빌려 주거나 투자를 한다는 것은 돈을 다시 받을 수 있다는 것을 전제로 한다. 그리고 돈을 빌려주는 사람은 원금뿐만 아니라 이자도 원할 것이고, 투자한 사람은 무탐보가 성공한다면 아주 큰 수익을 원할 수도 있다. 또한 무탐보가 만든 회사가 잘 운영되는지 돈을 투자한 사람 입장에서는 감시할 필요도 있다. 이뿐만 아니라 혹시 만들어진 회사가 망하면 어떻게 할지도 미리 정해야 한다. 어떻게 손실을 분배해야 하며 돈을 빌려준 사람과 투자한 사람은 회사가 망했을 때 어느 정도 다른 대접을 해야 하는지도 정해야 할 것이다. 이러한 문제를 무탐보와 채권자 또는 무탐보와 투자자들은 서로 간의 협상을 통해 해결해야 한다. 며칠이 걸리고 때로는 몇 달이 걸릴지도 모르지만 무탐보와 채권자와 투자자들은 머리를 맞대고 여러 문제의 해결책을 미리 찾아야 하는 것이다. 물론 이런 해결책도 타결된 협상을 잘 지킬 것이라는 신뢰가 전제되어야 한다.

^ 폴더블폰은 무탐보보다 삼성이 먼저 만들었다

사실 무탐보가 협상을 통하여 해결해야 할 것이 매우 많다. 실질적으로 발생할 수 있는 문제가 너무 많기 때문이다. 사실 이 모든 문제를 생각해내기도 어려울 정도이다. 그리고 이렇게 생각해 낸 문제를 당사자 사이의 협상으로 미리 해결책을 결정하는 것은 문제를 발견해 낸 것보다 더 많은 시간과 비용이 들 수밖에 없다. 무탐보는 정작 제품을 개발하고 판매하는 일에 전념하기보다는 회사를 만들기 위해서 너무나 많은 시간과 돈을 쓸 수밖에 없는

것이다. 즉 경제학에서 말하는 거래비용이 너무 크게 발생한다.44)

물론 무탐보가 세울 회사는 아이폰이나 갤럭시폰이 우스워 보일 정도의 제품력을 갖고 있기 때문에 이 같은 거래비용에도 불구하고 수익을 낼 수 있을지 모른다외계인이 전해준 기술력이 그 바탕이다. 그렇지만 무탐보가 만든 회사가 아닌 다른 일반인들도 그런 방법으로 회사를 만들고 운영할 수 있을까? 2014년 기준으로 우리나라 100대 상장기업의 영업이익률은 5.3%에 그친다.45) 100대 상장사라면 우리나라에서 상당히 우량한 기업임에도 불구하고 1,000원어치를 팔아 겨우 53원을 남기는 구조인 것이다. 즉 치열한 경쟁 속에서 회사는 물건을 팔아도 남는 것이 많지 않다. 이런 현실하에서 회사를 창업하고 운영하기 위하여 엄청난 거래비용을 치룰 수밖에 없다면 회사는 살아남을 수 없게 된다. 물건을 팔아도 큰 이익이 남지 않는데 회사를 차리고 운영하는데도 큰 비용이 추가적으로 든다면 경쟁에서 살아남을 수 없는 것이다. 결국 사회에 회사가 존재하기가 힘들어지며 그 나라는 경제에 활력을 잃게 될 것이다.

회사법은 이 같은 문제를 해결하는 기능을 한다. 비록 회사법이 없어도 무탐보처럼 당사자들 사이에서 이해관계를 조정할 수 있지만 미리 발생할 수 있는 문제를 해결할 수 있는 방안을 회사법을 통해 만들어 놓아 당사자가 협상할 때 드는 거래비용을 줄 일 수 있다.46) 즉 앞에서 제기된 여러 문제인 무탐보가 만든 회사에 투자해서 성공할 경우 어떤 식으로 수익을 나눌 것인지, 실패했을 때 누가 제일 큰 책임을 지게 되는 것인지 등의 수많은 사항을 회사법을 통해 해결할 수 있고 회사는 회사법이 만들어 놓은 모델을 그대로

44) 거래비용(transaction cost, 去來費用)이란 두산백과사전에 따르면 각종 거래에 수반되는 비용을 말한다. 거래 전에 필요한 협상, 정보의 수집과 처리는 물론 계약이 준수되는가를 감시하는 데에 드는 비용 등이 이에 해당된다. 또한 처음 계약이 불완전해서 재계약할 때 드는 비용도 포함된다. 시장이 발전할수록 경제활동에서 차지하는 비율이 증가하는데, 이를 줄이는 것이 기업의 중요한 목표가 된다고 한다.

45) 박민우, “100大 상장기업 영업이익률 갈수록 악화… 2014년 1,000원어치 팔아 53원 남겨”, 동아일보, 2015년 3월 16일, available at http://news.donga.com/3/all/20150315/70138719/1

46) 최준선, 「회사법」(삼영사, 제16판, 2021), 48~49면.

이용하면 된다.

결국 회사법은 회사의 거래비용을 줄여줌으로써 회사가 적은 비용으로 탄생하고 유지할 수 있도록 돕는 역할을 한다. 즉 잘 만들어진 회사법을 국가가 갖고 있다면 큰 비용 없이 잘 운용되는 회사가 많아지기 때문에 그만큼 그 국가가 번영할 가능성이 높아지는 것이다.

2. 회사법이 다루는 범위(삼성전자는 망할까?)

세상에서 가장 오래된 기업은 얼마나 오래되었을까? 100년 정도 되었을까?[47) 아니다. 그런 기업의 역사는 우리가 생각한 것보다 훨씬 길다. 세계에서 가장 오래된 기업은 곤고구미金剛組, Kongo Gumi Co.,Ltd.라는 일본회사이고 이 회사는 사실 우리나라와도 깊은 인연을 갖고 있다. 곤고구미는 사찰과 신사, 불각 건축의 설계 및 시공, 성곽 및 문화재 건축물의 복원과 수리 등을 주업으로 하는 일본의 건설회사로 서기 578년 일본 쇼토쿠 태자가 시텐노지 건립을 위해 초대한 백제의 3명의 건축장인 중 한 사람인 곤고 시게미쓰金剛重光, 유중광: 柳重光에 의해 만들어졌다. 즉 우리 조상인 백제인이 일본에 만든 회사인 것이다. 곤고구미는 에도 시대에 이르기까지 관영사찰의 전속으로 봉록을 받는 건축장인들의 집단으로 성장하였으며 사찰 및 전통가옥의 보존이 그들의 주된 전문 분야였다. 최근에는 아파트, 빌딩 건축 등과 부동산 투자 등으로 사업영역을 확장하며 성장하였으나 안타깝게도 매출 악화와 부채 급증의 악순환에 빠져 1428년의 역사를 남긴 채 2006년에 결국 오사카 지방법원에 파산을 신청하고 말았다.[48)]

47) 우리나라에서 가장 오래된 기업인 두산그룹도 창립한 해가 1896년이기 때문에 100년 이상의 전통을 갖고 있고, 다음으로 활명수로 유명한 동화약품이 1897년에 만들어졌다: 이진석, "大韓의 회사를 만들라, 皇命이다", 동아일보, 2014년 1월 4일, available at http://bizn.donga.com/3/all/20140104/59960299/2?

48) 김경환, "'最古기업' 곤고구미의 파산에서 배울 점", 머니투데이, 2007년 5월 5일, available at http://www.mt.co.kr/view/mtview.php?type=1&no=2007050514430033037

^ 세계에서 가장 오래된 기업 곤고구미

그렇다면 우리나라에서 가장 순익이 많고 탄탄한 회사로 알려진 삼성전자는 어떨까? 망하지 않고 영원할 수 있을까? 우리가 잘 알고 있듯이 불과 얼마 전까지 휴대폰 업계의 최강자는 삼성이 아닌 노키아Nokia였고 삼성 위에는 스타택Startac과 레이저Razr로 유명했던 모토로라Motorola도 있었다. 그렇지만 2008년 애플의 아이폰4가 나온 이후 이 두 회사는 하락세를 거듭하다 결국 노키아의 휴대폰 사업부는 마이크로소프트사Microsoft Corporation, 모토로라의 휴대폰 사업부는 중국의 레노버Lenovo Inc.사에 매각되고 말았다. 삼성전자가 사업을 하고 있는 전자업계는 이처럼 너무 경쟁이 치열하여 10년 뒤에 삼성전자가 어떤 모습일지 아무도 확신할 수 없다.

이제 우리가 분명히 알아야 할 것은 우리나라에서 가장 튼튼한 기업 중 하나인 삼성전자도 언젠가는 망할 것이라는 점이다. 다만 곤고구미처럼 1000년이 넘게 유지하다 망할지 아니면 생각보다 빨리 그런 일이 벌어질지 모를 뿐이다. 그리고 회사법은 이런 삼성전자를 창업부터 청산까지, 인간으로 말하면 태어나는 순간부터 죽음에 이르기까지 가장 효율적으로 이러한 과정이 이루어질 수 있도록 규정을 마련하고 있다. 우리가 살펴볼 회사법은 회사의 탄생부터 죽음에 이르는 모든 부분을 다루고 있는 것이다상법의 제3편인 '회사'에서는 5가지 종류의 회사에 대하여 설립부터 청산에 이르기까지 규정하고 있다.

&outlink=1

제4절 ▶ 회사법의 역사와 발전 방향

미국에서 공부하던 시절 학교The University of Texas at Austin, School of law는 여러 가지 행사를 통해 학생들의 학업 스트레스를 줄이고, 학교와 학생들 사이의 일체감을 형성하려고 노력하였다. 그 중 가장 기억에 남는 것이 학기말 시험을 앞두고 로스쿨의 학장님이 모든 학생들에게 샌드위치를 제공하는 행사였는데, 한 개에 6~7달러 정도하는 샌드위치를 자기 입맛에 따라 쇠고기, 닭고기, 칠면조 중에서 고르면 되었다. 물론 비싼 등록금1년에 30,000달러도 넘었다에 포함되어 있는 것이긴 하겠지만 나 같이 밤늦게까지 학교도서관에서 공부하는 입장에서는 두 개를 받아 점심과 저녁식사를 모두 해결할 수 있어 더할 나위 없이 즐거웠다.

이런 공짜점심 말고도 학교가 학생들에 제공한 프로그램에는 외국인 학생들과 교수들과의 저녁 모임도 있었다. 학교 근처의 식당을 예약해서 바베큐 등을 제공하며 학생과 교수 사이의 대화를 유도하였는데, 아무래도 외국인 학생들은 미국학생들에 비해 언어 문제 등으로 교수들과 사이가 서먹할 수 있으니 좀 더 친해지라는 학교 측의 배려였다. 그때 같은 테이블에 앉아 이야기하게 된 사람이 바로 블랙Bernard S. Black 교수다. 사실 블랙 교수에 대해서는 박사학위를 이미 한국에서 취득한 나로서는 학위를 준비하는 중에 몇 번 들은 적이 있었다. IMF 사태 이후 우리나라가 외국인 투자를 유치하기 위해 상법을 포함한 기업과 관련된 많은 법률을 개정하는 과정에서 당시 스탠포드대학에 재직하고 있던 블랙 교수가 참여했었고 그는 이때 같이 개정작업을 한 나의 지도교수님과 논쟁을 벌인 적도 있었던 것이다.

Prof. Bernard S. Black

내가 한국에서 온 것을 알고 블랙 교수는 한국의 회사 지배구조가 아시아 국가 중 가장 선진적인 체제를 갖추고 있으며 자신이 한국의 상법 개정에 관여한 것이 자랑스럽다는 이야기를 하였다. 이렇듯 현재의 우리 상법은 미국인 학자가 개정작업에 직접 참여했을 만큼 미국의 영향을 많이 받았다. 그런데 우리 상법이 미국의 영향만을 받은 것은 아니다. 우리나라 회사법의 기원을 학자에 따라서는 조선민사령 제1호에 의하여 시행된 일본상법전의용상법으로 보기도 할 만큼 기본적으로 일본상법의 영향을 크게 받았기 때문이다. 결국 우리 회사법의 시작은 일본상법을 기반으로 하였으나 점차 미국을 포함한 여러 나라의 영향을 받아 성장했던 것이다. 대한민국의 정부 수립 후 1962년 법률 제1000호로 공표되어 1963년 1월 1일부터 시행되고 있는 상법상법의 제3편이 회사법이다은 그 후 2021년 2월을 기준으로 30차례의 개정을 거쳤다.

그런데 한 가지 주목해야 할 것은 우리나라만 상법이 미국의 영향을 받은 것이 아니라는 것이다. 세계 각국 모두 기업지배구조의 공통점이 많아지고 점차 한 가지 형태로 수렴해 나갈 것이라는 관측은 이미 꽤 오래 전인 1990년대에 최초로 미국 브루클린 법대의 카멜Robert Karmel 교수에 의해 주장되었다.[49] 그리고 이러한 주장은 시카고 학파의 회사법 학자들이라면 모두 동의하고 있는 내용이라 한다.[50]

사실 50개의 주로 이루어진 미국의 각 주는 세금과 일자리 확보차원에서 회사를 유치하기 위하여 치열한 경쟁을 한다. 이러한 경쟁 중에는 회사법도 포함된다. 비록 회사가 서류상으로만 만들어진다고 하더라도 어느 주의 회사법의 적용을 받느냐의 문제는 세금 등과 같은 법률문제와 관련해서 매우 중요한 문제이기 때문이다. 그래서 미국의 많은 주는 서로 자기 주의 회사법을 적용받게 하기 위해 좀 더 회사에 유리한 방향으로 개정하는 경쟁을 벌이고는 하는데 이러한 경쟁에서 승리한 주가 바로 델라웨어주State of Delaware라

49) Roberta S. Karmel, *Is It Time for a Federal Corporation Law?*, 57 Brook. L. Rev. 55, 90 (1991).

50) 김화진, 「소유와 경영」(박영사, 초판, 2003), 241면.

할 수 있다. 현재 미국 상장회사의 약 50%, 그리고 Fortune 500의 회사 중 60%가 델라웨어주 회사법의 적용을 받고 있기 때문이다.

이 같은 각 주의 회사법 개정 경쟁 속에서 미국 내의 여러 주의 회사법은 모두 비슷한 모습을 갖게 되었다경쟁을 하다 보니 캘리포니아주 회사법이나 뉴욕주 회사법이 비슷해진 것이다. 이러한 현상을 '회사법의 수렴화 현상'이라 한다. 그런데 수렴화 현상이 미국 각 주의 회사법에서만 일어나고 있는 것은 아니다. 회사의 활동과 자금의 조달이 국제화되어감에 따라 미국의 회사법에서 일어난 현상은 세계적으로 일어나고 있으며 분야도 회사법 분야뿐만 아니라 상법 전 분야에 대하여 동일하게 발생한 것이다. 특히 금융시장의 세계화 내지는 미국화가 진행되면서 세계 각국이 회사법, 증권거래법, 금융기관의 규제법률 등을 미국형으로 변화시키고 있으며, 그 과정에서 국제법과 국제기구들의 역할 역시 크다. 일본이나 독일 그리고 우리나라를 포함한 세계의 수많은 국가들이 자국 기업들의 금융의 국제화와 활동의 국제화로 인하여 자국의 제도를 미국화시킴으로써 미국과 비슷하게 변화하고 있는 것이다.[51] 결국 우리 회사법만이 미국의 영향을 받은 것이 아니라 전 세계가 어느 정도씩 미국 회사법의 영향을 받고 있으며, 회사법을 포함한 상법 전 분야에 걸쳐 미국의 영향이 커지고 있다. 따라서 우리 회사법은 일본의 상법을 모태로 하였으나 발전과정에 있어서는 전 세계와 같이 미국법의 영향을 받고 있는 상태라 할 수 있다.

51) 김화진, 앞의 책, 267면.

제 2 편

회사법

제 1 장

회사법에서 회사란 무엇일까?

제 1 절 ▶ 상법 제169조의 정의

이번 절에서는 회사법에 있어 공통으로 적용되는 규칙인 '통칙' 부분에 대해서 살펴본다. 회사편의 첫 번째 장인 통칙은 제169조부터 제177조까지 9개 조항으로 구성되어 있다. 하지만 우리는 이 중에서 3개 조항인 제169조와 제170조, 제173조만 살펴보고 이해를 돕기 위해 상법의 두 번째 부분인 상행위편에서 제46조와 제47조를 함께 본다. 여기에 해당하지 않는 나머지 조항들은 관련된 사항을 공부할 때 따로 알아보기로 하자. 이번 절에서 알아볼 법 규정은 조항수로는 5개에 불과하고 살펴볼 내용이 많은 것은 아니지만 회사에 대한 정확한 법적 의미를 알 수 있는 좋은 기회이다.

많은 도시를 가보지는 못했지만 가본 곳 중 가장 멋진 야경을 가진 도시는 홍콩과 뉴욕이었다. 특히 홍콩은 단 한 번의 방문이었음에도 멋진 밤의 모습을 지금도 잊을 수 없다. 당시 집사람의 지인이 홍콩 인터컨티넨탈 호텔 Intercontinental Hotel의 프론트에서 근무하고 있었고 우리에게 본인이 줄 수 있는 가장 멋진 전망을 가진 방을 배정해 주었다. 덕분에 나와 집사람은 객실 문을 여는 순간 홍콩여행 전체에서 느낄 수 있는 즐거움의 반 이상을 단 한순간에 얻을 수 있었다. 창의 커튼을 여는 순간 홍콩의 환상적인 전망이 한 번에 방으로 쏟아져 들어왔기 때문이다.

내가 감동한 홍콩의 야경이 바다와 고층빌딩, 그리고 네온사인 등이 어우러져 연출하는 장관이라면 뉴욕은 조금 다르다. 뉴욕, 그 중에서도 야경으로 이름난 브로드웨이 거리의 밤의 주인공은 바로 네온사인이기 때문이다. 특히 네온사인의 대부분을 차지하고 있는 기업의 광고판은 눈에 거슬리는 거리의 이방인이 아니라 원래 그 자리에 꼭 있어야 하는 주인처럼 화려하고 자연스러운 존재이다. 그런데 웬만큼 큰 기업이라도 맨해튼에서 이런 멋진 광고판의 주인공이 되는 것은 쉽지 않다. 타임스퀘어와 같은 뉴욕 브로드웨이 거리에 있는 옥외 광고판은 4주 임대료만 무려 250만달러에 이를 정도로 고가이기 때문이다.[1)2)] 그렇다면 이 화려한 브로드웨이의 밤거리를 채우고 있는 수많은 광고판의 주인공인 기업은 어떤 법적특징을 갖고 있어서 이런 금액을 광고에 쓸 수 있는 돈 많은 주인공이 될 수 있었을까?

^ 홍콩의 멋진 야경

바로 우리가 앞에서 잠깐 살펴보았던 상법 제169조에 그 답이 있다. 상법 제169조는 '회사의 의의'라는 제목을 통해 "이 법에서 '회사'란 ① 상행위

1) MBN, "뉴욕 축구장 길이 옥외 광고판' 임대료만 27억 … 국내 기업 '누가 광고하나?", 2014년 11월 20일, available at http://mbn.mk.co.kr/pages/news/newsView.php?category=mbn00009&news_seq_no=208706

2) '타임스퀘어'라는 이름은 백여 년 전 미국의 유명 신문인 뉴욕타임스가 본사를 옮기면서 붙여졌다. 그 건물이 바로 타임스퀘어 빌딩이기 때문이다. 뉴욕타임스는 몇 년 후 건물을 떠났고 지금은 부동산 투자회사가 주인이지만 19년 동안의 인수기간에 매년 2,300만달러, 즉 266억원을 벌어들인다. 25층 건물은 대부분 비워두고 광고료만 챙기는데 아주 짭짤하다. 중간층 도넛 광고는 매년 360만달러, 맥주 광고는 340만달러를 받았다는데 그 사이 건물 값은 네 배 뛰었다고 한다: 선우정, "[만물상] 한국판 타임스퀘어", 조선일보, 2016년 7월 6일, available at http://premium.chosun.com/site/data/html_dir/2016/07/06/2016070600448.html

^ 뉴욕 맨해튼 브로드웨이 거리의 기업 광고판

나 그 밖의 ② 영리를 목적으로 하여 설립한 ③ 법인을 말한다"라고 규정하고 있기 때문이다. 여기서 회사의 법적 정의에 대해서 알아보기 위해 상행위와 영리 그리고 법인의 정확한 의미를 차례대로 파악하고 마지막으로 법조항에는 없지만 사단社團에 대해서도 살펴보기로 한다. 이런 과정을 통해 회사의 본질에 대해서 더 잘 알 수 있게 될 것이다.

1. 상행위(회사가 할 수 있는 일)

사실 상행위에 대해서 이 책이 아닌 「장사를 하면서 상법을 몰라?」의 제2편 제1장에서 자세하게 살펴보았다. 하지만 아쉽게도 아직 출판이 되지 않았으므로 그 책을 보기 전까지 가볍게 상행위에 대해서 알아보도록 하자.

우리나라의 대표기업을 묻는 질문에 답을 해야 한다면 아무래도 나는 삼성전자라고 말할 것 같다. 현대자동차나 LG전자, 그리고 포스코와 같은 좋은 기업들이 존재하고 있지만 삼성전자가 그중 매출규모와 수익이 최고이기 때문이다. 그런데 삼성전자가 무엇으로 그렇게 돈을 많이 버는 것일까? 혹시 야구팀인 삼성라이온스의 인기 때문에 표를 많이 판 덕분일까?[3] 야구팬들은 아쉽겠지만 삼성전자는 야구단의 표가 아닌 주로 휴대전화, 냉장고와 텔레비전과 같은 가전제품, 그리고 반도체 등을 판매하여 수익을 얻고 있다. 바로

3) 삼성라이온스는 2016년 1월 1일부터 삼성전자가 아닌 제일기획이 운영하고 있다: 한재영, "삼성라이온스 야구단, 제일기획으로 … 김재열 사장 총괄", 연합인포맥스, 2015년 12월 11일, available at http://news.einfomax.co.kr/news/articleView.html?idxno=199446

이것이 ① 상행위와 관련이 있다. 사실 이러한 상행위는 상법 제46조와 제47조에 규정되어 있기 때문에 회사법이 아니라 상법총칙에서 다루는 문제이다. 그렇지만 회사를 이해하기 위한 중요한 기본 개념이므로 여기서는 가볍게 상법 제46조를 알아보자.

상법 제46조에서는 "영업으로 다음의 행위를 상행위라 한다"고 규정하고 있다. 이때 "영업으로 한다는 것은 돈을 벌 목적으로 같은 행위를 계속적이고 반복적으로 하는 것"을 말하며,[4] 여기에 해당될 수 있는 분야를 22가지를 규정하고 있다제1호부터 제22호까지 나열되어 있다.[5] 즉 돈을 벌 목적으로 22가지에

---

4) 대법원 1994.4.29. 선고 93다54842

5) 제46조(기본적 상행위) 영업으로 하는 다음의 행위를 상행위라 한다. 그러나 오로지 임금을 받을 목적으로 물건을 제조하거나 노무에 종사하는 자의 행위는 그러하지 아니하다. [개정 1995.12.29, 2010.5.14]

1. 동산, 부동산, 유가증권 기타의 재산의 매매
2. 동산, 부동산, 유가증권 기타의 재산의 임대차
3. 제조, 가공 또는 수선에 관한 행위
4. 전기, 전파, 가스 또는 물의 공급에 관한 행위
5. 작업 또는 노무의 도급의 인수
6. 출판, 인쇄 또는 촬영에 관한 행위
7. 광고, 통신 또는 정보에 관한 행위
8. 수신 · 여신 · 환 기타의 금융거래
9. 공중(公衆)이 이용하는 시설에 의한 거래
10. 상행위의 대리의 인수
11. 중개에 관한 행위
12. 위탁매매 기타의 주선에 관한 행위
13. 운송의 인수
14. 임치의 인수
15. 신탁의 인수
16. 상호부금 기타 이와 유사한 행위
17. 보험
18. 광물 또는 토석의 채취에 관한 행위
19. 기계, 시설, 그 밖의 재산의 금융리스에 관한 행위
20. 상호 · 상표 등의 사용허락에 의한 영업에 관한 행위
21. 영업상 채권의 매입 · 회수 등에 관한 행위
22. 신용카드, 전자화폐 등을 이용한 지급결제 업무의 인수

^ 우리나라의 대표적인 회사인 삼성전자

해당하는 일을 계속적이고 반복적으로 한다면 바로 상행위를 하는 것에 해당하게 된다. 삼성전자의 경우 휴대전화나 냉장고 등을 제조하는 행위22가지 상행위 중 제3호인 제조, 가공 또는 수선에 관한 행위에 해당한다를 돈을 벌 목적으로 계속적이고 반복적으로 하고 있으므로 상행위를 한다고 할 수 있다. 즉 내 손안에 있는 갤럭시 S21과 책상 위의 노트북은 삼성전자 상행위의 결과물인 것이다.

2. 영리(돈을 벌어 나누어주어야 회사다)

회사가 영리를 목적으로 한다는 것은 설명이 필요 없을 정도로 당연한 것 같다. 그리고 우리는 이미 앞에서 이러한 이야기를 하였다. 그런데 여기서의 상법상의 영리란 앞에서 말한 영리와는 조금 다르다. 단순히 버는 것뿐만 아니라 돈을 벌어 사원사단법인의 구성원을 말하며 주식회사의 경우 주주를 의미한다에게 배분까지 하는 것을 의미하기 때문이다.[6] 단순히 돈을 벌기만 하고 사원주주들에게 배분을 하지 않는다면 상법 제169조의 영리에 해당하지 않는다. 그래서 단체의 활동을 통하여 구성원의 직접적인 경제적 이익을 도모하는 것이 목적인 협동조합이나 공공사업을 수행하기 위한 공법인각종 공사 등은 그 이익의 분배를 목적으로 하지 않기 때문에 상법상 회사에 해당하지 않게 된다.[7]

삼성전자의 경우에는 2020년에 영업이익으로 약 36조원 정도를 벌어들였고 그중 9조 6천억원 정도를 주주들에게 배당하였다.[8] 즉 삼성전자는

6) 권기범, 「현대회사법론」(삼영사, 제8판, 2021), 91~92면.
7) 송옥렬, 「상법강의」(홍문사, 제11판, 2021), 706면.
8) 홍석호, "삼성전자 주당 1,932원 특별배당… 작년 영업이익 36조원", 동아일보, 2021년 1월 28일, available at https://www.donga.com/news/Economy/article/all/20210128/105148687/1

돈을 벌어 주주들에게 배분까지 했으므로 법적으로 영리를 추구했다고 할 수 있다. 이에 비해서 세계적으로 유명한 아마존의 경우 1994년 창업해 1997년 나스닥에 상장했지만 아직 한 번도 배당을 하고 있지 않다고 한다.[9] 그렇다면 배당을 하지 않고 있으니 영리를 추구하는 것이 아니라고 할 수 있을까? 그렇지는 않다. 아마존은 배당을 못하는 것이 아니라 경영상의 이유로 하고 있지 않을 뿐이다. 제프 프레스턴 베조스Jeffrey Preston Bezos 회장이 배당을 결정하면 언제든지 배당을 할 수 있다주주들은 배당은 받지 못하고 있지만 주가가 계속 오르기 때문에 별다른 불만이 없다고 한다. 즉 배당을 언제든지 할 수는 있으므로 비록 아직까지 하고 있지 않는다 하더라도 영리를 추구한다고 할 수 있다.

3. 법인(법으로 만든 인간?)

보통 사업을 시작할 때 어떤 형태의 기업을 선택할지개인사업자로 등록할지 아니면 법인으로 할지, 법인 중에서도 어떤 회사형태를 취할지의 여부는 창업의 편의성이나 세금납부를 어떻게 줄일 수 있는지 여부에 달려있다.[10] 똑같은 일을 해서 동일한 액수를 벌어들여도 최종적으로 나의 주머니에 들어오는 돈의 액수는 전혀 다를 수 있고 또한 운영할 때의 법적 요구사항도 달라질 수 있기 때문에 이러한 결정은 매우 중요한 일이다. 하지만 기업이 어느 정도 규모가 커지면 자연스럽게 법인의 형태를 띨 수밖에 없다고 하는데 그러한 이유는 과연 무엇일까?

9) 김형태, "아마존은 왜 한 번도 배당을 안 하는가", 「중앙SUNDAY」 제601호 (중앙일보, 2018.9.15), 35면; 사실 아마존뿐만 아니라 구글, 페이스북도 현금배당을 하고 있지 않다: 최인준, "구글 · 아마존 · 페북은 배당 대신 기업가치 올려 株主환원", 조선일보, 2021년 2월 8일, available at https://www.chosun.com/economy/tech_it/2021/02/08/C2NE3KHQLBEA7GUR37FDPZNGFA/

10) 김정필, "사업할 때 왜 법인 설립을 선호할까?!", 한겨레신문, 2014년 8월 3일, available at http://www.hani.co.kr/arti/economy/economy_general/649654.html

3.1 법인이 무엇일까?

〈나는 자연인이다〉라는 MBN에서 방영하는 프로그램이 있다. 시청률도 종편 교양 프로그램 중 높은 순위를 차지하고 있는 인기 프로그램이다.[11] 이 프로그램에서 말하는 자연인이란 각자 사정이 있어서 도시를 떠나 산속 깊숙이 울타리를 만들어 산을 벗 삼고 친구삼아 자연 속에서 살아가는 사람들을 말한다. 이런 자연인을 찾아 며칠을 같이 보내면서 그들의 삶을 이해하고 시청자들이 스스로의 삶을 뒤돌아보게 하면서 이 프로그램은 인기를 얻었다.

그런데 이 프로그램의 제목은 사실 법률적으로는 조금 어색하다. 법에서는 우리 인간을 모두 자연인으로 지칭하기 때문이다. "자연인自然人이란 법이 권리능력을 인정하는 생활체로서의 인간"을 말하기 때문에 모든 사람은 태어나면서부터 사망에 이르기까지 자연인으로서의 권리와 능력을 인정받는다. 따라서 산속에 살지 않더라도 우리 모두는 법률적으로 자연인이 된다. 그렇기 때문에 "나는 자연인이다"라는 말은 원칙대로만 해석하다 보면 틀린 말이 된다.

그런데 이 같은 법률에서의 자연인과 대비되는 단어가 바로 우리가 지금 알아야 할 법인法人이라는 단어이다. 법인의 의미를 알기 위해 시선을 잠시 강남역으로 돌려보자. 지하철 2호선을 타고 강남역에서 내리면 여러 볼거리가 있다. 우선 어느 시간에도 도로를 가득 메우는 인파에게 놀라게 되고 나도 얼마 전까지 저 사람들 중 하나였는데 하는 생각에 또다시 놀라게 된다. 이런 사람들의 물결 말고도 강남역은 우리나라에서 가장 큰 기업집단인 삼성그룹이 바로 서초 삼성타운이라는 이름으로 자리를 잡고 있는데 세련된 외관의 건물들이 이목을 사로잡는다. 3개동으로 이루

^ 사람은 법적으로 모두 자연인이다

11) "박찬은, "'나는 자연인이다'의 이유 있는 시청률 돌풍…MC 이승윤 · 윤택 방송 대박나서 제2 전성기 누려요", 매일경제신문, 2013년 5월 8일, available at http://news.mk.co.kr/newsRead.php?no=355510&year=2013

어진 삼성서초타운은 A동은 삼성생명이, B동은 삼성물산이 그리고 삼성전자가 수원으로 이전하기 전 최근까지 C동은 삼성전자가 입주해 있었다.[12)]

그런데 우리는 이미 회사의 주인이 주주라는 것을 전제로 상법이 만들어졌다는 이야기를 했다. 그렇다면 삼성그룹의 서초타운은 누구의 것일까? 주주가 회사의 주인이므로 삼성생명, 삼성물산 그리고 삼성전자의 주주의 것일까 아니면 삼성그룹을 경영하고 있는 이재용 부회장의 것일까? 수업시간에 학생들에게 이 문제를 질문해보면 대부분 학생들은 회사의 주인은 주주라는 수업내용을 떠올리며 서초타운의 주인은 각 회사의 주주라는 답을 하곤 하고 소수의 학생들이 실질적으로 회사를 운영하는 회장님의 것이 아니냐는 주장을 한다.

상법에서도 과연 그럴까? 상법에서는 이 건물들은 주주의 것도 아니고 회장님의 일가의 것도 아닌 삼성생명, 삼성물산, 삼성전자라는 법인의 것이라 설명한다. 법인은 법에 의해서 권리와 의무의 주체로서 자격을 부여받은 사람을 말하는데 법인이 되면 자연인인 우리 사람처럼 빌딩을 보유할 수도 있고 계약의 주체가 될 수도 있는 등 마치 사람과 같이 여러 법률적 행동을 할 수 있게 된다. 즉 나의 아들들이 인자연인으로서 각자의 용돈을 갖고 있을 수 있는 것처럼 삼성 서초타운의 각 회사들삼성생명, 삼성물산, 삼성전자은 자연인처럼 행동할 수 있게 법에서 만들어준 인격체법인이기 때문에 각각의 빌딩을 소유할 수 있는 것이다. 상법상 모든 회사는 이렇게 자연인과 같이 행동할 수 있는 법인이라는 특징을 갖고 있다.[13)]

12) "삼성물산이 소유하고 있던 B동은 2018년 매각되었고, 삼성생명이 소유한 A동도 계속하여 매각설이 존재한다: 고병기, "강남 삼성타운서 발 빼는 삼성생명, 사옥 매각 가까워지나", 세계일보, 2020년 4월 30일, available at https://www.sedaily.com/NewsVIew/1Z1OBK4VWJ

13) 회사가 갖는 법인격에 대해서 반발하는 주장도 있다. 자세한 내용은 톰 하트만, 「기업은 어떻게 인간이 되었는가」(이시은 역, 어마마마, 초판, 2014).

3.2 법인격부인론

회사가 법인法人이라는 것을 우리는 이제 알았다. 그런데 회사가 우리와 같이 인人이라는 것은 뒤에서 다시 언급하겠지만 몇 가지 특징을 만들어낸다. 사람처럼 재산을 가질 수 있게 됨에 따라 회사의 책임도 회사 스스로가 진다는 것이다. 삼성전자가 서초 삼성타운의 C동 건물을 소유할 수 있듯이 삼성전자는 빚도 질 수 있으며 이에 대한 책임도 삼성전자가 지게 되는데 이는 삼성전자의 주인인 주주와는 아무 상관이 없다이 문제는 특히 주주의 책임제한을 특징으로 하는 주식회사에서 주로 발생하기 때문에 주식회사 부분에서 다시 다루게 된다. 그런데 문제는 회사의 주인인 주주는 책임을 지지 않고 회사법인가 스스로의 책임을 지게 되는 것을 악용하는 경우가 있다는 것이다.

^ 뉴욕의 택시

뉴욕은 브로드웨이 거리의 광고판만이 명물은 아니다. 뉴욕의 노란색 옐로캡Yellow Cab은 뉴욕의 '움직이는 랜드마크'로 불린다. 엄밀히 말하면 '옐로캡'은 가장 눈에 잘 띄는 색상을 선택한 뉴욕의 택시회사 이름The Yellow Cab Company이다. 하지만 이 회사가 성공하면서 뉴욕의 명물이 되었고 그 전통이 오늘날까지 이어지고 있다.[14] 그런데 이 옐로캡이 1958년 뉴욕주에 있는 한 법원에서의 사건 주인공이었다. 당시 뉴욕에서는 6,816대의 택시가 운행되었는데 택시 회사의 수는 2,120개였다고 한다. 이들 중 3대 이상의 택시를 보유한 회사는 332개에 불과하였는데 이는 택시업이 영세하기 때문이 아니라 사고로 인한 책임을 제한하기 위해서였다.[15] 만약 소유한 택시가 과실로 한 명을 치어 사망하게 했는데 하필이면 그 사람이 연봉이 1억달러 정도 되는 펀드매니저라면 택시회사의 입장에서는 끔찍한 악몽의 시

14) 고석용, "색깔만 보면 무슨 택시인지 안다? 같은 색깔옷 입은 택시", 머니투데이, 2016년 1월 7일, available at http://www.mt.co.kr/view/mtview.php?type=1&no=2016010716030512973&outlink=1

15) 김화진, 「상법강의」 (박영사, 제3판, 2016), 177면.

작일 것이다.[16] 사망시 유족에게 그들이 입은 손실에 대하여 손해배상을 해주어야 하는데 죽은 사람의 연봉이 엄청나다면 손해배상액 역시 상상을 초월하게 된다. 단 한 번의 사고로 회사가 망할 수도 있다.[17] 그래서 택시회사를 경영하는 사람들은 실질적으로 많은 택시를 갖고 있어도 그것을 잘게 쪼개어택시 2~3대당 회사 한 개 여러 회사로 만들어 놓고 사고가 났을 경우 회사의 소유주인 주주가 아닌 회사라는 법인이 책임을 지게 된다는 법인이 갖는 능력을 이용하여 책임을 모면하려 한 것이다. 즉 사고가 나고 그 결과가 택시 2~3대로 이루어진 회사가 책임질 수 없을만큼 금액이 클 경우 그 회사를 그냥 파산시켜 버리고 주주이자 경영자인 자신은 책임을 지지 않으려 한 것이다. 회사는 법인 형태를 갖고 있기 때문에 책임 역시 법인 스스로가 지게 되고 그에 따라 법인의 주인인 주주는 책임을 지지 않게 되는 것을 이용한 것이다. 그런데 이 같은 법인의 특성을 이용한 행동이 과연 법이 추구하는 '정의로움'에 부합하는 것일까? 이렇게 법인이라는 특성을 이용하여 부당한 결과를 추구하는 경우에는 법인의 특성인 '스스로의 과실을 스스로 책임진다'는 원칙을 부인할 필요가 있지 않을까?

바로 앞에서 언급한 가정과 비슷한 사건이 뉴욕에서 실제로 일어났었다. 뉴욕주의 택시사업을 하는 Carlton피고이라는 자가 20여 대의 택시를 운행하면서 법에서 강제되는 최소액인 대당 10,000달러의 책임보험만을 가입하고 택시 한두 대마다 별도의 주식회사를 설립하여 운행하였다. 그중 한 대가 Walkovszky행인을 치었으나 회사는 이를 배상할 능력이 없었다. 따라서 피해자인 원고Walkovszky는 회사의 주주Carlton 및 그 주주가 소유한 다른 택시회사들을 상대로 소송을 제기하였다.[18] 피해자인 원고의 주장은 원고를 다치게 한

---

16) 미국 상위 25명의 헤지펀드 매니저들의 연봉의 합은 미국 전체 유치원 교사들의 연봉을 합쳐놓은 것보다 많다고 한다: 신정은, "수익률 나빠도 돈 두둑히 챙기는 매니저", 이데일리, 2015년 11월 11일, available at http://www.edaily.co.kr/news/NewsRead.edy?SCD=JH31&newsid=01249686609564736&DCD=A00803&OutLnkChk=Y

17) 물론 택시 기사분마다 차이는 있겠지만 뉴욕 맨해튼에서 택시를 타보면 서울의 택시 기사분들이 얼마나 점잖게 운전을 하는지 느끼게 된다.

18) Walkovszky v. Carlton, 223 N.E.2d 6 (NY 1966).

택시회사와 피고가 운영하고 있는 다른 9개의 회사를 모두 하나의 회사로 보아야 한다는 것이다. 표면적으로는 분리되어 있는 독립된 회사이나 이 같은 복수의 회사구조는 택시에 의해 피해를 입을 수 있는 일반대중을 속이기 위한 불법적인 시도이므로 단일한 회사로 취급하여야 하고 그러한 회사의 주주들로부터 개인적인 손해배상을 받을 수 있다고 주장한 것이다.[19)]

회사는 법인이고 이에 따라 독자적인 법인격을 갖게 된다는 것과 주주는 자신이 소유하고 있는 회사에 대하여 제한적인 책임만을 지게 된다주주유한책임의 원칙이며 뒤에서 자세하게 살펴보게 된다는 이 두 가지 사실은 회사법에서는 가장 중요한 원칙 중 하나이다. 그런데 때로는 이 원칙을 엄격히 적용한다면 법적 정의와 형평에 반하는 결과가 초래되기도 한다. 그래서 개발된 이론이 '법인격부인론'이다. 법인격부인론은 회사의 독립된 법인격을 부인하고 그 배후에 있는 지배주주에게 직접 책임을 물음으로써 법적 정의의 실현을 이루려는 것이며 기존 법제도나 이론으로 해결할 수 없는 경우 사용되는 최후의 수단으로 이용된다.[20)] 따라서 법인격부인론의 적용은 제한적이며 회사가 지배주주의 개인기업에 불과할 정도로 독자적인 법인격이 형해화되고 남용되었을 때에 한하여서만 적용될 수 있다.[21)] 그렇다면 앞에서 본 뉴욕주에서 사고를 당한 원고인 Walkovszky는 이겼을까? 아쉽지만 당시 뉴욕주 법원은 법인격부인론의 적용을 인정하지 않았다. 주주의 유한책임은 회사법이 대원칙인데 이것을 부인하는 것은 엄격한 조건을 구비해야 하기 때문이다.

19) 김재형 · 최장현 · 박종렬, "기업집단에서의 법인격부인론과 Enterprise Liability-Walkovszky v. Carlton 사건", 「법학연구」 제24권 (한국법학회, 2006), 170~171면.

20) 김성탁, 「회사법입문」 (법문사, 제11판, 2021), 474~475면.

21) 대법원 2008.9.11. 선고 2007다90982 판결

4. 사단 – 사단의 예외(1인 회사)

^ 출연료 소송에 휘말렸던 방송인 유재석 씨

소지섭, 장근석, 김태희 씨의 공통점은 무엇일까? 유명한 연예인이고 성공한 배우라는 특징을 함께 갖고 있지만 동시에 1인 기획사에 소속되어 있는 연예인이라는 사실이다. 1인 기획사는 연예인 한 사람만을 위한 회사이자 그 연예인이 설립한 회사를 지칭한다.[22] 방송인인 유재석 씨의 경우에도 6억원이 넘는 출연료를 기존 소속사로부터 받지 못하자 스스로 JS엔터테인먼트라고 하는 1인 기획사를 설립하기도 했었다.[23]

상법을 보고 있는 우리가 연예인들이 자신을 위해 설립한 1인 기획사를 주목하는 것은 이 회사들이 대부분 1인 회사이기 때문이다. 1인 회사는 말 그대로 출자자가 한 명밖에 없는 회사를 말하는데 주식회사인 경우는 주주가 한 명인 경우가 해당된다. 이러한 1인 회사는 2011년에 상법이 개정되기 전까지는 설명하기 곤란한 존재였다. 당시 상법은 제169조에서 "본법에서 회사라 함은 상행위 기타 영리를 목적으로 하여 설립한 사단을 이른다"라고 규정하였다. 즉 회사는 사단이라는 것이다. 그런데 사단의 의미는 일정한 공동목적을 달성하기 위한 복수인의 결합체를 말하는데 복수의 결합체이므로 주식회사인 경우에는 주주가 둘 이상이어야 한다. 따라서 주주가 1명밖에 없는 1인 회사는 회사가 아니라는 결과가 발생하게 된다. 하지만 현실적으로 1인 기획사에서 보듯 1인 회사는 사회에 필요하고 인정할 수밖에 없는

22) 남혜연, "연예계 1인 기획사의 명과 암", 스포츠서울, 2014년 5월 1일, available at http://www.sportsseoul.com/news/read/68507

23) 유재석 씨의 경우에는 전 소속사인 스톰이엔에프가 가압류를 당하여 받지 못한 출연료 소송에서 항소심에서도 패배하였다: 황재하, "유재석 · 김용만, 못 받은 출연료 둘러싼 소송 2심도 패소", 연합뉴스, 2016년 9월 29일, available at http://www.yonhapnews.co.kr/bulletin/2016/09/29/0200000000AKR20160929132200004.HTML

존재이다. 그래서 당시 학계는 1인 회사의 사단성에 대하여 일시적으로 주주가 1인이어도 오늘 당장이라도 주식이 팔리면 2인 이상이 될 수 있으므로 잠재적인 사단성을 갖고 있다고 설명하였다잠재적 사단성. 회사의 사단성을 요구하는 당시 상법 제169조와의 충돌을 잠재적으로 사단이 될 수 있다는 가능성을 갖고 해결한 것이다. 하지만 상법이 개정되면서 이러한 설명이 필요 없게 되었다. 더 이상 상법은 회사의 사단성을 요구하지 않고 있기 때문이다. 그러나 그럼에도 불구하고 회사가 갖고 있는 특징을 상행위, 영리, 법인과 함께 사단을 설명하고 있는 것은 많은 회사법 학자들이 아직도 회사의 특징 중 하나가 사단이라고 생각하기 때문이다. 예외적으로 1인 회사가 존재하는 것도 사실이지만 대부분의 회사는 분명 둘 이상의 사람이 지분을 소유하고 있고 비록 현재 1인 회사라도 언제라도 주식매각을 통하여 사단이 될 수 있기 때문이다. 이렇게 되면 회사의 특징은 상법 제169조가 규정하고 있는 상행위, 영리, 법인과 함께 과거 상법 제169조에 있었던 사단까지 4가지라고 할 수 있다.

제2절 ▶ 회사의 종류와 특색

이번 절에서는 '회사의 종류와 특색'이라는 제목으로 상법의 제3편 '회사'를 구성하는 거의 대부분의 규정 중 '주식회사' 부분을 제외하고 한꺼번에 살펴본다. 상법의 제3편인 '회사'는 상법의 규정 중에 가장 핵심을 이루는 부분이다. 상인을 다루는 상법에서 회사라는 존재가 가장 중요한 요소이기 때문이다. 그런데 이렇듯 중요한 상법의 회사 부분에서 실질적으로 거의 대부분 사용되는 회사의 종류는 우리가 흔히 듣는 '주식회사'이고 나머지 합명회사나 합자회사, 유한책임회사, 유한회사인 경우에는 일반 사람들이 평생 한번이나 볼 수 있을까 하는 정도의 낮은 사용빈도를 갖고 있다. 따라서 우리는 앞으로 주식회사를 위주로 살펴보게 되고 나머지 회사의 종류에 대해서는 그 특징만을 간단히 살펴보도록 하겠다.

1. 상법상 회사의 분류

최근에는 드라마 시청률이 과거처럼 높게 나오지는 못한다. 〈도깨비〉라는 드라마는 큰 인기를 끌었지만 시청률은 20%를 조금 넘었고, 우리나라의 입시현실을 대변한 〈SKY 캐슬〉 역시 엄청난 화제를 몰고 왔지만 시청률은 23.8%에 불과(?)했다. 하지만 1990년대는 조금 달랐다. 일제 강점기부터 해방 이후의 혼란기와 한국전쟁을 다룬 〈여명의 눈동자〉는 평균 시청률이 44.3%에 이르고 편당 최고 시청률은 58.4%에 달했다. 또한 박정희 대통령 사망 후 5·18 민주화 운동, 삼청교육대 등을 다룬 '모래시계'는 평균 시청률이 46%, 편당 최고 시청률은 64.5%라는 엄청난 수치를 기록했다. 텔레비전 연속극을 제외하면 특별히 볼 게 많지 않았던 시절에 기록한 시청률이라 지금과 직접적인 비교를 하기는 어렵지만 당시 기준으로도 무척 높은 시청률이었다. 그리고 이런 시청률을 기록한 〈여명의 눈동자〉와 〈모래시계〉라는 드라마를 만든 PD가 바로 김종학 씨이다. 하지만 김종학 씨는 안타깝게도 2013년 7월 분당의 어느 한

〈모래시계〉는 김종학 PD의 대표작이다

고시텔에서 번개탄을 피우고 스스로 생을 마감했다.24) 이런 최고의 드라마를 만들고 많은 이들의 칭송을 받았던 PD가 왜 극단적인 선택을 해야 했을까? 이 분의 죽음에는 지금 우리가 알아보려고 하는 '회사의 종류'가 관련이 있다. 지금부터 그 이유를 알아보도록 하자.

많은 드라마의 엔딩장면에 언제부터인가 제작사를 나타낸 곳에 방영을 한 방송사가 아니라 외부제작사의 이름이 보인다. 〈시크릿 가든〉이나 〈신의〉, 〈직장의 신〉, 〈각시탈〉 등 거의 모든 드라마에는 드라마 이름과 같은 이름을 가진 회사가 제작사로 나온다. 예를 들어 〈시크릿 가든〉이라는 드라마는 '시크릿 가든 문화산업전문회사'가 만들었으며 엔딩 장면에는 '시크릿 가든 문화산업전문회사' 또는 '시크릿 가든 유한회사'라 표기된다. 이들 회사는 특정 드라마 한편을 위해서 설립되며 투자자와 운영자를 분리해서 관리하고 작품을 통해 광고나 해외 판권 등의 수입원에서 얻어지는 과정이 모두 끝났다고 판단하게 되면 그것을 끝으로 해산하게 되는 회사이다. 그리고 그러한 해산까지는 보통 2년 정도의 기간이 걸린다고 한다. 그런데 이러한 문화산업전문회사는 기본적으로 '문화산업진흥 기본법'에 의해서 설립되는데 이 법에서는 문화산업전문회사는 상법의 유한회사나 주식회사의 형태를 가져야 한다고 규정하고 있다문화산업진흥 기본법 제44조.25) 즉 드라마를 만들고 운영하면서 모든 수익을 내고 배분하게 되면 해산하게 되는 문화산업전문회사는 우리가 지금 배우

24) 최준용, "김종학 PD 사망, 유서 발견 '가족에게 미안하다'", 아시아경제신문, 2013년 7월 23일, available at http://www.asiae.co.kr/news/view.htm?idxno=2013072312314042251

25) 문화산업진흥 기본법 제44조(회사의 형태) ① 문화산업전문회사는 유한회사 또는 주식회사로 한다.
② 문화산업전문회사에 관하여는 이 법에서 특별히 정한 것 외에는 상법을 적용한다.

고 있는 유한회사나 주식회사 중 하나이어야 하는 것이다. 그렇다면 이 두 회사의 종류는 어떤 특징을 갖고 있는 것일까?

상법에서는 회사를 다섯 가지 종류로 나누고 있다제170조.[26] 합명회사, 합자회사, 유한책임회사, 주식회사, 유한회사가 바로 그것이다. 상법은 바로 이 순서대로 각 회사에 대하여 규정하고 있다. 상법 제3편인 '회사'에서 지금 우리가 살펴보고 있는 통칙을 제1장에서 다루고 있고, 그 이후에 합명회사를 제2장제178조부터 제267조까지에서, 합자회사는 제3장제268조부터 287조까지에서, 중간에 새로 생긴2011년 유한책임회사는 제3장의2제287조의2부터 287조의45에서 다루며, 우리가 앞으로 주로 알아보게 될 주식회사는 제4장제288조부터 제542조의13에 위치하고 있다. 그리고 마지막으로 유한회사는 제5장제543조부터 제613조에 존재한다.

이 같은 다섯 가지 종류의 회사와 관련된 내용이 우리가 알아보고 있는 상법 제3편 '회사'의 대부분을 차지하고 있는데 비해서 마지막 두 장인 제6장인 외국회사와 제7장 벌칙은 상대적으로 중요성이 떨어진다. 그래서 회사부분을 전문적으로 다루고 있는 많은 회사법 책에서는 외국회사와 벌칙 부분은 아주 간단히 다루거나 경우에 따라서는 언급하지 않는 경우도 많다우리도 가볍게 다룰 것이다.

다시 김종학 PD의 가슴 아픈 사건에 대해서 이야기해보자. 김종학 씨는 〈여명의 눈동자〉나 〈모래시계〉의 성공 이후에 〈태왕사신기〉라는 드라마에서도 큰 성공을 거두었다. 하지만 이때는 방송국의 PD로서가 아니라 외부제작사의 대표로 드라마를 만들었는데 시청자들의 큰 인기를 얻었지만 경제적으로는 실패했다고 한다. 제작비가 480억원에 달했지만 수익은 400억원에 불과했다는 것이다.[27] 그 이후 업계에는 상법상의 회사인 유한회사의 형태

---

26) **제170조(회사의 종류)** 회사는 합명회사, 합자회사, 유한책임회사, 주식회사와 유한회사의 5종으로 한다. [전문개정 2011.4.14]

27) 성준기, "김종학 PD의 죽음, 개인의 문제 아니다", 마이데일리, 2013년 7월 24일, available at http://www.mydaily.co.kr/new_yk/html/read.php?newsid=201307241016211117&ext=na

를 가진 문화산업전문회사가 등장하는데,[28] 유한회사는 뒤에서 그 특징을 살펴보겠지만 지분을 가진 사원지분권자의 책임은 출자금액을 한도로 하고 있다제553조.[29] 즉 자본금을 만들 때 돈을 내면 특별한 사유가 없는 한 그것으로 끝이며 회사에 대하여 더 이상 책임지지 않는다. 방송국과 제작사는 드라마를 만들기 위해 드라마 제목을 사명으로 하는 유한회사를 하나 만들고 보통 50 대 50 정도로 지분을 나누며 거기에 해당하는 자본금을 부담한다. 드라마가 흥행에 성공하면 그것을 바탕으로 50%의 이익금에 대하여 가져가게 되지만 실패하면 역시 50%의 책임만을 지게 된다.[30] 그런데 문제는 PD가 중심이 된 제작사는 보통 자금이 풍부하지 않다는데 있다. 이들은 돈이 없으므로 연기자들에게 출연을 약속받은 후에 나중에 정산을 약속한다. 흥행에 성공하면 문제가 없지만 실패했을 때 출연료를 지급할 여력이 없다. SBS에서 방송된 드라마 〈신의〉인 경우에도 방송사와 제작사가 서로의 책임을 떠넘기는 불상사가 발생했다. 〈신의〉를 만든 유한회사가 출연배우와 스태프들이 출연료를 대부분 지급하지 못한 것이다.[31] 배우 김희선 씨의 경우에는 회사를 상대로 낸 미지급 출연료 청구 소송에서 승소 판결을 받기도 했다.[32] 하지만 자금력이 있는 방송국은 이미 자신들이 내야 하는 자본금의 50%를 지급했으니 더 이상 책임이 없고, 드라마를 직접 만든 PD는 자금능력이 없어 자신들이 내야 하는 50%

28) 하경헌, "특수목적의 '문화산업전문회사'", 「주간경향」 제1241호 (경향신문사, 2017.8.29), available at http://weekly.khan.co.kr/khnm.html?mode=view&artid=201708211551161&code=116

29) 제553조(사원의 책임) 사원의 책임은 본법에 다른 규정이 있는 경우 외에는 그 출자금액을 한도로 한다.

30) 특히 방송사가 제작사에 대한 횡포가 심하다고 한다: 정석용, "[김종학 PD 자살로 본 외주제작사의 비애] "차라리 '을'이라도 되고 싶다"", 내일신문, 2013년 7월 24일, 20면.

31) 드라마 〈신의〉의 경우에는 6억 4천만원의 출연료 미지급 사태가 벌어졌다고 한다: 전원, "한연노 공식입장 '故 김종학 외주제작시스템 가해자이자 피해자'", 뉴스엔미디어, 2013년 7월 23일, available at http://www.newsen.com/news_view.php?uid=201307231627350910

32) 김민정, "문화산업전문회사, 그것이 알고싶다", 이투데이, 2013년 7월 12일, available at http://www.etoday.co.kr/news/section/newsview.php?idxno=761460

의 지분을 실질적으로 낼 여력이 없었다. 이렇게 방송국과 제작사가 공동지분을 갖고 있는 유한회사 형태의 '신의문화산업전문회사'가 책임을지지 못하게 되자 김종학 PD는 배임 및 횡령 등의 혐의로 경찰과 검찰의 조사를 받았고 끝내 자살로 생을 마감한 것이다.[33] 결국 회사의 주인인 사원이 회사의 부채에 대해서 책임을지지 않는다는 것이 큰 원인이었다고 할 수 있다.

드라마 〈추노〉는 유한회사 추노에서 만들었다

그런데 우리나라의 대부분의 회사는 다섯 가지 종류의 회사 형태 중 주식회사의 모습을 갖고 있다. 여러분이 알고 계시는 모든 회사는 거의 주식회사라고 할 수 있을 정도이다. 2018년 기준으로 우리나라의 회사는 모두 740,215개인데 이 중에서 대부분인 702,998개가 주식회사95.0%이고, 합명회사는 884개0.1%, 합자회사는 3,164개0.4% 그리고 마지막으로 유한회사는 33,169개4.5%에 불과하며, 유한책임회사의 경우는 국세청 통계에 나와 있지도 않다.[34] 즉 현실에서 주식회사가 대부분이고 작은 숫자의 유한회사를 제외한 회사의 종류는 찾아보기 힘든 것이다. 따라서 상법의 회사편에 대한 설명은 주식회사를 중점으로 설명을 할 수밖에 없다.

1.1 주식회사

돛을 달아 바람의 힘으로 가는 배인 범선을 텔레비전이 아닌 현실에서 보기는 힘들다내가 직접 실물로 본 적이 있나?. 그런데 왠지 낭만만이 가득할 것 같은 범선이 사실 우리가 배울 주식회사의 발전과 큰 관련이 있다. 영국과 네덜란드의 동인도회사가 후에 현대의 주식회사 형태로 발전했기 때문이다.[35] 그중에서도

33) 최고야, "김희선 씨 맘 잘 알아요… 울지 마세요", 동아일보, 2013년 7월 25일, A20면.
34) 주식회사 등의 숫자는 2018년도 국세청의 국세통계연보 기준이다.

주식회사는 바로 이러한 범선에서 시작되었다

네덜란드의 동인도회사Dutch East India Company가 바로 기원인데 비록 영국의 동인도회사가 설립은 먼저 되었지만 네덜란드의 동인도회사가 세계 최초로 주식을 발행하였기 때문이다. 하지만 영국의 동인도회사East India Company or Honourable East India Company 역시 후에 주식회사로 발전한 것 역시 사실이기 때문에 주식회사의 모태를 영국의 동인도회사라 볼 수도 있다. 그렇다면 이렇게 17세기에 처음으로 등장한 동인도회사들이 후에 주식회사로 발전할 수 있었던 이유가 무엇일까?

당시 유럽에서는 신대륙이 발견되어 너도나도 신대륙과 교역을 원했다. 신대륙에는 중요한 교역품목인 향신료와 함께 고추, 설탕, 금, 은, 담배, 감자 등이 풍부해서 신대륙에 다녀만 오면 큰 부자가 될 수 있었기 때문이다. 하지만 증기기관이 발명되기 전이었기 때문에 바람에 의존하는 범선을 이용할 수밖에 없어 신대륙에 한 번 왕복하는데 무려 2년 여의 시간이 걸렸다. 그렇다보니 폭풍우를 만날 수도 있고 또한 해적에게 물건을 강탈당하는 일도 비일비재하였다. 성공하면 돈을 크게 벌 수 있지만 실패 확률도 큰 사업이었던 것이다.[36] 이런 위험한 일에 뛰어들어 성공하면 좋지만 만약 실패한다면 뒷감

35) 정기화, "'주주 유한책임' 허용 주식회사 체제, 해상무역 시대 열었다", 한국경제신문, 2015년 1월 30일, available at http://www.hankyung.com/news/app/newsview.php?aid=2015013008081; 물론 이 같은 주장에 대하여 반대하고 15세기 이탈리아의 St. Georg 은행이나 Ambrosius 은행을 주식회사의 전신으로 보기도 하며 주식회사의 현대적인 모습은 18~19세기 산업혁명 이후에 확립되었다고 하기도 한다: 권기범, 「현대회사법론」(삼영사, 제8판, 2021), 408면.

36) 영국의 동인도회사의 경우 항해가 시작된 후 처음 10년간 이익률이 155%에 달하는 고수익을 얻었다고 한다: 하네다 마사시, 「동인도회사와 아시아의 바다」(이수열 · 구지영 역, 선인, 초판, 2012), 76면.

당을 하기 어려울 수 있다. 돌아오지 못하는 선원들에 대한 보상은 어떻게 할 것이며 교역을 위해 투자한 물건 값은 또 어떻게 할 것인가? 투자한 것 이상으로 책임을 져야 한다면 만약 실패할 경우 투자자도 파산할 수도 있기에 투자를 꺼릴 수밖에 없다. 이에 대응하여 범선을 통한 교역에 대한 투자는 필요한 대규모의 자금을 공개적인 공모를 통하여 이를 충족시켰고 또한 투자한 자본 이상으로는 투자자들이 책임을 지지 않는 형태로 이루어졌으며 이러한 특징이 발전하여 주식회사 형태로 이어진 것이다. 그렇다면 이러한 동인도회사가 발전하여 현대의 주식회사로 이어져 온 특징은 무엇일까? 바로 ① 주식, ② 자본금 그리고 ③ 주주의 유한책임이며 이 세 가지 특징은 서로 상호 간에 밀접한 관련이 있다. 이를 차례로 살펴보자.

첫 번째로 주식이다. 주식회사의 자본금을 모을 수 있는 것은 주식을 통하여 회사에 투자할 수 있기 때문이다. 주식은 쉽게 다른 사람에게 매매할 수 있는 형태를 갖고 있으므로 투자금의 회수가 용이하다. 우리는 삼성전자에 대하여 투자하기 위하여 주식을 오전에 샀더라도 마음이 바뀌면 오후에 다시 팔 수도 있다. 이 같은 일이 가능한 것이 주식회사가 주식이라는 형태로 지분권이 구성되어 있기 때문이다. 하지만 합명회사나 합자회사, 유한회사, 유한책임회사와 같은 다른 종류의 회사는 이 같이 주식이 발행되지 않는다.

다음으로 자본금이다. 우선 우리가 주식회사와 거래할 때 거래의 상대방으로 신뢰할 수 있게 되는 것은 기본적으로 그 회사의 경영진이나 주주가 누구냐는 것이 아니라 그 회사의 자본금이 얼마냐는 것이다. 즉 자본금이 크면 클수록, 예를 들어 자본금이 500만원인 회사보다 500억원인 회사가 훨씬 신뢰할 수 있다. 이러한 이유는 바로 뒤주주의 유한책임에서 살펴보겠지만 회사가 부채를 갚지 못할 경우에 주주는 전혀 책임을 지지 않기 때문에 오로지 자본금의 규모가 회사의 신용도를 좌우하기 때문이다. 이 같은 회사의 자본금은 상법상 액면주식을 발행한 경우에는 발행주식의 액면총액, 즉 회사가 발행한 주식총수에 1주식의 액면가를 곱한 금액이 된다주식의 액면가가 5,000원이고 주식을 1만주 발행하였다면 5,000만원이 회사의 자본금이 된다. 이 자본금은 주식회사와 거래할 때 그 회사를 신뢰할 수 있는 유일한 징표이기 때문에 상법회사법에서는 자본금에 관한 원칙을 통해 자본금을 보호하게 된다. 자본금에 관한 원칙이란 자본확정의 원칙회사의 설립 시에 자본금은 확정되고 납입의 주체인 주주가 누구인지 확정되어야 한다, 자본충실의 원칙회사는 적어도 그 자본금 이상으로 순자산을 확보하고 있어야 한다, 마지막으로 자본불변의 원칙회사의 자본은 엄격한 절차를 거치지 아니하고는 줄어들어서는 안 된다으로 구성된다.

마지막으로 주주의 유한책임이다. 나는 지금 인하대학교 법학전문대학원 소속으로 학생들을 가르치고 있다. 한진그룹이 인하대학교의 재단이며, 과거 한진그룹에는 대한항공을 비롯하여 한진해운, 한진중공업 메리츠증권 등 많은 굴지의 기업들이 있었다. 그런데 그중 그룹의 일원이었으나 실질적으로 독립적으로 경영되었던파산 직전 다시 한진그룹이 경영을 하였다 한진해운이 2017년 2월 17일에 파산선고를 받았다.37) 파산원인으로는 여러 이유가 언급되지만 경영진의 도덕적 해이와 정부의 무능력에 있다는 주장이 제기되기도 했다.38) 그런데 한진해운의 주식을 가졌던 주주들의 손해와 열심히 일을 했던 종업원들이 직장을 잃은 어려움과는 별개로 스스로 다행이다 생각한 것은 재단의 중심축이자 동시에 주요 주주였던 대한항공이대한항공은 한진해운의 파산당시 지분을 33.23%를 갖고 있는 최대주주였다39) 한진해운의 채무에 대해서 더 이상 책임을 지지는 않아도 되었다는 것이다만약 대한항공까지 어려워졌다면 인하대학교에도 영향을 미치고 나도 그 영향에서 벗어나지는 못하지 않았을까? – 강사료가 더 깎였을지도 모른다.40) 이것은 주식회사가 파산

37) 한진해운을 파산시킨 것은 한국 해운산업을 위해서는 잘못된 결정이었다는 주장이 많다: 신효령 · 이준호, "이동걸 회장 '한진해운 파산 결정, 합리적 측면에서 문제 있어'", 뉴시스, 2021년 2월 17일, available at https://newsis.com/view/?id=NISX20210217_0001342303

38) 김동규, "해운전문가 3명 중 1명 '한진해운 사태 원인 정부에'", 연합뉴스, 2017년 8월 30일, available at https://www.yna.co.kr/view/AKR20170829188200003

39) 2016년 9월을 기준으로 한진해운의 주주숫자는 5만 3천 명이 넘었다: 박상돈, "한진해운 60년 만에 상장폐지 … 마지막 주가 12원", 연합뉴스, 2017년 3월 6일, available at https://www.yna.co.kr/view/AKR20170306172700008

40) 학교에 아무 영향이 없었다는 것은 아니다. 당시 총장이셨던 분은 한진해운에 채권투자를 하셨다가 직위해제를 당하셨다: 최모란, "한진해운 투자로 130억 날린 인하대, 검찰

하여도 그 주식회사를 소유하였던 주주는 거기에 대해서 개인적인 책임을 지지는 않기 때문이다. 그렇기 때문에 포스코 계열의 자회사포스하이알가 파산하고 KT그룹의 자회사KT ENS가 기업회생절차를 개시하여도 주식의 대부분을 갖고 있는 모회사인 포스코나 KT가 책임을 지지는 않아도 되는 것이다. 언뜻 보면 채권자 입장에서는 포스코와 KT의 신용을 보고 대여해주었는데 돈을 갚지 못하고 파산해 버리면 억울할 수도 있다. 하지만 법은 회사는 이미 살펴본 것처럼 독립적인 법인이고자식의 부채를 부모가 책임질 필요는 없다, 따로 주주가 보증계약이나 담보제공과 같은 계약을 하지 않는다면 주식소유에 대해서 부담을 주지 않으려는 법의 정책상 주주는 책임을 질 필요가 없는 것이다회사의 지분권자인 사원이 책임을 지는 합명회사나 합자회사는 바로 뒤에서 살펴본다.

한진해운

1.2 합명회사 · 합자회사 · 유한책임회사 · 유한회사

대부분의 사람들이 회사를 설립하면서 주식회사의 형태를 취하고 있지만 다른 종류의 회사도 나름대로의 장 · 단점을 갖고 있다. 주식회사를 제외한 나머지 회사의 종류를 같이 설명하고 있지만 성격은 많이 다르다. 일단 상법에서 기술된 순서대로 합명회사제3편 제2장, 합자회사제3편 제3장, 유한책임회사제3편 제3장의2, 유한회사제3편 제5장의 순서대로 알아보자.

우선 합명회사는 상법 제3편 '회사'의 제2장에서 규정하고 있으며 제178조부터 제267조까지 92개 조항으로 구성되어 있다. 이 중에서 합명회사의 특징을 가장 잘 나타낸 조항이 제212조사원의 책임인데 제1항에서 "회사의 재산

특수부서 수사", 중앙일보, 2017년 9월 17일, available at https://news.joins.com/article/21943100

으로 회사의 채무를 완제할 수 없는 때에는 각 사원은 연대하여 변제할 책임이 있다"고 규정하고 있다.[41] 이 조항의 의미는 다음과 같다. 일단 사원社員이란 법인의 구성원을 의미하는데 주식회사인 경우 주주에 해당한다. 그런데 이러한 사원은 합명회사의 경우 회사가 자신의 빚을 스스로 갚지 못하면 대신해서 갚아주어야 하는 무한책임사원이어야 한다는 것이다. 즉 합명회사의 사원은 주식회사의 주주와는 달리 엄청난 책임이 필요한 자리이다. 하지만 대신에 주식회사의 주주가 일부 대주주를 제외하고는 경영에 참여하는 일이 많지 않은 것과는 달리 정관으로 달리 정하는 경우를 빼고는제201조,[42] 회사의 업무를 집행할 권리와 의무가 있다제200조.[43] 결국 회사의 경영에 참여할 권리를 갖고 있으나 이에 대한 대가로 회사가 잘못되었을 경우 그에 대한 책임도 져야 하는 자리가 합명회사의 사원이다.

합자회사는 제3장에서 규정하고 있으며 제268조부터 제287조까지 20개 조항으로 구성되어 있다. 합명회사가 무한책임사원으로만 구성된 것과는 달리 합자회사는 무한책임사원과 유한책임사원으로 구성되어 있으며제268조,[44] 유한책임사원의 책임은 자신이 출자한 금액을 한도로 하고 있다제279조.[45] 이렇듯 책임이 제한되는 대신에 유한책임사원은 회사의 업무집행이나

---

41) 제212조(사원의 책임) ① 회사의 재산으로 회사의 채무를 완제할 수 없는 때에는 각 사원은 연대하여 변제할 책임이 있다.
② 회사재산에 대한 강제집행이 주효하지 못한 때에도 전항과 같다.
③ 전항의 규정은 사원이 회사에 변제의 자력이 있으며 집행이 용이한 것을 증명한 때에는 적용하지 아니한다.

42) 제201조(업무집행사원) ① 정관으로 사원의 1인 또는 수인을 업무집행사원으로 정한 때에는 그 사원이 회사의 업무를 집행할 권리와 의무가 있다.
② 수인의 업무집행사원이 있는 경우에 그 각 사원의 업무집행에 관한 행위에 대하여 다른 업무집행사원의 이의가 있는 때에는 곧 그 행위를 중지하고 업무집행사원 과반수의 결의에 의하여야 한다.

43) 제200조(업무집행의 권리의무) ① 각 사원은 정관에 다른 규정이 없는 때에는 회사의 업무를 집행할 권리와 의무가 있다.
② 각 사원의 업무집행에 관한 행위에 대하여 다른 사원의 이의가 있는 때에는 곧 행위를 중지하고 총사원과반수의 결의에 의하여야 한다.

44) 제268조(회사의 조직) 합자회사는 무한책임사원과 유한책임사원으로 조직한다.

대표행위를 할 수 없고제278조,46) 회사의 채무에 책임을 지는 무한책임사원이 업무집행을 하게 된다제273조.47)

유한책임회사는 제3장의2에서 다룬다. 2011년에 새롭게 신설되었기 때문에 제3장과 제4장 사이에 3장의2라는 자리에 위치하고 있고, 제287조의2부터 제287조의 45까지 44개의 조항으로 되어 있다. 유한책임회사는 내부적으로는 민법의 조합이 갖는 특색이 있으면서기본적으로 합명회사의 조항을 준용한다 제287조의18,48) 사원은 유한책임을 지는 형태이다제287조의7.49) 유한회사나 주식회사에 비하여 사원에게 유한책임을 인정하면서도 회사의 설립과 운영 및 기관구성 등에 있어서는 폭넓게 사적자치를 인정하고 있는 회사의 형태이다.

유한회사는 상법이 규정하고 있는 회사의 종류 중 제일 마지막에 위치하며 제5장에서 규정하고 있다. 제543조부터 제613조까지 74개 조항으로 되어 있다. 소규모 가족회사를 위하여 고안되었기 때문에 설립절차가 간단하다앞에서 본 문화전문회사들이 대부분 이런 이유로 유한회사 형태를 띤다. 예를 들어 회사의 기관은 이사만이 필수이고제561조50) 감사의 존재 여부는 선택할 수 있는 등 폭넓게 자율적인 권한을 부여하고 있다제568조.51) 또한 사원의 책임 역시 출자금액을 한도로 하고 있어 무한책임을 지는 것이 아니라 제한적이다제553조.52) 하지만

45) **제279조(유한책임사원의 책임)** ① 유한책임사원은 그 출자가액에서 이미 이행한 부분을 공제한 가액을 한도로 하여 회사채무를 변제할 책임이 있다.
② 회사에 이익이 없음에도 불구하고 배당을 받은 금액은 변제책임을 정함에 있어서 이를 가산한다.

46) **제278조(유한책임사원의 업무집행, 회사대표의 금지)** 유한책임사원은 회사의 업무집행이나 대표행위를 하지 못한다.

47) **제273조(업무집행의 권리의무)** 무한책임사원은 정관에 다른 규정이 없는 때에는 각자가 회사의 업무를 집행할 권리와 의무가 있다.

48) **제287조의18(준용규정)** 유한책임회사의 내부관계에 관하여는 정관이나 이 법에 다른 규정이 없으면 합명회사에 관한 규정을 준용한다. [본조신설 2011.4.14]

49) **제287조의7(사원의 책임)** 사원의 책임은 이 법에 다른 규정이 있는 경우 외에는 그 출자금액을 한도로 한다. [본조신설 2011.4.14]

50) **제561조(이사)** 유한회사에는 1인 또는 수인의 이사를 두어야 한다.

51) **제568조(감사)** ① 유한회사는 정관에 의하여 1인 또는 수인의 감사를 둘 수 있다.
② 제547조의 규정은 정관에서 감사를 두기로 정한 경우에 준용한다.

사원지분의 증권화를 제한하고 있어제555조53) 증권시장에서 상장이 불가능하다는 약점이 있다. 이런 이유에서인지 유한회사의 형태로 경영해야 하는 많은 회사들이 주식회사의 법적 형태를 갖고 있으며 실질적으로는 유한회사처럼 운영되는 경우가 대부분이다.

2. 기타 분류(같은 회사 같지만 출신성분이 다르다)

지금 우리는 회사에 대해서 이야기하고 있고, 대부분의 회사는 기본적으로 상법을 근거로 설립하고 운영하고 있지만 모든 회사가 상법의 적용만을 받지는 않는다. 예를 들어 업종이 은행업과 같은 특수한 영역에 있다면 은행법의 적용을 받아 설립되고, 금융회사의 지배구조에 관한 법률 등에 따라 운영하게 된다. 그렇기 때문에 상법의 적용을 받으면 최저자본금이 존재하지 않지만 은행인 경우에는 1,000억원 이상의 자본금을 갖추어야 하며은행법 제8조 제2항 제1호,54) 임원이 되는 자격도 더 엄격하다금융회사의 지배구조에 관한 법률 제5조.55) 그리

52) 제553조(사원의 책임) 사원의 책임은 본법에 다른 규정이 있는 경우 외에는 그 출자금액을 한도로 한다.

53) 제555조(지분에 관한 증권) 유한회사는 사원의 지분에 관하여 지시식 또는 무기명식의 증권을 발행하지 못한다.

54) 은행법 제8조(은행업의 인가) ② 제1항에 따른 은행업 인가를 받으려는 자는 다음 각 호의 요건을 모두 갖추어야 한다. [개정 2013.8.13, 2015.7.31]

1. 자본금이 1천억원 이상일 것. 다만, 지방은행의 자본금은 250억원 이상으로 할 수 있다.

55) 금융회사의 지배구조에 관한 법률 제5조(임원의 자격요건) ① 다음 각 호의 어느 하나에 해당하는 사람은 금융회사의 임원이 되지 못한다.

1. 미성년자·피성년후견인 또는 피한정후견인
2. 파산선고를 받고 복권(復權)되지 아니한 사람
3. 금고 이상의 실형을 선고받고 그 집행이 끝나거나(집행이 끝난 것으로 보는 경우를 포함한다) 집행이 면제된 날부터 5년이 지나지 아니한 사람
4. 금고 이상의 형의 집행유예를 선고받고 그 유예기간 중에 있는 사람
5. 이 법 또는 금융관계법령에 따라 벌금 이상의 형을 선고받고 그 집행이 끝나거나(집행이 끝난 것으로 보는 경우를 포함한다) 집행이 면제된 날부터 5년이 지나지 아니

고 이러한 설립근거를 바탕으로 해서 상법상의 회사와 은행법과 같은 특별법상의 회사로 나뉘기도 한다.

회사는 이와 함께 인적회사와 물적회사로도 나누어진다. 인적회사는 앞에서 본 합명회사나 합자회사와 같이 회사에 참여하는 사원이 중심이 되는 회사를 말하다. 즉 사람이 중요한 회사라 인적회사라 한다. 이에 비해서 물적회사는 참여하는 사람이 중요한 회사가 아니라 돈, 즉 물物이 중요한 회사를 말한다. 주식회사나 유한회사가 이에 해당한다.

회사의 구분 중에서 모회사와 자회사의 구분은 만약 삼성전자가 삼성전기의 주식을 50%를 초과해서 갖고 있다면 삼성전자는 모회사, 삼성전기는 자회사가 된다제342조의2 제3항.[56) 57)] 상법에서 특정회사의 지분을 50%를 초과해서 갖고 있다면 사실 거의 마음대로 운영하는 것이 가능하다. 이럴 경우 엄마가 어린 자식에게 큰 영향력을 행사할 수 있듯이 모회사는 자회사의 경영을 좌지우지할 수 있기 때문에 이들 사이를 모자회사라 하는 것이다.

마지막으로 상장회사와 비상장회사로 나눌 수 있다. 뒤에서 다시 살

한 사람

6. 다음 각 목의 어느 하나에 해당하는 조치를 받은 금융회사의 임직원 또는 임직원이었던 사람(그 조치를 받게 된 원인에 대하여 직접 또는 이에 상응하는 책임이 있는 사람으로서 대통령령으로 정하는 사람으로 한정한다)으로서 해당 조치가 있었던 날부터 5년이 지나지 아니한 사람
   가. 금융관계법령에 따른 영업의 허가 · 인가 · 등록 등의 취소
   나. 금융산업의 구조개선에 관한 법률 제10조 제1항에 따른 적기시정조치
   다. 금융산업의 구조개선에 관한 법률 제14조 제2항에 따른 행정처분
7. 이 법 또는 금융관계법령에 따라 임직원 제재조치(퇴임 또는 퇴직한 임직원의 경우 해당 조치에 상응하는 통보를 포함한다)를 받은 사람으로서 조치의 종류별로 5년을 초과하지 아니하는 범위에서 대통령령으로 정하는 기간이 지나지 아니한 사람
8. 해당 금융회사의 공익성 및 건전경영과 신용질서를 해칠 우려가 있는 경우로서 대통령령으로 정하는 사람

56) **제342조의2(자회사에 의한 모회사주식의 취득)** ③ 다른 회사의 발행주식의 총수의 100분의 50을 초과하는 주식을 모회사 및 자회사 또는 자회사가 가지고 있는 경우 그 다른 회사는 이 법의 적용에 있어 그 모회사의 자회사로 본다. [개정 2001.7.24]

57) 상법상으로는 삼성전자와 삼성전기는 모회사 자회사 관계에 있지 않다. 삼성전자는 삼성전기의 지분을 2019년 7월을 기준으로 23.7%만을 보유하고 있기 때문이다.

펴보겠지만 "대통령령으로 정하는 증권의 매매를 위하여 개설된 증권시장에 상장된 주권을 발행한 회사"를 상장회사라 하고 그렇지 못한 회사를 비상장회사라 한다제542조의2.[58] 우리가 증권회사를 통해 쉽게 주식을 살 수 있는 경우 그 회사의 주식이 바로 상장회사의 주식에 해당된다. 주로 작은 회사들이 비상장회사이고, 큰 회사들이 상장회사이지만 지금은 우여곡절 끝에 삼성물산에 통합된 에버랜드도 과거에 비상장회사였고, 기업가치가 2조달러약 2천 160조원에 달하는 사우디아라비아의 아람코Aramco라는 국영석유회사도 한때는 비상장회사로 남아있었다.[59] 비상장회사라 할지라도 이처럼 큰 회사가 존재할 수 있는 것이다.

58) 제542조의2(적용범위) ① 이 절은 대통령령으로 정하는 증권시장(증권의 매매를 위하여 개설된 시장을 말한다)에 상장된 주권을 발행한 주식회사(이하 "상장회사"라 한다)에 대하여 적용한다.

59) 송경재, "재정 넉넉해진 사우디, 아람코 상장 없던 일로?", 파이낸셜뉴스, 2018년 7월 6일, available at https://www.fnnews.com/news/201807061726161849

제3절 ▶ 회사의 능력

이번 절에서 다루는 회사의 능력과 관련한 조항은 통칙 부분에서 한 개에 불과하다. 그렇지만 회사라는 법인이 자연인인 인간과 어떤 능력의 차이를 갖고 있는지 한번 생각해볼 수 있는 기회가 될 것이다.

유럽연합EU 의회 법무위원회Legal Affairs Committee는 2017년 1월 12일 벨기에 브뤼셀에서 인공지능로봇의 법적 지위를 '전자인간electronic personhood'으로 지정하는 결의안을 찬성 17표, 반대 2표, 기권 2표로 통과시켰다. 개인이나 연구소가 아닌 국가 차원에서는 처음으로 인공지능로봇의 법적 지위와 개발 조건, 활용 방안 등에 대한 기술적 · 윤리적 가이드라인을 제시한 것이다. EU의 가이드라인에서는 로봇은 사람이 비용을 치르고 거래할 수 있는 제품이지만, 인공지능을 갖춘 로봇도 일정한 권리를 갖고 행동할 수 있다고 선언하고 있다. 권리는 가졌지만 주인에게 종속적인 존재, 즉 인공지능로봇을 인간을 위해 봉사할 수 있는 계급으로 구분한 셈이다.[60][61]

로봇이 거의 모든 임무에서 인간을 능가하는 시대가 점차 오고 있고 인간의 일자리를 위협할 것이라 한다. 세계 최고의 바둑기사와 인공지능이 서로 물러설 수 없는 경기를 했으며,[62] 심지어 남녀 간의 성행위까지 로봇이 대신할 것이라는 전망이 나오고 있다.[63] 영화에서나 보았던 일이 실제상황으로

60) Committee on Legal Affairs, DRAFT REPORT on with recommendations to the Commission on the Civil Law Rules on Robotics (European Parliament, 2015/2103 (INL), May 31, 2016).

61) 전승민, "똑똑해지는 인공지능… 단순 기계인가 별도 인격체인가", 동아일보, 2017년 2월 25일, A20면.

62) 차두원, "인공지능(AI), 이세돌 수 넘어설 것", 머니투데이, 2016년 2월 11일, available at http://www.mt.co.kr/view/mtview.php?type=1&no=2016020511325411949&outlink=1

63) 양지혜, "美과학자들 '인공지능과 로봇이 대량실업 초래… 인간의 역할 생각해야'",

^ 인공지능 Artificial Intelligence

벌어지려 하는 것이다. 그렇다면 인간과 로봇의 차이는 과연 무엇일까? 이 질문의 답은 조금 더 기다려야 할 것 같지만 자연인自然人인 우리가 이미 오래전에 만든 회사라는 법인法人에 대해서는 답이 이미 나와 있다. 무려 130여 년 전부터 자연인인 인간과 거의 같은 법적인 권리를 회사라는 법인에게 부여해 왔기 때문이다.[64] 그래서인지 많은 사람들이 회사를 사물보다는 사람에 가까운 존재라고 인지한다고 한다고 하는데,[65] 회사에게는 과연 어느 정도의 권리와 능력이 부여되어 있어서 그런 결과가 나왔는지 알아보자.

우리 같은 자연인에게는 권리와 의무의 주체가 될 수 있는 권리능력權利能力, 자기가 하는 행위의 법적인 의미나 결과를 인식하고 판단할 수 있는 의사능력意思能力, 유효한 법률행위를 할 수 있는 행위능력行爲能力, 불법행위로 인한 손해배상의 책임을 지는 불법행위능력不法行爲能力 등이 주어진다. 이런 능력이 있기 때문에 우리는 다른 사람과 의사표현을 통해 계약을 할 수 있고, 또 잘못을 저지르면 거기에 대한 책임도 지게 된다. 물론 이러한 능력은 기본적으로 모든 자연인에게 주어지지만 일정한 연령, 즉 성인이 되어야만 하는 것을 전제조건으로 하기도 한다. 그런데 이 같은 능력은 법인인 회사에게도 자연인인 사람과 마찬가지로 몇 가지 예외를 제외하고는 동일한 능력이 주어진

조선일보, 2016년 2월 15일, available at http://news.chosun.com/site/data/html_dir/2016/02/15/2016021501149.html

64) 1886년 산타클라라 카운티와 서든 퍼시픽 철도회사의 소송에서 법원은 기업에 인격을 최초로 부여하였다: Santa Clara County v. Southern Pacific Railroad Co. 118 U.S. 394, 6 S. Ct. 1132, 30 L. Ed. 118.

65) 안도현, "美 연구진, 기업이 '사람' '사물' 중 어디에 가까운지 연구해보니…", 동아일보, 2015년 4월 14일, available at http://news.donga.com/Main/3/all/20150414/70690781/1

다. 법인은 말 그대로 법으로 만든 사람이기 때문이다. 이런 이유로 우리는 회사가 사물이 아니라 때로는 마치 자연인인 사람처럼 느껴지기도 하는 것이다. 그렇다면 자연인인 사람과 법인인 회사에게 다르게 주어진 권리능력의 몇 가지 예외는 과연 무엇일까?

하나는 법률에 의해서 법인인 회사의 능력이 제한되는 경우가 있다. 상법에서는 제173조에서 회사가 다른 회사의 무한책임사원이 되는 것을 금지하고 있는 경우가 이에 해당한다.[66] 우리가 바로 앞에서 살펴본 것처럼 사원社員이란 법인의 구성원을 의미하며 무한책임사원은 그 중에서도 회사의 재산으로 회사의 채무를 완제할 수 없는 때에 변제할 책임이 있는 사원을 말한다제212조 제1항.[67] 만약 회사가 다른 회사의 무한책임사원이 될 수 있다면 한 회사가 망할 때 그 회사의 무한책임사원인 회사도 같이 망할 수 있다. 정책적 측면에서 이런 연쇄도산을 막기 위해 회사가 다른 회사의 무한책임사원이 되는 것을 금지하고 있는 것이다당신이 다니는 회사가 한진해운의 무한책임사원이 아닌 것이 얼마나 다행인가?. 또한 회사가 정당에 정치자금을 제공하는 것도 제한된다정치자금법 제31조.[68] 미국이나 영국이 회사의 정치자금 지출을 허용하고 있는데 비하여 우리는 엄격하게 이를 금지하고 있다.[69] [70]

또 다른 하나는 법으로 만든 법인인 회사가 갖는 고유한 성격 때문

---

66) 제173조(권리능력의 제한) 회사는 다른 회사의 무한책임사원이 되지 못한다.

67) 제212조(사원의 책임) ① 회사의 재산으로 회사의 채무를 완제할 수 없는 때에는 각 사원은 연대하여 변제할 책임이 있다.

68) 정치자금법 제31조(기부의 제한) ① 외국인, 국내·외의 법인 또는 단체는 정치자금을 기부할 수 없다.
② 누구든지 국내·외의 법인 또는 단체와 관련된 자금으로 정치자금을 기부할 수 없다.

69) 김선민, "기업의 금전적 로비활동에 대한 국내외 제도 현황 및 시사점", 「CGS Report」 2017년 7권 6호 (한국기업지배구조원), 6면; 미국의 경우 자연인과 회사 모두 특정 정치인에 대해서 선거당 2,600달러까지 정치자금을 제공할 수 있다: 신석호, "미국의 입법로비와 정치자금", 동아일보, 2015년 9월 7일, available at http://www.donga.com/news/article/all/20150907/73468131/1

70) 하지만 현실적으로 회사가 정치자금을 제공하는 경우는 많다: 이현진, "황창규 등 '불구속 기소' 檢 송치", 한국경제신문, 2019년 1월 17일, 28면.

에 자연인인 인간과는 다를 수밖에 없는 것들이 있다. 예를 들어 회사가 자연인인 우리처럼 결혼을 하고 상속을 받을 수는 없는 것 아닌가?[71)]

마지막으로 정관의 목적에 의한 제한이 있다. 정관에 대해서는 뒤에서 자세하게 살펴보겠지만 회사는 회사마다 각자 정관이라는 자치법의 성격을 띤 규정을 갖고 있다. 서울특별시와 같은 지방자치단체가 법률보다 하위에 위치하는 조례나 명령을 만들 수 있는 것처럼 각 회사는 회사마다 정관을 가질 수 있고 또 가져야만 한다. 이 정관에 넣어야 하는 내용 중 하나가 회사의 목적이라는 것인데 여기에는 회사가 할 수 있는 사업의 종류에 대해서 기재하도록 되어 있다. 만약 삼성전자 정관의 사업목적에 반도체, 가전제품, 스마트폰 등만이 정해져 있는데 갑자기 식품업에 진출하려고 하면 정관을 위반한 것이 된다. 따라서 정관에 기재되어 있지 않은 새로운 사업을 하기 위해서는 정관의 목적사항부터 먼저 개정해야 한다.[72)] 이렇듯 법인인 회사는 자연인인 인간과 거의 비슷한 능력을 갖고 있으나 법률과 성격에 의해 그리고 정관의 목적에 의해 능력이 제한받고 있다. 그렇다면 150년 전에 인간과 비슷한 능력이 공식적으로 부여된 법인과 진짜 인간과의 능력차이가 이 정도인데 인간이 새롭게 만들고 있는 인공지능을 갖고 있는 로봇은 자연인인 인간과 어느 정도의 법적 능력 차이를 앞으로 갖게 될까? 나도 무척 궁금하다.

71) 동물도 자연인과 법인에게 주어지는 권리능력이 존재하지 않기 때문에 유산상속을 받을 수 없다. 하지만 외국의 경우 신탁 등의 방법을 통해 반려동물들이 실질적으로 유산상속을 받는 효과가 발생할 수는 있다: 이기림, "'패션 거장' 칼 라거펠트가 사랑한 고양이 '슈페트' 유산 상속 받나", 뉴스1, 2019년 2월 20일, available at http://news1.kr/articles/?3552365

72) 오뚜기의 경우 2012년 정기주주총회에서 화장품과 의약품 등을 정관의 사업목적에 새롭게 추가하였다: 손동우, "주주총회서 드러난 식품업체들의 신사업", 매일경제신문, 2012년 3월 25일, A23면.

제2장

주식회사

제1절 ▶ 설립

주식회사의 '설립'은 상법 제3편 제4장 제1절에 규정되어 있다. 42개의 조항으로 구성되어 있으며 크게 발기인, 정관, 발행사항의 결정과 인수, 발기설립이나 모집설립을 통한 기관구성, 등기, 설립에 관한 책임 문제 등 총 6개 부분으로 이루어져 있다. 주식회사를 설립하는 절차에 대한 법적 문제가 아주 복잡하다거나 어렵지는 않다. 이번 절을 공부하다 보면 나도 한번 회사를 차릴 수 있겠다는 생각이 들지도 모르겠다. 그렇다면 스스로의 부를 축적하고 국가경제를 일으키는 차원에서 회사를 한번 만들어볼까?

무엇을 새로 시작한다는 것은 쉽지 않다. 새로운 한해가 시작할 때마다 금연을 스스로와 약속하고, 운동할 것을 결심하고, 다이어트를 욕심내지만 결과는 작심삼일作心三日이 되기 십상이다. 나는 다행스럽게도 담배는 피우지 않기 때문에 운동과 다이어트, 그리고 한 가지 더하여 나의 유일한(?) 약점인 팔자걸음 고치기를 늘 결심한다. 그런데 이런 목표가 벌써 몇 년째인지 모르겠다. 예전에는 새로운 외국어 배우기라는 목표까지 있었는데 지금은 거의 포기상태라 이 세 가지만 남았다. 아마 앞으로도 한동안 나의 목표는 지속될 것 같다.

^ 새로운 법인을 만드는 것이 새 생명을 만드는 임신보다는 훨씬 쉬울 것이다

이렇듯 작은 것도 새롭게 시작하는 게 쉽지 않은데 법인法人이라는 새로운 사람人을 만드는 것은 당연히 나름대로의 어려움이 있을 것이다. 감히 엄마가 감내해야 하는 10개월의 기다림과 회사라는 법인을 새롭게 만드는 것을 비교하는 것이 과연 옳은가 싶지만 아이를 임신해서 출산할 때까지 많은 어려움이 있는 것처럼 회사를 만드는 과정에서도 주의해야 할 것이 많다. 또한 회사가 설립된 이후에는 우리가 자식을 낳아 잘 키워내야 하는 것과 같이 회사를 잘 성장시켜야 한다는 더 큰 어려움이 기다리고 있다. 그래서인지 자연인自然人은 물론이고 법인法人이라는 새로운 인人을 만들어내는 것은 큰 결심을 요구한다.[1] 자연인自然人이나 법인法人의 삶 모두 우리나라에서 쉽지 않기 때문이다. 하지만 지금부터 살펴볼 회사라는 법인을 만드는 것은 법적으로 그리 어려운 일은 아니며 다음의 표로 간단히 요약될 정도이다.

1) 우리나라의 출생률은 0%대를 향해 가고 있고, 기업의 생존율 역시 다른 OECD 국가들에 비해서 매우 낮다. 사람이나 기업 모두 살아가기 쉬운 상황이 아닌 모양이다; 김지윤 · 제임스 김, "신생아 급감 – 인구절벽… 韓, 이대로 가면 2036년 '성장률 0'", 문화일보, 2017년 7월 26일, 24면; 한영준, "국내 창업기업 73.5%가 창업 5년 이내 폐업", 파이낸셜뉴스, 2018년 10월 4일, available at http://www.fnnews.com/news/201810040857446114

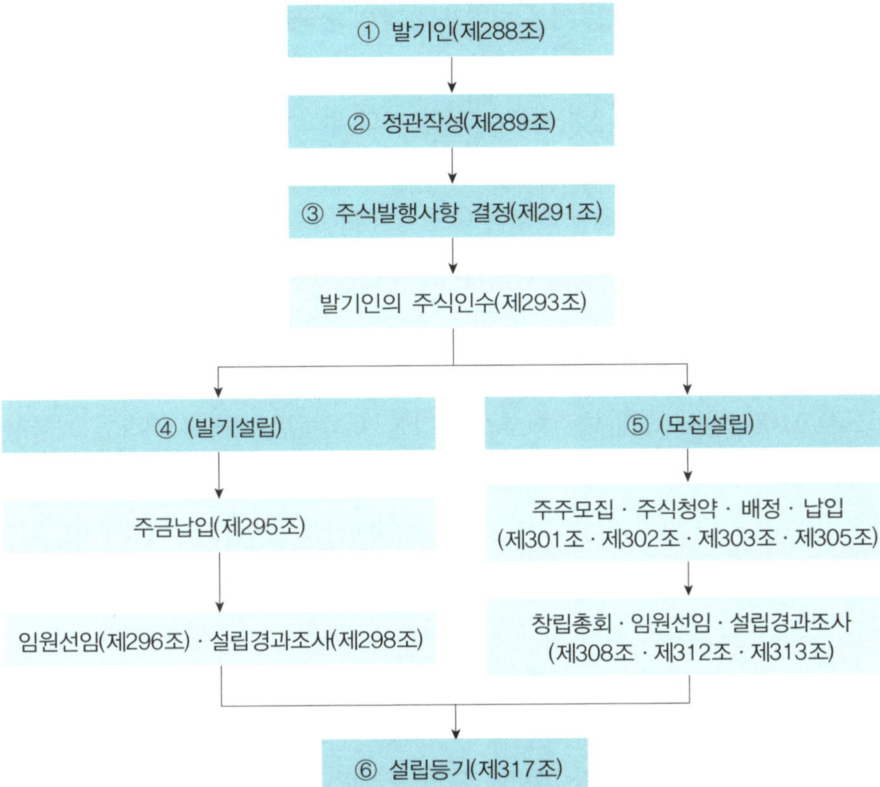

주식회사의 설립절차

주식회사를 하나 만들려고 하면 먼저 생각해야 하는 것이 어떤 제품이나 서비스를 제공하려는가 하는 문제일 것이다.[2] 최근 우리나라에서 만드는 대부분의 물건과 서비스들은 다른 어느 나라와 비교해도 크게 손색이 없다. 그러다보니 외국 여행을 가도 꼭 사와야 할 품목은 존재하지 않는다. 예전에는 일본여행을 가면 코끼리 밥통을 누구나 하나씩 사와야 했고, 중국에 가면 호랑이연고 그리고 유럽에 가면 맥가이버 칼로 통하는 스위스 군용 칼을

2) 강동완, "창업, 어떤 순서로 계획해야 할까", 이데일리, 2008년 7월 31일, available at http://www.edaily.co.kr/news/read?newsId=01653126586480096&mediaCodeNo=257&OutLnkChk=Y

꼭 쇼핑해야 했다.3) 하지만 지금은 거꾸로 많은 중국관광객들이 우리나라의 전기밥솥과 화장품을 필수 쇼핑 품목으로 넣는 것을 보면 세상이 많이 변했다고 느낀다.4) 휴대폰과 같은 전자제품은 말할 것도 없고 늘 외국 제품만이 최고의 자리를 차지하던 품목까지 국산 제품들이 소비자의 사랑을 받고 있는 것이다.

그런데 국산품의 이런 선전에도 불구하고 개인적으로 아쉬운 품목이 몇 가지 있다. 첫 번째가 바로 맥주이다. 맥주가 우리나라 소비자들의 기호를 충족시키지 못하고 있다는 사실은 어제 오늘의 이야기가 아니다. 맛이 특색이 없고 밍밍하여 북한의 대동강 맥주보다도 맛이 없다는 이야기까지 있을 정도이고,5) 그래서인지 국내 맥주회사가 시장을 독점하던 시절에 비하면 시장점유율도 많이 떨어졌다.6) 나도 독일이나 일본에 갔을 때 우리나라와 다른 다양하고 맛있는 맥주 맛에 반한 적이 있다. 독일에서는 평범한 호프집에서, 일본에서는 아주 평범한 스시집에서 시킨 생맥주에 감동받으며 내가 30년 가까이 먹는 우리나라 맥주는 도대체 무엇인지 궁금하였다.

또 다른 하나는 소시지이다. 지금은 그 인기가 크게 떨어졌지만 어렸을 때 먹던 소시지는 분홍색깔을 띤 퍽퍽한 식감을 가졌다현재는 분홍소시지로 불린다. 어머니는 자주 소시지를 계란을 입혀 도시락 반찬으로 해주셨고, 때로 아버지가 늦게 오셔 반찬에 신경을 쓰지 않으셔도 될 때에는 후라이팬에 기름을 두르고 분홍소시지를 잘라 기름에 튀기듯이 하여 반찬으로 주시곤 했다백종원 씨가 '집밥 백선생'이라는 프로에서 소개했던 바로 그 방법이다. 이때 소시지는 돼지고기는 거의 들어가지 않고 주로 전분밀가루과 연육생선살으로 만든 것이라 지금 기준으로는 소시지라기보다는 어묵에 가까웠다내 기억으로 그 당시 분홍소시지는 돈육이 5%도 들어

3) 최승표, "코끼리 밥솥 이고 지고 … 양주는 해외여행 인증품", 중앙일보, 2014년 1월 3일, available at http://news.joins.com/article/13548605

4) 김재범, "중국인 관광객 '요우커' … 한국 쇼핑품목 1순위는 '전기밥솥'", 동아일보, 2014년 10월 3일, available at http://news.donga.com/3/01/20141003/66914283/4

5) 정세진, "아! 대동강맥주", 동아일보, 2015년 3월 30일, available at http://news.donga.com/3/all/20150330/70416514/1

6) 이현택, "수입맥주가 어느새 40% 넘었네", 중앙일보, 2016년 3월 28일, available at http://news.joins.com/article/19794466

가지 않았다. 하지만 간식거리가 다양하지 않아 거리마다 번데기를 사먹던 시절이라 분홍소시지는 최고의 반찬 중 하나였던 것은 틀림없다.

^ 분홍소시지

그런데 어린 시절 늘 맛있게(?) 먹었던 소시지의 맛이 원래 그렇지 않다는 것을 미국 유학 가서 알았다. 고기가 잔뜩 들어가 있는 소시지는 내가 먹던 그 소시지 맛과는 차이가 있었고 분홍소시지 이후에 우리나라 대형마트나 백화점에서 먹었던 프리미엄 소시지(?) 하고도 맛이 또 달랐다. 우리나라의 소시지 소비량이 미국이나 독일에 비해 10%에 지나지 않는 이유가 우리나라 사람들이 삼겹살을 좋아하는 이유도 있지만 맛 자체가 떨어지는 이유도 있는 것 같다.[7)]

지금부터 우리는 주식회사를 차릴 것이다. 비록 가상이지만 사업을 시작하는 것이라면 평소에 아쉬웠던 맥주나 소시지 관련된 회사를 한번 해보고 싶다. 맥주와 소시지 둘 다 같이 해도 어울릴 것 같지만 둘 다 성공하기는 쉽지 않을 테니 이 중에서 소시지 제조업에 종사하면 성공할 것 같다나는 지금 나의 비밀스러운(?) 사업아이템을 누설했다.

1. 발기인(누가 주식회사를 만들까)

발기인과 발기인 조합 예전에 재미있게 보았던 드라마에서 남자 주인공이 "남자들은 예비군복을 입으면 개○○baby가 된다"라는 말을 했다.[8)] 비록 「장미의 이름」이라는 소설의 저자로 잘 알려진 세계적인 기호학자 움베르토 에코

7) 허은선, "햄과 소시지의 발전, '한국스타일 세계가 알아준다'", Economic Review, 2015년 3월 27일, available at http://www.econovill.com/news/articleView.html?idxno=239442

8) 2012년에 SBS에서 방영된 드라마인 〈신사의 품격〉에서 나온 표현이다.

^ 예비군 훈련

Umberto Eco가 어느 한 칼럼에서 제복과 계급장을 가리켜며 유치한 취향이라고 조롱했다지만 군대를 다녀 온 남자들은 예비군복이 갖는 제2의 역할(?)을 체험적으로 잘 안다.9) 예비군복은 남자를 때로는 용감하게, 때로는 조금(?) 추하게 만들기 때문이다. 왜 그럴까? 아마 나 혼자가 아닌 여럿 중에 하나가 되면 평소에 체면이나 자존심 때문에 하지 못했던 일들을 할 수 있어서가 아닐까? 우리는 나 혼자서는 잘 시도하지 못하는 것을 함께라면 할 수 있는 경우가 많다. 회사의 창립도 마찬가지이다. 나 혼자 회사를 차릴 수도 있지만 누구와 함께라면 훨씬 용기백배하여 시도할 수 있다. 만약 혼자서 회사를 설립한다면 단독 발기인으로서 하는 것이 되지만 여럿이라면 나는 회사를 설립하려는 목적을 가진 발기인 조합의 한 명이 되어 회사를 설립하려는 것이다.

발기인의 능력 앞에서 발기인이라는 단어를 사용했지만 우리는 이미 도표를 통해 개략적으로 '주식회사의 설립절차'를 살펴보면서 그 도표의 가장 상단에 위치한 '발기인'이라는 단어를 보았다. 그렇다면 발기인이란 무엇을 하는 사람일까? 상법에서의 발기인은 정관을 작성하고제288조,10) 기명날인記名捺印: 이름을 쓴 후에 도장을 찍거나하거나 서명을 하는 사람제289조 제1항11)으로만 규정되

9) 정용인, "[터치 스크린] 인간의 본성 드러낸 '스탠퍼드 감옥 실험'", 「위클리 경향」 제888호(경향신문사, 2010년 8월 17일) available at http://weekly.khan.co.kr/khnm.html?mode=view&code=116&artid=201008111741421&pt=nv#csidx89b5cb1713956baad093d264cda63c5

10) 제288조(발기인) 주식회사를 설립함에는 발기인이 정관을 작성하여야 한다. [전문개정 2001.7.24]

11) 제289조(정관의 작성, 절대적 기재사항) ① 발기인은 정관을 작성하여 다음의 사항을 적고 각 발기인이 기명날인 또는 서명하여야 한다. [개정 1984.4.10, 1995.12.29, 2001.

어 있지만 실질적으로 회사를 설립하는 사람이다. 따라서 이들은 회사의 설립에 필요한 법률상·경제상의 모든 행위, 즉 개업을 준비하는 행위를 할 수 있다.[12] 회사를 설립하는 것이 혼자서도 가능하지만,[13] 여러 명이 함께하면 더 용감하게 더 잘할 수 있을지도 모른다. 이렇듯 여러 명이 함께 발기인이 되어 정관을 작성하고 기명날인하거나 서명을 하게 되면 이들은 발기인 조합을 형성하게 된다. 조합이란 2인 이상이 상호출자 하여 공동사업을 경영할 것을 약정한 것인데민법 제703조, 재건축 조합이 기존의 낡은 아파트를 재건축하기 위해 하나의 단체로 만들어진 것과 같이 발기인 조합은 회사를 설립할 목적으로 모인 것이다. 따라서 발기인 조합은 민법 제3편 제2장 제13절인 '조합'의 규정민법 제703조부터 제724조까지을 적용받게 된다.

지금부터는 신나는 상상이다. 시중에서 판매되고 있는 소시지에 깊은 실망을 한 나는 대기업에 잘 다니고 있는 친구들을 감언이설로 유혹해서 같이 소시지 회사를 차리기로 하였다. 같이 하기로 한 친구가 3명이라 나까지 포함하면 4명이 회사를 만들려는 목적을 가진 발기인 조합을 결성하게 된 것이다. 4명이서 열심히 자금을 조달하여 사무실도 차리고, 앞으로 소시지를 만들 공장도 확보하였다. 그리고 미래를 함께할 직원들도 채용하였다. 그런데 공장부지로 확보한 땅 옆에 갑자기 지하철 역사가 들어온다는 발표가 난 것이다. 땅 값이 천정부지로 오르고 부동산 중개업소에서 땅을 팔라고 하는 권유 전화를 계속하고 있다. 땅을 다시 팔까하는 생각이 들기도 하는데 그 땅은 과연 누구의 땅일까? 회사 것일까 아니면 발기인 조합 것일까? 그것도 아니면 조합을 대표로 땅을 계약한 내 것일까?

설립중의 회사 우리는 앞의 도표에서 개략적인 주식회사의 설립절차를 이

7.24, 2011.4.14]

12) 최준선, 「회사법」(제16판, 삼영사, 2021), 150면.

13) 1995년까지 발기인은 최소 7인 이상이었고, 2001년까지는 3인 이상이었다. 현재는 그런 제한 규정이 없어져서 1인만으로도 회사를 설립할 수 있다.

미 보았으며 설립등기를 통해서 최종적인 절차가 끝나는 것을 알고 있다. 구입한 아파트가 내 것이 되려면 설립등기를 해야 하는 것처럼 주식회사의 설립도 등기절차를 완료해야 끝난다. 하지만 공장부지로 토지를 매입할 당시 아직 회사의 설립은 완료되지 않았다. 그렇다면 토지 매입에 대하여 등기를 일단 하고 회사가 설립된 후 다시 회사명의로 등기를 해야 하나? 회사의 설립 등기 전에 이미 맺은 고용계약도 회사가 설립하면 다시 해야 하나? 이 같은 문제 때문에 우리나라 법원이 인정한 개념이 바로 '설립중의 회사'이다.[14] 회사를 만드는 과정 중에 점차 인적 물적 요소가 구비되어 실체를 형성하게 되면서 설립등기 이전에 이미 회사와 거의 동일한 형태를 갖추게 되는데 이를 설립중의 회사라고 보면서 이때부터의 행위는 회사의 행위로 인정하는 것이다. 즉 설립중의 회사가 토지를 매입하면 회사가 토지를 매입하는 것으로 보아 이중의 세금 납부와 같은 낭비를 막을 수 있고 고용계약도 그 유효성이 인정된다. 그렇다면 언제부터 회사의 실체가 형성되었다고 볼 수 있을까? 여러 주장이 있지만 우리나라 대법원은 발기인이 적어도 1주 이상의 주식인수가 발생한 시점으로 본다. 결국 발기인이 뒤에서 살펴볼 주식의 인수가 이루어지면 그때부터는 설립중의 회사가 인정되어 발기인들의 행위가 회사의 행위가 된다. 그렇다면 결국 언제 땅을 샀는지에 따라 발기인 조합 것일 수도 회사의 것일 수도 있게 된다.

2. 정관의 작성(국가는 헌법, 회사는 정관)

예전에는 집집마다 가훈이 있는 경우가 많았다. 학교에서도 가훈이 무엇인지 써내는 경우도 있었고, 선생님이 학생들에게 수업시간에 개별적으로 발표를 시키기도 하셨다. 그럼에도 불구하고 우리 집에는 딱히 가훈이라고 정해 놓은 것은 없었다. 다만 어머니가 항상 절약을 강조하시고는 했다. 그래서인지 나

14) 대법원 1990.12.26. 선고 90누2536.

와 내 동생은 결혼을 한지 20여 년이 넘었지만 아직도 어머니의 생활태도가 크게 영향을 끼치고 있다. 이처럼 가훈은 집안 구성원의 행동에 큰 영향을 미친다.

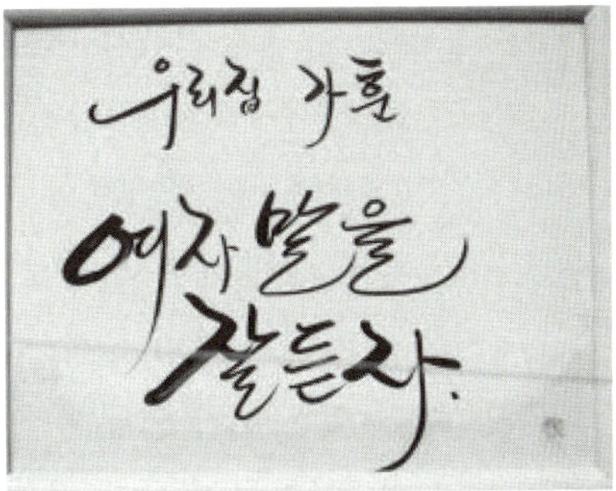

^ 어느 집의 가훈일까?

국가에도 이와 비슷한 역할을 하는 것이 있다. 바로 헌법이다. 우리나라 법률 중 최고 상위에 헌법이 존재하며 이를 통해 우리는 우리나라가 자유민주주의를 신봉하는 국가라는 것을 알 수 있다. 바로 헌법 제1조에 기술되어 있는 “대한민국은 민주공화국이다”이라는 내용 때문이다. 이 같이 국가의 근본이념 등은 헌법 전반에 나타나 우리 국민 모두에게 영향력을 행사한다. 국가에 있어 헌법이 하는 역할을 기업에 있어서는 정관이 한다. 정관은 실질적으로 회사의 조직과 활동을 규율하는 기본적인 규범을 말하며, 형식적으로는 이러한 규범을 증서에 문자화한 서면을 의미한다.[15] 이러한 정관은 마치 자치법自治法처럼 회사 내에서 발기인이나 주주, 주식인수인 등 회사와 관련된 당사자들에게 그들의 의사와는 관계없이 획일적으로 적용된다.

2.1 절대적 기재사항

주주 등에게 획일적으로 적용되는 정관의 내용은 다시 세 가지로 구분할 수 있다. 절대적 기재사항, 상대적 기재사항, 그리고 임의적 기재사항이 그것이다. 우선 절대적 기재사항을 살펴보면 다음과 같다. 상법 제289조정관의 작성, 절대적 기재사항 제1항은 “발기인은 정관을 작성하여 다음의 사항을 적고 각 발기인이 기명날인 또는 서명하여야 한다”고 규정하고 있으며 이하 각 호에 “1.목적, 2.상호, 3.회사가 발행할 주식의 총수, 4.액면주식을 발행하는 경우 1주의 금액, 5.회사의 설립 시에 발행하는 주식의 총수, 6.본점의 소재지, 7.회사가 공고를 하는 방법, 8.발기인의 성명과 주민등록 번호 및 주소”가 기술되어 있

15) 권기범, 「현대회사법론」(삼영사, 제8판, 2021), 419면.

다. 이 같은 8가지 내용은 정관이 꼭 포함하고 있어야 할 사항이라 이를 정관의 절대적 기재사항이라 한다.

이 중 1호의 목적은 우리가 이미 배운 바 있다. 앞장에서 살펴본 '회사의 능력'에서 삼성전자는 현재 식품업에 진출할 수 없다고 했는데 그 이유가 바로 정관의 목적사항에 기재되어 있지 않기 때문이다. 목적사항에 기재되어 있는 분야에 대해서만 회사는 권리능력이 있고 이에 의해 사업을 할 수 있다. 따라서 회사가 정관에 기재되어 있지 않은 새로운 업종에 진출을 하기 위해서는 정관의 목적을 먼저 바꾼 후에 해야 한다. 이런 이유로 네이버가 웹툰이나 뮤직 등의 콘텐츠 산업의 진출을 위해 다음카카오가 카카오 페이와 같은 전자금융업 등의 위해 '저작권 및 저작 인접권 등 중개알선업', '전자금융업' 등을 사업목적에 추가하는 것은 당연한 수순이라고 할 수 있다.[16] 따라서 우리가 앞에서 이야기한 소시지 제조업을 하려고 하면 정관의 목적에 이에 해당하는 '식품'과 관련한 제조 판매 및 유통 등을 정관의 목적사항에 기재해야 한다. 2호는 상호인데 상호의 중요성은 말할 필요가 없을 정도이다. 애플이 갖는 브랜드 가치만 2,342억달러에 달한다고 할 정도이다.[17] 그러므로 멋진 상호는 회사의 성공가능성을 높여준다. 3호부터 5호까지는 자본금과 관련이 있는 내용이다. 3호와 4호는 회사가 발행할 주식의 총수와 주식의 액면금액을 정해 놓은 것이라 회사가 자본금을 얼마까지 늘릴 수 있는지 알 수 있다. 예를 들어 3호에서 회사가 발행할 주식을 1만주라 하고, 4호에서 액면가를 5,000원이라 규정해 놓으면 1만×5,000원이 되어 회사의 자본금은 5,000만원이 된다. 이를 수권授權자본금이라 하여 정관의 개정 없이 이 금액까지 자본금을 늘릴 수 있는 금액을 의미한다. 그리고 5호는 회사를 설립할 때 실질적으로 발행하는 주식수이다. 3호가 발행할 수 있는 주식수인데 비하여 5호는 설립 시 발행하는 실질적인 주식수인 것이다. 6호는 본점소재지인데 이를 근거로 관할 등

16) 김지선, "'정관 바꾸고 신사업 올인' 매출 다각화", 디지털타임즈, 2015년 3월 15일, 8면.
17) 임지선, "삼성 브랜드 가치 '600억달러'…3년째 세계 6위", 경향신문, 2019년 10월 17일, A20면.

기소에 등기도 하고 회사 설립 후에는 주주총회도 개최하게 된다. 7호는 회사가 공고를 하는 방법인데 과거에는 일간지들이 많이 이용되었지만 최근에는 인터넷 홈페이지나 전자메일을 통한 공고를 하는 경우도 많다제289조 제3항.[18] 마지막으로 발기인의 성명과 주민등록번호 및 주소인데 우리가 회사의 정관을 통해 알 수 있는 것은 발기인의 성명뿐이며 개인정보인 주민등록번호나 주소는 법원의 등기소에 정관을 제출할 때는 기재되지만 공시되는 정관을 통해 확인할 수는 없다.

2.2 상대적 기재사항

정관의 또 다른 기재내용은 정관의 상대적 기재사항이다. 상대적 기재사항이란 그것을 기재하지 않아도 정관 자체의 효력에는 지장이 없으나 해당 사항을 하기 위해서는 반드시 정관에 기재해야 하는 사항을 말한다. 예를 들어서 상환주식을 발행하기 위해서는 회사가 임의로 할 수 없고 정관에 관련사항이 미리 기재가 되어 있어야 발행할 수 있다. 정관의 상대적 기재사항으로 대표적인 것은 특별이익, 현물출자, 재산인수, 설립비용 등을 기술한 상법 제290조의 변태설립사항이다.[19] 변태설립사항은 발기인들이 회사를 설립하면서 회사에 손해를 끼칠 수 있는 대표적인 사항을 모아놓은 것이다. 예를 들어 제2호의 현물출자의 경우 만약 발기인이 현금을 대신하여 토지를 출자한다고 생각해 보자. 자신이 토지를 가치가 100억원짜리라고 주장하면서 그 정도의 주식을 가져갔는데 실제 가치가 50억원에 불과하다면 회사는 50억원의 손해를 입게

18) 제289조(정관의 작성, 절대적 기재사항) ③ 회사의 공고는 관보 또는 시사에 관한 사항을 게재하는 일간신문에 하여야 한다. 다만, 회사는 그 공고를 정관으로 정하는 바에 따라 전자적 방법으로 할 수 있다. [개정 2009.5.28]

19) 제290조(변태설립사항) 다음의 사항은 정관에 기재함으로써 그 효력이 있다.

1. 발기인이 받을 특별이익과 이를 받을 자의 성명
2. 현물출자를 하는 자의 성명과 그 목적인 재산의 종류, 수량, 가격과 이에 대하여 부여할 주식의 종류와 수
3. 회사성립 후에 양수할 것을 약정한 재산의 종류, 수량, 가격과 그 양도인의 성명
4. 회사가 부담할 설립비용과 발기인이 받을 보수액

된다. 이런 변태설립사항이 있다면 정관에 기재를 해야 효력을 발생할 수 있기 때문에 현물출자가 효력을 발생하기 위해서는 정관에 미리 기재가 되어 있어야 한다. 이런 식으로 정관에 미리 기재되어 있어야 할 수 있는 사항을 상대적 기재사항이라 하고 회사법 전체에는 30개가 넘는 조항에서 이를 요구하고 있다.

2.3 임의적 기재사항

마지막으로 살펴볼 정관의 기재사항이 임의적 기재사항이다. 한때 구글의 퍼스트레이디로 불렸던 젊은 여성이 있었다. 명문 스탠퍼드대학을 수석졸업하고 구글의 창립멤버로 뛰어들어 눈부신 성장을 만들어낸 컴퓨터 엔지니어였다. 2012년 7월 그녀는 37살의 나이에 야후의 최고경영자로 자리를 옮겼다. 인터넷 시대를 선도하다 구글의 등장 이후 쇠락해가던 야후Yahoo의 이사회가 경쟁업체 핵심 인재를 깜짝 영입하는 승부수였다. 그렇게 등장한 실리콘밸리의 스타이자 슈퍼모델 같은 외모로도 유명한 야후의 CEO의 이름은 바로 마리사 메이어Marissa Ann Mayer다. 엔지니어 출신이라 경영 경험이 없었고, 야후가 회생하기에는 너무 늦었다는 일부 회의적인 시선도 있었지만, 야후의 임직원들은 메이어를 열렬히 환영했다. 그녀는 닷컴 시대의 영광을 되찾아줄 구원투수이자 야후의 희망으로 여겨졌기 때문이다. 4년이 흐른 2016년 야후는 핵심 부문인 인터넷 사업을 미국 최대 이동통신사 버라이즌에 매각하였다. 야후를 살리겠다고 뛰어든 스타 CEO 메이어가 끝내 두 손을 든 것이다. 매각금액은 48억달러5조 5천억원, 야후의 전성기 시가총액의 4%에 불과한 금액이다. 그러나 야후 임직원들과 언론이 더욱 주목하는 돈이 있었다. 메리사가 떠나면서 받게 될 거액의 퇴직급여, 그녀가 타게 될 '황금낙하산golden parachute'이다.

^ 과거 Yahoo의 CEO였던 메이어

황금낙하산이란 기업이 임기가 남아 있는 경영진에게 일반적으로 지급되는 퇴직금 외에 현금과 주식매수선택권스톡옵션, 잔여 임기 동안의 보수 등을 상당한 수준으로 보장해주는 것을 말한다. 1980년대 미국 월가에서 등장한 이 관행은 기업을 인수하려는 측에 부담을 줌으로써 적대적 인수합병을 어렵게 하고, 최고경영자에게 경영에 집중하도록 한다는 취지였다. 실리콘밸리의 스타 메이어도 그 대열에 오르게 된 셈이다. 기업 임원 보수 조사업체 에퀼라Equilar에 따르면 그녀가 최고경영자 자리를 내놓을 경우 받게 될 황금낙하산은 5천5백만달러약 603억원에 이른다고 한다.[20] 그렇다면 이러한 황금낙하산 제도는 어떻게 가능한 것일까? 바로 정관에 기재를 함으로써 가능하게 된다. 정관은 앞에서 본 것처럼 기업 내에서는 마치 자치법과 같은 역할을 한다. 주주총회를 통해 정관에 기재가 되면 법의 강행규정이나 사회질서를 위반하지 않고 주식회사의 본질에 반하지 않는 한 무엇이든지 그 효력이 발생하게 된다. 이사나 감사의 수를 법이 정해준 범위 내에서 자율적으로 정할 수 있고, 주주총회의 소집시기 역시 마찬가지이다. 그리고 황금낙하산 제도의 도입 등도 이에 해당한다. 미국의 야후뿐만 아니라 우리나라의 많은 기업들도 이 제도를 도입하였다. 코스닥 시장의 대표기업이었다가 현재는 코스피 시장에서 선두 기업의 위치를 바라보고 있는 바이오 기업인 셀트리온은 2010년에 정관변경을 통해 황금낙하산 제도를 도입했고, 2015년 기준으로 상장사의 24%가 경영권 보호를 이유로 황금낙하산 제도나 초다수결의제 등을 도입했는데 이는 모두 정관의 임의적 기재사항에 해당한다.[21] 특히 황금낙하산 제도의 경우 코스닥 시장에서는 16.2%, 코스피 시장에서 3.5%가 도입했는데 퇴직금이 500억원에 달하는 경우도 있다고 한다.[22] 그렇다면 내가 설립하는 소시지 회사도 황금낙하

20) 김종명, "몰락한 야후…'황금낙하산'의 경고", KBS News, 2016년 6월 11일, available at http://news.kbs.co.kr/news/view.do?ncd=3327367&ref=A

21) 김효진, "경영권 방어장치, 상장사 24% 도입", 한겨레신문, 2015년 7월 22일, available at http://www.hani.co.kr/arti/economy/stock/701424.html#csidxee25abc9e9ae5bf93a5f1afc6bdbd99

22) 경수현, "상장사 10곳 중 1곳 황금낙하산 도입 … 위로금 최대 500억원", 연합뉴스, 2016년 2월 1일, available at https://www.yna.co.kr/view/AKR20160129205400008

산 제도를 정관에 기재해야 하는 것일까?

이렇게 절대적 기재사항, 상대적 기재사항 그리고 마지막으로 임의적 기재사항까지 모두 갖추어 정관의 내용을 완성하면 정관은 공증인의 인증을 받음으로써 효력이 발생하는데 자본금 총액이 10억원 미만이며 동시에 바로 뒤에 나오는 발기설립의 경우에는 발기인의 기명날인이나 서명만으로도 효력이 발생하게 된다제292조.[23)]

3. 발행사항의 결정
(회사설립에 필요한 돈을 어떻게, 얼마나 모아야 할까?)

우리나라의 치킨전문점 수는 총 3만6,000여 개에 달하며 전 세계 맥도날드 매장3만5,000개보다도 많다고 한다. "퇴직한 사람 셋 중 하나는 치킨집 사장님이 된다"는 말이 나올 정도이다. 그런데 이런 치킨전문점 창업에 드는 비용은 어느 정도일까. 한국공정거래조정원이 국내 15개 주요 치킨전문점 프랜차이즈를 대상으로 매장 임차료를 제외한 초기 창업비가맹비와 인테리어 시공비를 조사해 봤더니 다음과 같았다. 가장 비용이 많이 드는 'BBQ 카페'의 경우 1억 1,369만원이 들었고, 가장 저렴한 '호식이 두마리 치킨'은 1,760만원이었다. BBQ 카페 다음으로 창업비용이 높은 맘스터치1억 1,155만원와 교촌치킨1억 333만원도 매장 크기와 인테리어 비용 때문에 창업비용이 높은 편이었다.[24)] 만약 우리가 회사를 차려 치킨집을 운영한다면 최소한 이 정도 비용에 맞추어 자본금을 확보해야 하고, 앞에서 이야기한 소시지 제조 회사를 차리려는데 10억원이 든다

23) 제292조(정관의 효력발생) 정관은 공증인의 인증을 받음으로써 효력이 생긴다. 다만, 자본금 총액이 10억원 미만인 회사를 제295조 제1항에 따라 발기설립(發起設立)하는 경우에는 제289조 제1항에 따라 각 발기인이 정관에 기명날인 또는 서명함으로써 효력이 생긴다. [전문개정 2009.5.28]

24) 정철환, "'국민 창업 아이템' 치킨집 창업 비용, 얼마나 될까?", 조선일보, 2016년 2월 26일, available at http://news.chosun.com/misaeng/site/data/html_dir/2016/02/26/2016022600170.html

면 역시 이러한 필요자금에 맞추어야 한다.

이미 우리는 정관을 작성할 때 정관의 절대적 기재사항에서 '회사의 설립 시에 발행하는 주식의 총수'를 정한다는 것을 알았다제289조 제1항 제5호. 그렇기 때문에 발행사항의 결정은 모아야 할 총액이 결정된 상태에서 '어떻게 모으느냐'라는 방법을 정하는 것이다제291조.[25] 다음 장에서 살펴볼 주식에서 다시 설명하겠지만 주식은 보통주만 있는 것이 아니기 때문에 보통주와 우선주 등을 선택하고 또한 액면주식으로 할지 아니면 무액면주식으로 할지, 그리고 액면주로 발행할 경우 액면가를 그대로 받을지 아니면 액면 이상으로 받을지 등을 결정하는 단계가 바로 발행사항의 결정이다. 우리가 소시지 제조 회사를 만들려고 10억원이 필요하다면 액면가 5,000원으로, 액면가 그대로 주식을 발행한다면 주식 숫자는 20만주는 필요할 것이고5,000원×20만주=10억원, 주식의 종류는 보통주나 우선주 등 당시 사정에 맞게 결정을 하면 된다이 부분은 뒤에서 다시 본다.

4. 발기설립과 모집설립 (만든 사람이 주식을 다 샀을까? 아니면 다른 사람에게도 팔았을까?)

"추석秋夕은 글자 그대로 풀이하면 '가을 저녁'이다. 나아가 '가을의 달빛이 가장 좋은 밤' '달이 유난히 밝은 좋은 명절'이라는 뜻이다. '더도 말고 덜도 말고 늘 한가윗날만 같아라'라는 말이 있다. 추석에는 오곡백과가 풍성하고 많

25) 제291조(설립 당시의 주식발행사항의 결정) 회사설립 시에 발행하는 주식에 관하여 다음의 사항은 정관으로 달리 정하지 아니하면 발기인 전원의 동의로 이를 정한다.

1. 주식의 종류와 수
2. 액면주식의 경우에 액면 이상의 주식을 발행할 때에는 그 수와 금액
3. 무액면주식을 발행하는 경우에는 주식의 발행가액과 주식의 발행가액 중 자본금으로 계상하는 금액

[전문개정 2011.4.14]

^ 추석에는 없어서는 안될 송편

은 음식을 장만해 다 같이 모여 먹고, 다양한 놀이를 즐기므로 늘 이날만 같았으면 더 바랄 것이 없겠다는 의미일 것이다.

조선시대 세시풍속집인 동국세시기東國歲時記에서는 추석을 이렇게 기록하고 있다. "추석은 신라 풍속에서 비롯됐는데, 시골 농촌에서는 1년 중 가장 중요한 명절로 삼는다. 새 곡식이 이미 익고 추수가 멀지 않았기 때문이다. 이날 사람들은 닭고기, 막걸리 등을 모든 이웃과 함께 실컷 먹고 취하여 즐긴다." 이렇듯 풍성하고도 따뜻한 나눔의 의미가 담긴 날이기에 그 전통이 지금까지 전해 내려와 햅쌀로 떡도 하고 좋은 과일을 상에 올려 한 해 농사의 고마운 마음을 조상들에게 전하는 것이다. 이렇게 가을 수확을 축하하기 위해 준비하는 추석 음식들 가운데 가장 먼저 떠오르는 음식은 송편松片이다."[26] 사실 송편이 없는 추석은 상상하기 힘들다. 최근에는 송편을 집에서 만드는 일이 점점 줄어들고 있지만 한동안 초등학교에 다니는 아이들에게 송편 만드는 일을 돕게 하기도 했다. 그런데 아이들은 송편을 만들 때는 무척이나 신나하지만 막상 완성이 되면 자신들이 만든 못생긴 것은 먹기를 거부하고 예쁜 송편만을 먹으려 했다. 아니 왜 자기들이 만들어 놓고 책임을 지지 않는 거야? 그거 누가 먹으라고?

그런데 회사를 만들 때는 그런 일을 걱정할 필요가 없다. 상법은 발기인에게 자신이 만든 회사의 주식을 최소한 1주라도 사게 하고 있으니까 말

26) 정재덕, "견과송편, 쫄깃한 햅쌀… 오도독 견과류 '달달한 만남'", 문화일보, 2017년 9월 26일, available at http://www.munhwa.com/news/view.html?no=2017092601032712000001

이다제293조.[27] 또한 상법은 회사를 설립한 발기인들이 자신들이 만든 회사의 주식을 모두 인수할 경우발기설립와 발기인이 아닌 다른 사람에게 1주라도 팔았을 경우모집설립를 분리해서 주식인수 이후의 과정을 규정하고 있다. 발기인이 아닌 제3자의 존재 여부는 발기인들이 회사를 설립하는 과정이 제대로 되었는지를 확인하는데 있어 중요한 역할을 하기 때문이다. 주식회사의 설립절차는 발기설립과 모집설립이라는 두 가지 절차로 나뉘는데 발기설립과 모집설립의 가장 기본적인 차이는 제3자가 새로 설립되는 회사의 주식을 사느냐의 여부이다. 단 한 주라도 제3자가 주식을 인수하게 되면 모집설립이 되고 회사 설립을 하는 발기인들이 스스로 모든 주식을 사게 되면 발기설립이 된다. 이러한 발기설립은 절차가 간단하기 때문에 실무에서 선호된다. 우선 발기설립에 대해서 알아보자.

4.1 발기설립

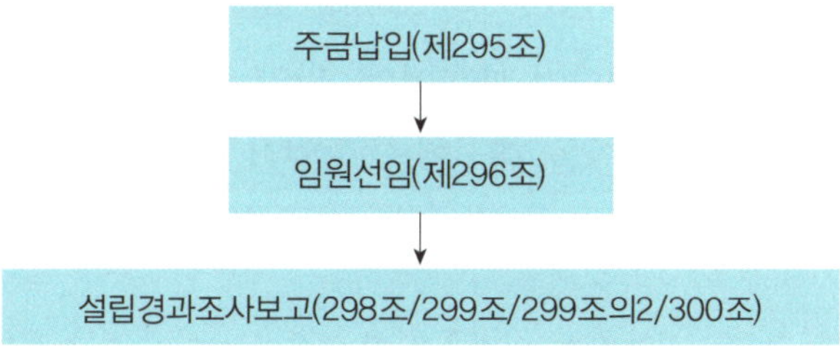

위의 그림은 앞에서 살펴본 회사 설립절차의 개략적인 그림에서 발기설립 부분만을 가져온 것이다. 우선 발기인들이 모두 주식인수를 한 후 그에 따라 현금이나 현물을 주식의 인수대가로 회사에 납입한다제295조.[28] 납입이 끝나면

---

27) 제293조(발기인의 주식인수) 각 발기인은 서면에 의하여 주식을 인수하여야 한다.

28) 제295조(발기설립의 경우의 납입과 현물출자의 이행) ① 발기인이 회사의 설립 시에 발행하는 주식의 총수를 인수한 때에는 지체없이 각 주식에 대하여 그 인수가액의 전액을 납입하여야 한다. 이 경우 발기인은 납입을 맡을 은행 기타 금융기관과 납입장소를 지정하여야 한다. [개정 1995.12.29]
② 현물출자를 하는 발기인은 납입기일에 지체없이 출자의 목적인 재산을 인도하고 등

발기인들이 모여 임원이사와 감사을 선임해야 한다. 임원은 회사 설립 후 회사를 경영할 사람들이기 때문에 회사 설립절차가 끝나기 전에 미리 지정해 놓아야 한다물론 발기인이 이사와 감사가 되는 경우도 많다. 발기인이 임원을 선임할 때는 발기인은 납입이 끝난 상태로 자신들이 인수한 주식 1개당 1개의 의결권이 생기며 그 의결권을 갖고 과반수로 임원을 선임하게 된다. 제296조29) 돈을 납입하기 전까지는 발기인은 모두 한 사람당 하나의 의결권만을 갖고 있었지만 납입이 끝나게 되면 이제는 주식 숫자와 의결권 숫자가 같아지게 된다. 즉 주식을 많이 사서 회사에 돈을 그만큼 많이 납입하게 되면 발언권이 강해지게 되며 그에 따른 의사결정에 따라 임원이 선임된다.

임원 선임이 끝나면 이사와 감사는 회사의 설립에 관한 모든 사항이 법령이나 정관에 위반되지 않았는지를 조사하여 그 결과를 발기인에게 보고하게 되고제298조 제1항,30) 이사와 감사 중에서 발기인이었던 자나 현물출자 등이 있었던 경우에는 이 조사에 해당 이사나 감사는 참여하지 못한다제289조 제2항.31) 스스로 회사를 설립하고 동시에 자신이 회사설립의 잘잘못을 따지는 것은 이해충돌의 문제가 발생하기 때문이다. 만약 이사와 감사 전원이 발기인 등에 해당이 될 경우에는 이들 대신에 공증인이 조사를 하게 된다제298조 제3항.32)

기, 등록 기타 권리의 설정 또는 이전을 요할 경우에는 이에 관한 서류를 완비하여 교부하여야 한다.

29) 제296조(발기설립의 경우의 임원선임) ① 전조의 규정에 의한 납입과 현물출자의 이행이 완료된 때에는 발기인은 지체없이 의결권의 과반수로 이사와 감사를 선임하여야 한다. ② 발기인의 의결권은 그 인수주식의 1주에 대하여 1개로 한다.

30) 제298조(이사·감사의 조사·보고와 검사인의 선임청구) ① 이사와 감사는 취임 후 지체없이 회사의 설립에 관한 모든 사항이 법령 또는 정관의 규정에 위반되지 아니하는지의 여부를 조사하여 발기인에게 보고하여야 한다.

31) 제298조(이사·감사의 조사·보고와 검사인의 선임청구) ② 이사와 감사 중 발기인이었던 자·현물출자자 또는 회사성립 후 양수할 재산의 계약당사자인 자는 제1항의 조사·보고에 참가하지 못한다.

32) 제298조(이사·감사의 조사·보고와 검사인의 선임청구) ③ 이사와 감사의 전원이 제2항에 해당하는 때에는 이사는 공증인으로 하여금 제1항의 조사·보고를 하게 하여야 한다.

이와 함께 만약 현물을 납입했을 경우와 같이 제290조의 변태설립사항에 해당하는 것이 있다면 이사와 감사는 법원에 검사인의 선임을 요구하게 된다제289조 제4항.33) 그리고 검사인은 조사결과를 발기인이 아닌 법원에 보고를 하게 된다제299조 제1항.34) 현금 대신에 토지와 같은 현물을 발기인이 납입했다면 그게 합당한 가치가 있는지 확인하는 절차가 필요하다. 만약 합당한 가치가 없다면 회사가 손해를 보기 때문이다1,000만원짜리라고 주장하며 그 가치만큼의 주식을 가져갔는데 실제 가치가 500만원짜리이면 회사가 손해를 본 것이다. 검사인의 조사보고는 공증인이나 감정인의 조사보고로 대체될 수 있으며제299조의2,35) 보고서 심사 후 법원은 보고서를 기초로 하여 부당하다고 판단할 경우 이를 변경한 후1,000만원을 500만원으로 바로잡는 것이다 발기인에게 통보할 수 있다제300조.36) 이렇게 법원이 개입하는 것은 발기인들이 서로 공모하여 현물출자 등이 이루어질 때 회사가 손해를 입게 하는 것을 막기 위해서이다. 현물출자 등과 같이 회사가 설립과정 중에 손해를 입을 경우가 있을 경우 절차상의 문제점 유무를 법원이 검증할 필요가 있다.

---

33) 제298조(이사·감사의 조사·보고와 검사인의 선임청구) ④ 정관으로 제290조 각 호의 사항을 정한 때에는 이사는 이에 관한 조사를 하게 하기 위하여 검사인의 선임을 법원에 청구하여야 한다. 다만, 제299조의2의 경우에는 그러하지 아니하다.

34) 제299조(검사인의 조사, 보고) ① 검사인은 제290조 각 호의 사항과 제295조에 따른 현물출자의 이행을 조사하여 법원에 보고하여야 한다.

35) 제299조의2(현물출자 등의 증명) 제290조 제1호 및 제4호에 기재한 사항에 관하여는 공증인의 조사·보고로, 제290조 제2호 및 제3호의 규정에 의한 사항과 제295조의 규정에 의한 현물출자의 이행에 관하여는 공인된 감정인의 감정으로 제299조 제1항의 규정에 의한 검사인의 조사에 갈음할 수 있다. 이 경우 공증인 또는 감정인은 조사 또는 감정결과를 법원에 보고하여야 한다. [개정 1998.12.28] [본조신설 1995.12.29]

36) 제300조(법원의 변경처분) ① 법원은 검사인 또는 공증인의 조사보고서 또는 감정인의 감정결과와 발기인의 설명서를 심사하여 제290조의 규정에 의한 사항을 부당하다고 인정한 때에는 이를 변경하여 각 발기인에게 통고할 수 있다. [개정 1998.12.28]
② 제1항의 변경에 불복하는 발기인은 그 주식의 인수를 취소할 수 있다. 이 경우에는 정관을 변경하여 설립에 관한 절차를 속행할 수 있다. [개정 1998.12.28]
③ 법원의 통고가 있은 후 2주 내에 주식의 인수를 취소한 발기인이 없는 때에는 정관은 통고에 따라서 변경된 것으로 본다. [개정 1998.12.28]

^ 강원랜드의 모습

4.2 모집설립

더 이상 쓸모가 없어진 폐광에 국내 유일의 내국인을 위한 카지노를 운영하는 회사가 설립된다면 그 회사의 미래는 어떨까? 이익이 날만한 회사가 될까? 아니면 은행은 어떨까? 기존 은행과는 다른 차별적 서비스를 약속하는 새로운 은행의 주주로서 참여할 것을 권유받는다면 어떻게 할 것인가? 참여할 것인가? 앞의 회사는 1999년 청약경쟁률이 12.4 대 1에 달하면서 설립된 강원랜드이고,37) 뒤의 회사는 지금은 신한은행에 합병되어 사라져 버린 동화은행이 1989년에 주주의 모집절차를 통하여 회사의 필요 자본금 1,996억 9천만원을 마련했을 때의 이야기이다은행의 전체 필요자본금 2,000억원 중 31명의 발기인이 3억 1천만원 어치의 주식을 인수했고 나머지를 모집절차를 통해서 마련하였다.38)

이처럼 회사 설립에 필요한 자본금을 모을 때 발기인들이 모두 인수하지 못하고 한 주라도 제3자가 인수하게 되면 이것은 설립절차 중 모집설립에 해당된다제301조.39) 발기설립을 할 경우에는 회사를 실질적으로 만든 발기인들이 스스로 모든 주식을 인수하기 때문에 절차가 간편하다. 하지만 제3자가 주식을 인수하게 된다면 새로운 주주를 모집해야 하고, 모집된 제3자의 보호를 위해서 상법은 회사에 많은 요구를 할 수밖에 없다. 제3자는 회사를 직접 만든 발기인에 비해서 회사에 대한 정보에 어둡기 때문이다. 발기설립과

37) 배연호, "폐광카지노 주식 청약경쟁률 최하 5 대 1 예상", 연합뉴스, 1999년 7월 5일, available at https://news.naver.com/main/read.nhn?mode=LSD&mid=sec&sid1=102&oid=001&aid=0004411590

38) 심상복, "신설금융기관 주식청약 어떻게 하나", 중앙일보, 1989년 5월 1일, 종합11면.

39) 제301조(모집설립의 경우의 주식모집) 발기인이 회사의 설립시에 발행하는 주식의 총수를 인수하지 아니하는 때에는 주주를 모집하여야 한다.

모집설립의 차이는 여기에서 비롯된다. 즉 모집설립은 제3자를 모집하는 절차와 제3자를 보호하기 위한 절차가 발기설립에 비해서 추가되는 것이다.

우선 제3자를 모집하는 절차를 살펴보자. 제3자를 모집하는 절차는 주주모집 → 주식청약 → 주식의 배정 → 납입의 순서로 진행된다. 이러한 주주모집은 불특정 다수를 상대로 모집을 하는 공모와 한정된 특정한 사람들을 대상으로 할 경우의 사모로 나누어진다. 공모인 경우 자본시장법 제9조 제7항의 모집에 해당하고 그 총액이 10억원 이상이 되면자본시장법 시행령 제120조 투자설명서에 상세한 정보를 기재하여야 하며 또 허위 사실을 기재할 경우 엄격한 손해배상책임을 져야 하기 때문에 보통 상법의 적용을 받는 연고모집인 사모를 하게 되는데 이는 공모에 비해서 상법 제302조 제2항에서 요구하는 주식청약서의 기재사항이 매우 간소하기 때문이다.[40]

주식청약은 제302조 제1항에 의해 주식청약서에 날인이나 서명을 통하여 이루어지며, 주식청약이 끝나면 각 청약자마다 얼마만큼의 주식을 부여할 것인지를 정하여 이를 배정을 하게 된다. 주식배정의 방법에 대해서는

---

40) 제302조(주식인수의 청약, 주식청약서의 기재사항) ① 주식인수의 청약을 하고자 하는 자는 주식청약서 2통에 인수할 주식의 종류 및 수와 주소를 기재하고 기명날인 또는 서명하여야 한다. [개정 1995.12.29]

② 주식청약서는 발기인이 작성하고 다음의 사항을 적어야 한다. [개정 1962.12.12, 1984.4.10, 1995.12.29, 2011.4.14]

1. 정관의 인증년월일과 공증인의 성명
2. 제289조 제1항과 제290조에 게기한 사항
3. 회사의 존립기간 또는 해산사유를 정한 때에는 그 규정
4. 각 발기인이 인수한 주식의 종류와 수
5. 제291조에 게기한 사항

5의2. 주식의 양도에 관하여 이사회의 승인을 얻도록 정한 때에는 그 규정

6. 삭제 [2011.4.14]
7. 주주에게 배당할 이익으로 주식을 소각할 것을 정한 때에는 그 규정
8. 일정한 시기까지 창립총회를 종결하지 아니한 때에는 주식의 인수를 취소할 수 있다는 뜻
9. 납입을 맡을 은행 기타 금융기관과 납입장소
10. 명의개서대리인을 둔 때에는 그 성명·주소 및 영업소

상법이 특별히 규정을 두고 있지 않기 때문에 자유롭게 발기인이 주식을 배정할 수 있다배정자유의 원칙. 하지만 주식청약서나 투자설명서 그리고 모집광고 등에 배정방법이나 기준을 밝힌 경우라면 그 기준을 따라야 한다.

납입은 배정된 주식의 수에 따라 주식인수인이 돈을 납부하는 것을 말한다. 주식이 배정되면 주식인수인은 납입의무가 부과되고제303조,[41] 지체없이 인수가액을 납입해야 한다제305조.[42] 그런데 만약 주식을 배정받은 사람이 그에 대한 납입을 하지 않는다면 설립중의 회사는 주식인수의 권리를 신속하게 박탈하고 새로운 주식인수인을 찾을 수 있다제307조.[43] 돈이 제대로 회사에 납입되지 않아 주식회사의 가장 중요한 요소인 자본금이 제대로 들어오지 않는 것을 막기 위해서이다.

다음으로 발기인이 아닌 제3자로서 주식인수인이 된 자들을 보호하는 과정을 살펴보자. 모집설립에는 주식인수인을 보호하기 위한 제도로 창립총회와 발기인의 조사보고가 존재한다. 즉 발기인들을 제외한 새롭게 추가된 주식인수인후에 주주이 자신의 권리를 행사할 수 있는 기회를 창립총회를 통하여 마련해 놓고 있다308조.[44] 창립총회에서는 이사와 감사를 선임하게 되고제

---

41) **제303조(주식인수인의 의무)** 주식인수를 청약한 자는 발기인이 배정한 주식의 수에 따라서 인수가액을 납입할 의무를 부담한다.

42) **제305조(주식에 대한 납입)** ① 회사설립 시에 발행하는 주식의 총수가 인수된 때에는 발기인은 지체없이 주식인수인에 대하여 각 주식에 대한 인수가액의 전액을 납입시켜야 한다.
② 전항의 납입은 주식청약서에 기재한 납입장소에서 하여야 한다.
③ 제295조 제2항의 규정은 제1항의 경우에 준용한다.

43) **제307조(주식인수인의 실권절차)** ① 주식인수인이 제305조의 규정에 의한 납입을 하지 아니한 때에는 발기인은 일정한 기일을 정하여 그 기일내에 납입을 하지 아니하면 그 권리를 잃는다는 뜻을 기일의 2주간 전에 그 주식인수인에게 통지하여야 한다.
② 전항의 통지를 받은 주식인수인이 그 기일 내에 납입의 이행을 하지 아니한 때에는 그 권리를 잃는다. 이 경우에는 발기인은 다시 그 주식에 대한 주주를 모집할 수 있다.
③ 전2항의 규정은 그 주식인수인에 대한 손해배상의 청구에 영향을 미치지 아니한다.

44) **제308조(창립총회)** ① 제305조의 규정에 의한 납입과 현물출자의 이행을 완료한 때에는 발기인은 지체없이 창립총회를 소집하여야 한다.
② 제363조 제1항 · 제2항, 제364조, 제368조 제2항 · 제3항, 제368조의2, 제369조 제1

312조,45) 변태설립사항도 변경할 수 있으며제314조,46) 정관 역시 변경이 가능하고 경우에 따라서는 회사의 설립을 포기하고 회사의 폐지까지 결의할 수 있다제316조.47) 아주 막강한 권한을 발기인이 아닌 제3자 주식인수인이 참가한 창립총회에 부여하여 주주 스스로를 보호할 수 있게 한 것이다.

그리고 이에 더하여 추가되는 설립경과조사보고가 있다. 기본적으로 모집설립에서도 발기설립과 마찬가지로 설립경과조사를 통해 회사설립과정의 정당성 여부를 조사하게 된다. 발기설립의 경우에는 앞에서 본 바와 같이 변태설립사항이 있을 경우 법원이 선정한 검사인의 조사가 있고, 선임된 이사와 감사의 조사보고가 있었다. 그런데 모집설립에서는 그것과 유사한 제310조변태설립의 경우의 조사48)와 제313조이사, 감사의 조사, 보고49)에 더하여 창립총회에 발기인이 회사의 설립과정에 관한 사항을 창립총회에 보고하게 되어 있다제311조.50) 즉 회사를 설립한 발기인이 스스로 창립총회에 회사의 설립경과를 보고

항, 제371조 제2항, 제372조, 제373조, 제376조 내지 제381조와 제435조의 규정은 창립총회에 준용한다. [개정 1984.4.10, 2014.5.20]

45) 제312조(임원의 선임) 창립총회에서는 이사와 감사를 선임하여야 한다.

46) 제314조(변태설립사항의 변경) ① 창립총회에서는 제290조에 게기한 사항이 부당하다고 인정한 때에는 이를 변경할 수 있다.
② 제300조 제2항과 제3항의 규정은 전항의 경우에 준용한다.

47) 제316조(정관변경, 설립폐지의 결의) ① 창립총회에서는 정관의 변경 또는 설립의 폐지를 결의할 수 있다.
② 전항의 결의는 소집통지서에 그 뜻의 기재가 없는 경우에도 이를 할 수 있다.

48) 제310조(변태설립의 경우의 조사) ① 정관으로 제290조에 게기한 사항을 정한 때에는 발기인은 이에 관한 조사를 하게 하기 위하여 검사인의 선임을 법원에 청구하여야 한다.
② 전항의 검사인의 보고서는 이를 창립총회에 제출하여야 한다.
③ 제298조 제4항 단서 및 제299조의2의 규정은 제1항의 조사에 관하여 이를 준용한다. [신설 1995.12.29]

49) 제313조(이사, 감사의 조사, 보고) ① 이사와 감사는 취임후 지체없이 회사의 설립에 관한 모든 사항이 법령 또는 정관의 규정에 위반되지 아니하는지의 여부를 조사하여 창립총회에 보고하여야 한다. [개정 1962.12.12, 1995.12.29]
② 제298조 제2항 및 제3항의 규정은 제1항의 조사와 보고에 관하여 이를 준용한다. [개정 1995.12.29]
③ 삭제 [1995.12.29]

50) 제311조(발기인의 보고) ① 발기인은 회사의 창립에 관한 사항을 서면에 의하여 창립총

하게 되는 것이다. 그리고 변태설립사항이 있는 경우에도 검사인은 법원이 아닌 창립총회에 보고하는 차이가 있다.

4.3 가장납입

TV 프로그램에서 광고는 없어서는 안될 존재이다. 광고는 방송사의 가장 중요한 수입원이기도 하지만 광고 자체만으로도 시청자 입장에서는 제법 재미있는 존재이기도 하다. 때로는 프로그램보다도 광고가 재미있는 경우도 많다. 그런데 이런 광고에 출현하게 되면 도대체 얼마나 돈을 받는 것일까? 광고를 찍는데 오랜 시간이 걸리는 것은 아닐 것 같은데 그 사람이 쌓아놓은 이미지를 갖고 수익을 올릴 수 있는 것이라 광고출연자 입장에서는 무척 매력적일 것 같다. 2019년을 기준으로 우리나라에서 가장 비싼 광고료를 받는 사람은 방탄소년단BTS인데 이들의 광고모델료는 무려 30억원에 달한다고 한다. 피겨스케이팅의 여왕인 김연아 선수는 평창올림픽 전후로 광고료가 연간 10억원 수준이었고 영국 축구 프리미어리그를 호령하고 있는 손흥민 선수는 6개월 전속기준으로 광고료가 5~6억원 선이라고 한다.[51] 광고에 출현할 수 있을 정도

^ 가수 비의 공연모습

회에 보고하여야 한다.

② 전항의 보고서에는 다음의 사항을 명확히 기재하여야 한다.

1. 주식인수와 납입에 관한 제반상황
2. 제290조에 게기한 사항에 관한 실태

51) 조유빈, "대한민국에서 누가 가장 많은 광고료를 받을까", 「시사저널」 제1567호(시사저널사, 2019.6.3), available at http://www.sisajournal.com/news/articleView.html?idxno=186504; 박린, "월드 클래스 손흥민, 광고도 톱 클래스", 중앙일보, 2019년 3월 14일, 경제 6면

의 자리까지 오르기까지 엄청난 노력이 수반되었겠지만 그래도 박봉에 시달리는 나로서는 무척 부러운 것은 사실이다.

그런데 2008년의 가수 비는 도대체 광고료를 얼마나 받을 수 있는 사람이었을까? 비의 광고료가 중요한 것은 그가 한 횡령 사건에서 중심에 섰었기 때문이다. 당시 고소인의 주장은 한 의류회사에 비가 10억원, 비의 매니지먼트 회사도 15억원을 투자한 탄탄한 회사라 자신이 20억원을 투자했는데 알고 보니 사업을 시작도 하지 않은 회사의 광고를 위해 비의 전속출연료로 22억 5,000만원이 지급되어 실질적으로는 자신들이 투자한 돈만 남아있다는 것이다.[52] 즉 비와 비의 매니지먼트사가 실질적으로 돈을 내서 회사의 자본금 형성에 기여를 했는지가 문제되었으며 그 바탕에는 비가 그만한 광고료를 받을 만한 지가 쟁점이 되었다.

상법에서는 이러한 문제를 '가장납입'의 문제로 다룬다. 가장납입이란 현실적으로는 주금의 납입이 없고 형식적으로만 납입된 것처럼 된 것을 말하는데 가장납입이 인정될 경우 회사설립 자체가 무효가 된다는 주장도 있고,[53] 상법상 가장납입죄의 처벌 대상이 되기도 한다제628조 제1항.[54] 주식회사에 있어서 자본금은 회사가 꼭 갖고 있어야 할 대상이고, 주주나 제3자의 입장에서는 자신들의 돈을 회수할 수 있는 가장 중요한 재원이다. 따라서 회사가 장부상 갖고 있어야 할 돈과 실질적으로 갖고 있는 돈이 일치하느냐의 매우 민감한 문제가 된다. 과거에는 상법규정구상법 제329조에 주식회사의 최저자본금을 5,000만원으로 규정하고 있어서 이러한 자금을 갖고 있지 못한 사람들이 주식회사를 설립하고자 할 때 실질적으로는 회사에 자본금이 납입되지 않았는데 서류상으로만 기재되어 있는 가장납입이 많이 일어났었다. 하지만 최

52) 조광형, "'모델료 20억원 횡령?' 가수 비, 거액 피소 논란", 뉴데일리, 2013년 3월 20일, available at http://www.newdaily.co.kr/site/data/html/2013/03/19/2013031900043.html

53) 하지만 대법원 판례에서는 가장납입의 경우에도 납입의 효력을 인정하고 있다: 대법원 1983.5.24. 82누522

54) 제628조(납입가장죄등) ① 제622조 제1항에 게기한 자가 납입 또는 현물출자의 이행을 가장하는 행위를 한 때에는 5년 이하의 징역 또는 1천500만원 이하의 벌금에 처한다. [개정 1984.4.10, 1995.12.29]

근에는 주식회사의 최저자본금 제도가 폐지되어 아주 작은 돈으로도 주식회사의 설립 자체에는 문제가 없기 때문에 가장납입 사건이 많이 줄어든 게 사실이다. 하지만 회사와 거래하는 제3자의 입장에서는 아직도 회사의 자본금이 클 경우 그만큼 신뢰도가 높기 때문에 가장납입이 완전히 없어진 것은 아니며 가수 비가 관련된 사건도 마찬가지이다. 하지만 다행스럽게(?)도 서울중앙지검의 수사와 서울고등검찰청의 추가 수사 명령재기수사에서도 가수 비는 '혐의 없음' 처분을 받았다.[55] 광고를 위한 모델료의 산정은 시장에 의해서 정해지고 가수 비는 실제로도 당시에 고액의 광고료를 받고 있었기 때문이다. 어쩌면 가수 비는 서울중앙지검과 서울고등검찰청이 인정한 최고의 모델인지도 모르겠다.

5. 등기(회사설립의 마지막 절차)

〈개그콘서트〉는 1999년부터 방송된 역사가 긴 오락 프로그램 중 하나였다아쉽게도 2020년 6월에 폐지되었다. 한동안 개그콘서트를 보지 않으면 방송 다음날 대화에 낄 수 없을 정도로 많은 사람들의 사랑을 받았다. 개그맨 김준호 씨는 바로 개그콘서트를 통해 KBS 코미디의 전성시대를 이끈 초창기 출현진의 하나이다. SBS의 공채 출신 개그맨5기이나 주로 KBS에서 활동을 하면서 후배 개그맨들을 이끄는 '보스' 역할을 많이 했다고 한다.[56] 그렇다보니 그는 법률문제로 구설수에 오르기도 했는데 문제가 된 것이 바로 회사의 등기 때문이었다.

개그맨 김준호 씨는 전문 매니지먼트사인 코코엔터테인먼트의 콘텐츠를 관리하는 CCOChief Contents Officer의 직책을 갖고 일을 했다고 한다. 그런

---

55) 김동호, "'횡령 혐의' 가수 비, 재수사 결론도 무혐의", 연합뉴스, 2013년 6월 23일, available at https://www.yna.co.kr/view/AKR20130621185100004

56) 뉴미디어 팀, "김준호 '개콘 위기? 지상파의 위기 아닐까요?'", 스포츠조선일보, 2016년 8월 18일, available at http://sports.chosun.com/news/ntype.htm?id=201608180100194190014833&servicedate=20160818

데 그 회사의 대표이사가 자금을 횡령해 2014년 말 미국으로 잠적하자 도망친 대표이사를 고소하고 소속 개그맨들이 모두 전속 계약의 해지를 요구하며 뿔뿔이 흩어지자 이를 근거로 폐업을 발표하였다. 그런데 문제는 폐업을 발표하기 하루 전에 김준호 씨는 JD브로스라는 회사를 설립하였기 때문에 기존 김대희, 김준현, 김원효, 조윤호, 양상국, 김민경 씨 등의 코코엔터테이먼트 소속 연예인들을 의도적으로 빼돌린 것이 아니냐는 의혹이 제기된 것이다. 코코엔터테인먼트사의 소속이기 때문에 계약상 겸업금지의무를 갖고 있는데 이를 무시하고 또한 코코엔터테인먼트의 소액주주들의 이익을 해친 것이라는 주장이다.57)

^ 개그맨 김준호 씨

이때 이 같은 문제제기가 일어날 수 있었던 것은 바로 회사의 설립을 마치기 위해서는 법원에 설립등기를 해야 되기 때문이다. JD브로스라는 새로운 회사 역시 등기를 했기 때문에 설립이 된 것을 다른 이해관계자들이 알 수 있었다.58) 그렇다면 등기의 역할은 과연 무엇일까?

발기설립의 경우에는 법원이 선임한 검사인의 조사·보고가 끝난 후 그리고 모집설립인 경우에는 창립총회가 종결된 후 2주 내에 설립의 등기를 해야 한다제317조.59) 이러한 등기는 마치 사람이 출생신고를 통해 권리행사를

57) 고경석, "김준호와 코코엔터 파산을 보는 두 가지 시선", 한국일보, 2015년 6월 15일, available at http://www.hankookilbo.com/News/Read/201506152186741610

58) 조현주, "제이디브로스, 코코엔터 폐업 하루 전 설립… 논란 되나?", 스포츠한국, 2015년 1월 27일, available at http://sports.hankooki.com/lpage/entv/201501/sp20150127141449136710.htm

59) 제317조(설립의 등기) ① 주식회사의 설립등기는 발기인이 회사설립 시에 발행한 주식의 총수를 인수한 경우에는 제299조와 제300조의 규정에 의한 절차가 종료한 날로부터, 발기인이 주주를 모집한 경우에는 창립총회가 종결한 날 또는 제314조의 규정에 의한 절차가 종료한 날로부터 2주간내에 이를 하여야 한다.
② 제1항의 설립등기에 있어서는 다음의 사항을 등기하여야 한다. [개정 1962.12.12, 1984.4.10, 1995.12.29, 1999.12.31, 2009.1.30, 2011.4.14]

할 수 있게 되는 것과 같이 법적으로 회사의 성립을 절차적으로는 마치게 되는 것이고제172조,60) 실질적으로는 시장세상에 비로소 회사가 만들어졌다는 것을 공식적으로 선언한 것이다. 회사의 등기부를 통해 사람들은 회사에 대한 정보를 알 수 있게 되기 때문이다. 내가 나의 친구들과 소시지 회사를 설립하게 되면 역시 등기를 해야 하고 이를 통해 공식적으로 세상에 새로운 소시지 회사의 설립을 알리게 된다.

---

1. 제289조 제1항 제1호 내지 제4호, 제6호와 제7호에 게기한 사항
2. 자본금의 액
3. 발행주식의 총수, 그 종류와 각종주식의 내용과 수
   3의2. 주식의 양도에 관하여 이사회의 승인을 얻도록 정한 때에는 그 규정
   3의3. 주식매수선택권을 부여하도록 정한 때에는 그 규정
   3의4. 지점의 소재지
4. 회사의 존립기간 또는 해산사유를 정한 때에는 그 기간 또는 사유
5. 삭제 [2011.4.14]
6. 주주에게 배당할 이익으로 주식을 소각할 것을 정한 때에는 그 규정
7. 전환주식을 발행하는 경우에는 제347조에 게기한 사항
8. 사내이사, 사외이사, 그 밖에 상무에 종사하지 아니하는 이사, 감사 및 집행임원의 성명과 주민등록번호
9. 회사를 대표할 이사 또는 집행임원의 성명 · 주민등록번호 및 주소
10. 둘 이상의 대표이사 또는 대표집행임원이 공동으로 회사를 대표할 것을 정한 경우에는 그 규정
11. 명의개서대리인을 둔 때에는 그 상호 및 본점소재지
12. 감사위원회를 설치한 때에는 감사위원회 위원의 성명 및 주민등록번호

③ 주식회사의 지점 설치 및 이전 시 지점소재지 또는 신지점소재지에서 등기를 할 때에는 제289조 제1항 제1호 · 제2호 · 제6호 및 제7호와 이 조 제2항 제4호 · 제9호 및 제10호에 따른 사항을 등기하여야 한다. [개정 2011.4.14]

④ 제181조 내지 제183조의 규정은 주식회사의 등기에 준용한다.

60) 제172조(회사의 성립) 회사는 본점소재지에서 설립등기를 함으로써 성립한다.

6. 회사의 설립과정 중의 책임
(회사를 잘못 만들면 누가 어떤 책임을 질까?)

나는 우리 부모님만 나에게 잔소리를 하신다고 생각했는데 아이를 키워보니 나도 꽤나 잔소리를 하고 있다는 사실을 깨달았다. 공부 열심히 하라는 이야기는 어느 부모나 한다고 위안을 삼지만 큰아이에게 정리나 청소를 제대로 하지 않는다고 목소리를 높이기도 하고, 샤워할 때 뜨거운 물을 너무 많이 쓰는 것이 아니냐는 조금(?) 치사한 이야기를 할 때도 있다. 하루는 화장실 세면대의 물이 계속 나오고 있어서 도대체 누가 이렇게 두고 나간 것이냐고 목소리를 높였더니 큰아이와 작은아이 모두 상대방을 지목한다. 아마 누구도 화가 난 아버지의 잔소리를 듣고 싶지 않은 모양이다. 회사설립과정에서도 이런 일들이 벌어진다. 우리는 지금까지 회사의 설립과정을 살펴보았다. 아무런 문제 없이 잘 만들어져 수익이 많이 나는 회사가 된다면 누구나 다 행복하다. 그런데 만드는 과정에서 문제가 발생하여 결국 만들어지지 않았거나 만들어졌어도 큰 문제가 있다면 누가 그것을 책임져야 하느냐는 문제가 발생한다. 상법은 바로 그 문제를 다음과 같이 다루고 있다.

회사가 만들어졌거나 혹은 만들어지지 않았을 경우 책임을 질 수 있는 대상은 누가 있을까? 일단 회사 설립에 가장 큰 역할을 한 발기인이 책임도 가장 크게 져야 할 것이고, 나머지 설립절차에 잠시라도 역할을 한 이사와 감사와 같은 회사의 임원, 법원이 선임한 설립과정을 조사할 역할을 부여받은 검사인 등도 자신의 역할을 다 하지 못했을 경우에는 책임을 져야 한다. 지금부터 이들의 책임에 대해서 하나하나 알아보자.

우선 회사가 만들어졌을 때 발기인이 지는 책임이다. 인수담보책임이라고 하여 회사 성립 후에도 아직 인수되지 팔리지 않은 주식이 있거나 주식 청약이 취소된 경우에는 발기인이 공동으로 인수하여야 한다제321조 제1항.[61] 그

61) 제321조(발기인의 인수, 납입담보책임) ① 회사설립 시에 발행한 주식으로서 회사성립 후에 아직 인수되지 아니한 주식이 있거나 주식인수의 청약이 취소된 때에는 발기인이

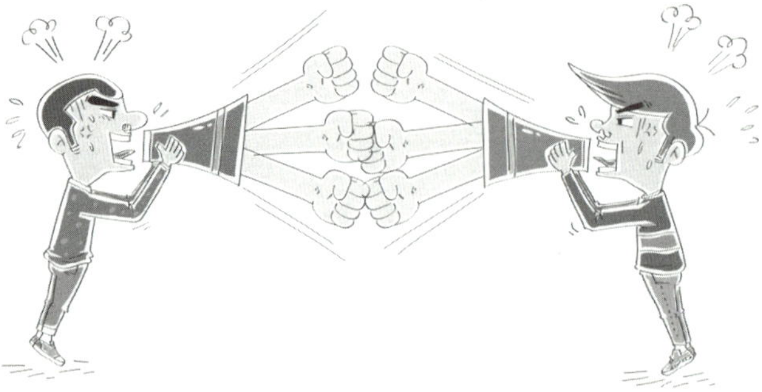

^ 서로 네 책임!!

리고 인수가 다 끝났다고 하더라도 인수인이 회사설립 후에도 돈을 납입하지 않았다면 역시 발기인이 연대하여 납입을 대신하여야 하는데제321조 제2항62) 이를 납입담보책임이라고 하고, 인수담보책임과 납입담보책임을 합하여 자본충실의 책임이라고 한다. 주식회사에 있어서 가장 중요한 요소는 역시 자본금이다. 그래서 회사가 주식을 발행하면 일단 발행한 액수만큼액면금액×발행한 주식수의 자금은 반드시 회사에 입금이 되어야 한다. 이에 대한 책임을 회사설립 이후의 주식발행에 대해서는 이사가 지게 되지만 설립과정에 있어서는 발기인이 지게 된다.

회사성립 후에 회사에 대하여 손해배상책임을 발기인이 지게 되는 경우도 있다제322조 제1항.63) 주식을 실제가치보다 싸게 발기인이 가족에게 배정하거나 또는 앞에서 본 가장납입을 한다면 이는 발기인이 회사에 대하여 책임을 질 사안이다. 하지만 이때 한 가지 주의할 사항은 자본충실의 책임은 발기인 전체가 져야 할 책임인데 비하여 회사에 대한 손해배상 책임은 잘못된 행동을 한 '그' 발기인만이 책임을 진다는 사실이다.

발기인은 또한 회사뿐만 아니라 제3자에 대해서도 책임을 지는 경우가 있다제322조 제2항.64) 예를 하나 들어보자. 내가 발기인으로서 회사를 설립하는 과정 중에 회사를 대신해서 회사 영업에 필요한 토지를 회사 설립을 조건

이를 공동으로 인수한 것으로 본다.

62) 제321조(발기인의 인수, 납입담보책임) ② 회사성립 후 제295조 제1항 또는 제305조 제1항의 규정에 의한 납입을 완료하지 아니한 주식이 있는 때에는 발기인은 연대하여 그 납입을 하여야 한다.

63) 제322조(발기인의 손해배상책임) ① 발기인이 회사의 설립에 관하여 그 임무를 해태한 때에는 그 발기인은 회사에 대하여 연대하여 손해를 배상할 책임이 있다.

64) 제322조(발기인의 손해배상책임) ② 발기인이 악의 또는 중대한 과실로 인하여 그 임무를 해태한 때에는 그 발기인은 제3자에 대하여도 연대하여 손해를 배상할 책임이 있다.

으로 100억원에 구매하기로 했다고 하자. 이런 식의 구매는 앞에서 본 변태설립사항의 재산인수에 해당하는 경우인데 이 경우에는 정관에 기재가 되어야만 효력이 발생한다제290조.[65] 그런데 발기인인 내가 매입계약을 한 후 정관에 기재를 하지 않은 상태에서 토지의 시세가 80억원으로 내렸다고 한다면 회사는 이러한 토지계약을 그대로 이행해야 하는 것일까? 그렇지가 않다. 변태설립사항에 해당된다면 정관에 기재가 되어야 효력이 발생하는데 그렇지 않았기 때문에 효력발생이 되지 않는다. 그런데 토지가격이 100억원에서 80억원으로 내렸다면 회사의 입장에서는 당연히 그 계약을 이행하지 않는 것이 이익이고 경영진은 회사의 이익을 위해 행동하여야 한다. 하지만 계약이 취소된다면 토지 주인은 누구에게 보상을 받을 수 있느냐는 것이다. 바로 정관에 기재하지 않아 회사에 대해서 계약의 효력을 발생시키지 못한 발기인인 내가 자신의 행동에 책임을 져야 하는 것이다. 그런데 이때 책임을 지게 되는 발기인은 발기인 모두가 아니라 악의나 중대한 과실이 있는 그러한 행동을 한 '그' 발기인나만이 해당하게 된다.

앞에서는 회사가 성립해서 회사라는 존재가 있음에도 불구하고 발기인이 책임을 지는 경우를 살펴보았다. 그런데 경우에 따라서는 회사가 설립과정 중에 발생한 문제로 만들어지지 않는 경우도 있다. 회사가 성립하지 못한 경우에는 당연히 발기인이 책임을 져야 한다제326조.[66] 회사를 설립하는 발기인이 아니면 사실 책임을 물을 대상이 없다. 따라서 상법은 발기인에게 그 책임을 묻고 있는 것이다.

---

65) 제290조(변태설립사항) 다음의 사항은 정관에 기재함으로써 그 효력이 있다.

1. 발기인이 받을 특별이익과 이를 받을 자의 성명
2. 현물출자를 하는 자의 성명과 그 목적인 재산의 종류, 수량, 가격과 이에 대하여 부여할 주식의 종류와 수
3. 회사성립 후에 양수할 것을 약정한 재산의 종류, 수량, 가격과 그 양도인의 성명
4. 회사가 부담할 설립비용과 발기인이 받을 보수액

66) 제326조(회사불성립의 경우의 발기인의 책임) ① 회사가 성립하지 못한 경우에는 발기인은 그 설립에 관한 행위에 대하여 연대하여 책임을 진다.
② 전항의 경우에 회사의 설립에 관하여 지급한 비용은 발기인이 부담한다.

소설 「태백산맥」과 소설가 조정래 선생

이러한 발기인 말고도 이사와 감사와 같은 임원은 회사의 설립절차 중에서 설립경과조사를 하게 되는데 이때 그 역할을 제대로 하지 못할 경우 책임을 져야 하며제323조,67) 또한 법원이 선임한 검사인 역시 역할 수행에서 문제가 발생하면 그에 따라 책임을 지게 된다제325조.68) 그런데 지금까지 언급한 발기인이나 이사와 감사, 그리고 검사인 말고도 회사설립 중 발생한 문제에 대해서 책임을 져야 하는 사람이 하나 더 있다. 유사발기인이다. 발기인은 알겠지만 유사발기인은 또 무엇일까?

자동차를 갖고 있다 보면 경제적으로 가장 크게 신경 쓰이는 부분이 기름값이다. 내가 처음 차를 샀던 1998년에는 비록 소형차였지만 기름을 가득 채워도 3~4만원이면 충분했는데 지금은 10만원을 바라본다. 주유소에 가는 것이 두렵기까지 하다. 그런데 우리가 사는 휘발유의 경우 판매가격에서 세금이 차지하고 있는 비율이 56.4%에 달하고, 정유사와 주유소의 마진과 유통비용이 6%가 조금 넘는다고 하며, 나머지 37% 정도가 국제휘발유값이라고 한

67) 제323조(발기인, 임원의 연대책임) 이사 또는 감사가 제313조 제1항의 규정에 의한 임무를 해태하여 회사 또는 제3자에 대하여 손해를 배상할 책임을 지는 경우에 발기인도 책임을 질 때에는 그 이사, 감사와 발기인은 연대하여 손해를 배상할 책임이 있다.

68) 제325조(검사인의 손해배상책임) 법원이 선임한 검사인이 악의 또는 중대한 과실로 인하여 그 임무를 해태한 때에는 회사 또는 제3자에 대하여 손해를 배상할 책임이 있다.

다. 대략 절반이 넘게 세금이 차지하고 있는 것이다.[69] 결국 주유소에 갈 때마다 스스로 정부재정을 튼튼하게 해주고 것이라 위안을 삼아야 할 것 같다.

그런데 기름값이 아까운 것은 나만이 아니었던 것 같다. 일반 정유회사보다 싼 원유를 사오고 정제 비용을 절감하여 기름을 20% 싸게 공급할 수 있다고 주장하며 '국민석유주식회사'를 설립하려는 움직임이 있었다. 「태백산맥」의 저자로 유명한 소설가 조정래 선생과 국회의원인 추미애 의원, 이태복 전 보건복지부 장관 등이 설립에 참여하고 1,000여 명이 넘는 사람이 모여 발기인대회를 열었다고 한다.[70] 국민석유주식회사의 설립에 대해서 당시 많은 염려가 있었다. 횡령과 배임가능성이 있고 휘발유값을 내릴 수 있는 방법이 없다는 것이었다.[71] 결국 국민석유주식회사는 공모주 청약에 실패해서 사업자금을 조달할 수 없었다.[72] 앞의 신문기사에서는 발기인대회라고 했지만 회사의 정관을 작성해서 기명날인해야 하는 상법 제288조와 289조의 발기인의 요건에 그들이 해당하는지는 기사만으로는 확인할 수 없다. 하지만 만약 이들이 정관작성에는 참여하지 않았지만 주식청약서와 같은 주식모집에 관한 서면에 성명과 회사의 설립에 찬조하는 뜻을 기재할 것을 승낙했다면 어떤 일이 벌어졌을까? 이들은 유사발기인으로서 발기인과 동일한 책임을 지게 될 수 있다제327조.[73] 자본충실의 책임과 손해배상책임을 발기인과 동일하게 회사나 제3자에게 질 수 있게 되는 것이다. 하지만 다행스럽게도 국민석유주식회사는 그 이후 별다른 이야기가 들려오지 않아 법률적으로 문제가 발생하지는

69) 조지원, "휘발유 10만원에 세금이 5만6,400원 … 작년 유류세 23조원 걷어", 조선일보, 2018년 10월 2일, available at http://biz.chosun.com/site/data/html_dir/2018/10/02/2018100201099.html

70) 박성일, "국민석유회사에 쏠리는 세가지 의문", 머니S, 2013년 3월 26일, available at http://moneys.mt.co.kr/news/mwView.php?type=1&no=2013032116518094958&outlink=1

71) 김정호, "'국민석유' 뒷감당 어떻게 하려고…", 한국경제신문, 2013년 10월 23일, A38면.

72) 배석준, "국민석유 공모株 청약 실패", 한국경제신문, 2013년 11월 20일, A23면.

73) 제327조(유사발기인의 책임) 주식청약서 기타 주식모집에 관한 서면에 성명과 회사의 설립에 찬조하는 뜻을 기재할 것을 승낙한 자는 발기인과 동일한 책임이 있다.

않은 것 같다. 국민석유주식회사는 비록 설립에 실패해서 기름값을 내리지는 못했지만 대신에 유사발기인을 설명할 수 있게 해주었으니 그것에 대해서는 크게 감사해야 할 것 같다.

제2절 ▶ 주식

이번에 공부할 내용은 주식회사 편의 제2절인 '주식' 중 제1관인 '주식과 주권'과 제4관인 '지배주주에 의한 소수주식의 전부 취득'이다. 원래 제2절인 주식은 4개의 관으로 구성되어 있어서 제2관 '주식의 포괄적 교환'과 제3관은 '주식의 포괄적 이전'까지 포함되어야 하나, 이 두 개 분야는 주식에 관한 조항임에도 불구하고 실질적으로는 회사의 구조변화와 밀접한 관련이 있어 성격이 완전히 다르다. 따라서 제2관과 제3관은 해당부분에서 나중에 같이 공부하기로 하고 이번 절에서는 제1관인 주식과 주권을 주로 보고 제4관인 지배주주에 의한 소수주식의 전부 취득을 가볍게 살펴보기로 한다.

주식투자에 대해서 관심을 갖고 있는 사람은 많다. 누구나 투자를 통해 돈을 벌고 싶어 하지만 부동산은 한 번에 투자해야 할 규모가 크기 때문에 부담스러운 경우가 많고 또한 환금성도 떨어진다. 이에 비해서 주식투자는 투자의 성공 여부를 판단하기도 쉽고 원하는 시기에 바로 현금화할 수도 있다. 그렇다보니 2020년 말 기준으로 우리나라 상장법인에 주식투자를 한 개인투자자의 수가 914만 명에 이를 정도로 대중화되어 있고 또한 이들이 평균적으로 갖고 있는 주식의 가치는 7,200만원에 이른다고 한다.[1] 이렇게 주식투자에 관심을 갖다 보니 때로는 헌법재판소 재판관 후보가 35억원에 이르는 주식투자를 하여 문제가 되기도 하고,[2] 투자자들은 국내주식만으로는 만족을 못하여 해외기업에 직접 투자를 하는 경우도 많다.[3] 그렇다면 우리 상법에서는 이러한 주식에 대해서 과연 어떤 규정을 갖고 있을까?

1) 정해용, "개미 914만 명, 1인당 7,200만원 주식 보유 … GDP의 2배", 조선일보, 2021년 4월 1일, available at https://biz.chosun.com/site/data/html_dir/2021/04/01/2021040101254.html

2) 문재연, "'35억 주식투자' 공방 … 이미선 후보자 인사청문회 넘을까", 헤럴드경제신문, 2019년 4월 10일, 9면.

3) 해외주식에 대한 결제금액이 2019년 1월을 기준으로 2조 5,000억원에 달한다: 김범수,

제1관 주식과 주권

1. 주주

주식회사의 주주는 출자를 함으로써 자본금 형성에 참여한 사원社員이다흔히 사원을 회사의 직원이라고 생각하는데 상법에서의 사원은 회사의 지분권자이다.[4] 출자는 주식을 회사로부터 직접 출자를 약속해 주식을 받는 인수引受는 물론 제3자로부터 권리나 재산 등을 넘겨받는 양수讓受 역시 포함하므로 주식을 소유하는 자가 곧 주주가 된다. 따라서 주식과 주주는 동전의 양면과 같이 밀접한 관련을 가질 수밖에 없다. 주식을 살펴보기에 앞서 잠시 주주에 대해서 알아보자.

^ 상법은 주식에 대해서 어떤 규정을 갖고 있을까?

"주식도 해외 직구시대 … '잘나가는 글로벌 기업 투자해볼까'", 세계일보, 2019년 2월 6일, A14면: 또한 해외 주식투자자가 보유한 해외주식은 2021년 3월 기준으로 577억달러에 달한다고 한다: 김태종, "밤잠 설치는 '서학개미' 321만 명 … 국내투자자 3명 중 1명", 연합뉴스, 2021년 4월 4일, available at https://www.yna.co.kr/view/AKR20210403027900002?input=1195m

4) 김성탁, 「회사법입문」 (법문사, 2021, 제11판), 131면.

1.1 주주의 자격(주식을 아무나 살 수 있을까?)

박사학위를 받은 후 대학에서 맡게 된 첫 번째 과목이 바로 경영학과 학생들을 대상으로 한 '기업법'이라는 강좌다. 상법을 중심으로 해서 수업을 진행했는데 그 당시 지금 우리가 살펴보고 있는 주주의 자격에 대해서 이야기하면서 학생들에게 이런 질문을 했다. "돈이 있다면 삼성전자 주식을 지금 살까? 말까?" 그 질문을 학생들에게 던진 2005년 5월 당시의 삼성전자의 주가는 40만원대 후반이었다. 공부를 위해 미국에 다녀 온 직후에도 동일한 과목을 진행하면서 똑같은 질문을 하였다. "삼성전자 주식을 살까 말까?" 2009년 11월의 삼성전자의 주가는 70만원대 중반이었다. 학기 초마다 거의 비슷한 질문을 학생들에게 반복했고 가격은 계속해서 올라갔다. 90만원, 100만원, 그러다가 한참을 지나 2021년 4월에는 무려 410만원대까지 올랐다액면가 5,000원 기준, 액면가 100원 기준으로는 83,000원대. 나는 같은 질문을 하면서 학생들에게 의견을 물었고, 많은 학생들은 나에게 주식 사는 것을 반대했다. 매번 주가가 너무 올랐다는 것이다.

우리는 누구나 손쉽게 삼성전자의 주주가 될 수 있다. 문제는 나처럼 주식을 살 돈이 없자 학생들이 주식매입을 반대했다는 것을 핑계 삼으면서 하루하루 미루어 왔다는 점이다. 그런데 경우에 따라서는 주식을 살 돈이 있어도 주주가 될 수 없는 경우가 있다. 예를 들어 일본의 도시바 반도체에 대해서 중국의 많은 업체들이 인수를 시도했지만 일본 정부는 기술유출 등을 이유로 거부했다.[5] 프랑스의 경우는 외국 자본으로부터 자국 기업을 보호한다는 명목으로 인수합병의 거부권을 신설하기도 했다.[6] 즉 정부가 사적인 거래에 해당하는 민간기업의 주식인수를 제한하는 것이다. 우리나라도 특정 산업에

5) 김창영, "'도시바, 中엔 못 넘겨' … 日 공적자금 투입 검토", 서울경제신문, 2017년 3월 17일, 10면; 박성우 · 김민지, "日 정부, 국가 안보 이유로 '도시바 반도체 매각 개입할 듯…' 중국보다는 미국 선호?", 조선일보, 2017년 3월 12일, available at http://biz.chosun.com/site/data/html_dir/2017/03/12/2017031200785.html?main_box

6) 남민우, "EU, 佛 정부 외국 기업 합병 거부권 행사 인정키로", 조선일보, 2014년 7월 11일, available at http://news.chosun.com/site/data/html_dir/2014/07/11/2014071101135.html

대한 외국인의 주식인수를 제한하는 조항이 존재하며,7) 정책상 목적으로 내국인에게도 어느 이상의 주식 소유를 금지하기도 한다예를 들면 은행법에서는 동일인이 10% 이상의 주식소유를 금지하고 있다.8) 결국 때로는 돈이 있어도 주식을 사지 못하는 일이 있을 수 있는 것이다.

1.2 주주의 권리와 의무(주식을 사면 할 수 있는 것과 할 수 없는 것)

원래 기업사냥꾼이란 기업의 인수와 합병 전문가를 일컫는다. 1980년대 미국에서 등장하여 경영이 부실하여 주가가 낮은 종목들을 집중적으로 매입한 후 경영에 참여하여 실적을 개선시킨 다음 제3자에게 자신들이 산 가격보다 훨씬 높은 가격에 매각함으로써 투자이익을 실현하는 사람들을 말한다. 하지만 우리나라에서는 자기자본도 없으면서 대출을 통해서 자금을 마련한 후 회사의 경영권을 매입한 후에 매입 회사의 자산을 빼돌려 탕진하여 회사와 일반 주주

---

7) **외국인투자촉진법 제6조(외국인투자 허가 등)** ① 외국인(대통령령으로 정하는 특수관계에 있는 자를 포함한다)은 대통령령으로 정하는 방위산업체를 경영하는 기업에 대하여 제2조 제1항 제4호 가목2)의 방법에 따른 외국인투자를 하려는 경우에는 제5조 제1항 및 제2항에도 불구하고 산업통상자원부령으로 정하는 바에 따라 미리 산업통상자원부장관의 허가를 받아야 한다. 허가받은 내용 중 외국인투자비율 등 산업통상자원부령으로 정하는 사항을 변경할 때에도 또한 같다.
② 산업통상자원부 장관은 제1항에 따른 허가신청을 받으면 대통령령으로 정하는 기간에 그 허가 여부를 결정하고 신청인에게 알려야 한다.
③ 산업통상자원부 장관은 제2항에 따른 허가 여부를 결정하기 전에 대통령령으로 정하는 바에 따라 미리 주무부장관과 협의하여야 한다.
④ 산업통상자원부 장관은 제2항에 따른 허가를 할 때 필요하다고 인정되면 조건을 달 수 있다.
⑤ 제1항에 따른 허가를 받지 아니하거나 제4항에 따른 조건을 위반하여 기존주식 등을 취득한 자는 그 기존주식 등에 따른 의결권을 행사할 수 없다.
⑥ 산업통상자원부 장관은 제1항에 따른 허가를 받지 아니하거나 제4항에 따른 조건을 위반하여 기존주식등을 취득한 자에 대해서는 대통령령으로 정하는 바에 따라 그 기존주식등의 양도를 명할 수 있다.
⑦ 제1항부터 제6항까지에서 규정한 사항 외에 외국인투자의 허가와 관련하여 필요한 사항은 대통령령으로 정한다. [전문개정 2016.1.27]

8) **은행법 제15조(동일인의 주식보유한도 등)** ① 동일인은 은행의 의결권 있는 발행주식 총수의 100분의 10을 초과하여 은행의 주식을 보유할 수 없다.

들에게 엄청난 피해를 입히는 사람들을 말하는 경우가 많다.[9] 그리고 이 같은 기업사냥꾼들과 관련한 피해액이 무려 45조원에 달한다는 기사가 있을 정도이다.[10] 그렇다면 자신의 주식을 사려는 이들이 기업사냥꾼이라는 것을 미리 알았다면 주주는 주식을 팔아도 괜찮은 것일까? 자신이 주식을 팔면 회사와 다른 주주들에게 엄청난 피해가 생길 것을 알 수 있는데도 말이다.

조폭도 주주의 의무가 있을까?

법은 어떤 사람이 특정한 지위에 오르면 대부분의 경우 권리와 의무를 동시에 부여한다. 이것은 주주에 대해서도 마찬가지이다. 주주가 일단 되면 주주는 출자자로서 회사에 대하여 일정한 권리를 갖게 된다. 회사와 별도의 계약을 체결할 필요 없이 주주이기 때문에 당연히 회사에 대하여 각종의 권리를 행사할 수 있게 되는 것이다. 이러한 주주의 권리 중에서 단 1주만 갖고 있어도 행사할 수 있는 권리를 우리는 단독주주권이라 하고 특정 비율만큼 갖고 있어야 행사할 수 있는 권리를 소수주주권이라 한다. 단독주주권의 대표적인 예는 이익배당청구권이나 주주총회에 참석할 권리 등이다. 이에 비해서 소수주주권은 권리를 행사하기 위해서는 법이 정한 일정한 비율만큼 주식을 갖고 있어야 행사할 수 있는 권한을 말한다. 예를 들면 주주총회소집청구권이 있는데 주주총회를 소집하기 위해서는 3% 이상의 주식을 갖고 있어야 한다. 단 1주만을 갖고 있다면 주주총회를 열도록 회사에 요구할 수 없다. 만약 주

9) 최동수, "'조폭 출신 기업사냥꾼' 끼고 시세조종, 무더기 구속", 머니투데이, 2018년 12월 4일, 25면; 노유정, "'무자본 M&A'로 상장사 망친 기업사냥꾼", 한국경제신문, 2019년 6월 26일, A33면; 오지현, "지와이커머스 인수해 500억 빼돌린 '기업사냥꾼' 일당 재판行", 서울경제신문, 2019년 6월 28일, 23면.

10) 안재만 · 이종현, "기업사냥꾼, 10년간 325곳 망쳤다 … 피해액 45兆", 조선일보, 2013년 8월 9일, available at http://biz.chosun.com/site/data/html_dir/2013/08/08/2013080803989.html

주총회의 소집을 단독주주권으로 하면 어떨까? 아마 우리는 삼성전자의 주주총회를 매일 같이 볼 수 있을지도 모르겠다.

주식회사의 주주의 권리가 이렇다면 과연 주주가 갖는 의무는 무엇이 있을까? 단 한 가지이다. 상법 제331조에 의해 주식인수인은 회사에 대하여 주식의 인수가액을 한도로만 출자의무를 지며 그것으로 끝이다.11) 즉 주식을 살 때 돈을 내면 더 이상의 의무는 없는 것이다. 그런데 최근에 대주주에게 회사와 다른 주주에 대한 충실의무의 존재 여부에 대해서 논의가 있다. 주주가 회사의 주식을 갖고 있다면 회사의 주인이 되는 것이고 그렇다면 어느 정도 회사에 대하여 충실할 의무가 존재한다는 것이다. 이 의무는 비록 회사의 대주주가 조폭이나 기업사냥꾼에게 주식을 팔 수 없다는 식으로 일률적으로 정하고 있지는 않지만 제한적으로 미국의 몇몇 주에서 인정하고 있다.12) 대주주의 경우 주식 매각의 경우에도 회사의 이익을 도외시 할 수 없다는 것이다. 하지만 아쉽게도 이러한 주주의 충실의무는 우리나라에서는 아직 논의가 되고 있지 않으며 앞에서 본 것처럼 알면서 기업사냥꾼에게 주식을 팔더라도 전혀 문제는 없다.

1.3 주주평등의 원칙(나와 이재용 부회장은 평등할까?)

뉴욕의 맨해튼은 여러 가지로 유명하지만 월스트리트Wall Street의 황소상Charging Bull 역시 그 중에 하나이다. 주식시장에서 황소는 주가의 활황을 의미하기 때문에 우리나라의 증권거래소 앞에도 비슷한 황소상이 전시되고 있다. 그런데 뉴욕의 황소상 앞에는 지금은 자리를 옮겼지만 두려움 없는 소녀상Fearless Girl이 위치해 있었다. 2017년 세계여성의 날을 맞이하여 여성의 권리와 사회진출을 상징하기 위해서 세워졌다. 아주 오랜 기간을 통해 성취하기 위해서 노력하고 있는 양성평등을 상징하는 기념물일 것이다.13)

11) 제331조(주주의 책임) 주주의 책임은 그가 가진 주식의 인수가액을 한도로 한다.

12) 권기범, 「현대회사법론」(삼영사, 제8판, 2021), 504~505면.

13) 남녀 평등을 위한 노력이 아직도 완전하지 않다는 상징적 사건은 두려움 없는 소녀상을 세운 미국의 투자자문사인 스테이트 스트리트(State Street)가 성차별적인 임금 관행

뉴욕 월스트리트의 황소상과 두려움 없는 소녀상

그런데 과연 주주 간에는 서로 평등할까? 만약 내가 삼성전자의 주식을 갖고 있다면 이재용 삼성그룹 부회장과 과연 평등할 수 있을까? 상법에서 명문 규정은 없지만 주주평등의 원칙이 받아들여지고 있다는 사실은 다툼의 여지가 없다. 주주는 회사에 대하여 갖는 법률관계에서 그가 가진 주식의 종류와 수에 따라 평등한 대우를 받아야 한다는 것이다. 즉 내가 삼성전자의 주식을 갖고 있다면 내가 가진 주식 1주의 배당금과 대주주인 이재용 부회장이 가진 주식의 1주의 배당금은 동일해야 한다. 이는 전체의 배당금이 동일해야 한다는 것이 아니라 내가 가진 1주와 이재용 부회장이 가진 1주를 비교했을 때의 이야기이다. 물론 배당금의 합은 감히 비교할 수가 없을 것이다. 그런데 이러한 주주평등의 원칙은 주주가 구체적 사안별로 자신의 권리를 포기하는 경우 해당되지 않는다. 따라서 소액주주가 대주주보다 1주의 배당금을 더 많이 받는 경우가 있을 수 있다. 바로 대주주가 소액주주에게 양보할 때이다.

으로 수백만달러의 합의금을 물게 되었다는 것이다. 미국 노동부의 조사결과에 따르면 스테이트 스트리트의 성별 임금 격차로 조사한 결과 고위직 여성 305명은 같은 직위에 있는 남성들보다 낮은 임금을 받으며 차별을 당했다고 한다: 김보경, "차별 없앤다더니…'두려움 없는 소녀상' 회사 성차별 관행 들통", 연합뉴스, 2017년 10월 8일, available at https://www.yna.co.kr/view/AKR20171008024800009

2. 주식의 분류(아이스크림만큼이나 주식의 종류도 많은 거야?)

집근처에 아이스크림을 싸게 파는 가게가 새로 오픈하였다. 점원도 없는 무인 가게 형태로 운영되지만 냉장고마다 다양한 아이스크림으로 가득하다. 이걸 먹어야 하나 저걸 먹어야 하나 하는 새로운 고민(?)과 함께 아이들과의 산책 후 이곳에 들려 아이스크림을 사서 먹는 즐거움이 생겼다. 인건비가 많이 올라서인지 가게를 관리하는 사람이 없어 물건을 담고 계산하는 것까지 모두 스스로 해야 하지만 크게 불편하지는 않다. 다만 현금으로 지급을 할 수 없어 꼭 신용카드를 가져가야 할 뿐이다. 가게 안에 가득 놓여있는 냉장고 안에는 평소에 보지 못했거나 내 기억 속에 잊혀진 다양한 아이스크림들이 가득하다. "맞아. 저것도 맛있었는데. 어, 이런 것도 새로 나왔네" 하는 마음의 소리가 들린다. 그런데 이런 다양함은 아이스크림에만 있는 것이 아니다. 우리가 지금 보고 있는 주식에서도 존재한다.

주식을 법률적으로 분류하다 보면 정관이나 주권 자체에 가격이 쓰여 있는 액면주식과 쓰여 있지 않는 무액면주식으로도 나눌 수 있고, 주주명부와 주권에 주주의 성명이나 주소 등을 기재하는 기명주식과 기재하지 않는 무기명주식으로 나눌 수 있다. 그런데 무액면주식의 경우는 상법에 관련 규정은 있으나 현실적으로 거의 발행이 되지 않고 있고가령 삼성전자의 경우 액면가가 100원이다, 무기명주식의 경우에는 단 한 번도 실제로 발행되지 않다가 아예 2014년 상법 개정과 함께 폐지되어 버렸다구상법舊商法 제357조와 제358조. 따라서 액면주식과 무액면주식, 기명주식과 무기명주식에 대해서는 크게 신경 쓸 필요가 없고, 실질적으로 우리가 알아보아야 할 주식의 종류는 상법 제344

^ 무엇을 골라먹어야 하나

조의 종류주식이다.[14)]

종류주식의 기준이 되는 것이 바로 보통주이다. 보통주는 제344조가 규정하는 종류주식 이외의 주식, 다시 말하면 주주권의 내용에 대하여 정관상 별도로 정하지 않더라도 그 내용이 상법규정에 의해 획일적으로 정해지는 일반주식을 말한다.[15)] 간단히 이야기하면 우리가 생각하는 바로 그 주식이다. 종류주식은 보통주식과 비교하여 배당이나 잔여재산 등에 대해서 우선권이 있거나 또는 반대로 없기도 하고, 의결권 등에 있어서는 주식은 원칙적으로 의결권이 있는 게 정상이지만 이러한 의결권이 없거나 특정 사안에 대해서는 제한되기도 하는 주식을 말한다. 제344조 제1항에서는 종류주식을 이익의 배당과 잔여재산의 분배에 대한 종류주식과 의결권의 행사와 관련된 종류주식, 상환에 관한 종류주식, 마지막으로 전환에 관한 종류주식으로 나누고 있고 이에 해당하는 종류주식에 대해서 제344조의2, 제344조의3, 제344조의4, 제344조의5에서 다시 세세하게 규정하고 있다.

우선 이익배당 및 잔여재산분배에 관한 종류주식을 알아보자. 여기에 대해서는 제344조의2에서 상세하게 규정한다.[16)] 그런데 잔여재산분배에

14) 제344조(종류주식) ① 회사는 이익의 배당, 잔여재산의 분배, 주주총회에서의 의결권의 행사, 상환 및 전환 등에 관하여 내용이 다른 종류의 주식(이하 "종류주식"이라 한다)을 발행할 수 있다.
② 제1항의 경우에는 정관으로 각 종류주식의 내용과 수를 정하여야 한다.
③ 회사가 종류주식을 발행하는 때에는 정관에 다른 정함이 없는 경우에도 주식의 종류에 따라 신주의 인수, 주식의 병합·분할·소각 또는 회사의 합병·분할로 인한 주식의 배정에 관하여 특수하게 정할 수 있다.
④ 종류주식 주주의 종류주주총회의 결의에 관하여는 제435조 제2항을 준용한다.
[전문개정 2011.4.14]

15) 권기범, 「현대회사법론」(삼영사, 제8판, 2021), 524~525면.

16) 제344조의2(이익배당, 잔여재산분배에 관한 종류주식) ① 회사가 이익의 배당에 관하여 내용이 다른 종류주식을 발행하는 경우에는 정관에 그 종류주식의 주주에게 교부하는 배당재산의 종류, 배당재산의 가액의 결정방법, 이익을 배당하는 조건 등 이익배당에 관한 내용을 정하여야 한다.
② 회사가 잔여재산의 분배에 관하여 내용이 다른 종류주식을 발행하는 경우에는 정관에 잔여재산의 종류, 잔여재산의 가액의 결정방법, 그 밖에 잔여재산분배에 관한 내용

관한 종류주식의 경우는 현실에서 거의 발행되지 않는다. 잔여재산분배에 관한 종류주식이라는 것은 회사가 청산절차를 밟을 때 잔여재산에 대하여 다른 주주들보다 우선권이 있거나 또는 후순위에 있는 것을 말하는데 대부분의 회사는 청산할 경우 주주들에게까지 돌아갈 재산이 없다. 즉 선순위고 후순위고 간에 현실적으로 큰 의미가 없다. 예를 들어 과거 파산한 한진해운은 무보증 회사채의 경우 액면가 10,000원의 회사채를 갖고 있어도 청산 후 받을 수 있는 금액은 5% 정도 밖에 기대할 수 없었다.[17] 이렇듯 회사가 청산하는 경우에는 채권자도 원금의 1/20도 받지 못하는데 주주가 받을 수 있는 것은 하나도 없다. 이렇다보니 실질적으로 잔여재산분배에 대한 종류주식은 발행이 되지 않는다.

따라서 이익배당에 관한 종류주식만 살펴보도록 하자. 일단 기준은 보통주이다. 앞에서도 이야기했지만 다시 반복해서 이야기하면 보통주는 상법 제344조가 규정하는 종류주식 이외의 주식, 다시 말해 주주권의 내용에 대하여 정관상의 별도의 정함이 없어 그 내용이 상법 규정에 의해 획일적으로 정해지는 일반주식을 의미한다. 즉 우리가 흔히 알고 있는 바로 그 주식이며, 이익의 배당에 있어서 기준이 되는 주식이다. 이에 비해서 우선주는 보통주보다 먼저 이익배당을 받을 권리가 부여된 주식을 말하고, 후배주열후주는 보통주보다 더 나중에 이익배당을 받을 권리가 부여되는 주식이며, 마지막으로 혼합주는 이익배당에 있어서는 후배주이나 잔여재산 분배에 대해서는 우선주인 것과 같이 혼합된 권리가 있는 종류주식을 말한다.

우선주가 의미가 있는 것은 회사가 배당을 할 수 있는 능력에 한계가 있을 때 이익배당에 관하여 우선권이 있는 종류주식을 갖고 있으면 보통주를 갖고 있는 주주에 비하여 먼저 배당을 받을 수 있기 때문이다. 만약 회사가 배당을 할 수 있는 자금이 총 10억원을 갖고 있는데 5,000원 액면가의 10%를

을 정하여야 한다.
[본조신설 2011.4.14]

17) 박윤구, "17일 파산 한진해운 회사채 거래 이상급증", 매일경제신문, 2017년 2월 16일, A21면.

배당해야 하는주당 500원 우선주가 100만주가 있다고 가정하자. 이 회사는 보통주도 1,000만주가 발행되어 있다. 이러한 경우 일단 100만주의 우선주부터 500씩 배당을 하게 되어 5억원은 일단 우선주를 가진 주주들에게 가게 된다. 나머지 5억원에 대해서 1,000만주가 발행된 보통주를 가진 주주들이 나누어 배당금을 받게 된다. 5억원에서 1,000만주를 나누게 되니까 1주당 50원이 된다. 즉 우선주를 가진 주주가 보통주를 가진 주주보다 10배 많이 배당을 받게 되는 것이다. 그런데 이러한 우선주는 삼성전자와 같이 배당금이 10조원에 가까울 정도로 풍부한 회사의 경우에는 큰 의미가 없다. 우선주가 갖는 권리는 배당을 우선하여 받는 것을 의미하는 것이지 더 많이 받는다는 의미가 아니기 때문이다.

다만 우선배당이 약속된 금액이 우선주에게 배당된 후 만약 보통주에게 우선주보다 더 많은 금액의 배당이 지급된다면 그 차액에 대해서 다시 배당을 받을 수 있는지 여부는 중요하다. 잘못하면 우선주를 갖고 있는 것이 보통주보다도 배당금을 더 적게 받을 수도 있기 때문이다. 만약 보통주의 배당이 더 많을 때 그 차액을 받을 수 있다면 이를 참여적 우선주라고 하고, 그렇지 못한 우선주는 비참여적 우선주라고 한다. 그리고 약속된 배당을 받지 못할 경우 차후라도 회사에 배당을 할 수 있는 자금사정이 될 경우 배당을 받게 된다면 이를 누적적 우선주라고 하고 그 해에 배당을 받지 못하면 나중에는 자금사정이 나아지더라도 배당을 받을 수 없는 우선주를 비누적적 우선주라고 한다.

배당을 제외하고도 보통주와 다른 종류주식의 한 형태가 의결권에 관한 것이다제344조의3.18) 회사를 경영하다보면 자금이 끊임없이 필요하고 때

18) 제344조의3(의결권의 배제·제한에 관한 종류주식) ① 회사가 의결권이 없는 종류주식이나 의결권이 제한되는 종류주식을 발행하는 경우에는 정관에 의결권을 행사할 수 없는 사항과, 의결권행사 또는 부활의 조건을 정한 경우에는 그 조건 등을 정하여야 한다. ② 제1항에 따른 종류주식의 총수는 발행주식총수의 4분의 1을 초과하지 못한다. 이 경우 의결권이 없거나 제한되는 종류주식이 발행주식총수의 4분의 1을 초과하여 발행된 경우에는 회사는 지체 없이 그 제한을 초과하지 아니하도록 하기 위하여 필요한 조치를 하여야 한다.

로는 주식을 새롭게 발행해서 회사가 필요한 자금을 확보할 수 있다. 그런데 문제는 주식을 새롭게 발행하다보면 경영자 입장에서는 자신이 확보하고 있는 의결권의 비율이 점점 줄어들어 결국 경영권을 위협받을 수 있다. 따라서 가장 좋은 것은 의결권이 아예 없는 주식을 발행하거나 아니면 경영권과 밀접한 관련이 있는 이사선임 등에 대한 안건에 대해서는 의결권이 없는, 즉 의결권이 제한되는 주식을 발행하여 경영권 걱정 없이 자금을 확보할 수 있는 것이다. 하지만 이런 주식을 무제한으로 허용하게 되면 적대적 M&A 같은 것은 불가능해지기 때문에 결코 좋은 것만은 아니다. 따라서 상법은 의결권이 배제되거나 제한되는 종류주식은 발행주식총수의 4분의 1을 초과하지 못하는 것으로 제한하고 있다제344조의3 제2항. 삼성전자의 경우 2021년 4월 12일 기준으로 보통주의 가격이 83,200원이고, 삼성전자 우선주는 75,100원으로 약 8,100원의 가격차이가 난다. 삼성전자 우선주는 참가적 우선주이고 누적적 우선주이기 때문에 보통주에 비해서 불리한 것은 하나도 없다. 다만 의결권은 없는 우선주이다. 그렇다면 8,100원의 차이는 무엇을 의미할까? 삼성전자 1주에 대한 의결권의 가치가 최소한 8,100원이라는 것을 말하는 것이다.

상법은 이익배당이나 의결권에 관한 종류주식 외에도 상환주와 전환주를 발행할 수 있게 하고 있는데, 주식의 상환에 관한 종류주식은 발행할 때부터 회사가 이익이 날 경우 그 이익으로 상환할 수 있는 권리가 부여된 주식을 말하며제345조,[19] 주식의 전환에 관한 종류주식은 발행시부터 다른 종류의

[본조신설 2011.4.14]

19) 제345조(주식의 상환에 관한 종류주식) ① 회사는 정관으로 정하는 바에 따라 회사의 이익으로써 소각할 수 있는 종류주식을 발행할 수 있다. 이 경우 회사는 정관에 상환가액, 상환기간, 상환의 방법과 상환할 주식의 수를 정하여야 한다.
② 제1항의 경우 회사는 상환대상인 주식의 취득일부터 2주 전에 그 사실을 그 주식의 주주 및 주주명부에 적힌 권리자에게 따로 통지하여야 한다. 다만, 통지는 공고로 갈음할 수 있다.
③ 회사는 정관으로 정하는 바에 따라 주주가 회사에 대하여 상환을 청구할 수 있는 종류주식을 발행할 수 있다. 이 경우 회사는 정관에 주주가 회사에 대하여 상환을 청구할 수 있다는 뜻, 상환가액, 상환청구기간, 상환의 방법을 정하여야 한다.
④ 제1항 및 제3항의 경우 회사는 주식의 취득의 대가로 현금 외에 유가증권(다른 종류

주식으로 전환권이 부여된 주식을 말한다제346조.[20] 즉 우선주로 발행되었으나 보통주식으로 전환할 수 있는 권리를 부착시켜 발행하는 것이다. 상환주란 회사의 이익으로써 소각할 수 있는 주식을 말한다. 만약에 새로운 제품개발을 위해서 자금이 필요하다고 가정해보자. 새로운 주식을 발행함으로써 경영권을 위협받을 가능성은 높아지겠지만 필요자금을 공급받아 투자를 하여 회사가 큰 이익을 볼 가능성 역시 있다. 이 경우 상환주를 발행하고 이를 바탕으로 투자하여 회사가 이익이 난다면 그 자금으로 발행한 주식을 다시 되사서 소각해 버리는 것이다. 이 경우 경영권도 위협받지 않고 회사는 이익을 기대할 수 있게 된다. 과거 LG전자가 네덜란드의 필립스에게 5억달러 내외의 상환주를 발행하여 자금을 확보했던 것도 이러한 예에 해당하며,[21] 신한금융지주가 조

주식은 제외한다)이나 그 밖의 자산을 교부할 수 있다. 다만, 이 경우에는 그 자산의 장부가액이 제462조에 따른 배당가능이익을 초과하여서는 아니 된다.
⑤ 제1항과 제3항에서 규정한 주식은 종류주식(상환과 전환에 관한 것은 제외한다)에 한정하여 발행할 수 있다.
[전문개정 2011.4.14]

20) **제346조(주식의 전환에 관한 종류주식)** ① 회사가 종류주식을 발행하는 경우에는 정관으로 정하는 바에 따라 주주는 인수한 주식을 다른 종류주식으로 전환할 것을 청구할 수 있다. 이 경우 전환의 조건, 전환의 청구기간, 전환으로 인하여 발행할 주식의 수와 내용을 정하여야 한다.
② 회사가 종류주식을 발행하는 경우에는 정관에 일정한 사유가 발생할 때 회사가 주주의 인수 주식을 다른 종류주식으로 전환할 수 있음을 정할 수 있다. 이 경우 회사는 전환의 사유, 전환의 조건, 전환의 기간, 전환으로 인하여 발행할 주식의 수와 내용을 정하여야 한다.
③ 제2항의 경우에 이사회는 다음 각 호의 사항을 그 주식의 주주 및 주주명부에 적힌 권리자에게 따로 통지하여야 한다. 다만, 통지는 공고로 갈음할 수 있다.
1. 전환할 주식
2. 2주 이상의 일정한 기간 내에 그 주권을 회사에 제출하여야 한다는 뜻
3. 그 기간 내에 주권을 제출하지 아니할 때에는 그 주권이 무효로 된다는 뜻
④ 제344조 제2항에 따른 종류주식의 수 중 새로 발행할 주식의 수는 전환청구기간 또는 전환의 기간 내에는 그 발행을 유보(留保)하여야 한다.
[전문개정 2011.4.14]

21) 서양원, "LG전자, 16억달러 외자 유치", 매일경제신문, 2000년 11월 27일, available at https://news.naver.com/main/read.nhn?mode=LSD&mid=sec&sid1=101&oid=009&

흥은행을 인수할 때도 필요자금을 1조 6천억원어치의 상환주 발행을 통해 조달하기도 했다.[22] 전환주의 경우는 회사입장에서 경영상태가 좋지 않아 높은 배당을 약속하는 우선주로 일단 발행해 놓고 차후 몇 년이 지난 후 보통주로 전환하여 배당압력을 줄일 수도 있으며 또는 반대로 발행할 때는 의결권이 없는 우선주 형식의 종류주식으로 발행하고 전환시 의결권이 있는 보통주로 바뀌게 되어 주식의 가치를 올릴 수 있게 할 수도 있다.

3. 주식의 담보

일반 직장인들이 서울에 번듯한 내집을 마련한다는 것은 쉬운 일이 아니다. 대기업에 다닌다고 해도 엄청난 월급을 받는 것도 아니고 높은 물가에 엄청난 교육비 등을 감안하면 돈을 모으기가 쉽지 않다. 그런 이유로 내집 마련의 시기가 점점 늦어지고 있다. 2018년 기준으로 생애최초 주택을 마련한 가구주의 평균 나이는 43.3세였다고 하는데 이것은 2008년의 40.9세에 비해서 2.4세가 높아졌다고 한다. 특히 소득 10분위 중 1~4분위에 해당하는 소득 하위가구는 내집 마련 시기가 무려 56.7세에 달한다. 게다가 구입자금 중 상당부분37.8%은 대출에 의존하고 있다.[23] 주로 자신들이 구매한 집을 담보로 하여 금융기관으로부터 대출을 받은 것이다. 그런데 부동산과 같이 주식 역시 담보로 이용할 수 있을까?

이에 대한 답을 재벌그룹들이 주었다.[24] 특히 SK그룹의 최태원 회

aid=0000071079

22) 조영신, "[신한지주, 조흥은행 인수] 신한 "인수자금 문제없다"", 파이낸셜뉴스, 2003년 6월 19일, available at https://news.naver.com/main/read.nhn?mode=LSD&mid=sec&sid1=101&oid=014&aid=0000072946

23) 박민규, "43.4세 돼야 첫 내집 마련…2년 전보다 1.4살 늘어", 아시아경제신문, 2019년 6월 24일, 4면.

24) 윤현민, "주식 담보 제공 총 11명…담보 주식가치 2조 7천793억원", 연합뉴스, 2016년 10월 3일, available at https://www.yna.co.kr/view/AKR20160930177700008

장은 2011년에 800억원대의 주식담보대출을 받아 화제가 됐었고,[25] 2012년에도 역시 500~600억원을 추가로 대출받아 총 대출금이 3,000억원에 이른다는 보도가 있었다.[26] 대출이 일어날 때마다 대규모 선물투자 손실 때문이라는 말이 당시에 있었다.[27] 이후 검찰의 수사로 최태원 회장은 SK 계열사에서 450억원가량의 회사 돈을 횡령한 혐의로 기소되어 고등법원에서 징역 4년의 유죄판결을 받았고,[28] 대법원에서도 원심이 유지되었다.[29] 특히 고등법원의 재판부는 "무속인 출신인 김원홍이 신통력에 의해 막대한 자금을 일시에 회복해줄 것이라고 믿고, 일확천금을 추구하기 위해 피고인들이 해온 범행이 비롯된 것으로 보이는 바 죄질이 매우 불량하다"고 꾸짖기도 했다.[30] 결국 최태원 회장이 무속인인 김원홍 씨에게 속아 회사 돈으로 선물투자를 했다가 큰 손실을 보자 이를 메꾸기 위해 자신이 소유한 주식을 담보로 대출을 받았던 것이다. 이렇듯 아파트를 사려고 부동산 담보대출을 받을 수 있는 것처럼 주식도 담보로 이용하는 것이 가능하다. 그렇다면 이와 관련된 상법 조항은 무엇이 있을까?

25) 이경원, "SK C&C 주식 담보 최태원 회장 800억원 대출", 국민일보, 2011년 8월 23일, available at http://news.kmib.co.kr/article/view.asp?arcid=0005282381

26) 안재만, "10%대 고금리 대출을? … 쪼들리는 회장님들", 조선일보, 2012년 4월 15일, available at http://biz.chosun.com/site/data/html_dir/2012/04/15/2012041500438.html

27) 이는 SK해운의 고문을 지냈던 김원홍이라는 무속인이 최태원 회장에게 해외 선물투자를 권했고 여기서 6,000억원의 손실이 난 것으로 알려졌기 때문이다: 도제기 · 정제혁, "최 회장에 투자 권유한 사람은 무속인", 경향신문, 2011년 11월 9일, available at http://news.khan.co.kr/kh_news/khan_art_view.html?code=940202&artid=201111092150105#csidx0c20cfa1e67e1e4abe54edc4cbfb968

28) 최지숙, "재판부 "처벌 면할 수 없다"… 총수 봐주기서 법대로", 서울신문, 2013년 2월 1일, 2면.

29) 최태원 회장은 수감된 지 2년 7개월 후인 2015년 8월 15일 광복절 특사로 특별사면되었다: 김학원, "최태원과 성경책, 그 의미를 생각한다", 오마이뉴스, 2015년 8월 15일, available at http://www.ohmynews.com/NWS_Web/View/at_pg.aspx?CNTN_CD=A0002136000

30) 이재영, "최태원 SK 회장 징역 4년 유지 … 김원홍 변수 없어(종합)", 아주경제신문, 2013년 9월 27일, available at https://www.ajunews.com/kor/view.jsp?newsId=20130927000435

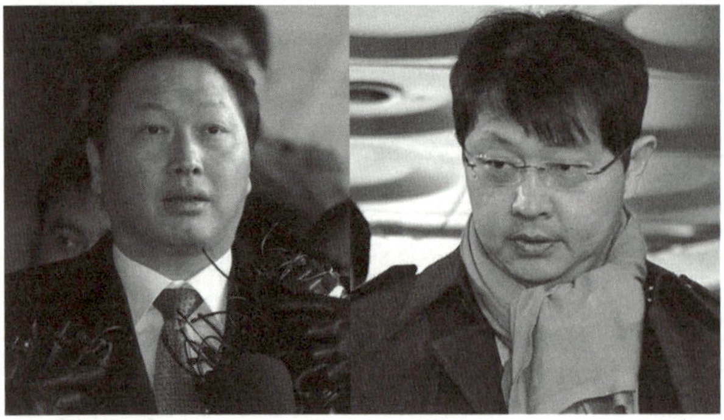

주식의 담보

담보와 관련된 상법 조항은 크게 약식질제338조31)과 등록질제340조32)에 관한 규정이다. 약식질은 간단히 이야기하면 질권 설정을 당사자 간에 합의하고 이의 증표로 주권을 교부하는 것을 말한다. 즉 돈을 빌리는 채무자가 돈을 빌려주는 채권자인 금융기관에게 담보로서 주권주식을 나타내는 증서, 주식의 양도에서 자세히 설명할 것임을 교부하면서 채권자에게 담보를 제공하는 것을 말하는데 외관상으로는 마치 주식을 판 것과 같은 모습을 띤다시계를 팔면 시계를 산 사람에게 주듯이 주권을 교부하였기 때문이다. 이에 비해서 등록질은 주주명부주주의 성명 등을 기재한 명부, 이것 역시 곧 자세하게 설명할 예정이다와 주권에 담보에 대한 기록질권설정을 기재하는 것을 말한다. 이렇게 기재를 하게 되면 회사에서는 어떤 주식에 담보가 제공되는 질권이 설정되어 있음을 알 수 있게 된다. 이렇게 등록을 통한 주식에 대한 질권 설정을 등록질이라고 하고 등록하지 않고 약식으로 마치 매매처럼 주권을 교부하는 것을 통해 질권설정을 하는 것을 약식질이라고 한다.

이러한 주식담보의 효력은 약식질과 등록질의 경우가 다르다. 약식

31) 제338조(주식의 입질) ① 주식을 질권의 목적으로 하는 때에는 주권을 질권자에게 교부하여야 한다. [개정 2014.5.20]
② 질권자는 계속하여 주권을 점유하지 아니하면 그 질권으로써 제3자에게 대항하지 못한다. [제목개정 2014.5.20]

32) 제340조(주식의 등록질) ① 주식을 질권(質權)의 목적으로 한 경우에 회사가 질권설정자의 청구에 따라 그 성명과 주소를 주주명부에 덧붙여 쓰고 그 성명을 주권(株券)에 적은 경우에는 질권자는 회사로부터 이익배당, 잔여재산의 분배 또는 제339조에 따른 금전의 지급을 받아 다른 채권자에 우선하여 자기채권의 변제에 충당할 수 있다. [개정 2011.4.14, 2014.5.20]
② 민법 제353조 제3항의 규정은 전항의 경우에 준용한다.
③ 제1항의 질권자는 회사에 대하여 전조의 주식에 대한 주권의 교부를 청구할 수 있다. [제목개정 2014.5.20]

질은 주권을 담보로 제공하고 이러한 외관은 마치 주식양도의 형태를 띠고 있기 때문에 주식담보의 질권설정자는 주주로서 역할을 할 수 없게 된다. 담보제공자가 주권을 갖고 있지 않기 때문이다. 하지만 등록질의 경우에는 질권설정자가 주주명부상 주식담보만을 제공한 것이 명백하기 때문에 계속하여 주주권을 행사할 수 있다. 결국 조금 귀찮긴 하지만 등록질을 이용하다면 주주로서의 권리를 계속하여 행사할 수 있게 된다.

4. 주식의 양도와 주권

4.1 주식양도자유의 원칙과 양도방법

나와 집사람은 아이들에게 생일이나 크리스마스 때 보통 5만원 내외의 선물을 준다. 여유가 많아서 더 비싸고 좋은 선물을 사줄 수 있으면 좋겠지만 큰아이의 학원비를 비롯하여 이런저런 생활비를 쓰다보면 그 정도 선이 우리 집안 경제에는 적당한 것 같다. 그런데 작은아이는 생일이 12월 30일이라 크리스마스와 비슷한 시기이다. 보통은 집사람이 열심히 고민을 해서 예산 범위 안에서 아이들 마음에 드는 선물을 했지만 초등학교 6학년 때는 그렇지 못했다. 집사람은 아이디어의 고갈을 선언하고 크리스마스와 생일선물을 그냥 다음에 생각나면 해주는 것으로 지나갔다. 이제 6학년이나 되었으니 생일이나 크리스마스 선물을 그렇게 기대할까 싶었지만 그게 아니었나 보다. 몇 달이 지난 후에 크리스마스 아침에 일어나 트리 밑을 보았는데 아무것도 없어 무척 실망했다는 이야기를 몇 번이나 하는 것

누구나 받는 크리스마스 선물?

이다. 그런 이야기를 듣고 아차 싶어서 갖고 싶은 게 있는지 물어보았더니 자기도 주식투자를 한번 해보고 싶다는 것이다. 나도 아직 주식투자를 제대로 해본 적이 없는데 엉뚱했다. 하지만 교육상 한번 해보는 것도 나쁘지 않겠구나 싶었다.

"어떤 주식을 사고 싶은데?" "혹시 생각해 둔 것은 있니?" "우리기술이라는 회사의 주식을 사고 싶어요." 우리기술? 그런 회사는 듣기도 처음 들었다. 우리기술이란 회사는 도대체 무엇을 하는 회사인가 궁금해서 찾아보았더니 원자력 발전소의 건설과 관련된 주제어설비MMS: Man Machine Interface System라는 원전핵심기술을 갖고 있는 회사였다.[33] 아마 나와 양자핵공학으로 박사학위를 받은 내 동생과의 대화를 기억했던 모양이다. 나는 반대했다. 잘 모르는 회사의 주식에 투자를 하는 것은 위험할 것 같아서였다. "그럼 아빠는 어떤 주식을 추천하시는데요?" "봄철이라 중국발 황사가 나타날 것 같으니 공기청정기 만드는 회사는 어떠니?" 그래서 선택된 회사가 주식회사 위닉스였다. 웅진코웨이 주식도 거론되었지만 그 당시 한주에 90,000원에 가까웠다. 내가 사줄 수 있는 주식의 가격을 10만원으로 제한했기 때문에 1주밖에 살 수 없는 점이 마음에 들지 않았던 모양이다. 웅진코웨이를 대신해서 역시 공기청정기를 만드는 위닉스 주식은 가격이 1만 7천원 정도했기 때문에 5주를 살 수 있었다. 그렇게 해서 둘째 아들의 첫 번째 주식투자가 이루어졌다.

투자를 한 후 얼마 지나자 우리나라 원전업계에 희소식이 전해졌다. 사우디아라비아가 원전사업을 하는데 우리나라 업체들이 유력하다는 것이다.[34] 그러면서 주식가격이 뛰기 시작했는데 아들이 사고 싶다던 우리기술 주식은 600원 정도에서 무려 4,000원이 가까울 정도로 올랐다. 거의 7배가 오른 것이다. 아빠의 권위가 아들 앞에서 무너지는 순간이었다. 그렇다면 아들의 최종적인 투자결과는 어땠을까? 다행스럽게도(?) 2019년 봄은 미세먼지와 황

---

33) 주식회사 우리기술 웹사이트 참조 http://www.wooritg.com/home_kr/

34) 배문숙, "'사우디 원전' 수주… 韓 · 美 · UAE 뭉친다", 헤럴드경제신문, 2018년 7월 3일, 6면.

사가 유난했었고, 문재인 대통령은 모든 학교에 공기청정기를 보급하라는 제안까지 했다.[35] 덕분에 위닉스 주식은 3만원 초반 대까지 오르기도 했었고 아들은 그것보다는 조금 싼 3만원에 매각할 수 있었다. 한 주당 1만3천원, 총 8만5천원의 차익을 올릴 수 있었고 그 결과 아들의 장래희망이 갑자기 펀드매니저로 바뀌었다.

나의 아들처럼 주식을 통해 돈을 벌기 위해서는 어떤 전제조건이 필요할까? 바로 주식을 자유롭게 사고 팔 수 있어야 한다. 이게 뒷받침되어 있지 않으면 주식투자를 할 수 없다. 상법에서는 '주식양도자유의 원칙'을 통해 이를 보장하고 있다제335조 제1항.[36] "주식은 타인에게 양도할 수 있다"라고 분명하게 규정하고 있는 것이다. 이때 주식의 양도방법은 바로 주권株券의 교부이다제336조.[37] 주권이란 주식의 권리를 나타내는 증권이다. 즉 우리가 항공권을 갖고 있으면 비행기를 탈 수 있는 권리를 내가 보유하고 있음을 증명할 수 있듯이 주권이 있으면 주식회사의 주주로서 권리를 갖고 있다는 사실을 나타낼 수 있는 것이다. 이러한 권리를 나타내는 증서를 매각상대방에게 줌으로써 주식을 팔 수 있는데 이는 마치 중고핸드백을 팔 때와 마찬가지이다. 핸드백을 팔기 위해서 가격을 협상하고, 만나서 돈을 받고 핸드백을 주면 되는 것처럼 주식도 동일하게 돈을 받고 주권을 주면 거래가 끝난다물론 현실에서는 대부분이 주권이 직접 교부되는 것이 아니라 자본시장과 금융투자업에 관한 법률에 의해 계좌 간에 대체로 거래가 이루어진다.[38]

---

35) 정현수 · 박경담 · 권혜민, "'미세먼지' 재난급 대응에 나선 정부… 추경 가능할까", 머니투데이, 2019년 3월 6일, 3면; 고성민 · 최지희, "文 '학교에 공기청정기' 발표에 전문가들 '공청기로 미세먼지 대응? 넌센스'", 조선일보, 2019년 3월 6일, available at http://news.chosun.com/site/data/html_dir/2019/03/06/2019030602681.html

36) 제335조(주식의 양도성) ① 주식은 타인에게 양도할 수 있다. 다만, 회사는 정관으로 정하는 바에 따라 그 발행하는 주식의 양도에 관하여 이사회의 승인을 받도록 할 수 있다. [개정 2011.4.14]

37) 제336조(주식의 양도방법) ① 주식의 양도에 있어서는 주권을 교부하여야 한다.
② 주권의 점유자는 이를 적법한 소지인으로 추정한다. [전문개정 1984.4.10]

38) 증권거래소를 통한 상장회사의 주식 거래는 주권을 증권예탁원에 보관하고 그러한 주권을 찾을 수 있는 권리를 사고파는 형식을 통해 이루어진다.

이러한 주권은 회사에 대한 주주로서의 권리를 나타내고 있기 때문에 회사의 상호와 1주의 액면금액 등이 기재되어 있고제356조,39) 회사가 성립 후에는 지체 없이 발행하여야 한다제355조.40) 주권은 주식의 거래에 있어 필수적인 사항이기 때문이다. 그런데 이러한 주권을 꼭 종이와 같은 실물로 만들어야 하는 것은 아니며,41) 전자적으로 만드는 것도 가능하고제356조의242) 주주

39) **제356조(주권의 기재사항)** 주권에는 다음의 사항과 번호를 기재하고 대표이사가 기명날인 또는 서명하여야 한다. [개정 1995.12.29, 2011.4.14]
1. 회사의 상호
2. 회사의 성립년월일
3. 회사가 발행할 주식의 총수
4. 액면주식을 발행하는 경우 1주의 금액
5. 회사의 성립후 발행된 주식에 관하여는 그 발행 연월일
6. 종류주식이 있는 경우에는 그 주식의 종류와 내용
6의2. 주식의 양도에 관하여 이사회의 승인을 얻도록 정한 때에는 그 규정
7. 삭제 [2011.4.14]
8. 삭제 [2011.4.14]

40) **제355조(주권발행의 시기)** ① 회사는 성립 후 또는 신주의 납입기일 후 지체없이 주권을 발행하여야 한다.
② 주권은 회사의 성립 후 또는 신주의 납입기일 후가 아니면 발행하지 못한다.
③ 전항의 규정에 위반하여 발행한 주권은 무효로 한다. 그러나 발행한 자에 대한 손해배상의 청구에 영향을 미치지 아니한다.

41) 이러한 주권은 주식·사채 등의 전자등록에 관한 법률에 따라 상장회사의 경우 모두 실물증권이 아니라 전자증권 형식으로 바뀌었다. 그리고 비상장회사 역시 점차 실물증권이 아니라 전자증권을 발행하는 추세라고 한다: 김민기, "전자증권제도, 도입 1년간 잔고 321조원 증가", 파이낸셜뉴스, 2020년 9월 16일, available at https://www.fnnews.com/news/202009161026369172

42) **제356조의2(주식의 전자등록)** ① 회사는 주권을 발행하는 대신 정관으로 정하는 바에 따라 전자등록기관(유가증권 등의 전자등록 업무를 취급하는 기관을 말한다. 이하 같다)의 전자등록부에 주식을 등록할 수 있다. [개정 2016.3.22]
② 전자등록부에 등록된 주식의 양도나 입질(入質)은 전자등록부에 등록하여야 효력이 발생한다.
③ 전자등록부에 주식을 등록한 자는 그 등록된 주식에 대한 권리를 적법하게 보유한 것으로 추정하며, 이러한 전자등록부를 선의(善意)로, 그리고 중대한 과실 없이 신뢰하고 제2항의 등록에 따라 권리를 취득한 자는 그 권리를 적법하게 취득한다.
④ 전자등록의 절차·방법 및 효과, 전자등록기관에 대한 감독, 그 밖에 주식의 전자등

^ 주식회사의 주권

가 원할 경우에는 해당 주권을 다시 회사에 제출하여 그 주권을 무효로 할 수도 있다제358조의2 제1항.[43] 주권을 보유하고 있다가 도난 등으로 인하여 피해를 보는 것을 막기 위해서이다. 물론 반환된 주권에 대해서 주주는 언제라도 주권의 재발행을 요구할 수 있다제358조의2 제4항.[44]

4.2 주식양도의 제한

앞에서 살펴본 것처럼 주식은 양도를 자유롭게 할 수 있고 이는 주권의 교부를 통해 이루어질 수 있지만 언제나 무조건적으로 주식양도가 허용되는 것은 아니다. 계약을 통해 주식양도를 제한할 수 있고 정관이나 상법, 그리고 특별법에 의해서도 주식양도를 제한하는 경우가 있다. 이를 살펴보면 다음과

록 등에 필요한 사항은 따로 법률로 정한다. [개정 2016.3.22]
[본조신설 2011.4.14]

43) 제358조의2(주권의 불소지) ① 주주는 정관에 다른 정함이 있는 경우를 제외하고는 그 주식에 대하여 주권의 소지를 하지 아니하겠다는 뜻을 회사에 신고할 수 있다. [개정 2014.5.20]

44) 제358조의2(주권의 불소지) ④ 제1항 내지 제3항의 규정에 불구하고 주주는 언제든지 회사에 대하여 주권의 발행 또는 반환을 청구할 수 있다. [전문개정 1995.12.29]

같다.

계약에 의한 제한 일단 당사자 사이에 계약에 의한 제한이 있을 수 있다. 회사와 주주 간에 또는 주주 사이에 이러한 계약을 맺는 경우가 많은데, 예를 들어 회사주주인 A와 B가 주식을 팔 경우에 미리 상대방의 동의가 필요하다는 계약을 맺었다고 하면 이 계약은 유효할 수 있고 이는 주식매매에 제한으로 작용할 수 있다. 하지만 이러한 계약을 맺은 상태에서 A가 자신의 주식을 C에게 B의 동의 없이 팔았다고 해서 그러한 매매계약이 무효인 것은 아니며 A는 B에 대해 계약위반에 대한 책임을 질뿐이다.

정관에 의한 제한 상법 제335조 제1항에서는 주식양도자유의 원칙을 천명하고 있지만 그 단서 조항으로 정관이 정하는 바에 따라 주식의 양도에 관하여 이사회의 승인을 받도록 할 수 있게 규정되어 있다.[45] 따라서 정관에 미리 규정이 있다면 이를 통해 이사회가 어느 정도 주식매매에 관여할 여지를 만들어주었다. 소규모 주식회사의 경우 주주 상호 간에 신뢰관계가 중요할 수 있기 때문에 정관을 통해 주식의 양도를 제한할 수 있게 한 것이다. 하지만 대규모 회사인 상장회사의 경우에는 이러한 정관을 통한 제한은 있을 수 없다. 증권거래소의 상장규정에 정관에 의한 제한을 금지시키고 있기 때문이다.

상법에 의한 제한 상법에서는 주식양도를 제한하는 규정을 여러 개 두고 있다. 우선 첫 번째가 권리주 양도에 의한 제한이다제319조.[46] 권리주란 '주식의 인수로 인한 권리'를 의미한다. 즉 회사 설립과정 중에 주식인수인이 주식

45) 제335조(주식의 양도성) ① 주식은 타인에게 양도할 수 있다. 다만, 회사는 정관으로 정하는 바에 따라 그 발행하는 주식의 양도에 관하여 이사회의 승인을 받도록 할 수 있다. [개정 2011.4.14]

46) 제319조(권리주의 양도) 주식의 인수로 인한 권리의 양도는 회사에 대하여 효력이 없다.

청약을 해서 배정을 받게 되면 주식을 인수할 권리를 얻게 되는데 그게 바로 권리주다. 이 같은 권리주는 매매를 할 수는 있으나 그러한 매매를 회사에 대하여 주장할 수는 없다. 즉 매매의 효과가 제한되는 것인데 이는 회사설립 중에 회사주주의 변화까지 생긴다면 회사설립절차가 너무 복잡해져 발기인들에게 부담을 주기 때문에 이를 막기 위해 정책적으로 제한하는 것이다.

두 번째로 주권발행 전의 주식양도의 제한이 있다. 상법 제335조 제3항은 주권발행 전에 한 주식의 양도는 회사에 대하여 효력이 없다고 규정하고 있다.[47] 주식의 매매방법은 원칙적으로 주권의 교부이다. 그런데 주권 자체가 아직 주주들에게 주어지지 않고 있는 상태에서 주식을 매매할 수 있다면 혼란이 생길 수 있다. 특히 회사의 설립이 완료된 직후에는 아직 회사의 경영을 안정화시키려는 많은 일들이 있을 것이다. 이런 상황에서 주권까지 신속하게 발행하는 것이 회사의 입장에서 부담스러울 수 있다. 이러한 부작용을 막기 위해서 주권발행 전의 주식양도를 상법은 제한하고 있다. 하지만 주권발행 전이라도 무제한으로 주식양도가 제한되는 것은 아니고 6개월에 한한다. 6개월이 지나면 어느 정도 회사가 안정됐으리라 상법은 판단한 것이다.

세 번째로 상법은 제341조를 통해 자기주식의 취득을 제한하고 있다.[48] 회사가 자기주식을 취득한다는 것은 논리상 회사가 자신의 사원지분권자

---

47) **제335조(주식의 양도성)** ③ 주권발행 전에 한 주식의 양도는 회사에 대하여 효력이 없다. 그러나 회사성립 후 또는 신주의 납입기일 후 6월이 경과한 때에는 그러하지 아니하다. [개정 1984.4.10]

48) **제341조(자기주식의 취득)** ① 회사는 다음의 방법에 따라 자기의 명의와 계산으로 자기의 주식을 취득할 수 있다. 다만, 그 취득가액의 총액은 직전 결산기의 대차대조표상의 순자산액에서 제462조 제1항 각 호의 금액을 뺀 금액을 초과하지 못한다.

1. 거래소에서 시세(時勢)가 있는 주식의 경우에는 거래소에서 취득하는 방법
2. 제345조 제1항의 주식의 상환에 관한 종류주식의 경우 외에 각 주주가 가진 주식수에 따라 균등한 조건으로 취득하는 것으로서 대통령령으로 정하는 방법

② 제1항에 따라 자기주식을 취득하려는 회사는 미리 주주총회의 결의로 다음 각 호의 사항을 결정하여야 한다. 다만, 이사회의 결의로 이익배당을 할 수 있다고 정관으로 정하고 있는 경우에는 이사회의 결의로써 주주총회의 결의를 갈음할 수 있다.

1. 취득할 수 있는 주식의 종류 및 수
2. 취득가액의 총액의 한도

이 된다는 것이고, 회사 자신이 회사의 주식을 사게 되면 실질적으로 주식의 매각을 통해 들어와야 하는 자본금이 실질적으로 회사에 입금이 되지 않을 수 있다. 그래서 상법은 회사가 자기주식을 취득하는 것을 오랫동안 막아왔다. 하지만 개정상법은 자기주식의 취득을 허용하면서 단서 조건으로 배당가능금액만큼만 허용하고 있다. 주주의 입장에서 보면 배당을 통해서 수익을 얻을 수도 있지만 회사가 자신의 주식을 매입하여 시장에서 거래되는 주식숫자가 줄어들면 그에 따라 상승하는 주식가격을 통해 수익을 얻을 수도 있다. 이러한 이유로 과거에는 증권거래법을 통해 상장회사만 회사가 자기주식을 취득하는 것을 허용했으나 상법 개정을 통해 배당가능액 만큼은 회사가 자기주식을 취득할 수 있게 허용한 것이다.

마지막 네 번째로 상법은 모회사주식의 취득금지를 규정하고 있다제342조의2.49) 모회사의 자회사의 관계가 성립하기 위해서는 모회사가 자회사의

---

3. 1년을 초과하지 아니하는 범위에서 자기주식을 취득할 수 있는 기간

③ 회사는 해당 영업연도의 결산기에 대차대조표상의 순자산액이 제462조 제1항 각 호의 금액의 합계액에 미치지 못할 우려가 있는 경우에는 제1항에 따른 주식의 취득을 하여서는 아니 된다.

④ 해당 영업연도의 결산기에 대차대조표상의 순자산액이 제462조 제1항 각 호의 금액의 합계액에 미치지 못함에도 불구하고 회사가 제1항에 따라 주식을 취득한 경우 이사는 회사에 대하여 연대하여 그 미치지 못한 금액을 배상할 책임이 있다. 다만, 이사가 제3항의 우려가 없다고 판단하는 때에 주의를 게을리하지 아니하였음을 증명한 경우에는 그러하지 아니하다.

[전문개정 2011.4.14]

49) 제342조의2(자회사에 의한 모회사주식의 취득) ① 다른 회사의 발행주식의 총수의 100분의 50을 초과하는 주식을 가진 회사(이하 "母會社"라 한다)의 주식은 다음의 경우를 제외하고는 그 다른 회사(이하 "子會社"라 한다)가 이를 취득할 수 없다. [개정 2001.7.24]

1. 주식의 포괄적 교환, 주식의 포괄적 이전, 회사의 합병 또는 다른 회사의 영업전부의 양수로 인한 때
2. 회사의 권리를 실행함에 있어 그 목적을 달성하기 위하여 필요한 때

② 제1항 각 호의 경우 자회사는 그 주식을 취득한 날로부터 6월 이내에 모회사의 주식을 처분하여야 한다.

③ 다른 회사의 발행주식의 총수의 100분의 50을 초과하는 주식을 모회사 및 자회사 또는 자회사가 가지고 있는 경우 그 다른 회사는 이 법의 적용에 있어 그 모회사의 자

주식을 50%를 초과해서 소유해야 한다. 그 경우 모회사는 자회사의 경영을 완벽하게 통제할 수 있게 되는데 그러한 자회사가 모회사의 주식까지 갖게 된다면 자본의 공동화가 생길 수 있다두 회사가 자본금이 100억원씩이라고 할 때 2개의 회사니 당연히 자본금의 합은 200억원이 되어야 하지만 서로 갖고 있으니 실질적으로는 200억원 이하가 된다. 이러한 정책적 이유로 상법은 자회사의 모회사의 주식취득을 막고 있는 것이다.

특별법에 의한 제한(주주의 자격부분과 동일) 상법뿐만 아니라 다른 특별법에서도 주식의 양도를 제한하는 경우가 있다. 예를 들어 은행법에서는 동일인이 10%를 초과하여 지분을 소유하는 것을 막고 있고은행법 제15조 제1항,**50)** 자본시장과 금융투자업에 관한 법률과 독점규제 및 공정거래에 관한 법률에서도 여러 규정에서 주식의 양도를 제한하는 규정이 있다. 이렇게 주식의 양도를 막는 것은 정책적 이유 때문이다. 예를 들어 은행법의 경우 특정한 1인이 은행을 사유화하는 것을 막기 위해 아예 소유 자체에 대해서 제한을 하고 있는 것이다. 재미있는 것은 외국인투자촉진법에 외국인의 투자를 제한하는 규정이 있다는 것이다. 특히 방위산업체 등에 투자하기 위해서는 산업통상자원부 장관의 승인을 얻도록 되어 있다외국인투자촉진법 제6조 제1항.**51)** 외국인이 국내의 민감한

^ 중국회사는 도시바의 주인이 될 수 없었다

회사로 본다. [개정 2001.7.24] [본조신설 1984.4.10]

50) 은행법 제15조(동일인의 주식보유한도 등) ① 동일인은 은행의 의결권 있는 발행주식 총수의 100분의 10을 초과하여 은행의 주식을 보유할 수 없다.

51) 외국인투자촉진법 제6조(외국인투자 허가 등) ① 외국인(대통령령으로 정하는 특수관계에 있는 자를 포함한다)은 대통령령으로 정하는 방위산업체를 경영하는 기업에 대하여 제2조 제1항 제4호 가목2)의 방법에 따른 외국인투자를 하려는 경우에는 제5조 제1항 및 제2항에도 불구하고 산업통상자원부령으로 정하는 바에 따라 미리 산업통상자원부장관의 허가를 받아야 한다.

산업에 진출하는 문제에 대해서는 여러 논의가 있어 왔는데 우리나라의 경우 금호타이어가 중국의 더블스타에 매각될 당시 큰 논란을 불러 왔고,[52] 일본의 경우도 도시바Toshiba사가 반도체 사업부를 매각하는데 있어서 일본 정부가 국가 안보를 이유로 관여하였다. 외환 및 대외무역법을 내세워 중국계 회사인 홍하이 그룹과 TSMC 등이 도시바의 반도체 사업부를 매입하여 반도체 기술을 전수받는 것을 막은 것이다.[53] 결국 돈이 있고 사고 싶어도 주식을 사지 못하는 경우가 발생할 수 있다.

5. 주식매수선택권(Stock Option)

로또 1등은 1부터 45까지의 숫자 중 6개를 찍어 맞히면 된다. 숫자 5개를 맞힌 상태에서 보너스 볼까지 맞히면 2등이 된다. 3등은 5개 번호가, 4등은 4개 번호, 마지막 5등은 3개 번호가 일치하면 당첨된다. 로또 1등에 당첨될 확률은 8,145,060분의 1이라고 한다. 이 확률은 미국이나 유럽 등 다른 나라의 로또와 비교하면 굉장히 높은 수치라는데 미국 파워볼의 경우 당첨확률이 3억분의 1이며, 메가밀리언 역시 당첨 확률이 2억 5,000만분의 1이다. 유럽에서 판매되고 있는 유로 밀리언의 당첨확률은 1억 1,000만분의 1이다. 한국에서는 당첨자가 매주 몇 명씩 나오지만 미국이나 유럽의 로또에서는 당첨자가 매번 나오지 않고 이월되는 이유가 바로 여기에 있다.[54] 우리나라 로또의 1등 당첨금은 평균 135억원인데 보통 7명이 당첨되므로 1인당 약 19억원 정도 받는다고 하며, 최고당첨금은 407억 2천만원에 이른 적도 있고 반대로 최소당첨금의

52) 심재현 · 김남이, "'3년 고용보장' 中 더블스타에 금호타이어 넘길 듯", 머니투데이, 2018년 2월 22일, 1면.

53) 박성우 · 김민지, "日 정부, 국가 안보 이유로 '도시바 반도체 매각' 개입할 듯… '중국보다는 미국 선호?'", 조선일보, 2017년 3월 12일, available at http://biz.chosun.com/site/data/html_dir/2017/03/12/2017031200785.html

54) 조현미, "로또, 당첨될 확률 적지만 여전히 인기", 뉴스인사이드, 2018년 4월 5일, available at http://www.newsinside.kr/news/articleView.html?idxno=492433

경우 겨우(?) 4억 5백만원 밖에 되지 않은 적도 있었다고 한다.[55] 이런 행운을 얻기 위해서 우리나라에서 한 해에 4조원 정도를 쓴다고 하니 나에게도 그런 행운이 올 것을 기대하는 것은 좀 무리일까?

사실 나도 로또 역사상 최고금액인 407억원을 바라보면서 이따금씩은 복권을 사지만 아직까지 4등까지 해본 것이 최고이고 그 당시 10만원 조금 못 미치는 금액을 받은 것 같다. 확률적으로 로또 1등의 당첨은 번개를 맞을 확률보다도 낮으니 거의 불가능에 가깝다는 것을 알지만 친구와 술을 한잔 하고 로또를 사는 것은 발표 전까지 나름 행복한 꿈을 꿀 수 있기 때문이다. 1등에 당첨되면 그 돈으로 무엇을 할 수 있을까 하며 이리저리 상상을 하다보면 로또 두 장을 사기 위해 쓴 1만원의 값어치는 충분히 한 것 같다. 또 로또로 만들어진 기금으로 이런저런 좋은 일을 한다고 하니 당첨이 되지 않아도 내 돈이 좋은 일에 쓰여졌다는 위안을 삼기도 한다. 그런데 회사에 다니는 직장인들은 로또 말고도 부자가 될 수 있는 방법이 하나 더 있다. 바로 스톡옵션이라 불리는 주식매수선택권이다.

^ 주식매수선택권

55) 안용성, "'1,000원짜리의 희망' 꽝 돼도 … 월요일이면 인생역전 다시 꿈꾼다", 세계일보, 2019년 4월 20일, A9면.

주식매수선택권이란 충분한 보수를 임직원들에게 줄 수 없을 경우 임직원들에게 회사성장에 대한 모티브를 주기 위해서 지급하기도 하지만, 기본적으로 임직원들에게 주주와 동일한 이해관계를 만들기 위해서 주어진다대리인 비용의 감소를 위해. 사실 주주들은 기본적으로 주가가 높아져 갖고 있는 주식의 가치가 높아지는 것을 통해 수익을 얻는 것을 기대한다. 하지만 회사의 임직원들의 입장에서는 주가가 높아지는 것이 꼭 자신들의 이해관계와 일치하는 것은 아니다. 임직원들은 주가가 오른다고 해서 좋은 것이 아니라 월급이 올라야 좋기 때문이다. 그래서 주가가 오르면 임직원들도 이익을 보는 제도가 필요하게 된다. 예를 들어 설명해보자면 현재의 주가가 1만원이라고 하자. 주식매수선택권이란 임직원들에게 5년 뒤에 2만원에 1만주의 주식을 살 수 있는 권리를 주는 것이다. 그런데 임직원들이 열심히 일을 해서 5년 뒤에 주가가 12만원까지 올랐다면 임직원들은 10만원×1만주=1억원의 수입을 올릴 수 있게 된다. 만약 이러한 수익을 기대할 수 있다면 임직원들은 주가상승을 위해서 열심히 일할 것이고 주주 역시 주가상승을 통해 큰 수익을 기대할 수 있을 것이다. 이 같은 주식매수선택권스톡옵션은 기본적으로 상법 제340조의2에 의해 규율된다.[56)]

---

56) 제340조의2(주식매수선택권) ① 회사는 정관으로 정하는 바에 따라 제434조의 주주총회의 결의로 회사의 설립 · 경영 및 기술혁신 등에 기여하거나 기여할 수 있는 회사의 이사, 집행임원, 감사 또는 피용자(被用者)에게 미리 정한 가액(이하 "주식매수선택권의 행사가액"이라 한다)으로 신주를 인수하거나 자기의 주식을 매수할 수 있는 권리(이하 "주식매수선택권"이라 한다)를 부여할 수 있다. 다만, 주식매수선택권의 행사가액이 주식의 실질가액보다 낮은 경우에 회사는 그 차액을 금전으로 지급하거나 그 차액에 상당하는 자기의 주식을 양도할 수 있다. 이 경우 주식의 실질가액은 주식매수선택권의 행사일을 기준으로 평가한다.

② 다음 각 호의 어느 하나에 해당하는 자에게는 제1항의 주식매수선택권을 부여할 수 없다.

1. 의결권 없는 주식을 제외한 발행주식총수의 100분의 10 이상의 주식을 가진 주주
2. 이사 · 집행임원 · 감사의 선임과 해임 등 회사의 주요 경영사항에 대하여 사실상 영향력을 행사하는 자
3. 제1호와 제2호에 규정된 자의 배우자와 직계존비속

③ 제1항에 따라 발행할 신주 또는 양도할 자기의 주식은 회사의 발행주식총수의 100

이에 따르면 주식매수선택권은 모든 임직원에게 부여될 수 있는 것은 아니다. 상법은 회사를 실질적으로 소유하고 있는 자들에게는 부여할 수 없게 규정해 놓았다제340조의2 제1항, 제2항. 즉 이재용 삼성전자 부회장이 삼성전자로부터 주식매수선택권을 부여받을 수는 없는 것이다. 또한 주식매수선택권으로 발행할 수 있는 주식의 총수는 전체 발행주식총수의 10%를 초과할 수 없으며제3항, 주식매수선택권으로 주식을 살 수 있는 행사가액은 부여일을 기준으로 실질가액보다 높아야 한다제4항. 이는 현재 주식가격이 1만원이면 1만원 이상으로 부여해야 한다는 의미이다. 또한 주식매수선택권은 부여되었다고 해서 바로 행사할 수 있는 것도 아니며 주식매수선택권을 부여하는 주주총회 결의일로부터 2년 이상을 재임 또는 재직해야만 행사할 수가 있다제340조의4.[57] 이런 주식매수선택권은 미국의 경우에는 벤처회사에서 인재를 모으는 수단으로 활용되기도 하며[58] 우리나라에서도 직장인들이 이를 통해서 큰 부를 이루는 것을 꿈꾸게 하는 수단이 되기도 하다. 삼성전자의 경우 여러 임직원들이 수십 억원 이상을 주식매수선택권을 통해 벌어들였고,[59] 2018년에는 더블유

분의 10을 초과할 수 없다.

④ 제1항의 주식매수선택권의 행사가액은 다음 각 호의 가액 이상이어야 한다.

1. 신주를 발행하는 경우에는 주식매수선택권의 부여일을 기준으로 한 주식의 실질가액과 주식의 권면액(券面額) 중 높은 금액. 다만, 무액면주식을 발행한 경우에는 자본으로 계상되는 금액 중 1주에 해당하는 금액을 권면액으로 본다.
2. 자기의 주식을 양도하는 경우에는 주식매수선택권의 부여일을 기준으로 한 주식의 실질가액

[전문개정 2011.4.14]

57) 제340조의4(주식매수선택권의 행사) ① 제340조의2 제1항의 주식매수선택권은 제340조의3 제2항 각 호의 사항을 정하는 주주총회결의일부터 2년 이상 재임 또는 재직하여야 이를 행사할 수 있다.

② 제340조의2 제1항의 주식매수선택권은 이를 양도할 수 없다. 다만, 동조 제2항의 규정에 의하여 주식매수선택권을 행사할 수 있는 자가 사망한 경우에는 그 상속인이 이를 행사할 수 있다.

[본조신설 1999.12.31]

58) 윤창희, "미국서 벤처에 인재 몰리는 건 스톡옵션 때문", 중앙일보, 2013년 11월 18일, 종합 8면.

59) 한광덕, "삼성전자 임원들 스톡옵션 '대박'", 한겨레신문, 2011년 12월 29일, available

게임스라는 게임회사의 한 임원이 주식매수선택권으로만 225억원을 벌어 모든 직장인들의 꿈을 실현했다고 한다.[60] 내가 학교 다니면서 게임을 멀리 했다는 사실이 이렇게 아쉬울 수가 없는 순간이다.

6. 주주명부와 명의개서

우리나라 야구선수 중에서 미국의 메이저리그에서 활약한 선수는 많지만 월드시리즈에 참여한 선수는 아쉽게도 김병현 선수와 류현진 선수 둘이다. 지금은 선수생활을 은퇴하고 해설자로서 역할을 하고 있지만 2000년대 초반 김병현 선수의 모습은 정말 굉장했다. 2001년 애리조나 다이아몬드 백스의 일원으로 그는 78경기에서 5승 6패, 방어율 2.94를 기록했고, 2002년에는 72경기에서 8승 3패, 방어율은 2점을 아주 아슬아슬하게 넘긴 2.04였다. 그는 2001년 다이아몬드 백스의 일원으로 월드시리즈의 우승반지를 가졌고, 2004년에는 보스톤 레드삭스 팀의 소속으로 역시 우승반지를 가질 수 있었다. 정말 대단한 기록이며 동양인으로서 이 정도의 성적을 낸 사람이 또 있을까 싶다. 하지만 김병현 선수가 2001년 월드시리즈의 4차전3 대 1로 팀이 앞서고 있는 상황과 5차전2 대 0으로 팀이 앞서고 있는 상황에서 9회에 두 게임에서 모두 홈런을 맞으며 블론세이브를 기록하는 순간은 잊을 수가 없다. 야구를 보면서 그렇게 아쉬웠던 적이 얼마나 있었을까 싶다.

류현진 선수는 현재 우리나라를 대표하는 야구선수이다. 2013년부터 박찬호 선수를 이어 LA다저스 팀에서 활약했었고, 2020년부터 토론토 블루제이스Toronto Blue Jays에서 활동하고 있다. 2013년에 그는 30경기에 나와 14승 8패 방어율 3.00을 기록했고, 2014년에는 26경기에 출전하여 14승 7패 방어율 3.38이라는 좋은 성적을 일구어냈다. 비록 2015년과 2016년에는 부상으로 인

at http://www.hani.co.kr/arti/economy/stock/512544.html

60) 이재철 외 2인, "'스톡옵션 대박' 박신정 230억원 '보수킹'… 총수 1위 조양호", 매일경제신문, 2018년 8월 14일, A2면.

하여 별다른 활약을 하지 못했지만 2017년에는 이를 딛고 일어나 25경기에서 5승 9패 1세이브를 기록하기도 했고, 2018년에는 7승 3패를 기록했는데 방어율이 1.97을 기록하기도 했다. 특히 보스톤 레드삭스와의 월드시리즈 2차전에서 비록 패전을 기록했지만 5회 2아웃까지는 잘 던지기도 했다. 그리고 2019년의 류현진은 정말 최고였다. 8월에 조금만 더 잘했다면 사이영상을 받았을 텐데 아쉽기만 하다. 사실 류현진 선수의 경기가 있는 날이면 많은 야구팬들이 그렇듯 나도 아침에 일어나자마자 경기기록을 살펴보면서 하루를 시작하기도 하고, 수업을 하면서도 쉬는 시간에 짬짬이 경기상황을 알아보기도 한다. 잘하고 있는 것을 확인하면 나도 기분이 좋아지고 그렇지 못하면 같이 안타깝다.

^ 류현진 선수의 모습

그런데 2017년 류현진 선수는 매우 아쉬운 경험을 했다. 부상에서 복귀한 후 팀이 월드시리즈에 진출했지만 포스트시즌 엔트리에 들지 못해서 더그 아웃에서 동료들을 응원만 할 수 있었기 때문이다. LA다저스가 월드시리즈 우승을 위해 텍사스 레인저스에서 다르빗슈 유를 데려오자 류현진은 입지가 좁아져 아예 월드시리즈 엔트리에 들어갈 수조차 없었다. 다르빗슈는 월드시리즈 3차전에서는 1과 2/3이닝 동안 4실점, 7차전에서는 1과 2/3이닝 동안 5실점4자책을 기록해서 패전투수가 되었기 때문에 더더욱 안타까웠다.[61] 만약 류현진 선수가 출전하여 던졌다면 LA다저스가 우승할 수 있었을지도 모른다는 생각이 들어서였다.

이처럼 엔트리에 들어야만 월드시리즈에서 뛸 수 있는 것처럼 상법에서도 주주의 역할을 하기 위해서는 주주명부에 기재되어야 한다. 주주명부

61) 권인하, "아쉬운 다저스, 씁쓸했던 류현진의 월드시리즈", 조선일보, 2017년 11월 2일, available at http://news.chosun.com/site/data/html_dir/2017/11/02/2017110201833.html

란 주식이나 주권 그리고 주주에 관한 사항을 명기한 장부를 말한다제352조.[62] 이 같은 주주명부는 전자적으로도 만들 수 있으며제352조의2, 기본적으로 주권의 소지자는 적법한 주식의 소유자로 추정을 받지만제336조 제2항,[63] 주주명부에 이름을 올리는 명의개서를 통해서만 주주권을 행사할 수 있다제337조.[64] 주주명부에 이름을 올리는 명의개서는 상법에 특별한 규정을 두고 있지는 않아 주권을 회사에 제시함으로써 손쉽게 할 수 있다. 하지만 이러한 명의개서를 통하여 주주명부에 이름을 올리게 되면 주주명부의 특별한 효력이 발생하게 된다주주명부를 전자적으로 만드는 것도 가능하다. 제352조의2.[65]

주주명부의 특별한 효력은 ① 대항력, ② 추정력, ③ 면책력으로 구성된다. ① 대항력이란 회사에 대해서 주주권을 행사하기 위해서는 주주명부에 기재해야 한다는 것이고, ② 추정력이란 주주명부에 기재된 주주가 실질적

---

62) 제352조(주주명부의 기재사항) ① 주식을 발행한 때에는 주주명부에 다음의 사항을 기재하여야 한다. [개정 1984.4.10, 2014.5.20]
1. 주주의 성명과 주소
2. 각 주주가 가진 주식의 종류와 그 수
2의2. 각 주주가 가진 주식의 주권을 발행한 때에는 그 주권의 번호
3. 각 주식의 취득년월일
② 제1항의 경우에 전환주식을 발행한 때에는 제347조에 게기한 사항도 주주명부에 기재하여야 한다. [개정 1984.4.10, 2014.5.20]

63) 제336조(주식의 양도방법) ② 주권의 점유자는 이를 적법한 소지인으로 추정한다. [전문개정 1984.4.10]

64) 제337조(주식의 이전의 대항요건) ① 주식의 이전은 취득자의 성명과 주소를 주주명부에 기재하지 아니하면 회사에 대항하지 못한다. [개정 2014.5.20]
② 회사는 정관이 정하는 바에 의하여 명의개서대리인을 둘 수 있다. 이 경우 명의개서대리인이 취득자의 성명과 주소를 주주명부의 복본에 기재한 때에는 제1항의 명의개서가 있는 것으로 본다. [신설 1984.4.10]
[제목개정 2014.5.20]

65) 제352조의2(전자주주명부) ① 회사는 정관으로 정하는 바에 따라 전자문서로 주주명부(이하 "전자주주명부"라 한다)를 작성할 수 있다.
② 전자주주명부에는 제352조 제1항의 기재사항 외에 전자우편주소를 적어야 한다.
③ 전자주주명부의 비치·공시 및 열람의 방법에 관하여 필요한 사항은 대통령령으로 정한다.
[본조신설 2009.5.28]

인 주주로 추정된다는 것이다. 마지막으로 ③ 면책력이란 회사는 주주명부에 기재된 자를 주주로 취급하면 면책된다는 것이다. 즉 주주가 회사로부터 주주로 대접받기 위해서는 주주명부에 이름을 기재하는 명의개서를 해야 하고, 이를 하게 되면 회사는 명의개서 된 자가 주주로 추정되기 때문에 명의개서 된 자를 주주로 취급하는 것은 비록 그자가 진정한 주주가 아니라도 이에 대해서 면책된다.

그런데 상장회사의 경우 하루에도 수많은 주주가 바뀌기 때문에 주주명부를 항상 정확하게 유지한다는 것은 사실상 불가능하다. 그래서 일정한 시점에 주주명부상의 주주를 권리행사자로 획일적으로 지정하는 것이 필요하다. 특히 이러한 지정은 주주총회를 개최할 때와 배당할 때 필수적이다. 이처럼 획일적으로 주주를 확정하기 위한 제도가 바로 주주명부의 폐쇄와 기준일 제도이다. 주주명부의 폐쇄는 예를 들어 이미 주주총회를 개최하게 될 경우 어느 특정 시점부터 주주총회 날까지 명의개서를 회사가 해주지 않는 방법으로 주주명부에 새로운 주주를 기입하는 것을 막아 이미 주주명부에 기재된 자를 주주로 취급하여 이들이 주주총회에서 주주권을 행사하게 하는 것이고, 기준일 제도는 특정일 현재의 주주명부상의 기명주주를 주주로서의 권리를 행사하는 자로 확정하는 제도이다제354조.[66] 두 제도는 어느 일정한 기간 동안주주명부 폐쇄 기간 동안 명의개서를 할 수 있느냐의 차이가 있을 뿐이어서 실질적으로 큰 차이가 있는 것은 아니며 많은 회사들이 두 제도를 함께 사용하고 있다.

66) 제354조(주주명부의 폐쇄, 기준일) ① 회사는 의결권을 행사하거나 배당을 받을 자 기타 주주 또는 질권자로서 권리를 행사할 자를 정하기 위하여 일정한 기간을 정하여 주주명부의 기재변경을 정지하거나 일정한 날에 주주명부에 기재된 주주 또는 질권자를 그 권리를 행사할 주주 또는 질권자로 볼 수 있다. [개정 1984.4.10]
② 제1항의 기간은 3월을 초과하지 못한다. [개정 1984.4.10]
③ 제1항의 날은 주주 또는 질권자로서 권리를 행사할 날에 앞선 3월 내의 날로 정하여야 한다. [개정 1984.4.10]
④ 회사가 제1항의 기간 또는 날을 정한 때에는 그 기간 또는 날의 2주간 전에 이를 공고하여야 한다. 그러나 정관으로 그 기간 또는 날을 지정한 때에는 그러하지 아니하다.

제2관 지배주주에 의한 소수주식의 전부 취득

나는 나보다 두 살 어린 동생과 사이가 좋은 편이다. 우리나라의 많은 형제들이 그렇겠지만 자주 얼굴을 보거나 전화를 하지는 않아도 서로를 잘 이해하고 있다고 믿는다나만의 생각인가?. 나와 내동생 사이에는 같이 자라면서 여러 일들이 있었지만 특별히 생각나는 것은 초등학교 1학년 때에는 외갓집에 갔다가 달려드는 개로부터 동생을 보호하다가 대신 물린 일과 짜장면 사건이다. 초등학교 2학년 때에 아버지 어머니가 저녁 모임 때문에 우리를 두고 나가시면서 미안하셨던지 제일 좋아하는 짜장면을 시켜먹으라고 하신 적이 있다. 짜장면은 배달되어 왔고 그것을 상에 놓다가 동생이 짜장면을 마루에 엎었다. 서둘러 다시 그릇에 담았지만 어찌되었던 바닥에 떨어진 음식이었다. 짜장면을 버릴 생각은 감히 상상도 못했고 당연히 동생이 일을 저질렀으니 동생이 먹으리라 생각했지만 자신은 못 먹겠다는 것이다. 그래서 타협을 본 것이 가위바위보였다. 결과는 나의 승리… 하지만 그럼에도 불구하고 짜장면은 내가 먹어야 했다. 동생이 끝내 떨어진 짜장면 먹기를 거부한 것이다. 지금도 그 이야기를 하면 동생은 못 들은 척 하면서 멋쩍어 한다. 돌아보면 이렇듯 동생에게 양보도 하고 서로 잘 지냈던 같은데 한 가지 일은 아직도 동생이 괘씸하다. 바로 하드를 먹다가 동생에게 뺏긴 일이다.

내가 좋아하는 스시는 동생에게 뺏기지 않았다

사람마다 다르겠지만 나는 맛있는 음식이 있으면 아껴서 천천히 먹는 편이다. 그래서 스시를 먹게 되면 문어나 새우로 만든 것은 일찍 먹고 광어지느러미나 참치 뱃살로 만든 스시는 제일 마지막까지 아끼고 아끼다 먹는다. 이런 행동은 어렸을 때부터 그랬다. 외갓집에 놀러 가면 외할머니는 하드를 하나씩 사주시고는 했는데 동생과 내가 같이 먹기 시작하면 동생은 금방 하드를 다 먹어버리고 나는 조금씩 조금씩 먹었다. 하루는 내가 그렇게 아껴 먹는 모습이 동생에게 무척 얄미웠나 보다. 순간적으로 내가 아껴먹던 하드를 뺏어서 입에 넣어 버리는 것이다. 나는 방심하다 당한 일이라 어이없어 하다가 정신을 차리고 동생이 입에 넣은 것을 다시 뺏으려 했지만 방법이 없었다. 그래서 주먹으로 얼굴을 한방 날리는 것으로 복수를 했지만 동생은 맞으면서도 끝까지 하드를 다 먹었다. 당시에 통통했던(?) 나의 동생이 삐쩍 말랐던(?) 나의 하드를 순식간에 먹어치우는 순간이었다. 이 이야기 역시 내가 다시 꺼내면 동생은 모른 척한다.

나의 하드가 먹고 싶었던 내 동생과는 조금 다른 이야기이지만 주주도 경우에 따라 다른 사람이 갖고 있는 주식을 강제로 뺏을 수도 있다물론 돈은 주어야 한다. 바로 지배주주의 매도청구권 때문이다제360조의24.67) 상법은 특정 주

67) 제360조의24(지배주주의 매도청구권) ① 회사의 발행주식총수의 100분의 95 이상을 자기의 계산으로 보유하고 있는 주주(이하 이 관에서 "지배주주"라 한다)는 회사의 경영상 목적을 달성하기 위하여 필요한 경우에는 회사의 다른 주주(이하 이 관에서 "소수주주"라 한다)에게 그 보유하는 주식의 매도를 청구할 수 있다.
② 제1항의 보유주식의 수를 산정할 때에는 모회사와 자회사가 보유한 주식을 합산한다. 이 경우 회사가 아닌 주주가 발행주식총수의 100분의 50을 초과하는 주식을 가진 회사가 보유하는 주식도 그 주주가 보유하는 주식과 합산한다.
③ 제1항의 매도청구를 할 때에는 미리 주주총회의 승인을 받아야 한다.
④ 제3항의 주주총회의 소집을 통지할 때에는 다음 각 호에 관한 사항을 적어야 하고, 매도를 청구하는 지배주주는 주주총회에서 그 내용을 설명하여야 한다.
1. 지배주주의 회사 주식의 보유 현황
2. 매도청구의 목적
3. 매매가액의 산정 근거와 적정성에 관한 공인된 감정인의 평가
4. 매매가액의 지급보증
⑤ 지배주주는 매도청구의 날 1개월 전까지 다음 각 호의 사실을 공고하고, 주주명부에 적힌 주주와 질권자에게 따로 그 통지를 하여야 한다.
1. 소수주주는 매매가액의 수령과 동시에 주권을 지배주주에게 교부하여야 한다는 뜻
2. 교부하지 아니할 경우 매매가액을 수령하거나 지배주주가 매매가액을 공탁(供託)한 날에 주권은 무효가 된다는 뜻
⑥ 제1항의 매도청구를 받은 소수주주는 매도청구를 받은 날부터 2개월 내에 지배주주에게 그 주식을 매도하여야 한다.

주가 주식의 대부분을 보유하고 있고, 일부 극소수의 주식을 보유한 주주가 있는 경우 상법이 추구하는 정상적인 동업관계라 할 수 없고 회사로서도 주주총회의 운영 등과 관련하여 얼마 되지 않는 소수주주의 관리비용이 크기 때문에 이를 해소할 길을 만들어 놓은 것이다. 또한 반대로 소수주주의 입장에서도 소수주주의 매수청구권이라는 자신의 주식을 강제로 판매할 수 있는 수단을 갖고 있는데제360조의25[68] 이를 통해 자신의 출자를 회수할 방법을 확보하고 있다.[69] 지배주주에 의한 매도청구권 행사의 사례로는 2014년 삼성생명이 삼성자산운용을 100% 자회사로 만들 때 사용되었으며, 글로벌 생활용품기업인 유니레버가 화장품회사 카버코리아의 소액주주 지분을 사들일 때도 사용되었다.[70] 반대로 소수주주가 주식의 대부분을 갖고 있는 지배주주에게 자신

⑦ 제6항의 경우 그 매매가액은 매도청구를 받은 소수주주와 매도를 청구한 지배주주 간의 협의로 결정한다.
⑧ 제1항의 매도청구를 받은 날부터 30일 내에 제7항의 매매가액에 대한 협의가 이루어지지 아니한 경우에는 매도청구를 받은 소수주주 또는 매도청구를 한 지배주주는 법원에 매매가액의 결정을 청구할 수 있다.
⑨ 법원이 제8항에 따라 주식의 매매가액을 결정하는 경우에는 회사의 재산상태와 그 밖의 사정을 고려하여 공정한 가액으로 산정하여야 한다.
[본조신설 2011.4.14]

68) 제360조의25(소수주주의 매수청구권) ① 지배주주가 있는 회사의 소수주주는 언제든지 지배주주에게 그 보유주식의 매수를 청구할 수 있다.
② 제1항의 매수청구를 받은 지배주주는 매수를 청구한 날을 기준으로 2개월 내에 매수를 청구한 주주로부터 그 주식을 매수하여야 한다.
③ 제2항의 경우 그 매매가액은 매수를 청구한 주주와 매수청구를 받은 지배주주 간의 협의로 결정한다.
④ 제2항의 매수청구를 받은 날부터 30일 내에 제3항의 매매가액에 대한 협의가 이루어지지 아니한 경우에는 매수청구를 받은 지배주주 또는 매수청구를 한 소수주주는 법원에 대하여 매매가액의 결정을 청구할 수 있다.
⑤ 법원이 제4항에 따라 주식의 매매가액을 결정하는 경우에는 회사의 재산상태와 그 밖의 사정을 고려하여 공정한 가액으로 산정하여야 한다.
[본조신설 2011.4.14]

69) 최준선, 「회사법」(삼영사, 제16판, 2021), 816~817면.

70) 장순원, "유니레버, 카버코리아 소액주주 지분 전부 매입", 이데일리, 2017년 12월 14일, A19면.

의 주식을 사달라고 요구하는 소수주주의 매수청구권은 주로 국내 비상장회사를 지배하고 있는 외국의 지배주주를 상대로 소액주주들이 사용하는 경우가 많다. 시장에서는 잘 팔리지 않으니 지배주주에게 자신의 지분을 강제로 매수시켜 투자한 자본을 회수하는 방법으로 사용되는 것이다.

제3절 ▶ 주식회사의 기관

1. 경영권의 의미와 가치(형제들이 왜 싸울까?)

꽤 오랫동안 우리나라에서 가장 높은 빌딩의 위치를 차지하고 있었던 건물은 바로 여의도에 위치하고 있는 63빌딩이었고250m의 높이인데 1983년까지 3년간 아시아에서 가장 높은 빌딩이었다,[1] 2017년부터는 서울시 송파구에 위치한 롯데월드타워가 그 자리를 차지하고 있다. 롯데월드타워는 높이가 555m지상 123층에 이르는 세계에서 5번째로 높은 빌딩이기에 때문에 내가 살고 있는 용인시 수지구 근처에서도 눈으로 확인할 수 있을 정도이다. 외삼촌과 함께 롯데월드타워에서 서울 시내 전망을 살펴본 둘째 아들은 갑자기 삶의 목표가 돈을 많이 벌어 그곳으로 이사 가서 전경을 즐기고 미슐랭이 선정한 식당에서 맛있는 음식을 먹으며 사는 것으로 바뀌고 말았다.[2] 꽤나 인상 깊었던 모양이다.

지금은 이렇듯 우리나라에서 가장 높은 빌딩을 소유하고 있을 만큼 우리나라 경제계에서 비중 있는 위치를 롯데그룹이 차지하고 있지만공정거래위원회가 발표한 2020년 대기업집단 지정 현황을 보면 롯데그룹은 재계서열이 5위이다, 사실 내가 갖고 있는 롯데에 대한 이미지는 주로 그 유명한 CM송과 함께 하는 여러 종류의 껌과 놀이동산 때문에 소풍 때 갔던 롯데월드 정도이다. 하지만 2015년 여름부터 롯데그룹은 한동안 우리나라 모든 국민의 눈과 귀를 한데 모으게 했다. 바로 롯데그룹의 창업주인 신격호 회장의 큰아들과 둘째 아들인 신동주 전 일본 롯데 부회장과 신동빈 한국롯데 회장과의 경영권 분쟁 때문이다.

---

1) 63빌딩에 이어서 목동에 위치한 주상복합건물인 하이페리온이 한때 256m로 우리나라에서 가장 높은 빌딩을 차지했었다. 이후 인천 송도신도시의 포스코타워(305m)나 부산 해운대구의 해운대 두산 위브 더 제니스(300m) 역시 63빌딩보다 더 높은 건물이다.

2) 김채범, "미슐랭1스타 한식당 비채나, 롯데시그니엘서울 이전 오픈", 동아일보, 2017년 4월 2일, available at http://news.donga.com/Enter/more26/3/all/20170402/83648800/1

그런데 형제 간에 왜 경영권을 두고서 싸움을 하는 걸까? 이미 두 사람은 롯데그룹의 지분을 많이 갖고 있는 엄청난 부자이다. 경영권 분쟁이 발생했을 당시 두 사람이 갖고 있던 광윤사롯데그룹 전체의 경영권에 큰 영향을 행사하는 기업나 한국롯데의 롯데쇼핑에 대한 지분은 사실 거의 같은 것으로 알려졌다롯데그룹 경영권에 큰 역할을 하는 광윤사의 경우 신동주 29%, 신동빈 29%이고, 롯데쇼핑의 경우도 신동주 13.45%, 신동빈 13.46%를 갖고 있었다.[3] 싸움에 이긴다고 해서 갖고 있는 지분이 갑자기 늘어나고, 진다고 해서 갖고 있는 것을 빼앗기는 것도 아닌데 굳이 피를 나눈 형제 간에 소송을 해서 세간에 이목을 끄는 일을 왜 하는 것일까? 경영권이 그렇게 중요한 것일까?

롯데그룹의 경영권 분쟁

회사의 경영권Management Right이란 회사를 지배하는 힘을 말한다. 즉 회사의 의사결정권을 갖게 된다는 것이다.[4] 사실 회사를 지배할 때 100%의 지분이 필요한 것은 아니다. 보다 적은 지분을 갖고도 회사를 지배할 수 있다면 효율적으로 자신의 자산을 운용할 수 있을 것이다. 삼성그룹 부회장인 이재용 부회장이 삼성전자를 지배하는 것은 삼성물산이나 삼성생명과 같은 기업을 통하여 부족한 지분을 보충하는 역할을 통해 가능한 것이고과거 많은 재벌들

3) 정영일, "안갯속 일본 롯데 지분 구조… 신동주 vs 신동빈 "우호지분 우리가 더 많다" 주장", 아주경제신문, 2015년 7월 31일, available at https://www.ajunews.com/view/20150730165539439

4) 물론 이렇게 간단한 설명이 아니라 경영권을 의미하는 지배주주의 회사지배권에 대해서 헌법재판소는 "지배주주의 회사지배권이란 특정한 주주가 보유하는, 이사의 선임을 통하여 경영진에 영향력을 행사하거나 또는 주주총회에서의 직접결의에 의하여 회사의 기본정책을 결정할 수 있는 힘을 말한다"고 규정하고 있기도 하다: 헌재 2003.1.30. 2002헌바65. 하지만 경영권은 법률상의 개념이 아니고 더구나 권리는 아니므로 관념상 특정인에게 배타적, 종국적으로 귀속시키기는 대단히 어려운 특징을 가진다: 김화진, "경영권 이전과 주식가액 프리미엄", 「인권과 정의」 제427호 (대한변호사협회, 2012년), 83면.

이 그룹 계열사 간에 순환출자를 통해 경영권을 유지했다, LG그룹의 구광모 회장의 경우는 책의 후반부에서 언급할 지주회사라는 제도를 통해서 그룹 전체의 기업을 통제하고 있다. 즉 특정 회사의 지분을 꼭 50% 넘게 소유해야 기업의 경영권을 갖는 것은 아니다. 주주의 무관심이나 계열사를 통한 지분소유 등 여러 가지 방법으로 경영권을 갖고 유지할 수 있다. 그런데 이러한 경영권은 갖고 있는 주식의 가치를 다르게 만든다. 신동주, 신동빈 형제와 같이 똑같은 지분을 갖고 있어도 경영권이 붙어 있는 경우와 그렇지 않은 경우는 그 가치에 있어 큰 차이가 존재하게 되는 것이다.

비록 조금 지난 연구자료이나 외국에서 조사한 우리나라의 경영권 프리미엄은 주식당 약 48%에 이르고,[5] 개별 사안에 대해서는 아주 높은 프리미엄이 존재하는 경우도 많았다. 2008년의 삼양옵티스의 경우 경영권 프리미엄의 할증률이 무려 887%에 달했고,[6] 2012년의 씨티엘에 대한 프리미엄은 407%에 이르렀으며,[7] 비록 본계약까지 이루어지지는 않았지만 한화그룹이 대우조선해양을 인수하기 위하여 4조 5천억원이 넘는 금액을 경영권 프리미엄으로 지급하려 했다.[8] 그리고 2018년 신한금융지주사가 생명보험사인 오렌지라이프옛 ING생명에 대한 MBK파트너스가 갖고 있는 지분 59.12%를 인수하면서 2조 3천억원을 지급하였는데 이때 경영권 프리미엄은 시가의 37%인 6,200억원이었다고 한다.[9] 대우조선해양에 몇 조원의 경영권 프리미엄이 붙고, 생명

---

5) Tatiana Nenova, *The Value of Corporate Voting Rights and Control: A Cross Country Analysis,* 68 J. of Fin. Econ. 325, 336 (2003); 이 같은 수치는 최근(2017년) 우리나라의 경영권 프리미엄의 지급 규모가 평균 50% 내외라는 연구결과와 동일하다: 임자영, "기업 인수 과정의 경영권 프리미엄 지급 동향", 「KCGS Report」 제8권 제5호 (한국기업지배구조원, 2018), 2면.

6) 이진철, "'M&A 경영권 프리미엄' 얼마를 줘야 할까", 조선일보, 2009년 4월 9일, available at http://biz.chosun.com/site/data/html_dir/2009/04/09/2009040900713.html

7) 박형수, "상장사 경영권 프리미엄 천차만별", 이데일리, 2013년 8월 20일, available at https://www.edaily.co.kr/news/read?newsId=01259526602909288&mediaCodeNo=257

8) 박영국, "그때 한화가 대우조선해양을 샀더라면…", 데일리안, 2015년 8월 15일, available at http://www.dailian.co.kr/news/view/519851

9) 정세라, "신한금융 2.3조원어치 '오렌지' 인수… 자산 1위 KB금융 앞질러", 한겨레신문,

보험회사의 경영권에도 수천억원의 가치가 있다면 롯데그룹 전체의 경영권의 가치는 도대체 얼마나 될까? 상상하기가 어려울 정도일 것이다. 그렇다면 왜 롯데그룹을 포함하여 우리나라 대부분의 10대그룹에서 피를 나눈 형제자매 사이에서 경영권을 두고 피나는 소송전을 벌여야 하는지 그 이유를 알 수 있을 것이다.[10] 회사의 경영권은 그냥 놓치기에는 너무 큰 경제적 가치를 갖고 있다. 그런데 이런 무궁무진한 가치가 있는 경영권과 앞으로 우리가 살펴 볼 주식회사의 기관인 주주총회, 이사회, 대표이사, 감사는 서로 밀접한 관련이 있다.

2. 기관의 정의와 기능(기관이 이런 것이야?)

바로 앞에서 주식회사의 기관이라는 용어를 사용하였다. 주주총회나 이사회, 대표이사, 감사 등의 용어는 일상생활에서 여러 번 들어보았을 만한 단어이지만 주식회사의 기관이라는 용어는 자주 쓰이는 말은 아니다. 이게 도대체 무엇일까?

주식회사의 기관이란 회사의 조직상 일정한 지위에 있는 자의 의사나 행위가 법률상 회사의 의사나 행위로 인정되는 관계에 있는 경우에 그 지위 또는 그 지위에서 행위를 하는 자연인이나 회의체를 말한다. 삼성전자라는 법인이 어떤 법률적 행위를 한다고 가정해보자. 예를 들어 삼성전자가 휴대폰에 들어가는 반도체를 공급하는 계약을 애플과 체결한다고 할 때 그러한 계약은 주식회사 삼성전자와 Apple Ltd.라는 법인이 하는 것이지만 법인은 만져지는 것도 아니고 사람처럼 살아 움직일 수 있는 것도 아니다. 따라서 삼성전자

2018년 9월 5일, A13면.

10) 순수 민간기업 집단을 기준으로 10대 그룹에 해당하는 삼성, 현대차, SK, LG, Lotte, GS, 한화, 현대중공업, 신세계, 두산, 한진그룹 중에서 별다른 잡음 없이 구씨와 허씨 가문의 회사로 계열 분리된 LG그룹과 GS그룹을 제외하고 대부분의 대기업 집단에서 자잘한 소송전이 벌어졌었다.

와 애플이 계약할 때 법인을 대신해서 그 역할을 하는 누군가가 필요한데 그것이 바로 기관이다. 즉 삼성전자의 대표이사와 애플의 대표이사가 계약을 하게 되는데 바로 그러한 사람들대표이사이 회사의 기관에 해당한다. 아마 지금 책을 읽고 있는 독자들은 거의 대부분은 〈아바타〉라는 영화를 보았을 것이다. 〈아바타〉에서는 주인공 제이크 설 리가 나비 종족과의 교류를 위해서 인공생명체인 아바타를 조정한다. 나를 대신해서 아바타가 행동하며, 나의 행동이 곧 아바타의 행동이다. 이러한 원리가 주식회사에서도 동일하게 적용된다. 바로 기관의 행동이 주식회사의 행동이 되는 것이다.

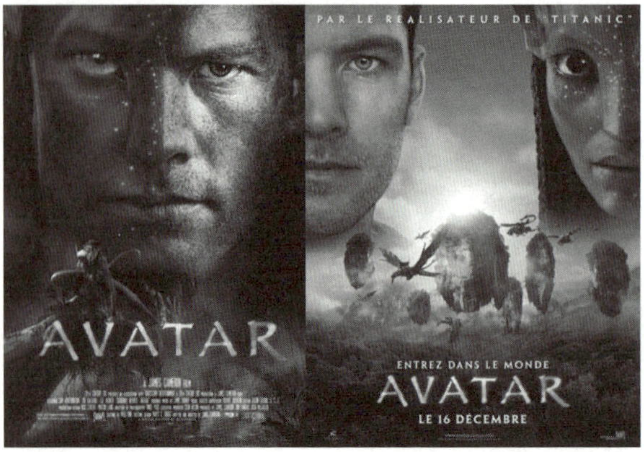

주식회사의 아바타는 무엇일까?

상법상 주식회사의 상설기관은 원칙적으로 주주총회, 이사회, 대표이사, 그리고 감사의 형태로 구성되나, 감사위원회가 설치된 경우에는 감사가 제외된다. 그리고 임시기관으로서 검사인 및 외부감사인이 있다. 이 중에서 가장 중요한 기관은 역시 상설기관인 주주총회와 이사회, 대표이사 그리고 감사이다. 이들 기관에 대한 공부가 사실 회사법 분야에서 가장 중요한 부분이라고 할 수 있다. 이들 기관에 대하여 하나하나 알아보도록 하자.

제1관 주주총회

주주총회는 주식회사가 갖는 가장 큰 특징 중의 하나이다. 회사 중에서 주식을 발행할 수 있는 유일한 종류의 회사가 주식회사이고, 이러한 주식을 소유하고 있는 사람들의 모여 기관을 형성한 것이 바로 주주총회이기 때문이다. 제1관 주주총회는 제4장 '주식회사'의 제3절 '기관'에서 첫 번째에 위치하고 있는 가장 중요한 회사의 기관이다. 모두 27개의 조항으로 구성되어 있으며 주주총회의 의의부터 권한과 소집, 의결권, 결의방법, 하자 등의 내용을 담고 있다. 구체적으로 한번 알아보도록 하자.

1. 주주총회의 의의와 권한

다른 곳도 마찬가지였겠지만 내가 사는 동네에서도 과거에는 한 달에 한 번씩 반상회를 했다. 엘리베이터를 마주보면서 2가구가 있는 20층짜리 아파트이기 때문에총 40가구이다 한 달에 한 번 반상회를 한다고 해도 순서가 돌아오기까지는 몇 년이 걸렸다. 그래서 실제로는 우리 집에서 반상회가 열리지 않았고 미국에 공부를 한다고 다녀와 보니 더 이상 반상회가 존재하지 않았다. 반상회를 다녀오면 그 집의 인테리어는 어떻고 하는 이야기가 나오기 마련이었고, 사람이 모이다 보니 어떤 방식으로든지 대접을 해야 해서 반상회를 하는 입장에서는 무척 부담스러웠을 것이다. 또한 방문하는 사람 입장에서도 한 달에 한 번이라는 기간이 결코 길지 않아 직장이라도 다니는 경우라면 편하지만은 않았을 것이다. 그래서인지 우리 동네에서는 더 이상 반상회를 하지 않는다.[11] 사람들이 생각하는 것은 다 비슷한 모양이다.

이처럼 바로 이웃에 사는 동네 사람들이 모이는 것도 쉽지 않은데 전국때로는 전 세계에 산재해 있는 주주가 한곳에 모이는 주주총회는 더더욱 어렵

11) 이런 일은 아쉽지만 전국적인 현상이라고 한다: 문종규, "'사람 냄새 나던' 반상회가 사라진다", 문화일보, 2015년 1월 5일 available at http://www.segye.com/newsView/20150105003350

다. 사실 주주총회에서 해야 할 일은 많다. 우선 지난 한해 회사의 실적에 대해서 논의하고 승인해야 하며재무제표의 승인, 앞으로 자신을 대신해서 회사를 경영할 사람을 뽑아야 하며이사선임, 또한 이러한 경영자를 감시할 역할을 하는 사람까지 선정감사선임해야 한다. 그리고 경우에 따라 회사와 관련한 중요한 사안에 대해서 최종적인 결정을 하는 역할을 맡고 있기도 하다합병 등의 승인. 그런데 삼성전자와 같은 대기업의 주주는 모두 몇 명이나 될까? 2018년 삼성전자의 주식이 50분의 1로 액면분할을 하면서 주식의 가격이 싸지자한 주에 250만원에서 5만원으로 주주의 숫자가 급격히 늘어나 2016년도 약 7만 명이던 주주의 숫자가 2020년 12월에는 295만 명을 넘을 것이라고 한다.[12] 문제는 이 많은 숫자의 사람들이 동시에 모여 진지하게 회사의 미래와 앞날을 고민하는 회의를 하는 모습이 현실적으로 가능하냐는 것이다.[13]

우리가 이상적인 주주총회라고 하면 떠오르는 것이 세계적인 투자귀재인 워런 버핏Warren Buffett이 이끄는 버크셔 해서웨이Berkshire Hathaway Inc.의 주주총회이다.[14] 버크셔 해서웨이 주주총회는 '자본가들의 우드스톡 축제

12) 박진우, "295만 '동학개미' 투자한 삼성전자 주총 … 코로나에도 900명 운집", 조선일보, 2021년 3월 17일, available at https://biz.chosun.com/site/data/html_dir/2021/03/17/2021031701760.html

13) 삼성전자의 주주총회에는 보통 삼성 서초사옥의 다목적 홀에서 열리며 400여 명 정도가 참석했었지만 최근에는 삼성전자의 본점 소재지인 수원에서 열리며 2021년의 경우 900여 명 정도가 참석했다고 한다: 박형수, "삼성전자 주총 '박수 통과'는 없었다", 중앙일보, 2021년 3월 18일, 경제3면.

14) '버크셔 해서웨이'는 투자전문 지주회사이다. 스스로는 사업을 하지 않으며, 여러 기업의 주식을 사거나 파는 방법으로 돈을 번다. 지분을 확보하는 방식으로 다른 기업을 인수해 산하에 두면서 경영을 하기도 한다. 버크셔 해서웨이의 산하에 들어 있는 기업의 수는 200여 개에 달하는데, 저명 보험회사인 게이코, 토마토케첩으로 유명한 하인즈, 유통계의 거장인 볼티모어 백화점 등 59개의 직속기업을 거느리고 있다. 또 세계 최고의 신용평가기관인 무디스, 콜라의 원조인 코카콜라, 투자은행의 선두주자인 골드만삭스, 그리고 카드업계의 별인 아메리칸 익스프레스 등 내로라 하는 수많은 일류기업들을 지분투자 등의 방법으로 지배하고 있다: 김대호, "가까이서 본 워런 버핏과 버크셔 해서웨이의 주주총회 … 수익률 187만%의 비결", 글로벌이코노미, 2015년 5월 1일, available at http://news.g-enews.com/view.php?ud=201505011347432319644_1&md=20150501175153_K

Woodstock for capitalists'라고도 불린다. 수많은 회사를 버크셔 해서웨이라는 지주회사를 통하여 지배하면서 가치투자에 기반한 주식투자로 부를 축척하여 자본시장 역사상 가장 성공적인 투자자로 인정받는 워런 버핏을 직접 만날 수 있는 자리이기 때문이다. 버크셔 해서웨이의 주주총회는 총 3일간의 일정으로 진행된다. 버크셔 해서웨이가 투자하거나 소유한 수많은 기업이 자신들이 판매하는 물건을 할인가에 제공하는 '쇼핑데이'로 첫째 날이 시작되며, 둘째 날에는 버핏과 찰스 멍거Charles Thomas Munger: 버핏의 그림자이자 동업자 부회장이 6시간 동안 앉아서 각종 현안에 대한 질문과 그에 대한 답을 하는 '주주총회'가 진행되고, 마지막 날에는 오마하 근처를 참석자들이 모두 함께 뛰는 마라톤 행사로 막을 내린다. 1982년 겨우 15명의 주주가 카페테리아에서 모여 시작된 주주총회는 현재는 수천 명이 모여 5시간 이상의 시간 동안 60~70개 정도의 답변을 워런 버핏이 하는 것으로 유명하다.15) 그런데 이런 이상적인 주주총회를 우리나라에서도 열 수 있을까? 과연 상법은 주주총회에 대해서 어떤 것을 요구하고 있는 것일까?

워런 버핏의 투자전략에 대해 소개를 하고 있는 책

우선 주주총회가 과연 무엇일까? 우리는 주주들이 모여서 회사의 주요사항을 결정한다는 것 정도는 상식으로 알고 있다. 하지만 정확히는 "주주총회는 주주 전원으로 구성되어 법령, 정관 또는 해석상 인정되는 권한사항에 대하여 결의하고 소정의 사항에 대하여 보고를 받는 주식회사의 기관을 말한다."16) 이러한 주주총회는 주식회사의 주인인 주주들의 모임이니 만큼 이사회나 대표이사 등의 다른 기관보다 그 권한이 더 큰데 상법 제361조는 다음과 같이 규정하고 있다. "주주총회는 본법 또는 정관에 정하는 사항에 한하여 결

15) 박지웅, "박지웅 대표의 2018 버크셔 해서웨이 주총 참관기", 「이코노미스트」 제1435호 (2018.5.28), available at http://jmagazine.joins.com/economist/view/321272

16) 권기범, 「현대회사법론」 (삼영사, 제8판, 2021), 694면.

의할 수 있다." 즉 상법이나 정관에 주주총회의 결의사항이라고 규정되어 있는 모든 항목에 대해서 주주총회가 결정할 수 있는 권한을 갖고 있다는 것이다. 예를 들어 이사는 주주총회에서 선임한다고 규정되어 있으니 이사선임은 바로 주주총회의 고유 권한이다제382조 제1항.[17] 하지만 이와는 달리 대표이사의 선임은 주주총회에서 할 수도 있지만 이사회가 주로 결정하는 사안이다제389조 제1항.[18] 따라서 이 경우 대표이사의 선임은 주주총회가 아니고 이사회가 하여야 한다.

앞에서 버크셔 해서웨이가 주주총회의 이상을 보여주고 있지만 현실 세계에서의 회사 경영진들은 주주총회를 하나의 귀찮은 통과의례로 생각한다. 우리가 실제로 목격하는 주주총회의 모습은 장기적인 회사의 장래보다는 단기적인 실적에 근거하여 주주들이 회사 경영진에게 고성을 지르기도 하고, 이해관계자들이 자신들의 의사를 강하게 주장하다가 결국 폭력사태로 이어지기도 한다.[19] 이렇다보니 경영진은 가급적이면 주주총회가 주주들의 참여 없이 자신들의 입장을 찬성하는 사람들만 모여 조용히 치루기를 바란다. 그렇기에 사전에 회사의 주식을 갖고 있는 직원들을 동원하여 주주총회가 시작됨과 동시에 일사천리로 계획된 각본에 따라 진행하는 일도 잦다.[20] 열린 주총으로 찬사를 받는 기업도 있지만,[21] 상대적으로 기업의 규모가 큰 코스닥 상장사들에 대한 조사에서조차 주주총회에 주주가 겨우 2명이 모인 경우도 있었고, 평

17) 제382조(이사의 선임, 회사와의 관계 및 사외이사) ① 이사는 주주총회에서 선임한다.

18) 제389조(대표이사) ① 회사는 이사회의 결의로 회사를 대표할 이사를 선정하여야 한다. 그러나 정관으로 주주총회에서 이를 선정할 것을 정할 수 있다.

19) 김종철 · 이승훈, "삼성전자 주총 폭력사태 난장판", 오마이뉴스, 2004년 2월 27일, available at https://news.naver.com/main/read.nhn?mode=LSD&mid=sec&sid1=001&oid=047&aid=0000043299; 장지승, "현대重 노조, 폭력 앞세워 주총장 '알박기'", 서울경제신문, 2019년 5월 27일, 32면; 서대현, "현대重 노조 또 '폭력 난동' … 문 부수고 소화기 터뜨려", 매일경제신문, 2019년 6월 13일, A15면.

20) 전재호, "주주총회인가 직원총회인가", 조선일보, 2012년 3월 29일, available at http://biz.chosun.com/site/data/html_dir/2012/03/29/2012032901841.html

21) 김승권, "풀무원, 12년째 '열린 주주총회' … 지난해 매출 2조 2,720억원으로 3.5% 성장", 브릿지경제, 2019년 3월 31일, available at http://www.viva100.com/main/view.php?key=20190331010010678

균적으로도 겨우 37명의 주주만이 참석하며 개최시간 역시 31분에 그치고 있는 것이 현실이다.[22] 우리나라를 대표하는 전자기업인 LG전자의 경우 불과 22분 만에 주주총회를 끝낸 경우도 있었다.[23] 이처럼 많은 회사들은 회사 주인들이 모여서 회의를 하는 것에 대하여 부담을 느끼고 있는 것이다.

2. 주주총회의 소집

2.1 소집권

앞에서 이야기한 것처럼 회사의 주인인 주주들이 모인다는 사실 자체가 회사의 경영진 입장에서는 부담스러운 일이기에 주주총회의 소집행위는 기본적으로 회사 경영의 중요사항을 결정할 권한이 있는 이사회가 주로 한다제362조.[24] 하지만 이사회뿐만 아니라 일정정도의 지분상장하지 않은 회사는 3%, 상장한 회사는 1.5%을 갖고 있는 주주들이 요구하면 임시 주주총회를 열 수 있다제366조 제1항/제542조의6.[25] 대한제당에서 소액주주 5명이 모여 주주총회를 소집한 경우가 바로

---

22) 유태양, "2명 모인 주주총회도… 평균 37명 모여 31분간 진행", 매일경제신문, 2016년 6월 9일, A21면.

23) 박종진, "삼성전자 202분, LG전자 22분", 머니투데이, 2016년 3월 18일, available at https://news.mt.co.kr/mtview.php?no=2016031809441945818&type=1&MLA

24) **제362조(소집의 결정)** 총회의 소집은 본법에 다른 규정이 있는 경우외에는 이사회가 이를 결정한다.

25) **제366조(소수주주에 의한 소집청구)** ① 발행주식총수의 100분의 3 이상에 해당하는 주식을 가진 주주는 회의의 목적사항과 소집의 이유를 적은 서면 또는 전자문서를 이사회에 제출하여 임시총회의 소집을 청구할 수 있다. [개정 2009.5.28]
제542조의6(소수주주권) ① 6개월 전부터 계속하여 상장회사 발행주식총수의 1천분의 15 이상에 해당하는 주식을 보유한 자는 제366조(제542조에서 준용하는 경우를 포함한다) 및 제467조에 따른 주주의 권리를 행사할 수 있다.
② 6개월 전부터 계속하여 상장회사의 의결권 없는 주식을 제외한 발행주식총수의 1천분의 10(대통령령으로 정하는 상장회사의 경우에는 1천분의 5) 이상에 해당하는 주식을 보유한 자는 제363조의2(제542조에서 준용하는 경우를 포함한다)에 따른 주주의 권리를 행사할 수 있다.

이 같은 예에 해당한다.[26] 감사도 주주총회의 소집이 가능한데 이는 감사의 역할상 당연하다제412조의3.[27] 감사는 이사와 대표이사의 경영활동을 감시하고 견제할 책임이 있으므로 이사와 대표이사의 행위에 문제가 있다면 회사의 주인인 주주들에게 직접 보고할 필요가 있기 때문이다. 그리고 마지막으로 법원

---

③ 6개월 전부터 계속하여 상장회사 발행주식총수의 1만분의 50(대통령령으로 정하는 상장회사의 경우에는 1만분의 25) 이상에 해당하는 주식을 보유한 자는 제385조(제415조에서 준용하는 경우를 포함한다) 및 제539조에 따른 주주의 권리를 행사할 수 있다.

④ 6개월 전부터 계속하여 상장회사 발행주식총수의 1만분의 10(대통령령으로 정하는 상장회사의 경우에는 1만분의 5) 이상에 해당하는 주식을 보유한 자는 제466조(제542조에서 준용하는 경우를 포함한다)에 따른 주주의 권리를 행사할 수 있다.

⑤ 6개월 전부터 계속하여 상장회사 발행주식총수의 10만분의 50(대통령령으로 정하는 상장회사의 경우에는 10만분의 25) 이상에 해당하는 주식을 보유한 자는 제402조(제408조의9 및 제542조에서 준용하는 경우를 포함한다)에 따른 주주의 권리를 행사할 수 있다. [개정 2011.4.14]

⑥ 6개월 전부터 계속하여 상장회사 발행주식총수의 1만분의 1 이상에 해당하는 주식을 보유한 자는 제403조(제324조, 제408조의9, 제415조, 제424조의2, 제467조의2 및 제542조에서 준용하는 경우를 포함한다)에 따른 주주의 권리를 행사할 수 있다. [개정 2011.4.14]

⑦ 6개월 전부터 계속하여 상장회사 발행주식총수의 1만분의 50 이상에 해당하는 주식을 보유한 자는 제406조의2(제324조, 제408조의9, 제415조 및 제542조에서 준용하는 경우를 포함한다)에 따른 주주의 권리를 행사할 수 있다. [신설 2020.12.29]

⑧ 상장회사는 정관에서 제1항부터 제6항까지 규정된 것보다 단기의 주식 보유기간을 정하거나 낮은 주식 보유비율을 정할 수 있다. [개정 2020.12.29]

⑨ 제1항부터 제6항까지 및 제542조의7 제2항에서 "주식을 보유한 자"란 주식을 소유한 자, 주주권 행사에 관한 위임을 받은 자, 2명 이상 주주의 주주권을 공동으로 행사하는 자를 말한다. [개정 2020.12.29]

⑩ 제1항부터 제7항까지는 제542조의2 제2항에도 불구하고 이 장의 다른 절에 따른 소수주주권의 행사에 영향을 미치지 아니한다. [신설 2020.12.29]

[본조신설 2009.1.30.]

26) 박기주, "'법원 지지받은' 대한제당 소액주주, 검사권 따낼까", 이데일리, 2015년 11월 17일, available at https://www.edaily.co.kr/news/read?newsId=03794966609566704&mediaCodeNo=257

27) **제412조의3(총회의 소집청구)** ① 감사는 회의의 목적사항과 소집의 이유를 기재한 서면을 이사회에 제출하여 임시총회의 소집을 청구할 수 있다.

② 제366조 제2항의 규정은 감사가 총회를 소집하는 경우에 이를 준용한다.

[본조신설 1995.12.29]

도 회사의 주주총회를 소집할 권한을 갖고 있다제467조 제3항.[28]

2.2 소집시기와 장소

이사회나 회사의 경영진 입장에서는 주주총회는 가급적 열지 않는 것이 편할 수 있다. 그런데 주주총회의 소집권한은 기본적으로 이사회가 갖고 있기 때문에 이사회에게 모든 것을 맡겨 놓으면 이사회가 꼭 필요할 때만 주주총회를 개최하게 되어 몇 년에 한 번 정도 열릴 수도 있다. 그래서 상법은 최소한 1년에 한 번은 주주총회를 열도록 강제하고 있다제365조.[29] 하지만 상법에서의 규정이 이 같이 주주총회를 열어야 하는 최소한의 횟수를 규정하는 정도에 그치자 회사는 소집시기를 조정하는 일들이 만연하고 있다. 우리나라 대부분의 상장회사들이 특정한 몇몇 날에 동시에 주주총회를 개최하고 있는 것이다. 보통 3월의 셋째, 넷째 금요일이 이에 해당되는데 이 날들은 슈퍼 주총데이라고 하여 우리나라 상장사들의 40% 이상이 동시에 주주총회를 개최한다.[30] 이럴 경우 여러 회사의 주식을 소유하고 있는 주주들은 한 곳만을 선택하여 참석해야 하는 일들이 벌어지게 되는 것이다.[31]

상법은 주주총회를 개최하는 장소도 제한하고 있다. 정관에 규정이 없다면 본점소재지나 인접지에서 개최하게 한 것이다제364조.[32] 삼성전자의 경

28) 제467조(회사의 업무, 재산상태의 검사) ③ 법원은 제2항의 보고에 의하여 필요하다고 인정한 때에는 대표이사에게 주주총회의 소집을 명할 수 있다. 제310조 제2항의 규정은 이 경우에 준용한다. [개정 1962.12.12, 1995.12.29]

29) 제365조(총회의 소집) ① 정기총회는 매년 1회 일정한 시기에 이를 소집하여야 한다.
② 연 2회 이상의 결산기를 정한 회사는 매기에 총회를 소집하여야 한다.
③ 임시총회는 필요있는 경우에 수시 이를 소집한다.

30) 슈퍼 주총데이에 2018년에는 46%가, 2019년에는 41%가 주주총회를 개최하였다: 임미나, "올해 12월 결산 상장사 90.4% 정기주총 3월 하순 개최", 연합뉴스, 2019년 5월 30일, available at https://www.yna.co.kr/view/AKR20190530081500008?input=1195m

31) 정부에서 이런 슈퍼 주총데이를 막으려는 시도가 이어지고 있다: 임주언, "'벚꽃'에서 '장미꽃'으로 시즌 분산, 내년부터 '슈퍼 주총데이' 없다", 국민일보, 2019년 4월 24일, 10면.

32) 제364조(소집지) 총회는 정관에 다른 정함이 없으면 본점소재지 또는 이에 인접한 지에 소집하여야 한다.

우 본점이 수원이므로 수원에서 하는 것이 원칙이고 인접지에 해당하는 곳은 수원과 맞닿아 있는내가 살고 있는 용인 등이 해당될 것이다. 하지만 삼성전자의 정관에는 서울에서도 개최할 수 있다고 규정하고 있기 때문에 주로 서울에서 열리고 있다정관 제18조.[33] 만약 이런 규정이 없다면 회사는 때에 따라 주주총회에 주주가 참석하는 것을 제한하려는 목적으로 인적의 접근이 어려운 오지에서 주주총회를 개최할 가능성이 있다. 울릉도나 백령도와 같은 섬에서 주주총회를 개최한다면 갈 수 있는 주주가 과연 얼마나 되겠는가?

그런데 주주총회의 개최장소와 관련해서 법률적으로 발생하는 현실적인 문제는 수원이냐 서울이냐와 같은 주주총회가 열리는 행정구역이 아니라 실질적인 장소 때문이다. 2019년만 해도 삼성전자의 경우 주주총회에 예상보다 참석하려는 주주숫자가 늘어나면서 주주총회 장소에 주주들이 입장을 못해 큰 어려움이 있었고,[34] 현대중공업의 주주총회에서는 주주총회 안건에 반대하여 노동조합측이 주주총회 장소를 봉쇄하자 주주총회 장소를 급히 옮겨 총회를 여는 일도 있었다.[35] 사실 2012년에도 삼성SDS와 KT의 주주총회장이 너무 협소하여 올바른 주주총회를 개최할 수 없었다는 논란이 제기되기도 했었다.[36] 이런 경우 주주총회의 유효성 여부가 문제 될 수 있다.

2.3. 소집절차와 주주제안권

최근들어 가족과 함께 드라마를 보는 경우가 있다. 특히 TVN에서 방영한 〈도

33) 삼성전자 정관 제18조(소집지) 주주총회는 본점소재지 또는 이의 인접지 이외에 서울특별시에서도 개최할 수 있다.

34) 김승한, "'주총 준비 미흡했고 부족했다' … 삼성전자, 공식 사과문 게재", 매일경제신문, 2019년 3월 20일, available at https://www.mk.co.kr/news/business/view/2019/03/168530/

35) 윤다빈 외 2인, "사측, 확성기로 "주총장 변경" … 노조 1,000명 오토바이-車로 질주", 동아일보, 2019년 6월 1일, available at http://www.donga.com/news/Main/article/all/20190601/95795788/1

36) 설성인 외 3인, "KT-삼성SDS 주총장의 공통점은?", 조선일보, 2012년 3월 16일, available at http://biz.chosun.com/site/data/html_dir/2012/03/16/2012031601501.html

^〈내조의 여왕〉

깨비〉나 〈응답하라 1988〉과 같은 드라마는 다 같이 시청한 후 바로 그 다음주 방영시간을 손꼽아 기다리곤 했다지금도 재방송을 이따금씩 보고 있다. 그런데 드라마를 재미있게 보다가도 나 같이 상법을 공부한 사람에게는 '옥에 티'로 보이는 내용을 발견하는 경우가 있다. 2009년 월요일과 화요일에 MBC에서 방영되었던 〈내조의 여왕〉이라는 드라마와 같은 경우이다. 남편을 일으켜 세우려는 한 여자의 성공 스토리를 그렸다고 하는데 드라마 내용 중 하나로 나오는 주주총회의 장면은 너무나 안타까웠다(?). 대표이사의 해임안건에 맞서 대표이사가 해임안건을 주도한 이사의 부정사실을 폭로하고 도리어 이사의 해임안건을 긴급의안으로 제청하여 이를 가결시키는 장면이었다.

일단 주주총회의 소집절차는 상당히 엄격하다제363조.[37] 주주총회에

37) 제363조(소집의 통지) ① 주주총회를 소집할 때에는 주주총회일의 2주 전에 각 주주에게 서면으로 통지를 발송하거나 각 주주의 동의를 받아 전자문서로 통지를 발송하여야 한다. 다만, 그 통지가 주주명부상 주주의 주소에 계속 3년간 도달하지 아니한 경우에는 회사는 해당 주주에게 총회의 소집을 통지하지 아니할 수 있다.
② 제1항의 통지서에는 회의의 목적사항을 적어야 한다.
③ 제1항에도 불구하고 자본금 총액이 10억원 미만인 회사가 주주총회를 소집하는 경우에는 주주총회일의 10일 전에 각 주주에게 서면으로 통지를 발송하거나 각 주주의 동의를 받아 전자문서로 통지를 발송할 수 있다. [개정 2014.5.20]
④ 자본금 총액이 10억원 미만인 회사는 주주 전원의 동의가 있을 경우에는 소집절차 없이 주주총회를 개최할 수 있고, 서면에 의한 결의로써 주주총회의 결의를 갈음할 수 있다. 결의의 목적사항에 대하여 주주 전원이 서면으로 동의를 한 때에는 서면에 의한 결의가 있는 것으로 본다. [개정 2014.5.20]
⑤ 제4항의 서면에 의한 결의는 주주총회의 결의와 같은 효력이 있다. [개정 2014.5.20]
⑥ 서면에 의한 결의에 대하여는 주주총회에 관한 규정을 준용한다. [개정 2014.5.20]
⑦ 제1항부터 제4항까지의 규정은 의결권 없는 주주에게는 적용하지 아니한다. [개정 2014.5.20]

게 주어진 권한이 많기 때문에 모든 주주들이 자신의 권리를 빠짐없이 행사할 수 있게 까다로운 절차를 마련해 놓았다. 일단 소집통지부터 주주총회일 2주 전에는 각 주주들에게 서면으로 전해져야 한다제1항. 그리고 그러한 통지서에는 회의의 목적사항이 적혀 있어야 하는데제2항, 주주총회에서는 그 목적사항에 대해서만 결의의 대상이 될 수 있고, 그 이외의 사안에 대해서는 본래의 의제나 의안과 동일성이 인정되는 범위 내에서만 가능하다. 회사에서 통지된 안건을 살펴본 주주가 이번 주주총회의 안건은 중요하지 않다고 판단하여 참석하지 않았는데 회의의 목적사항에 적혀 있지 않은 사항을 결의한다면 그 주주는 예상하지 못한 불이익을 당할 수 있다. 따라서 내조의 여왕이라는 드라마에서처럼 못된 이사를 긴급의안으로 통쾌하게 내쫓아 버리는 것은 현실에서는 가능하지 않다. 그렇다면 회의의 목적사항은 누가 정할까? 보통 주주총회를 소집하는 것은 이사회의 역할이므로 목적사항도 이사회가 정하지만 3% 이상의 의결권을 갖는 소수주주도 이를 제안할 수 있다제363조의2.38) 주주총회에서 주주들이 제안하는 안건을 논의할 수 있는 길을 열어놓은 것이다. 경영권 분쟁이 있는 경우 주주가 주주제안을 하는 경우가 많은데 한진그룹과 강성부

[전문개정 2009.5.28]
[제목개정 2014.5.20]

38) 제363조의2(주주제안권) ① 의결권없는 주식을 제외한 발행주식총수의 100분의 3 이상에 해당하는 주식을 가진 주주는 이사에게 주주총회일(정기주주총회의 경우 직전 연도의 정기주주총회일에 해당하는 그 해의 해당일. 이하 이 조에서 같다)의 6주 전에 서면 또는 전자문서로 일정한 사항을 주주총회의 목적사항으로 할 것을 제안(이하 '주주제안'이라 한다)할 수 있다. [개정 2009.1.30]
② 제1항의 주주는 이사에게 주주총회일의 6주 전에 서면 또는 전자문서로 회의의 목적으로 할 사항에 추가하여 당해 주주가 제출하는 의안의 요령을 제363조에서 정하는 통지에 기재할 것을 청구할 수 있다. [개정 2009.1.30, 2014.5.20]
③ 이사는 제1항에 의한 주주제안이 있는 경우에는 이를 이사회에 보고하고, 이사회는 주주제안의 내용이 법령 또는 정관을 위반하는 경우와 그 밖에 대통령령으로 정하는 경우를 제외하고는 이를 주주총회의 목적사항으로 하여야 한다. 이 경우 주주제안을 한 자의 청구가 있는 때에는 주주총회에서 당해 의안을 설명할 기회를 주어야 한다. [개정 2009.1.30]
[본조신설 1998.12.28]

펀드로 알려진 KCGI의 분쟁에서는 한진칼에 강성부 펀드가 감사 및 사외이사 선임 등에 대한 주주제안을 했으나 서울고등법원이 이를 취소시키는 판단을 내리기도 했다.[39] 강성부 펀드는 한진칼의 지분을 12% 넘게 보유하고 있었으나 보유기간이 6개월을 넘지 않았기 때문에 제542조의6 제2항의 조건을 충족시키지 못했기 때문이다.[40]

3. 주주총회에서의 의결권

우리나라 국민의 정치참여도가 상대적으로 높지 않다는 평가도 있지만,[41] 내 주위 사람들은 최소한 정치에 관심이 많다. 정부와 대통령에 대한 비판을 거리낌 없이 하고 정책에 대한 평가를 하기도 한다. 물론 내가 법학전문대학원이라는 조금 특수한 곳에서 존재하고 있기 때문에 보통의 우리나라 사람들보다는 '정치'라는 환경에 더 노출되어 있을 것이다. 특히 국회의원 선거에 직접 나서신 분도 계시고, 장관을 하신 분들도 있으셔서 더욱 그런 것 같다. 또한 친한 친구들과도 여러 정치적인 이야기를 나누기도 하고 미묘한 신경전을 벌이기도 한다. 그런데 자신의 정치적 성향을 표출하는 가장 중요한 행위는 선거를 통해 투표권을 행사하는 일이 될 것이다. 자신의 정치적 성향과 가장 잘 조화를 이루는 후보를 대통령이나 국회의원으로 선출하게 함으로써 조금이라

39) 곽재민, "한진칼, '강성부 펀드' 주주제안 주총에 안 올린다", 중앙일보, 2019년 3월 21일, available at https://news.joins.com/article/23418083

40) 제542조의6(소수주주권) ② 6개월 전부터 계속하여 상장회사의 의결권 없는 주식을 제외한 발행주식총수의 1천분의 10(대통령령으로 정하는 상장회사의 경우에는 1천분의 5) 이상에 해당하는 주식을 보유한 자는 제363조의2(제542조에서 준용하는 경우를 포함한다)에 따른 주주의 권리를 행사할 수 있다.

41) 영국의 시사주간지 이코노미스트가 발표하는 '민주주의 지수'에서 우리나라는 167개국 중에 21위로 평가되었는데 선거절차와 다원주의 항목에서는 9.17이라는 높은 점수를 받았지만 정치참여 항목에서는 7.22로 가장 낮은 점수를 받았다고 한다: 김지수, "英 EIU '민주주의' 순위서 한국 세계 21위", 연합뉴스, 2019년 2월 4일, available at https://www.yna.co.kr/view/MYH20190204003300038

도 자신의 생각이 정책에 반영되는 행위이기 때문이다. 나는 지금까지 여러 선거에서 중 단 한 번 일부러 선거와 여행일자를 겹치게 잡아 선거를 거부(?) 한 적이 있지만, 그때를 제외하고는 열심히 투표를 해오고 있다.

그런데 이렇게 선거에 참여할 수 있는 권리는 대한민국 국민이기만 하면 어렵지 않게 행사할 수 있다. 18세 이상이면 누구나 선거권이 주어지기 때문이다공직선거법 제15조 제1항.[42] 몇 살부터 어른이냐의 문제는 사실 논란이 많다. 우리나라의 현행법이 성년은 민법상 19세이고,[43] 청소년보호법 제2조 제1호에 의해 음주와 흡연이 가능한 나이도 19세이다.[44] 하지만 병역법상 징집 대상은 18세부터이고,[45] 8급 이하의 공무원인 경우 18세부터 응시할 수 있다 국가공무원법 제36조, 공무원임용시험령 제16조.[46] 또한 주민등록증은 17세 이상인 경우 발급받을 수 있다.[47][48] 철없는 나의 두 아이를 보고 있노라면 정말 이 녀석들이 조만간 어른이 될 수 있을까 하는 의구심이 들기도 하지만 법률적으로 그

---

42) 공직선거법 제15조(선거권) ① 18세 이상의 국민은 대통령 및 국회의원의 선거권이 있다.

43) 민법 제4조(성년) 사람은 19세로 성년에 이르게 된다. [전문개정 2011.3.7]

44) 청소년보호법 제2조(정의) 이 법에서 사용하는 용어의 뜻은 다음과 같다. [개정 2013.3.22, 2013.6.4, 2014.3.24, 2016.1.6, 2016.12.20, 2017.12.12]

1. "청소년"이란 만 19세 미만인 사람을 말한다. 다만, 만 19세가 되는 해의 1월 1일을 맞이한 사람은 제외한다.

45) 병역법 제8조(병역준비역 편입) 대한민국 국민인 남성은 18세부터 병역준비역에 편입된다. [개정 2011.5.24, 2016.5.29] [전문개정 2009.6.9] [제목개정 2016.5.29]

46) 국가공무원법 제36조(응시 자격) 각종 시험에 있어서 담당할 직무 수행에 필요한 최소한도의 자격요건은 대통령령 등으로 정한다. [개정 2015.5.18] [전문개정 2008.3.28]
국가공무원시험령 제16조(응시연령) ① 공무원의 채용시험에 응시하려는 사람은 최종 시험예정일이 속한 연도에 다음 각 호의 구분에 따른 응시연령에 해당하여야 한다. [개정 2013.12.4]

1. 7급 이상: 20세 이상
2. 8급 이하: 18세(교정 · 보호 직렬은 20세) 이상

47) 주민등록법 제24조(주민등록증의 발급 등) ① 시장 · 군수 또는 구청장은 관할 구역에 주민등록이 된 자 중 17세 이상인 자에 대하여 주민등록증을 발급한다.

48) 김민우, "18? 19? … 성년되기 '딱 좋은 나이'는?", 머니투데이, 2019년 5월 21일, available at https://news.mt.co.kr/mtview.php?no=2019052016277664020

들은 곧 나와 같이 선거를 할 수 있게 될 것이다.

하지만 주주총회에서 행사하는 의결권은 선거에서의 선거권과는 조금 다르다. 우선 상법에서의 의결권에 대한 정의를 알아보면 주주총회에서의 결의를 통하여 회사의 의사형성에 참여할 수 있는 주주의 권리를 말한다. 주주는 자신의 의결권을 주주총회에 상정된 개개의 의안에 대하여 찬성 또는 반대라는 의사표시를 함으로써 행사한다. 의결권의 행사로 성립한 주주총회의 결의는 곧 회사의 의사가 되므로, 의결권은 주주가 회사의 경영 내지 지배에 영향력을 행사할 수 있는 주된 수단이 된다.[49] 이러한 의결권은 기본적으로 모든 주식의결권이 없는 종류주식 제외하고에 대하여 한 개의 의결권이 부여되어 있는데제369조 제1항,[50] 우리 상법은 다른 외국의 입법례보다 더 철저하게 이 같은 1주 1의결권의 원칙을 관철하고 있기 때문에 복수의결권주식이라든지 차등의결권주식은 가능하지 않다.[51][52] 하지만 이렇게 주주에게 주어진 의결권도 경우에 따라서는 행사하지 못할 수가 있다.

우선 회사는 자기가 갖고 있는 주식에 대해서는 의결권을 행사할 수 없다제369조 제2항. 그리고 10% 이상 주식을 상호 소유한 경우에도 의결권 행사가 불가능하다제369조 제3항.[53] 회사의 경영진이 스스로에게 유리한 의결권 행사를 막기 위해서이다. 그리고 주주총회의 의안과 관련된 특별이해관계인도 주주총회에서 의결권 행사가 불가능한데제368조 제3항, 예를 들어 이사이면서 동시에 주주인 자가 이사로 근무하면서 회사에 대하여 손해배상을 해야 할 경우

49) 권기범, 「현대회사법론」(삼영사, 제8판, 2021), 728면.

50) 제369조(의결권) ① 의결권은 1주마다 1개로 한다.

51) 권기범, 앞의 책, 729~730면.

52) 이러한 이유 때문에 쿠팡이 우리나라에서가 아니라 뉴욕증시에 상장했다는 주장도 있다. 쿠팡의 김범석 의장은 2%의 지분으로 29배인 58%의 의결권을 행사한다: 김하늬, "'지분율 2%, 의결권은 58%' … 쿠팡 뉴욕행 이유는 차등의결권?", 머니투데이, 2021년 2월 16일, available at https://news.mt.co.kr/mtview.php?no=2021021611113713357

53) 제369조(의결권) ② 회사가 가진 자기주식은 의결권이 없다.
③ 회사, 모회사 및 자회사 또는 자회사가 다른 회사의 발행주식의 총수의 10분의 1을 초과하는 주식을 가지고 있는 경우 그 다른 회사가 가지고 있는 회사 또는 모회사의 주식은 의결권이 없다. [신설 1984.4.10]

이를 주주총회의 결의로 면제해 주려고 할 때 해당 주주는 특별이해관계에 해당하여 의결권 행사를 하지 못하게 된다.[54] 마지막으로 감사선임에 대해서도 3%까지만 의결권을 행사할 수 있다제409조 제2항.[55] 이사도 주주총회에서 주주들이 선임하고, 이사를 감시하는 역할을 하는 감사도 주주총회에서 선임하게 되는데 대주주가 일방적으로 이사와 감사를 선임하게 된다면 감사의 감시 기능이 제대로 작동하지 않을 가능성이 있다. 그래서 감사선임에 대해서는 의결권을 제한하고 있는 것이다. 이러한 제한 규정에도 불구하고 주주들이 무관심으로 대부분의 주주총회에서 대주주들이 원하는 감사를 선임하는 경우가 많지만 GS그룹 계열의 삼양통상에서 소수주주들이 원하는 감사를 선임하기도 했다. 대주주가 50%가 넘는 주식을 소유하고 있지만허남각 회장 일가 50.8%, 감사선임에 대해서는 3%까지만 의결권을 행사할 수 있어서 결국 소액주주들이 힘을 합쳐 자신들이 원하는 감사를 선임했기 때문이다.[56]

주주총회에서의 의결권 행사방법으로 주로 사용되고 있는 것은 직접 주주총회에 참석해서 주주임을 확인받아 의결권을 행사하는 것이다직접행사. 우리가 대통령이나 국회의원 선거에 참여할 때 투표장에 가서 신분을 확인받은 후 선거권을 행사하는 것과 같다. 하지만 의결권의 행사를 꼭 비밀투표처럼 기표소에서 해야 하는 것은 아니고 이의가 없을 경우 '박수'로 통과시키는 것도 가능하다. 사실 우리나라의 많은 회사들이 이를 악용하고 있기도 하다.[57]

---

54) 제368조(총회의 결의방법과 의결권의 행사) ③ 총회의 결의에 관하여 특별한 이해관계가 있는 자는 의결권을 행사하지 못한다. [개정 2014.5.20]

55) 제409조(선임) ② 의결권없는 주식을 제외한 발행주식의 총수의 100분의 3을 초과하는 수의 주식을 가진 주주는 그 초과하는 주식에 관하여 제1항의 감사의 선임에 있어서는 의결권을 행사하지 못한다. [개정 1984.4.10]

56) 정준영, "삼양통상, 소수주주들이 이겼다", 아시아경제신문, 2015년 3월 27일, available at http://view.asiae.co.kr/news/view.htm?idxno=2015032711550151607; 산업1부, "슈퍼주총데이…'설전 속에 안건은 통과했지만…'", 뉴스1, 2015년 3월 27일, available at http://news1.kr/articles/?2158115

57) 미리 총회장에 앉아 있던 직원 주주들이 분위기를 박수로 유도하는 경우가 우리나라의 주주총회에서 흔히 일어난다: 김재현, "11분 만에 끝난 주주총회 '동의하십니까?'", 머니투데이, 2019년 3월 27일, available at https://news.mt.co.kr/mtview.php?no=20190

또한 주주총회에서는 주주가 의결권을 행사할 때 자신이 꼭 직접 가야 하는 것은 아니며 대리인을 통하여 할 수 있는데 비하여 선거권의 행사는 대리인을 통해 할 수 없다는 차이점이 있다. 상법에서는 대리인을 통한 의결권 행사가 적절한 방법으로 대리인의 대리권을 증명할 수 있는 서류를 주주총회에 제출할 수 있으면 가능하다제368조 제2항.[58] 서울삼성병원에 계셨던 고 이건희 삼성그룹 회장님이 주주권을 행사할 수 있었던 이유가 여기에 있다. 대리인에게 미리 포괄적으로 위임이 되었던 것이다.[59]

주주총회에서 의결권의 행사방법

그런데 주주총회의 의결권 방법에는 이러한 직접행사방법 말고도 서면에 의해서 행사하는 방법과 전자적 방법에 의해 행사하는 방법도 있다. 서면에 의한 의결권의 행사제368조의3는 정관에 관련 규정이 있는 경우 주주총회의 소집통지서와 함께 의결권을 행사하는데 필요한 서면과 참고자료를 첨부하여 회사가 주주에게 보내면 주주가 관련서류를 검토한 후 자신의 주주총회 결의에 대한 찬성 또는 반대의사를 결정한 후 우편으로 회사에 보냄으로써 하는 것이다.[60][61] 마치 선거에서 부재자 투표와 비슷한 면이 있다. 의결권을

32514525336851; 박영우, "삼성전자 주총 … 주요 안건 '박수 통과'에 소액주주들 항의", JTBC, 2019년 3월 21일, available at http://news.jtbc.joins.com/article/article.aspx?news_id=NB11787066

58) 제368조(총회의 결의방법과 의결권의 행사) ② 주주는 대리인으로 하여금 그 의결권을 행사하게 할 수 있다. 이 경우에는 그 대리인은 대리권을 증명하는 서면을 총회에 제출하여야 한다. [개정 2014.5.20]

59) 조호진, "의식 없는 이건희 회장이 주총에서 어떻게 주권을 행사했을까?", 조선일보, 2015년 3월 25일, available at http://premium.chosun.com/site/data/html_dir/2015/03/24/2015032404075.html

60) 제368조의3(서면에 의한 의결권의 행사) ① 주주는 정관이 정한 바에 따라 총회에 출석하지 아니하고 서면에 의하여 의결권을 행사할 수 있다.

행사한 후에 우편을 통해 회사에 통보하는 것이다. 이러한 서면투표와 함께 전자적 방법에 의한 의결권의 행사도 있다제368조의4.[62] 주로 한국예탁결제원의 전자투표시스템을 이용하는 경우가 많은데, 2019년 기준으로 전체 상장기업 중에서 30% 정도인 674개사가 전자적 방법에 의한 의결권 행사를 했고, 그 중 예탁결제원의 시스템을 이용하는 회사가 517개사, 미래에셋대우 등과 같은 다른 회사시스템을 이용한 경우가 100여 개 정도이다.[63] 인터넷을 통해 손쉽게 주주총회장에 가지 않고 의결권을 행사할 수 있게 된 것이다. 하지만 전자적 방법에 의한 의결권 행사를 하기 위해서는 이사회의 결의가 미리 있어야 하고 주주가 적절한 의결권 행사를 위한 참고자료가 인터넷이나 전자메일 등

② 회사는 총회의 소집통지서에 주주가 제1항의 규정에 의한 의결권을 행사하는데 필요한 서면과 참고자료를 첨부하여야 한다.
[본조신설 1999.12.31]

61) 이러한 서면에 의한 의결권 행사는 정관에 관련 사항이 기재되어 있어야 하는데 우리나라 상장사의 경우 약 10% 정도만이 이에 해당된다고 한다: 정성엽, "주주총회 형식화 문제 해소 방안 제언" (대신경제연구소, Governance Issue Report, 2016), 4면.

62) 제368조의4(전자적 방법에 의한 의결권의 행사) ① 회사는 이사회의 결의로 주주가 총회에 출석하지 아니하고 전자적 방법으로 의결권을 행사할 수 있음을 정할 수 있다.
② 회사는 제363조에 따라 소집통지를 할 때에는 주주가 제1항에 따른 방법으로 의결권을 행사할 수 있다는 내용을 통지하여야 한다. [개정 2014.5.20]
③ 회사가 제1항에 따라 전자적 방법에 의한 의결권행사를 정한 경우에 주주는 주주 확인절차 등 대통령령으로 정하는 바에 따라 의결권을 행사하여야 한다. 이 경우 회사는 의결권행사에 필요한 양식과 참고자료를 주주에게 전자적 방법으로 제공하여야 한다.
④ 동일한 주식에 관하여 제1항 또는 제368조의3 제1항에 따라 의결권을 행사하는 경우 전자적 방법 또는 서면 중 어느 하나의 방법을 선택하여야 한다.
⑤ 회사는 의결권행사에 관한 전자적 기록을 총회가 끝난 날부터 3개월간 본점에 갖추어 두어 열람하게 하고 총회가 끝난 날부터 5년간 보존하여야 한다.
⑥ 주주 확인절차 등 전자적 방법에 의한 의결권행사의 절차와 그 밖에 필요한 사항은 대통령령으로 정한다.
[본조신설 2009.5.28]

63) 안갑성, "디지털로 확장되는 주주권리 … 올 들어 상장사 10곳 중 3곳은 '전자투표' 중", 매일경제신문, 2019년 11월 6일, available at https://www.mk.co.kr/news/stock/view/2019/11/914814/; 이선영, "신한금융투자, 주총 전자투표 플랫폼 출사표", 아시아투데이, 2019년 11월 6일, available at http://www.asiatoday.co.kr/view.php?key=20191105010002451

을 통해 제공되어야 한다.

주주총회에서의 의결권 행사와 관련하여 마지막으로 알아두어야 하는 것은 의결권의 불통일행사이다제368조의2.[64] 예를 들어 주주가 보통주 100주를 갖고 있어 의결권을 100개 갖고 있는 경우 주주총회의 특정 안건에 대해서 80개의 의결권은 찬성, 그리고 나머지 20개의 의결권은 반대를 할 수 있다는 것이다제1항. 그런데 이러한 불통일행사에 대해 회사는 거부할 수 있지만 주주가 주식의 신탁을 인수하였거나 기타 타인을 위하여 주식을 가지고 있는 경우에는 그렇지 않다제2항. 이는 주주가 실질적인 주주가 아니고 명의주주와 실질주주가 분리된 경우나 각종 펀드 등이 특정 사안에 대해서 찬성이나 반대의견을 취하기 어려운 경우 의결권을 한쪽에 몰아주지 않고 적절하게 분산할 수 있게 한 것이다. 마치 짜장면과 짬뽕을 다 먹고 싶어서 짬짜면을 시키는 것과 같이 찬성과 반대를 함께 할수 있게 한 것이다. 하지만 이 경우 회사는 주주총회에서의 업무처리가 아무래도 까다로워 질 것이다.

4. 주주총회에서의 의사진행과 결의방법

지금 생각해보면 나는 어렸을 때 남들보다 소심한 성격이었던 것 같다. 무엇을 갖고 싶다는 이야기도 잘 못했고, 가족들과 외식을 나가서도 맛있는 것을 더 먹고 싶다는 이야기조차 잘 못했다수원에 가서 갈비를 먹었을 때 경험이다. 어찌나 더 먹고 싶었던지 아직도 기억이 생생하다. 그랬던 성격이 조금이라도 적극적으로 변한 것은 초등학교 2학년 때 받아쓰기 성적이 제일 좋다는 이유로 담임 선생님이 임명하신 덕분에 반장이 되고, 4학년 때는 반장 선임이 선거제로 바뀐 덕분에 몇

64) 제368조의2(의결권의 불통일행사) ① 주주가 2 이상의 의결권을 가지고 있는 때에는 이를 통일하지 아니하고 행사할 수 있다. 이 경우 주주총회일의 3일 전에 회사에 대하여 서면 또는 전자문서로 그 뜻과 이유를 통지하여야 한다. [개정 2009.5.28]
② 주주가 주식의 신탁을 인수하였거나 기타 타인을 위하여 주식을 가지고 있는 경우 외에는 회사는 주주의 의결권의 불통일행사를 거부할 수 있다.
[본조신설 1984.4.10]

표 차이로 아슬아슬하게 선출이 된 이후이다. 아무래도 남들 앞에서 이야기를 할 경험이 많아지고 이런 저런 일들을 하다 보니 자신감이 조금씩 생겼다. 그래서 나는 나의 두 아이들에게 반장 선거를 한번 나가보라고 은근히 권하기도 했다. 그런데 내가 운 좋게도 쉽게 반장이 된 것과는 달리 두 아이는 나름 열심히 준비하는 것 같은데도 선거에서 연전연패連戰連敗를 거듭했다. 특히 큰아들은 미국에서 귀국한지 며칠 되지도 않아 우리말이 약간(?) 어눌한 상태에서 치른 반장 선거에서 0표를 기록하기도 했다. 나는 어떻게 한 표도 나오지 않은 것이 너무 궁금해서 몇 가지를 물어보았다. "선거는 왜 나갔니?" "친구가 추천을 해 주어서요." "그 친구는 너를 안 찍었니?" "나중에 물어보니 추천만 하고 다른 아이를 찍었대요." "그럼 너는?" "저는 담임 선생님이 자기가 자기는 찍지 말라고 하셔서 다른 아이를 찍었어요." 순진한 큰아들이 사랑스럽기도 했지만 동시에 한숨이 나오기도 했다. 이 아이가 일평생을 어떻게 살아갈지 걱정이 된 것이다. 나처럼 깊게 한숨을 쉰 것은 아니지만 한 표도 나오지 않았다는 사실이 아이에게 상처가 되었던 것 같다. 한동안 큰아들은 선거에 나서지 못했다. 아이가 처음 반장선거를 치룬 것도 초등학교 2학년이었으니까 반장이라는 제도가 나에게는 자신감을 갖게 한데 비해서 큰아들에게는 반대였던 것 같다.65)

나와 우리 아이가 경험한 반장선거는 일종의 선택이라는 측면에서는 주주총회와 같다. 하지만 지금 우리가 알아야 하는 어른들의 선택인 주주총회와는 조금 다르다. 어떻게 다른지 한번 알아보자.

우선 주주총회에서는 학급의 담임 선생님과 같은 절대적인 권위가 있는 존재가 있지 않기 때문에 총회의 진행과 질서유지를 위해 의장을 선임하고 권한을 부여하고 있다제366조의2.66) 보통 정관에서 대표이사가 주주총회의

65) 큰아들의 반장선거에 대한 트라우마는 고등학교 때 겨우 벗어날 수 있었다. 1학년 때에 가위바위보로 임시반장이 된 후 선거에서도 이겨 진짜 반장이 된 것이다. 그리고 그 후 친구들의 도움으로 총학생회장 선거까지 나아가 선출되었다. 나는 진심으로 마음의 짐을 하나 덜었다고 생각한다.

66) 제366조의2(총회의 질서유지) ① 총회의 의장은 정관에서 정함이 없는 때에는 총회에

의장을 하는 경우가 많지만호텔신라의 이부진 사장의 경우 재벌가의 자제임에도 직접 주주총회를 주관하고 있다,67) 정관에 규정이 없다면 총회에서 선임하게 된다. 주주총회는 대부분 이사나 감사에 의해 회사의 여러 현안에 대한 보고를 받게 되는데 이에 대하여 의문이 제기되는 경우 검사인을 선임하여 조사를 하게 할 수도 있고 총회의 소집절차나 결의방법의 적법성을 조사하기 위하여 총회 전에 법원에 검사인의 선임을 청구할 수도 있다제367조.68) 주주총회의 장소에서 언급되었던 현대중공업의 임시주주총회는 장소 문제 말고도 '검사인'의 역할에 대해서도 주목받았다. 현대중공업이 분할을 위해 임시주주총회를 개최하는 과정에서 노동조합과 큰 충돌이 있었다. 경영진은 노동조합이 이미 점거하고 있는 주주총회장을 대신하여 현장에서 새로운 주주총회 장소를 공지하고 주주들을 옮겨 새로운 장소에서 개최하였는데 이에 대한 합법성 여부가 논란이 되었다. 이때 큰 역할을 한 것이 바로 법원이 선임해서 미리 현장에 가 있었던 검사인이었다제367조. 직접 목격했기 때문에 현장에 대한 정확한 보고를 법원에 할 수 있었던 것이다.69) 그리고 이러한 주주총회에서 이루어진 모든 내용들은 의사

서 선임한다.

② 총회의 의장은 총회의 질서를 유지하고 의사를 정리한다.

③ 총회의 의장은 고의로 의사진행을 방해하기 위한 발언·행동을 하는 등 현저히 질서를 문란하게 하는 자에 대하여 그 발언의 정지 또는 퇴장을 명할 수 있다.

[본조신설 1999.12.31]

67) 김선호, "호텔신라 주총, 의안보다 이부진 사장에 관심 집중", 더벨, 2019년 3월 21일, available at http://www.thebell.co.kr/free/content/ArticleView.asp?key=201903210100038520002445&svccode=00&page=1&sort=thebell_check_time

68) 제367조(검사인의 선임) ① 총회는 이사가 제출한 서류와 감사의 보고서를 조사하게 하기 위하여 검사인(檢査人)을 선임할 수 있다.

② 회사 또는 발행주식총수의 100분의 1 이상에 해당하는 주식을 가진 주주는 총회의 소집절차나 결의방법의 적법성을 조사하기 위하여 총회 전에 법원에 검사인의 선임을 청구할 수 있다.

[전문개정 2011.4.14]

69) 김용훈, "현대중공업 '4분 주총' 법인분할 진통끝 통과", 파이낸셜뉴스, 2019년 5월 31일, 1면; 남궁민관, "현대重 둘러싼 노사 갈등 '진행형'… 소송전·실사 저지 '산 넘어 산'", 이데일리, 2019년 6월 2일, A14면.

^ 반장선거

록에 기재가 되어야 한다제373조. 나중에도 주주총회의 합법성 여부에 근거가 되기 때문이다.70)

주주총회의 의장 제도나 검사인 제도도 주주총회와 학교의 학급회의가 다른 점을 보여주지만 어떤 사안의 통과에 필요한 의결권의 수도 서로 많이 다르다. 학급회의에서 투표권을 행사하는 학생들은 특별히 몸이 아파 결석하는 경우를 제외하면 한 명도 빠짐없이 다 참석한다. 하지만 주주총회에서 의결권을 행사하는 주주는 그렇지 않다. 도리어 개인주주들이 주주총회에 참석하는 일 자체가 무척 예외적인 경우에 해당한다지금 책을 읽는 분들 중에 주주총회 참석한 경험이 있는 사람이 과연 얼마나 있을까?. 그렇다보니 주주총회의 가결을 위한 의결권 수가 일반적인 회의와는 많이 다르다. 회사의 이사회를 포함해서제391조 제1항71) 어떤 결의를 위해서는 구성원의 과반수 이상이 참석하고, 참석한 구성원의 과반수 이상의 지지를 받아야 하는 경우가 많지만 주주총회는 주주가 참석하는 일 자체가 많지 않다 보니 다른 요건을 요구하고 있다.

우선 주주총회에서 가장 많이 사용되는 보통결의의 요건을 알아보자. 보통결의는 주주총회에서 가장 흔하게 사용되는 결의요건이다. 특별결의가 회사의 일상적인 사항이 아닌 특별한 일에 대해서 주주총회에서 결의를 요구하는 사항인데 비해 보통결의는 자주 일어나는 일에 대한 결의방법이다. 예를 들어 이사의 선임은 주주총회에서 늘 일어나는 일이라 보통결의에 해당하지만 임기 중의 이사 해임은 자주 일어나는 일이 아닌 특별한 경우에 해당하

70) 제373조(총회의 의사록) ① 총회의 의사에는 의사록을 작성하여야 한다.
② 의사록에는 의사의 경과요령과 그 결과를 기재하고 의장과 출석한 이사가 기명날인 또는 서명하여야 한다. [개정 1995.12.29]

71) 제391조(이사회의 결의방법) ① 이사회의 결의는 이사과반수의 출석과 출석이사의 과반수로 하여야 한다. 그러나 정관으로 그 비율을 높게 정할 수 있다.

는 것이라 특별결의가 사용된다. 그런데 이런 보통결의의 통과요건은 흔히 쓰는 "과반수 이상 참석, 참석한 의결권의 과반수 이상 찬성"이 아니다. 출석한 의결권의 과반수는 맞지만 전체 의결권의 과반수가 참석할 필요는 없다. 상법은 출석한 주주의 의결권의 과반수와 발행주식총수의 4분의 1 이상의 수로써 하여야 한다고 규정하고 있기 때문이다제368조 제1항.72) 예를 들어보자. 전체 의결권 숫자가 100개이고, 그 중 26개의 의결권을 가진 주주가 주주총회에 참석했고 특정 안건에 대해서 25개의 찬성이 나왔다고 가정해보자. 결의가 통과된 것일까? 우선 26개 의결권을 가진 주주가 참석해서 25개의 의결권을 가진 주주가 찬성을 했기 때문에 출석한 주주의 의결권의 과반수라는 조건은 충족시켰다. 다음 찬성한 의결권이 발행주식총수의 4분의 1 이상인가를 확인해봐야 한다. 100개의 의결권 중에 25개가 찬성했으므로 이것 역시 충족시킨 것이기 때문에 결의가 통과된 것이다.

이에 비해서 특별결의는 회사 경영에 있어서 보다 특별한 사안인 이사의 해임이나 합병 또는 분할 등에서 절차상 요건으로 요구하고 있기 때문에 더 강화된 조건을 필요로 한다. 주주의 의결권의 3분의 2 이상의 수와 발행주식총수의 3분의 1 이상의 수를 요구하고 있다.

마지막으로 특수결의 방법이 있다. 특수결의는 현실적으로 이용되기에는 상당히 어려운 요건을 갖는다. 의결권이 없거나 제한되는 주식을 포함하여 모든 주식을 가진 주주가 한 명도 빠짐없이 찬성을 해야 하기 때문이다. 이사의 책임면제제400조 제1항73)나 주식회사가 유한회사로의 조직변경제604조 제1항74) 등에 이용된다. 하지만 이런 조건은 대규모 상장회사에서는 이루기 거의

72) **제368조(총회의 결의방법과 의결권의 행사)** ① 총회의 결의는 이 법 또는 정관에 다른 정함이 있는 경우를 제외하고는 출석한 주주의 의결권의 과반수와 발행주식총수의 4분의 1 이상의 수로써 하여야 한다. [개정 1995.12.29]

73) **제400조(회사에 대한 책임의 감면)** ① 제399조에 따른 이사의 책임은 주주 전원의 동의로 면제할 수 있다.

74) **제604조(주식회사의 유한회사에의 조직변경)** ① 주식회사는 총주주의 일치에 의한 총회의 결의로 그 조직을 변경하여 이를 유한회사로 할 수 있다. 그러나 사채의 상환을 완료하지 아니한 경우에는 그러하지 아니하다.

불가능한 조건이다. 주주가 수십만 명이 넘는 경우도 많은데 전원이 찬성한다는 것이 과연 가능할까? 아쉽게도 아무리 타당한 안건이라도 무조건 반대하는 사람은 어느 조직이나 늘 있게 마련이라 사용되기는 힘들 것이다.

하지만 주주전원의 동의로 주식회사를 유한회사로 회사의 종류를 바꾼 경우가 있기는 하다. 바로 가습기 살균제 사건으로 유명한 주식회사 '옥시레킷벤키저'이다. 영국계 회사인 레킷벤키저가 2001년 동양그룹의 계열사였던 옥시를 인수해 설립한 이 회사는 인산염 성분이 든 살균제인 '옥시싹싹 가습기 당번'을 제조 판매해 무려 100명이 넘는 사람을 숨지게 하였다. 그런데 이 회사는 2011년 주식회사를 유한회사로 변경한 경우에 해당하기도 한다. 2005년도 대법원 판례에 의하면 회사의 종류가 변경되었을 경우 기존 회사의 잘못에 대하여 새로운 회사가 책임을지지 않는다고 판시한 적이 있다. 그래서 가습기 살균제 사건으로 발생한 형사책임을 지지 않기 위하여 옥시가 주식회사에서 유한회사로 회사의 형태를 바꾼 것이 아니냐는 의문이 제기되기도 하였다.[75] 진짜로 옥시는 책임 회피를 위해서 이렇게 불가능한 일을 가능하게 만든 것일까?

5. 주주총회의 하자
(중대한 하자와 현저한 불공정의 차이는 무엇일까?)

국어사전을 찾아보면 '중대한'의 의미는 "가볍게 여길 수 없을 만큼 매우 중요하고 큰" 것이고 '현저한'은 "뚜렷이 드러나 있는" 것을 말한다. 그런데 이렇게 국어사전의 의미로는 '중대한'이 갖는 의미가 더 큰 것이 확실하지만 내가 개인적으로는 느끼는 어감은 '중대한'이나 '현저한'이나 큰 차이를 모르겠다.

75) 장혁진, "'가습기 살균제' 옥시, 책임 피하려 법인 청산 의혹", 중앙일보, 2016년 4월 14일, 종합 16면; 전성훈 · 이보배, "'가습기살균제 사망' 옥시법인 책임 피하려 새 법인설립 의혹", 연합뉴스, 2016년 4월 13일, available at https://www.yna.co.kr/view/AKR20160412136200004

그런데 이와 같은 중대한과 현저한의 차이를 상법에서는 잘 판단하여야 한다. 주주총회와 관련한 소송에서 제기할 수 있는 소송의 종류가 달라지기 때문이다. 다음의 사안을 한번 판단해보자.

> 케이티(KT)가 27일로 예정된 정기 주주총회 시간을 엉뚱하게 표기한 주총 참석장을 주주들에게 보내어 항의를 받는 등 혼선이 빚어진 배경에 관심이 쏠리고 있다. 이는 케이티 민주동지회 소속인 직원 주주들이 주총장 밖에서 부실 경영 규탄 집회를 열 계획을 잡자 케이티가 여파를 줄이려고 주총 시간을 당겼다가 이런 사단이 났다는 뒷말이 나온다. **상법에 주주총회 소집은 2주 전에 통지하게 돼 있는 점을 들어, 주주들이 절차상의 문제를 제기하는 소송을 내면 주총 결의가 무효가 될 수 있다는 지적도 나온다.** 19일 케이티 관계자들의 말을 들어보면, 케이티는 지난 11일 이사회를 열어 애초 27일 오전 10시로 잡았던 정기 주주총회를 오전 같은날 9시로 앞당기기로 결정하고, 12일 정정 공시를 했다. 케이티 관계자는 "오전 10시에 계열사 이사회 등 중요한 행사가 예정돼 있어 불가피하게 주총 일정을 앞당길 수밖에 없었다"고 설명했다. 이 관계자는 우편으로 주주들에게 발송된 주총 참석장에 주총 개최 시간이 '27일 오전 10시'로 잘못 표기된 것에 대해서는 "다시 인쇄해 발송하기로 했다"고 밝혔다. 회사 주식을 갖고 있는 케이티 직원들은 이에 대해 "상장회사의 정기 주총은 가장 중요한 행사이고, 계열사 이사회를 이유로 본사의 주총 일정을 바꾼다는 것은 말이 안된다"는 점을 들어 고개를 갸웃한다. 이들은 "케이티노동인권센터와 민주동지회가 주총일에 주총장 밖에서 열기로 한 경영진의 부실 경영 규탄 집회와 더 관련이 있어 보인다"고 지적한다.
>
> 〈2015년 3월 19일자 한겨레신문〉[76)]

만약 신문기사의 내용과 같이 주주총회 소집통지서의 시간과 다르게 주주총회가 개최될 경우 주주총회결의의 하자가 발생할 수 있다. 주주총회결의의 하자란 외관상 주주총회의 결의로 인정할 수 있는 것이 존재하나, 그 결의의 절차나 내용이 법령 또는 정관을 위반했거나 부당하여 그 효력을 인정할 수 없는 경우뿐만 아니라, 총회의 소집절차 또는 결의방법에 총회결의가 존재한다고 볼 수 없을 정도의 중대한 하자가 있는 경우를 말한다.[77)]

---

76) 김재섭, "KT 주총 시간 변경은 '부실 경영' 규탄 집회 방어용?", 한겨레신문, 2015년 3월 19일, available at http://www.hani.co.kr/arti/economy/economy_general/683013.html

주주총회와 관련하여 제기될 수 있는 소송의 종류는 4가지가 있다. ① 결의취소의 소제376조,[78] ② 결의무효확인의 소제380조,[79] ③ 결의부존재확인의 소제380조, ④ 부당결의 취소·변경의 소제381조[80]가 바로 그것이다. 이 4가지 소송의 가장 큰 차이는 제기되는 원인에 있다. 결의 취소의 소가 제기될 수 있는 경우는 주주총회에서 결의한 내용이 정관을 위배하거나, 소집절차나 결의방법이 현저하게 불공정한 경우이다. 만약 삼성전자의 주주총회에서 이사를 선임하여 총 이사의 숫자가 15명이 되었다고 가정해보자. 상법에서는 이사의 숫자가 3명 이상이어야 한다는 규정제383조 제1항[81]만 있어 위반이 아니지만 삼성전자의 정관에서는 3명 이상 14명 이하로 요구하고 있다삼성전자 정관 제24조 제1항.[82] 따라서 이 경우 법을 위반한 것은 아니지만 정관을 위반한 것이

---

77) 최준선, 「회사법」 (삼영사, 제16판, 2021), 417면.

78) 제376조(결의취소의 소) ① 총회의 소집절차 또는 결의방법이 법령 또는 정관에 위반하거나 현저하게 불공정한 때 또는 그 결의의 내용이 정관에 위반한 때에는 주주·이사 또는 감사는 결의의 날로부터 2월내에 결의취소의 소를 제기할 수 있다. [개정 1984.4.10, 1995.12.29]

② 제186조 내지 제188조, 제190조 본문과 제191조의 규정은 제1항의 소에 준용한다. [개정 1984.4.10, 1995.12.29]

79) 제380조(결의무효 및 부존재확인의 소) 제186조 내지 제188조, 제190조 본문, 제191조, 제377조와 제378조의 규정은 총회의 결의의 내용이 법령에 위반한 것을 이유로 하여 결의무효의 확인을 청구하는 소와 총회의 소집절차 또는 결의방법에 총회결의가 존재한다고 볼 수 없을 정도의 중대한 하자가 있는 것을 이유로 하여 결의부존재의 확인을 청구하는 소에 이를 준용한다. [개정 1984.4.10, 1995.12.29]

80) 제381조(부당결의의 취소, 변경의 소) ① 주주가 제368조 제3항의 규정에 의하여 의결권을 행사할 수 없었던 경우에 결의가 현저하게 부당하고 그 주주가 의결권을 행사하였더라면 이를 저지할 수 있었을 때에는 그 주주는 그 결의의 날로부터 2월 내에 결의의 취소의 소 또는 변경의 소를 제기할 수 있다. [개정 2014.5.20]

② 제186조 내지 제188조, 제190조 본문, 제191조, 제377조와 제378조의 규정은 제1항의 소에 준용한다. [개정 1998.12.28]

81) 제383조(원수, 임기) ① 이사는 3명 이상이어야 한다. 다만, 자본금 총액이 10억원 미만인 회사는 1명 또는 2명으로 할 수 있다. [개정 2009.5.28]

82) 삼성전자 정관 제24조(이사의 선임) ① 이 회사는 이사 3인 이상 14인 이하를 두되 주주총회에서 이를 선임한다. 다만, 사외이사는 사외이사후보추천위원회의 추천을 받은 자 중에서 선임한다.

되어 결의취소의 소를 제기할 수 있게 된다. 또한 이사회의 결의 없이 또는 하자 있는 이사회의 결의에 따라 주주총회를 소집한 경우에도 소집절차에 있어서 현저한 불공정에 해당되기 때문에 결의취소의 소를 제기할 수 있게 된다.83)

현저한 불공정과 중대한 하자?

결의무효확인의 소는 결의의 내용이 법을 위반한 경우이다. 예를 들어 상법은 주주평등의 원칙을 기본으로 하고 있기 때문에 주주총회에서 대주주에게는 2만원, 소액주주에게는 1만원의 배당을 결의한다면 이는 결의내용이 상법을 위반한 것이 되어 결의무효확인의 소를 제기할 수 있게 된다. 결의부존재확인의 소의 경우는 소집절차나 결의방법에 있어서 중대한 하자가 있을 때 제기할 수 있다. 그런데 '현저한 불공정'과 '중대한 하자'를 나누는 정확한 기준이 상법에 있는 것이 아니라 오직 법원의 판결에 의해서 결정된다. 그렇다보니 현실적으로 무엇이 현저한 불공정이고 중대한 하자에 해당되는지 판단하기 곤란한 경우가 많다. 우리나라 대법원은 의결권의 50%를 넘는 주주에게 소집통지서가 전달되지 않는 경우 중대한 하자에 해당하고, 넘지 않으면 현저한 불공정에 해당한다는 식으로 판결을 내려 지나치게 형식적이라는 비판을 받기도 하였다.84) 상식적으로 49%의 주주들에게 소집통지가 전달되지 않았다면 충분히 중대한 하자라고 판단할 수 있기 때문이다.

마지막으로 부당결의 취소·변경의 소의 경우에는 전제조건을 필요로 한다. 우리가 앞에서 살펴본 특별이해관계에 의해 의결권을 행사할 수 없는 경우가 그것이다제368조 제3항.85) 가정을 하나 해보자. LG전자의 주주로서

83) 대법원 1980.10.27. 79다1264.

84) 최준선, 「회사법」(삼영사, 제16판, 2021), 443면.

85) 제368조(총회의 결의방법과 의결권의 행사) ③ 총회의 결의에 관하여 특별한 이해관계가 있는 자는 의결권을 행사하지 못한다. [개정 2014.5.20]

중국의 화웨이가 10%100주 중에 10주의 주식을 갖고 있는데 적자를 거듭해서 내고 있는 휴대폰 사업부를 LG전자가 화웨이에 영업양도를 하려고 한다. 영업양도를 하려고 하면 주주총회의 특별결의가 필요하기 때문에 참석한 의결권의 2/3 이상66.7%이 찬성을 해야 한다. 그런데 누가 봐도 LG전자에 유리한 계약 안에 대해서 몇몇 주주들이 화웨이에 대한 반감으로 인해 무조건 반대를 하고 있고 그 수가 31%100주 중에 31주 정도에 달한다. 그런데 화웨이는 LG전자의 주주이면서 동시에 영업양도의 계약당사자이기 때문에 특별이해관계인에 해당이 되어서 의결권을 행사하지 못한다. 그러자 찬성이 59/90이 되어 65.5%밖에 되지 않아 주주총회의 특별결의에 필요한 66.7%에 이르지 못하고 결국 부결이 됐다. 이 경우 화웨이는 자신들이 특별이해관계에 해당하여 현저하게 부당한 결과가 발생했음을 근거로 부당결의 취소 · 변경의 소를 법원에 제기할 수 있는 것이다.

	취소의 소	무효확인의 소	부존재확인의 소	취소 · 변경의 소
소의 원인	결의내용 – 정관위반 소집절차와 결의방법 – 현저한 불공정	결의내용 – 법령위반	소집절차와 결의 방법 – 중대한 하자	특별이해관계에 있는 주주를 배제한 결의가 현저히 부당한 경우

각 소의 비교

위의 4종류의 소송 모두 소송을 제기 시 이사나 감사가 소송을 제기한 경우가 아닌 주주가 한 경우에는 담보제공의무가 있다제377조.[86] 이는 소송의 남발을 막기 위해서이다. 주주총회와 관련된 소가 제기되면 소송결과에 따라 회사와 거래하는 여러 당사자들은 큰 영향을 받게 된다. 주주총회에서 이사가 선출되고 그 이사들이 대표이사를 선임하여 그 대표이사와 거래를 하였

86) 제377조(제소주주의 담보제공의무) ① 주주가 결의취소의 소를 제기한 때에는 법원은 회사의 청구에 의하여 상당한 담보를 제공할 것을 명할 수 있다. 그러나 그 주주가 이사 또는 감사인 때에는 그러하지 아니하다. [개정 1984.4.10]
② 제176조 제4항의 규정은 제1항의 청구에 준용한다. [개정 1984.4.10]

는데 주주총회 자체가 취소되거나 무효 또는 부존재 확인이 되면 거래의 유효성 여부가 불투명해진다. 그러므로 이러한 소송들은 함부로 제기되면 곤란하다. 따라서 소를 제기하기 위해서는 담보를 제공해야 하고 결의취소의 소인 경우에는 법원의 판단에 따라 재량기각도 할 수 있게 되어 있다제379조.[87] 예를 들어 아주 소수의 주주0.1%에게만 소집통지가 가지 않았고, 참석한 주주들 거의 모두99%가 찬성하여 주주총회의 결의를 하였다면 0.1%에게 소집통지가 전달되지 않았다는 사실은 현실적으로 큰 의미가 없다. 이럴 경우 소송이 제기되더라도 법원이 재량으로 기각해 버리는 것이다. 소송결과가 나오지 않아 법적 불안전성에 빠질 이해당사자들의 염려를 미리 없애려는 것이다. 하지만 이러한 재량기각은 비교적 위반 정도가 약한 결의취소의 소에 해당할 경우에만 적용되고 무효확인의 소나 부존재확인의 소의 경우에는 해당하지 않는다.

그렇다면 신문기사로 돌아가서 케이티의 주주총회는 기사의 내용처럼 주주총회의 무효에 해당할까? 그렇지는 않을 것이다. 우선 수정된 시간을 공지한 주주총회의 통지가 2주 미만의 기간으로 전해졌다는 것은 소집절차상의 문제이다. 즉 결의취소의 소나 결의부존재확인의 소에 해당하는데 이 중에서도 중대한 하자라기보다는 현저한 불공정 쪽에 가깝기 때문에 결의취소의 소가 타당할 것 같다. 하지만 문제는 과연 케이티의 주주 중에서 이런 소송을 제기할 사람이 있을까? 하는 점이다.

이 같이 주주총회와 관련한 사안은 법을 위반했다고 해서 검찰과 같은 국가기관의 조사를 받는 것이 아니다. 주주총회의 결의와 관련된 사안에 대한 이해관계자들이 법적 소송을 제기하지 않는 한 어떤 안건이 주주총회를 위법적 방법으로 통과되거나 통과된 안건의 내용 자체가 법을 위반했다 하더라도 그대로 적용되는 경우가 많다.[88] 이러한 이유는 상법의 적용 대상은 주

87) 제379조(법원의 재량에 의한 청구기각) 결의취소의 소가 제기된 경우에 결의의 내용, 회사의 현황과 제반사정을 참작하여 그 취소가 부적당하다고 인정한 때에는 법원은 그 청구를 기각할 수 있다.

88) 장진복, "주주총회는 있으나마나 … 주총 결의 위반해도 제재 못해", 뉴시스, 2014년 5월 18일, available at http://www.newsis.com/ar_detail/view.html/?ar_id=NISX20140516_

KT Wiz 야구단

로 사적 영역에 해당하기 때문에 경찰이나 검찰과 같은 국가기관이 적극적으로 법을 적용시키는 폭력이나 살인과 같은 형법의 영역과는 전혀 다르기 때문이다. 2013년 창단하여 2015년부터 정식으로 1군 리그에 참가한 KT Wiz야구단은 계속하여 꼴지를 기록하였고, 2018년에서야 겨우 9위10위는 롯데 자이언츠를 기록하였다하지만 2020년에는 무려 3위를 하였고 2021년에는 정규리그에서 1위를 차지하였다. 그렇지만 케이티의 주주들은 회사의 영업성과나 야구단의 성적과 함께 주주총회를 적법하게 잘 하고 있는지도 열심히 살펴보아야 할 것 같다. 그렇게 주주총회의 시간을 멋대로 바꾸는 것은 분명 상법 위반이기 때문이다.

0012922213&cID=10401&pID=10400

제2관 이사와 이사회

1. 이사

1.1 이사의 의의

최근 점차 심해지고 있는 취업난 때문에 대기업에 취업이라도 하게 되면 가문의 경사(?)라고 한다.[89] 그렇지만 막상 취업 후 일을 시작하게 되면 좋지만은 않다. 가장 말단일 수밖에 없는 신입사원 입장에서 보면 조직구성원이 모두 다 상관이고 자신에게 명령을 내리는 사람들뿐이다. 회사마다 조금씩 다르기는 하지만 사원, 대리, 과장, 차장, 부장으로 이어지는 직급체계에서 차장은 되어야 겨우 숨을 쉴 수 있고, 부장 정도 되면 간신히 자기 목소리를 낼 수 있다.[90] 그리고 상무이사, 전무이사, 부사장, 사장, 부회장, 회장으로 이어지는 경영진의 가장 말단이긴 하지만 이사승진을 하게 되면 당당한 임원진의 일원이 된다. 삼성그룹의 경우 신임 임원이 되면 연봉이 2배 이상 뛰고, 그랜저나 K7과 같은 차량을 지원받게 되며,[91] 직원들보다 훨씬 세밀한 건강검진과 골프회원

회사의 이사회

89) 박철, "'개천에서 용 나는 시대'는 끝났다", 내일신문, 2019년 1월 8일, available at http://www.naeil.com/news_view/?id_art=300385

90) 고세욱, "수직적 기업문화 허물기 … 창의성 향상으로 이어질까", 국민일보, 2016년 7월 7일, 20면; 하지만 대기업에서 부장을 하고 있는 한 친구는 회사가 직급체계를 바꾸면서 부장 이하의 직급을 모두 없애고 프로로 통일하자 힘들게 여기까지 올라왔는데 하루아침에 없애버렸다고 하소연을 하기도 했다.

91) 전무이사의 경우에는 제네시스 G80이나 K9, 부사장이나 사장급이 되면 제네시스 G90으로 바뀐다고 한다.

성명	직명 및 담당업무	위원회					
		경영 위원회	감사 위원회	사외이사 후보추천 위원회	내부 거래 위원회	보상 위원회	거버넌스 위원회
박재완	이사회 의장 사외이사 (성균관대 교수/ 재정경제부장관)		●		○	○	●
김기남	대표이사 부회장 – DS	●					
김현석	대표이사 사장 – CE	○					
고동진	대표이사 사장 – IM	○					
한종희	사업부장 사장 – VD	○					
최윤호	경영지원실장 사장	○					
김선욱	사외이사 (전 이대총장, 전 이대 법전원 교수)		○		●		○
박병국	사외이사 (서울대 전기공학부 교수)			○		●	○
김종훈	사외이사 (전 벨연구소 사장, 현 Kiswe Mobile)			●		○	○
안규리	사외이사 (서울대 신장내과 교수)			○			○
김한조	사외이사 (전 외환은행장)		○		○		○

삼성전자 2021년 이사회 명단

권의 이용이 가능하게 된다고 한다.[92] 또한 과거에는 속칭 '이건희 시계'라는 300만원 상당의 고급 손목시계를 신임 임원 자신과 배우자 모두에게 지급받기

92) 윤희훈, "삼성의★, 무엇이 달라지나", 조선일보, 2015년 12월 7일, available at http://biz.chosun.com/site/data/html_dir/2015/12/06/2015120602425.html

도 했다.[93)]

하지만 삼성전자에서 이러한 임원의 자리에 오르는 것은 결코 쉬운 일이 아니다. 삼성전자의 십만 명이 넘는 직원 중에서 임원 숫자는 1,000여 명 수준이기 때문에 임원이 되는 것은 확률적으로 1%도 채 되지 않는다.[94)] 이러한 비율은 삼성전자가 아닌 다른 기업들도 마찬가지이다.[95)] 그런데 여기서 한 가지 궁금한 점이 생긴다. 상무이사 이상의 직함을 갖고 있는 임원의 숫자가 1,000명이 넘는다고 하는데 그 많은 사람들이 모두 이사회 멤버이면 이사회는 도대체 어떻게 운영이 될 수 있는 것일까? 겨우 300명이 모여서 국가를 위해서 일하는 여의도의 모 기관을 보면 한숨만 나오는데 1,000명이 넘는다면 과연 제대로 운영이 될 수 있는 걸까?

앞의 표는 2021년 5월 기준 삼성전자 이사회의 구성원이다. 모두 11명으로 이루어져 있으며 이 중에서 5명이 사내이사이고, 6명이 사외이사이다. 우리는 바로 앞에서 삼성전자의 상무이사 이상의 임원이 모두 1,000여 명이라고 이야기를 했다. 그런데 이 표에는 삼성전자의 이사회가 겨우(?) 11명으로 구성되어 있다. 이게 무슨 소리일까? 해답은 상법 제382조 제1항에 있다. 상법은 여기서 "이사는 주주총회에서 선임한다"라고 규정하고 있기 때문이다. 주주총회에서 선임된 이사를 우리는 소위 '등기이사'라고 하고 이사회의 구성원이 된다. 이에 비해서 앞에서 본 상무이사 이상의 임원은 '비등기 이사'이며, 이들은 주주총회가 아닌 이사회에서 선임되기 때문에 상법상의 이사가 아니다. 따라서 이들은 상법상 이사의 직무권한이 없으며 실질적으로는 대표이사 등의 지위와 감독하에 일정한 노무를 담당하고 그 대가로 보수를 받고 있으므로 근로기준법상의 근로자에 해당하게 된다.[96)]

---

93) 이종혁, "이재용 '삼성 미래 이끌 신사업에 속도 내달라'", 서울경제신문, 2016년 1월 18일, 13면.

94) 정호창, "삼성전자 직원, '별'될 확률 '0.42%'", 더벨, 2015년 4월 8일, available at http://www.thebell.co.kr/free/content/ArticleView.asp?key=201504030100005950000385&svccode=00&page=1&sort=thebell_check_time

95) 조용탁 외 3인, "직장인 1% 또는 '임시 직원' … 임원 셋 중 둘 '흙수저 출신'", 중앙선데이, 2019년 1월 26일, 4면.

그리고 이 같은 이사의 숫자는 상법에서는 3명 이상으로 규정하고 있고제383조 제1항,97) 삼성전자의 정관에는 3명 이상 14명 이하로 되어 있으므로 현재 삼성전자의 이사회가 11명으로 구성된 것은 상법과 정관 규정을 모두 잘 따랐다고 할 수 있다.98)

상법상 이사의 종류를 살펴보면 크게 사내이사, 사외이사, 그 밖에 상무에 종사하지 않는 이사로 나누어진다제317조 제2항 제8호.99) 사내이사는 보통 우리가 생각하는 이사들이고, 사외이사는 특별한 제한이 있는 것은 아니지만 대학 교수나 다른 업종의 경영자, 그리고 전직 관료 출신 중 이사회에 참여하는 사람들을 말한다. 평생을 자신이 이사로 경영에 참여하고 있는 회사에 근무하면서 대주주에게 능력과 충성을 인정받아 선임된 자보다는 교수와 같이 다른 일을 하면서 회사 경영에 대해서는 나름의 전문성을 갖고 있어 이사에 선임된 자들이 대주주 개인보다는 회사와 주주 전체의 이익을 위해 일을 하지 않을까 하는 기대에서 상법은 사외이사 제도를 도입하였다. 사외이사가 되기 위해서는 자격요건 등 조건이 까다롭다제382조 제3항.100) 물론 사외이사도 대주

96) 대법원 2003.9.26. 선고, 2002다64681 판결.

97) 제383조(원수, 임기) ① 이사는 3명 이상이어야 한다. 다만, 자본금 총액이 10억원 미만인 회사는 1명 또는 2명으로 할 수 있다. [개정 2009.5.28]

98) 삼성전자 정관 제24조(이사의 선임) ① 이 회사는 이사 3인 이상 14인 이하를 두되 주주총회에서 이를 선임한다. 다만, 사외이사는 사외이사후보추천위원회의 추천을 받은 자 중에서 선임한다.

② 이 회사의 대표이사는 이사회에서 선임하며 대표이사는 각자 회사를 대표한다.

③ 이 회사는 이사회 또는 이사회로부터 위임받은 위원회의 결의로써 회장, 부회장, 사장, 부사장, 전무이사 및 상무이사 약간 명을 선출할 수 있다.

99) 제317조(설립의 등기) ② 제1항의 설립등기에 있어서는 다음의 사항을 등기하여야 한다. [개정 1962.12.12, 1984.4.10, 1995.12.29, 1999.12.31, 2009.1.30, 2011.4.14]

8. 사내이사, 사외이사, 그 밖에 상무에 종사하지 아니하는 이사, 감사 및 집행임원의 성명과 주민등록번호

100) 제382조(이사의 선임, 회사와의 관계 및 사외이사) ③ 사외이사(社外理事)는 해당 회사의 상무(常務)에 종사하지 아니하는 이사로서 다음 각 호의 어느 하나에 해당하지 아니하는 자를 말한다. 사외이사가 다음 각 호의 어느 하나에 해당하는 경우에는 그 직을 상실한다. [개정 2011.4.14]

1. 회사의 상무에 종사하는 이사·집행임원 및 피용자 또는 최근 2년 이내에 회사의

주가 주로 결정권을 갖고 있는 주주총회에서 선임되기 때문에 당초의 기대와는 다르게 운영되고 있다는 비판이 많지만,[101] 그래도 사내이사보다는 보다 중립적인 위치에 있을 수 있다는 바람으로 상법은 일정규모 이상의 회사에 대해서는 사외이사의 선임을 강제하고 있다제542조의8 제1항.[102] 즉 상장회사인 경우에는 이사 총수의 4분의 1 이상을 사외이사로 하여야 하며, 자산규모가 2조원 이상일 경우에는 3명 이상의 사외이사를 두어야 함과 동시에 사외이사의 숫자가 전체 이사의 과반수를 넘어야 한다시행령 제34조 제2항.[103]

이와는 달리 상무에 종사하지 않는 이사란 사외이사와 비슷하게 상무매일 같이 출퇴근 형식으로 회사에 나와서 일을 하는 것에 종사하지는 않으나 사외이사의 자격을 갖추지 못한 경우이다제382조 제3항. 예를 들면 대주주의 친인척은 사외이사가 될 수 없는데 이 경우 사내이사를 하지 않는다면 상무에 종사하지 않

상무에 종사한 이사 · 감사 · 집행임원 및 피용자
2. 최대주주가 자연인인 경우 본인과 그 배우자 및 직계 존속 · 비속
3. 최대주주가 법인인 경우 그 법인의 이사 · 감사 · 집행임원 및 피용자
4. 이사 · 감사 · 집행임원의 배우자 및 직계 존속 · 비속
5. 회사의 모회사 또는 자회사의 이사 · 감사 · 집행임원 및 피용자
6. 회사와 거래관계 등 중요한 이해관계에 있는 법인의 이사 · 감사 · 집행임원 및 피용자
7. 회사의 이사 · 집행임원 및 피용자가 이사 · 집행임원으로 있는 다른 회사의 이사 · 감사 · 집행임원 및 피용자 [전문개정 2009.1.30]

101) 2016년 한 해 동안 5대그룹 상장사 이사회가 처리한 1,615건의 안건 가운데 사외이사의 반대로 가결되지 못한 안건은 3건에 불과하다고 하는데 그것도 모두 롯데그룹에서만 있었고 나머지 4대그룹에서는 한 건도 발생하지 않았다: 서재교, "사외이사의 독립적 경영감시는 올해도 헛된 바람일까?", 한겨레신문, 2017년 4월 12일, available at http://www.hani.co.kr/arti/economy/economy_general/790374.html#csidx7e563c50deb3e57be13ebba2d33c3f4

102) 제542조의8(사외이사의 선임) ① 상장회사는 자산 규모 등을 고려하여 대통령령으로 정하는 경우를 제외하고는 이사 총수의 4분의 1 이상을 사외이사로 하여야 한다. 다만, 자산 규모 등을 고려하여 대통령령으로 정하는 상장회사의 사외이사는 3명 이상으로 하되, 이사 총수의 과반수가 되도록 하여야 한다.

103) 제34조(상장회사의 사외이사 등) ② 법 제542조의8 제1항 단서에서 "대통령령으로 정하는 상장회사"란 최근 사업연도 말 현재의 자산총액이 2조원 이상인 상장회사를 말한다.

^ 정의선 현대기아자동차 그룹 회장

는 이사에 해당한다. 정의선 현대기아자동차 그룹 회장의 경우 과거에는 기아자동차의 상무에 종사하지 않았기 때문에 사내이사가 아닌 상무에 종사하지 않는 이사였다2019년부터 사내이사이다. 당시 그룹의 수석부회장이지만 기아자동차에 매일 같이 출퇴근하면서 결정을 내리는 위치에 있지는 않았었던 모양이다. 이 경우 사내이사에 해당하지도 않고, 또한 경영진을 견제하는 역할을 하는 사외이사에도 해당하지 않는다. 그렇기 때문에 이사회에는 참여하지만 회사에 상근하지 않는, 즉 상무에 종사하지 않는 이사에 해당하게 된다.[104)]

1.2 이사의 선임과 해임

이사의 선임은 주주총회에서 보통결의방법으로 하는 것이 일반적이다제382조 제1항.[105)] 이는 누구에게도 똑같이 적용되기 때문에 아무리 재벌총수라 주식의 대부분을 갖고 있는 경우라도 이러한 절차는 반드시 거쳐야 한다. 그렇기에 삼성그룹의 이재용 부회장도 삼성전자의 사내이사가 되기 위해서 주주총회의 승인을 받았었고,[106)] 구광모 LG그룹 회장도 마찬가지였다.[107)]

---

104) 정의선 회장은 2019년 3월 주주총회에서 사내이사로 선임되었다: 문희철, "보폭 넓히는 정의선 부회장 … 기아차 비상무이사 → 사내이사", 중앙일보, 2019년 3월 15일, available at https://news.joins.com/article/23411922

105) 제382조(이사의 선임, 회사와의 관계 및 사외이사) ① 이사는 주주총회에서 선임한다.

106) 기성훈, "'이재용 부회장 사내등기이사 선임' … 삼성전자 주총 '원안통과'", 머니투데이, 2016년 10월 27일, available at https://news.mt.co.kr/mtview.php?no=2016102711230847648&outlink=1&ref=https%3A%2F%2Fsearch.naver.com

107) 안상희, "'LG家 4세' 구광모 상무 ㈜LG 사내이사로 … '후계 대비'", 조선일보, 2018년 5월 17일, available at https://biz.chosun.com/site/data/html_dir/2018/05/17/2018051701090.html

하지만 주주총회에서의 이사 선임의 결의방법에는 이와 같은 보통 결의방법 말고도 한 가지가 더 있다. 바로 집중투표제이다. 집중투표제란 주주총회에서 선임되는 이사의 숫자에 따라 의결권이 부여되는 제도이다제382조의2. **108)** 예를 들자면 이번 주주총회에서 3명의 이사를 선임하고 서로 라이벌 주주인 A와 B 모두 각각 3명의 이사를 추천했다고 하자. 전체 회사의 발행주식에 따른 의결권은 모두 201개가 있는데 A는 의결권이 101개를 갖고 있고, B는 100개를 갖고 있다. 이 경우 주주총회에서 보통결의 방법을 이용한다면 항상 A가 이길 수밖에 없다. A는 과반수가 넘는 의결권을 갖고 있기 때문이다. 즉 A는 자신이 추천한 3명의 이사후보에게는 찬성하고 B가 추천한 3명의 후보에 대해서는 모두 반대를 하면 A가 무조건 이기고 B는 항상 지게 된다101표가 찬성이고 100표가 반대이면 결의는 통과하게 된다.

하지만 집중투표제일 경우에는 결과가 달라진다. 집중투표제에서는 A는 이사선임에 대해서 101×3=303개의 의결권을 갖게 되고, B는 100×3=300개의 의결권을 갖게 된다. A는 303개, B는 300개의 의결권을 갖고 3명의 이사선임에 대하여 의결권을 행사하게 되는데, 총 6명의 이사후보 중 자신이

108) 제382조의2(집중투표) ① 2인 이상의 이사의 선임을 목적으로 하는 총회의 소집이 있는 때에는 의결권 없는 주식을 제외한 발행주식총수의 100분의 3 이상에 해당하는 주식을 가진 주주는 정관에서 달리 정하는 경우를 제외하고는 회사에 대하여 집중투표의 방법으로 이사를 선임할 것을 청구할 수 있다.
② 제1항의 청구는 주주총회일의 7일 전까지 서면 또는 전자문서로 하여야 한다. [개정 2009.5.28]
③ 제1항의 청구가 있는 경우에 이사의 선임결의에 관하여 각 주주는 1주마다 선임할 이사의 수와 동일한 수의 의결권을 가지며, 그 의결권은 이사 후보자 1인 또는 수인에게 집중하여 투표하는 방법으로 행사할 수 있다.
④ 제3항의 규정에 의한 투표의 방법으로 이사를 선임하는 경우에는 투표의 최다수를 얻은 자부터 순차적으로 이사에 선임되는 것으로 한다.
⑤ 제1항의 청구가 있는 경우에는 의장은 의결에 앞서 그러한 청구가 있다는 취지를 알려야 한다.
⑥ 제2항의 서면은 총회가 종결될 때까지 이를 본점에 비치하고 주주로 하여금 영업시간내에 열람할 수 있게 하여야 한다.
[본조신설 1998.12.28]

원하는 후보에게 원하는 숫자만큼 행사할 수 있게 된다. 이 경우 B는 3명의 이사 중 최소 1명 이상은 선임가능하게 될 것이다. B가 1명에게 자신의 300개의 의결권을 모두 몰아준다면 A는 어떤 방법으로도 B가 의결권을 몰아준 사람이 6명의 이사 후보 중에서 3등 안에 드는 것을 막을 방법이 없기 때문이다.[109)]

이와 같은 이사선출 제도를 상법에서는 집중투표제라 하고 회사의 정관에 배제조항이 없다면 집중투표제로 이사를 선임할 수 있다. 하지만 집중투표제는 현재 경영권을 갖고 있는 입장에서는 환영할만한 제도가 아니다. 자신들이 원하지 않는 이사를 선임해야 하는 경우가 발생할 수 있기 때문이다. 그렇기 때문에 대부분의 상장회사는 정관에 집중투표제를 배제하는 조항을 넣어놓았고 이로 인해 실제로 이 제도가 이용되는 경우는 거의 없다. 공정거래위원회가 선정한 자산 5조원 이상의 공시대상기업집단대기업집단에 해당하는 1,914개의 회사 중에서 집중투표제가 실시된 경우는 아예 한 번도 없었다는 사실이 이를 증명한다.[110)]

109) 의결권을 몰아주기가 가능하기 때문에 경우에 따라서는 의결권이 더 많으면서도 더 적은 이사선임을 시키는 경우도 생길 수 있다. 예를 들어 의결권이 606개의 주주가 있고(A), 600개의 주주가 있는데(B) 새롭게 선임되는 이사자리가 6개라고 하자. 이사 후보는 A도 6사람을 추천하고 B도 6사람을 추천해서 모두 12명이다. A는 6자리를 모두 자신의 사람을 선임시키고자 자신이 추천한 이사 1명당 101개의 의결권을 투표하였고, B는 6명을 추천하였지만 의결권은 4명에게 150개씩 몰아주었다면 결과론적으로 B는 이사자리 4개를 확보하고 A는 의결권이 더 많으면서도 2개의 이사자리만 확보하게 된다. 이러한 사례가 한국토지신탁의 주주총회에서 실제로 벌어졌었다: 안재만, "경영권 잃었다 … 보고-프런티어, 한토신 인수 빨간불", 조선일보, 2015년 4월 1일, available at https://biz.chosun.com/site/data/html_dir/2015/04/01/2015040102470.html

110) 윤은식, "대기업 총수일가 이사 등재 비율 '또 하락' … 책임경영 '역행'", 서울파이낸스, 2019년 12월 9일, available at http://www.seoulfn.com/news/articleView.html?idxno=365059

이사의 해임은 손가락으로 할 수 없다

이사가 주주총회의 결의를 통해 선임된 이후 자기 마음대로 이사직을 그만둘 수 있을까? 조선시대 전략적 요충지로 다른 지역에 비해 국가의 지원을 넉넉하게 받았고, 중국과 무역을 하는 사람들이 거쳐 가는 곳이라 산물이 풍부하고 지역 형편이 다른 곳에 비하여 무척 좋았던 곳이 바로 평안도이다. 하지만 그렇게 좋은 "평안감사도 저 싫으면 그만이다"라는 말이 있다.[111] 아무리 좋은 것도 본인이 싫다면 어쩔 수 없다는 것이다. 그렇다면 기업의 이사는 어떨까? 계약을 하면 무조건 계속해야 하는 것일까? 회사와 이사의 관계는 민법의 위임에 관한 규정을 준용하게 되어 있는데제382조 제2항,[112] 민법에서는 제689조에서 위임계약은 당사자가 언제든지 해지할 수 있다고 하고 있다.[113] 따라서 이사는 언제든지 자신이 그만두고 싶을 때 그만둘 수 있는 것이다. 그런데 거꾸로 회사가 이사를 마음대로 해임할 수는 있을까? 롯데그룹의 경영권 분쟁이 불거질 무렵 고 신격호 롯데그룹 회장님은 일본 도쿄에서

111) 김혜정, "평안감사가 뭐지?…'평안 감사도 저 싫으면 그만이다' 속담도", 매일신문, 2018년 11월 15일, available at http://news.imaeil.com/Society/2018111516131473024

112) 제382조(이사의 선임, 회사와의 관계 및 사외이사) ② 회사와 이사의 관계는 민법의 위임에 관한 규정을 준용한다.

113) 민법 제689조(위임의 상호해지의 자유) ① 위임계약은 각 당사자가 언제든지 해지할 수 있다.
② 당사자 일방이 부득이한 사유없이 상대방의 불리한 시기에 계약을 해지한 때에는 그 손해를 배상하여야 한다.

롯데홀딩스 임원들을 모아놓고 손가락으로 가리키며 "너 나가"라고 해고한 것이 문제가 되었다이게 유명한 손가락 해임 사건이다.114) 이게 가능한 것일까?

물론 아무리 회장님이라도 그런 식으로 주주총회에서 선임된 이사를 해임할 수는 없다. 상법에서는 주주총회의 특별결의로만 이사를 해임할 수 있게 규정하고 있기 때문이다제385조 제1항.115) 또한 해임사유가 정당하지 않았을 경우 해임된 이사는 회사에 대하여 손해배상청구소송을 제기해서 자신의 급여에 해당하는 부분을 받아 낼 수도 있다. 롯데그룹의 경영권 분쟁사건에서 여러 소송들이 오고갔지만 그 중에 하나가 바로 신동주신격호 롯데그룹 창업주의 장남 씨가 제기한 호텔롯데와 부산롯데호텔의 등기이사 해임에 대한 손해배상청구소송이다. 2015년 9월 두 회사가 임시주주총회를 열어 신동주 부회장을 해임하자 이에 대해서 손해배상청구소송을 제기했는데 신동주 부회장 입장에서는 단순히 손해배상을 받으려는 목적보다도 정당한 이유 없이 자신을 해임했다는 법원의 판결을 받아 그룹의 경영권 분쟁에서 유리한 위치를 차지하려는 목적이 있었다.116) 하지만 우리나라와 일본에서 벌인 소송에서 모두 져서 목적을 달성할 수는 없었다일본에서도 한국롯데, 롯데상사, 롯데물산, 롯데부동산의 이사해임에 대한 소를 제기했었다.117)

이와 함께 상법은 이사가 직무에 관하여 부정행위 또는 법령이나 정관을 위반했음에도 불구하고 주주총회에서 해임이 부결된 경우 3% 이상의 주식을 가진 주주는 법원에 그 이사의 해임을 청구할 수 있다제385조 제2항.118) 이

114) 심재우 · 김경빈, "신격호 '손가락 경영'의 비극", 중앙일보, 2015년 8월 4일, 종합1면.

115) 제385조(해임) ① 이사는 언제든지 제434조의 규정에 의한 주주총회의 결의로 이를 해임할 수 있다. 그러나 이사의 임기를 정한 경우에 정당한 이유없이 그 임기만료 전에 이를 해임한 때에는 그 이사는 회사에 대하여 해임으로 인한 손해의 배상을 청구할 수 있다.

116) 최용준, "신동주, 호텔롯데 이사해임 불복 소송 2심도 패소", 파이낸셜뉴스, 2019년 1월 8일, 28면.

117) 심민관, "신동주, 이사 해임 부당 소송 패소 확정", 조선일보, 2019년 6월 23일, available at https://biz.chosun.com/site/data/html_dir/2019/06/23/2019062300376.html

118) 제385조(해임) ② 이사가 그 직무에 관하여 부정행위 또는 법령이나 정관에 위반한 중대한 사실이 있음에도 불구하고 주주총회에서 그 해임을 부결한 때에는 발행주식의

러한 예는 태광산업에서 볼 수 있는데,[119] 당시 이호진 태광산업 대표이사와 대표이사의 모친인 이선애 이사에 대하여 한국기업지배구조펀드가 해임소송을 법원에 제기한 경우가 있었다. 이호진 대표이사는 이사회에 불과 한 번만 참석했고, 이선애 이사는 전혀 참석하지 않았다는 것이 소송사유였다. 이사회에 참석하지 않는 이사는 존재할 필요가 없다는 것이다.[120]

1.3 이사의 보수

대기업의 대표이사와 같은 기업최고경영자들은 공통적인 모습을 갖고 있다. 서울대 출신이면서23.6%, 연령은 50대 후반이고59.4세, 전공은 주로 상경계가 많은데51.6% 그 중에서도 경영학 전공이 제일 많다30.1%.[121] 그런데 이런 이사의 모습과는 조금은 동떨어진 이사들도 사실 많다. 그 중에서도 삼성전자의 신종균 전 부회장은 유난히 더 눈에 띈다. 해외유학파가 30%가 넘고 국내대학의 경우 서울대를 포함한 이른바 SKY 출신이 23%에 달하는데도,[122] 그는 인하공업전문대학을 졸업하고 광운대를 편입한 후 맥슨전자에서 근무하다 경력사원으로 삼성전자에 입사했다고 한다. 특히 아이폰발 태풍이 몰아치던 2009

총수의 100분의 3 이상에 해당하는 주식을 가진 주주는 총회의 결의가 있은 날부터 1월 내에 그 이사의 해임을 법원에 청구할 수 있다. [개정 1998.12.28]

119) 태광산업(泰光産業)은 석유화학 부문과 섬유 사업을 영위하는 코스피 상장 기업이며 상당히 우수한 영업이익률을 자랑한다고 한다: 박시수, "태광산업, 업계 부진속 '나홀로 성장' 비결은", 더벨, 2019년 8월 21일, available at https://www.thebell.co.kr/free/Content/ArticleView.asp?key=201908190100032050001980&svccode=04; 태광산업은 태광그룹의 모기업이며, 태광그룹에는 일반인들에게 여자배구로 잘 알려진 흥국생명이 있다.

120) 황상철, "장하성 펀드, 태광산업 대표이사 해임 소송", 한겨레신문, 2009년 10월 21일, available at http://www.hani.co.kr/arti/economy/stock/383207.html#csidx39c1efe7dcefb04b094a5d422194c73

121) 최윤정, "대기업 서울대 출신 CEO 비중 25년새 54%→23% 하락", 연합뉴스, 2019년 4월 29일, available at https://www.yna.co.kr/view/AKR20190429116700003?input=1195m

122) 심재현, "서울대 · 유학파 · 69년 닭띠 … 삼성전자 임원 현주소", 머니투데이, 2019년 4월 3일, 12면.

신종균 전 삼성전자 부회장

년 삼성은 그를 무선사업부 수장으로 뽑았는데, 2009년 말 갤럭시S를 개발할 때는 성탄절부터 신정까지 회사에서 먹고 자며 보내는 진기록을 세우기도 했다고 한다. '어떻게 그렇게 일했느냐'는 질문에 그는 "젊었을 때 72시간을 뜬눈으로 제품을 개발하기도 했다. 한숨도 안자고 72시간, 내가 그 정도로 독종이었다"고 답했다고 한다.[123] 그런데 이런 경력과 함께 세상의 이목을 집중시킨 일이 하나 더 있다. 바로 그의 연봉이 2014년도에 무려 145억원에 달했기 때문이다.[124]

그런데 우리는 개인의 사적 영역이라고 할 수 있는 보수를 어떻게 알 수 있는 것일까? 상법에는 관련규정이 없고 자본시장과 금융투자업에 관한 법률 덕분에 이 분이 얼마나 돈을 받고 일을 하고 계시는지 알 수 있게 되었다자본시장과 금융투자업에 관한 법률 제159조 제2항.[125] 상법이 규정한 이사의 보수와

---

123) 김현석 · 정인설, "전문대 · 中企 거쳐 … 10개월 봉급만 62억원 … 신종균의 샐러리맨 신화", 한국경제신문, 2014년 4월 1일, 1면.

124) 박진석 · 박수련 · 황의영, "연봉 2배 오른 신종균 145억 '월급쟁이 최고액'", 중앙일보, 2015년 4월 1일, 종합10면.

125) 자본시장과 금유투자업에 관한 법률 **제159조(사업보고서 등의 제출)** ② 사업보고서 제출대상법인은 제1항의 사업보고서에 다음 각 호의 사항을 기재하고, 대통령령으로 정하는 서류를 첨부하여야 한다. [개정 2013.5.28, 2016.3.29]

1. 회사의 목적, 상호, 사업내용
2. 임원보수(상법, 그 밖의 법률에 따른 주식매수선택권을 포함하되, 대통령령으로 정하는 것에 한한다. 이하 이 항에서 같다)
3. 임원 개인별 보수와 그 구체적인 산정기준 및 방법(임원 개인에게 지급된 보수가 5억원 이내의 범위에서 대통령령으로 정하는 금액 이상인 경우에 한한다)

3의2. 보수총액 기준 상위 5명의 개인별 보수와 그 구체적인 산정기준 및 방법(개인에게 지급된 보수가 5억원 이내의 범위에서 대통령령으로 정하는 금액 이상인 경우에 한정한다)

4. 재무에 관한 사항

관련된 사항은 제388조뿐이다.[126] 이사의 보수를 정관에서 정하지 않으면 주주총회에서 정하도록 한 것이다. 대부분의 회사가 정관이 아닌 주주총회에서 이사의 보수를 정하게 되는데 이는 정관은 한번 정해 놓으면 앞에서 살펴본 주주총회의 특별결의로서만 바꿀 수 있지만 주주총회에서 정하는 경우에는 보통결의로 할 수 있기 때문이다. 이사의 보수는 매년 경영상황에 따라 달라질 수밖에 없으므로 그때그때 정하는 것이 더 합리적일 것이다. 그리고 주주총회에서 정하는 것은 이사 보수의 총액을 정할 따름이다. 예를 들어 삼성전자의 이사숫자가 11명이고 보수액을 465억원으로 정해 놓았으면,[127] 이 돈을 한도로 해서 어떤 식으로 각 이사들에게 분배할 것인가를 결정하는 역할은 이사회가 하게 된다. 그런데 한 가지 궁금한 것이 있다. 1년에 100억원 넘게 연봉을 받으면 과연 기분이 어떨까? 요사이는 로또 1등 당첨금도 20억원이 넘지 못하던데…

1.4 이사의 의무

회사의 이사가 된다는 것은 넓은 사무실에 비서가 자신의 일을 도와주고 월급은 올라가며 이제 자동차도 스스로 운전할 필요가 없다는 것만을 의미하지는 않는다. 법에서는 회사의 이사에게 아주 많은 정도의 의무와 책임을 부과하고 있다. 이런 이유로 그룹의 총수들이 실질적으로 회사의 경영을 좌우하면서도 계열회사의 이사직을 회피하는 경우가 생기는 것이다.[128] 지금부터 상법에서 주식회사의 이사들에게 주어지는 의무에 대해서 알아보자.

---

5. 그 밖에 대통령령으로 정하는 사항

126) 제388조(이사의 보수) 이사의 보수는 정관에 그 액을 정하지 아니한 때에는 주주총회의 결의로 이를 정한다.

127) 삼성전자는 2019년 3월 20일에 개최한 제50기 주주총회에서 찬성률 99.3%로 이사의 보수액을 465억원으로 정하였다.

128) 이재덕, "8개 그룹총수 이사 등재 '0'…'지배'만 있고 '책임'은 없다", 경향신문, 2013년 12월 26일, available at http://biz.khan.co.kr/khan_art_view.html?artid=20131226 2241355&code=920100

^회사의 이사

우선 '선량한 관리자의 주의의무 선관주의 의무'이다. 이 의무는 신문기사를 많이 본 사람이라면 한두 번은 들어봤을 수 있다. 민법에서는 다른 사람을 위하여 돈을 받고 일을 할 때 자신의 재산을 다루는 것보다도 더 높은 주의정도를 갖고 해야 하는 것을 요구한다. 사실 누구나 핸드폰의 액정을 깨뜨린 경험을 한 적이 있을 것이다. 나도 한번 경험해 보았는데 우리 큰아들은 무려 4번을 깨뜨렸다 이처럼 자신의 재산을 다루는 정도의 주의정도라면 핸드폰 액정을 깨뜨리듯이 실수하는 것이 늘 가능하다 사람은 원래 늘 실수를 하기 마련이다.

하지만 선량한 관리자라면 다르다. 선량한 관리자의 주의의무는 예를 들어 의사는 환자를 진료할 때 의사라는 직업 및 사회적 지위에 따라 일반적으로 요구되는 주의정도를 가져야 한다는 것이다. 이를 바탕으로 만약 의사라면 당연히 알아야 할 폐렴증상을 갖고 단순감기로 오진했다면 거기에 대해서 책임을 져야 한다. 똑같이 만약 버스기사라면 차를 출발할 때 앞에 장애물이 있는지 주의 깊게 확인해야 하고 이를 행하지 않았다면 거기에 대해 책임을 지게 된다. 이러한 의무가 바로 선량한 관리자의 주의의무이다. 이 같은 선량한 관리자의 주의정도는 매우 높다. 일반적으로 그 직위에 같은 사람에게 요구되는 주의정도라는 것이 많은 경우 일상적인 실수를 용납하지 않는다. 평균적인 의사라면, 평균적인 버스기사라면, 평균적인 펀드매니저라면 라는 식으로 끊임없이 일반인보다 더 높은 주의정도를 요구하는 것이며 이는 일상적인 실수를 용납하는 내 재산을 관리할 때보다도 더 높은 주의정도를 가지게 된다.

이 의무는 워낙 폭넓게 적용되기 때문에 정부는 이 의무를 갖고 국민의 혈세를 관리해야 하고, 은행 역시 이 의무를 바탕으로 고객의 재산을 관리해야 하며, 앞에서 본 의사도 환자를 치료하면서 이 의무를 기반으로 한다.

마찬가지로 회사의 이사도 동일하다. 제382조 제2항에 의하면 회사와 이사의 관계는 민법의 위임에 관한 규정을 준용한다고 규정되어 있다. 그런데 위임이란 "사무의 처리를 타인에게 위탁하는 일"을 말하며, 따라서 주주가 주인인 회사의 경영이라는 타인의 사무를 처리할 때에는 선량한 관리자로서의 의무가 부과된다민법 제681조.129)

즉 회사의 주인인 주주들이 회사를 경영하는 일을 이사에게 위임을 하고, 주식회사의 이사는 주주를 대신해서 회사를 경영하게 되는데, 이렇게 위임관계가 성립하면 이사는 선량한 관리자로서 자신이 맡은 일을 처리해야 하며, 이때 이사는 평균적인 회사의 이사라면 당연히 요구되는 주의정도를 갖고 일해야 하는데, 개인적인 능력이 부족하다는 이유는 이러한 주의정도를 경감받을 수 없다. 따라서 이사 모두 아주 높은 정도의 주의의무를 갖고 있는 것이다.

다음으로 이사는 충실의무를 갖고 있다제382조의3.130) 이사는 회사에 충실하여야 한다는 의미이다. 그런데 이사가 선량한 관리자로서 주인을 대신하여 높은 정도의 주의정도를 갖고 일을 해야 한다는 것과 회사에 대하여 충실하여야 한다는 것이 과연 어떤 차이가 있을까? 이게 다르기는 한 것일까? 우리나라 대법원은 판례에서 "이사의 충실의무 또는 선관의무"라는 표현을 사용함으로써 두 단어를 동일한 의미로 사용하고 있으며,131) 많은 학자들 역시 이 두 의무는 기본적으로 동일한 의미로 받아들이고 있다.132) 그렇지만 선량한 관리자의 주의의무와 충실의무는 다르며 영미법상의 포괄적인 충실의무를 도입한 것이라고 주장하는 경우도 있다.

세 번째 이사의 의무로 비밀유지의무가 있다제382조의4.133) 회사의 영

129) 민법 제681조(수임인의 선관의무) 수임인은 위임의 본지에 따라 선량한 관리자의 주의로써 위임사무를 처리하여야 한다.

130) 제382조의3(이사의 충실의무) 이사는 법령과 정관의 규정에 따라 회사를 위하여 그 직무를 충실하게 수행하여야 한다. [본조신설 1998.12.28]

131) 대법원 1985.11.12. 84다카2490; 동 2006.7.6. 2004다8272.

132) 최준선, 「회사법」(삼영사, 16판, 2021), 530~531면.

133) 제382조의4(이사의 비밀유지의무) 이사는 재임중 뿐만 아니라 퇴임 후에도 직무상 알

^ 삼성 라이온즈 대 두산 베어즈

업상 비밀에 대해서 누설해서는 안 된다는 것이다. 그런데 회사에 대해서 선량한 관리자로서 역할을 다하거나 또는 충실하다면 당연히 영업상 비밀을 누설해서는 안 되는 것이 아닌가? 바로 조문 내용 중 퇴임 후라는 단어에 주목해야 한다. 비밀유지의무는 단순히 재임 중 뿐만 아니라 퇴임 후에도 동일한 효력이 있기 때문에 의미가 있다.

다음 네 번째 이사의 의무로 경업·겸직금지의무가 있다제397조. 134) 만약 삼성전자 이사가 LG전자이사를 겸한다면 어떨까겸직금지의무? 그리고 삼성전자 이사가 부업으로 자신의 사업으로 스마트폰을 만들고 있다면 어떨까경업금지의무? 이런 것을 막기 위해 경업·겸직금지의무가 존재한다.

그런데 삼성전자와 두산의 사외이사를 겸하셨던 송광수라는 분 때문에 이 조항이 문제가 된 적이 있다. 이 분은 김앤장 변호사이자 33대 검찰총장을 역임하셨는데 삼성전자의 사외이사로 선임될 당시 이미 두산의 사외이사를 하고 계셨다. 그렇다면 삼성전자와 두산은 서로 경쟁을 하는 경업競業상태에 있는 기업일까? 즉 삼성전자와 두산이 서로 겹치는 사업영역이 있을까? 삼성전자는 누구나 잘 알고 있듯이 반도체와 휴대폰, 그리고 가전제품을 만드는 회사이고, 두산은 에너지와 건설기계, 그리고 물과 관련된 플랜트 사업을 하고 있다. 언듯 보기에는 서로 다른 영역의 회사처럼 보이고 두 회사의 사외

게된 회사의 영업상 비밀을 누설하여서는 아니된다. [본조신설 2001.7.24]

134) 제397조(경업금지) ① 이사는 이사회의 승인이 없으면 자기 또는 제3자의 계산으로 회사의 영업부류에 속한 거래를 하거나 동종영업을 목적으로 하는 다른 회사의 무한책임사원이나 이사가 되지 못한다. [개정 1995.12.29]
② 이사가 제1항의 규정에 위반하여 거래를 한 경우에 회사는 이사회의 결의로 그 이사의 거래가 자기의 계산으로 한 것인 때에는 이를 회사의 계산으로 한 것으로 볼 수 있고 제3자의 계산으로 한 것인 때에는 그 이사에 대하여 이로 인한 이득의 양도를 청구할 수 있다. [개정 1962.12.12, 1995.12.29]

이사를 겸하여도 문제가 없는 것 같다. 그런데 잘 생각해보니 그 당시 삼성전자에는 삼성라이온스라는 야구팀이 있었고,[135] 두산은 두산 베어즈가 있다. 그리고 정관의 사업목적으로만 살펴보면 4개가 서로 겹친다고 한다문제는 많은 회사들이 실제로 사업을 하고 있지는 않지만 미래를 대비해서 폭넓은 분야의 사업목적을 미리 정해 놓은 경우가 많다. 이 경우 겸직금지의무 위반으로 볼 수도 있는 것이 아니냐는 것이다.[136] 여기에는 약간의 논란이 있지만 실질적으로 사업이 겹치지 않는 경우 경업이나 겸직의무 위반이 아니라고 하는 것이 독일의 판례이자 다수설의 입장이라고 한다.[137] 그리고 이 부분에 대해서 누구도 소송을 제기하지 않아 송광수 이사에 대한 겸직금지의무 위반은 우리나라 법원의 판단을 받지 않았고, 더 이상 문제가 되지는 않았다. 하지만 만약 소송이 제기되었으면 야구팀 때문에 충분히 겸직금지의무 위반에 해당할 수 있을 것이다.

다섯 번째 의무는 회사사업기회의 유용금지의무가 있다제397조의2.[138] 삼성전자 이사로서 일을 하고 있는데 인공지능AI 사업이 앞으로 유망하다는 것을 알게 되었다고 하자. 회사에 보고도 하지 않고 자기가 인공지능 사업을 시작한다면 어떨까? 이런 것을 막기 위한 의무가 회사사업기회의 유용금지의무이다. 이 의무는 앞에서 본 경업금지의무와 유사하지만 경업금지의무가 이사가 직접 회사가 행하는 영업과 동종의 영업을 하는 것을 제한하는 데 비하여, 기회유용금지의무는 동종영업만 해당되는 것이 아니라 이사의 직무수행

135) 현재 삼성라이온즈 야구팀은 제일기획이 갖고 있다: 이민아, "제일기획, 삼성라이온즈 인수", 조선일보, 2015년 12월 11일, available at http://biz.chosun.com/site/data/html_dir/2015/12/11/2015121102946.html

136) 현유섭 · 김미정, "송광수 삼성전자 · 두산 사외이사 겸직 … 상법상 이사 경업금지 조항 위반 논란", 이투데이, 2013년 4월 8일, available at http://www.etoday.co.kr/news/section/newsview.php?idxno=715054#csidx66e33652b562266afbb5687dc128ebb

137) 권기범, 「현대회사법론」(삼영사, 제8판, 2021), 868~869면.

138) 제397조의2(회사의 기회 및 자산의 유용 금지) ① 이사는 이사회의 승인 없이 현재 또는 장래에 회사의 이익이 될 수 있는 다음 각 호의 어느 하나에 해당하는 회사의 사업기회를 자기 또는 제3자의 이익을 위하여 이용하여서는 아니 된다. 이 경우 이사회의 승인은 이사 3분의 2 이상의 수로써 하여야 한다.
1. 직무를 수행하는 과정에서 알게 되거나 회사의 정보를 이용한 사업기회
2. 회사가 수행하고 있거나 수행할 사업과 밀접한 관계가 있는 사업기회

과정에서 알게 되거나 회사의 정보를 이용한 모든 사업에 해당된다는 차이가 있다.[139)]

여섯 번째 의무는 자기거래금지의무가 있다. 예를 들면 이사가 회사로부터 재산을 양수받거나 금전을 빌리는 등의 행위 등이 여기에 포함된다. 인간의 속성상 회사의 이득보다 자신의 이득을 더 우선시 할 가능성이 크기 때문에 상법은 이를 규제하고 있는 것이나 거래의 중요사실을 공개하고 이사회의 승인을 얻으면 거래를 할 수 있다제398조.[140)]

마지막으로 감시의무, 보고의무가 있다. 상법 제393조 제2항은 이사회는 이사의 직무의 집행을 감독한다고 규정되어 있다.[141)] 이때 개개의 이사를 감독해야 하는 이사회는 결국 개개의 이사들의 집합체이니 만큼 이사는 다른 이사를 감시 · 감독해야 하는 것이다. 서로 서로를 감시하라는 것이다. 그리고 이러한 감시 중에 잘못된 일을 발견한다면 이사는 곧 감사에게 보고해야 한다제412조의2.[142)] 그리고 이를 합쳐서 이사의 감시 보고의무라 하는 것이다.

이렇게 보니 이사의 의무가 무려 7가지나 된다. 거저 이사 역할을 하

---

139) 최준선, 「회사법」(삼영사, 제16판, 2021), 536~537면.

140) **제398조(이사 등과 회사 간의 거래)** 다음 각 호의 어느 하나에 해당하는 자가 자기 또는 제3자의 계산으로 회사와 거래를 하기 위하여는 미리 이사회에서 해당 거래에 관한 중요사실을 밝히고 이사회의 승인을 받아야 한다. 이 경우 이사회의 승인은 이사 3분의 2 이상의 수로써 하여야 하고, 그 거래의 내용과 절차는 공정하여야 한다.
1. 이사 또는 제542조의8 제2항 제6호에 따른 주요주주
2. 제1호의 자의 배우자 및 직계존비속
3. 제1호의 자의 배우자의 직계존비속
4. 제1호부터 제3호까지의 자가 단독 또는 공동으로 의결권 있는 발행주식총수의 100분의 50 이상을 가진 회사 및 그 자회사
5. 제1호부터 제3호까지의 자가 제4호의 회사와 합하여 의결권 있는 발행주식총수의 100분의 50 이상을 가진 회사 [전문개정 2011.4.14]

141) **제393조(이사회의 권한)** ② 이사회는 이사의 직무의 집행을 감독한다.
③ 이사는 대표이사로 하여금 다른 이사 또는 피용자의 업무에 관하여 이사회에 보고할 것을 요구할 수 있다. [신설 2001.7.24]

142) **제412조의2(이사의 보고의무)** 이사는 회사에 현저하게 손해를 미칠 염려가 있는 사실을 발견한 때에는 즉시 감사에게 이를 보고하여야 한다.

는 것은 아닌 모양이다. 아마 이런 이유로 앞에서 이야기한 것처럼 재벌 총수 분들이 실질적으로 경영을 하지만 등기이사를 하는 것은 싫어하는 것이 아닐까?[143)]

1.5 이사의 책임

회사를 다니다 보면 회사 내에서 사용하고 있는 필기구 등을 집으로 가져온 경험이 한두 번씩은 있을 것이다. 돈으로 얼마 되지 않는 볼펜이나 연필 한 자루이기에 크게 신경 쓰지 않았을 수도 있고 아니면 회사 물품이 다 내 것 같아 갖고 왔을 수도 있다. 나도 은행을 잠시 다녔을 때 고객용으로 지점에 비치되었던 사탕을 퇴근길에 늘 주머니에 몇 개씩 갖고 오고는 했다. 차가 막히면 사탕을 씹어 먹으면서 스트레스를 풀기 위해서였다. 하지만 일본에서는 회사에서 지급한 휴대폰이 아니라면 회사에서는 충전도 하면 안 된다고 하고, 중학생이 편의점의 콘센트로 15분간 충전했다고 절도죄로 불구속 입건되었다는 이야기를 들으며 나의 사고방식에 문제가 있는 것은 아닌가 하는 의문이 들기도 했다.[144)] 그래도 스스로 위안을 삼는 것은 나는 몇 번 방문한 이케아IKEA 매장에서 한 번도 연필을 가져온 적도 없고, 25년 넘게 이용한 코스트코 홀세일에서는 양파를 담아온다는 생각조차 해본 적이 없었다는 사실이다.[145)] 내가 엄청난 도덕군자는 아니지만 그렇다고 남에게 해를 끼칠 정도로 행동하지는 않고 있다고 믿고 있다.

---

143) 공정거래위원회에 따르면 59개의 공시대상기업집단(재벌) 중에 총수가 있는 49개를 조사한 결과 이들 회사의 계열회사 1,801개 중에서 총수 일가가 1명 이상 이사로 등재되어 있는 회사는 321개로 전체의 17.8%이며, 총수 본인이 이사로 등재된 회사는 133개로 7.4%에 불과하다고 한다: 김진욱, "책임 안 지는 재벌 '회장님'들… 이사 등재 비율 5년째 감소", 뉴시스, 2019년 12월 9일, available at http://www.newsis.com/view/?id=NISX20191209_0000854355&cID=10401&pID=10400

144) 박예슬, "직장서 스마트폰 충전, '전기 절도'라는데… 정말일까?", 동아일보, 2017년 10월 26일, available at http://www.donga.com/news/article/all/20171026/86966618/2

145) 이예슬, "반찬통에 싸가기까지… 코스트코 양파 리필 중단", 뉴시스, 2019년 11월 27일, available at http://www.newsis.com/view/?id=NISX20191127_0000843318&cID=13001&pID=13000

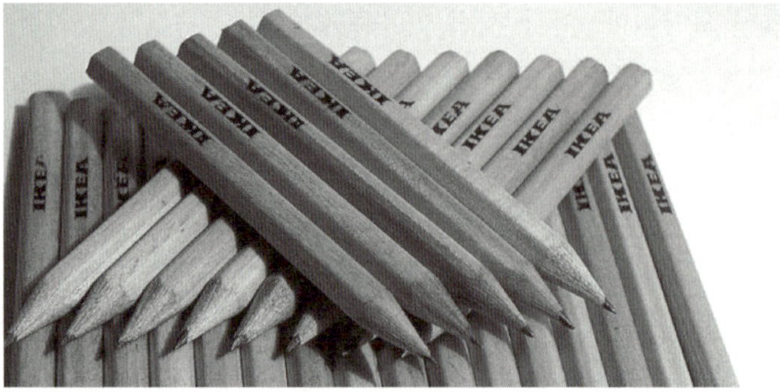

이케아의 연필

이사의 회사에 대한 책임 하지만 회사의 이사는 나 정도의 도덕관념을 갖고 있어서는 안 된다. 더 엄격하게 회사와 나의 재산을 분리하여 회사를 위해서 활동해야 한다. 특히 앞에서 살펴본 이사의 의무를 엄격하게 지켜야 하며 이를 어겼을 경우에는 당연히 그에 따른 책임을 져야 한다. 무엇보다도 이사가 책임을 지게 되는 사항은 이사회 결정을 통해 이루어지는 경우가 많은데 회의에 참석한 모든 이사가 책임을 지는 것이 아니라 이사회에 참석한 이사 중에서 그 안건에 찬성한 이사가 책임을 지게 된다제399조.[146] 예를 들어 회사가 다른 회사의 전환사채를 시가보다 싸게 살 수 있는 기회가 있음에도 불구하고 이사회가 이를 사지 않기로 결정한다면 이사회에 참석하여 그 같은 결정에 찬성한 이사가 책임을 지게 되는 것이다.[147]

146) 제399조(회사에 대한 책임) ① 이사가 고의 또는 과실로 법령 또는 정관에 위반한 행위를 하거나 그 임무를 게을리한 경우에는 그 이사는 회사에 대하여 연대하여 손해를 배상할 책임이 있다. [개정 2011.4.14]
② 전항의 행위가 이사회의 결의에 의한 것인 때에는 그 결의에 찬성한 이사도 전항의 책임이 있다.
③ 전항의 결의에 참가한 이사로서 이의를 한 기재가 의사록에 없는 자는 그 결의에 찬성한 것으로 추정한다.

147) 신계호, "대구고법, '이건희 회장, 제일모직에 130억원 배상해야'", 중앙일보, 2012년 8월 22일, available at https://news.joins.com/article/9115801; 송경화, "'하이닉스에 480억원 배상하라' 현정은 회장 등 6명에 판결", 한겨레신문, 2010년 12월 15일, available at http://www.hani.co.kr/arti/society/society_general/454014.html#csidx63811f92517

이사의 책임은 경우에 따라서 책임져야 할 금액이 100억원이 넘는 때도 있기 때문에 경영에 직접 참여하지 않는 사외이사의 경우 이 같은 손해배상 책임은 무척 부담스러운 일이다. 그런 부담을 이유로 사외이사직을 꺼리거나 물러나는 경우도 있다.[148] 하지만 최근에는 회사가 이사들에게 보험을 들어주는 경우도 늘어나고 있다. 손해보험업계에 따르면 10개 손해보험사 기준 임원배상책임보험 매출은 2015년 486억원941건, 2016년 469억원1,055건, 2017년 454억원1,073건, 2018년 상반기 327억원674건으로 집계돼 임원배상책임보험의 수요가 지속되고 있는 것이다.[149] 예를 들어 한국수력원자력은 정부시책에 따른 원자력 발전의 포기 결정에 대하여 주주들이 그러한 결정을 내린 이사회를 상대로 향후에 손해배상 청구소송을 제기할 것을 대비하여 보험을 들기도 했다.[150] 이사가 이사의 책임을 지게 되는 경우 보험으로 이를 해결하려는 것이다.

하지만 이 같은 보험 말고도 이사가 책임을 지지 않는 방법은 또 있다. 회사의 주인인 주주들이 한 명도 빠짐없이 모두 회사에게 잘못을 한 이사의 책임을 면해주는 결정에 찬성을 하면 된다제400조 제1항.[151] 예를 들어 삼성의 고 이건희 회장님이 삼성전자에 손해를 입혔다면 주주들 모두가 그동안 삼성전자를 성장시킨 공로를 고려하여 손해배상 책임에 대해서 면제해 줄 수 있는 것이다. 하지만 현실적으로 주주의 숫자가 수만 명에서 수백만 명이 넘는

ecabba02d038ef982632; 류지복, "삼성전자 이사회, '부당내부거래' 120억원 배상판결", 오마이뉴스, 2003년 11월 20일, available at http://www.ohmynews.com/NWS_Web/view/at_pg.aspx?CNTN_CD=A0000154854

148) 이정은, "'소송 당하느니 차라리 안하는게…' …'사외이사 지각변동'", 동아일보, 2004년 1월 25일, available at http://www.donga.com/news/article/all/20040125/8022652/1

149) 이진명, "임원의 법적 책임 덜어주는 임원배상책임보험", 파이낸셜투데이, 2019년 4월 1일, available at http://www.ftoday.co.kr/news/articleView.html?idxno=107571

150) 이건혁, "500억원대 임원 책임회피용 보험 든 한수원", 동아일보, 2017년 10월 23일, available at http://www.donga.com/news/East/MainNews/article/all/20171023/86898387/1

151) 제400조(회사에 대한 책임의 감면) ① 제399조에 따른 이사의 책임은 주주 전원의 동의로 면제할 수 있다.

상장회사에서 주주 전원의 동의를 받는다는 것은 거의 불가능하다. 그렇기 때문에 이를 대신해서 이사의 책임을 제한할 수 있는 조항이 있다제400조 제2항.152) 이사의 보수에 6배사외이사의 경우 3배로 정관에서 제한할 수 있게 한 것이다. 만약 이사가 1년에 보수로 5억원을 받는다면 30억원을 한도로 책임을 제한할 수 있게 정관으로 정할 수 있다. 그렇지만 이러한 책임의 제한도 이사가 고의나 중대한 과실로 손해를 발생시킨 경우에는 적용하지 않는다.

제3자에 대한 책임 마지막으로 이사의 책임과 관련하여 살펴보아야 할 규정은 이사의 제3자에 대한 책임 규정이다제401조.153) 몇 년 전에 전 저축은행 부회장의 아들이 신라호텔에서 결혼을 했다고 신문에서 문제를 제기한 적이 있다. 경제적 여유가 있는 사람이 호텔에서 결혼식을 하면 안 되는 특별한 이유라도 있냐는 질문을 할 수도 있지만 이 분의 아버지는 파산한 부산저축은행 부회장을 역임했고, 부산저축은행은 비리로 1조 2,200억원의 부실채권을 발생시켜 수천 명의 예금주에게 큰 손해를 입혔기에 문제가 제기된 것이다. 상법 규정상 이사가 고의 또는 중대한 과실로 그 임무를 게을리했을 경우 회사가 아닌 제3자에게도 배상할 책임이 있으므로 불법대출을 통하여 예금주들에게 손해를 입혔다면 저축은행 부회장은 당연히 수많은 피해 예금주들에게 손해를 배상할 책임이 발생한다. 그런데 많은 저축은행 예금주들이 피해를 다 보상받지 못했는데 그 아들은 호텔에서 결혼식을 하고신라호텔에서 결혼식을 하면 보통

152) **제400조(회사에 대한 책임의 감면)** ② 회사는 정관으로 정하는 바에 따라 제399조에 따른 이사의 책임을 이사가 그 행위를 한 날 이전 최근 1년간의 보수액(상여금과 주식매수선택권의 행사로 인한 이익 등을 포함한다)의 6배(사외이사의 경우는 3배)를 초과하는 금액에 대하여 면제할 수 있다. 다만, 이사가 고의 또는 중대한 과실로 손해를 발생시킨 경우와 제397조 제397조의2 및 제398조에 해당하는 경우에는 그러하지 아니하다.
[전문개정 2011.4.14]

153) **제401조(제3자에 대한 책임)** ① 이사가 고의 또는 중대한 과실로 그 임무를 게을리한 때에는 그 이사는 제3자에 대하여 연대하여 손해를 배상할 책임이 있다. [개정 2011.4.14]
② 제399조 제2항, 제3항의 규정은 전항의 경우에 준용한다.

7,000만원에서 1억원 이상의 비용이 든다고 한다[154] 라이브 바를 빌려 축하파티를 했다면 무슨 이유에서 인지는 모르지만 이 규정이 제대로 적용되지 못했던 것 같다. 안타까운 일이다.

업무집행지시자 등의 책임 그런데 상법상의 이사인 등기이사가 아니더라도 이사의 책임을 지게 되는 경우가 있다. 이미 언급했지만 재벌총수들의 경우 자신이 소유하고 있는 회사의 등기이사가 아닌 경우가 많다실제로 20%도 되지 않는다.[155] 하지만 현실적으로 회사의 중요사항에 대해서는 해당 재벌그룹의 회장님이 결정하는 경우가 많다. 따라서 재벌회장님이 등기이사가 아니라는 이유로 회사에 대한 책임을 면하게 해준다면 그것은 정의롭지 못한 결과가 발생한다. 상법은 이를 막고자 업무집행지시자 등의 책임제401조의2을 규정하였다.[156] 회사에 대한 자신의 영향력을 이용한 자제1호나 회장 등의 명칭을 사용하면서 회사의 업무를 집행한 자제3호 등에 대해서는 이사와 동일하게 책임을 지우는 것이다. 이 규정은 2014년 4월 16일 진도 앞바다에서 침몰하여 수학여행을 가던 단원고 학생들을 포함하여 무려 304명의 생명을 앗아간 세월호 사건에서도 적용될 수 있지 않느냐는 의견이 있었다. 유병언 씨는 구원파로 알려진 종교

154) 박정선, "송♥송 결혼식 비용 얼마나 들었나 … 최소 1억원↑", 중앙일보, 2017년 11월 1일, available at https://news.joins.com/article/22073677

155) 김기환, "총수 빠진 거수기 이사회 … 안건 찬성률 99.64%", 중앙일보, 2019년 12월 10일, 경제1면.

156) 제401조의2(업무집행지시자 등의 책임) ① 다음 각 호의 1에 해당하는 자는 그 지시하거나 집행한 업무에 관하여 제399조 · 제401조 및 제403조의 적용에 있어서 이를 이사로 본다.

1. 회사에 대한 자신의 영향력을 이용하여 이사에게 업무집행을 지시한 자
2. 이사의 이름으로 직접 업무를 집행한 자
3. 이사가 아니면서 명예회장 · 회장 · 사장 · 부사장 · 전무 · 상무 · 이사 기타 회사의 업무를 집행할 권한이 있는 것으로 인정될 만한 명칭을 사용하여 회사의 업무를 집행한 자

② 제1항의 경우에 회사 또는 제3자에 대하여 손해를 배상할 책임이 있는 이사는 제1항에 규정된 자와 연대하여 그 책임을 진다.

[본조신설 1998.12.28]

단체의 지도자이며 당시 세월호를 운영했던 청해진 해운을 실질적으로 경영했다고 알려졌었다.[157] 하지만 상법상의 이사는 아니었기 때문에 이 조항을 통하여 손해배상 책임을 지우려는 것이었다물론 유병언 씨는 이후 시신으로 발견되어 법적 책임을 질 수는 없었지만 그의 상속인들인 자녀들이 책임을 지게 되어 1,700억원의 배상 판결을 받았다.[158][159]

경영판단의 원칙 이제는 정장을 입고 직장에 출근하는 일이 점점 줄어들고 있다. 대기업에 근무하는 친구들도 넥타이와 정장보다는 캐주얼을 입는 경우가 많아졌고 가방도 서류가방보다는 등에 메는 백팩을 애용한다.[160] 그런데 이런 흐름은 내가 처음 사회생활을 시작한 1990년대 중반만 하더라도 상상하기 힘들었다. 대기업이나 금융기관에 입사하면 당연히 정장을 입어야 했고 가방은 들고 다니는 것만을 이용해야 했다나는 아직도 들고 다니는 가방을 사용한다. 모든 것이 다 그렇지만 패션은 유행이 있고 시류가 있다.[161] 가정을 하나 해보자. 만약 1990년대 중반의 한 가방회사가 지금 유행하는 백팩을 개발해서 시장에 내놓았다고 치자. 과연 얼마나 팔렸을까? 잘 안 팔리는 것으로 끝나면 문제는 없다. 그런데 회사가 시대를 너무 앞서가서 소비자들이 받아들이기 어려운 제품 개발에 큰돈을 썼고예를 들어 우주를 나는 자동차는 어떨까?[162] 회사의 재정상태가

157) 서울경제신문사설, "유병언 씨 '사실상 이사' 입증이 단죄의 첫걸음", 2014년 5월 1일, 35면.

158) 장예지, "법원 '유병언 자녀들, 세월호 수습비용 1,700억 내야' … 구상금 소송 첫 승소", 한겨레신문, 2020년 1월 17일, available at http://www.hani.co.kr/arti/society/society_general/924809.html

159) 하지만 유병언 씨의 장남인 유대균 씨에 대해서는 업무집행지시자 등의 책임이 인정되지 않았다. 채종원, "'유대균, 세월호 배상책임 없어' … 정부, 구상금 청구소송서 패소", 매일경제신문 2017년 10월 31일, A31면.

160) 유주연, "직장인 남성 60% 캐주얼에 백팩메고 출근", 매일경제신문, 2012년 11월 19일, A22면.

161) 이윤재, "핸드백 대신 빅 백팩 … 必환경이 바꾼 스트리트 패션", 매일경제신문, 2019년 8월 22일, available at https://www.mk.co.kr/news/economy/view/ 2019/08/650538/

162) 김현석, "정의선 현대차그룹 수석부회장 '하늘 나는 車 개발하고 있다'", 한국경제신문, 2019년 9월 24일, A1면.

어려울 정도에 이르자 주주들이 그러한 판단을 내린 이사들에게 앞에서 살펴 본 이사가 갖는 선량한 관리자의 주의의무나 충실의무를 바탕으로 하여 손해배상 청구소송을 하면 어떤 결과가 이루어질까?

하늘을 나는 차

이런 소송이 벌어졌을 때 이사가 갖는 최후의 무기가 바로 '경영판단의 원칙'이다. 경영판단의 원칙이란 이사가 그 직무를 수행하는 데 있어서 적정한 정보를 바탕으로 하여 회사에 최대 이익이 된다고 합리적으로 믿고 내린 선의의 의사결정에 대하여는 추후 그로 인하여 회사에 손해가 발생하더라도 원칙적으로 그 책임을 묻지 않는다는 것이다.[163] 즉 들고 다니는 가방이 아닌 메고 다니는 가방이 잘 팔릴 것으로 합리적으로 판단해서 개발했다면 그러한 결정을 내린 경영진에게 사후적으로 손해배상을 하게 할 수 없다는 것이다. 경영판단의 원칙을 활발하게 적용하면 사실 이사의 책임을 묻기가 쉽지 않아진다. 이사가 판단하기에 그 당시에는 그게 최선이었다라고 주장할 수 있기 때문이다.[164] 하지만 경영판단의 원칙의 적용에 있어서 우리나라는 원래 이 원칙이 만들어진 미국에 비해서 엄격한 편이라 상대적으로 적용이 어렵다. 우리나라 정서상 회사의 경영에 대해서 책임을 잘 지지 않는 경향이 있기 때문에 경영진에 대

163) 권기범, 「현대회사법론」(삼영사, 제8판, 2021), 856면.

164) 현정은 현대그룹 회장은 파생상품으로 인해 현대엘리비에터가 손해를 입자 2대 주주인 독일 쉰들러사가 제기한 손해배상소송에서 법원에 경영판단의 원칙을 주장하여 승소할 수 있었고, 금호석유화학의 박찬구 회장이 금호석유화학으로 하여금 부실한 금호산업의 기업어음을 매입하게 하여 165억원을 회수하지 못한 사건에 대하여 형인 전 박삼구 금호그룹 회장에게 제기한 손해배상소송에서도 박삼구 회장 역시 경영판단의 원칙을 방어 수단으로 사용하였다: 안상희, "현정은, 쉰들러가 제기한 7,000억원대 손해배상 소송서 승소", 조선일보, 2016년 8월 24일, available at http://news.chosun.com/site/data/html_dir/2016/08/24/2016082402516.html; 송진원, "금호석화, 박삼구 회장 상대 손해배상 소송 1심 패소", 연합뉴스, 2016년 6월 23일, available at https://www.yna.co.kr/view/AKR20160623060851004?input=1195m

한 소송이 활발한 미국에 비해서 법원이 더 엄격한 판단 기준을 갖고 있는 것으로 보인다.

1.6 이사에 대한 주주의 직접 감독권

서울 삼성동에 지어질 현대자동차 그룹의 신사옥인 GBCGlobal Business Center에 대한 기대가 크다. 향후 27년간 265조원에 달하는 생산유발효과와 121만 5,000개의 일자리 창출이 있을 것이라 한다. 또한 GBC와 함께 서울국제교류복합지구를 만들어 전시와 컨벤션 시설 등을 완비하여 서울의 미래 먹거리 사업으로 발전시킨다고 한다.[165)]

그런데 현대자동차 그룹이 GBC 건립을 실질적으로 시작하게 된 2014년의 한국전력의 본사매입은 당시에 엄청난 비판을 받았다. 신사옥이 지어질 토지를 너무 비싸게 매입한다는 것이었다. 7만 9,342㎡의 면적으로 공시지가가 1조 4,837억원이고, 감정가가 3조 3,346억원인 토지를 무려 10조 5,500억원에 낙찰받았기 때문이다.[166)] 또한 현대자동차 그룹과 함께 경쟁 입찰에 참여한 삼성전자가 불과(?) 4조 7,000억원을 채 쓰지 않았다는 보도도 있었다.[167)] 당시 현대자동차 그룹의 정몽구 회장님이 지불될 자금이 개인 기업이나 해외로 나가는 것이 아니라 국가로 가기 때문에 조금도 아깝지 않다는 발언

GBC 조감도

165) 김경환, "착공 앞둔 현대차 GBC … 121만 명 일자리 생긴다", 머니투데이, 2019년 12월 6일, 21면.

166) 윤지환, "한전 부지 매각 '사전 교감설'", 데일리한국, 2014년 10월 3일, available at http://daily.hankooki.com/lpage/economy/201410/dh20141003070226138080.htm

167) 곽정임, "삼성전자, 한전 부지 입찰액은 4조 6,700억원", 한겨레신문, 2014년 9월 23일, available at http://www.hani.co.kr/arti/economy/economy_general/656420.html

을 해서 더 논란이 되기도 했다.[168] 본사 건물을 매입한 현대자동차, 기아자동차, 현대모비스의 주주 입장에서 보면 자신들의 돈으로 훨씬 싸게 살 수 있는 물건을 2배도 넘게 비싸게 구입해 놓고 애국으로 치장했다고 생각할 수 있기 때문이다. 이런 이유로 높은 가격으로 토지를 사게 한 정몽구 현대자동차그룹 회장님과 이사들에 대해서 배임죄로 처벌해야 한다는 주장까지 일어났다.[169]

그런데 배임죄는 기본적으로 타인의 사무를 처리하는 자가 그 임무에 위해하는 행위로써 재산상의 이익을 취하거나 제3자로 하여금 이를 취득하게 하려 할 때 해당되는 죄이다형법 제355조.[170] 그렇다면 정몽구 현대자동그룹 회장님이 한국전력의 땅을 비싸게 사서 정몽구회장님 본인이나 제3자를 이롭게 했다는 것인데 이는 상식적으로 납득하기 어려워 성립될 수가 없다고 본다.[171] 토지를 비싸게 사서 정몽구 회장님이 얻을 이익이 없어 보이기 때문이다. 그렇다면 배임죄 말고 토지 매입에 반대하는 주주들은 어떤 대안을 통하여 이를 막을 수 있었을까? 상법에서는 이러한 경우를 대비해서 다음과 같은 방안을 갖고 있다.

우선 상법에서는 제402조를 통해 ① 유지청구권을 행사할 수 있다.[172] 1% 이상의 주식을 모을 수 있다면 주주들은 이 권리를 행사할 수 있는

168) 조철환, "워싱턴의 삼성과 현대 · 기아차", 한국일보, 2014년 10월 12일, 31면.

169) 윤선희, "한전부지 고가낙찰 … 현대차 3인방 이사회 배임 논란", 연합뉴스, 2014년 9월 23일, available at https://www.yna.co.kr/view/AKR20140922157700008

170) **형법 제355조(횡령, 배임)** ① 타인의 재물을 보관하는 자가 그 재물을 횡령하거나 그 반환을 거부한 때에는 5년 이하의 징역 또는 1천500만원 이하의 벌금에 처한다. [개정 1995.12.29]
② 타인의 사무를 처리하는 자가 그 임무에 위배하는 행위로써 재산상의 이익을 취득하거나 제3자로 하여금 이를 취득하게 하여 본인에게 손해를 가한 때에도 전항의 형과 같다.

171) 강도원, "경제개혁연대, 한전부지 고가입찰 현대차 경영진 배임죄 고발 안해", 조선일보, 2014년 10월 6일, available at https://biz.chosun.com/site/data/html_dir/2014/10/06/2014100602030.html

172) **제402조(유지청구권)** 이사가 법령 또는 정관에 위반한 행위를 하여 이로 인하여 회사에 회복할 수 없는 손해가 생길 염려가 있는 경우에는 감사 또는 발행주식의 총수의

데, 이를 행사했다면 현대자동차 그룹의 3사현대자동차와 기아자동차 그리고 현대모비스의 이사회는 매입계약을 체결할 수 없었을 것이다. 유지청구권이란 더 이상 일을 진행시키지 말고 현 상태를 유지시키라는 요구를 하는 권리이기 때문이다.

만약 유지청구권을 행사하지 않고, 이사들이 계약을 체결하여 주주들이 큰 손해를 입었을 경우 ② 주주의 대표소송을 통해 이사의 책임을 물을 수도 있다. 원래 이사들이 그 의무를 다하지 않았다면 회사가 이사를 상대로 소송을 제기하는 것이 맞다. 그러나 현실적으로 회사는 이사회에 의해 움직이므로 회사가 개별 이사를 상대로 소송을 벌인다는 것은 상상하기 어렵다. 현대자동차가 회사에 손해를 입힌 결정을 내린 정몽구 현대자동차 그룹 회장님에게 소송을 하라는 것인데 이게 현실적으로 과연 가능할까? 그러므로 주주가 회사를 대신하여 회사를 위하여 이사를 상대로 소송을 제기하는 것이 대표소송이다제403조.[173] 만약 이사가 그 의무를 다하지 않았고 주주가 회사를 대신하여 이사에게 소송을 제기하여 이긴다면 그 배상액을 회사는 이사로부터

100분의 1 이상에 해당하는 주식을 가진 주주는 회사를 위하여 이사에 대하여 그 행위를 유지할 것을 청구할 수 있다. [개정 1984.4.10, 1998.12.28]

173) 제403조(주주의 대표소송) ① 발행주식의 총수의 100분의 1 이상에 해당하는 주식을 가진 주주는 회사에 대하여 이사의 책임을 추궁할 소의 제기를 청구할 수 있다. [개정 1998.12.28]

② 제1항의 청구는 그 이유를 기재한 서면으로 하여야 한다. [개정 1998.12.28]

③ 회사가 전항의 청구를 받은 날로부터 30일 내에 소를 제기하지 아니한 때에는 제1항의 주주는 즉시 회사를 위하여 소를 제기할 수 있다.

④ 제3항의 기간의 경과로 인하여 회사에 회복할 수 없는 손해가 생길 염려가 있는 경우에는 전항의 규정에 불구하고 제1항의 주주는 즉시 소를 제기할 수 있다. [개정 1998.12.28]

⑤ 제3항과 제4항의 소를 제기한 주주의 보유주식이 제소 후 발행주식총수의 100분의 1 미만으로 감소한 경우(발행주식을 보유하지 아니하게 된 경우를 제외한다)에도 제소의 효력에는 영향이 없다. [신설 1998.12.28]

⑥ 회사가 제1항의 청구에 따라 소를 제기하거나 주주가 제3항과 제4항의 소를 제기한 경우 당사자는 법원의 허가를 얻지 아니하고는 소의 취하, 청구의 포기 · 인락 · 화해를 할 수 없다. [신설 1998.12.28, 2011.4.14]

⑦ 제176조 제3항, 제4항과 제186조의 규정은 본조의 소에 준용한다.

받아낼 수 있게 된다. 그런데 문제는 이때 주주가 사용한 소송비용이다. 소송을 이겨 배상을 받게 되더라도 그 돈이 회사로 가는 것이지 소송을 제기한 주주에게 가는 것이 아니기 때문이다. 따라서 상법은 이 비용을 주주가 승소했을 경우 주주는 회사에 청구할 수 있게 해 놓았다제405조.[174] 그래야 주주는 소송비용의 걱정 없이 소송을 제기할 수 있기 때문이다.[175]

현대자동차 그룹이 10조원이 넘는 큰돈을 사용하여 공시지가의 3배가 넘는 금액으로 한국전력의 토지를 매입했지만 그 땅의 진정한 가치가 얼마인지는 사실 아무도 모르고, 따라서 주주가 손해를 보았다고 판단할 수가 없다. 앞으로 많은 시간이 흐른 뒤에야 정몽구 회장님의 판단이 옳은지를 알 수 있을 것이다. 너무 비싸게 샀다는 비판을 돌려놓을 만큼 GBC라는 현대자동차 그룹의 계획이 멋지게 성공하기를 기대한다.

---

174) 제405조(제소주주의 권리의무) ① 제403조 제3항과 제4항의 규정에 의하여 소를 제기한 주주가 승소한 때에는 그 주주는 회사에 대하여 소송비용 및 그 밖에 소송으로 인하여 지출한 비용 중 상당한 금액의 지급을 청구할 수 있다. 이 경우 소송비용을 지급한 회사는 이사 또는 감사에 대하여 구상권이 있다. [개정 1962.12.12, 2001.7.24]
② 제403조 제3항과 제4항의 규정에 의하여 소를 제기한 주주가 패소한 때에는 악의인 경우 외에는 회사에 대하여 손해를 배상할 책임이 없다.

175) 옛 제일모직 경영진을 상대로 한 주주대표 소송에서 130여 억원을 승소한 참여연대 경제개혁센터는 회사로부터 꽤 오랫동안 변호사 비용을 받지 못해 소송을 제기해야 했다. 재판부는 변호사 비용도 당연히 소송비용에 포함된다고 판시하였다: 안상희, "법원 '옛 제일모직, 장하성 교수 등에 변호사 비용 배상하라'", 조선일보, 2016년 9월 6일, available at : http://news.chosun.com/site/data/html_dir/2016/09/06/2016090602206.html

2. 이사회

2.1 이사회의 의의와 권한

롯데그룹은 한동안 큰 어려움을 겪었다. 형제 간에 경영권을 두고 몇 년에 걸친 싸움으로 말미암아 힘든 고난의 과정이 있었고, 또한 고고도 미사일 방어체제인 사드 미사일 배치에 필요한 부지를 제공했다는 이유로 중국 정부의 보복을 받아 큰 피해를 입었다피해액이 적어도 1조 2,000억원이라는 기사도 있다.[176] 그런데 롯데가 중국 정부 보복의 원인이 된 사드의 부지를 제공할 때 과연 이런 결과를 예측하고 있었을까? 정확한 답을 알 수는 없지만 나는 롯데그룹 정도의 규모를 가진 기업이라면 어느 정도 예상했을 것으로 생각한다. 하지만 당시에는 북한의 핵 위협이 크게 문제되었던 시기였고 대통령까지 나서 국가 안보문제를 거론했기 때문에 대한민국 방위를 위해 국방부의 토지와 롯데가 갖고 있는 성주골프장을 교환하자는 제안을 거부하지 못했을 것이다.[177] 하지만 결과는 롯데의 엄청난 피해로 드러났고 결국 롯데는 중국 시장에서 철수하는 일까지 벌어졌다.[178] 그런데 롯데에게 결과적으로 큰 해가 된 이러한 결정은 회사 내에서 누가 하는 것일까? 우리가 흔히 상상하는 것처럼 회장님 혼자서 결단(?)을 내리시면 되는 것일까?

상법에서는 이러한 중요 결정은 법적으로 회장님이 혼자 하시는 것이 아니라 이사회가 하게 되어 있다SK그룹의 최태원 회장님은 본인의 의사와는 다르게 이사회의 반대로 무산된 일본반도체 회사인 엘피다 인수 건에 대해서 두고두고 아쉬워했다고 한다. 엘피다의 인수에 성공했다면 세계 1위 반도체 회사인 삼성전자와 더 치열한 경쟁을 할 수 있었다는 것이다.[179] 그

176) 홍재원, “롯데, 땅 팔아서 ‘긴급 자금 수혈’”, 경향신문, 2019년 10월 16일, A20면.

177) 문형철 · 장용진, “롯데 이사회, 성주골프장 사드부지 제공 승인”, 파이낸셜뉴스, 2017년 2월 27일, 8면.

178) 안재광 · 안효주, “롯데, 제과 · 음료사업도 중국서 철수한다”, 한국경제신문, 2019년 3월 12일, A1면.

179) 김혜민, “최태원 SK 회장, 엘피다 아쉬움 딛고 반도체 영토 확장”, 아시아경제신문, 2017년 1월 24일, 1면.

렇다면 이사회는 과연 무엇일까?

^ 최태원 회장(SK하이닉스)

이사회는 이사 전원으로 구성되어 업무집행사항에 관한 의사결정을 하는 동시에 이사의 집무집행을 감독하는 주식회사의 기관이다. 또한 대표이사의 원칙적인 선임과 해임을 담당하면서 집행임원의 선임 및 해임을 책임지고 있기도 하다. 따라서 이사회는 경영기관인 동시에 경영감독기관이라는 양면적 지위를 갖고 있다고 할 수 있다.[180] 우리가 신문기사나 방송에서 접하게 되는 이사회의 기능은 주로 앞에서 본 것과 같은 회사의 경영상 중요사항에 대한 결정이다. 상법에서는 중요한 자산의 처분 및 양도, 대규모 재산의 차입, 지배인의 선임 또는 해임과 지점의 설치 이전 또는 폐지 등 회사의 업무집행은 이사회의 결의로 한다는 표현으로 이를 규정하고 있다제393조.[181] 그래서 사드를 위한 부지제공 여부나 엘피다 반도체를 인수할 것이냐에 대한 결정을 해당 회사의 이사회가 한 것이다. 하지만 이와 함께 대표이사 등의 경영활동을 감시하는 역할은 중요한 이사회의 역할이다.

180) 권기범, 「현대회사법론」(삼영사, 제8판, 2021), 971면.

181) 제393조(이사회의 권한) ① 중요한 자산의 처분 및 양도, 대규모 재산의 차입, 지배인의 선임 또는 해임과 지점의 설치·이전 또는 폐지 등 회사의 업무집행은 이사회의 결의로 한다. [개정 2001.7.24]
② 이사회는 이사의 직무의 집행을 감독한다.
③ 이사는 대표이사로 하여금 다른 이사 또는 피용자의 업무에 관하여 이사회에 보고할 것을 요구할 수 있다. [신설 2001.7.24]
④ 이사는 3월에 1회 이상 업무의 집행상황을 이사회에 보고하여야 한다. [신설 2001.7.24]
[전문개정 1984.4.10]

2.2 이사회의 소집권자와 장소

나는 아랍 문화에 대해서 무지하고 아는 것이 별로 없다. 다만 석유가 많이 나오고, 종파 간에 분쟁이 있으며, 전쟁과 내전에 시달리고 있다는 정도이다. 아랍문화에 대해서 처음 배운 것은 어렸을 때 만화영화로 보던 아라비안나이트의 '신밧드의 모험' 정도이고, 작은아버지나 외삼촌 그리고 나의 친동생까지 건설업체의 직원으로 중동지역에 가서 일을 했기 때문에 거기서 본 것을 전해들은 정도가 전부이다. 그렇다보니 아랍 사람들의 이름은 매우 생소하기만 하다. "알리 알 나이미, 이브라힘 알 아사프, 마지드 알 모니프, 칼리드 알 팔리, 칼리드 알 술탄"과 같은 이름은 읽기도 힘들만큼 어려운데 이들은 사실 모두 사우디아라비아의 실력자들이자순서대로 석유광물자원장관, 재무장관, 최고경제회의 사무총장, 아람코 총재, 킹파드 석유광물대 총장이다, 동시에 세계최대 석유회사인 아람코사아람코의 기업 가치는 1조 7,000억달러로 추산되는데 이는 전 세계에서 가장 큰 시가총액을 갖고 있는 애플사의 1조 1천900억달러를 가볍게 뛰어넘는다고 한다의 이사회 멤버들이다.

예전 1970년대에는오일쇼크 사태 당시 우리나라 총리가 찾아가도 제대로 만나지 못했던 이들이 몇 년 전 스스로 서울을 방문했는데 이들이 온 이유는 바로 아람코사의 이사회에 참석하기 위해서이다.[182] 아람코는 글로벌 석유화학 시장의 동향을 파악하고 각국의 주요 관계자를 만나기 위해 세계 각지를 돌며 이사회를 개최하는데 한국도 그러한 개최지가 된 것이다.[183] 게다가 아람코는 우리나라 에쓰오일의 최대주주이기 때문에 더더욱 이사회를 우리나라에서 한 것이다. 그런데 앞에서 살펴본 주주총회는 제364조에 의해서 본점소재지 또는 이의 인접지에서 소집하여야 한다고 규정되어 있는데 이사회는 비슷한 규정이 없는 것일까?[184]

182) 김창호, "특명! 原油공급선을 확보하라!", 「월간조선」 (2003년 4월호, 월간조선사), available at http://monthly.chosun.com/client/news/viw.asp?ctcd=&nNewsNumb=200304100038

183) 조귀동, "사우디 석유장관 등 세계 최대 석유社 아람코 이사진 4월 대거 방한", 조선일보, 2015년 4월 1일, available at https://biz.chosun.com/site/data/html_dir/2015/03/31/2015033102851.html

184) 제364조(소집지) 총회는 정관에 다른 정함이 없으면 본점소재지 또는 이에 인접한 지

2019년에 큰 화제를 모았던 사우디의 아람코사 상장

결론부터 이야기하자면 주주총회와는 달리 이사회는 상법에 장소에 대한 규정이 존재하지 않는다. 그렇다보니 사우디의 아람코사뿐만 아니라 국내 기업들도 자신들이 중시하는 시장에서 이사회를 열기도 한다LS가 중국에서 이사회를 열기도 했고, SK이노베이션이 베트남에서 이사회를 개최하였다.[185] 즉 정관에 다른 규정이 없는 한 특정 장소에 구애됨이 없이 자유롭게 이사회를 개최할 수 있는 것이다. 하지만 소집절차에 있어서는 주주총회만큼은 아니지만 어느 정도 제한이 있다. 예를 들어 제390조에서는 이사회를 소집하기 위해서는 최소 1주일 전에 각 이사와 감사에게 통지할 것을 규정하고 있다주주총회는 주주들에게 최소 2주 전에 통지를 해야 한다.[186] 이러한 소집절차 없이 비밀리에 이사회를 개최하고 결정

에 소집하여야 한다.

185) 주용석, "중국사업 속도 내는 구자열…(주)LS, 현지서 이사회", 한국경제신문, 2015년 5월 17일, available at https://www.hankyung.com/news/article/2015051790001; 한동희, "SK이노베이션, 석유개발 거점 베트남서 이사회 개최", 조선일보, 2017년 12월 1일, available at https://biz.chosun.com/site/data/html_dir/2017/12/01/2017120101539.html

186) 제390조(이사회의 소집) ① 이사회는 각 이사가 소집한다. 그러나 이사회의 결의로 소집할 이사를 정한 때에는 그러하지 아니하다.
② 제1항 단서의 규정에 의하여 소집권자로 지정되지 않은 다른 이사는 소집권자인 이사에게 이사회 소집을 요구할 수 있다. 소집권자인 이사가 정당한 이유없이 이사회

을 내렸다면 그것은 위법하고 무효가 된다.

2.3 이사회의 결의방법과 의사록

주말이 아닌 평일에는 뉴스를 제외하면 텔레비전을 잘 보지 않는다. 여유롭게 텔레비전 앞에 앉아서 시간을 보낼 여유도 많지 않지만 '아이들의 공부'가 어느 순간부터 내 인생에서 가장 중요한 사항내 자의는 아니다!!이 된 이후부터 텔레비전을 보는 것이 슬슬 눈치가 보인다. 그래서인지 잠깐씩 보는 드라마가 더 재미있게 느껴지기도 한다. 특히 구슬땀을 흘려가며 수술실에서 죽어가는 생명을 지키기 위해 노력하는 모습을 보게 되면 노력해서 의대를 갔었다면 좋았을까 하는 상상을 잠시라도 하게 된다문제는 나는 피를 무서워한다는 사실이다. 하지만 이러한 의학드라마들은 때로는 많은 논란을 낳는다. 사실 관계가 틀린 경우도 있고 특정 집단을 비하한다는 것이다.[187] 아마 의료계에 직접 종사하는 분들이 잘못된 사실을 그리는 드라마를 보다 보면 화도 날 것이다. 내가 종사하고 있는 세상을 엉뚱하게 그리는데 가만히 있는 게 더 이상할지도 모른다. 그런데 이런 드라마 속의 왜곡은 의학드라마 말고도 회사의 이사회를 그릴 때 자주 발생한다회사법을 강의하는 내 눈에는 그런 것만 보인다. 사실 맞는 경우보다 틀린 경우도 더 많을 정도이다.

예를 들어보자. 이사회에 이사가 아닌 사람이 대주주라는 이유로 이사회에 참여해서 의결권을 행사한다면 어떨까미국인이 우리나라 선거에서 투표권을 행사하는 것과 무엇이 다를까?.[188] 때로는 아버지를 대신해서 대리인으로 이사회에 참석하기도 하고,[189] 깡패들이 이사회에 들어와서 표결을 겁박하기도 한다이 경우에

소집을 거절하는 경우에는 다른 이사가 이사회를 소집할 수 있다. [신설 2001.7.24]
③ 이사회를 소집함에는 회일을 정하고 그 1주간 전에 각 이사 및 감사에 대하여 통지를 발송하여야 한다. 그러나 그 기간은 정관으로 단축할 수 있다. [개정 1984.4.10]
④ 이사회는 이사 및 감사 전원의 동의가 있는 때에는 제3항의 절차없이 언제든지 회의할 수 있다. [개정 1984.4.10, 2001.7.24]

187) 황수연, "간호사는 일 대신 뒷담화만? … 의학드라마, 왜 자꾸 논란될까", 중앙일보, 2019년 7월 20일, available at https://news.joins.com/article/23530686

188) 2013년도에 KBS2에서 방영되었던 〈비밀〉이라는 드라마에 나왔던 내용이다.

드라마 〈비밀〉

는 사기나 강박에 의한 의사표시이기 때문에 상법이 아니라 민법에 의해서 무효이다.190) 이런 상황이 벌어진다면 올바른 이사회의 운영이라고 할 수 있을까?

상법에서는 이사회의 운영과 관련하여 다음과 같이 규정하고 있다. 우선 이사회의 결의는 주주총회에서의 결의요건앞에서 이야기한 보통결의, 특별결의, 특수결의과는 달리 이사 과반수 이상의 출석과 출석한 이사의 과반수 이상의 찬성으로 할 수 있으며제391조,191) 감사는 이사회에 감사가 출석하여 의결권 행사는 할 수 없지만감사는 이사가 아니다 의견을 진술할 수는 있다제391조의2.192) 그리

189) 2010년도에 KBS2에서 방영되었던 〈제빵왕 김탁구〉라는 드라마에서 나왔던 내용이다. 주식회사의 이사의 역할은 대리인을 통해 이루어질 수 없다.

190) 2013년도에 개봉되었던 영화 〈신세계〉의 한 장면이다. 최민식, 이정재, 황정민 등이 출연하였다.

191) 제391조(이사회의 결의방법) ① 이사회의 결의는 이사 과반수의 출석과 출석이사의 과반수로 하여야 한다. 그러나 정관으로 그 비율을 높게 정할 수 있다.
② 정관에서 달리 정하는 경우를 제외하고 이사회는 이사의 전부 또는 일부가 직접 회의에 출석하지 아니하고 모든 이사가 음성을 동시에 송수신하는 원격통신수단에 의하여 결의에 참가하는 것을 허용할 수 있다. 이 경우 당해 이사는 이사회에 직접 출석한 것으로 본다. [신설 1999.12.31, 2011.4.14]
③ 제368조 제3항 및 제371조 제2항의 규정은 제1항의 경우에 이를 준용한다. [개정 2014.5.20]
[전문개정 1984.4.10]

192) 제391조의2(감사의 이사회출석 · 의견진술권) ① 감사는 이사회에 출석하여 의견을 진

고 이사회에서 의논되어진 사항은 의사록으로 작성되어야 한다제391조의3.[193] 의사록의 경우 앞에서 살펴본 이사의 책임과도 밀접한 관련이 있다. 의사록에 특정 사안에 대해서 이사가 찬성을 하고 그 사안에 의해 회사가 손해를 입었다면 이사가 책임을 질 수 있게 된다예를 들어 회사의 토지를 대표이사의 아들에게 시세보다 싸게 파는 안건에 대해 이사회가 찬성을 했다면 그때 찬성을 한 이사들이 책임을 질 것이다.

앞에서 잠깐 드라마에서 이사회의 운영방법에 대해서 잘못 다루고 있다는 이야기를 했지만 현실에서 드라마보다 더 드라마 같은 일들이 벌어지고는 한다. 하이마트의 이사회에서 벌어진 일이다. 지금은 하이마트가 롯데그룹으로 인수됐지만 과거에는 유진그룹이 재무적 투자자가 되고 경영은 선종구 씨가 주도했었다. 대우그룹에서 시작된 하이마트가 유진그룹에 2007년에 매각되었지만 당시 회사를 운영했던 선종구 회장은 유진그룹으로부터 경영권의 유지를 약속받았기 때문이다.[194] 하지만 약속은 깨지고 유진그룹은 2012년 하이마트 이사회에서 선종구 회장을 대표이사직에서 해임하려 했다. 당시 하이마트는 6명의 이사로 구성되었으며 선종구 회장 쪽이 회장 자신을 포함한 2명, 유진그룹 측이 유경선 유진그룹 회장을 포함한 4명으로 구성되어 있었다. 하이마트 이사회는 정관상 2/3 이상이 참석해야 개최할 수 있었는데 개최

술할 수 있다.
② 감사는 이사가 법령 또는 정관에 위반한 행위를 하거나 그 행위를 할 염려가 있다고 인정한 때에는 이사회에 이를 보고하여야 한다.
[본조신설 1984.4.10]

193) 제391조의3(이사회의 의사록) ① 이사회의 의사에 관하여는 의사록을 작성하여야 한다.
② 의사록에는 의사의 안건, 경과요령, 그 결과 반대하는 자와 그 반대이유를 기재하고 출석한 이사 및 감사가 기명날인 또는 서명하여야 한다. [개정 1995.12.29, 1999.12.31]
③ 주주는 영업시간 내에 이사회의사록의 열람 또는 등사를 청구할 수 있다. [신설 1999.12.31]
④ 회사는 제3항의 청구에 대하여 이유를 붙여 이를 거절할 수 있다. 이 경우 주주는 법원의 허가를 얻어 이사회의사록을 열람 또는 등사할 수 있다. [신설 1999.12.31]
[본조신설 1984.4.10]

194) 신연수, "선종구 前하이마트 회장, 유진과 460억 소송 패소", 한국경제신문, 2019년 2월 26일, A27면.

시간인 오후 3시까지 유진그룹의 유경선 회장이 모습을 나타내지 않자 선종구 회장과 선종구 회장을 지지하는 사외이사는 자리를 떴다. 자신들이 참석하지 않으면 이사회에 참석하는 인원이 3명에 불과해 정족수 미달로 이사회 자체가 성립되지 않기 때문이다. 그런데 이들이 자리를 뜨자마자 3시 1분에 유경선 회장이 전화를 걸어왔다. 유경선 회장의 전화 참여로 하이마트의 이사회는 4명이 참석한 것이 되어 개최할 수 있었고 대표이사 해임 안건도 표결에 붙일 수 있었다상법은 제391조 제2항에서 모든 이사가 음성을 동시에 송수신할 수 있다면 결의에 참여하는 것을 허용하고 있기 때문에 이때 전화로 이사회에 참여할 수 있었던 것이다.

하지만 한 가지 재미있는 사실은 유경선 유진그룹 회장은 전화 참석을 통하여 이사회를 성립시켰지만 해임안건에 대해서는 반대표를 던졌다는 점이다. 유경선 회장 쪽의 나머지 3명의 이사들의 의결권만으로도 선종구 회장을 해임시킬 수 있으므로 논란의 여지가 있는 전화참여를 한 자신은 굳이 찬성표를 던질 필요가 없었을 것이다.[195] 안타까운 점은 선종구 회장을 지지한 한 명의 사외이사는 변호사이신데 아마 유경선 회장의 전화참여는 예견하지 못하셨던 모양이다. 만약 자리를 뜨지 않고 이사회에 참석하셨다면 해임안건에 대해 논쟁이라도 해볼 수 있었을 텐데 아예 참석하지 않아 그 조차도 못했기 때문이다. 만약 드라마에서 이런 일을 그린다면 상법을 잘 모르는 시청자들은 혹시 '뻥'이라고 하지 않았을까?

2.4 이사회의 위원회

몇 명이 하는 회의가 가장 효율적일까? 효율적인 회의를 위해서는 7명을 넘지 않는 것이 좋으며 7명을 넘어 1명이 추가될 때마다 회의 효과가 10%씩 떨어진다고 한다.[196] 또한 생업이 따로 있는 사외이사의 숫자가 전체 이사의 과반

195) 최승진, "하이마트 이사회, 선종구 회장 해임(종합)", 이데일리, 2012년 4월 25일, available at https://www.edaily.co.kr/news/read?newsId=02607606599499728&mediaCodeNo=257

196) 이소아, "효율적인 회의 위한 '7의 법칙'", 매일경제신문, 2011년 5월 27일, available at https://www.mk.co.kr/news/business/view/2011/05/338425/

수가 넘는 삼성전자나 현대자동차와 같은 대기업들은 이사회를 자주 열 수 없기 때문에 이사회의 일부 기능을 대신할 수 있는 이사회 내의 위원회는 매우 중요하다. 그리고 경우에 따라 사내이사가 배제되고 사외이사로만 구성된 회의체가 회사를 위해 더욱 올바른 결정을 내릴 수도 있다예를 들어 경영진의 보수에 관한 결정은 사외이사로 구성될 경우 훨씬 공정할 가능성이 있다. 이를 위해 상법은 이사회 내에 따로 위원회를 구성할 수 있게 하였다제393조의2.[197] 이사회 내의 위원회는 정관이 정하는 바에 따라 설치할 수 있으며 주주총회의 승인을 요하는 사항이나 대표이사의 선임 및 해임에 관한 사항 등을 제외하고는 이사회의 역할을 위원회에 위임할 수 있다. 따라서 이사회 내의 위원회가 내린 결정이 곧 이사회의 결정이 되는 것이다. 물론 위원회가 내린 결정은 곧 이사 전체에게 통지되기 때문에 위원회의 결정에 대해서 각 이사들은 이사회의 소집과 재결정을 통해 이를 바꿀 수도 있다. 만약 위원회의 결정이 유지된다면 이를 통해 이사회 내의 위원회의 결정이 곧 이사회의 결정이라는 논리가 가능해지는 것이다.

이사회 내의 새로운 위원회의 설치는 경영의 투명성이나 정책의 변환을 보여주는 약속으로 사용되기도 한다. 과거 현대자동차 그룹이 삼성동 한전사옥 부지를 고가에 매입하여 비난을 받게 되자 현대자동차가 '투명경영위원회'를 설치하고 전원 사외이사로 구성하게 하겠다는 약속을 했고,[198] 한진

197) 제393조의2(이사회 내 위원회) ① 이사회는 정관이 정한 바에 따라 위원회를 설치할 수 있다.
② 이사회는 다음 각 호의 사항을 제외하고는 그 권한을 위원회에 위임할 수 있다.
1. 주주총회의 승인을 요하는 사항의 제안
2. 대표이사의 선임 및 해임
3. 위원회의 설치와 그 위원의 선임 및 해임
4. 정관에서 정하는 사항
③ 위원회는 2인 이상의 이사로 구성한다.
④ 위원회는 결의된 사항을 각 이사에게 통지하여야 한다. 이 경우 이를 통지받은 각 이사는 이사회의 소집을 요구할 수 있으며, 이사회는 위원회가 결의한 사항에 대하여 다시 결의할 수 있다.
⑤ 제386조 제1항 · 제390조 · 제391조 · 제391조의3 및 제392조의 규정은 위원회에 관하여 이를 준용한다.
[본조신설 1999.12.31]

그룹의 지주회사인 한진칼은 경영권 분쟁이 일어나자 주주들의 지지를 받기 위해서 이사회 내의 사외이사 비중을 높이고, 이사회 내의 모든 위원회거버넌스 위원회, 보상위원회, 사외이사후보 추천위원회 등를 사외이사로만 구성하겠다는 제안을 하기도 했다.[199] 하지만 자산규모 2조원 이상의 회사에 대하여 감사위원회와 같이 상법에서 이사회 내의 위원회를 강제하고 있는 경우제542조의8 제4항,[200] 제542조의11 제1항[201]가 아니라면 이사회 내의 위원회를 두고 있지 않은 경우가 많다. 특히 상대적으로 기업규모가 큰 코스피 상장사들의 경우에도 절반 이상의 회사가 이사회 내의 위원회를 도입하고 있지 않다고 한다상장사 685개사 중에서 365개사만 도입.[202]

3. 대표이사

3.1 대표이사의 의의

나의 아버지는 육군사관학교를 졸업하시고 평생 군인의 길을 걸어오셔서인지 굉장히 가부장적인 분이시다. 집사람이 처음 인사를 하러 왔을 때 아버지가 거의 말씀도 안하시고 분위기가 엄하셔서 꽤나 놀랐었다는 이야기를 결혼 후

198) 정인설, "현대자동차, 투명경영위원회 설치 … 사외이사로만 구성", 한국경제신문, 2015년 4월 27일, A13면.

199) 김민범, "한진칼, 이사회 전문성 · 투명성 개선 박차 … 조원태 회장 등 이사 후보 7명 추천", 동아일보, 2020년 3월 4일, available at http://www.donga.com/news/article/all/20200304/100011575/1

200) 제542조의8(사외이사의 선임) ④ 제1항 단서의 상장회사는 사외이사 후보를 추천하기 위하여 제393조의2의 위원회(이하 이 조에서 "사외이사 후보추천위원회"라 한다)를 설치하여야 한다. 이 경우 사외이사 후보추천위원회는 사외이사가 총위원의 과반수가 되도록 구성하여야 한다. [개정 2011.4.14]

201) 제542조의11(감사위원회) ① 자산 규모 등을 고려하여 대통령령으로 정하는 상장회사는 감사위원회를 설치하여야 한다.

202) 임현범, "코스피社 절반, 이사회 내 위원회 없어 '유명무실'", 스카이데일리, 2019년 6월 21일, available at http://www.skyedaily.com/news/news_view.html?ID=85840

^ 나의 아버지와 아들의 모습도 대강 이랬다

한참 지난 뒤에 했다(나중에 알고 보니 우리 아버지만 유난하셨다. 육사를 나왔어도 다정한 분들도 많다). 그런 아버지가 바뀌신 것은 첫째가 태어난 이후부터이다. 직장에 다니는 집사람을 대신해서 부모님이 1년 넘게 키워주셨는데 어머니가 장이라도 보시려고 집을 비우시면 돌아오실 때까지 아버지가 전적으로 아이를 보셔야 했다. 갓 돌이 지난 아이의 요구는 끝이 없었지만 첫 번째 손자가 꽤나 마음에 드신 아버지는 거의 모든 요구를 들어주셨다. 하루는 포대기를 하고 큰애를 업고 계시는 모습을 나와 집사람에게 들키시자 꽤나 쑥스러워 하시기도 했다. 그때부터 20년 가까이 지난 지금의 아버지는 그냥 부드러운 보통의 할아버지가 되셨고 손자들 용돈 주는 것을 큰 낙으로 여기신다.

작은아버지들도 아버지보다는 부드러우셨지만 성격은 비슷하시다. 말없고, 재미없고, 엄격해 보이시는 그런 분들의 모습이다. 그런데 막내 작은아버지의 퇴직 후 파격적인(?) 변화가 다른 분들에 비해서 도드라졌다. 아버지의 변화는 내면적인 것이었지만 이 분은 외향도 많이 변하셨다. 일단 사진 공부를 대학원까지 진학하셔서 전문적으로 하시더니 머리를 한참이나 기르셨다. 그리고 돼지를 한참 찍으실 때는 머리카락에 냄새가 배어 어쩔 수 없다고 하시면서 짧은 머리로 바꾸셨는데 포인트로 가운데 머리를 마치 뿔처럼 올리셨다. 예술가의 모습이 느껴지는 그런 외양으로 바뀌신 것이다. 지금 우리 작은아버지의 모습은 근엄한(?) 삼성그룹 비서실의 팀장(전무이사)으로서, 대기업 사원 1만 명 중 3.6명만 될 수 있고 평균 2.7년만 재직할 수 있다는 삼성전자서비스와 코리아나 화장품 대표이사로서의 모습은 찾기가 힘들다(물론 난 지금의 모습을 지지한다).[203] 아마 삼성이라는 대기업을 거의 평생을 다니셨지만 마케팅을 오래

203) 이성기, "대기업 사원 1만 명 중 3.6명 사장 된다", 조선일보, 2013년 8월 14일, available

하셨기 때문에 평범한 일반 직장인의 모습과는 조금 다르실 수 있는지도 모르겠다.[204]

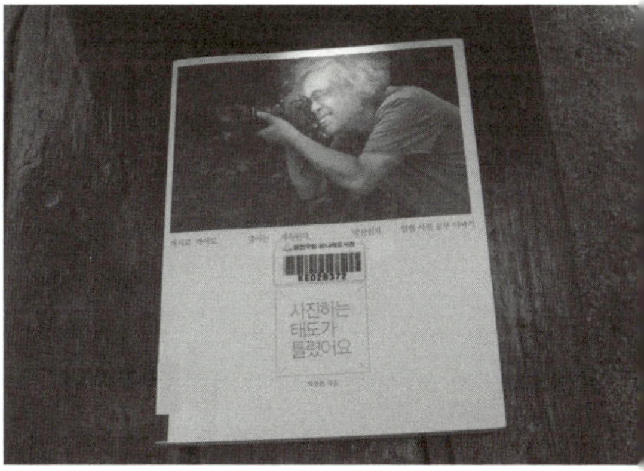

작은아버지가 쓰신 책

작은아버지가 예술가(?)가 되기 전의 직업인 대표이사는 대표이사라는 명칭에서도 알 수 있듯이 이사들의 대표이다. 그렇다보니 이사들의 모임인 이사회에서 대표이사를 선임하는 것이 보통이다바로 뒤에서 자세히 설명하겠다. 사장이나 회장이라는 직급이 법률적으로 꼭 대표이사를 말하는 것은 아니지만 현실적으로 그럴 가능성은 매우 높다. 삼성그룹 고 이건희 회장님의 딸인 이부진 씨도 호텔신라의 대표이사이면서 동시에 사장이다. 하지만 부사장이나 전무이사의 직함을 갖고 있으면서도 얼마든지 대표이사에 오를 수도 있다이랜드파크의 경우 켄싱턴 호텔과 리조트의 경영을 책임지는 대표이사에 민혜정 상무를 선임하기도 했다.[205] 또한 사장이지만 대표이사의 직함이 없는 경우도 삼성전자와 같은 대기업에서는 얼마든지 있기 때문에 사장과 대표이사를 동일시 할 수는 없다.

3.2 대표이사의 선임과 종임

나의 작은아버지와 같은 우리나라의 수많은 대표이사들은 상법상 어디서 선임이 되는 것일까? 많은 사람들이 대표이사를 주주총회에서 선임된다고 생각하지만 정관에 규정이 있지 않는 한 대표이사의 선임은 이사회에서 한다제389

at http://biz.chosun.com/site/data/html_dir/2013/08/14/2013081400647.html?newsstand_r; 변해정, "10대그룹 CEO 평균 나이 57세 … 2.7년간 재직", 중앙일보, 2012년 11월 13일, available at https://news.joins.com/article/9868755

204) 작은아버지는 다음의 마케팅과 관련된 책을 쓰시기도 했다: 박찬원, 「당신이 만들면 다릅니다」 (김영사, 2009).

205) 박준호, "이랜드파크, 호텔레저부문 신임 대표에 민혜정 상무", 서울경제신문, 2018년 6월 5일, available at https://www.sedaily.com/NewsView/1S0OVW5DLP

조.[206] 그리고 따로 정관에 규정이 되어 있지 않는 한 대표이사의 해임도 이사회의 일반적인 결의 사항에 불과하다. 이는 대표이사를 해임하기 위한 결의요건이 더 엄격하지는 않는다는 것을 의미한다. 이사회에서 회사 사업에 필요한 토지 구매를 결의하듯이 대표이사의 선임이나 해임을 결의할 수 있다는 것이다. 그래서 앞에서 본 하이마트의 선종구 회장도 대표이사직에서 해임되었고,[207] 금호석유화학의 박찬구 회장은 형인 박삼구 금호그룹 회장으로부터 역시 해임당했었다.[208] 또한 고 신격호 롯데그룹 회장님도 자신이 이사들을 손가락으로 해임시키셨다가 그 다음날 역으로 정식 이사회를 통해 대표이사 회장직에서 해임당하시기도 했었다.[209]

그런데 대표이사직에서 해임된다는 것에서 우리가 한 가지 염두에 두어야 하는 것이 있다. 대표이사직에서 해임된다고 해서 이사에서 해임되는 것은 아니라는 것이다. 이사직은 대표이사에서 해임되어도 그대로 유지가 된다. 그렇지만 반대로 이사직에서 해임되면 대표이사직은 당연히 해임된다. 대표이사라는 것이 이사직을 바탕으로 하고 있기 때문이다.

3.3 대표이사의 권한

그렇다면 대표이사직에서 해임되어도 이사직은 그대로 유지되는데 굳이 대표이사에서 해임시키는 이유는 무엇일까? 그것은 대표이사가 갖은 막강한 권한

206) 제389조(대표이사) ① 회사는 이사회의 결의로 회사를 대표할 이사를 선정하여야 한다. 그러나 정관으로 주주총회에서 이를 선정할 것을 정할 수 있다.
② 전항의 경우에는 수인의 대표이사가 공동으로 회사를 대표할 것을 정할 수 있다.
③ 제208조 제2항, 제209조, 제210조와 제386조의 규정은 대표이사에 준용한다. [개정 1962.12.12]

207) 이승훈 · 차윤탁, "하이마트 선종구 회장 해임 … 매각 신속히 진행키로", 매일경제신문, 2012년 4월 25일, available at https://www.mk.co.kr/news/stock/view/2012/04/252928/

208) 김경도 · 박승철, "금호아시아나그룹 폭풍속으로 … 박삼구 · 박찬구 회장 동반퇴진", 매일경제신문, 2009년 7월 28일, available at https://www.mk.co.kr/news/business/view/2009/07/406657/

209) 오승주, "신격호 롯데 총괄회장 '손가락 해임' … 왜?", 중앙일보, 2015년 7월 29일, available at https://news.joins.com/article/18346895

때문이다. 대표이사는 법률적으로 주주총회 및 이사회에서 결정한 사항을 대내외적으로 집행하는 주식회사의 상설기관이며, 대내적으로 업무를 집행하고 대외적으로 회사를 대표한다. 대표이사는 법령이나 정관 그리고 이사회규칙이나 결의에 의하여 위임된 사항에 대해서는 독자적인 결정권까지 있기 때문에 중요한 업무집행사항을 결정하는 이사회와 함께 주식회사의 양대 경영기관의 지위를 갖고 있다.[210] 대표이사는 보통 회사의 업무결정권, 업무집행권, 대표권을 갖고 있다고 이야기한다. 즉 일상적인 업무에 대해서 대표이사가 결정권을 갖고, 주주총회나 이사회에 의해 위임받은 사항에 대해 집행하고, 회사의 영업에 관하여 재판상 재판 외의 모든 행위를 회사를 대표하여 할 권한이 있다는 것이다.[211] 이와 같은 권한을 대표이사는 갖고 있다 보니 일반 이사와는 다르게 취급받을 수밖에 없는 것이다.

3.4 각자대표이사와 공동대표이사

요사이 대기업과 관련된 기사를 유심히 보다 보면 한 회사에 대표이사가 여러 명인 경우가 있다. 삼성전자의 경우 2021년을 기준으로 대표이사 부회장이 1명, 대표이사 사장이 3명이라 모두 4명의 대표이사가 존재한다. 현대자동차의 경우 5명의 사내이사 중에 대표이사만 모두 3명이다. 정의선 대표이사 회장은 현대자동차 그룹의 최대주주이지만 이외에도 대표이사 사장이 두 명이나 더 있다. 이렇게 회사의 경영을 책임지는 대표이사가 여러 명일 경우 앞에서 본 대표이사의 권한은 어떻게 행사되는 것일까?

대표이사가 여러 명일 경우에 권한을 어떻게 행사하느냐에 따라 두 가지로 나눈다. 우선 이사회를 구성하는 이사 중에서 몇 명이나 대표이사를 할 수 있는지 알아보자. 상법에는 대표이사의 숫자에 대해서 특별한 규정이 없기 때문에 대표이사가 여러 명인 경우라도 전혀 이상한 게 아니다. 예를 들어 삼성전자의 이사 숫자는 11명인데 사내이사가 5명, 사외이사가 6명이다.

210) 권기범, 「현대회사법론」 (삼영사, 제8판, 2021), 995면.
211) 권기범, 앞의 책, 1003면.

이 경우 대표이사는 5명까지는 문제가 없다. 사외이사의 경우에는 대표이사가 되면 상시 회사에서 일을 해야 하기 때문에 사외이사로 존재할 수 없어 사내이사가 되버린다 사외이사는 대표이사가 되지 못하고 오로지 사내이사만 대표이사가 될 수 있다. 현대자동차의 경우 2021년을 기준으로 5명의 사내이사 중에서 자동차 디자이너로 세계적으로 유명한 알버트 비어만 사장과 사내이사이면서 부사장인 서강현 씨를 제외하고 3명은 모두 대표이사이다. 이 경우 이들 3명의 대표이사는 모두 회사의 대표이사로서 상법이 준 역할인 업무결정권, 업무수행권, 대표권을 모두 '각자' 할 수 있다. 그래서 이들을 각자 대표이사라고도 부른다. 비록 현대자동차가 내부적으로는 '기업총괄' 역할을 수행하는 대표이사와 '재경'이나 '국내생산'을 총괄하게 대표이사의 역할을 나누고 있지만 그것은 내부적인 일일뿐 상법에서는 이들이 모두 대표이사의 역할을 수행할 수 있고 또한 자신이 영역을 벗어나서 어떤 결정을 하더라도 그것은 유효한 대표이사의 역할이 된다.

하지만 경우에 따라서 대표이사의 권한을 제한할 필요가 있다. 대표이사의 권한이 막강하다 보니 주주의 입장에서 특정 대표이사에게 이러한 권한을 주는 것보다 복수의 대표이사에게 공동으로 권한을 주어 대표이사로서 결정을 할 때 함께해야 유효하게 만드는 것이다. 이러한 대표이사를 공동대표이사라고 한다제389조 제2항.[212] 이 경우 대표이사가 자신의 권한을 행사하기 위해서는 공동대표이사 모두가 함께해야 유효한 대표이사의 결정이 된다. 이는 섣부른 결정을 막기 위한 조치이다. 앞에서 형제 간의 경영권 분쟁으로 대표이사 해임과 관련하여 살펴본 금호아시아나 그룹 박삼구 회장님의 경우 회사가 결국 어려움에 빠져 금호타이어와 아시아나항공을 매각하고 말았다. 그 과정에서 그룹의 지주회사 격인 금호산업의 대표이사인 박삼구 회장님을 견제하기 위해서 금호산업의 채권단이 공동대표이사를 선임할 계획을 마련하기도 했다.[213] 공동대표이사 제도를 도입하면 한 명의 대표이사가 마음대로 대표

212) 제389조(대표이사) ② 전항의 경우에는 수인의 대표이사가 공동으로 회사를 대표할 것을 정할 수 있다.

이사로서의 역할을 할 수 없기 때문이다.

회사 밖에서 보면 이처럼 여러 명의 대표이사 존재하다는 점에서 똑같아 보이지만 '각자대표'와 '공동대표'는 권한의 행사 측면에서 이렇게 큰 차이를 갖고 있다.

4. 집행임원

앞에서도 이야기했지만 우리가 흔히 말하는 회사의 임원과 상법상의 이사, 즉 등기이사는 그 역할이 많이 다르다. 삼성전자의 경우 임원숫자는 1,000명이 넘는다2019년 1분기 1,040명. 비록 과거에 비해서는 줄어들고 있다고 하지만2014년에는 1,217명 여전히 등기이사의 수가 11명인 것에 비해서는 굉장히 많은 숫자이다.[214] 게다가 이들은 상법상의 이사가 아니면서 대외적으로는 상무이사, 전무이사, 부사장 등의 '이사'라는 직함을 사용한다. 현실과 법률의 규정에 괴리가 있는 것이다. 이러한 현상과 함께 대기업인 경우 이사회는 세세한 경영에 참여하는 것보다는 회사 미래에 영향을 주는 사안을 위주로 결정을 하고 실제 경영진의 활동을 감시하는 데 중점을 두고 있다. 이 경우 이사회를 관장하는 역할을 대표이사가 아닌 이사회 의장이라는 명칭으로 따로 만들거나,[215] 아예 더 나아가 상법상의 새로운 제도인 대표집행임원이 경영상의 책임을 지면서 등기이사의 역할을 하지 않는상법에서는 대표집행임원이 등기이사를 같이 하는 것을 금하고 있지는 않는다 것이 좋은 방법일 수 있다.

이러한 현실 때문에 집행임원제도제408조의2부터 제408조의9까지는 큰 의

213) 하수정, "박삼구와 금호산업 매각 개별협상", 한국경제신문, 2015년 5월 17일, A20면.

214) 강동식, "더 좁아진 바늘구멍 … 삼성전자, 임원 비율 1%선 붕괴", 데이터뉴스, 2019년 5월 27일, available at http://www.datanews.co.kr/news/article.html?no=103228

215) 김규식 · 문지웅, "삼성전자 이사회 독립성 강화", 매일경제신문, 2019년 2월 25일, A17면; 이홍석, "이사회-CEO 분리로 책임 · 투명 경영 강화하는 재계", 이데일리, 2019년 3월 9일, available at http://www.dailian.co.kr/news/view/777991/?sc=naver

미를 갖는다. 상법에서 규정하는 등기이사가 아닌 이사들에게 대외적인 책임을 부여하고 이사회가 보다 감시의 역할에 충실히 할 수 있는 기반을 마련해 줄 수 있기 때문이다. 기본적으로 집행임원의 역할은 상법상의 이사에 비해서 경영의 직접적인 참여가 주가 되면서 의무나 책임은 이사와 비슷하게 주어진다. 이를 세세하게 알아보자.

회사의 집행임원은 등기이사처럼 주주총회에서 선임과 해임이 되는 것이 아니라 이사회가 선임 또는 해임을 하며 집행임원이 존재하는 경우 대표이사를 두지 못한다제408조의2.[216] 집행임원이 여러 명일 경우 그 중에서 대표집행임원을 둘 수 있는데제408조의5, 이러한 대표집행임원이 우리가 흔히 알고 있는 CEOChief Executive Officer의 역할을 하는 것이다. 대표이사일 경우에는 이름 그대로 이사들의 대표가 대표이사이기 때문에 이사들의 모임인 이사회의 의장 역할도 겸하는 경우가 대부분이지만, 대표집행임원은 집행임원의 대표이고 집행임원은 이사회의 구성원이어야 하는 것은 아니기 때문에 대표집행임원이 이사회를 대표할 필요도 없고 심지어 이사회의 구성원일 필요도 없다.[217] 이사회의 구성원인 이사들은 감시의 역할에 집중하고 집행임원은 경

216) 제408조의2(집행임원 설치회사, 집행임원과 회사의 관계) ① 회사는 집행임원을 둘 수 있다. 이 경우 집행임원을 둔 회사(이하 "집행임원 설치회사"라 한다)는 대표이사를 두지 못한다.
② 집행임원 설치회사와 집행임원의 관계는 민법 중 위임에 관한 규정을 준용한다.
③ 집행임원 설치회사의 이사회는 다음의 권한을 갖는다.
1. 집행임원과 대표집행임원의 선임 · 해임
2. 집행임원의 업무집행 감독
3. 집행임원과 집행임원 설치회사의 소송에서 집행임원 설치회사를 대표할 자의 선임
4. 집행임원에게 업무집행에 관한 의사결정의 위임(이 법에서 이사회 권한사항으로 정한 경우는 제외한다)
5. 집행임원이 여러 명인 경우 집행임원의 직무 분담 및 지휘 · 명령관계, 그 밖에 집행임원의 상호관계에 관한 사항의 결정
6. 정관에 규정이 없거나 주주총회의 승인이 없는 경우 집행임원의 보수 결정
④ 집행임원 설치회사는 이사회의 회의를 주관하기 위하여 이사회 의장을 두어야 한다. 이 경우 이사회 의장은 정관의 규정이 없으면 이사회 결의로 선임한다.
[본조신설 2011.4.14]

영이라는 역할에 보다 충실할 수 있는 것이다.

집행임원제도의 또 다른 역할은 현실적으로 상무이사, 전무이사, 부사장, 사장 등의 다양한 명칭으로 회사에 존재하는 많은 비등기이사들을 집행임원이라는 상법상의 제도의 틀로 들어오게 하려는 것이다. 실질적으로 회사 내에서 경영전반에 걸쳐서 중요한 역할을 하고 대외적으로는 이사의 직함을 갖고 있으면서 상법상 이사는 아니기 때문에 관련 규정의 적용을 받지 않는 이들을 집원임원제도의 도입을 통하여 법테두리 안에 끌어들일 수 있게 된다.

특히나 의무와 책임을 집행임원들에게 부여하는 것이 중요하다. 이사가 아니라는 이유로 상법의 규정을 적용받지 않았던 이들을 집행임원으로 선임하게 되면 앞에서 살펴본 이사의 의무와 책임규정과 거의 흡사한 의무제408조의9[218)]와 책임제408조의8[219)]을 부과할 수 있다. 상법 제408조의9의 준용규정에 의해 이사의 충실의무, 비밀유지의무, 경업 및 겸직금지의무, 기회유용금지의무 등이 그대로 적용되고 또한 제408조의2 제2항에 의해 민법의 위임규정이 준용된다고 규정되어 있어,[220)] '선량한 관리자의 주의의무'도 등기이사

---

217) 마이크로소프트(Microsoft)사의 창업주로 유명한 빌 게이츠는 이사회 의장을 하고, 대표집행임원인 CEO는 스티브 발머가 역임하기도 했다.

218) 제408조의9(준용규정) 집행임원에 대해서는 제382조의3, 제382조의4, 제396조, 제397조, 제397조의2, 제398조, 제400조, 제401조의2, 제402조부터 제406조까지, 제406조의2, 제407조, 제408조, 제412조 및 제412조의2를 준용한다. [개정 2020.12.29]
[본조신설 2011.4.14]

219) 제408조의8(집행임원의 책임) ① 집행임원이 고의 또는 과실로 법령이나 정관을 위반한 행위를 하거나 그 임무를 게을리한 경우에는 그 집행임원은 집행임원 설치회사에 손해를 배상할 책임이 있다.
② 집행임원이 고의 또는 중대한 과실로 그 임무를 게을리한 경우에는 그 집행임원은 제3자에게 손해를 배상할 책임이 있다.
③ 집행임원이 집행임원 설치회사 또는 제3자에게 손해를 배상할 책임이 있는 경우에 다른 집행임원·이사 또는 감사도 그 책임이 있으면 다른 집행임원·이사 또는 감사와 연대하여 배상할 책임이 있다.
[본조신설 2011.4.14]

220) 제408조의2(집행임원 설치회사, 집행임원과 회사의 관계) ② 집행임원 설치회사와 집행임원의 관계는 민법 중 위임에 관한 규정을 준용한다.

와 동일하게 적용되기 때문이다. 그리고 책임 역시 제408조의8에 의해서 회사나 제3자에게 등기이사와 흡사하게 주어진다.

하지만 이들의 역할은 이사들이 갖고 있는 폭넓은 권한과는 달리 회사의 경영에 집중되기 때문에 정관이나 이사회의 결의에 의하여 위임받은 사안으로 제한되며. 이사회에 대해서는 보고제408조의6[221]나 소집청구제408조의7[222]의 역할에 그칠 수밖에 없다. 또한 임기 역시 이사가 최장 3년까지 할 수 있는데 비하여 2년을 넘지 못하는 것으로 제한되고 있다제408조의3.[223]

이와 같은 특징을 갖고 있는 집행임원제도는 아직 널리 쓰이고 있지는 않다. 주로 금융기관과 IT업계를 중심으로 이용되고 있을 뿐이다.[224] 만약 집행임원제도가 널리 사용되면 우리나라의 기업지배구조가 지금보다 좀 더 좋은 평을 들을 수 있을까?

---

221) **제408조의6(집행임원의 이사회에 대한 보고)** ① 집행임원은 3개월에 1회 이상 업무의 집행상황을 이사회에 보고하여야 한다.
② 집행임원은 제1항의 경우 외에도 이사회의 요구가 있으면 언제든지 이사회에 출석하여 요구한 사항을 보고하여야 한다.
③ 이사는 대표집행임원으로 하여금 다른 집행임원 또는 피용자의 업무에 관하여 이사회에 보고할 것을 요구할 수 있다.
[본조신설 2011.4.14]

222) **제408조의7(집행임원의 이사회 소집 청구)** ① 집행임원은 필요하면 회의의 목적사항과 소집이유를 적은 서면을 이사(소집권자가 있는 경우에는 소집권자를 말한다. 이하 이 조에서 같다)에게 제출하여 이사회 소집을 청구할 수 있다.
② 제1항의 청구를 한 후 이사가 지체 없이 이사회 소집의 절차를 밟지 아니하면 소집을 청구한 집행임원은 법원의 허가를 받아 이사회를 소집할 수 있다. 이 경우 이사회 의장은 법원이 이해관계자의 청구에 의하여 또는 직권으로 선임할 수 있다.
[본조신설 2011.4.14]

223) **제408조의3(집행임원의 임기)** ① 집행임원의 임기는 정관에 다른 규정이 없으면 2년을 초과하지 못한다.
② 제1항의 임기는 정관에 그 임기 중의 최종 결산기에 관한 정기주주총회가 종결한 후 가장 먼저 소집하는 이사회의 종결 시까지로 정할 수 있다.
[본조신설 2011.4.14]

224) 전경하, "금융회사 집행임원제 도입 … 사외이사 감독기능 강화", 서울신문, 2013년 5월 4일, 10면.

제3관 감사 및 감사위원회

이번 관에서 살펴보아야 할 내용은 감사이다. 이사와 이사회 그리고 대표이사가 회사를 직접 경영하는 역할을 하는데 비해서 감사나 감사위원회는 이들이 제 역할을 제대로 하는지 감시하는 일을 주주를 대신해서 하게 된다. 현재 제409조부터 제415조의2까지 총 14개 조항으로 이루어져 있는데 이는 감사의 역할이 강조되면서 무려 7개 조항이 추가된 것이다. 과연 상법의 의도가 얼마나 잘 이행되고 있는지 살펴보도록 하자.

아이를 키우다보면 아이들이 말하는 여러 이야기들을 참을성 갖고 들어주어야 한다. 어른인 나의 입장에서 보면 별것도 아닌 일을 갖고 길고 장황하게 이야기하는 일도 많기 때문이다. 특히 조잘거리는 것을 좋아하는 둘째의 이야기는 계속해서 듣고 있어도 끝이 나지 않는다. 물론 중학교에 들어가더니 이야기가 예전 같지는 않지만 최근까지도 여러 이야기를 들어야 했다. 그 중 하나가 초등학교 담임 선생님이 상을 당하셔서 임시 선생님이 대신 오셨는데 운동에 대한 규칙을 잘 모르셔서 엉뚱한 판정을 내리고는 하신다는 것이었다. 구기 종목을 좋아하고, 특히 프로야구의 광팬인 둘째는 나름 야구의 대부분의 규칙을 숙지하고 있다고 믿고 있다. 그런데 임시 선생님이 잘못된 판정을 내려서 자기가 속한 팀이 지게 되니까 화가 나는 모양이다. 자기 친구는 임시 선생님의 잘못된 판정에 너무 억울해서 울기까지 했다는 것이다. 그러면서 언제 진짜 담임 선생님이 돌아오시냐며 갑갑해 하는 것이다.

기업 내에서 감시 감독의 역할을 하는 감사

심판과 관련하여 생각나는 일은 2002년 한일월드컵이다. 우리나라는 올림픽이나 월드컵과 같은 중요 국제대회에서 심판 때문에 주로 피해를 보는 입장이었지만 당시 한일 월드컵에서만큼은 조금 다른 상황이었나 보다. 특히 우리나라와 경기를 하여 패배한 국가의 팬들이 그런 생각을 갖고 있는 것 같은데 무엇보다도 16강에서 우리에게 진 이탈리아는 아직도 그 경기의 주심을 맡았던 에콰도르 출신의 바이런 모레노 심판을 자신들이 경기에 진 가장 큰 이유라고 믿는다고 한다. 모레노 주심은 연장전에서 이탈리아 간판 프란체스코 토티의 페널티 지역 내 헐리우드 액션을 지적해 옐로카드를 줬었다. 결국 토티는 경고 누적으로 퇴장을 당했고, 이탈리아는 안정환 선수에게 연장 골든골을 내줘 8강행이 좌절됐었다. 모레노 주심은 "판정에 문제는 없었다"며 오심 논란을 일축했지만 대회 이후 돈을 물 쓰듯 펑펑 사용한 데 대한 의혹의 시선이 일었었다고 한다. 이 경기 판정에 대해 국제축구연맹FIFA으로부터 조사를 받았던 모레노 주심은 이후 마약 밀수 관련 혐의로 복역하기도 했었다.[225] 물론 나는 모레노 주심이 '공정한' 판정을 했다고 믿고 한국이 이탈리아를 월드컵 16강에서 꺾는 멋진 추억을 고이 간직하고 있다.

이렇게 경기를 감시할 심판이 스포츠 경기에서 필요하듯 회사에서도 주주를 대신하여 잘잘못을 가려줄 기관이 필요하다. 감사와 감사위원회가 주로 그 역할을 하게 되며 검사인, 외부감사인, 준법지원인 등도 회사가 법과 정관에 맞추어 경영활동을 할 수 있도록 감시하는 것을 돕는다. 일단 감사와 감사위원회에 대해서 알아보자.

감사의 역할은 기본적으로 이사와 이사회 그리고 대표이사 등 경영진들이 제 역할을 수행하는지 주주를 대신하여 감시하는 역할을 한다제412조.[226] 이사의 직무집행을 감사하고, 회사의 업무와 재산상태를 조사할 수 있

225) 임종률, "日 주심 판정 논란과 '2002년 모레노의 추억'", 노컷뉴스, 2014년 6월 13일, available at https://www.nocutnews.co.kr/news/4040972#csidx5997ccba7bb24029c1399228504a73c

226) **제412조(감사의 직무와 보고요구, 조사의 권한)** ① 감사는 이사의 직무의 집행을 감사한다.
② 감사는 언제든지 이사에 대하여 영업에 관한 보고를 요구하거나 회사의 업무와 재산상태를 조사할 수 있다.
③ 감사는 회사의 비용으로 전문가의 도움을 구할 수 있다. [신설 2011.4.14]
[전문개정 1984.4.10] [제목개정 2011.4.14]

다. 또한 필요하면 모회사의 감사는 자회사의 영업의 보고를 요구할 수 있고, 업무와 재산상태를 조사할 수도 있다제412조의5.227) 이사 역시 회사에 큰 손해를 미칠 염려가 발견되었다면 감사에게 보고하여야 한다제412조의2.228) 이러한 수단을 통하여 회사경영에 문제점이 발견되면 감사는 이사회를 소집할 수도 있고제412조의4 229) 주주총회를 소집할 수도 있다제412조의3.230) 이사회나 주주총회를 소집하여 자신의 의견을 진술할 기회를 가질 수 있는 것이다. 또한 감사는 이사가 주주총회에 제출할 의안 및 서류를 조사하여 부당한 사항이 있는지의 여부를 주주총회에 진술할 권한까지 갖고 있다제413조.231) 물론 이러한 역할을 감사가 제대로 수행하지 못하면 회사에 대하여 책임을 져야 한다제414조.232)

---

227) **제412조의5(자회사의 조사권)** ① 모회사의 감사는 그 직무를 수행하기 위하여 필요한 때에는 자회사에 대하여 영업의 보고를 요구할 수 있다.
② 모회사의 감사는 제1항의 경우에 자회사가 지체없이 보고를 하지 아니할 때 또는 그 보고의 내용을 확인할 필요가 있는 때에는 자회사의 업무와 재산상태를 조사할 수 있다.
③ 자회사는 정당한 이유가 없는 한 제1항의 규정에 의한 보고 또는 제2항의 규정에 의한 조사를 거부하지 못한다. [본조신설 1995.12.29] [제412조의4에서 이동 [2011.4.14]]

228) **제412조의2(이사의 보고의무)** 이사는 회사에 현저하게 손해를 미칠 염려가 있는 사실을 발견한 때에는 즉시 감사에게 이를 보고하여야 한다. [본조신설 1995.12.29]

229) **제412조의4(감사의 이사회 소집 청구)** ① 감사는 필요하면 회의의 목적사항과 소집이유를 서면에 적어 이사(소집권자가 있는 경우에는 소집권자를 말한다. 이하 이 조에서 같다)에게 제출하여 이사회 소집을 청구할 수 있다.
② 제1항의 청구를 하였는데도 이사가 지체 없이 이사회를 소집하지 아니하면 그 청구한 감사가 이사회를 소집할 수 있다. [본조신설 2011.4.14] [종전 제412조의4는 제412조의5로 이동 [2011.4.14]]

230) **제412조의3(총회의 소집청구)** ① 감사는 회의의 목적사항과 소집의 이유를 기재한 서면을 이사회에 제출하여 임시총회의 소집을 청구할 수 있다.
② 제366조 제2항의 규정은 감사가 총회를 소집하는 경우에 이를 준용한다. [본조신설 1995.12.29]

231) **제413조(조사·보고의 의무)** 감사는 이사가 주주총회에 제출할 의안 및 서류를 조사하여 법령 또는 정관에 위반하거나 현저하게 부당한 사항이 있는지의 여부에 관하여 주주총회에 그 의견을 진술하여야 한다. [전문개정 1984.4.10]

이처럼 막강한 권한을 감사가 갖고 있는 것처럼 보이지만 실상은 조금 다를 수 있다. 기본적으로 주주총회나 이사회, 그리고 대표이사와 대등한 관계에서 감사는 자신의 역할을 수행한다. 그래서 이사에게 적용되는 많은 조항들이 그대로 적용된다제415조.[233] 하지만 감사를 선임하는 역할은 주주총회에서 의결권을 갖고 있는 주주들이다. 이사를 선임하는 주주가 감사 역시 선임을 하게 된다. 이는 이사나 감사가 결국 같은 편일 가능성이 높다는 것을 의미한다. 이사를 선임할 만큼 의결권을 갖고 있는 주주가 자신이 믿을만한 사람을 또한 감사로 선임하기 때문에 결국 이사의 경영을 감사가 감시한다는 것은 쉽지 않을 수 있다. 감사의 독립성이 필요하다는 것이다.

그래서 상법은 감사선임에 있어서는 이미 앞에서 살펴본 것처럼 주주의 의결권을 제한한다제409조.[234][235] 또한 감사가 다른 업무와 함께 감사 역

---

232) 제414조(감사의 책임) ① 감사가 그 임무를 해태한 때에는 그 감사는 회사에 대하여 연대하여 손해를 배상할 책임이 있다.
② 감사가 악의 또는 중대한 과실로 인하여 그 임무를 해태한 때에는 그 감사는 제3자에 대하여 연대하여 손해를 배상할 책임이 있다.
③ 감사가 회사 또는 제3자에 대하여 손해를 배상할 책임이 있는 경우에 이사도 그 책임이 있는 때에는 그 감사와 이사는 연대하여 배상할 책임이 있다.

233) 제415조(준용규정) 제382조 제2항, 제382조의4, 제385조, 제386조, 제388조, 제400조, 제401조와 제403조 내지 제407조의 규정은 감사에 준용한다. [개정 1984.4.10, 2001.7.24]

234) 제409조(선임) ① 감사는 주주총회에서 선임한다.
② 의결권없는 주식을 제외한 발행주식의 총수의 100분의 3을 초과하는 수의 주식을 가진 주주는 그 초과하는 주식에 관하여 제1항의 감사의 선임에 있어서는 의결권을 행사하지 못한다. [개정 1984.4.10]
③ 회사는 정관으로 제2항의 비율보다 낮은 비율을 정할 수 있다. [신설 1984.4.10]
④ 제1항, 제296조 제1항 및 제312조에도 불구하고 자본금의 총액이 10억원 미만인 회사의 경우에는 감사를 선임하지 아니할 수 있다. [신설 2009.5.28]
⑤ 제4항에 따라 감사를 선임하지 아니한 회사가 이사에 대하여 또는 이사가 그 회사에 대하여 소를 제기하는 경우에 회사, 이사 또는 이해관계인은 법원에 회사를 대표할 자를 선임하여 줄 것을 신청하여야 한다. [신설 2009.5.28]
⑥ 제4항에 따라 감사를 선임하지 아니한 경우에는 제412조, 제412조의2 및 제412조의5 제1항 · 제2항 중 "감사"는 각각 "주주총회"로 본다. [신설 2009.5.28, 2011.4.14]

235) 감사선임에 있어서 주주의 의결권이 제한되다 보니 주주총회에서 안건 통과에 필요한

할을 하는 것을 금하고 있다제411조.[236] 3% 이상의 주식을 갖고 있어도 의결권은 3%까지만 행사할 수 있기 때문에 경우에 따라서는 대주주와 별다른 관련이 없는 감사선임이 이루어질 수도 있다. 40%가 넘는 지분을 대주주가 갖고 있으면서도 소액주주들이 원하는 감사를 선임하는 경우가 발생할 수도 있는 것이다.[237] 이와 함께 상법은 감사가 해임이 되면제415조,[238] 주주총회에서 감사해임에 관하여 자신의 의견을 진술한 권한까지 부여하고 있다제409조의2.[239] 이는 상법이 감사의 독립성과 감시능력의 확보를 위해서 노력하고 있다는 것을 보여주며 사실 많은 기업들이 이러한 목적에 잘 따르기도 한다. 하지만 때로는 감사의 보수가 월 100만원에 불과하여 실제로 일을 수행할 수 있는가에 대한 의문이 제기되기도 하고,[240] 상근감사가 아닌 비상근으로 감사를 선임하고 동일한 감사를 20년이 넘도록 재직시키기도 한다.[241] 또한 감사 중에서 재무나 회계전문가는 겨우 10%를 조금 넘는 수준에 불과하여 실질적인 능력을 갖추었는지 여부에 대해서 의문이 제기되기도 한다.[242] 결국 상법의 노력에

최소의결권수를 충족시키지 못하는 경우가 발생하기도 한다: 최정희, "올해 '감사 · 감사위원' 선임 5개사 중 1곳…'주식 모자라' 부결 전망", 이데일리, 2019년 2월 8일, A18면.

236) 제411조(겸임금지) 감사는 회사 및 자회사의 이사 또는 지배인 기타의 사용인의 직무를 겸하지 못한다. [개정 1995.12.29]

237) 경남 김해에 위치한 대창단조라는 회사에서는 대주주가 41.49%의 지분을 소유하고 있었지만 스위스계의 투자기관인 NZ알파인(0.96%), 국민연금(1.34%) 등이 힘을 합쳐 자신들이 요구한 감사추가 선임안을 통과시키기도 했다: 조시영 외 5인, "투자자 반란… 대창단조 감사선임 관철", 매일경제신문, 2014년 3월 21일, A12면.

238) 제415조(준용규정) 제382조 제2항, 제382조의4, 제385조, 제386조, 제388조, 제400조, 제401조와 제403조 내지 제407조의 규정은 감사에 준용한다. [개정 1984.4.10, 2001.7.24]

239) 제409조의2(감사의 해임에 관한 의견진술의 권리) 감사는 주주총회에서 감사의 해임에 관하여 의견을 진술할 수 있다. [본조신설 1995.12.29]

240) 노현, "애걔! 상근감사 보수가 월 100만원", 매일경제신문, 2016년 3월 25일, A10면.

241) 홍지인, "한계기업일수록 사내 감사 대우 나빠", 연합뉴스, 2016년 5월 11일, available at https://www.yna.co.kr/view/AKR20160511088400008

242) 주요 상장사의 감사 중 회계와 관련된 전문가는 11.6%에 그치고, 감사위원회의 경우에는 19.3%에 불과하다고 한다: 정슬기, "주요 상장사 감사 중 재무 · 회계전문가 20%

도 불구하고 감사가 대주주와 경영진이사회와 대표이사의 전횡을 제대로 견제하는 역할을 실질적으로 수행하고 있다고 하기는 어렵다.

감사의 역할이 미흡한 것에 대한 개선책 중 하나로 제시된 것이 바로 감사위원회이다. 회사 경영진이 이사회에 제공하는 정보의 양과 감사에게 주어지는 양은 다를 수밖에 없다. 이사회는 앞에서 본 것처럼 회사경영의 중요사항을 결정하기 때문에 이사회에는 항상 최고의 정보가 제공되어야 한다. 따라서 회사의 중요 정보를 제공받는 이사회의 구성원인 이사 중에서 3인 이상으로 감사위원회를 구성하고, 그 중 3분의 2 이상을 사외이사로 채운다면 어떨까? 사외이사는 원래 경영진을 견제하려는 차원에서 도입한 제도이니만큼 이사회의 구성원으로 감사의 역할까지 수행하면 제대로 감사 역할을 할 수 있지 않을까?

이런 이유로 감사 대신 앞에서 본 이사회 내의 위원회제393조의2 중 하나로 감사위원회를 설치할 수 있는데제415조의2 제1항,[243] 이에 대해서는 감사에 대한 규정이 거의 그대로 적용된다제415조의2 제7항.[244] 특히 자산규모가 2조원 이상인 상장회사는 감사위원회의 설치가 의무이다제542조의11.[245] 하지만 다른 이사회 내 위원회들보다는 독립성을 높이기 위해서 감사위원회는 2명이 아

에 못 미쳐", 매일경제신문, 2019년 5월 21일, available at https://www.mk.co.kr/news/stock/view/2019/05/334997/

243) 제415조의2(감사위원회) ① 회사는 정관이 정한 바에 따라 감사에 갈음하여 제393조의2의 규정에 의한 위원회로서 감사위원회를 설치할 수 있다. 감사위원회를 설치한 경우에는 감사를 둘 수 없다.

244) 제415조의2(감사위원회) ⑦ 제296조·제312조·제367조·제387조·제391조의2 제2항·제394조 제1항·제400조·제402조 내지 제407조·제412조 내지 제414조·제447조의3·제447조의4·제450조·제527조의4·제530조의5 제1항 제9호·제530조의6 제1항 제10호 및 제534조의 규정은 감사위원회에 관하여 이를 준용한다. 이 경우 제530조의5 제1항 제9호 및 제530조의6 제1항 제10호 중 "감사"는 "감사위원회 위원"으로 본다. [개정 2009.1.30]

245) 제542조의11(감사위원회) ① 자산규모 등을 고려하여 대통령령으로 정하는 상장회사는 감사위원회를 설치하여야 한다.
상법시행령 제37조(감사위원회) ① 법 제542조의11 제1항에서 "대통령령으로 정하는 상장회사"란 최근 사업연도 말 현재의 자산총액이 2조원 이상인 상장회사를 말한다.

닌 3명 이상으로 구성되고 3명 중 최소 2명이 사외이사이어야 하며제415조의2 제2항,[246] 해임에 대한 조건도 보다 엄격하다제415조의2 제3항.[247] 또한 위원회의 결의를 이사회가 바꿀 수 없도록 규정하고 있다제415조의2 제6항.[248] 하지만 감사위원회도 상법에 규정된 취지와는 다르게 현실에서는 실현되지 못하고 있다는 지적이 있다. 감사위원회는 주로 사외이사로 구성되는데 매일같이 회사로 출근하는 상근감사도 적발하지 못하는 경영진의 문제점을 일주일에 한 번도 출근하지 않는 사외이사가 적발하는 것이 어렵고,[249] 감사위원회의 구성원 대부분이 회계 투명성 확보보다는 회사의 로비창구로서의 역할을 하는 게 현실이라는 것이다.[250]

현실이 이렇다보니 상법이 감사와 감사위원회에게 경영진의 견제 활동을 전적으로 맡기지는 않았다. 검사인 제도를 통해서 회사의 설립절차나 업무 및 재산상태의 조사를 하게 할 수도 있다제467조 등.[251] 검사인은 법원이나

246) 제415조의2(감사위원회) ② 감사위원회는 제393조의2 제3항에도 불구하고 3명 이상의 이사로 구성한다. 다만, 사외이사가 위원의 3분의 2 이상이어야 한다. [개정 2009. 1.30]

247) 제415조의2(감사위원회) ③ 감사위원회의 위원의 해임에 관한 이사회의 결의는 이사 총수의 3분의 2 이상의 결의로 하여야 한다.

248) 제415조의2(감사위원회) ⑥ 감사위원회에 대하여는 제393조의2 제4항 후단을 적용하지 아니 한다. [신설 2009.1.30]

249) 민병권, "상근감사 폐지한다는데 … 감사위원회라고 믿을 수 있나", 서울경제신문, 2011년 5월 11일, available at https://www.sedaily.com/NewsView/1HLIWWVACP; 조민정, "코스피200기업 감사위원회, 회계 · 재무 전문가 부족", 연합뉴스, 2019년 6월 24일, available at https://www.yna.co.kr/view/AKR20190624037400008?input=1195m

250) 김용훈, "기업 감사위원회부터 바뀌어야", 파이낸셜뉴스, 2015년 5월 3일, available at http://www.fnnews.com/news/201505031706068787

251) 제467조(회사의 업무, 재산상태의 검사) ① 회사의 업무집행에 관하여 부정행위 또는 법령이나 정관에 위반한 중대한 사실이 있음을 의심할 사유가 있는 때에는 발행주식의 총수의 100분의 3 이상에 해당하는 주식을 가진 주주는 회사의 업무와 재산상태를 조사하게 하기 위하여 법원에 검사인의 선임을 청구할 수 있다. [개정 1998.12.28]
② 검사인은 그 조사의 결과를 법원에 보고하여야 한다.
③ 법원은 제2항의 보고에 의하여 필요하다고 인정한 때에는 대표이사에게 주주총회의 소집을 명할 수 있다. 제310조 제2항의 규정은 이 경우에 준용한다. [개정 1962. 12.12, 1995.12.29]

주주총회를 통해서 선임되고 해임되는데 경영권 분쟁시 공격수단으로 이용되기도 하고,[252] 주주총회의 유효성 여부에 대해서 다툴 때 선임되기도 한다.[253] 그리고 앞의 회사의 설립절차에서 본 것처럼 변태설립사항이 있을 때 검사인이 법원에 의해 선임되기도 한다.

검사인 제도와 함께 상법은 회사 내의 내부통제를 위해서 준법지원인 제도를 마련하였다. 일정규모 이상의 상장회사로 하여금 회사가 법령을 준수하고 적정 경영을 하도록 임직원이 준수하여야 할 준법통제기준을 제정하고 준수하도록 하기 위해서이다제542조의23.[254] 간단히 말하면 자산총액이 5천

---

④ 이사와 감사는 지체없이 제3항의 규정에 의한 검사인의 보고서의 정확 여부를 조사하여 이를 주주총회에 보고하여야 한다. [신설 1995.12.29]

252) 유창재 외 3인, "'조원태 회장 적법성 가려야' … 강성부 펀드, 한진칼에 소송", 한국경제신문, 2019년 6월 5일, A1면.

253) 김지은, "현대중 '주총장 변경은 법원 검사인이 판단 … 문제 없다'", 뉴시스, 2019년 5월 31일, available at http://www.newsis.com/view/?id=NISX20190531_0000668342&cID=13001&pID=13000

254) 제542조의13(준법통제기준 및 준법지원인) ① 자산규모 등을 고려하여 대통령령으로 정하는 상장회사는 법령을 준수하고 회사경영을 적정하게 하기 위하여 임직원이 그 직무를 수행할 때 따라야 할 준법통제에 관한 기준 및 절차(이하 "준법통제기준"이라 한다)를 마련하여야 한다.

② 제1항의 상장회사는 준법통제기준의 준수에 관한 업무를 담당하는 사람(이하 "준법지원인"이라 한다)을 1명 이상 두어야 한다.

③ 준법지원인은 준법통제기준의 준수 여부를 점검하여 그 결과를 이사회에 보고하여야 한다.

④ 제1항의 상장회사는 준법지원인을 임면하려면 이사회 결의를 거쳐야 한다.

⑤ 준법지원인은 다음 각 호의 사람 중에서 임명하여야 한다.

1. 변호사 자격을 가진 사람
2. 고등교육법 제2조에 따른 학교에서 법률학을 가르치는 조교수 이상의 직에 5년 이상 근무한 사람
3. 그 밖에 법률적 지식과 경험이 풍부한 사람으로서 대통령령으로 정하는 사람

⑥ 준법지원인의 임기는 3년으로 하고, 준법지원인은 상근으로 한다.

⑦ 준법지원인은 선량한 관리자의 주의로 그 직무를 수행하여야 한다.

⑧ 준법지원인은 재임 중뿐만 아니라 퇴임 후에도 직무상 알게 된 회사의 영업상 비밀을 누설하여서는 아니 된다.

⑨ 제1항의 상장회사는 준법지원인이 그 직무를 독립적으로 수행할 수 있도록 하여야

억원 이상상법시행령 제39조255)의 상장회사는 법을 잘 지키게 하기 위해서 변호사를 고용하라는 것이다. 변호사 이외의 사람5년 이상 대학에서 법을 가르친 조교수 이상의 교수도 준법지원인이 될 수 있지만 현실적으로 65세까지 정년이 보장된 대학교수가 언제 해고될지 모르는 회사의 준법지원인으로 전직할 가능성은 많지 않으므로 변호사를 위한 제도라 할 수 있다. 그래서 한때는 로스쿨 도입으로 늘어난 변호사의 일자리를 위한 정책이라는 평가를 받기도 했고,256) 변호사 고용으로 인해 기업들의 인건비 부담이 염려스럽다는 이야기가 나오기도 했다.257) 현재 준법지원인 제도는 준법지원인을 선임해야 하는 상장회사 중 60% 미만이 도입했다고 한다. 상법이 준법지원인 제도를 강제하고 있지만 처벌 규정이 없어 도입을 하지 않더라도 특별한 제재가 없기 때문이다.258) 그렇다보니 신세계 그룹의 경우에는 전체 자산규모가 수십조원에 달하지만 1개의 기업도 준법지원인을 선임하고 있지 않고 있다고 한다.259)

마지막으로 소개할 회사 경영진에 대한 견제제도는 감사인 제도이

하고, 제1항의 상장회사의 임직원은 준법지원인이 그 직무를 수행할 때 자료나 정보의 제출을 요구하는 경우 이에 성실하게 응하여야 한다.

⑩ 제1항의 상장회사는 준법지원인이었던 사람에 대하여 그 직무수행과 관련된 사유로 부당한 인사상의 불이익을 주어서는 아니 된다.

⑪ 준법지원인에 관하여 다른 법률에 특별한 규정이 있는 경우를 제외하고는 이 법에서 정하는 바에 따른다. 다만, 다른 법률의 규정이 준법지원인의 임기를 제6항보다 단기로 정하고 있는 경우에는 제6항을 다른 법률에 우선하여 적용한다.

⑫ 그 밖의 준법통제기준 및 준법지원인에 관하여 필요한 사항은 대통령령으로 정한다. [본조신설 2011.4.14]

255) **상법시행령 제39조(준법통제기준 및 준법지원인 제도의 적용범위)** 법 제542조의13 제1항에서 "대통령령으로 정하는 상장회사"란 최근 사업연도 말 현재의 자산총액이 5천억원 이상인 회사를 말한다. 다만, 다른 법률에 따라 내부통제기준 및 준법감시인을 두어야 하는 상장회사는 제외한다.

256) 박정택, "서울변호사회의 기득권 싸움", 국민일보, 2011년 4월 13일, 22면.

257) 이경민, "코스닥협회 '준법지원인제도 중소 · 중견기업에 큰 부담'", 전자신문, 2011년 4월 11일, 23면.

258) 손영화, "준법경영은 시대적 과제이다", 아시아경제신문, 2017년 9월 18일, 27면.

259) 정희순, "신세계, 준법지원인제도 '외면'… 10대 재벌기업 중 '유일'", 에너지경제신문, 2018년 8월 16일, available at http://www.ekn.kr/news/article.html?no=380732

다. 보통 외부감사인이라고 불리는 감사인은 우리가 살펴보고 있는 상법이 아니라 '주식회사 등의 외부감사에 관한 법률외부감사법'에 의해 회사로부터 독립된 회계법인 등에 소속되어 회계감사를 시행하는 자를 말한다. 감사대상기업은 주권상장법인과 대통령령으로 정하는 기준에 해당하는 비상장 주식회사 또는 유한회사가 해당된다외부감사법 제4조.[260] 우리가 매년 3월말 경에 신문광고를 보면 각종 회사의 대차대조표를 볼 수 있는데 이러한 재무제표에 대한 감사를 감사인이 하는 것이다. 그래서 결산공고의 내용을 잘 살펴보면 회계법인의 대표 공인회계사가 공고한 재무제표가 적절한 회계기준에 의해 작성되었다는 의견을 낸 것을 볼 수 있다. 이러한 대차대조표는 주식시장이나 채권시장에서 특정 회사의 재무상태를 알 수 있는 가장 기초적인 정보라고 할 수 있다.

현재와 같은 외부감사법에 의한 외부감사가 도입된 1981년에는 당시 상장회사의 20%에서 분식회계회사의 실적을 좋아 보이게 하기 위해 회사의 장부를 조작하는 것가 있었을 정도로 회계가 투명하지 못했다.[261] 이러한 상황은 점차 개선되었

---

260) 외부감사법 제4조(외부감사의 대상) ① 다음 각 호의 어느 하나에 해당하는 회사는 재무제표를 작성하여 회사로부터 독립된 외부의 감사인(재무제표 및 연결재무제표의 감사인은 동일하여야 한다. 이하 같다)에 의한 회계감사를 받아야 한다.

1. 주권상장법인
2. 해당 사업연도 또는 다음 사업연도 중에 주권상장법인이 되려는 회사
3. 그 밖에 직전 사업연도 말의 자산, 부채, 종업원수 또는 매출액 등 대통령령으로 정하는 기준에 해당하는 회사. 다만, 해당 회사가 유한회사인 경우에는 본문의 요건 외에 사원수, 유한회사로 조직변경 후 기간 등을 고려하여 대통령령으로 정하는 기준에 해당하는 유한회사에 한정한다.

② 제1항에도 불구하고 다음 각 호의 어느 하나에 해당하는 회사는 외부의 감사인에 의한 회계감사를 받지 아니할 수 있다.

1. 공공기관의 운영에 관한 법률에 따라 공기업 또는 준정부기관으로 지정받은 회사 중 주권상장법인이 아닌 회사
2. 그 밖에 대통령령으로 정하는 회사

261) 전재욱, "적자라니… 회장님 체면봐서 분식회계를", 이데일리, 2019년 3월 29일, available at https://www.edaily.co.kr/news/read?newsId=05966326622428240&mediaCodeNo=257&OutLnkChk=Y

다고는 하지만 최근까지도 우리나라 기업지배구조의 문제점으로 지적되고 있는데, 특히 회계의 투명성의 경우 우리나라가 아프리카의 케냐 수준이라는 평가가 있을 정도이다우리나라가 72위이고 케냐가 73위이다. 이런 상황에 대한 원인으로 기업들의 회계감사에 대한 인식수준이 낮고, 회계감사의 보수도 다른 국가에 비해서 많이 낮으며, 금융당국 역시 큰 관심을 갖고 있지 않기 때문이라고 한다.262) 이렇다보니 2016년에는 최소 2조 7천억원에 달하는 분식회계가 적발되는 일까지 있었다.263) 결국 상법에서 규정한 수많은 경영감시 기구인 감사나 감사위원회, 검사인, 준법지원인, 감사인 모두 회사의 이사나 대표이사 등을 견제하고 감시하는 데 있어 불완전한 모습을 보여주고 있다. 이는 제도의 문제점이기보다는 제도를 운영하는 사람들의 문제라고 본다. 만약 이 중 하나라도 제도가 추구했던 대로 정상적으로 작동했다면 회사의 경영에 대한 비판이 큰 지금의 현실과는 많이 다르지 않았을까?

제61기 결 산 공 고

재무상태표

(2011년 12월 31일 현재)

(단위:원)

계정과목	금액
자산	
Ⅰ. 유동자산	**430,365,555,871**
(1) 현금및현금성자산	82,399,212,466
(2) 유동금융자산	276,348,557,102
1. 매출채권	272,349,622,733
대손충당금	△170,015,656
2. 미수금	1,943,409,832
대손충당금	△1,430,803
3. 유동성매도가능금융자산	1,000,000,000
4. 기타유동금융자산	1,226,970,996
(3) 유동비금융자산	20,635,747,298
1. 선급금	18,091,576,249
2. 기타유동비금융자산	2,544,171,049
(4) 당기법인세자산	282,737,767
(5) 재고자산	50,699,301,238
Ⅱ. 비유동자산	**202,563,562,418**
(1) 비유동금융자산	18,085,663,546
1. 매도가능금융자산	6,977,856,424
2. 장기미수금	37,201,573,676
대손충당금	△30,001,299,205
3. 장기대여금	30,374,504,910
현재가치할인차금	△193,986,882
대손충당금	△27,972,352,213
4. 장기보증금	1,699,370,836
(2) 종속기업 및 관계기업투자주식	154,398,159,094
(3) 유형자산	2,423,668,789
1. 건물	2,025,174,801
감가상각누계액	△796,545,573
2. 비품	4,067,094,020
감가상각누계액	△3,164,579,901
3. 기타유형자산	885,390,426
감가상각누계액	△592,864,984
(4) 무형자산	8,021,920,199
1. 개발비	1,880,095,500
2. 회원권	3,125,322,148
3. 기타무형자산	3,016,502,551
(5) 비유동비금융자산	15,424,314
(6) 이연법인세자산	19,618,726,476
자산총계	**632,929,118,289**

계정과목	금액
부채	
Ⅰ. 유동부채	**390,957,464,026**
(1) 유동금융부채	366,628,226,425
1. 매입채무	172,586,329,639
2. 단기차입금	178,963,508,026
3. 미지급금	1,105,657,374
4. 미지급비용	12,836,560,514
5. 금융보증부채	882,308,682
6. 기타유동금융부채	253,862,190
(2) 유동비금융부채	24,329,237,601
1. 선수금	22,340,647,865
2. 예수금	1,988,589,736
Ⅱ. 비유동부채	**9,844,689**
(1) 장기예수보증금	9,844,689
(2) 퇴직급여채무	-
1. 확정급여채무	5,530,575,330
사외적립자산	△5,530,575,330
부채총계	**390,967,308,715**
자본	
Ⅰ. 자본금	**56,334,410,000**
1. 보통주자본금	56,334,410,000
Ⅱ. 기타불입자본	**126,145,517,815**
1. 주식발행초과금	126,854,383,620
2. 자기주식	△708,865,805
Ⅲ. 기타포괄손익누계액	**△1,107,399,962**
1. 매도가능금융자산평가손실	△1,093,776,633
2. 해외사업환산손익	27,399,306
3. 파생상품평가손익	△41,022,635
Ⅳ. 이익잉여금	**60,589,281,721**
1. 이익준비금	2,852,118,192
2. 미처분이익잉여금	57,737,163,529
자본총계	**241,961,809,574**
부채와자본총계	**632,929,118,289**

상기와 같이 공고함

2012년 3월 23일

서울특별시 강남구 역삼동 679 GS타워

주식회사 GS글로벌

대표이사 정택근

감사의견 : 위 재무상태표를 포함한 제61기 재무제표는 중요성의 관점에서 한국채택국제회계기준에 따라 작성되었습니다

안진회계법인 대표이사 공인회계사 이재술

^ 대차대조표의 공고

262) 김영권, "기업들 회계투명성을 비용으로 생각… 회계절벽 초래", 파이낸셜뉴스, 2016년 5월 22일, 5면.

263) 고석용, "감사원 '대우조선, 회계 면밀히 했으면 부실 관찰됐을 것'", 머니투데이, 2016년 6월 15일, 6면.

제4절 ▶ 회사의 자금조달

지금은 잘 참여를 하지 않고 있지만 기업이나 개인의 도산을 연구하고 토론하는 모임에 열심히 참석한 적이 있다. 이 연구회는 한 달에 한 번씩 모여 도산과 관련한 주제를 갖고 한 사람이 발표를 하면 다른 참석자들이 질문하고 토론하는 형태로 진행되곤 했다. 모임에는 많을 때는 20여 명이 적을 때는 10명 내외가 참석했는데, 주로 유명 로펌에서 도산사건을 다루는 변호사들과 회생법원의 판사들이 모임의 주축이고 나 같이 학교에서 학생들을 가르치는 사람은 거의 없다보니 참석자들은 모임의 주제인 '도산'과는 상반되게 대부분 경제적으로 여유가 있는 편이었다. 하루는 개인파산과 관련된 토론이 끝나고 쉬는 시간에 파산으로 갈 수 있는 진정한(?) 중산층의 주거지역에 대한 이야기가 나왔다. 결론은 강남은 스스로도 그리고 경제적으로도 상류층이라 생각하고, 다른 사람들 역시 상류층으로 인정하는 지역이라 할 수 있고, 분당이나 판교는 스스로는 중산층이라고 생각하나 다른 사람들이 보기에는 상류층이라 생각하는 사람들이 사는 곳이고, 모두가 중산층으로 인정하는, 잘살지도 못살지도 않는 진짜 중산층이 사는 지역이 바로 용인 수지라는 것이었다. 모임의 참석자들 모두 내가 수지에 사는 것을 전혀 모르고 내린 편안한(?) 결론이었다.

사실 용인시 수지구가 살기에 그렇게 나쁜 곳은 아니다. 진정한(?) 중산층이 사는 곳인 만큼 서울의 강남처럼 아파트 가격이 비싸지도 않은 편이고 주위에 대형쇼핑센터나 백화점도 많다. 게다가 아이를 키우는 입장에서 중요한 학교도 교육열이 강남처럼 넘치도록 뜨겁지도 않아 적당한 편이고, 무엇보다 아이들이 대체적으로 순진한 편인 것 같아 나는 무척이나 만족스럽다. 다만 대중교통이 좋지 않아 서울 시내나 강남 등에 출퇴근을 할 경우에는 삶의 만족도가 급격히 떨어질 수밖에 없다. 하지만 다행스럽게 수지에 강남역과 연결되는 지하철신분당선이 완공되어 불편함도 조금 해소되었다.

사실 나는 이 지하철 공사에 주목했었다. 지하철 공사가 진행 중에 내가 생각한 것은 곧 지하철이 완공되고 나면 교통여건도 나아지고 집값도 오르지 않을까 하는 것이었다. 수지지역이 한동안 버블세븐지역으로 불릴 만큼 인기지역이었다가 부동산 경기가 후퇴하면서 가격이 폭락한 만큼 지하철 개통이 다시 가격을 끌어올릴 수 있지 않을까 하는 기대가 근거였다. 그런데 문제는 투자자금이었다. 은행에서 빌릴까 하고 생각해보니 이자가 무서웠고, 만약 기대대로 되지 않았을 경우 뒷감당할 자신이 없었다. 결국 나는 거창한 투자계획을 접었고, 지하철이 완공되어도 집값이 오르지 않기만을 기도했다.[1)]

용인시 수지구의 주거지

그런데 이러한 일은 기업에서도 똑같이 벌어질 수 있다. 기업들이 모두 애플이나 삼성전자처럼 투자할 돈을 쌓아놓고 경영하는 것이 아니므로 기업은 필요에 따라 투자에 필요한 경우 돈을 구해야 한다.[2)] 기업이 경영에 필요한 자금을 구하는 방법으로는 무엇이 있을까? 개인처럼 금융기관에서 돈을 빌릴 수도 있고, 주식을 발행해서 자본금을 늘릴 수도 있으며, 사채를 발행할 수도 있다. 이 중에서 금융기관으로부터 돈을 빌리는 차입은 개인이 돈을 빌리는 것과 같기 때문에 상법이 아닌 민법에서의 문제이고, 상법에서는 주식발행과 사채의 발행에 대해서만 규정을 두고 있다. 이 두 가지 방법에 대해서 알아보자.

---

1) 수지지역의 집값은 지하철 개통 후에 은행이자보다 훨씬 더 올랐고 나는 무척이나 아쉬워하고 있다.

2) 2015년 기준으로 애플은 약 200조원 가까이 현금성 자산을 보유하고 있고, 삼성전자는 60조원 정도를 갖고 있다고 한다: 임종훈, "삼성전자, 현금성 자산 60조원 돌파 '경쟁자 애플의 1/3'". 머니투데이, 2015년 3월 6일, available at http://www.mt.co.kr/view/mtview.php?type=1&no=2015030617034217963&outlink=1

제1관 신주의 발행

신주의 발행은 상법 제3편 '회사'의 제4장 '주식회사'의 제4절에 해당한다. 법 제416조부터 제432조까지 22개의 조항으로 구성되어 있다. 회사가 새롭게 신주를 발행할 때 어떤 법적 문제를 만나게 되는지 살펴보자.

결국 LG전자는 스마트폰 시장에서 철수를 결정했지만 과거에도 여러 번 위기를 경험한 바 있다.[3] 하지만 이런 위기를 과감한 투자와 연구개발로 해쳐나가곤 했는데 2011년에도 그러했다. 2000년대 중반의 초콜릿폰, 샤인폰과 프라다폰으로 삼성전자와 자웅을 겨루며 전 세계 핸드폰 시장의 강자였던 LG전자는 2009년 애플사가 아이폰을 선보이자 급격히 시장을 잃어버렸고 2010년과 2011년에는 거의 존재감이 없는 형편이었다. 그러자 LG전자는 2011년에 6차례에 걸쳐 1조 3,000억원 규모의 회사채를 발행하고, 13년 만에 1조 621억원 규모의 신주를 발행하여 자금을 확보한 후 스마트폰의 연구개발에 투자하였다.[4] 그 결과 2012년에 소위 '회장님폰'이나 '구본무폰'으로 알려진 G시리즈를 선보이며 잃었던 시장을 조금이나마 회복하기 시작했다. 그런데 LG전자가 G시리즈를 개발하기 위한 자금을 마련하기 위해서 상

LG전자는 G시리즈를 개발하기 위한 자금조달을 위하여 신주와 회사채를 발행하였다

3) 한정연 · 이권진, "[LG전자가 부활하려면…] 6년 만에 재현된 휴대폰 위기", FORTUNE KOREA, 2011년 12월 29일, available at http://fortune.hankooki.com/fortune_view.php?gs_idx=190; 김연순, "대우조선 인수 부인한 SK, LG전자에 대해서는…", 뉴스핌, 2015년 11월 11일, available at http://www.newspim.com/news/view/20151111000201

4) 박지완, "LG전자, 금리부담에 주가하락 무릅쓰고 유상증자", 조선일보, 2011년 11월 4일, available at http://biz.chosun.com/site/data/html_dir/2011/11/04/2011110400933.html

법에서 규정하고 있는 자금조달 수단인 신주발행과 사채발행을 모두 사용하였다. 우리는 이 중에서 일단 신주발행에 대해서 살펴보자.

회사를 운영하다 보면 이처럼 자금이 필요한 경우가 많다. 새로운 제품을 개발하기 위해서도 필요하고 공장을 건설하기 위해서도 필요하다. 회사가 자금수요에 필요한 돈을 회사 자체 내에 이미 갖고 있다면 별 문제가 없지만, 그렇지 않다면 외부로부터 이를 공급받아야 한다. 이때 우리가 지금 살펴보고 있는 것이 바로 새로운 주식을 발행하여 모집하는 것자본금의 증자-신주발행이다. 신주의 발행은 다음의 순서로 진행된다.

① (주주총회가 아닌) 이사회가 신주의 종류나 수와 같은 발행사항을 결정 (상법 제416조)

↓

② 이때 주식가격은 법원의 승인을 받는 경우를 제외하면 액면가액 이상 -자본충실의 원칙(제417조)

↓

③ 신주인수권(제418조)을 갖고 있는 기존주주들에게 발행사항을 알리고 주식인수의 청약을 하지 않으면 권리를 잃는다는 것을 고지(제419조)

↓

④ 이사는 주식청약서를 작성(제420조)

↓

⑤ 주식청약 특히 청약자의 납입 등과 같은 사항은 회사설립시 주식청약에 관한 조항들을 준용함(제425조)

↓

⑥ 이사는 신주의 인수인으로 하여금 신주인수대금에 해당하는 돈을 납입시켜야(제421조)

↓

⑦ 만약 현물출자가 있다면 검사인 선임을 법원에 청구(제422조)

↓

⑧ 신주의 인수인은 납입 또는 현물출자를 한 다음날부터 주주가 된다(제423조)

신주의 발행절차

다음의 신문기사를 한번 읽어보자. 동아일보에 게재된 기사인데 회사의 신주발행절차가 잘 나와 있다.

> **LG전자가 1조원이 넘는 규모의 유상증자를 단행한다. LG전자는 3일 이사회를 열어 주주배정 후 실권주 일반 공모 방식으로 1조 621억원 규모의 유상증자를 실시하기로 결정했다.** 이번 유상증자로 발행되는 신주수는 1,900만주로, 증자비율은 11.7%다. 할인율 20%를 적용했고, 예정 발행가는 5만 5,900원이다. 배정 기준일은 11월 19일이며, 납입일은 12월 28일이다. 신주는 내년 1월 9일 상장예정이다. LG전자는 확보한 자금 중 6,385억여 원은 시설자금으로 이용하고, 4,235억여 원은 연구개발(R&D) 투자용 운영자금으로 사용한다고 밝혔다. 회사 측은 이번 증자의 목적은 주력 사업의 경쟁력 강화를 위한 투자 재원을 안정적으로 확보하기 위한 것이라고 설명했다.
>
> 2011년 11월 3일자 동아일보[5)]

우선 기사에서도 알 수 있듯이 이사회가 신주의 발행과 관련한 사항을 결정한다제416조.[6)] 그리고 이때 발행하는 주식의 가격은 법원이 인가하지 않는 한 최소한 액면가액보다 높아야 한다제417조.[7)] LG전자 주식의 액면가액은

---

5) 디지털뉴스팀, "LG전자, 1조원 규모 유상증자 단행", 동아일보, 2011년 11월 3일, available at http://www.donga.com/news/article/all/20111103/41616835/1

6) 제416조(발행사항의 결정) 회사가 그 성립 후에 주식을 발행하는 경우에는 다음의 사항으로서 정관에 규정이 없는 것은 이사회가 결정한다. 다만, 이 법에 다른 규정이 있거나 정관으로 주주총회에서 결정하기로 정한 경우에는 그러하지 아니하다. [개정 1984.4.10, 2011.4.14]
   1. 신주의 종류와 수
   2. 신주의 발행가액과 납입기일
   2의2. 무액면주식의 경우에는 신주의 발행가액 중 자본금으로 계상하는 금액
   3. 신주의 인수방법
   4. 현물출자를 하는 자의 성명과 그 목적인 재산의 종류, 수량, 가액과 이에 대하여 부여할 주식의 종류와 수
   5. 주주가 가지는 신주인수권을 양도할 수 있는 것에 관한 사항
   6. 주주의 청구가 있는 때에만 신주인수권증서를 발행한다는 것과 그 청구기간

7) 제417조(액면미달의 발행) ① 회사가 성립한 날로부터 2년을 경과한 후에 주식을 발행하는 경우에는 회사는 제434조의 규정에 의한 주주총회의 결의와 법원의 인가를 얻어서

5,000원이므로 신문기사처럼 신주가 59,000원에 발행이 되는 것은 전혀 문제가 없다. 하지만 5,000원 이하의 가격이라면 자본금에 관한 원칙자본금=발행한 주식의 수×액면가이 깨지게 된다. 따라서 특별한 경우가 아니라면 액면가보다는 높은 가격으로 발행해야 한다.

이와 함께 고려해야 할 요소가 정관이다. 새롭게 발행되는 주식의 숫자가 1,900만주인데 만약 주식회사의 정관에 기재되어 있는 '회사가 발행할 주식의 총수'제289조 제1항 제5호에서 아직 발행할 수 있는 여력이 있으면 이사회의 결정만으로 신주를 발행할 수 있다. 하지만 이미 그 한도가 채워진 경우에는 주주총회를 열어 정관부터 변경한 이후에야 이사회의 결정으로 신주를 발행할 수 있게 된다. LG전자의 경우에는 아직 발행할 수 있는 주식의 숫자가 남아있었기 때문에 이사회의 결의만으로 가능했다. 하지만 대우해양조선의 경우 2016년도에 정관을 변경한 후에야 신주발행이 가능했고,[8] 현대엘리베이터의 경우에도 마찬가지였다.[9]

이와 함께 신주를 발행할 때 신중히 고려해야 할 요소가 또 있다. 바로 신주인수권이다제418조부터 제420조의5까지. 기업이 투자자금이 필요한 경우 신주발행은 중요한 수단이 된다. 그런데 회사법은 어떤 결정을 할 때 늘 염두에 두어야 하는 것이 채권자보호와 기존 주주의 보호이다. 이는 회사가 신주를 발행할 때도 마찬가지이다. 그렇다면 신주의 발행은 채권자와 기존 주주에게

주식을 액면미달의 가액으로 발행할 수 있다. [개정 1962.12.12]

② 전항의 주주총회의 결의에서는 주식의 최저발행가액을 정하여야 한다.

③ 법원은 회사의 현황과 제반사정을 참작하여 최저발행가액을 변경하여 인가할 수 있다. 이 경우에 법원은 회사의 재산상태 기타 필요한 사항을 조사하게 하기 위하여 검사인을 선임할 수 있다.

④ 제1항의 주식은 법원의 인가를 얻은 날로부터 1월 내에 발행하여야 한다. 법원은 이 기간을 연장하여 인가할 수 있다.

8) 이용건, "'급한불 끄기' 유상증자…6년 만에 최대", 매일경제신문, 2016년 11월 25일, A12면.

9) 현대엘리베이터의 경우 정관변경을 통해 주식발행한도를 2,000만주에서 6,000만주로 확대한 이후에 신주를 발행할 수 있었다: 이유정, "현대엘리베이터, 2,600억원 유상증자", 한국경제신문, 2015년 4월 30일, 22면.

어떤 영향을 미칠까?

신주발행을 하면 새로운 자금이 회사에 유입되는 만큼 채권자가 자신이 빌려준 돈을 다시 돌려받을 수 있는 가능성이 높아진다. 예를 들어 2011년의 LG전자처럼 1조원 넘게 신주를 발행하면 어떤 형식으로든지 회사의 자산은 그만큼 늘어나게 된다. 따라서 신주발행을 하면서 채권자의 이익을 보호해야 할 이유는 없다. 전혀 불리하지 않기 때문이다. 하지만 신주가 발행될 때 기존의 주주에게도 영향이 없을까? 주주의 입장에서는 두 가지 점에서 영향을 미칠 수 있다. 하나는 갖고 있는 주식의 가치가 낮아질 수 있다는 점, 또 다른 하나는 갖고 있는 주식의 비율이 달라질 수 있다는 점이다.

우선 갖고 있는 주식의 가치가 낮아질 수 있다는 것은 기존에 발행된 주식의 수가 80주이고, 회사의 가치가 80억원이면 1주당 가치가 1억원일 것이다. 그런데 새롭게 20주를 신주발행하면서 한 주당 5,000만원에 발행한다면 발행된 주식의 수는 100주가 되는데 회사의 가치는 90억원이 되어 1주당 가치가 1억원에서 9,000만원으로 떨어지게 된다. 즉 기존부터 주주인 사람들은 손해를 볼 수 있는 것이다. 이런 이유 때문에 앞에서 이야기한 LG전자의 경우 증자 당시 시장에서 거래되던 주식가격은 6만원대 초반이었는데, 이사회가 결정한 신주발행가격은 55,900원으로 결정되자 주식가격이 하루에 13.73%나 급락하기도 하였다.[10)]

다음으로 갖고 있는 주식의 비율이 달라질 수 있다는 것은 특정 주주가 현재 51%의 주식을 갖고 회사의 경영권을 행사하고 있는데 새롭게 주식이 발행되고 그 주주는 주식을 인수하지 않는다면 결국 소유하고 있는 주식의 비율이 낮아져 경영권을 위협받을 수도 있다. 그래서 신주가 발행될 때에는 기존주주들에게 먼저 신주를 인수할지의 여부를 선택할 수 있는 권한을 주고 제418조,[11)] 이를 행사하지 않을 경우 그러한 권한을 잃게 된다 제419조. 이때 주주

10) 남혜연, "LG전자 1조원 증자, 어디에 쓸까?", ZDNet Korea, 2011년 11월 3일, available at http://www.zdnet.co.kr/news/news_view.asp?artice_id=20111103174205

11) 제418조(신주인수권의 내용 및 배정일의 지정・공고) ① 주주는 그가 가진 주식수에 따라서 신주의 배정을 받을 권리가 있다. [개정 2001.7.24]

가 자신의 신주인수권을 행사하는지의 여부는 이사가 작성한 주식청약서로 청약을 했는지의 여부이다제420조.12) 신문기사에서도 주주에게 일단 배정 후에 주주가 주식을 살 권리를 포기하면청약서를 제출하지 않으면 – 실권주 일반 공모 방식으로 발행하겠다고 하고 있다.

^ 운동화를 팔려면 운동화가 필요한 것처럼 신주인수권을 매각하려면 신주인수권증서가 있어야 한다

그런데 이사회가 신주의 발행을 결정할 때 주주가 신주인수권을 다른 사람에게 양도할 수 있게 결정한다면 회사는 신주인수권의 양도를 위해서 신주인수권증서를 발행해야 하고제420조의2,13) 주주는 신수인수권증서의 교부를 통해서만 신주인수권을 양

② 회사는 제1항의 규정에 불구하고 정관에 정하는 바에 따라 주주 외의 자에게 신주를 배정할 수 있다. 다만, 이 경우에는 신기술의 도입, 재무구조의 개선 등 회사의 경영상 목적을 달성하기 위하여 필요한 경우에 한한다. [신설 2001.7.24]

③ 회사는 일정한 날을 정하여 그 날에 주주명부에 기재된 주주가 제1항의 권리를 가진다는 뜻과 신주인수권을 양도할 수 있을 경우에는 그 뜻을 그 날의 2주간 전에 공고하여야 한다. 그러나 그 날이 제354조 제1항의 기간 중인 때에는 그 기간의 초일의 2주간 전에 이를 공고하여야 한다. [신설 1984.4.10]

④ 제2항에 따라 주주 외의 자에게 신주를 배정하는 경우 회사는 제416조 제1호, 제2호, 제2호의2, 제3호 및 제4호에서 정하는 사항을 그 납입기일의 2주 전까지 주주에게 통지하거나 공고하여야 한다. [신설 2011.4.14]

12) 제420조(주식청약서) 이사는 주식청약서를 작성하여 다음의 사항을 적어야 한다. [개정 1984.4.10, 2011.4.14]

1. 제289조 제1항 제2호 내지 제4호에 게기한 사항
2. 제302조 제2항 제7호·제9호 및 제10호에 게기한 사항
3. 제416조 제1호 내지 제4호에 게기한 사항
4. 제417조에 따른 주식을 발행한 경우에는 그 발행조건과 미상각액(未償却額)
5. 주주에 대한 신주인수권의 제한에 관한 사항 또는 특정한 제3자에게 이를 부여할 것을 정한 때에는 그 사항
6. 주식발행의 결의연월일

도할 수 있으며제420조의3,14) 신주의 청약도 신주인수권증서에 의하는데제420조의5,15) 이러한 신주인수권증서의 형태는 꼭 종이로 해야 하는 것은 아니고 전자식으로도 가능하다제420조의4.16) 즉 신주인수권을 양도할 수 있게 한다면 회사가 종이나 전자식으로 된 인수권증서를 발행해서 그것을 통해 주식청약도 하고 경우에 따라 신주인수권을 제3자에게 매각하라는 것이다. 마치 갖고 있는 운동화를 팔려고 할 때 실물인 운동화를 주어야 하는 것처럼 신주인수권을 팔려고 하면 신주인수권증서를 주라는 것이다.

신주인수권 증서를 통한 청약까지 이루어졌다면 돈을 내야 하는 것은 당연하고,제421조17) 만약 현금이 아니라 현물로 낸다면 이에 대해서 법원에

---

13) 제420조의2(신주인수권증서의 발행) ① 제416조 제5호에 규정한 사항을 정한 경우에 회사는 동조 제6호의 정함이 있는 때에는 그 정함에 따라, 그 정함이 없는 때에는 제419조제1항의 기일의 2주간 전에 신주인수권증서를 발행하여야 한다.
② 신주인수권증서에는 다음 사항과 번호를 기재하고 이사가 기명날인 또는 서명하여야 한다. [개정 1995.12.29]
1. 신주인수권증서라는 뜻의 표시
2. 제420조에 규정한 사항
3. 신주인수권의 목적인 주식의 종류와 수
4. 일정기일까지 주식의 청약을 하지 아니할 때에는 그 권리를 잃는다는 뜻
[본조신설 1984.4.10]

14) 제420조의3(신주인수권의 양도) ① 신주인수권의 양도는 신주인수권증서의 교부에 의하여서만 이를 행한다.
② 제336조 제2항 및 수표법 제21조의 규정은 신주인수권증서에 관하여 이를 준용한다.
[본조신설 1984.4.10]

15) 제420조의5(신주인수권증서에 의한 청약) ① 신주인수권증서를 발행한 경우에는 신주인수권증서에 의하여 주식의 청약을 한다. 이 경우에는 제302조 제1항의 규정을 준용한다.
② 신주인수권증서를 상실한 자는 주식청약서에 의하여 주식의 청약을 할 수 있다. 그러나 그 청약은 신주인수권증서에 의한 청약이 있는 때에는 그 효력을 잃는다.
[본조신설 1984.4.10] [제420조의4에서 이동 [2011.4.14]]

16) 제420조의4(신주인수권의 전자등록) 회사는 신주인수권증서를 발행하는 대신 정관으로 정하는 바에 따라 전자등록기관의 전자등록부에 신주인수권을 등록할 수 있다. 이 경우 제356조의2 제2항부터 제4항까지의 규정을 준용한다.
[본조신설 2011.4.14] [종전 제420조의4는 제420조의5로 이동 [2011.4.14]]

17) 제421조(주식에 대한 납입) ① 이사는 신주의 인수인으로 하여금 그 배정한주수(株數)

검사인을 청구해야 한다제422조.[18] 출자한 현물이 회사가 요구한 최소한의 금액에 이르는지 공정하게 조사할 필요가 있기 때문이다. 그리고 납입이 이루어진 후 다음날부터 주주의 권리와 의무가 발생하게 된다제423조.[19]

하지만 만약 신주를 발행할 때 회사가 법령 또는 정관을 위반해서

에 따라 납입기일에 그 인수한 주식에 대한 인수가액의 전액을 납입시켜야 한다.

② 신주의 인수인은 회사의 동의 없이 제1항의 납입채무와 주식회사에 대한 채권을 상계할 수 없다.

[전문개정 2011.4.14]

18) **제422조(현물출자의 검사)** ① 현물출자를 하는 자가 있는 경우에는 이사는 제416조 제4호의 사항을 조사하게 하기 위하여 검사인의 선임을 법원에 청구하여야 한다. 이 경우 공인된 감정인의 감정으로 검사인의 조사에 갈음할 수 있다. [개정 12.28]

② 다음 각 호의 어느 하나에 해당할 경우에는 제1항을 적용하지 아니한다. [신설 2011.4.14]

1. 제416조 제4호의 현물출자의 목적인 재산의 가액이 자본금의 5분의 1을 초과하지 아니하고 대통령령으로 정한 금액을 초과하지 아니하는 경우
2. 제416조 제4호의 현물출자의 목적인 재산이 거래소의 시세 있는 유가증권인 경우 제416조 본문에 따라 결정된 가격이 대통령령으로 정한 방법으로 산정된 시세를 초과하지 아니하는 경우
3. 변제기가 돌아온 회사에 대한 금전채권을 출자의 목적으로 하는 경우로서 그 가액이 회사장부에 적혀 있는 가액을 초과하지 아니하는 경우
4. 그 밖에 제1호부터 제3호까지의 규정에 준하는 경우로서 대통령령으로 정하는 경우

③ 법원은 검사인의 조사보고서 또는 감정인 감정결과를 심사하여 제1항의 사항을 부당하다고 인정한 때에는 이를 변경하여 이사와 현물출자를 한 자에게 통고할 수 있다. [개정 1998.12.28, 2011.4.14]

④ 전항의 변경에 불복하는 현물출자를 한 자는 그 주식의 인수를 취소할 수 있다. [개정 2011.4.14]

⑤ 법원의 통고가 있은 후 2주내에 주식의 인수를 취소한 현물출자를 한 자가 없는 때에는 제1항의 사항은 통고에 따라 변경된 것으로 본다. [개정 1998.12.28, 2011.4.14]

19) **제423조(주주가 되는 시기, 납입해태의 효과)** ① 신주의 인수인은 납입 또는 현물출자의 이행을 한 때에는 납입기일의 다음 날로부터 주주의 권리의무가 있다. 이 경우 제350조 제3항 후단의 규정을 준용한다. [개정 1984.4.10, 1995.12.29]

② 신주의 인수인이 납입기일에 납입 또는 현물출자의 이행을 하지 아니한 때에는 그 권리를 잃는다.

③ 제2항의 규정은 신주의 인수인에 대한 손해배상의 청구에 영향을 미치지 아니한다. [개정 1984.4.10]

주주가 불이익을 받을 염려가 발생하면 주주는 회사에 대하여 더 이상 진행하지 말 것을 요구할 수 있는데제424조,[20] 과거 현대엘리베이터의 2대 주주인 독일의 쉰들러사가 현대엘리베이터가 계열사인 현대상선 등을 지원할 목적으로 신주를 발행하는 것이라 주장하며 이러한 유지청구권을 행사하기도 했다.[21] 신주의 발행과 관련하여 이사와 공모하여 불공정한 발행가액으로 주식을 인수한 자주식을 싸게 산 자는 회사에 대하여 공정한 가격과의 차액을 지급할 의무가 있고제424조의2,[22] 주주나 이사 또는 감사는 신주를 발행한 날로부터 6개월 내에 신주발행의 무효의 소를 주장할 수 있는데제429조,[23] 판례에서는 주식회사의 본질이나 회사법의 기본원칙에 반하거나 기존 주주들의 이익과 회사의 경영권 내지 지배권에 중대한 영향을 미치는 경우로서 도저히 묵과할 수 없는 때로 제한하여 인정하고 있다.[24] 즉 아주 특별한 경우에만 소송의 제기를 인정하고 있는 것이다. 그리고 이러한 사건의 판결은 판결이 확정된 후 장래에 대해서 효력을 발생하고제431조,[25] 이때 회사는 신주의 주주에 대하여 납입한

---

20) 제424조(유지청구권) 회사가 법령 또는 정관에 위반하거나 현저하게 불공정한 방법에 의하여 주식을 발행함으로써 주주가 불이익을 받을 염려가 있는 경우에는 그 주주는 회사에 대하여 그 발행을 유지할 것을 청구할 수 있다.

21) 김창환, "쉰들러, 현대엘리 유증 뒤늦게 왜 반대하나", 더벨, 2015년 6월 9일, available at http://www.thebell.co.kr/free/content/ArticleView.asp?key=201506090100018710001130&svccode=00&page=1&sort=thebell_check_time

22) 제424조의2(불공정한 가액으로 주식을 인수한 자의 책임) ① 이사와 통모하여 현저하게 불공정한 발행가액으로 주식을 인수한 자는 회사에 대하여 공정한 발행가액과의 차액에 상당한 금액을 지급할 의무가 있다.
② 제403조 내지 제406조의 규정은 제1항의 지급을 청구하는 소에 관하여 이를 준용한다.
③ 제1항 및 제2항의 규정은 이사의 회사 또는 주주에 대한 손해배상의 책임에 영향을 미치지 아니한다. [본조신설 1984.4.10]

23) 제429조(신주발행무효의 소) 신주발행의 무효는 주주·이사 또는 감사에 한하여 신주를 발행한 날로부터 6월 내에 소만으로 이를 주장할 수 있다. [개정 1984.4.10]

24) 대법원 2010.4.29. 선고, 2008다65860 판결.

25) 제431조(신주발행무효판결의 효력) ① 신주발행무효의 판결이 확정된 때에는 신주는 장래에 대하여 그 효력을 잃는다.
② 전항의 경우에는 회사는 지체없이 그 뜻과 일정한 기간 내에 신주의 주권을 회사에

금액을 반환하여야 한다제432조.[26]

그렇다면 LG전자는 신주발행을 통해 확보한 자금으로 시장에서 통할 수 있는 스마트폰 개발에 성공했을까? 갤럭시S 시리즈의 경쟁상품으로 개발된 G2와 G3의 성공으로 이러한 투자는 성공한 것으로 보였다. 하지만 그 후 몇 번의 반복된 실패 후 결국 스마트폰 시장에서 LG전자는 철수하기로 결정하였다.[27] 아마 앞으로 스마트폰을 대신하는 새로운 신사업에 진출하기 위해서 LG전자가 다시 신주발행이 필요할지도 모르겠다.

제출할 것을 공고하고 주주명부에 기재된 주주와 질권자에 대하여는 각별로 그 통지를 하여야 한다. 그러나 그 기간은 3월 이상으로 하여야 한다.

26) **제432조(무효판결과 주주에의 환급)** ① 신주발행무효의 판결이 확정된 때에는 회사는 신주의 주주에 대하여 그 납입한 금액을 반환하여야 한다.
② 전항의 금액이 전조 제1항의 판결확정시의 회사의 재산상태에 비추어 현저하게 부당한 때에는 법원은 회사 또는 전항의 주주의 청구에 의하여 그 금액의 증감을 명할 수 있다.
③ 제339조와 제340조 제1항, 제2항의 규정은 제1항의 경우에 준용한다.

27) 구본권, "'초콜릿폰'에서 '롤러블폰'까지 … '혁신'의 엘지는 왜 쓴잔 마셨나", 한겨레신문, 2021년 1월 21일, 16면.

제2관 사채

사채의 발행은 상법 제3편 제4장의 제8절에 해당한다. 제8절은 다시 4개의 관으로 구성되어 있으며 제1관이 통칙으로 사채에 대한 일반적인 사항과 사채관리회사에 대한 규정이다. 제2관은 사채권자집회에 대하여 서술되어 있는데 사채권자집회란 회사채를 소유하고 있는 사람들이 실행하는 집회를 말하다. 마지막으로 제3관과 제4관은 회사가 발행하는 사채 중 한가지인 전환사채와 신주인수권부사채에 대한 규정이다. 이들에 대하여 따로 관을 두고 규정하고 있는 것은 발행빈도가 높기 때문이다. 사채에 대해서 지금부터 알아보자.

1. 통칙

1.1 사채의 의의

사채를 쓴다는 것은 무서운 말이다. 왠지 잘못되면 사채업자에게 원금 대신 콩팥 하나라도 떼어 주어야 하는 상황을 맞이하게 될 것 같은 느낌이 든다.[28] 그렇지만 상법에서의 사채란 회사채를 말하며, 앞에서 본 주식의 신주발행과 함께 회사의 주요한 자금조달 방법이다. 기업은 여러 가지 자금조달 방법 중

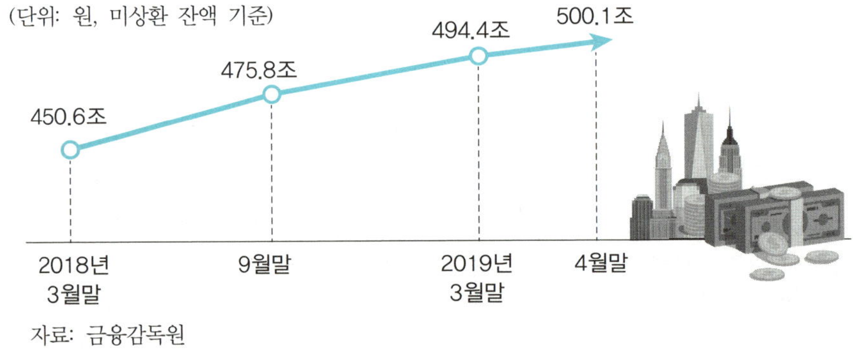

국내 기업 회사채 잔액 규모

28) 이미연, "사채 150만원 연체했는데 1,200만원 상환협박?", 매일경제신문, 2018년 7월 9일, available at https://www.mk.co.kr/news/economy/view/2018/07/431731/

에서 가장 유리한 수단을 선택하게 되는데 이론적으로 기업은 필요한 자금을 주식발행보다는 대출이나 회사채 등 부채를 통해 조달하는 것을 선호한다고 한다. 이러한 현상이 나타나는 이유는 일반적으로 주식발행의 직간접적인 조달비용이 부채를 통한 조달비용보다 크며 투자자들에게 기업의 자금 상황에 대해 좋지 않은 인상을 줄 수 있기 때문이다.[29)]

우리나라의 경우 주식 및 회사채 등의 직접금융을 통해 얻는 자금이 금융기관의 대출금간접금융에 비해서 크나 그 비율은 미국과 비교하여 많이 낮은 편이다국내의 간접금융 대비 직접금융의 비중은 2배이나 미국은 약 10배에 달한다.[30)] 하지만 이는 거꾸로 생각해보면 발전가능성이 매우 높다고 볼 수도 있다. 특히 최근에는 일반 기업이 한국은행의 기준금리보다도 낮은 이자비용으로 장기 자금을 조달하는 사례가 생기고 있으며 2019년 상반기 회사채 발행액만 30조원이 넘을 정도로 급속히 성장하고 있다.[31)] 그리고 증권예탁결제원의 자료를 보면 회사채의 총 발행잔액은 200조원이 넘는다. 이 같은 사채에 대해서 많은 규정을 상법은 갖고 있지만 대략적인 발행절차와 관련된 개요는 다음과 같다.

① (사채도 주식과 마찬가지로) 이사회의 결의에 의해서 발행(제469조)

↓

② 사채청약서에는 상법 제474조의 내용이 적혀 있어야 함

↓

③ 사채의 모집이 완료되면 이사는 지체 없이 그 금액을 납입시켜야 함(제476조)

↓

④ 사채전액이 납입되면 채권을 발행(제478조)

주식회사의 사채발행

29) 신헌열 · 김보성, "기업의 외부자금 조달경로로서 은행대출과 회사채시장의 대체성 분석", 「Monthly Bulletin」 Jan. 2007 (한국은행, 2007), 31~32면.

30) 김영민, "국내 기업의 직간접금융을 통한 자금조달규모 및 미국과의 비교" (금융투자협회, 2014), 보도자료, 9면.

31) 김진성 · 이태호, "기준금리보다 더 싼 이자로… 기업들, 앞다퉈 회사채 발행", 한국경제신문, 2019년 6월 30일, A1면.

① 우선 얼마나 어떻게 발행할 것인가에 대한 문제는 당연히 이사회가 결정한다제469조 제1항.32) 이사회가 회사의 중요사안에 대해서 결정할 권한을 갖는다는 것은 이미 살펴보았다. 이러한 것은 사채에 대해서도 마찬가지이다. 따라서 이사회가 이를 결정하게 된다. 과거에는 사채의 발행총액을 순자산액의 4배로 제한하였으며개정 전 제470조, 발행한 사채가 모두 납입이 되어야 새로운 사채를 발행할 수가 있었고개정 전 제471조, 발행하는 사채의 권면액에 대해서도 제한이 있었고개정 전 제472조, 상환에 대해서도 역시 제한이 있었다개정 전 제473조. 하지만 2011년 상법의 개정으로 이러한 제한들이 모두 철폐되고 시장에 맡기는 방향으로 개정되었다.

② 회사의 이사가 사채청약서에 여러 정보를 기재해서 제공하면 사채를 매입할 사람들은 인수할 사채의 수와 주소를 기재한 후 기명날인하거나 서명하게 된다제474조.33) 즉 회사가 사채를 팔기 위해서 청약서를 준비하면 이

---

32) 제469조(사채의 발행) ① 회사는 이사회의 결의에 의하여 사채(社債)를 발행할 수 있다.

33) 제474조(공모발행, 사채청약서) ① 사채의 모집에 응하고자 하는 자는 사채청약서 2통에 그 인수할 사채의 수와 주소를 기재하고 기명날인 또는 서명하여야 한다. [개정 1995.12.29]

② 사채청약서는 이사가 작성하고 다음의 사항을 적어야 한다. [개정 1984.4.10, 1995.12.29, 2011.4.14]

1. 회사의 상호
2. 자본금과 준비금의 총액
3. 최종의 대차대조표에 의하여 회사에 현존하는 순재산액
4. 사채의 총액
5. 각 사채의 금액
6. 사채발행의 가액 또는 그 최저가액
7. 사채의 이율
8. 사채의 상환과 이자지급의 방법과 기한
9. 사채를 수회에 분납할 것을 정한 때에는 그 분납금액과 시기
10. 채권을 기명식 또는 무기명식에 한한 때에는 그 뜻

10의2. 채권을 발행하는 대신 전자등록기관의 전자등록부에 사채권자의 권리를 등록하는 때에는 그 뜻

11. 전에 모집한 사채가 있는 때에는 그 상환하지 아니한 금액
12. 삭제 [2011.4.14]
13. 사채모집의 위탁을 받은 회사가 있는 때에는 그 상호와 주소

에 응할 사람들이 자신의 주소 등을 기입한 후 이름 쓰고 도장을 찍거나 서명을 하라는 의미인데 현실에서는 회사가 직접 자신들의 사채를 파는 경우는 거의 없고 증권회사가 대행을 하거나 보통 증권회사가 회사가 발행하는 사채를 일단

국민은행 채권

전부 인수한 후총액인수 수수료를 붙인 후 이를 다시 일반 개인투자자들에게 파는 형식을 취한다.[34] 이 경우에는 제474조의 사채청약서에 대한 규정을 적용을 받지 않게 되며제475조,[35] 재판매에 대한 성공 여부에 대한 책임은 물론 증권회사가 지게 된다.

③ 사채가 전부 매각이 되면 그 대금이 즉시 회사에 들어와야 한다제476조.[36] ④ 그리고 그러한 납입이 끝나야 회사는 채권을 발행하게 된다제478조.[37] 사채가 매각이 되었으면 매각대금이 회사로 들어와야 하는 것은 당연하

13의2. 사채관리회사가 있는 때에는 그 상호와 주소
13의3. 사채관리회사가 사채권자집회결의에 의하지 아니하고 제484조 제4항 제2호의 행위를 할 수 있도록 정한 때에는 그 뜻
14. 제13호의 위탁을 받은 회사가 그 모집액이 총액에 달하지 못한 경우에 그 잔액을 인수할 것을 약정한 때에는 그 뜻
15. 명의개서대리인을 둔 때에는 그 성명·주소 및 영업소
③ 사채발행의 최저가액을 정한 경우에는 응모자는 사채청약서에 응모가액을 기재하여야 한다.

34) 회사채 발행을 주선하면서 얻는 수수료는 발행액 대비 0.2% 수준이라고 한다: 하현형, "올 회사채 발행 수수료 수익 급감", 한국경제신문, 2016년 12월 22일, A24면.

35) 제475조(총액인수의 방법) 전조의 규정은 계약에 의하여 사채의 총액을 인수하는 경우에는 이를 적용하지 아니한다. 사채모집의 위탁을 받은 회사가 사채의 일부를 인수하는 경우에는 그 일부에 대하여도 같다.

36) 제476조(납입) ① 사채의 모집이 완료한 때에는 이사는 지체없이 인수인에 대하여 각 사채의 전액 또는 제1회의 납입을 시켜야 한다.
② 사채모집의 위탁을 받은 회사는 그 명의로 위탁회사를 위하여 제474조 제2항과 전항의 행위를 할 수 있다.

37) 제478조(채권의 발행) ① 채권은 사채전액의 납입이 완료한 후가 아니면 이를 발행하

다. 그리고 매각대금이 들어온 후에 그에 대한 채권이 발행되어야 한다. 채권이 발행되어야 하는 이유는 주식이 주식시장을 통해 주권을 교부하는 형식으로 매매가 가능한 것처럼 사채 역시 채권시장에서 채권을 교부하는 방법으로 매각 또는 매수할 수 있기 때문이다. 우리나라의 채권시장은 주로 국가가 발행하는 국채나 통화안정증권이 주가 되고 있기는 하지만 회사채 역시 월 거래량이 2019년 7월 기준으로 거래건수로는 9,523건이고 거래대금은 16조 9,811억원에 달할 정도로 크다.[38] 이 같은 거래를 성사시키기 위해서는 회사채 소지자가 자신이 그러한 권리를 갖고 있다는 것을 증명할 채권을 갖고 있어야 하며 이를 위해서 상법은 앞에서 언급한 채권의 발행과 관련한 규정제478조 외에 주식의 주주명부와 같은 성격을 갖고 있는 사채원부제488조,[39] 기명사채의 이전제479조,[40] 기명식, 무기명식 간의 전환제480조[41] 등의 규정을 두고 있다.

지 못한다.

② 채권에는 다음의 사항을 적고 대표이사가 기명날인 또는 서명하여야 한다. [개정 2011.4.14]

1. 채권의 번호
2. 제474조 제2항 제1호 · 제4호 · 제5호 · 제7호 · 제8호 · 제10호 · 제13호 · 제13호의2 및 제13호의3에 규정된 사항

③ 회사는 제1항의 채권(債券)을 발행하는 대신 정관으로 정하는 바에 따라 전자등록기관의 전자등록부에 채권(債權)을 등록할 수 있다. 이 경우 제356조의2 제2항부터 제4항까지의 규정을 준용한다. [신설 2011.4.14]

38) 금융투자협회 웹사이트 참조 http://freesis.kofia.or.kr/

39) 제488조(사채원부) 회사는 사채원부를 작성하고 다음 각 호의 사항을 적어야 한다.

1. 사채권자(무기명식 채권이 발행되어 있는 사채의 사채권자는 제외한다)의 성명과 주소
2. 채권의 번호
3. 제474조 제2항 제4호, 제5호, 제7호부터 제9호까지, 제13호, 제13호의2 및 제13호의3에 규정된 사항
4. 각 사채의 납입금액과 납입연월일
5. 채권의 발행연월일 또는 채권을 발행하는 대신 전자등록기관의 전자등록부에 사채권자의 권리를 등록하는 때에는 그 뜻
6. 각 사채의 취득연월일
7. 무기명식 채권을 발행한 때에는 그 종류, 수, 번호와 발행연월일

[전문개정 2011.4.14]

1.2 사채관리회사

사채는 주식과는 다르게 발행된 후에 원금과 이자를 꼭 갚아야 한다. 주식은 갚을 필요가 없는 자기자본이지만 사채는 그렇지 않기 때문이다. 따라서 채권·채무관리를 할 주체가 필요하고 그러한 역할을 하는 것이 바로 사채관리회사이다. 사채관리회사corporate trustee 혹은 trustee란 법률적으로 사채발행회사에 의해 선임되어 사채권자를 위해 사채의 상환청구, 변제수령 등 사채권의 관리에 필요한 사무를 집행하는 회사이며제480조의2,[42] 사채에 관한 채권을 변제받거나 채권의 실현을 보전하기 위해서 필요한 재판상 또는 재판외의 모든 행위를 할 수 있다제484조 제1항.[43] 상법에서는 사채관리회사의 선임이 강제되는 것은 아니며 발행회사의 재량사항이지만제480조의2, 사채가 자본시장법상의 공모의 형태로 발행되면서 무보증사채인 경우에는 금융위의 발행공시 규정이나 금융투자협회의 증권인수업무규정에 의하여 사실상 선임이 강제되고 있다.[44] 은행이나 신탁회사도 사채관리회사를 할 수 있지만제480조의3,[45] 현실에

40) 제479조(기명사채의 이전) ① 기명사채의 이전은 취득자의 성명과 주소를 사채원부에 기재하고 그 성명을 채권에 기재하지 아니하면 회사 기타의 제3자에게 대항하지 못한다.
② 제337조 제2항의 규정은 기명사채의 이전에 대하여 이를 준용한다. [신설 1984.4.10]

41) 제480조(기명식, 무기명식 간의 전환) 사채권자는 언제든지 기명식의 채권을 무기명식으로, 무기명식의 채권을 기명식으로 할 것을 회사에 청구할 수 있다. 그러나 채권을 기명식 또는 무기명식에 한할 것으로 정한 때에는 그러하지 아니하다.

42) 제480조의2(사채관리회사의 지정·위탁) 회사는 사채를 발행하는 경우에 사채관리회사를 정하여 변제의 수령, 채권의 보전, 그 밖에 사채의 관리를 위탁할 수 있다. [본조신설 2011.4.14]

43) 제484조(사채관리회사의 권한) ① 사채관리회사는 사채권자를 위하여 사채에 관한 채권을 변제받거나 채권의 실현을 보전하기 위하여 필요한 재판상 또는 재판 외의 모든 행위를 할 수 있다.

44) 권종호, "사채관리회사제도의 운영상의 쟁점과 과제", 「상사법연구」 제31권 제2호 (한국상사법학회, 2012), 182면.

45) 제480조의3(사채관리회사의 자격) ① 은행, 신탁회사, 그 밖에 대통령령으로 정하는 자가 아니면 사채관리회사가 될 수 없다.
② 사채의 인수인은 그 사채의 사채관리회사가 될 수 없다.
③ 사채를 발행한 회사와 특수한 이해관계가 있는 자로서 대통령령으로 정하는 자는

서는 거의 하지 않고 있으며 증권금융회사와 예탁결제원이 그 역할을 수행하고 있다.[46] 이는 사채발행회사가 인수인에게 지급하는 수수료는 평균적으로 발행금액 대비 0.3%임에 비하여, 사채관리회사에게 지급하는 관리수수료는 발행금액 대비 0.005%보통 정액제로 5백만원 정도에 불과한 실정이기 때문이다.[47] 그렇다보니 사채관리업무가 제대로 수행되지 않고 있어 채권의 부도가 발생해도 우리가 바로 뒤에서 배울 사채권자집회가 거의 열리지 않는 일이 발생하기도 한다.[48] 한 경제신문사의 조사에 따르면 27개의 사채관리회사 중에서 4개사만이 감시의무를 다했다는 결과가 나오기도 했다. 수수료가 너무 낮아 일상적인 감시 역할을 제대로 할 수 없었다는 것이다.[49] 결국 상법이 규정하고 있는 사채관리회사의 의무와 책임제484조의2[50]이 유감스럽게도 현실에서는 제대로 수행되고 있지 않다는 것을 의미한다.

사채관리회사가 될 수 없다.
[본조신설 2011.4.14]

46) 박수익, "[회사채투자자 보호] ③ 사채관리회사 역할 강화 '숙제'", 이데일리, 2016년 7월 8일, available at https://www.edaily.co.kr/news/read?newsId=01446486612712552&mediaCodeNo=257&OutLnkChk=Y

47) 정준우, "사채권자보호를 위한 사채관리회사제도의 비판적 검토", 「법학연구」 제17권 제3호 (인하대학교 법학연구소, 2014), 163면.

48) 김은정, "넘어야 할 산 많은 사채관리회사", 한국경제신문, 2012년 10월 18일, 38면.

49) 박동휘, "동양사태 벌써 잊었나 … 증권사 절반 '회사채 관리' 눈감았다", 한국경제신문, 2014년 10월 10일, 23면.

50) 제484조의2(사채관리회사의 의무 및 책임) ① 사채관리회사는 사채권자를 위하여 공평하고 성실하게 사채를 관리하여야 한다.
② 사채관리회사는 사채권자에 대하여 선량한 관리자의 주의로 사채를 관리하여야 한다.
③ 사채관리회사가 이 법이나 사채권자집회결의를 위반한 행위를 한 때에는 사채권자에 대하여 연대하여 이로 인하여 발생한 손해를 배상할 책임이 있다.
[본조신설 2011.4.14]

2. 사채권자집회

사채권자집회

내 기억으로 나와 관련하여 사람들이 모인 것은 결혼식밖에 없는 듯하다. 특별히 내가 상을 받은 적도 없고, 내세울 만한 일을 한 적도 없어서 누군가 나 때문에 모인 기억이 없다. 그런데 다시 한번 잘 생각해보니 큰아이 돌잔치를 한 기억이 있다둘째는 돌잔치를 하지 않았다. 돌잔치라는 것이 부모와 관련된 사람이 모이는 것이지 아이 친구들이 오는 것이 아니니까 돌잔치도 굳이 이야기하자면 나를 위한 모임이라고도 할 수 있을 것 같다. 혼밥과 혼술이 대세인 시절에 이처럼 무언가를 위해서 사람들이 모인다는 것은 갈수록 쉽지 않다. 그렇다면 모임이 쉽지 않은 이런 시대에 회사가 발행하는 사채를 갖고 있는 모든 사람들이 모인다는 사채권자집회는 과연 언제 무엇을 위해서 열리는 것이고 이와 관련한 상법의 규정은 무엇일까?

사람들이 모인다는 것은 어떤 목적이 있을 것이다. 친한 친구 사이라면 술 한잔 하면서 스트레스를 해소할 수도 있고, 같이 운동을 할 수도 있다. 경우에 따라서는 함께 공부를 하기도 한다. 그런데 서로 알지도 못하는 사람들이 같은 채권을 가졌다는 이유로 모이는 사채권자집회의 목적은 무엇일까? 바로 상법에 규정이 있거나 사채권자의 이해관계가 있는 사항 때문이다제490조.[51] 이 중 상법에서 규정된 것은 뒤에서 살펴볼 회사의 자본금을 줄이는 경우와 회사의 분할이나 합병과 같이 사채권자의 이익과 직접적으로 관련된

51) 제490조(결의사항) 사채권자집회는 이 법에서 규정하고 있는 사항 및 사채권자의 이해관계가 있는 사항에 관하여 결의를 할 수 있다. [전문개정 2011.4.14]

경우이고, 또 다른 사항은 바로 회사가 발행한 사채의 원금과 이자를 제대로 갚지 못하는 경우이다. 사실 이러한 경우가 모두 채권자 입장에서는 현재나 미래에 자신이 받아야 하는 사채의 원금이나 이자를 제대로 받을 수 있는지의 여부와 관련된 것이다.52)

이러한 사채권자집회의 소집권은 사채를 발행한 회사나 사채관리회사, 그리고 10% 이상의 사채권자가 갖고 있고제491조,53) 통지나 공고는 주주총회의 규정이 준용된다제491조의2.54) 사채권자집회에서의 의결권은 주주총회와 비슷하면서도 다른데 주주총회는 주식 1주마다 의결권이 1개이지만 사채권자집회에서는 의결권은 최소단위가 없고 전체금액에 대해서 갖게 된다제492조.55)

---

52) 따라서 사채권자집회가 열리는 경우는 기업의 합병이나 분할과 같은 예를 제외한다면 주로 회사가 파산위기에 처해져 있는 경우이다. 그와 같은 예로 들 수 있는 것이 웅진에너지, 대우해양조선 등이다: 김현정, "73억원 가진 웅진에너지, 당장 갚을 돈이 753억원", 파이낸셜뉴스, 2019년 3월 28일, 2면; 박정은, "대우조선해양, 숨통 텄다…5차례 사채권자집회 모두 통과, 자율적 구조조정 돌입", 전자신문, 2017년 4월 18일, 22면.

53) **제491조(소집권자)** ① 사채권자집회는 사채를 발행한 회사 또는 사채관리회사가 소집한다. [개정 2011.4.14]
② 사채의 종류별로 해당 종류의 사채 총액(상환받은 액은 제외한다)의 10분의 1 이상에 해당하는 사채를 가진 사채권자는 회의 목적인 사항과 소집 이유를 적은 서면 또는 전자문서를 사채를 발행한 회사 또는 사채관리회사에 제출하여 사채권자집회의 소집을 청구할 수 있다. [개정 2011.4.14]
③ 제366조 제2항의 규정은 전항의 경우에 준용한다.
④ 무기명식의 채권을 가진 자는 그 채권을 공탁하지 아니하면 전2항의 권리를 행사하지 못한다.

54) **제491조의2(소집의 통지, 공고)** ① 제363조 제1항 및 제2항은 사채권자집회를 소집할 경우에 이를 준용한다.
② 제1항에도 불구하고 회사가 무기명식의 채권을 발행한 경우에는 주주총회일의 3주(자본금 총액이 10억원 미만인 회사는 2주) 전에 사채권자집회를 소집하는 뜻과 회의의 목적사항을 공고하여야 한다.
[본조신설 2014.5.20]

55) **제492조(의결권)** ① 각 사채권자는 그가 가지는 해당 종류의 사채 금액의 합계액(상환받은 액은 제외한다)에 따라 의결권을 가진다. [개정 2011.4.14]
② 무기명식의 채권을 가진 자는 회일로부터 1주간 전에 채권을 공탁하지 아니하면 그 의결권을 행사하지 못한다.

즉 총 사채발행액이 1억원이고 1,000만원 사채권이 있으면 10%의 의결권이 있는 것인데 주주총회에서는 액면가액이 정해져 있는 1주의 주식마다 1개의 의결권이 있는 것과 비교하여 결과적으로 비슷하지만 조금 다르다. 그리고 이러한 의결권을 바탕으로 주주총회에서 사용하는 특별결의 방법으로 결정을 하게 되는데, 사채권자집회에서의 결의는 결의 자체로 효력이 발생하는 것이 아니라 결의의 인가를 법원에 청구해야 하고제496조,[56] 결의의 효력이 법원의 인가를 받았을 때 발생하는 것이 주주총회의 결의와는 다르다제498조.[57]

3. 전환사채와 신주인수권부사채

"부자가 3대를 가지 못한다"는 말에 대해 공감을 못하는 사람도 있겠지만 법률적으로도 부富가 3대까지 가는 게 쉽지만은 않다. 상속세율이 최대주주의 할증이 적용될 경우에는 65%까지 오르기 때문에 기업을 합법적으로 승계하는 것이 쉽지 않기 때문이다.[58] 그렇다보니 고 이건희 삼성그룹 회장님에 대한 상속세는 무려 11조원에 달했다.[59] 그래서 이러한 고율의 세율에 비판적인 사람들은 기업재산의 국유화나 다름없다고 주장하기도 한다.[60] 우리나라의 최

56) 제496조(결의의 인가의 청구) 사채권자집회의 소집자는 결의한 날로부터 1주간 내에 결의의 인가를 법원에 청구하여야 한다.

57) 제498조(결의의 효력) ① 사채권자집회의 결의는 법원의 인가를 받음으로써 그 효력이 생긴다. 다만, 그 종류의 사채권자 전원이 동의한 결의는 법원의 인가가 필요하지 아니하다.
② 사채권자집회의 결의는 그 종류의 사채를 가진 모든 사채권자에게 그 효력이 있다. [전문개정 2011.4.14]

58) 한예경 · 안병준 · 문재용, "기업들 '세계최고 상속세율 그냥 두면… 해외로 나갈 수밖에'", 매일경제신문, 2019년 6월 11일, A3면.

59) 김승한, "11조원 故 이건희 회장 주식 상속세… 미국이라면 7조원 수준", 매일경제신문, 2020년 12월 23일, available at https://www.mk.co.kr/news/business/view/2020/12/1312076/

60) 이관범, "약탈적 상속세, 기업재산 국유화와 다를바 없어", 문화일보, 2019년 4월 16일, 18면.

이재용 부회장

대 재벌인 삼성의 경우에도 경영권 승계에 관한 사건이 끊이지 않고 있다. 2019년에도 삼성바이오로직스의 분식회계 사건이 있었는데 이것 역시 핵심은 이재용 삼성그룹 부회장의 경영권 승계와 관련이 있다.[61] 그런데 삼성그룹의 경영권 승계와 관련하여 가장 큰 법률적 논란을 불러일으킨 사건은 사실 우리가 지금 배워야 하는 전환사채와 신주인수권부사채에 해당하는 삼성에버랜드의 전환사채 저가배정 사건과 삼성SDS의 신주인수권부사채 저가배정 사건이다.

1995년 고 이건희 회장님은 이재용 부회장에게 60억 8,000만원을 증여했다. 이재용 부회장은 당시 증여받은 금액으로 삼성그룹 비상장 계열사인 에스원의 주식 12만여 주를 23억원, 삼성엔지니어링 주식 47만주를 19억원에 매입했다. 그리고 얼마 뒤 두 회사는 상장된다. 이 부회장은 두 회사의 보유 주식을 605억원에 매각한 후 이 자금으로 삼성에버랜드 전환사채를 저가로 구매했다. 1996년 10월 30일 에버랜드 이사회는 에버랜드 전환사채를 주당 7,700원에 125만 4천주96억원 발행 결의하였으며, 이는 에버랜드 지분의 62.5%에 해당되는 수준이었다. 1996년 12월 3일 고 이건희 회장님 등 개인주주와 삼성전자, 제일모직, 중앙일보, 삼성물산 등 법인주주들이 주주 배정을 포기한 뒤 에버랜드 이사회는 이재용 부회장과 그의 여동생인 이부진, 이서현 씨에게 실권주를 배정하였으며 이를 통하여 에버랜드의 최대 주주가 되었다. 당시 이 부회장이 확보한 삼성에버랜드 주식 지분은 31.9%이며 이부진 호텔신라 대표와 이서현 삼성물산 패션부문장사장의 보유분은 각각 8.37%로 세 남매의 지분은 48.64%에 달했다. 그리고 1998년 삼성에버랜드는 비상장회사인 삼성생명을 주당 9,000원씩 344만주를 매입하였는데 그 결과 삼

61) 임재우 · 최현준, "복잡다단한 '삼바 회계사기'도 결국 … 이재용 위한 '빅픽처'", 한겨레신문, 2019년 7월 5일, 9면.

성에버랜드가 보유한 삼성생명 지분은 2.25%에서 20.67%로 증가했다. 이와 함께 삼성생명은 삼성전자 지분을 사들여 삼성전자의 최대주주가 됐는데 결국 에버랜드를 통하여 궁극적으로 삼성전자를 지배할 수 있게 된 것이다.[62)]

'삼성SDS의 신주인수권부사채BW 저가발행 사건' 역시 경영권 승계를 위해 삼성SDS의 신주인수권부사채를 이재용 삼성전자 부회장 등에게 발행하며 시장가격에 비해 훨씬 저렴한 가격에 삼성SDS 주식을 인수할 수 있게 한 사건이다. 1999년 당시 비상장회사였던 삼성SDS는 약 230억원 가량의 신주인수권부사채를 발행했다. 이를 이 부회장 등 6명이 매입했는데 그 과정과 인수가격이 적절했는지에 대한 논란이 일었다. 삼성SDS는 모든 주주에게 신주인수권부사채를 배정받을 기회를 주지 않고 특정 주주에게 제3자 배정방식으로 몰아주었다. 삼성SDS는 1999년 2월 26일 신주인수권부사채 321만 6,780주를 주당 7,150원총액 230억원에 발행해 SK증권에 전량 팔았고, SK증권은 바로 다음 날 이 부회장 등에게 10% 할증된 가격에 이를 다시 매각했다. 당시 비상장사였던 삼성SDS의 주식이 장외시장에서 거래되던 가격이 5~6만원대여서 신주인수권부사채가 현저하게 낮은 헐값에 발행됐다는 논란이 제기됐다. 법원은 신수인수권부사채 저가발행으로 인한 손해액을 227억원이라고 판단하고 당시 고 이건희 회장에게 징역 3년, 집행유예 5년을 선고했다.[63)]

결국 이재용 부회장은 증여받은 61억원을 종잣돈 삼아, 1996년 에버랜드 전환사채 48억원어치와 1999년 삼성SDS 신주인수권부사채 47억원어치 등을 통하여 부를 축적하고 삼성의 경영권을 확보하였는데, 당시 확보한 에버랜드 전환사채는 제일모직을 거쳐 3조 2,000억원이 넘는 삼성물산 주식이 됐고 삼성SDS 주식 가치도 1조 3,000억원에 이른다. 또한 이 부회장이 보유한 삼성그룹 지분은 6조 3,000억원에 이른다. 단순 계산하면, 종잣돈이 20여년 동

62) 유진상, "삼성전자 지주사 전환… 이재용 부회장, 60억 종잣돈으로 271조 그룹 승계 마무리 하나", 조선일보, 2016년 11월 30일, available at http://it.chosun.com/site/data/html_dir/2016/11/30/2016113085032.html

63) 박성민, "'삼성SDS BW 저가발행 사건'이란… 경영권 승계 위한 경영진 배임 혐의 재판", 재경일보, 2017년 4월 21일, available at http://news.jkn.co.kr/post/796371

안 1,000배로 불어난 셈이다.64)

상법이 제8절 사채에 따로 제3관 전환사채제513조부터 제516조와 제4관 신주인수권부사채제516조의2부터 제516조의11를 규정하고 있는 것은 삼성그룹의 경영권 승계사건과 관련이 있어서가 아니라 회사들이 사채 중 이 두 종류의 사채를 발행하는 빈도가 가장 많기 때문이다. 전환사채는 처음에는 사채로 발행되어지나 인수권자의 청구에 의해 주식으로 전환될 수 있는 것을 말하고, 신주인수권부사채는 사채를 발행할 때 주식을 살 수 있는 권리를 보너스로 함께 주는 사채이다. 이러한 종류의 사채가 발행되는 것은 회사는 망할 수 있으며 그 경우 사채를 가진 채권자는 손해를 볼 수 있기 때문이다. 한국신용평가에 따르면 'AA'등급 회사채의 3년 평균 누적부도율은 0.0%, 'A'등급은 0.38%, 'BBB'등급은 1.86%를 기록하고 있다. 그리고 '투기등급'에 속하는 'BB'등급의 3년 평균 누적부도율은 9.58%다.65) 이는 BB등급의 경우 10번 중에 1번의 가능성으로 큰 손해를 볼 수 있다는 것인데, 만약 전환사채나 신주인수권부사채인 경우에는 사채를 가진 자는 이러한 위험을 감수하는 대신 만약 회사가 경영을 잘해서 수익이 나고 그에 따라 주식가격이 오른다면 사채에서 얻게 되는 이자뿐만 아니라 주식을 통해서도 돈을 벌 수 있는 기회가 생기는 것이다. 이런 가능성 때문에 사채가 팔릴 수도 있고 또 이율이 상대적으로 낮아질 수도 있다.

이 같은 특징을 갖고 있는 전환사채나 신주인수권부사채는 모두 이사회의 결정에 의해서 발행할 수 있으며제513조/제516조의2,66) 원칙적으로 주식과

---

64) 최현준, "61억→6조 만든 마법…'삼바'가 이재용 승계 마지막 한수였다", 한겨레신문, 2018년 11월 26일, available at http://www.hani.co.kr/arti/economy/economy_general/871752.html

65) 백진규, "저금리 시대, 하위등급(BBB) 회사채 투자매력 커지나", 뉴스핌, 2019년 6월 11일, available at http://www.newspim.com/news/view/20190611000556; 또 다른 기사에서는 BBB급 기업의 10년간 부도율은 1.78%이고 3년간 부도율은 0.9%이나 BB급의 경우에는 10년간 부도율은 11.43%이고 3년간 부도율은 8.75%라고 한다: 백광엽, "한등급 차이인데…BB급 부도율 BBB급의 10배", 한국경제신문, 2010년 4월 12일, available at https://www.hankyung.com/finance/article/2010041205861

66) 제513조(전환사채의 발행) ① 회사는 전환사채를 발행할 수 있다.
② 제1항의 경우에 다음의 사항으로서 정관에 규정이 없는 것은 이사회가 이를 결정한

BW 발행 금액 및 건수 추이 (단위: 건, 원)

	2010년		2011년	
	건수	금액	건수	금액
코스피시장	38	6,000억	52	1조 1,000억
코스닥시장	235	1조 2,000억	223	1조 5,000억
합계	273	1조 8,000억	275	2조 6,000억

자료: 한국거래소

BW와 CB 차이점

	신주인수권부사채(BW)	전환사채(CB)
금리	일반 회사채보다 금리 낮고 만기는 더 길어	
권리	주식을 약속한 가격에 살 수 있는 권리	채권을 주식으로 바꿀 수 있는 권리
채권소멸	신주인수권 행사 후에도 채권 유지	전환한 뒤에는 회사채 소멸
추가자금	주식을 살 때 행사가격 기준으로 매입 자금 납입	추가 자금 납입 없음
분리여부	채권과 인수권 분리해 매매 가능	분리형 없음

^ 전환사채와 신주인수권부사채

같이 주주가 그가 가진 주식의 수에 따라서 배정받을 권리가 있다제513조의2 제1항/제516조의2 제4항.67) 특히 신주인수권부사채의 경우에는 신주인수권만 신주인수권증권의 양도를 통해서 매각할 수도 있다제516조의6 제1항.68)

다. 그러나 정관으로 주주총회에서 이를 결정하기로 정한 경우에는 그러하지 아니하다.
제516조의2(신주인수권부사채의 발행) ① 회사는 신주인수권부사채를 발행할 수 있다. ② 제1항의 경우에 다음의 사항으로서 정관에 규정이 없는 것은 이사회가 이를 결정한다. 그러나 정관으로 주주총회에서 이를 결정하도록 정한 경우에는 그러하지 아니하다. [개정 2011.4.14]

67) 제513조의2(전환사채의 인수권을 가진 주주의 권리) ① 전환사채의 인수권을 가진 주주는 그가 가진 주식의 수에 따라서 전환사채의 배정을 받을 권리가 있다. 그러나 각 전환사채의 금액 중 최저액에 미달하는 단수에 대하여는 그러하지 아니하다.
제516조의2(신주인수권부사채의 발행) ④ 주주 외의 자에 대하여 신주인수권부사채를 발행하는 경우에 그 발행할 수 있는 신주인수권부사채의 액, 신주인수권의 내용과 신주인수권을 행사할 수 있는 기간에 관하여 정관에 규정이 없으면 제434조의 결의로써 이를 정하여야 한다. 이 경우 제418조 제2항 단서의 규정을 준용한다. [개정 2001.7.24]

68) 제516조의6(신주인수권의 양도) ① 신주인수권증권이 발행된 경우에 신주인수권의 양도는 신주인수권증권의 교부에 의하여서만 이를 행한다.

이러한 전환사채나 신주인수권부사채 말고도 회사는 다양한 사채의 발행이 가능하다제469조 제2항.69) 예를 들어 사채권자가 사채발행회사로부터 사채이자 외에 이익배당에도 참여할 권리가 부여된 사채인 이익참가부사채도 회사는 발행할 수 있고제469조 제2항 제1호, 사채권자가 사채발행회사에 대하여 회사소유의 주식이나 기타 유가증권으로 교환을 청구할 수 있는 권리가 부착된 교환사채의 발행도 가능하며제469조 제2항 제2호, 사채발행회사가 회사 소유의 주식이나 그 밖의 다른 유가증권으로 상환할 수 있는 상환사채 또한 발행이 가능하다제469조 제2항 제2호. 그리고 유가증권이나 통화 등의 변동과 연계하여 미리 정해진 방법에 따라 상환 또는 지급금액이 결정되는 파생결합사채 역시 발행할 수 있다제469조 제2항 제3호. 이는 주식발행에 있어서도 종류주식의 발행으로 인하여 다양한 주식을 발행할 수 있는 것처럼 사채발행 역시 시장의 수요에 맞는 여러 종류의 발행이 가능함을 의미한다. 동네 아이스크림 가게만 다양한 상품을 구비하고 있는 것이 아니라 이처럼 회사도 여러 종류의 사채를 시장의 구미에 맞게 발행할 수 있는 것이다.

69) 제469조(사채의 발행) ② 제1항의 사채에는 다음 각 호의 사채를 포함한다.
1. 이익배당에 참가할 수 있는 사채
2. 주식이나 그 밖의 다른 유가증권으로 교환 또는 상환할 수 있는 사채
3. 유가증권이나 통화 또는 그 밖에 대통령령으로 정하는 자산이나 지표 등의 변동과 연계하여 미리 정하여진 방법에 따라 상환 또는 지급금액이 결정되는 사채

제5절 ▶ 정관의 변경

이번 절에서는 정관의 변경에 대해서 알아본다. 정관에 대한 간략한 설명은 이미 제1절인 '설립' 부분에서 설명하였다. 회사를 만드는 첫 번째 과정이 바로 정관을 만드는 일이기 때문이다. 따라서 이미 만들어진 정관에 대한 변화에 대해서만 이 절에서 다루게 된다. 정관변경을 규정하고 있는 제5절은 5개의 조항으로 구성되어 있고, 그 중에서 제437조는 삭제되었기 때문에 남아 있는 조항은 4개에 불과한 작은 절이다. 하지만 정관변경을 두고 많은 일들이 현실에서는 벌어지고는 한다. 어떤 내용이 있는지 살펴보도록 하자.

요사이는 초등학교 입학 전부터 배울 것도 많고 해야 할 것도 많다. 태권도, 수영, 피아노 등은 초등학교 입학하기 전에 이미 다 끝내야 하는 분야이다. 그 이후에는 본격적으로 영어와 수학공부에 전념해서 영어는 초등학교 졸업 이전에 나는 대학교 때나 응시했던 토플시험에서 우수한 성적을 받아야 하고, 수학은 미적분과 같은 고등학교 때 배워야 하는 부분을 어느 정도는 미리 해두어야 한다고 한다. 그래야 특목고에도 갈 수 있고 궁극적으로 원하는 좋은 대학도 갈 수 있다는 것이다. 얼마나 좋은 대학에 대한 열망이 큰지 종편에서 방영했음에도 불구하고 〈SKY 캐슬〉이라는 드라마가 아이를 가진 부모들의 강력한 지지로 엄청난 시청률을 자랑하기도 했었다.[1] 이런 현실이다 보니 아이들이 느긋하게 앉아서 책을 볼 시간도 없고 생각에 잠길 시간도 부족하다. 이에 비해서 나는 행복한(?) 학창 시절을 보낸 것 같다. 중·고등학교 시절에도 가벼운 칼럼집에 키득키득 거리며 즐거워하기도 하고, '제3세대 한국문학'이라는 전집에 있던 '난장이가 쏘아올린 작은 공'과 같은 삶에 대한 조금 심각한 내용의 책을 읽으면서 우리나라의 현실을 고민해보기도 했었다.

1) 김윤지, "'SKY 캐슬', 자체 최고 23.2%… 비지상파 드라마 새 역사", 이데일리, 2019년 1월 27일, available at http://www.edaily.co.kr/news/read?newsId=01121766622361984&mediaCodeNo=258

^ 법도 끊임없이 개정하는데 하물며 정관이야…

그 중에서 지금도 편안하게 기억나는 것은 앤디 루니Andrew Aitken Rooney라는 미국 CBS방송국에서 활동한 유명한 라디오 및 텔레비전 작가가 쓴 「대통령과 임금님」이라는 책이다. 미국 공무원들의 무능력을 예를 들어 한탄하면서 걱정하다가 다른 나라 공무원들 역시 미국 못지않게 비효율적이고 무능력해서 그나마 다행이라고 안도하는 내용이 나온다.[2] 나도 그 내용을 보면서 비록 투표권도 없는 한참 어린 중학생이었지만 우리나라만 그런 게 아니라고 위안을 삼은 적이 있는데 문제는 30년이 훨씬 지난 지금에도 전혀 변한 게 없는 게 현실이다. 아직도 예산은 낭비되고 공공사업은 몇 년이 지나도 진척이 없는 경우가 흔하다.

그런데 그 많은 국가기관 중에서도 신뢰도가 최하인 기관이 국회이다.[3] 세월이 지나도 국민의 원하는 모습보다는 변함없이 당리당약이나 국회의원 스스로의 이익을 위하여 일을 하다가 국민을 실망시키는 경우가 많다. 하지만 자료를 면밀하게 살펴보면 국회에 대한 막연한 인상보다는 국회도 지표상으로는 의외로(?) 발전된 모습을 보이고 있다. 사회가 변하면서 거기에 발맞추어 법을 새롭게 만들거나 개정을 해야 하는데 이 현황을 살펴보면 예전에 비해서 국회가 일을 많이 하고 있는 것이다. 제16대 국회2000~2004년에서는 944건에 대해서 법을 신설하거나 개정한 것에 비해서 제17대2004~2008년에서는 1,913건, 제18대2008~2012년에서는 2,353건, 제19대2012~2016년에서는 7,414건에 이를 정도로 늘어난 것이다.[4] 이 수치만 보면 국회의원들이 완벽하게 놀

2) 앤디 루니, 「대통령과 임금님」 (김균 역, 청조사, 1985).

3) 이가영, "국민이 가장 신뢰하는 기관 꼴찌는 국회 … 1위는?", 중앙일보, 2018년 11월 2일, available at https://news.joins.com/article/23088250

4) 차현숙 · 강현철, 「19대 국회 입법현황 및 향후 입법 방향성 분석 연구」 (한국법제연구원, 2016), 17면.

고먹지만은 않았다. 하지만 이러한 현상을 국회가 가만히 있으면 안 되는 상황이 우리 사회에서 벌어지고 있다고 볼 수도 있다. 예전과는 다르게 사회의 변화 폭이 큰 것이다. 이런 변화는 회사에서도 벌어진다. 회사가 처음 만들어졌을 때의 정관을 그대로 갖고 운영하기가 어렵다. 자본금을 늘려야 할 수도 있고정관의 발행한 주식의 수 변경, 새로운 사업에 진출을 해야 할 수도 있다정관의 목적 변경. 대한민국의 법은 국회에서 통과된 후 국무회의에 상정되면 대통령의 재가 후 공포를 통해 새롭게 만들어지거나 수정된다. 그렇다면 회사 내부에서 법의 역할을 하는 정관의 변경은 어떻게 이루어질까?

회사에서 정관변경에 대한 조항은 매우 간단하다. 우리는 앞에서 주주총회에 대해서 살펴보면서 결의방법에 대해서 이미 알아보았다. 정관변경은 주주총회를 통해 이루어지며제433조,[5] 주주총회의 보통결의, 특별결의, 특수결의라는 3가지 결의방법 중 특별결의에 의해서 할 수 있다제434조.[6] 정관은 회사 내에서는 마치 자치법과 같은 역할을 하기 때문에 회사의 궁극적인 주인인 주주가 모여 결정하는 것이 당연하다. 그리고 정관의 중요성에 비추어 결의방법도 좀 더 엄격한 요건을 요구하고 있는 특별결의 방법을 통해서만 이루어지게 된다. 이런 이유로 국민연금이 한진그룹의 경영에 참여할 수도 있다는 결정을 하면서 고 조양호 회장님이 배임 등의 혐의에 대해 유죄판결을 받을 경우 정관변경을 통해 해임시키겠다고 한 발표에 대해서 현실적으로 어렵다는 평이 나오기도 했었다. 이미 대주주의 일가가 29%의 지분을 갖고 있기 때문에 주주총회에 참여하는 의결권의 3분의 2 이상, 즉 66.7% 이상의 동의를 받는 것이 쉽지 않았기 때문이다.[7]

정관변경의 절차자체에 비해서 더 큰 법적 이슈가 되는 조항이 바로 435조종류주주총회에 대한 규정이다.[8] 앞에서주식부분 살펴본 종류주식을 갖고 있

5) 제433조(정관변경의 방법) ① 정관의 변경은 주주총회의 결의에 의하여야 한다.

6) 제434조(정관변경의 특별결의) 제433조 제1항의 결의는 출석한 주주의 의결권의 3분의 2 이상의 수와 발행주식총수의 3분의 1 이상의 수로써 하여야 한다.

7) 변종국 · 배석준, "한진 '경영위축 우려' … 정관변경은 표대결 시사", 동아일보, 2019년 2월 2일, A3면.

^ 헤지펀드 엘리엇의 폴 싱어 회장

는 주주가 정관변경을 통해 손해를 보게 된다면 종류주주총회를 거쳐야 하고 이 경우 주주총회의 특별결의 방법을 따라야 한다는 내용을 갖고 있다. 이 조항과 관련해서는 판례도 거의 없었다. 그런데 삼성물산과 제일모직의 합병을 반대하면서 큰 논란을 일으켰던 유명한 헤지펀드인 엘리엇이 개입된 사건이 하나 있다. 바로 같은 삼성그룹의 계열사인 삼성전자와 관련된 사건이며 종류주주총회와 관련되어 있다. 삼성전자가 1999년 기존 우선주의 배당률을 높이고 신규발행 우선주를 10년 후에 보통주로 전환할 수 있도록 정관을 변경했다가 이를 다시 2002년 주주총회의 정관변경을 통하여 폐지를 시도하였다. 그런데 이 당시 삼성전자는 우선주가 보통주로 전환하는 권리가 삭제되는 것이 종류주식을 가진 주주에게 꼭 손해를 입히는 것이 아니라는 이유삼성전자가 발행한 우선주는 보통주에 비해서 의결권은 없지만 배당에 대해서는 우선권을 갖고 있다로 제435조에 근거한 종류주주총회를 열지 않았다. 이에 대해서 헤지펀드인 엘리엇의 자회사인

8) 제435조(종류주주총회) ① 회사가 종류주식을 발행한 경우에 정관을 변경함으로써 어느 종류주식의 주주에게 손해를 미치게 될 때에는 주주총회의 결의 외에 그 종류주식의 주주의 총회의 결의가 있어야 한다. [개정 2011.4.14]
② 제1항의 결의는 출석한 주주의 의결권의 3분의 2 이상의 수와 그 종류의 발행주식총수의 3분의 1 이상의 수로써 하여야 한다. [개정 1995.12.29]
③ 주주총회에 관한 규정은 의결권없는 종류의 주식에 관한 것을 제외하고 제1항의 총회에 준용한다.

맨체스터 시큐리티즈가 종류주주총회를 열지 않았으므로 주주총회 결의가 무효라고 소송을 낸 것이다. 그러면서 동시에 엘리엇은 삼성전자에 대해서 자신들이 갖고 있는 우선주를 보통주의 가격으로 사달라는 그린메일대주주 지분이 약하거나 경영권이 취약한 기업을 대상으로 일정 주식을 사들인 뒤 높은 가격에 대주주 등을 상대로 되팔아 프리미엄을 챙기는 행위을 시도했다고 한다.[9] 대법원은 주주에게 손해를 미치게 될 때에 해당함을 이유로 종류주주총회의 필요성은 인정했지만 종류주주총회를 열지 않았다고 해서 주주총회결의 자체에는 효력을 미치지 않는다고 판결하여 주주총회 전체가 무효로 되지는 않는다는 입장을 분명히 하였다.[10] 결국에는 엘리엇이 삼성전자를 상대로 하여 소송에서는 승리했지만 그린메일도 실패하였고, 주주총회를 무효화시키지도 못함으로써 실질적인 이득을 취한 것은 없었다.

이런 악연 때문이었는지 엘리엇은 삼성물산과 제일모직의 합병에 또다시 개입을 하며 엄청난 소송전을 전개하기도 했었다. 이때는 제436조준용규정[11]를 이용하였다. 회사의 분할이나 합병시에도 우선주와 같은 종류주식을 가진 주주들이 손해를 보아서는 안 된다는 조항을 이용한 것이었다. 우리가 앞으로 합병 부분에서 살펴볼 삼성물산과 제일모직 사건에서 삼성물산 우선주를 갖고 있는 주주들이 두 회사의 합병시에도 우선주를 가진 주주에게 손해가 입혀졌으므로 종류주주총회가 필요하다는 주장을 한 것이다. 이때 법원은 합병 중단을 위한 가처분 소송을 기각하면서 이들의 주장을 받아들이지 않았다.[12] 하지만 엘리엇이 우선주와 같은 종류주식을 가진 주주들이 자신의 이익을 지키기 위한 효과적인 수단을 이용한 것은 분명하다.

---

9) 서양원, "삼성전자 우선株主 그린메일 시도했다", 매일경제신문, 2004년 7월 14일, available at http://news.mk.co.kr/newsRead.php?year=2004&no=255967

10) 대법원 2006.1.27., 선고, 2004다44575, 판결

11) **제436조(준용규정)** 제344조 제3항에 따라 주식의 종류에 따라 특수하게 정하는 경우와 회사의 분할 또는 분할합병, 주식교환, 주식이전 및 회사의 합병으로 인하여 어느 종류의 주주에게 손해를 미치게 될 경우에는 제435조를 준용한다.

12) 한정수, "法, 삼성물산 소액주주 '합병무효' 가처분 신청 각하", 중앙일보, 2015년 9월 2일, available at https://news.joins.com/article/18577119

제6절 ▶ 자본금의 감소

제6절인 '자본금의 감소'는 회사법을 다루는 대부분의 책에서는 제7절인 회사의 회계와 같이 다룬다. 자본금의 감소에서 가장 중요한 부분인 자본금에 대한 정의 규정이 제7절에 해당하는 제451조이기 때문이다. 우리 책에서는 가급적이면 상법의 순서대로 진행하려 하고 있기 때문에 제7절의 회계 부분에서 이를 살펴보는 것이 아니라 자본금의 정의와 함께 독립적으로 자본금의 감소 부분을 살펴보도록 하겠다. 9개 조항으로 구성되어 있지만 제451조도 같이 확인해야 하므로 우리가 보아야 하는 조항의 수는 모두 10개 조항이며, 크게 자본금에 대한 정의와 자본금 감소의 절차, 그리고 이에 수반하는 주식의 병합절차로 나누어 볼 수 있다. 자세하게 살펴보도록 하자.

지금은 주로 신용카드나 모바일 결제 등을 통하여 돈을 쓰기 때문에 현금을 갖고 다닐 일이 점점 줄어들고 있다. 내 지갑에도 갖고 있는 현금이 10만원을 넘긴 적이 별로 없다지금 확인해보니 현재 3만 5천원의 현금을 갖고 있다. 물론 이 정도의 돈만을 갖고 다니는 일이 나에게만 해당되는 것은 아니다. 한국은행에 조사에 따르면 우리나라 가장들은 지갑에 평균 7만 8,000원 정도만을 넣고 다니고 있고, 집에 예비용 현금을 두지 않는 경우도 80%에 육박한다고 한다.[1)] 하지만 예전에는 조금 달랐다. 술을 드시면 늘 나와 내 동생에게 용돈을 주시던 1970년대의 나의 아버지는 지갑 속에 꼭 10만원짜리 수표 한 장을 항상 넣어두고 계셨다지금은 내가 용돈을 제대로 못 드려서인지 수표는 없는 듯하다. 일종의 비상금이었던 것 같다. 그런데 회사도 우리의 지갑과 마찬가지로 종자돈이 존재한다. 바로 자본금이다.

지갑에 돈이 많으면 든든한 것은 우리 같은 보통사람만이 아니다.

1) 고경봉 · 정지은, "지갑에 얼마 있나요? … 家長들 평균 7만 8,000원", 한국경제신문, 2019년 4월 17일, A14면.

회사도 마찬가지이다. 회사가 갖고 있는 돈이 많으면 많을수록 망할 확률은 그만큼 줄어든다. 주식회사의 자본금이란 회사가 갖고 있어야 할 돈과 매우 밀접한 관련이 있다. 자본금은 발행주식의 액면총액을 의미하는데제451조2) 액면가가 정해지지 않은 무액면주식도 상법상 발행할 수는 있지만 현실적으로는 이용되고 있지 않고 있으므로 큰 의미는 없다우리나라 기업 중에서 지금까지 무액면주식을 발행한 기업이 하나도 없다.3) 따라서 주식회사의 자본금은 주식의 액면가에 발행한 주식의 총수를 곱하게 되면 산출되는데자본금=액면가×발행한 주식의 총수, 만약 발행한 주식의 숫자가 10,000주이고 액면가가 5,000원이라면 그 회사의 자본금은 5,000만원이 된다.

회사의 자본금

그런데 이러한 자본금을 회사는 원칙적으로 어떤 형태로든지 수중에 갖고 있어야 한다. 앞에서 살펴본 주식회사의 특징 중 하나가 바로 자본금이고 이미 우리는 자본금에 관한 원칙자본금 확정, 유지, 불변을 살펴보았다. 회사가 자본금을 많이 갖고 있다는 것은 결국 채권자 입장에서는 내가 빌려준 돈을 받아 낼 가능성이 높다는 것이고, 주주의 입장에서는 내가 소유하고 있는 회사가 망할 가능성이 적다는 것이다. 예를 들어서 미국의 제너럴모터스의 경우 금융기관이 아닌데도 불구하고 미국에서 가장 큰 자동차 생산 회사가 파산할 경우 미국경제에 끼칠 악영향을 우려하여 오마바 행정부는 2008년 금융위기 당시 495억달러한화 약 52조원의 재정지원을 했었다.4)5) 대마불사Too big to fail6)라

2) 제451조(자본금) ① 회사의 자본금은 이 법에서 달리 규정한 경우 외에는 발행주식의 액면총액으로 한다.

3) 이현, "존재감 잃은 무액면주식 … 도입 후 6년간 국내기업 발행 0", 중앙일보, 2018년 2월 28일, 경제3면.

4) 자세한 사항은 박민우, "크라이슬러와 제너럴모터스의 도산사건이 우리나라의 도산제도에 주는 시사점: 시스템리스크와 도산절차", 「상사법연구」 제30권 제4호 (한국상사법학회, 2012).

는 용어가 주로 금융기관에 적용되는 것이 사실이지만 경우에 따라서는 이 같이 제조업체에 적용되기도 한다. 우리나라의 경우 사실 대우조선해양과 같은 경우가 이에 해당한다대우조선해양에 투입된 공적자금이 7조원을 넘는다.7) 망하기에는 너무 큰 기업인 것이다. 결국 큰 회사일수록 망할 가능성도 낮고 거래시 돈을 못 받을 가능성이 작아진다. 자본금은 이 같은 회사 크기를 나타내는 중요한 척도 중의 하나이다. 자본금이 큰 회사일수록 당연히 망할 가능성은 낮아지기에 자본금이 5,000만원짜리 회사는 매일 같이 몇 개씩 파산하고 있지만, 5,000억짜리 회사는 어지간해서는 죽지 않고 살아난다경제에 큰 악영향을 주기 때문에 정부가 금융기관을 동원해서 살려낸다.

그런데 이 절의 제목이 바로 '자본금의 감소'이다. 내가 어떤 회사의 주식을 갖고 있거나 거래를 하고 있는데 그 회사가 자본금을 줄이겠다면 나에게 어떤 영향을 미칠까? 이미 바로 앞에서 본 것처럼 주주의 경우라면 회사가 망할 가능성이 높아지는 것이고, 채권자의 입장이라면 돈을 받지 못할 가능성이 커지는 것이다. 그래서 상법은 회사가 정상적인 상태에서 자본금을 줄일 경우에는 조건을 엄격하게 정해 놓았다. 우선 주주를 위해서는 자본금을 줄일 경우 주주총회에서 보통결의가 아닌 참석한 의결권의 3분의 2 이상과 전체 의결권수의 3분의 1 이상인 특별결의를 하여야만 가능하게 해 놓았다제438조 제1항.8) 그리고 채권자를 보호하기 위해서 주주뿐만 아니라 채권자들의 승인

5) 강일선, "GM CEO, 미 정부의 구제금융 손실에 보상 책임 없어", 파이낸셜뉴스, 2013년 12월 17일, available at http://www.fnnews.com/news/201312171354549110?t=y

6) 대마불사(大馬不死)라는 용어는 원래 바둑에서 여러 개의 돌로 이루어진 곤마인 대마는 돌덩어리가 큰 만큼 여러 방면으로 활로를 모색할 수 있으며, 대마가 잡히는 것은 패배나 다름없기에 기사가 혼신을 다해 살려내려 하므로 쉽게 잡히지 않는다는 뜻이었으나 경제와 관련된 의미는 기업의 덩치가 너무 커서 자칫 그 기업이 무너질 경우 경제 전체로 위기가 파급되어 경제공황이 올 가능성이 있어 차마 그 기업을 망하게 하지 못하는 것을 말한다.

7) 이승환, "정부 바라기 대우, 주주 바라기 현대 · 삼성 … 조선업계는 여전히 '보릿고개' 사투 중", 헤럴드경제신문, 2018년 1월 5일, available at http://news.heraldcorp.com/view.php?ud=20180105000286

8) 제438조(자본금 감소의 결의) ① 자본금의 감소에는 제434조에 따른 결의가 있어야 한다.

역시 요구하고 있다제439조 제2항.[9] 자본금의 감소에는 제232조를 준용하도록 되어 있는데 이 조항의 제3항에서는 채권자가 자본금을 줄이는데 반대를 하면 그 채권자에 대해서 미리 변제를 하거나 담보를 제공 또는 재산을 신탁회사에 신탁하여야 하는 것으로 규정하고 있다.[10] 즉 채권자들이 자신들은 걱정 없이 돈을 받겠다고 확신해서 승인해야 회사는 자본금을 줄일 수 있는 것이다.

김치냉장고 딤채

김치냉장고로 '딤채'를 만드는 것으로 유명한 위니아만도는 원래 자동차용 에어컨으로 유명한 만도그룹의 산하였지만 IMF 경제위기 이후 스위스계인 UBS 은행의 UBS 컨소시엄에 지분 100%가 2천 350억원에 팔렸는데 UBS 컨소시엄은 2001년 12월에 750억원, 2002년 4월에 601억원이나 자본금을 줄였다. 이는 투입자금을 최대한도로 신속하게 회수하려는 정책 때문이었다UBS 컨소시엄은 배당을 통해서도 722억원을 가져갔고, CVC라는 펀드에 다시 2천 300억원에 매각하였다.[11] 상법의 자본금에 관한 원칙 때문에 회사는 정관에 기재된 자본금 등을 계속해서 보유하고 있어야 한다. 따라서 돈을 회수하기 위해서는 미리 자본금을 줄이는 일을 먼저 할 수밖에 없는 것이다.

이처럼 펀드가 회사를 매입한 외국인 투자자 중에서는 장기적인 전략을 갖고 회사의 경영을 통해 이익을 내려 하기보다는 최단기간 내에 수익을 올려 다시 투자자금을 회수하려 하기 때문에 더더욱 이런 성향이 강하다. UBS

9) 제439조(자본금 감소의 방법, 절차) ② 자본금 감소의 경우에는 제232조를 준용한다. 다만, 결손의 보전을 위하여 자본금을 감소하는 경우에는 그러하지 아니하다.

10) 제232조(채권자의 이의) ③ 이의를 제출한 채권자가 있는 때에는 회사는 그 채권자에 대하여 변제 또는 상당한 담보를 제공하거나 이를 목적으로 하여 상당한 재산을 신탁회사에 신탁하여야 한다.

11) 서송희, "바뀐 주인마다 한몫 챙겨 '먹튀'… 위니아만도 무슨 일이?", 뉴스1, 2014년 4월 7일, available at http://news1.kr/articles/?1621726

컨소시엄인 경우 지분의 100%를 갖고 있어 따로 다른 주주의 동의도 필요 없었고, 채무도 없었으므로 자본금을 줄이는 것을 주주나 채권자는 막을 수 없었다. 다만 회사의 미래를 염려한 근로자들만이 반대를 했을 뿐이다.[12)]

하지만 주주와 채권자의 승인절차가 결손의 보존을 위해서 하는 것이라면 상법에서 요구하는 조건이 달라진다. 즉 영업이 잘되지 않아 계속해서 적자를 내는 회사는 정관에서 정해놓은 자본금을 실질적으로 갖고 있을 수가 없다. 이럴 경우 배당을 할 수도 없고자본금 등의 배당가능금액이 회사가 실질적으로 갖고 있어야 배당을 할 수 있다, 회사 생존을 위해 매각 등을 하는 것도 어려워진다실질적으로는 자산이 없는 깡통회사이기 때문에 주주는 매각을 해도 받을 수 있는 것이 거의 없다. 그래서 자본금을 줄이는 감자減資가 필요한데자본금을 줄여 배당을 가능하게 하고, 자본금이 줄어들면서 발행한 주식수가 같이 줄기 때문에 매각 절차 등에서 필요한 의결권 숫자가 줄어들게 된다 이때는 주주총회에서도 특별결의가 아닌 보통결의만 있으면 된다제438조 제2항.[13)] 그리고 채권자 보호절차도 필요 없다제439조 제2항 단서조항.[14)] 금호산업의 경우 자본금을 2조 5천억원 정도에서 4천억원 수준으로 줄인 일이 있고,[15)] 두산건설도 주식 10주를 1주로 만드는 주식병합절차를 통해 자본금을 줄이기도 했다.[16)] 일본의 유명 가전회사인 샤프Sharp는 심지어 자본금의 99% 이상자본금 1천 200억엔을 1억엔으로 감소을 줄이기도 했다.[17)] 이 같은 자본금의 감소절차는 만약 중대한 하자가 있는 경우 주주 등은 무효의 소송을 제기할 수도 있는데 변경등기가 된

12) 양효석, "위니아만도, 회사자금 국외유출 논란 확산", 이데일리, 2006년 3월 17일, available at https://www.edaily.co.kr/news/read?newsId=01781046579784304&mediaCodeNo=257&OutLnkChk=Y

13) **제438조(자본금 감소의 결의)** ② 제1항에도 불구하고 결손의 보전(補塡)을 위한 자본금의 감소는 제368조 제1항의 결의에 의한다.

14) **제439조(자본금 감소의 방법, 절차)** ② 자본금 감소의 경우에는 제232조를 준용한다. 다만, 결손의 보전을 위하여 자본금을 감소하는 경우에는 그러하지 아니하다.

15) 박선희, "금호산업 減資… 이틀째 급락", 동아일보, 2010년 8월 27일, B9면.

16) 김제림, "주총 앞두고 '減資주의보'", 매일경제신문, 2016년 3월 4일, A14면.

17) 김신회, "日 샤프, '중소기업' 된다…'경영난에 99% 감자 추진'", 머니투데이, 2015년 5월 9일, available at http://news.mt.co.kr/mtview.php?no=2015050911473542710&type=1&MLA

날로부터 6개월 이내에 해야 한다제445조.[18]

'자본금의 감소'에는 주로 회사가 자본금을 감소하기 위한 절차를 규정한 조항들이 있지만 이와 더불어 주식의 병합과 관련한 조항들도 있다. 주식의 병합이 꼭 앞에서 본 자본금의 감소를 동반할 필요는 없다. 자본금은 이미 본 것처럼 주식의 액면가액×발행한 주식의 총수로 구할 뿐이다. 그런데 주식의 병합이란 말 그대로 기존에 발행한 주식을 합치는 것이다. 그래서 주식병합의 결과가 꼭 자본금의 감소로 이어질 필요는 없다. 예를 들어 액면가액은 10배로 올리면서 주식을 10주를 1주로 병합한다면 자본금의 실질적 감소는 없다500원×10,000주와 5,000원×1,000주는 동일하다. 주식시장에서 주식가격이 너무 낮을 경우 일부러 액면가를 높이고 주식수를 병합해서 시장가격을 높게 보이게 하는 경우도 많다2018년의 경우 병합을 통해 주식가격을 올린 경우가 9건 있었다.[19] 그렇지만 이러한 경우보다 주식의 병합은 자본금을 줄이기 위한 방편으로 많이 사용된다. 액면가를 그대로 두고 주식을 병합하면 자본금이 줄어들기 때문이다. 조선업의 불황으로 STX의 경우 10주를 1주로 병합하여 자본금을 4,785억원에서 478억원으로 10분의 1로 줄이기도 했고,[20] 코오롱의 자회사이자 아우디의 국내 판매법인인 코오롱아우토는 주식수를 3,505만주에서 140만주로 줄여 자본금을 1,753억원에서 70억원으로 줄이기도 했다.[21]

이러한 주식의 병합절차에 대하여 상법이 몇몇 조항에서 규정을 하고 있지만 대부분 기술적인 내용들이다. 병합을 하기 위해서는 1달 이상 공고

18) 제445조(감자무효의 소) 자본금 감소의 무효는 주주 · 이사 · 감사 · 청산인 · 파산관재인 또는 자본금의 감소를 승인하지 아니한 채권자만이 자본금 감소로 인한 변경등기가 된 날부터 6개월 내에 소(訴)만으로 주장할 수 있다. [전문개정 2011.4.14]

19) 이정은, "예탁원 '지난해 주식액면변경 전년比 11.4% 감소'", 파이낸셜뉴스, 2019년 1월 8일, available at http://www.fnnews.com/news/201901080921061190

20) 이지혜, "STX, 임시주총에서 자본금 10%로 줄이는 안건 승인받아", Business POST, 2017년 10월 20일, available at http://www.businesspost.co.kr/BP?command=article_view&num=61668

21) 장우진, "코오롱아우토, 96% 감자 결정 … 자본금 1,753억→70억 축소", 머니S, 2019년 1월 18일, available at http://moneys.mt.co.kr/news/mwView.php?no=2019011817338034754

를 해야 한다든가제440조,22) 공고기간이 만료된 이후에야 병합의 효과가 있다든가제441조,23) 주권의 교부의 방법제442조,24) 단주의 처리방법제443조, 단주의 처리방법이란 만약 지금 2주를 갖고 있는데 10분의 1로 병합이 되면 0.2주를 갖게 된다. 이 경우 주식을 갖지 못하게 되고 돈으로 받게 되는 것이다25) 등이다.

---

22) 제440조(주식병합의 절차) 주식을 병합할 경우에는 회사는 1월 이상의 기간을 정하여 그 뜻과 그 기간 내에 주권을 회사에 제출할 것을 공고하고 주주명부에 기재된 주주와 질권자에 대하여는 각별로 그 통지를 하여야 한다. [개정 1995.12.29]

23) 제441조(동전) 주식의 병합은 전조의 기간이 만료한 때에 그 효력이 생긴다. 그러나 제232조의 규정에 의한 절차가 종료하지 아니한 때에는 그 종료한 때에 효력이 생긴다.

24) 제442조(신주권의 교부) ① 주식을 병합하는 경우에 구주권을 회사에 제출할 수 없는 자가 있는 때에는 회사는 그 자의 청구에 의하여 3월 이상의 기간을 정하고 이해관계인에 대하여 그 주권에 대한 이의가 있으면 그 기간 내에 제출할 뜻을 공고하고 그 기간이 경과한 후에 신주권을 청구자에게 교부할 수 있다.
② 전항의 공고의 비용은 청구자의 부담으로 한다.

25) 제443조(단주의 처리) ① 병합에 적당하지 아니한 수의 주식이 있는 때에는 그 병합에 적당하지 아니한 부분에 대하여 발행한 신주를 경매하여 각 주수에 따라 그 대금을 종전의 주주에게 지급하여야 한다. 그러나 거래소의 시세있는 주식은 거래소를 통하여 매각하고, 거래소의 시세없는 주식은 법원의 허가를 받아 경매 외의 방법으로 매각할 수 있다. [개정 1984.4.10]
② 제442조의 규정은 제1항의 경우에 준용한다. [개정 1984.4.10]

제 7 절 ▶ 회사의 회계

이번 절에서는 회사의 회계에 대해서 알아본다. 회계는 제446조의2부터 제468조에 규정되어진 35개 조항으로 이루어져 있는데, 그 중 10개 조항은 이미 삭제되어 실질적으로 알아야 할 조항은 25개 조항이다. 재무제표와 자본금 등 회사가 갖고 있어야 할 자금과 배당, 그리고 주주의 회계감독권 등과 관련된 내용으로 구성되어 있다. 상법이 회계학과 관련되어 있는 이 부분에 대해서 얼마나 상세하게 관여하고 있는지 살펴보자.

1. 회계학과 법학(회계학은 회계학자의 손에 맡기자)

최근 경영학에서는 혁신과 기업가정신, 빅데이터 등이 중요시되면서 수학이나 공학 등과의 협업이 중요한 과제로 떠올랐지만 전통적으로 경영학에서 가장 중요시하는 인접학문은 바로 회계학이다. 나는 경영학이 아니라 상법을 가르치고 있지만 상법에서 중요하게 생각하는 학문이 바로 경영학이기 때문에 석사과정에 있을 때 회계까지 공부하기도 했었다. 특히 당시 나의 지도교수님은 본인 스스로 법학뿐만 아니라 회계학까지 학위를 갖고 계신 분이었기 때문에 나에게 회계학의 중요성을 강조하셨고 그래서 나도 공부를 할 수밖에 없는 상황이었다. 무엇인가를 공부할 때 여러 방법이 있겠지만 회계학과 같은 전문 분야는 혼자 하기가 쉽지 않다. 지루해서 지속적으로 공부하기가 쉽지 않을 뿐 아니라 혼자서 이해하는 데도 한계가 있기 때문이다. 그래서 당시 내가 선택한 방법

^ 법학을 공부하는 사람에게 회계학은 어렵다

은 학원 수강이었다. 초급회계, 중급회계, 재무관리 등을 공인회계사 시험을 준비하는 학생들과 같이 공부했는데 이게 생각보다 만만치 않았다. 초급회계와 중급회계까지는 그래도 열심히 들었는데 재무관리는 수학의 뒷받침이 필요했다. 강사의 설명을 잘 알아듣다가도 마지막 정리차원으로 수학공식으로 마무리를 할 때면 전혀 알아듣지 못하는 것이었다기본이 되는 경영수학을 나는 듣지 않았다. 수학 덕분에 나는 회계학에 대한 흥미를 잃었고 학원수업 대신에 당시 유행하기 시작한 비디오방을 전전할 수밖에 없었다. 학원수강을 좋아하지 않지만 일단 신청하면 돈이 아까워서라도 열심히 듣는 나로서는 무척 예외적인 일이었다. 아쉽지만 나에게 회계는 넘을 수 없는 일종의 장벽이었다.

아마 나만 회계를 어려워하는 것은 아닐 것이다. 나의 지도교수님과 같이 특별한 분도 계셨지만 대부분의 법학자들은 회계를 재미없어 하지 않았을까 하고 나는 짐작해본다. 회계 분야 자체가 전문적이고 독립적인 분야이기 때문에 회계학을 이해하는 것은 법을 이해하는 것만큼이나 어려운 일일 것이다. 그래서인지 상법에서는 주식회사의 회계에 대하여 제7절제446조의2부터 제468조에서 다루고는 있지만, 제446조의2회계의 원칙에 의거하여 많은 부분을 회계학에 맡기고 있다. 제446조의2에서 "회사의 회계는 이 법과 대통령령으로 규정한 것을 제외하고는 일반적으로 공정하고 타당한 회계관행에 따른다"고 규정하고 있는 것이다. 즉 바로 뒤에서 설명하게 될 꼭 규정해야 하는 몇몇 부분을 제외하고는 한국채택국제회계기준K-IFRS, 일반기업회계기준, 그리고 특수분야회계기준 등과 같이 회계학에서 만든 기준이 주식회사 회계의 원칙이 되고 있다.

2. 재무제표의 작성과 승인
(회사의 정보를 시장(市場)에 알리자)

부모님이 한동안 농사에 관심이 많으셨다. 귀농歸農이라는 한자에는 돌아갈 귀(歸)자를 사용하는데 원래 고향이 서울이라 돌아갈 곳이 없다과 같이 생활을 위한 거창한 농사가 아니라 그냥 일종의 취미생활 수준이다. 시市에서 빌려주는 10평 정도의 땅을 이용해서 소일거리삼아 농사를 지셨는데 주로 손이 많이 가지 않는 감자나 무 같은 것을 심으셨다. 덕분에 수확철이 되면 나와 동생에게도 연락을 하셔서 나누어 주시곤 했는데 주실 때 항상 다음과 같은 말씀을 잊지 않으셨다. “잘 갖고 갔니? 맛있었니? 버리지는 않았니? 더 줄까?”

하루는 무를 주시면서 그 전해에 수확된 것과 비교를 하시며 작년에 집사람과 제수씨에게 무를 몇 개나 주셨는지 정확하게 이야기를 하시는 것이었다. 나는 막연히 ‘많이 주셔서 한동안 반찬으로 무만 먹었다’라는 정도로만 기억하고 있었는데 어머니는 본인의 비밀병기인 가계부를 꺼내 오셔서 정확한 숫자를 말씀하시는 것이다. 집사람에게 주신 무의 개수는 바로 14개바로 어머니가 수십 년 동안 일기처럼 쓰고 계신 가계부가 정보의 원천이었다. 이 가계부에는 단순히 수입과 지출뿐만 아니라 본인이 느꼈던 감정까지 포함하여 우리 집안의 모든 경제정보가 담겨있었다. 우연히 그 가계부를 볼 기회가 있었는데 욕까지 쓰여 있어 당황한 기억까지 있다. 어머니의 상세한 가계부 안의 정보는 집안 경제를 운영하는데도 큰 도움이 된다. 그렇다면 집안 경제보다 훨씬 규모가 큰 회사를 위한 재무정보는 어디에 담겨 있고 이러한 정보는 어떻게 회사의 주인인 주주와 이해관계자인 채권자에게 제공

^ 어머니의 가계부

되는 것일까?

주주가 실질적으로 경영에 직접 참여하지 않고 있다면 기본적으로 현재 경영진이 회사를 잘 경영하고 있는지, 내가 주식을 팔지 않고 앞으로도 이 회사의 주인으로서 남아있을지 판단해야 하고, 그 판단의 가장 기본이 되는 것이 바로 회사의 회계와 관련된 자료일 것이다. 회사의 재정상태를 판단하기 위해서 주식회사가 주주와 채권자를 비롯한 이해관계자들을 위해서 만들어야 하는 회계 관련 서류 중에서 가장 기본적이고 중요한 것이 바로 재무제표이다. 상법에서는 재무제표를 대차대조표, 손익계산서제447조,[1] 시행령에서는 자본변동표와 이익잉여금처분계산서 또는 결손금처리계산서가 이에 해당한다상법 시행령 제16조.[2] 이러한 재무제표가 어떤 의미를 갖고 어떻게 작성하는지의 문제는 다행스럽게도 우리 상법이 다룰 문제가 아닌 회계학에서 담당할 문제이다. 하지만 법적으로는 어떤 절차를 거쳐 유효하게 되는지 여기서 살펴보도록 하자.

상법에서는 재무제표의 작성과 승인에 대해서 다음의 절차를 거치도록 규정하고 있다.

---

1) **제447조(재무제표의 작성)** ① 이사는 결산기마다 다음 각 호의 서류와 그 부속명세서를 작성하여 이사회의 승인을 받아야 한다.
   1. 대차대조표
   2. 손익계산서
   3. 그 밖에 회사의 재무상태와 경영성과를 표시하는 것으로서 대통령령으로 정하는 서류

   ② 대통령령으로 정하는 회사의 이사는 연결재무제표(聯結財務諸表)를 작성하여 이사회의 승인을 받아야 한다. [전문개정 2011.4.14]

2) **상법 시행령 제16조(주식회사 재무제표의 범위 등)** ① 법 제447조 제1항 제3호에서 "대통령령으로 정하는 서류"란 다음 각 호의 어느 하나에 해당하는 서류를 말한다. 다만, 주식회사 등의 외부감사에 관한 법률 제4조에 따른 외부감사 대상 회사의 경우에는 다음 각 호의 모든 서류, 현금흐름표 및 주석(註釋)을 말한다. [개정 2018.10.30]
   1. 자본변동표
   2. 이익잉여금처분계산서 또는 결손금처리계산서

   ② 법 제447조 제2항에서 '대통령령으로 정하는 회사'란 주식회사 등의 외부감사에 관한 법률 제4조에 따른 외부감사의 대상이 되는 회사 중 같은 법 제2조 제3호에 규정된 지배회사를 말한다. [개정 2018.10.30]

① 재무제표와 영업보고서의 작성과 이사회의 승인(제447조/제447조의2)

↓

② 이사는 감사에게 재무제표와 영업보고서의 제출(제447조의3)

↓

③ 감사는 재무제표와 영업보고서의 이상 유무를 조사하여 감사보고서의 작성(제447조의4)

↓

④ 이사는 주주총회에 재무제표의 승인을 요구하고 영업보고서를 제출(제449조)
정관에서 정하여져 있다면 이사회에서 재무제표의 승인(제449조의2)
이 경우 재무제표는 주주총회에서 보고

↓

⑤ 주주총회에서 재무제표의 승인시 이사와 감사의 책임해제(제450조)

재무제표의 작성과 승인

① 상법에서는 이사가 앞에서 본 재무제표를 작성하여 이사회의 승인을 받게 하고 있고제447조 제1항, 이와 함께 회사와 다른 회사가 지배종속 관계에 있으면 지배회사는 연결재무제표까지 작성을 하여야 한다제447조 제2항.[3] 그리고 이와 함께 회사의 중요한 사항을 기재하여야 하는 영업보고서를 작성해야 하는데제447조의2,[4] ② 이러한 재무제표와 영업보고서가 완성되면 정기주주총회가 개최되기 6주간 전에는 이 서류를 감사에게 제출하여야 한다제447조의3.[5]

3) 제447조(재무제표의 작성) ② 대통령령으로 정하는 회사의 이사는 연결재무제표(聯結財務諸表)를 작성하여 이사회의 승인을 받아야 한다.
[전문개정 2011.4.14]

4) 제447조의2(영업보고서의 작성) ① 이사는 매결산기에 영업보고서를 작성하여 이사회의 승인을 얻어야 한다.
② 영업보고서에는 대통령령이 정하는 바에 의하여 영업에 관한 중요한 사항을 기재하여야 한다.
[본조신설 1984.4.10]

5) 제447조의3(재무제표등의 제출) 이사는 정기총회회일의 6주간 전에 제447조 및 제447조의2의 서류를 감사에게 제출하여야 한다.
[본조신설 1984.4.10]

③ 그리고 감사는 제출받은 서류에 대한 적정성 여부를 판단한 후 이에 대한 감사보고서를 서류를 받은 날로부터 4주 내에 이사에게 제출하여야 한다제447조의4.[6] 감사보고서를 받은 이사는 감사보고서와 함께 자신들이 작성한 재무제표와 영업보고서를 정기주주총회일 1주간 전부터 5년간 비치하여야 하고 이를 영업시간 내에 언제든지 주주나 채권자에게 열람할 수 있게 해야 한다제448조.[7] 결국 주주에게 제공되는 서류는 제447조 제1항의 5가지 서류와

6) **제447조의4(감사보고서)** ① 감사는 제447조의3의 서류를 받은 날부터 4주 내에 감사보고서를 이사에게 제출하여야 한다.
② 제1항의 감사보고서에는 다음 각 호의 사항을 적어야 한다.
1. 감사방법의 개요
2. 회계장부에 기재될 사항이 기재되지 아니하거나 부실기재된 경우 또는 대차대조표나 손익계산서의 기재 내용이 회계장부와 맞지 아니하는 경우에는 그 뜻
3. 대차대조표 및 손익계산서가 법령과 정관에 따라 회사의 재무상태와 경영성과를 적정하게 표시하고 있는 경우에는 그 뜻
4. 대차대조표 또는 손익계산서가 법령이나 정관을 위반하여 회사의 재무상태와 경영성과를 적정하게 표시하지 아니하는 경우에는 그 뜻과 이유
5. 대차대조표 또는 손익계산서의 작성에 관한 회계방침의 변경이 타당한지 여부와 그 이유
6. 영업보고서가 법령과 정관에 따라 회사의 상황을 적정하게 표시하고 있는지 여부
7. 이익잉여금의 처분 또는 결손금의 처리가 법령 또는 정관에 맞는지 여부
8. 이익잉여금의 처분 또는 결손금의 처리가 회사의 재무상태나 그 밖의 사정에 비추어 현저하게 부당한 경우에는 그 뜻
9. 제447조의 부속명세서에 기재할 사항이 기재되지 아니하거나 부실기재된 경우 또는 회계장부·대차대조표·손익계산서나 영업보고서의 기재 내용과 맞지 아니하게 기재된 경우에는 그 뜻
10. 이사의 직무수행에 관하여 부정한 행위 또는 법령이나 정관의 규정을 위반하는 중대한 사실이 있는 경우에는 그 사실

③ 감사가 감사를 하기 위하여 필요한 조사를 할 수 없었던 경우에는 감사보고서에 그 뜻과 이유를 적어야 한다.
[전문개정 2011.4.14]

7) **제448조(재무제표 등의 비치·공시)** ① 이사는 정기총회회일의 1주간 전부터 제447조 및 제447조의2의 서류와 감사보고서를 본점에 5년간, 그 등본을 지점에 3년간 비치하여야 한다. [개정 1962.12.12, 1984.4.10]
② 주주와 회사채권자는 영업시간 내에 언제든지 제1항의 비치서류를 열람할 수 있으며 회사가 정한 비용을 지급하고 그 서류의 등본이나 초본의 교부를 청구할 수 있다. [개정

해당될 경우에는 제2항의 연결재무제표, 그리고 영업에 관한 중요한 사항을 기재한 영업보고서, 마지막으로 이들 서류가 제대로 작성되었는지 여부를 기재한 감사보고서이다. 이들 서류를 통해서 주주는 내가 주인인 회사가 잘 운영되고 있는지를 판단할 수 있게 된다.

④ 이사는 재무제표인 경우에는 주주총회에 제출하여 그 승인을 요구해야 하고, 영업보고서는 그 내용을 설명하게 된다. 주주총회의 재무제표 승인 과정에서 주주들은 목표매출과 영업이익 등이 실현되었는지 여부 등을 따져 묻기도 하고, 회계기준 등에 대한 질의 등을 하게 되는데 경우에 따라서는 격론이 벌어지기도 한다.[8] 주주총회에서 재무제표를 승인하게 되면 여러 재무제표 중에서 대차대조표를 공고하게 되는데 우리가 신문의 광고란에서 볼 수 있는 주주총회의 결산공고 형식의 서류가 바로 그것이다제449조.

제53기 결 산 공 고

재 무 상 태 표

(2018년 12월 31일 현재) (단위 : 원)

계정과목	금액	계정과목	금액
자산		부채	
Ⅰ. 유동자산	**86,261,193,617**	**Ⅰ. 유동부채**	**43,472,303,788**
현금 및 현금성자산	1,871,107,501	매입채무	3,478,372,063
단기기타금융자산	45,228,528,421	단기기타채무	4,845,751,867
매출채권	17,386,971,713	단기차입금	28,767,651,346
단기기타채권	171,044,489	초과청구공사	6,380,528,512
당기법인세자산	151,502,250	**Ⅱ. 비유동부채**	**17,502,023,484**
미청구공사	17,867,037,334	퇴직급여부채	17,041,352,759
기타유동자산	3,585,001,909	기타비유동부채	460,670,725
Ⅱ. 비유동자산	**61,877,667,090**	**부채총계**	**60,974,327,272**
장기기타금융자산	15,652,184,930		
장기기타채권	14,092,080,752	자본	
투자부동산	65,233,340	자본금	15,000,000,000
유형자산	26,228,043,677	자본잉여금	3,229,809,238
무형자산	545,941,026	이익잉여금	68,934,724,197
이연법인세자산	5,294,183,365	**자본총계**	**87,164,533,435**
자산총계	**148,138,860,707**	**부채 및 자본총계**	**148,138,860,707**

위와 같이 공고함

2019년 3월 29일

주식회사 유신

KOSDAQ 코스닥상장법인

대표이사 전 경 수, 성 낙 일

감사의견 : 위 재무상태표를 포함한 제 53 기 재무제표는
중요성의 관점에서 한국채택국제회계기준에 따라 작성되었습니다.
삼덕회계법인 대표이사 이 용 모

결산공고한 대차대조표

그리고 이러한 재무제표의 승인은 주주총회가 아닌 이사회가 할 수도 있다. 정관에 이사회가 승인할 수 있다는 사항이 있고, 앞에서 살펴본 감사인외부감사인인 회계법인이 적정하다고 확인하며, 감사나 감사위원회의 감사위원 전원이 찬성하여야 한다. 만약 이런 조건을 충족한다면 주주총회에서는 단순히 재무제표를 보고하는 것으로 끝나고

1984.4.10]

8) 김민석 · 최동현, "홈앤쇼핑 재무제표 승인만 2시간…'날선 공방'", 뉴스1, 2019년 3월 29일, available at http://news1.kr/articles/?3584136

이사회가 주주총회를 대신해서 재무제표를 승인하게 된다제449조의2. 이 경우 주주총회의 권한이 약화되고 이사회가 강화되는 것인데, 이러한 정관변경을 하기 위해서는 주주총회의 특별결의를 거쳐야 하는 것이므로 이 과정 중에 정관변경이 부결되는 경우도 있다. 포스코의 경우 주주총회에서 재무제표의 권한을 주주총회에서 이사회에 넘기는 안건이 통과되지 못하기도 했다.[9)]

주주총회 또는 이사회에서 재무제표를 승인하게 되면 이를 근거로 각종 회계처리가 확정되며 이 중 주주총회에서 재무제표가 승인되는 경우 2년 내에 다른 결의가 주주총회에서 없다면 재무제표에 기재되었거나 그것으로부터 알 수 있는 사항에 대해서는 이사나 감사의 회사에 대한 책임이 없어지게 된다제450조.[10)]

3. 자본금과 준비금(이 정도면 든든해?)

사회생활을 할 때 남성의 완력과 여성의 신체적 매력은 사회생활을 돕는 힘의 원천이라고 한다. 과학자들은 거구의 남성과 매력적인 여성이 화를 내면 사회생활에서 어떤 이점을 얻는지 검증했는데 이 경우 거구의 남성이 화를 냈더니 사람들은 그를 더 위협적인 존재로 인식하면서 갈등이 쉽게 해결되었고 마찬가지로 금발의 미녀는 화를 내거나 까다롭게 굴 경우에도 다른 보통 사람이 그런 행동을 보였을 때보다 나은 결과를 얻었다고 한다.[11)] 즉 남성의 경우 몸집이 크다는 것은 생존을 위해서 필요한 요소가 된 것이다. 그런데 이러한 장점은 회사의 생존에 있어서도 마찬가지이다. 특히 은행과 같은 금융회사의 경

9) 김다정, "포스코 주총, 이사 책임감면 원안부결 … 주주 '제동'", 연합뉴스, 2012년 3월 16일, available at http://news.einfomax.co.kr/news/articleView.html?idxno=11518

10) 제450조(이사, 감사의 책임해제) 정기총회에서 전조 제1항의 승인을 한 후 2년 내에 다른 결의가 없으면 회사는 이사와 감사의 책임을 해제한 것으로 본다. 그러나 이사 또는 감사의 부정행위에 대하여는 그러하지 아니하다.

11) 허행랑 · 장윤정, "'분노 마케팅' 시대 … 美女-몸집 큰 남성에 유리", 동아일보, 2016년 12월 19일, B8면.

우 규모가 클 경우에는 아예 도산을 상상할 수도 없다이에 대해서 나는 논문을 쓰기도 했다.12) 그런데 이러한 현상은 금융회사가 아닌 일반 기업도 마찬가지이다. 최근의 사례만 살펴보아도 아시아나 항공에 대해서 채권단이 신용등급과 상관없이 1조 6천억원에 달하는 대규모 지원을 하고,13) 미국의 집중적인 견제를 받는 화웨이의 회장이 "화웨이는 대단이 커서 결코 무너지지 않을 것"14)이라고 자신감을 표시하는 것과 같이 회사의 규모는 회사의 생사에 큰 영향을 끼친다. 이러한 몸집 키우기는 상법 규정에서도 나타난다. 상법은 자본금을 유지시키고 이익준비금과 자본준비금으로 이루어진 법정준비금을 늘리도록 요구하고 있다. 마치 지갑에 돈이 많아 든든한 느낌을 갖는 것처럼 회사는 자본금과 법정준비금을 늘려 어려운 시기를 대비하게 하는 것이다.

지갑이 든든하면 일도 더 잘할까?

자본금에 대해서는 제1장 '회사법에서 회사란 무엇일까?'에서 주식회사의 특징을 살펴볼 때도 언급이 되었고, 바로 앞절인 자본금의 감소에서도 살펴보았다. 다시 간단히 보면 자본금은 발행주식의 액면총액을 말하는데제451조15) 주식의 액면가가 5,000원이고 1만주가 발행되었다면 자본금은 5,000만원

12) 박민우, "대형금융기관(금융지주회사)의 도산처리 방향 – 금융안정위원회(FSB)의 권고안을 중심으로–", 「비교사법」 제18권 제4호 (비교사법학회, 2011).

13) 이경기, "아시아나항공, 결국은 '대마불사'", 내일신문, 2019년 4월 26일, available at http://www.naeil.com/news_view/?id_art=311551

14) 장안나, "中 런정페이 '화웨이는 대마불사 … 미국이 무너뜨릴 방법 없다'(상보)", 한국금융, 2019년 2월 19일, available at http://cnews.fntimes.com/html/view.php?ud=20190219080546754571l237d2fe_18

15) 제451조(자본금) ① 회사의 자본금은 이 법에서 달리 규정한 경우 외에는 발행주식의 액면총액으로 한다.

이 되는 것이다. 이러한 자본금은 이미 공부한 자본금에 관한 원칙에 의해 회사가 꼭 갖고 있어야 할 돈이다. 그런데 회사는 이 같은 자본금과 함께 갖고 있어야 할 돈이 또 있다. 바로 법정준비금이다. 회사가 돈을 벌면 회사의 주인인 주주에게 배당을 해야 하겠지만 상법에서는 버는 돈을 모두 주주에게 주지 말고 어느 정도는 회사의 미래를 위해서 남겨둘 것을 요구한다. 이게 바로 이익준비금인데 상법 제458조는 회사의 자본금의 1/2이 될 때까지 이익배당액의 1/10 이상을 이익준비금으로 모아두라고 요구하고 있다.[16] 즉 자본금이 5,000만원이고 이번에 배당을 주주들에게 모두 1,000만원을 했다면 최소한 100만원 이상을 이익준비금으로 모아야 하고 이익준비금을 모아야 하는 금액은 총 2,500만원이 될 때까지 인 것이다.

자본준비금이란 2011년 개정상법 전에는 액면가 5,000원짜리 주식을 시장에 1만원에 팔았을 때 발생하는 주당 5,000원의 액면초과발행액 등을 말했었는데 현재는 '자본거래에서 발생하는 잉여금'이라는 표현으로 포괄적으로 정하고 있으며 구체적인 범위는 기업회계기준에 맡기고 있다제459조.[17] 그리고 이러한 자본준비금과 바로 앞에서 살펴본 이익준비금을 합쳐서 법정준비금이라 하고 이러한 법정준비금은 회사가 큰 손해를 입어 자본금을 유지하지 못했을 때 이를 충당하는 경우 외에는 사용하지 못하지만제460조,[18] 예외적으로 법정준비금을 자본금으로 바꿀 수는 있다제461조.[19] 또한 법정준비금은 자본금의 1.5배가 될 때까지 모아야 하고 이를 초과한 경우에는 주주총회의 결의에 따

16) **제458조(이익준비금)** 회사는 그 자본금의 2분의 1이 될 때까지 매 결산기 이익배당액의 10분의 1 이상을 이익준비금으로 적립하여야 한다. 다만, 주식배당의 경우에는 그러하지 아니하다. [전문개정 2011.4.14]

17) **제459조(자본준비금)** ① 회사는 자본거래에서 발생한 잉여금을 대통령령으로 정하는 바에 따라 자본준비금으로 적립하여야 한다.

18) **제460조(법정준비금의 사용)** 제458조 및 제459조의 준비금은 자본금의 결손보전에 충당하는 경우 외에는 처분하지 못한다. [전문개정 2011.4.14]

19) **제461조(준비금의 자본금 전입)** ① 회사는 이사회의 결의에 의하여 준비금의 전부 또는 일부를 자본금에 전입할 수 있다. 그러나 정관으로 주주총회에서 결정하기로 정한 경우에는 그러하지 아니하다. [개정 2011.4.14]

라 자본준비금과 이익준비금을 감액할 수 있다제461조의2.[20] 즉 5,000만원의 자본금을 갖고 있다면 이익준비금과 자본준비금의 합이 7,500만원이 될 때까지 모아 회사의 덩치를 키우라는 것이다. 이렇게 한다면 그만큼 회사가 망할 가능성은 줄어들게 될 것이다.

4. 배당(돈을 벌었으면 나에게도 좀 줘봐)

나도 월급쟁이라 그런지 다른 사람들이 얼마나 버는지 궁금할 때가 있다. 물론 사람마다 다 다르고 편차가 있겠지만 서울특별시 직장인의 지역별 급여 수준은 중구의 직장인이 407만원으로 가장 높다고 한다. 아울러 서울특별시 직장인의 월평균 급여소득은 358만원이고, 이 가운데 246만원을 소비했는데 이때 전문직 직장인의 한달 평균 급여는 377만원으로 일반 직장인보다 78만원이 더 많다고 한다.[21] 그렇다면 우리나라에서 최고 부자의 자리를 오랫동안 지켰던 고 이건희 삼성그룹 회장님의 월급은 어느 정도였을까?[22] 재미있게도 고 이건희 회장님이나 아들인 이재용 부회장의 경우 월급이 0원이다. 이건희 회장의 경우 삼성특검으로 인해 경영일선에서 물러난 이후 2010년 다시 삼성의 경영에 복귀한 이후 월급을 받지 않았고, 이재용 부회장의 경우도 2017년 국정농단 사건에 연루된 이후에는 마찬가지라고 한다.[23] 그동안 국내에서는 실적 악화 등에 책임을 지고 '0원 연봉'을 받는 최고경영자CEO들이 있었다.

---

20) 제461조의2(준비금의 감소) 회사는 적립된 자본준비금 및 이익준비금의 총액이 자본금의 1.5배를 초과하는 경우에 주주총회의 결의에 따라 그 초과한 금액 범위에서 자본준비금과 이익준비금을 감액할 수 있다. [본조신설 2011.4.14]

21) 최경식, "서울 직장인 급여 수준은 '중구', 소비는 '서초구'가 가장 높아", 파이낸셜뉴스, 2019년 4월 16일, 12면.

22) 고 이건희 회장님의 자산은 포브스(Forbes)지에 따르면 169억달러로 한화로 약 19조원에 달했다고 한다: 김봉수, "전 세계 억만장자는 2,153명 … 한국은 이건희 회장 등 40명", 아시아경제신문, 2019년 3월 6일, 25면.

23) 김경민, "삼성家의 무보수 경영", 파이낸셜뉴스, 2018년 8월 16일, 27면.

2014년 정몽규 현대산업개발 회장은 실적 악화에 대한 책임을 지고 그해 연봉을 받지 않았다. 비슷한 시기 허창수 GS그룹 회장도 1조원 가까운 손실이 발생한 GS건설에서 보수를 받지 않았다. 하지만 미국에는 월급을 받지 않는 CEO가 없다. 무급 직원 채용을 법으로 금지하고 있기 때문이다. 연봉을 받지 않으려는 CEO는 그래서 연봉으로 1달러를 받는데 이들을 묶어 '연봉 1달러 CEO클럽'이라 부른다. 마크 저커버그 페이스북 CEO, 고故 스티브 잡스 애플 CEO, 앨런 머스크 테슬라 CEO 등이 대표적이다.[24)]

그런데 이렇게 월급이나 연봉을 받지 않으면 생활은 어떻게 하는 것일까? 바로 회사에서 지급되는 배당금 덕분이다. 고 이건희 회장님이나 이재용 부회장의 경우 2018년 기준으로 배당금을 6,146억원을 받았다고 한다. 이건희 회장이 4,747억원이고, 이재용 부회장이 1,399억원에 달한다.[25)] 사실 이 정도면 월급 없이도 살아갈 수 있을 것 같다. 그렇다면 이와 같은 회사의 배당에 대해서 상법은 어떤 규정을 갖고 있을까?

우리나라는 다른 나라에 비해 회사의 배당이 많지 않은 편이지만우리나라의 시가배당률은 1.86%로 호주의 5%, 영국의 4%, 대만의 4.3%, 미국의 2.1%, 일본의 2.2%에 비해서 낮다,[26)] 상법에서는 배당금액에 대한 제한을 두고 있다제462조.[27)] 배당을 하기 위해서는 회사는 자본금과 자본준비금, 그리고 이익준비금 등 앞에서 배운 금액을 확보한 후에야 주주에게 배당을 할 수 있게 하고 있다제462조 제1항.[28)] 그

---

24) 신은진, "이재용은 0원 CEO, 저커버그 1달러 CEO", 조선일보, 2019년 4월 3일, B2면.

25) 양희동, "삼성 이건희 · 이재용 父子 올해 배당금 1 · 2위…6,146억원 받아", 이데일리, 2019년 2월 28일, available at https://www.edaily.co.kr/news/read?newsId=02207446622395112&mediaCodeNo=257&OutLnkChk=Y

26) 반준환 외 2인, "친시장? 친오너?…두 얼굴의 배당", 머니투데이, 2019년 2월 13일, available at https://news.mt.co.kr/mtview.php?no=2019021221362429285&MTR_CA

27) 그럼에도 불구하고 삼성전자의 1년 배당금은 2019년 기준으로 9조원을 넘어섰고 SK하이닉스가 1조 260억원, 포스코가 8,000억원의 배당금을 지급하였다: 송지유, "'주주님 챙기자'…증시 배당금 '30조 시대' 열렸다", 머니투데이, 2019년 3월 6일, 26면.

28) 제462조(이익의 배당) ① 회사는 대차대조표의 순자산액으로부터 다음의 금액을 공제한 액을 한도로 하여 이익배당을 할 수 있다.

1. 자본금의 액
2. 그 결산기까지 적립된 자본준비금과 이익준비금의 합계액

리고 이 규정을 위반하여 배당을 했다면 회사채권자가 배당을 받은 주주에게 배당받은 돈을 회사에 반환할 것을 요구할 수 있다제462조 제3항.[29] 배당은 각 주주가 가진 주식의 수에 따라 하게 되며제464조,[30] 배당결의 후 1개월 이내에 지급하여야 한다제464조의2.[31] 이 규정 때문에 우리나라의 주주총회 시즌인 3월의 1개월 후인 4월에 주로 배당금이 주주들에게 지급되는 것이다.

배당은 주로 1년에 한 번 하지만 중간배당을 통하여 한 번을 더 할 수도 있고제462조의3,[32][33] 삼성전자와 같이 주권상장법인인 경우에는 분기마다 할 수 있어 1년에 네 번까지도 가능하다자본시장과 금융투자업에 관한 법률 제165조의12.[34] 또한 배당은 현금으로 하는 것이 원칙이지만 주식으로 배당을 하는 경우도 있고제462조의2,[35] 현물로도 가능하다제462조의4.[36] 그래서 삼성물산의 대주주인

---

3. 그 결산기에 적립하여야 할 이익준비금의 액
4. 대통령령으로 정하는 미실현이익

29) 제462조(이익의 배당) ③ 제1항을 위반하여 이익을 배당한 경우에 회사채권자는 배당한 이익을 회사에 반환할 것을 청구할 수 있다.

30) 제464조(이익배당의 기준) 이익배당은 각 주주가 가진 주식의 수에 따라 한다. 다만, 제344조 제1항을 적용하는 경우에는 그러하지 아니하다. [전문개정 2011.4.14]

31) 제464조의2(이익배당의 지급시기) ① 회사는 제464조에 따른 이익배당을 제462조 제2항의 주주총회나 이사회의 결의 또는 제462조의3 제1항의 결의를 한 날부터 1개월 내에 하여야 한다. 다만, 주주총회 또는 이사회에서 배당금의 지급시기를 따로 정한 경우에는 그러하지 아니하다. [개정 2011.4.14]

32) 제462조의3(중간배당) ① 연 1회의 결산기를 정한 회사는 영업년도중 1회에 한하여 이사회의 결의로 일정한 날을 정하여 그 날의 주주에 대하여 이익을 배당(이하 이 條에서 "中間配當"이라 한다)할 수 있음을 정관으로 정할 수 있다. [개정 2011.4.14]

33) 유준호, "롯데지주 · 현대모비스 첫 중간배당…'주주이익 강화'", 매일경제신문, 2019년 6월 16일, A25면.

34) 자본시장과 금융투자업에 관한 법률 제165조의12(이익배당의 특례) ① 연 1회의 결산기를 정한 주권상장법인은 정관으로 정하는 바에 따라 사업연도 중 그 사업연도 개시일부터 3월, 6월 및 9월 말일 당시의 주주에게 이사회 결의로써 금전으로 이익배당(이하 "분기배당"이라 한다)을 할 수 있다.

35) 제462조의2(주식배당) ① 회사는 주주총회의 결의에 의하여 이익의 배당을 새로이 발행하는 주식으로써 할 수 있다. 그러나 주식에 의한 배당은 이익배당총액의 2분의 1에 상당하는 금액을 초과하지 못한다.

36) 제462조의4(현물배당) ① 회사는 정관으로 금전 외의 재산으로 배당을 할 수 있음을

미국의 헤지펀드인 엘리엇은 삼성물산이 보유한 삼성전자의 주식 등을 현물 배당할 수 있도록 정관을 변경하라고 요구하기도 했었다.[37)]

5. 주주의 회계감독권과 기타
(내가 주인이야 당연히 나도 알아야지)

주주가 회사의 주인이라고 하지만 아무리 주인이라도 회사의 재정상태를 정확히 알지 못한다면 주인 역할을 제대로 하지 못할 것이다. 그래서 과거에는 회사의 주요 인사들이 주로 경리과 출신으로 채워지곤 했다. 특히 삼성그룹의 경우 한동안 제일모직이나 제일제당의 경리과 출신이 빛을 보았기 때문에 계열사의 요직은 모두 경리과에서 나온다는 이야기까지 있었다.[38)] 이처럼 경리과 출신들이 큰 역할을 수행한 것은 회사의 회계자료를 다루기 때문에 회사 상황을 남들보다 더 정확하게 살필 수 있기 때문이다.

그렇다면 회사의 주인인 주주는 어느 정도의 회계자료까지 볼 수 있는 것일까? 이미 앞에서 본 것처럼 이사는 회사의 재무제표를 주주나 채권자에게 공시해야 한다제448조.[39)] 그런데 대차대조표와 같은 재무제표는 사실 대기업의 경우 주주나 채권자가 아니라도 누구나 손쉽게 접근할 수 있는 흔한

정할 수 있다.

37) 김도윤, "엘리엇, 삼성전자 노리나? 현물배당 요구에 시선집중", 머니투데이, 2015년 6월 9일, available at https://news.mt.co.kr/mtview.php?no=2015060915013069438&outlink=1&ref=%3A%2F%2F

38) 이미경, "'삼성 인재 사관학교' 제일모직, 숨가빴던 60년 그리고…", 미디어펜, 2015년 5월 26일, available at http://www.mediapen.com/news/view/77702

39) **제448조(재무제표 등의 비치·공시)** ① 이사는 정기총회회일의 1주간 전부터 제447조 및 제447조의2의 서류와 감사보고서를 본점에 5년간, 그 등본을 지점에 3년간 비치하여야 한다. [개정 1962.12.12, 1984.4.10]
② 주주와 회사채권자는 영업시간 내에 언제든지 제1항의 비치서류를 열람할 수 있으며 회사가 정한 비용을 지급하고 그 서류의 등본이나 초본의 교부를 청구할 수 있다. [개정 1984.4.10]

정보이다. 특정 기업에 관심이 있다면 네이버나 구글과 같은 포털에서도 손쉽게 찾을 수 있고 해당기업의 웹사이트에서도 공개하고 있다. 그렇기 때문에 이러한 재무제표를 볼 수 있는 것은 분명 주주의 권리이나 실질적인 의미는 없다. 하지만 회사의 회계장부에 대한 열람권제466조[40]과 업무와 재산상태조사권제467조[41]은 다르다. 여기서의 회계장부는 대차대조표 등이 아니라 그러한 서류를 작성하는데 근거가 되는 일기장, 분개장, 원장과 같은 회계장부이며 또한 회계장부의 기초가 되는 각종 영수증과 전표 등을 말한다. 따라서 이러한 서류를 모두 볼 수 있다면 회사의 활동에 대해서 자세하게 살필 수 있게 된다. 그렇기 때문에 롯데그룹의 경영권 분쟁 사건에서도 신동주 전 일본롯데 부회장이 신동빈 롯데그룹 회장이 경영하는 롯데쇼핑에 대하여 이 권리를 행사하기도 하였다.[42] 하지만 이 권리는 모든 주주에게 주어지는 단독주주권이 아니라 일정이상의 지분을 갖고 있어야 행사할 수 있는 소수주주권에 해당되며100분의 3 이상, 주주의 청구가 부당하다고 증명되면 거부될 수도 있다.[43] 이

40) 제466조(주주의 회계장부열람권) ① 발행주식의 총수의 100분의 3 이상에 해당하는 주식을 가진 주주는 이유를 붙인 서면으로 회계의 장부와 서류의 열람 또는 등사를 청구할 수 있다. [개정 1998.12.28]
② 회사는 제1항의 주주의 청구가 부당함을 증명하지 아니하면 이를 거부하지 못한다. [개정 1998.12.28]

41) 제467조(회사의 업무, 재산상태의 검사) ① 회사의 업무집행에 관하여 부정행위 또는 법령이나 정관에 위반한 중대한 사실이 있음을 의심할 사유가 있는 때에는 발행주식의 총수의 100분의 3 이상에 해당하는 주식을 가진 주주는 회사의 업무와 재산상태를 조사하게 하기 위하여 법원에 검사인의 선임을 청구할 수 있다. [개정 1998.12.28]
② 검사인은 그 조사의 결과를 법원에 보고하여야 한다.
③ 법원은 제2항의 보고에 의하여 필요하다고 인정한 때에는 대표이사에게 주주총회의 소집을 명할 수 있다. 제310조 제2항의 규정은 이 경우에 준용한다. [개정 1962.12.12, 1995.12.29]
④ 이사와 감사는 지체없이 제3항의 규정에 의한 검사인의 보고서의 정확 여부를 조사하여 이를 주주총회에 보고하여야 한다. [신설 1995.12.29]

42) 안대용, "신동주 '회계장부 열람 · 등사 가처분 신청' 인용가능성 높아", 법률신문, 2015년 10월 22일, available at https://www.lawtimes.co.kr/Legal-News/Legal-News-View?serial=96217

43) 현대엘리베이터의 경우에도 2대주주인 쉰들러 사가 회계장부열람권을 요구하였으나

와 함께 주주의 회계감독권으로 거론되는 재산상태조사권은 소수주주가 회사의 업무집행에 관하여 부정행위 등의 의심사유가 발생할 경우 법원에 검사인의 선임을 청구할 수 있는 것인데 여기서의 의심사유는 단순히 그러한 의심이 가는 정도가 아니라 구체적인 내용이 명확히 제시되어야 한다.[44)]

오랜 소송 끝에 소를 포기하였고 도메인 업체인 후이즈는 경쟁업체의 대표이사이자 동시에 후이즈의 주주로부터 회계장부에 대한 열람을 요구받았으나 소송 끝에 거부하기도 하였다: 김기철, "현대엘리베이터 경영권분쟁 번지나", 매일경제신문, 2012년 1월 5일, A24면; 박수련, "주주라도 경쟁사 사장이면 회계장부 공개 요구는 부당", 중앙일보, 2008년 5월 28일, 종합10면.

44) 대법원 1996.7.3.자 95마1335결정.

제8절 ▶ 회사의 구조변경

회사는 기업환경의 변화에 따라 끊임없이 살아남기 위해서 노력하는데 그것이 단순한 제품경쟁력의 강화일 수도 있지만 때로는 회사 자체의 구조를 완전히 변화시키는 방법을 통하기도 한다. 합병과 분할에 관한 소식은 매일 같이 신문과 방송을 통해 들려온다. 프랑스와 이탈리아를 대표하는 자동차 회사들이 서로 합병을 한다고 하더니, 일본 자동차 회사 때문에 그 제안이 철회되었다는 이야기가 들리기도 하고,[1] 세계에서 가장 큰 우리나라의 두 조선회사가 합병하는데 경쟁국의 심사가 고비라는 소식도 들린다.[2] 그런데 이것과는 반대로 세계적인 IT회사들을 분할해야 한다는 주장 역시 신문에 나온다.[3] 합치는 것만이 능사는 아닌 모양이다. 이렇듯 기업들의 변화는 살아남기 위한 기업의 생존전략인 것이다.

^ 미국 IT 거인들의 분할을 주장하는 워렌 상원의원

합병이나 분할을 통해서 회사는 몸집을 늘리거나 줄일 수도 있으며, 어느 특정 회사의 자회사가 되기도 한다. 이러한 변화의 원인이나 성공 여부는 우리가 지금 다루고 있는 상법에서 언급할 문제는 아니다. 우리는 이러한 변화과정에서 영향을 받게 될 주주와 채권자의 권익보호라는 측면에서 이 문제를 다루게 된다. 과연 이들은 어떤 영향을 받고 스스로를 합병이나 분할 과정에서 어떻게 보호할까?

1) 김현석, "피아트, 르노 합병 제안 철회 … 佛 정부 · 日 닛산 벽에 막혔다", 한국경제신문, 2019년 6월 6일, A15면.
2) 김용훈, "갈길 먼 현대重 · 대우조선 합병 … 日 · 中 · EU 경쟁국 심사가 고비", 파이낸셜뉴스, 2019년 5월 31일, 4면.
3) 이기우, "미국판 재벌개혁 … 워런 '아마존 · 페북 · 구글 분할'", 조선일보, 2019년 3월 11일, A16면.

제1관 합병

합병은 제10절에 규정되어 있으며 모두 17개 조항으로 구성되어 있다. 많은 화제와 논란을 낳는 회사의 합병절차에 대해서 상법이 이 정도로 다 규정할 수 있을까 하는 의문이 들기도 하지만 몇몇 문제에 대해서는 상법이 아니라 '자본시장과 금융투자업에 관한 법률'의 도움을 받기도 한다. 상법이 합병의 절차를 통해 어떻게 주주와 채권자의 권리가 보호되고 있는지 살펴보자.

2010년 3월 처음 서비스를 시작한 카카오톡이라는 모바일 인스턴트 메신저는 메시지가 올 때마다 '카톡~카톡~'이라는 귀여운 소리를 냈다. 이 앱은 선풍적인 인기를 끌었고 나도 당연히 카카오톡을 이용하면서 나의 삶을 편리하게 만든 작은 벤처기업인 카카오에게 감사했었다. 이에 비해서 다음www.daum.net이라는 회사는 역사가 상대적으로 긴 편이고 규모도 컸다. 1995년 예술사이트 버추얼갤러리로 시작하여 1997년에는 무료메일의 선구자였던 한메일 넷www.hanmail.net과 검색서비스를 통해 포털사이트 개념을 우리나라에 소개하는 역할을 했다. 이런 역할 때문에 1999년에 코스닥시장에 상장되었고 포털시장에서는 네이버www.naver.com에 이어 두 번째로 시장점유율을 차지하고 있었다. 그런데 규모면에서는 상대가 될 것 같지 않은 두 회사가 합병을 했다. 다른 시각에서 보면 한 회사는 시장에 안착했지만 성장이 정체되어 1위 회사와의 경쟁에서 수세에 몰려있었고, 한 회사는 큰 인기를 모으고 있으나 시작한지 얼마 되지 않은 신생회사에 불과한 상황이었다.

2014년에 일어난 양사의 합병은 '생존을 위한 결단'으로 풀이된다. '만년2등'이라는 수식어가 따라붙으며 변화가 절실했던 다음과 국민메신저 카카오톡으로 승승장구했지만 글로벌 성장 한계에 봉착한 카카오는 서로 새로운 성장 엔진이 필요했던 것이다. 무엇보다 다음은 합병을 통해 카카오의 강력한 모바일 플랫폼을 장착하게 되었다. 다음은 국내 IT업계 1세대로 오랜 전통을 갖고 있으나 합병 발표 전 3년 동안 마이너스 성장을 거듭하며 자존심을 구겨왔다. 업계 1위 네이버에 웹 검색 점유율이 7:3으로 밀리고 모바일에서도 구글에 2위 자리를 내줬다. PC에서 모바일로 매체환경이 바뀌면서 새 먹거리를 찾아야했지만 쉽지 않았으며 모바일 메신저 '마이피플'은 카카오톡에 밀려 고전해왔다. 하지만 다음은 카카오와의 합병으로 3,700만 명의 가입자를 보유한 카카오톡을 비롯해 카카오스토리, 카카오그룹 등 강력한 모바일 플랫폼을 기반으로 한 모바일 서비스를 키울 수 있게 됐다. 이에 비해 카카오는 국내에서는 국민 모바일 메신저로 성장했지만 해외에선 위챗, 라인 등에 밀려 힘을 못써왔다. 특히 주요한 수익 사업인 게임부문마저 정체돼 새 날개가 필요했다. 또한 부족한 마케팅 비용 때문에 글로벌 시장에서 기회를 놓쳤다는 지적이 안팎에서 나오면서 상장을 통한 자금유치가 절실한 상황이었다. 합병을 통한 우회상장으로 카카오는 자금을 확보하면서 동시에 다음의 콘텐츠 경쟁력 등을 확보하게 된 것이다.[4]

다음을 잡아먹은 카카오톡

이렇듯 합병은 회사의 발전과 생존을 위해서 시도하는 것이 일반적이지만 결과의 성공 여부는 알 수 없다2019년 기준으로 두 회사의 합병으로 만들어진 카카오는 계열사가 93개에 이르며,[5] 2021년 7월 기준으로 주식가격은 합병당시 3만원대 초반에서 16만원대로 무려 5배가 상승하였다. 다만 합병을 결정하는 의사결정이 합리적으로 이사회에서 이루어지고 상법 회사편의 두 주체인 주주와 채권자가 이에 동의하면 된다. 지금부터 어떤 식으로 상법이 회사의 합병을 규정하고 있는지 살펴보자. 이를 통하여 삼성물산과 제일모직의 합병사건에서 보듯 많은 세간의 관심을 모으는 법적 문제를 이해할 수 있게 될 것이다. 우선 합병을 간략하게 보면 다음과 같다.

4) 최강 · 강미선 · 홍재의, "'생존을 위한 연애' 다음-카카오 합병 왜?", 머니투데이, 2014년 5월 27일, available at http://news.mt.co.kr/mtview.php?no=2014052617322600304

5) 백주원, "계열사 93개 … 4년새 IT공룡 된 '카카오 공동체'", 서울경제신문, 2019년 5월 1일, 16면.

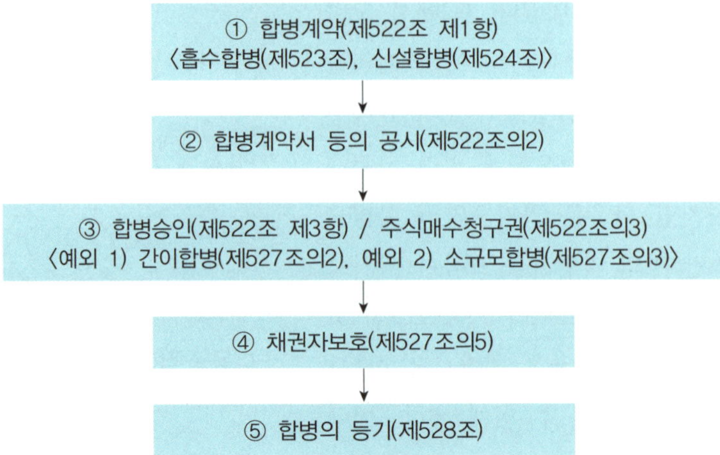

합병절차

① 우선 합병하는 회사 사이에 합병계약을 체결해야 한다제522조 제1항.[6] 합병 조건 등을 서로 협의하고 합의에 이르게 되면 이사회에서 합병을 결의하게 된다제393조.[7] 합병에는 두 가지 방법이 있는데, 하나가 합병당사회사 중에서 한 회사가 존속하고 다른 회사는 해산해 그 사원 및 재산이 존속회사에 포괄적으로 승계되는 흡수합병이며, 다른 하나는 모든 합병당사회사가 해산한 후에 새로운 회사를 설립하고 해산회사의 사원 및 재산을 신회사에 포괄적으로 승계시키는 신설합병이다. 흡수합병과 신설합병의 경우 서로 합병계약서에 적어야 할 사항이 다른데제523조/제524조,[8] 현실에서는 주로 흡수합병

---

6) 제522조(합병계약서와 그 승인결의) ① 회사가 합병을 함에는 합병계약서를 작성하여 주주총회의 승인을 얻어야 한다. [개정 1995.12.29, 1998.12.28]

7) 제393조(이사회의 권한) ① 중요한 자산의 처분 및 양도, 대규모 재산의 차입, 지배인의 선임 또는 해임과 지점의 설치·이전 또는 폐지 등 회사의 업무집행은 이사회의 결의로 한다. [개정 2001.7.24]

8) 제523조(흡수합병의 합병계약서) 합병할 회사의 일방이 합병 후 존속하는 경우에는 합병계약서에 다음의 사항을 적어야 한다. [개정 1998.12.28, 2001.7.24, 2011.4.14, 2015.12.1]

1. 존속하는 회사가 합병으로 인하여 그 발행할 주식의 총수를 증가하는 때에는 그 증가할 주식의 총수, 종류와 수

이 이루어지며 앞에서 본 다음과 카카오의 합병다음이 카카오를 흡수하는 형식을 취했다이나 조금 뒤 살펴볼 제일모직과 삼성물산의 경우제일모직이 삼성물산을 흡수하는 형식을 취했다도 마찬가지이다.

합병계약서 체결 시 가장 중요한 사항은 회사의 기존주주가 합병 후 새롭게 탄생하는 회사의 지분을 얼마나 갖게 되느냐의 문제이다. 주주의 입장에서는 내가 갖고 있는 주식의 가치를 얼마로 인정해 주느냐의 문제인 것이다. 다음과 카카오가 합병할 때는 합병비율이 1:1.556이었고, 제일모직과 삼성

---

2. 존속하는 회사의 자본금 또는 준비금이 증가하는 경우에는 증가할 자본금 또는 준비금에 관한 사항
3. 존속하는 회사가 합병을 하면서 신주를 발행하거나 자기주식을 이전하는 경우에는 발행하는 신주 또는 이전하는 자기주식의 총수, 종류와 수 및 합병으로 인하여 소멸하는 회사의 주주에 대한 신주의 배정 또는 자기주식의 이전에 관한 사항
4. 존속하는 회사가 합병으로 소멸하는 회사의 주주에게 제3호에도 불구하고 그 대가의 전부 또는 일부로서 금전이나 그 밖의 재산을 제공하는 경우에는 그 내용 및 배정에 관한 사항
5. 각 회사에서 합병의 승인결의를 할 사원 또는 주주의 총회의 기일
6. 합병을 할 날
7. 존속하는 회사가 합병으로 인하여 정관을 변경하기로 정한 때에는 그 규정
8. 각 회사가 합병으로 이익배당을 할 때에는 그 한도액
9. 합병으로 인하여 존속하는 회사에 취임할 이사와 감사 또는 감사위원회의 위원을 정한 때에는 그 성명 및 주민등록번호

[제목개정 2015.12.1]

제524조(신설합병의 합병계약서) 합병으로 회사를 설립하는 경우에는 합병계약서에 다음의 사항을 적어야 한다. [개정 2001.7.24, 2011.4.14, 2015.12.1]

1. 설립되는 회사에 대하여 제289조 제1항 제1호부터 제4호까지에 규정된 사항과 종류주식을 발행할 때에는 그 종류, 수와 본점소재지
2. 설립되는 회사가 합병당시에 발행하는 주식의 총수와 종류, 수 및 각 회사의 주주에 대한 주식의 배정에 관한 사항
3. 설립되는 회사의 자본금과 준비금의 총액
4. 각 회사의 주주에게 제2호에도 불구하고 금전이나 그 밖의 재산을 제공하는 경우에는 그 내용 및 배정에 관한 사항
5. 제523조 제5호 및 제6호에 규정된 사항
6. 합병으로 인하여 설립되는 회사의 이사와 감사 또는 감사위원회의 위원을 정한 때에는 그 성명 및 주민등록번호

[제목개정 2015.12.1]

물산의 합병 비율은 1:0.3500885이었다. 다음과 카카오의 합병 때에는 합병비율이 문제가 되지 않았으나 제일모직과 삼성물산 때는 그렇지 않았다. 제일모직의 주식을 주로 갖고 있고23.2%, 삼성물산의 지분은 한 주도 갖고 있지 않았던 이재용 삼성전자 부회장을 유리하게 만들기 위하여 제일모직의 가치를 높게 평가했다는 주장 때문이다.

합병비율에 대해서 언급하고 있는 상법규정은 상법 제523조 제3호가 유일하다.[9] 회사가 합병을 할 때 주주가 손해를 보지 않으려면 합병비율이 공정한 것이어야 한다. 그런데 어떻게 합병비율을 정하느냐에 대해서는 상법에 규정이 없다. 다만 정해진 합병비율을 합병계약서에 명시해야 한다고만 규정되어 있을 뿐이다. 그렇지만 상법의 특별법에 해당하는 자본시장과 금융투자업에 관한 법률은 제165조의4 제1항에서 주권상장법인이 합병을 하기 위해서는 대통령으로 정하는 방법을 따라야 한다고 규정되어 있다.[10] 그리고 대통령령 제176조의5 제1항 제1호에 자세한 평가방법이 세밀하게 규정되어 있다.[11]

---

9) **제523조(흡수합병의 합병계약서)** 합병할 회사의 일방이 합병 후 존속하는 경우에는 합병계약서에 다음의 사항을 적어야 한다. [개정 1998.12.28, 2001.7.24, 2011.4.14]
   3. 존속하는 회사가 합병 당시에 발행하는 신주의 총수, 종류와 수 및 합병으로 인하여 소멸하는 회사의 주주에 대한 신주의 배정에 관한 사항

10) **자본시장과 금융투자업에 관한 법률 제165조의4(합병 등의 특례)** ① 주권상장법인은 다음 각 호의 어느 하나에 해당하는 행위(이하 이 조에서 "합병 등"이라 한다)를 하려면 대통령령으로 정하는 요건 · 방법 등의 기준에 따라야 한다. [개정 2013.5.28]
   1. 다른 법인과의 합병
   2. 대통령령으로 정하는 중요한 영업 또는 자산의 양수 또는 양도
   3. 주식의 포괄적 교환 또는 포괄적 이전
   4. 분할 또는 분할합병

   ② 주권상장법인은 합병 등을 하는 경우 투자자 보호 및 건전한 거래질서를 위하여 대통령령으로 정하는 바에 따라 외부의 전문평가기관(이하 이 조 및 제165조의18에서 "외부평가기관"이라 한다)으로부터 합병 등의 가액, 그 밖에 대통령령으로 정하는 사항에 관한 평가를 받아야 한다. [신설 2013.5.28]

11) 자본시장과 금융투자업에 관한 법률 시행령 제176조의5(합병의 요건 · 방법 등) ① 주권상장법인이 다른 법인과 합병하려는 경우에는 다음 각 호의 방법에 따라 산정한 합병가액에 따라야 한다. 이 경우 주권상장법인이 제1호 또는 제2호가목 본문에 따른 가격을 산정할 수 없는 경우에는 제2호나목에 따른 가격으로 하여야 한다. [개정 2009.12.

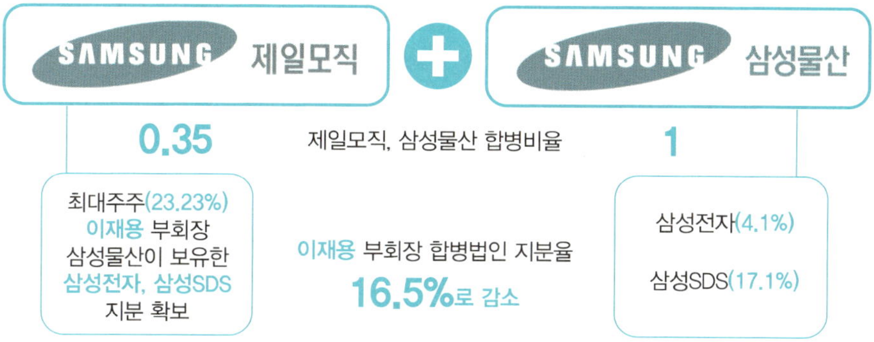

^ 제일모직과 삼성물산의 합병

이 시행령을 따라서 평가한 가치가 제일모직과 삼성물산이 1:0.35라는 것이다. 우리가 합병비율의 산정요소로 생각할 수 있는 것이 순자산가치net asset value, 시장가치, 수익가치 등이다. 이를 근거로 한다면 제일모직과 삼성물산의 합병비율이 불공정하다는 주장에 어느 정도 근거가 있는 것도 사실이다. 특히 삼성물산의 가치를 의도적으로 낮게 평가하기 위해 여러 공정하지 못한 사전 작업이 있었고,[12] 이재용 부회장이 그로 인해 큰 이득을 보았다는 주장 역시 계속해서 나오고 있다.[13]

21, 2012.6.29, 2013.6.21, 2013.8.27, 2014.12.9]

1. 주권상장법인 간 합병의 경우에는 합병을 위한 이사회 결의일과 합병계약을 체결한 날 중 앞서는 날의 전일을 기산일로 한 다음 각 목의 종가(증권시장에서 성립된 최종가격을 말한다. 이하 이 항에서 같다)를 산술평균한 가액(이하 이 조에서 "기준시가"라 한다)을 기준으로 100분의 30(계열회사 간 합병의 경우에는 100분의 10)의 범위에서 할인 또는 할증한 가액. 이 경우 가목 및 나목의 평균종가는 종가를 거래량으로 가중산술평균하여 산정한다.
   가. 최근 1개월간 평균종가. 다만, 산정대상기간 중에 배당락 또는 권리락이 있는 경우로서 배당락 또는 권리락이 있은 날부터 기산일까지의 기간이 7일 이상인 경우에는 그 기간의 평균종가로 한다.
   나. 최근 1주일간 평균종가
   다. 최근일의 종가

12) 배지현, "삼성, 합병전 삼성물산 현금자산도 1조 7천억원 누락했다", 한겨레신문, 2019년 5월 31일, available at http://www.hani.co.kr/arti/society/society_general/896066.html

13) 임재우, "삼성 합병비율 조작해 이재용 3~4조원 이득 · 국민연금 손실 최대 6천억원",

② 계약이 회사의 대표를 통해 이루어지면 합병계약서를 공시해서 시장에 정확한 합병 내용을 알려야 한다제522조의2.14) 그리고 합병계약서를 통해 알려진 정보를 바탕으로 해서 주주와 채권자는 합병이 자신들의 이익을 해치는지를 판단하여 의사결정을 할 수 있다.

③ 그리고 그에 대한 판단의 결과를 주주는 주주총회를 통해서 나타내게 되는데 주주의 이익을 보호하고자 상법은 엄격한 합병승인 요건특별결의을 요구하고제522조 제3항,15) 동시에 합병을 반대하는 주주에 대해서는 주식매수청구권을 부여한다제522조의3. 앞에서 살펴본 제일모직과 삼성물산의 합병 사례에서는 합병안이 유리하다고 알려진 제일모직의 경우 거의 모든 주주들이 찬성했지만 반대로 불리하였던 삼성물산의 경우 주주총회에서 미국의 헤지펀드인 엘리엇 매니지먼트 등이 반대하여 찬성의결권수가 전체의결권수의 69.53%였다.16) 합병이 승인되기 위해서는 2/3가 찬성해야 하므로 약 2.43% 차이로 아슬아슬하게 통과된 것이다. 만약 합병의 승인요건이 보통결의과반수 찬성였다면 합병안은 훨씬 수월하게 통과되었을 것이다. 즉 상법은 결의요건을 엄격하게

한겨레신문, 2019년 7월 15일, 9면.

14) 제522조의2(합병계약서 등의 공시) ① 이사는 제522조 제1항의 주주총회회일의 2주 전부터 합병을 한 날 이후 6개월이 경과하는 날까지 다음 각 호의 서류를 본점에 비치하여야 한다. [개정 1998.12.28, 2015.12.1]

1. 합병계약서
2. 합병을 위하여 신주를 발행하거나 자기주식을 이전하는 경우에는 합병으로 인하여 소멸하는 회사의 주주에 대한 신주의 배정 또는 자기주식의 이전에 관하여 그 이유를 기재한 서면
3. 각 회사의 최종의 대차대조표와 손익계산서

② 주주 및 회사채권자는 영업시간 내에는 언제든지 제1항 각 호의 서류의 열람을 청구하거나, 회사가 정한 비용을 지급하고 그 등본 또는 초본의 교부를 청구할 수 있다. [개정 1998.12.28]

[본조신설 1984.4.10] [제목개정 2015.12.1]

15) 제522조(합병계약서와 그 승인결의) ① 회사가 합병을 함에는 합병계약서를 작성하여 주주총회의 승인을 얻어야 한다. [개정 1995.12.29, 1998.12.28]

③ 제1항의 승인결의는 제434조의 규정에 의하여야 한다. [개정 1998.12.28]

16) 임도원 외 2인, "[제일모직 · 삼성물산 합병 성사] 소액주주 압도적 '찬성'… 삼성물산, ISS 반대 뚫고 막판 뒤집기", 한국경제신문, 2015년 7월 17일, A4면.

하여 주주의 권리를 보호하고 있다.

다음으로 상법은 주주의 보호를 위해서 합병에 반대하는 주주들에게는 주식매수청구권을 부여하고 있다. 주주는 자신이 반대하는 합병을 회사가 강행하려 할 경우 자신의 주식을 회사가 사게 할 수 있다. 앞의 합병 사례인 다음과 카카오의 경우 주식매수청구권을 행사한 주주는 많지 않았고, 제일모직과 삼성물산의 합병에서는 제일모직의 주식매수청구권은 겨우 한 주가 행사되었고 삼성물산의 경우는 5만 7,234원이었는데 1,171만주가 행사되어 액수로는 6,702억 5,096만원에 해당되었다. 보통 합병계약 당시 이러한 주식매수청권이 주주들로부터 많이 행사될 경우 계약이 취소된다는 조항을 넣은 경우가 많은데 제일모직과 삼성물산의 합병계약에서는 행사금액이 총 1조 5,000억원이 넘는 경우가 이에 해당된다고 한다.[17] 이러한 주식매수청구권 때문에 합병계약 자체가 무효가 되기도 한다. 2008년 LG이노텍과 LG마이크론의 합병이, 2009년에는 현대모비스와 현대오토넷의 합병이, 그리고 2014년에는 삼성중공업과 삼성엔지니어링의 합병이 바로 그것이다.[18]

이렇듯 합병과정에 있어서 주주의 권리는 주주총회 시에 주주의 승인을 받기 위해서 엄격한 결의요건인 특별결의를 통해야 하고, 반대하는 주주에게 주식매수청구권이 부여되는 것으로 보호하고 있지만, 간이합병제527조의2[19]과 소규모합병제527조의3[20]에 대해서는 예외이다. 간이합병은 해산회사의

17) 이효상, "'주식매수청구' 변수 없앤 삼성물산, 합병 예정대로", 경향신문, 2015년 8월 7일, available at http://news.khan.co.kr/kh_news/khan_art_view.html?art_id=201508072137075

18) 이진명 외 2인, "삼성 성급한 합병추진에 시장이 제동", 매일경제신문, 2014년 11월 19일, A19면.

19) 제527조의2(간이합병) ① 합병할 회사의 일방이 합병 후 존속하는 경우에 합병으로 인하여 소멸하는 회사의 총주주의 동의가 있거나 그 회사의 발행주식총수의 100분의 90 이상을 합병 후 존속하는 회사가 소유하고 있는 때에는 합병으로 인하여 소멸하는 회사의 주주총회의 승인은 이를 이사회의 승인으로 갈음할 수 있다.
② 제1항의 경우에 합병으로 인하여 소멸하는 회사는 합병계약서를 작성한 날부터 2주 내에 주주총회의 승인을 얻지 아니하고 합병을 한다는 뜻을 공고하거나 주주에게 통지하여야 한다. 다만, 총주주의 동의가 있는 때에는 그러하지 아니하다.

총주주의 동의를 얻었거나 살아남는 존속회사가 없애게 되는 해산회사의 발행주식총수의 90% 이상을 소유하고 있다면 해산회사의 주주총회는 하지 않고 이사회의 결의로 대신할 수 있다. 즉 합병 후 계속해서 존재할 회사가 없어질 회사의 주식을 이미 90% 이상을 갖고 있기 때문에 주주의 의사를 따로 물을 필요가 없는 것이다. 포스코건설과 포스코엔지니어링의 합병의 경우 포스코건설이 포스코엔지니어링의 지분을 95.56%를 갖고 있었기 때문에 간이합병 절차를 이용할 수 있었고,[21] 유진기업의 경우 레미콘공장을 기반으로 한 현대산업, 고흥레미콘, 흥한레미콘 등과 같은 11개의 독립적인 회사를 자회사로 갖고 있었는데 이들의 지분을 100% 갖고 있었기 때문에 해산회사의 주주총회 없이 합병을 할 수 있었다.[22]

[본조신설 1998.12.28]

20) 제527조의3(소규모합병) ① 합병 후 존속하는 회사가 합병으로 인하여 발행하는 신주 및 이전하는 자기주식의 총수가 그 회사의 발행주식총수의 100분의 10을 초과하지 아니하는 경우에는 그 존속하는 회사의 주주총회의 승인은 이를 이사회의 승인으로 갈음할 수 있다. 다만, 합병으로 인하여 소멸하는 회사의 주주에게 제공할 금전이나 그 밖의 재산을 정한 경우에 그 금액 및 그 밖의 재산의 가액이 존속하는 회사의 최종 대차대조표상으로 현존하는 순자산액의 100분의 5를 초과하는 경우에는 그러하지 아니하다. [개정 2015.12.1]
② 제1항의 경우에 존속하는 회사의 합병계약서에는 주주총회의 승인을 얻지 아니하고 합병을 한다는 뜻을 기재하여야 한다.
③ 제1항의 경우에 존속하는 회사는 합병계약서를 작성한 날부터 2주 내에 소멸하는 회사의 상호 및 본점의 소재지, 합병을 할 날, 주주총회의 승인을 얻지 아니하고 합병을 한다는 뜻을 공고하거나 주주에게 통지하여야 한다.
④ 합병 후 존속하는 회사의 발행주식총수의 100분의 20 이상에 해당하는 주식을 소유한 주주가 제3항의 규정에 의한 공고 또는 통지를 한 날부터 2주 내에 회사에 대하여 서면으로 제1항의 합병에 반대하는 의사를 통지한 때에는 제1항 본문의 규정에 의한 합병을 할 수 없다.
⑤ 제1항 본문의 경우에는 제522조의3의 규정은 이를 적용하지 아니한다.
[본조신설 1998.12.28]
[제목개정 2015.12.1]

21) 김경태, "포스코건설, 대주주 PIF 동의 '합병 일사천리'", 더벨, 2016년 11월 25일, available at http://www.thebell.co.kr/free/content/ArticleView.asp?key=201611240100049460002986&svccode=00&page=1&sort=thebell_check_time

반대로 합병 후에 존속하는 회사가 합병으로 인하여 발행하는 신주 및 이전하는 자기주식의 총수가 그 회사의 발행주식총수의 10%를 초과하지 않으면 존속하는 회사는 주주총회를 하지 않고 이사회의 승인으로 대신할 수 있다. 즉 존속회사의 입장에서 보면 합병하는 회사가 매우 작을 경우 굳이 주주총회라는 거추장스러운 과정을 생략하고 이사회의 승인만으로 진행할 수 있는 것이다. 삼성전자와 디지털카메라를 생산하던 삼성디지털이미징이 합병할 때 삼성전자의 입장에서는 소규모 합병이기 때문에 주주총회가 필요 없었다.[23]

④ 주주와 함께 상법이 회사의 합병 시에 권리를 보호해야 할 대상은 바로 회사의 채권자이다. 채권자의 입장에서 다음이라는 큰 회사의 안정성을 믿고 회사채를 매입하였는데 갑자기 내가 회사채를 산 다음이 "카톡~카톡~"과 같은 소리나 내고 있는 앱을 만드는 회사와 합병을 한다면 언제 망할지 모른다는 생각이 들 수도 있다. 또 다른 회사의 채권자는 디지털카메라를 만드는 삼성디지털이미징의 미래를 믿고 채권의 회수에 대해서는 걱정을 전혀 하지 않고 있었는데 이 회사가 갑자기 휴대폰, 반도체 그리고 텔레비전을 만드는 삼성전자와 합병을 한다고 하면 앞으로 혹시 망하지 않을까 하는 걱정에 빠질 수도 있다아마 현실에서는 반대일 것이다. 상법은 이런 채권자를 보호하기 위한 절차를 만들어 놓았다. 바로 상법 제527조의5이다.[24] 앞에서 본 자본금을 줄이는 절차 때에 채권자들의 보호절차제232조 제2항/제3항를 회사가 합병할 때도

22) 박동해, "유진기업, 11개 자회사 합병…'경영 효율성 증대'", 뉴스1, 2018년 10월 12일, available at http://news1.kr/articles/?3448741

23) 이홍석, "상반기 기업 인수합병 늘어…54곳 완료 · 진행", 디지털타임즈, 2010년 7월 6일, available at http://www.dt.co.kr/contents.html?article_no=2010070702011457713012

24) **제527조의5(채권자보호절차)** ① 회사는 제522조의 주주총회의 승인결의가 있은 날부터 2주 내에 채권자에 대하여 합병에 이의가 있으면 1월 이상의 기간 내에 이를 제출할 것을 공고하고 알고 있는 채권자에 대하여는 따로따로 이를 최고하여야 한다.
② 제1항의 규정을 적용함에 있어서 제527조의2 및 제527조의3의 경우에는 이사회의 승인결의를 주주총회의 승인결의로 본다.
③ 제232조 제2항 및 제3항의 규정은 제1항 및 제2항의 경우에 이를 준용한다.
[본조신설 1998.12.28]

똑같이 적용시켜 놓은 것이다. 즉 채권자들이 반대할 경우 변제 또는 상당한 담보를 제공하거나 이를 목적으로 하여 상당한 재산을 신탁회사에 신탁하게 해놓은 것이다. 이럴 경우 채권자들은 자신들이 돈을 받을 확신이 서게 되므로 안심하고 회사의 합병을 지켜볼 수 있을 것이다. 이렇듯 주주와 채권자가 모두 승인하게 되면 절차를 대부분 마무리 한 것이다. 하지만 합병이라는 큰 과정을 최종적으로 마무리 하는 것은 회사가 설립되었을 때와 똑같이 '등기'이다제528조.[25] 합병을 통하여 새로운 회사가 이 세상에 만들어졌음을 세상에 공식적으로 알리는 절차이기 때문이다. 이것이 끝나야 비로소 합병하는 회사가 기존 회사의 모든 법률적 권리와 의무를 승계하게 되며 진정한 하나가 되게 된다.

25) 제528조(합병의 등기) ① 회사가 합병을 한 때에는 제526조의 주주총회가 종결한 날 또는 보고에 갈음하는 공고일, 제527조의 창립총회가 종결한 날 또는 보고에 갈음하는 공고일부터 본점소재지에서는 2주 내, 지점소재지에서는 3주 내에 합병 후 존속하는 회사에 있어서는 변경의 등기, 합병으로 인하여 소멸하는 회사에 있어서는 해산의 등기, 합병으로 인하여 설립된 회사에 있어서는 제317조에 정하는 등기를 하여야 한다. [개정 1998.12.28]
② 합병 후 존속하는 회사 또는 합병으로 인하여 설립된 회사가 합병으로 인하여 전환사채 또는 신주인수권부사채를 승계한 때에는 제1항의 등기와 동시에 사채의 등기를 하여야 한다. [개정 1984.4.10]

제2관 분할

회사의 분할은 합병보다 상대적으로 적은 11개 조항으로 구성되어 있다. 분할에서도 상법이 중시하고 있는 부분은 회사의 주주와 채권자가 스스로의 권익을 보호하는 방법에 있다. 분할의 과정 속에서 이러한 상법의 역할을 살펴보자.

결혼하기 전 분당에 이사 와서 처음에는 정말 살기 좋다고 느꼈었다. 차도 막히지 않고, 지하철역과도 가까웠으며 공원도 많았다. 천당 밑에 분당이라는 이야기가 마음에 와 닿았었다. 그런데 분당이 더 좋게 느껴졌었던 것 중의 하나가 바로 백화점이었다. 서울에서 퇴근하다가 개점한지 얼마 안 되는 백화점에 들려 구경을 한 후 백화점 버스를 이용하여 공짜로 집으로 가면 참으로 여유로웠다. 그런데 어느 순간에 백화점 버스는 사라져버렸고 백화점을 이용하는 고객들이 하나둘씩 줄어갔다. 물론 나도 백화점에 가서 쇼핑을 한 적이 언제였는지 기억이 나지 않을 정도이다. 주로 온라인으로 쉽게 쇼핑을 하면서부터이다. 이러한 현상은 나뿐만이 아니라 대부분의 소비자들에게 똑같이 적용되고 있고,[26] 우리나라만이 아니라 일본이나 미국에서도 동일한 일이 벌어지고 있다.[27] 그렇다보니 오프라인 쇼핑의 대명사인 롯데마트나 이마트의 영업이익이 극감하여 생존전략을 짜기 위해서 안간힘

신세계백화점은 왜 분할했을까?

26) 유현진, "온라인몰에 밀린 대형마트…4년 만에 매출 2,000억 급감", 문화일보, 2019년 7월 9일, 17면.

27) 정한결, "日 백화점의 '몰락'…'고령화 · 저출산'에 도미노 폐업", 머니투데이, 2019년 6월 3일, 9면; 유희석, "100년 역사인데…美 '바니스뉴욕' 백화점 파산위기", 머니투데이, 2019년 7월 15일, 9면.

을 쏟고 있고,[28] 백화점들도 매출이 감소하고 성장률이 감소하여 새로운 변화를 추구하고 있다.[29]

그런데 2011년에 백화점 사업과 이마트라는 브랜드로 대형마트 사업을 함께하던 신세계백화점은 회사를 둘로 분할해서 백화점은 기존의 신세계백화점이 전담하고 대형마트 사업은 이미 사용하던 이마트 브랜드를 이용하여 이마트라는 신설되는 회사가 하겠다고 발표를 하였다. 이런 발표를 하면서 신세계가 밝힌 분할의 목적은 전문성 및 책임경영 강화를 통한 주주가치의 극대화였는데, 그 당시에 세간에는 자녀들의 상속을 염두에 둔 것이 아니냐는 분석이 많았다. 오빠인 정용진 부회장에게는 규모가 좀 더 큰 대형마트 사업인 이마트를 주고, 동생인 정유경 사장에게는 백화점 사업을 승계하려는 것이 아니냐는 것이다.[30] 당시의 추정이 몇 년이 지난 지금 거의 맞는 것으로 밝혀지고 있다고 한다. 이마트와 복합쇼핑몰 사업은 정용진 부회장이, 백화점, 면세점, 그리고 뷰티 사업은 정유경 사장이 나누는 것으로 지분정리가 되어간다는 것이다.[31] 그런데 이런 목적의 분할에 대해서 분할 후 몇 년간 비판의 목소리도 있었다. 롯데쇼핑과 같은 경쟁사들이 사업 확장 때 신세계는 분할로 인해 몸집이 작아져서 성장에 제약이 있었다는 것이다.[32] 이처럼 회사의 분할 시에는 기업의 미래가치에 영향을 미치게 되고 상법에서 보는 회사의 가장 큰 당사자인 주주와 채권자들에게 큰 영향을 미치게 된다. 어떤 식으로 법은 이들의 권리를 지키고 있을까? 일단 회사의 분할 과정에 대하여 개략적으로 살펴보면 다음과 같다.

---

28) 이주현, "위기의 대형마트, 독자 생존전략 안간힘", 전자신문, 2019년 2월 21일, 5면.

29) 심성미, "오프라인의 반격 … 온라인 고객을 매료시켜라", 한국경제신문, 2019년 5월 31일, A2면.

30) 박상숙, "경영권 상속용? 책임경영 강화?", 서울신문, 2011년 1월 22일, available at http://www.seoul.co.kr/news/newsView.php?id=20110122015010

31) 박진영, "광주신세계 이마트 양도 … 정용진-정유경 경영승계 속도 내나", 머니투데이, 2018년 11월 14일, 14면.

32) 이학선, "신세계, 기업분할의 명암", Business Watch, 2014년 3월 19일, available at http://news.bizwatch.co.kr/article/industry/2014/03/18/0026/prev_ver

① 분할계획서 작성(제530조의5)

↓

② 공시(제530조의7)

↓

③ 주주의 승인(제530조의3) / 경우에 따라 채권자의 승인(제530조의9 제4항)

↓

④ 등기(제530조의11, 제528조)

분할의 순서

기업 분할은 '인적 분할'과 '물적 분할'로 나뉜다제530조의12.[33] 신설되는 기업의 주식을 기존 주주들이 나누어 가지면 인적 분할, 주식을 나누지 않고 모회사가 100% 보유하면 물적 분할이 된다. 인적 분할을 통해 기존 회사와 신설되는 회사는 법적으로 서로 '남남'이 되는데 비하여, 물적 분할은 신설 기업이 기존 회사의 자회사가 되는 '모자母子 기업' 체제가 되면서 자회사의 손익이 모회사의 손익과 직결되게 된다. 주주들의 입장에서는 인적 분할과 물적 분할이 각각 다르다. A 회사가 사업 부문을 분리해 B 회사를 인적 분할하면, 기존 A 회사 주주들은 B 회사의 주식을 분할 비율에 따라 나눠받게 된다. 예컨대 자본금이 100억원인 A 회사가 자본금 50억원씩의 A1과 B1 회사로 분할되었다면, A 회사의 지분을 5% 갖고 있던 갑은 앞으로 A1과 B1 회사의 주식을 5%씩 갖게 된다. 반면에 A 회사가 B 회사를 '물적 분할'했다면 100주를 보유하고 있던 기존 주주는 분할 이후에도 그대로 A 회사 주식 100주를 갖게 되며 B 회사는 전적으로 A 회사가 소유한다.[34] 앞에서 본 신세계백화점은 신세계백화점과 이마트로 인적 분할을 해서 이제 법적으로는 서로 따로따로 독립

33) 제530조의12(물적 분할) 이 절의 규정은 분할되는 회사가 분할 또는 분할합병으로 인하여 설립되는 회사의 주식의 총수를 취득하는 경우에 이를 준용한다. [본조신설 1998. 12.28]

34) 이인형, "핵심 경쟁력 키우는 '회사 분할'", 조선일보, 2013년 11월 8일, available at http://premium.chosun.com/site/data/html_dir/2013/11/07/2013110703865.html

적인 법인으로 바뀌었지만 만약 물적 분할을 했다고 가정하면 신세계백화점이 이마트의 주식을 100% 보유하는 모회사와 자회사의 관계가 되므로 이마트의 성공이 바로 모회사인 신세계백화점의 수익강화로 이어지게 되는 구조를 갖게 된다.

회사는 단순하게 분할을 할 수도 있지만 분할과 동시에 기존의 회사와 합병을 함께할 수도 있다. A 회사를 A1 회사와 A2 회사로 단순히 분할 할 수도 있지만 A 회사를 A1과 A2로 분할함과 동시에 기존의 B 회사와 A2가 합병할 수도 있는데 이를 분할합병이라고 한다제530조의2.[35)]

분할을 순서대로 살펴보면 다음과 같다. 우선 ① 분할에 대한 상세한 계획서를 작성하게 되는데제530조의5,[36)] 이에 대한 계획은 당연히 회사의 중

---

35) 제530조의2(회사의 분할 · 분할합병) ① 회사는 분할에 의하여 1개 또는 수개의 회사를 설립할 수 있다.
② 회사는 분할에 의하여 1개 또는 수개의 존립 중의 회사와 합병(이하 "分割合併"이라 한다)할 수 있다.
③ 회사는 분할에 의하여 1개 또는 수개의 회사를 설립함과 동시에 분할합병할 수 있다.
④ 해산후의 회사는 존립중의 회사를 존속하는 회사로 하거나 새로 회사를 설립하는 경우에 한하여 분할 또는 분할합병할 수 있다.
[본조신설 1998.12.28]

36) 제530조의5(분할계획서의 기재사항) ① 분할에 의하여 회사를 설립하는 경우에는 분할계획서에 다음 각 호의 사항을 기재하여야 한다. [개정 2011.4.14, 2015.12.1]
1. 분할에 의하여 설립되는 회사(이하 "단순분할신설회사"라 한다)의 상호, 목적, 본점의 소재지 및 공고의 방법
2. 단순분할신설회사가 발행할 주식의 총수 및 액면주식 · 무액면주식의 구분
3. 단순분할신설회사가 분할 당시에 발행하는 주식의 총수, 종류 및 종류주식의 수, 액면주식 · 무액면주식의 구분
4. 분할회사의 주주에 대한 단순분할신설회사의 주식의 배정에 관한 사항 및 배정에 따른 주식의 병합 또는 분할을 하는 경우에는 그에 관한 사항
5. 분할회사의 주주에게 제4호에도 불구하고 금전이나 그 밖의 재산을 제공하는 경우에는 그 내용 및 배정에 관한 사항
6. 단순분할신설회사의 자본금과 준비금에 관한 사항
7. 단순분할신설회사에 이전될 재산과 그 가액
8. 제530조의9제2항의 정함이 있는 경우에는 그 내용
8의2. 분할을 할 날

요사항을 결정하는 이사회가 하게 되며, ② 이를 공시한 후에제530조의7,37) ③ 이 계획에 대한 최종적인 승인 여부를 주주총회가 결정하게 된다제530조의3.38)

---

9. 단순분할신설회사의 이사와 감사를 정한 경우에는 그 성명과 주민등록번호
10. 단순분할신설회사의 정관에 기재할 그 밖의 사항

② 분할 후 회사가 존속하는 경우에는 존속하는 회사에 관하여 분할계획서에 다음 각 호의 사항을 기재하여야 한다. [개정 2011.4.14]

1. 감소할 자본금과 준비금의 액
2. 자본감소의 방법
3. 분할로 인하여 이전할 재산과 그 가액
4. 분할 후의 발행주식의 총수
5. 회사가 발행할 주식의 총수를 감소하는 경우에는 그 감소할 주식의 총수, 종류 및 종류별 주식의 수
6. 정관변경을 가져오게 하는 그 밖의 사항

[본조신설 1998.12.28]

[제목개정 2015.12.1]

37) 제530조의7(분할대차대조표 등의 공시) ① 분할회사의 이사는 제530조의3 제1항에 따른 주주총회 회일의 2주 전부터 분할의 등기를 한 날 또는 분할합병을 한 날 이후 6개월간 다음 각 호의 서류를 본점에 비치하여야 한다. [개정 2015.12.1]

1. 분할계획서 또는 분할합병계약서
2. 분할되는 부분의 대차대조표
3. 분할합병의 경우 분할합병의 상대방 회사의 대차대조표
4. 분할 또는 분할합병을 하면서 신주가 발행되거나 자기주식이 이전되는 경우에는 분할회사의 주주에 대한 신주의 배정 또는 자기주식의 이전에 관하여 그 이유를 기재한 서면

② 제530조의6제1항의 분할승계회사의 이사는 분할합병을 승인하는 주주총회 회일의 2주 전부터 분할합병의 등기를 한 후 6개월간 다음 각 호의 서류를 본점에 비치하여야 한다. [개정 2015.12.1]

1. 분할합병계약서
2. 분할회사의 분할되는 부분의 대차대조표
3. 분할합병을 하면서 신주를 발행하거나 자기주식을 이전하는 경우에는 분할회사의 주주에 대한 신주의 배정 또는 자기주식의 이전에 관하여 그 이유를 기재한 서면

③ 제522조의2 제2항의 규정은 제1항 및 제2항의 서류에 관하여 이를 준용한다.

[본조신설 1998.12.28]

[제목개정 2015.12.1]

38) 제530조의3(분할계획서・분할합병계약서의 승인) ① 회사가 분할 또는 분할합병을 하는 때에는 분할계획서 또는 분할합병계약서를 작성하여 주주총회의 승인을 얻어야 한다.

우리가 합병에서 본 것처럼 분할 때도 주주총회의 승인을 얻기 위해서 특별결의 요건을 충족해야 하는 것은 동일하지만, 합병과는 달리 반대주주의 주식매수청구권은 존재하지 않는다하지만 분할합병의 경우에는 제530조의11 제2항에 의해서 반대주주의 주식매수청구권이 부여된다.39) 인적 분할이 이루어진다면 주주는 기존 회사의 주식과 동일한 비율만큼 새롭게 분할되는 회사의 주식을 가지게 되고, 물적 분할 때에는 기존 회사가 새롭게 분할되는 회사의 지분을 모두 소유함에 따라 합병 때보다는 변화의 폭이 적다단순 분할이 아니라 분할합병의 경우에는 새롭게 합병을 포함하고 있으므로 이에 해당하지 않는다. 따라서 합병보다는 주주에게 주어지는 반대권한은 상대적으로 작아지는 것이다.

그렇다면 채권자의 경우에는 어떻게 자신들의 권리를 보호할 수 있을까? 나는 신세계백화점이 발행한 회사채를 소유하고 있는데 회사가 신세계백화점과 회사자산의 70%를 차지하는 이마트로 분할해 버린다면 장차 회사채가 약속한 원금과 이자를 받아낼 가능성이 줄어들지 않을까? 상법은 기존 채권자들의 권리보호를 위해 회사가 분할하는 경우 분할된 회사들 모두에게 연대하여 변제할 책임을 부여하고 있다제530조의9 제1항.40) 즉 신세계백화점의 채

② 제1항의 승인결의는 제434조의 규정에 의하여야 한다.

③ 제2항의 결의에 관하여는 제344조의3 제1항에 따라 의결권이 배제되는 주주도 의결권이 있다. [개정 2011.4.14]

④ 분할계획 또는 분할합병계약의 요령은 제363조에 정한 통지에 기재하여야 한다. [개정 2014.5.20]

⑤ 삭제 [2011.4.14]

⑥ 회사의 분할 또는 분할합병으로 인하여 분할 또는 분할합병에 관련되는 각 회사의 주주의 부담이 가중되는 경우에는 제1항 및 제436조의 결의 외에 그 주주 전원의 동의가 있어야 한다. [개정 2011.4.14]

[본조신설 1998.12.28]

39) **제530조의11(준용규정)** ② 제374조 제2항, 제439조 제3항, 제522조의3, 제527조의2, 제527조의3 및 제527조의5의 규정은 분할합병의 경우에 이를 준용한다. [개정 1999.12.31] [본조신설 1998.12.28]

40) **제530조의9(분할 및 분할합병 후의 회사의 책임)** ① 분할회사, 단순분할신설회사, 분할승계회사 또는 분할합병신설회사는 분할 또는 분할합병 전의 분할회사 채무에 관하여 연대하여 변제할 책임이 있다.

권자들은 분할된 신세계백화점이나 이마트 모두에게 채권을 변제받을 수 있으므로 분할로 인하여 권리가 크게 침해되지 않게 된다. 하지만 만약 분할계획서에 의해서 어느 특정 회사만 책임을 지게 되는 경우에는 합병 때와 마찬가지로 회사 채권자들의 승인을 얻어야 분할을 할 수 있다제530조의9 제2항과 제4항.

④ 이 같은 주주와 채권자의 승인절차가 모두 이루어지면 회사는 등기를 통해 분할절차를 마무리하게 되며제530조의11 제1항, 제528조,41) 이 경우 분할계획서에 의해 기존 회사의 권리와 의무가 분할되어진 회사에게 승계가 이루어지게 된다제530조의10.42)

---

② 제1항에도 불구하고 분할회사가 제530조의3 제2항에 따른 결의로 분할에 의하여 회사를 설립하는 경우에는 단순분할신설회사는 분할회사의 채무 중에서 분할계획서에 승계하기로 정한 채무에 대한 책임만을 부담하는 것으로 정할 수 있다. 이 경우 분할회사가 분할 후에 존속하는 경우에는 단순분할신설회사가 부담하지 아니하는 채무에 대한 책임만을 부담한다.
③ 분할합병의 경우에 분할회사는 제530조의3 제2항에 따른 결의로 분할합병에 따른 출자를 받는 분할승계회사 또는 분할합병신설회사가 분할회사의 채무 중에서 분할합병계약서에 승계하기로 정한 채무에 대한 책임만을 부담하는 것으로 정할 수 있다. 이 경우 제2항 후단을 준용한다.
④ 제2항의 경우에는 제439조 제3항 및 제527조의5를 준용한다.
[전문개정 2015.12.1]

41) 제530조의11(준용규정) ① 분할 또는 분할합병의 경우에는 제234조, 제237조부터 제240조까지, 제329조의2, 제440조부터 제443조까지, 제526조, 제527조, 제527조의6, 제528조 및 제529조를 준용한다. 다만, 제527조의 설립위원은 대표이사로 한다. [개정 2011.4.14, 2014.5.20]
제528조(합병의 등기) ① 회사가 합병을 한 때에는 제526조의 주주총회가 종결한 날 또는 보고에 갈음하는 공고일, 제527조의 창립총회가 종결한 날 또는 보고에 갈음하는 공고일부터 본점소재지에서는 2주 내, 지점소재지에서는 3주 내에 합병 후 존속하는 회사에 있어서는 변경의 등기, 합병으로 인하여 소멸하는 회사에 있어서는 해산의 등기, 합병으로 인하여 설립된 회사에 있어서는 제317조에 정하는 등기를 하여야 한다. [개정 1998.12.28]
② 합병 후 존속하는 회사 또는 합병으로 인하여 설립된 회사가 합병으로 인하여 전환사채 또는 신주인수권부사채를 승계한 때에는 제1항의 등기와 동시에 사채의 등기를 하여야 한다. [개정 1984.4.10]

42) 제530조의10(분할 또는 분할합병의 효과) 단순분할신설회사, 분할승계회사 또는 분할합병신설회사는 분할회사의 권리와 의무를 분할계획서 또는 분할합병계약서에서 정하

그런데 신세계백화점은 정말 왜 분할했을까? 당시 회사가 밝힌 것처럼 신속하고 유연한 의사결정 체제를 확립하고, 독립경영 및 책임경영 체제를 구축하며, 기업가치를 극대화시키기 위한 것이었을까? 아니면 많은 사람들이 추측한 것처럼 경영권 상속을 위해서였을까? 아직 분할의 결과에 대한 최종적인 답이 나온 것은 아니지만 신세계백화점과 이마트로 분할된 두 회사가 기존 유통업계에서 이룩한 성과보다 두드러지게 나아졌다는 평가는 아직 받지 못하고 있다.[43] 분할이든 합병이든 회사의 경영진은 회사의 주인은 전체주주임을 명심하고 이들에 대한 책무를 잊지 않아야 한다. 이것은 당시 신세계백화점의 경영진도 마찬가지이다.

는 바에 따라 승계한다.

[전문개정 2015.12.1]

43) 이학선, "신세계, 기업분할의 명암", Business Watch, 2014년 3월 19일, available at http://news.bizwatch.co.kr/article/industry/2014/03/18/0026/prev_ver

제3관 주식의 포괄적 교환과 이전

'주식의 포괄적 교환'과 '주식의 포괄적 이전'은 제4장 '주식회사'의 제2절 '주식'의 제2관과 제3관에 해당한다. 그런데 제10절인 '합병'과 제11절인 '분할'과 함께 다루고 있는 것은 이 부분이 회사의 구조변경과 밀접한 연관성을 갖고 있기 때문이다. 13개의 조항과 9개의 조항으로 이루어진 주식의 포괄적 교환과 주식의 포괄적 이전이 어떻게 회사의 구조변경과 관련이 있는지 지금부터 살펴보기로 하자.

이승만 대통령과 문재인 대통령은 대한민국의 대통령이라는 공통점을 갖고 있기는 하지만 성향은 많이 다른 분들이다. 대한민국의 건국 대통령으로서 우파를 상징하고 있는 분이 이승만 대통령이라면 문재인 대통령은 김대중, 노무현 대통령과 함께 좌파에 가까울 것이다. 또한 두 분이 대통령으로서 재임하는 시기도 한참 다르다. 한 분은 우리가 일본으로부터 광복을 되찾은 지 얼마 되지 않아 대통령직을 시작하셨고, 또 다른 한 분은 21세기의 대통령이기 때문이다. 그런데 이 두 분의 어록 속에서 공통된 점을 찾아내고는 재미있어 한 적이 있다. "죽어도 같이 죽고 살아도 같이 살자"라는 표현 때문이다. 한 분은 6 · 25전쟁 중 평양을 탈환한 이후 감격 속에서 행한 연설 중 이 표현을 사용하셨고,[44] 또 다른 한 분은 광주에서 호남과 본인의 정치세력이 하나라는 의미로 이 말을 이용하셨다.[45] 아마 두 분이 전혀 다른 정치성향을 갖고 있지만 우리나라 사람들이 공감하는 '함께'라는 정서를 동일하게 갖고 계시는 것 같다.

44) 이동복, "평양 탈환 평양 연설 '죽어도 같이 죽고 살아도 같이 살자'", 뉴데일리, 2014년 7월 31일, available at http://www.newdaily.co.kr/site/data/html/2014/07/30/2014073000015.html

45) 최승현, "일주일 만에 다시 광주 찾은 문재인 '죽어도 같이 죽고 살아도 같이 살자'", 조선일보, 2015년 11월 25일, available at http://news.chosun.com/site/data/html_dir/2015/11/25/2015112501525.html

이승만 대통령의 평양탈환 연설

그런데 함께 살고 함께 죽는 것이 꼭 좋은 것만은 아니다. 특히 우리가 알아가고 있는 기업에서는 더욱 그렇다. 과거에 대우그룹을 한번 생각해 보자. 대우그룹은 조선, 자동차, 중공업, 전자 등 다양한 분야에서 두각을 나타냈었다. 조선의 경우 세계 2위를 차지했었고, 자동차는 국내 2위, 중공업도 2위, 전자는 3위였다. 그리고 기업집단 전체를 보았을 때는 자산과 매출액 기준으로 한때 현대그룹에 이어 2위까지 올랐었다. 하지만 대우자동차가 IMF 사태 이후 위기를 맞고 그룹 전체가 같이 혼란에 빠져 결국 2000년에 주요 계열사가 워크아웃에 들어가면서 공중분해되고 말았다. 이렇게 거대한 기업집단이 함께 망하게 된 원인은 주식의 순환출자와 지급보증에 있다. 한 회사라도 큰 위기에 빠지면 그 회사의 주식을 갖고 있는 다른 계열사는 갖고 있는 주식 가격이 내리면서 큰 손해를 입고 동시에 지급보증을 서로 하였기 때문에 그 회사를 대신하여 돈까지 물어주게 되면서 더욱 큰 위기에 빠지게 된다.

이런 연쇄도산을 방지하기 위해서 허용되기 시작한 것이 지주회사제도이다. 일반적으로 회사는 상품이나 서비스를 생산하지만 지주회사持株會社는 직접 생산활동을 하지 않고 다른 회사의 주식을 가지고 그 회사의 경영에 참여하는 회사이다. 지주회사는 자산 총액의 절반 이상을 다른 회사의 주식으로 보유하고 있다는 점에서 일반 회사가 다른 회사 주식을 가진 것과는 다르다. 지주회사는 지배구조가 단순하고 투명한데, 앞에서 본 과거의 대우그룹의 경우 지배구조가 순환출자로 복잡하게 얽혀 있었다면, 지주회사의 지배구조는 지주회사가 자회사를 지배하고 자회사가 손자회사를 지배하는 수직적인 지배구조를 갖고 있다. 이런 수직적 구조를 바탕으로 지주회사는 자회사의 부실

위험이 다른 자회사로 전이되는 것을 쉽게 차단할 수 있는데 이는 자회사끼리 서로 출자할 수 없기 때문이다. 대기업들은 계열사 간에 지분구조가 복잡하게 얽혀 있어 줄줄이 망할 수도 있지만, 지주회사는 부실한 자회사를 떼어내어 정리하면 되므로 이를 차단할 수 있다.[46]

이런 지주회사 구조의 역할 때문에 2003년 LG카드가 위기에 빠졌을 때 LG그룹이 다른 계열사들로 경영위험이 전가되지 않았을 것이라는 주장이 존재하는 것이다.[47] 이 같은 지주회사를 다룰 때 가장 큰 역할을 하는 법이 독점규제 및 공정거래에 관한 법률인데 제8조의2에서 지주회사의 자회사가 다른 계열사의 지분취득을 금지하고 있고,[48] 제8조의3에서 채무보증을 역시 금지하고 있기 때문이다.[49] 이와 같은 제약 덕분에 같이 망하는 것을 막을 수

---

46) 이성복, "지주회사 제도는 어떻게 운영되나요?", 조선일보, 2012년 11월 30일, available at http://biz.chosun.com/site/data/html_dir/2012/11/29/2012112902823.html

47) 곽정수, "'엘지카드 부실' 계열사 확산 지주회사제가 막았다", 한겨레신문, 2003년 11월 25일, available at https://news.naver.com/main/read.nhn?mode=LSD&mid=sec&sid1=101&oid=028&aid=0000034163; 김수언, "재벌정책 · 시장요구 정면 충돌… 카드사태 계기 기업지배구조 논란 거셀듯", 한국경제신문, 2003년 11월 25일, available at https://www.hankyung.com/news/article/2003112567901

48) **독점규제 및 공정거래에 관한 법률 제8조의2(지주회사 등의 행위제한 등)** ③ 일반지주회사의 자회사는 다음 각 호의 어느 하나에 해당하는 행위를 하여서는 아니된다. [개정 2004.12.31, 2007.4.13, 2007.8.3, 2015.1.20]

2. 손자회사가 아닌 국내계열회사의 주식을 소유하는 행위. 다만, 다음 각 목의 어느 하나에 해당하는 사유로 인하여 주식을 소유하고 있는 국내계열회사의 경우에는 그러하지 아니하다.

49) **독점규제 및 공정거래에 관한 법률 제8조의3(상호출자제한기업집단의 지주회사 설립제한)** 제14조 제1항 전단에 따라 지정된 상호출자제한기업집단(이하 "상호출자제한기업집단"이라 한다)에 속하는 회사를 지배하는 동일인 또는 해당 동일인의 특수관계인이 지주회사를 설립하거나 지주회사로 전환하려는 경우에는 다음 각 호에 해당하는 채무보증을 해소하여야 한다. [개정 2002.1.26, 2017.4.18]

1. 지주회사와 자회사 간의 채무보증
2. 지주회사와 다른 국내계열회사(당해 持株會社가 支配하는 子會社를 제외한다) 간의 채무보증
3. 자회사 상호 간의 채무보증
4. 자회사와 다른 국내계열회사(당해 子會社를 支配하는 持株會社 및 당해持株會社가

있었다.

그런데 지주회사의 성격을 잘 보여주고 있는 이 같은 특징은 바로 앞에서 본 바와 같이 '독점규제 및 공정거래에 관한 법률'에서 규정하고 있고, 상법에서 규정하고 있는 주식의 포괄적 교환과 이전에 관한 규정은 지주회사에 대한 규정이 아니라 기존의 회사나 신설회사를 지주회사로 만들어가는 과정에 대한 것이다. 또한 우리나라 독점규제와 공정거래에 관한 법률에서는 지주회사가 꼭 자회사의 지분을 100%를 가져야 하는 것이 아니기 때문에 모회사가 자회사의 지분을 모두 갖게 되는 방식을 취하는 주식의 포괄적 교환이나 주식의 포괄적 이전을 통한 방법으로 지주회사를 만드는 경우는 현실에서는 많지 않다. 주로 금융그룹들이 자회사의 지분을 100% 갖는 완전모회사 체제의 지주회사를 도입할 때나,[50] 기존의 회사가 작은 회사를 자회사로 편입시킬 때 이용되는 정도이다.[51] 결국 상법에서의 지주회사와 관련한 규정은 지주회사 제도에 대해서 큰 역할을 하고 있다고 보기는 어렵다. 그렇다면 상법의 주식의 포괄적 교환과 주식의 포괄적 이전이 규정하고 있는 특징을 살펴보자.

일단 제4장 '주식회사'의 제2절 '주식'의 제2관의 '주식의 포괄적 교환'과 제3관인 '주식의 포괄적 이전'의 가장 큰 차이점은 주식의 포괄적 교환은 기존의 회사 사이에서 한 회사가 다른 회사의 지분을 100% 모두를 소유하는 완전모회사가 되는 것을 말하고, 주식의 포괄적 이전은 기존의 회사가 새롭게 만들어지는 회사의 완전자회사가 되는 것을 말한다. 그렇기 때문에 하나금융지주에 외환은행이 완전자회사가 되는 것은 주식의 포괄적 교환에 의한 것이고,[52] 우리금융그룹이 지주회사 제도를 도입하면서 새로운 회사인 우리

支配하는 다른 子會社를 제외한다) 간의 채무보증
[본조신설 1999.2.5] [제목개정 2017.4.18]

50) 최근 사례로 들 수 있는 것이 2018년 우리금융지주회사가 만들어질 때 우리은행 등의 6개 회사를 자회사로 만들기 위해서 사용되었고, 2016년에는 현대증권이 KB금융지주의 완전자회사가 되기 위해, 2013년에는 외환은행이 하나금융지주의 자회사가 되려고 사용되었다.

51) 임지수, "SKT, SK텔링크 완전 자회사 편입 … 사업 재편 속도전 왜?", 머니투데이, 2017년 9월 29일, 4면.

금융지주사를 설립하고 기존의 우리은행 등을 자회사로 만들 때에는 주식의 포괄적 이전이 사용된 것이다.[53] 이처럼 기존의 회사가 모회사가 되느냐, 새로운 회사를 설립하고 그 회사가 모회사가 되느냐의 문제를 제외하고 회사의 주주와 채권자의 입장에서 보면 두 제도의 차이는 거의 없다. 일단 주주의 입장에서 살펴보자.

주식의 포괄적 교환이나 이전 모두 어떤 특정 회사의 주주가 기존 다른 회사의 주주가 되거나 새로 설립된 회사의 주주가 되는 것을 의미한다. 외환은행의 주주의 경우 기존 외환은행의 주식을 갖고 있는 것에서 교환을 통해 하나금융지주의 주식을 갖게 되면서 주주가 되는 것이고, 우리은행의 주주는 갖고 있던 주식을 새롭게 만들어지는 우리금융지주에 모두 이전하고 자신은 새로운 회사인 우리금융지주사의 주식을 갖게 되는 것이다. 이 두 경우 모두 현실적인 효과를 살펴보면 합병과 매우 흡사하다는 것을 알 수 있다. 이미 살펴본 바와 같이 카카오톡과 다음이 합병을 할 경우 카카오톡의 주주의 입장에서는 지금까지는 카카오톡의 영업실적에 대해서만 고민하면 되었는데 이제는 다음과 합병한 후의 실적에 대해서도 고려해야 한다. 그래서 두 회사의 합병이 카카오톡에 도움이 될 것이라 판단하여야 합병에 찬성하게 될 것이다. 물론 다음의 주주 역시 동일하다. 그런데 지주회사의 주식을 갖게 되는 경우도 마찬가지이다. 기존 외환은행 주주였다가 하나금융지주의 주주로 바뀐다는 것은 하나금융지주사가 하나은행, 하나금융투자, 하나캐피탈, 하나생명 등의 지분을 100% 갖고 있으므로 이제부터는 이들 회사의 경영성과에 대해서도 고민해야 한다는 것을 의미한다. 주식의 포괄적 교환 이후에는 단순히 외환은행의 주주가 아니라 하나금융지주의 주주이기 때문이다. 그렇기 때문에 주식의 포괄적 교환이나 이전 시에 합병과 동일하게 주주총회에서 특별결의의 찬성에 의하여야 하고제360조의3, 제360조의16, 주주는 주식의 매수청구권도 행사할

---

52) 문지환, "외환은행 노조, 하나금융-외환은행 주식교환 무효 소송 패소", 아주경제신문, 2014년 7월 6일, available at https://www.ajunews.com/view/20140706182334137

53) 오정민, "우리금융지주, 4년 만에 부활… 손태승號 과제는?", 한국경제신문, 2018년 11월 8일, available at https://www.hankyung.com/economy/article/2018110846046

수 있게 한 것이다(제360조의5, 제360조의22).[54]

그렇다면 채권자 입장에서 주식의 포괄적 교환이나 이전은 어떨까? 가령 우리은행의 채권자라면 어떤 변화가 있을까? 우리은행이 우리금융지주사의 완전자회사가 된다고 해서 우리은행이라는 법인은 없어지는 것은 아니고 그대로 존재한다. 즉 우리은행의 채권자의 입장에서는 전혀 변화가 없다. 오로지 우리은행의 주주만이 자신의 주식이 우리금융지주의 주식으로 바뀔 뿐이다. 그러므로 아무런 변화가 없는 채권자에게는 특별한 보호절차도 없고 자신의 의사를 표현할 필요도 없다. 즉 상법상 채권자에 대해서는 아무 관련 규정도 없다.

이렇듯 상법에서의 지주회사와 관련한 조항은 지주회사 제도의 본질에 대해서 다루고 있지는 않지만 지주회사의 설립과정에서 주주와 채권자들의 권익보호 방법에 대해서 다루고 있다고 할 수 있다.

54) 우리은행의 주주에 대해 주식의 포괄적 이전이 실행될 때 1.69%인 1,145만주에 대해서 주식매수청구권이 행사되었다: 김대성, "우리은행, 지주사 전환 1차관문 넘었지만 '산 넘어 산'", 조세일보, 2019년 1월 14일, available at http://www.joseilbo.com/news/htmls/2019/01/20190114368320.html

제9절 주식회사의 죽음

이번 절에서는 주식회사의 죽음인 해산과 청산에 대해서 다루게 된다. 해산은 제9절에, 청산은 제12절에 따로 규정되어 있으나 내용의 연속성 때문에 이곳에서 같이 다룬다. 제9절인 해산은 제517조부터 제521조의2까지 불과 7개 조항으로 구성되어 있고, 제12절인 청산 역시 12개 조항 밖에 되지 않아 내용이 간단하게 보인다. 하지만 제542조의 경우에는 무려 44개조의 준용규정이기 때문에 실질적으로는 많은 내용을 갖고 있다고 할 수 있다. 지금부터 법인인 회사와 자연인인 인간의 죽음이 어떻게 다른 모습을 갖고 있는지 살펴보자.

나이가 50이 넘다보니 조금씩 건강에 대해서도 신경이 쓰이고 죽음에 대해서도 생각하게 된다. 특히 노안이 와서 책 읽는 것이 불편해지게 되었고 몸이 예전하고는 많이 다르다는 것이 실감이 난다. 이것뿐만 아니다. 여기저기서 누가 암에 걸리고, 어떻게 죽었다던데 하는 소리를 듣다보니 죽음이 나하고 완전히 다른 세상에 있는 것은 아니라는 것이 와 닿는다. 또한 대학입학이라는 관문에 허덕이는 아들을 볼 때마다 내가 공부하던 때가 생각나면서 벌써 내 아들이 대입을 준비할 만큼 이렇게 시간이 지났나 하는 자각을 하게 된다. 50이라는 숫자의 나이는 아마 그런 시기인가 보다. 그래서일까? 중국 진秦나라의 시황제始皇帝는 기원전 212년, 48세의 나이에 불로불사不老不死를 꿈꾸고 서복徐福이라는 방사方士: 귀신과 통하는 도사에게 불로초를 구해오라 명령했다.[1]

진나라의 시황제

1) 제주도의 서귀포에는 서복전시관이 마련되어 있다. 시진핑 중국 국가주석도 2005년 절

〈은하철도 999〉의 주인공인 철이와 메텔

시황제는 중국 최초로 통일된 세상을 만들만큼 이룬 것이 많은 사람이다 보니 그런 것들을 두고 죽는다는 것이 보통사람들보다 훨씬 더 아쉬웠을 것이다. 진의 시황제뿐만 아니라 나의 어렸을 적 친구(?)인 철이은하철도 999라는 만화의 주인공도 어린 나이에 엄마의 죽음을 목도하면서 역시 죽지 않는 삶을 열망했었다. 비록 마지막 순간에 영원한 삶을 살고 있는 기계인간의 피폐한 모습을 보고 포기했지만 그가 숱한 어려움을 겪으며 긴 우주여행을 한 이유는 죽지 않는 삶을 얻고 싶어서였다.

이처럼 우리 인간은 오래전부터 영원한 삶을 꿈꾸어 왔고 지금도 생명연장이라는 이름으로 노력하고 있다.[2] 그렇다면 우리가 배우고 있는 '법이 만든 인간法人'인 회사는 어떨까? 회사라는 인간법인은 영원한 삶을 살 수 있을까? 회사를 소유하고 있는 주주나 돈을 빌려준 채권자, 그곳에서 일하고 있는 근로자 모두 회사라는 법인이 영원히 살아서 자신들에게 이득이 될 것을 기대한다. 물론 법인의 모습을 갖고 있는 회사는 경우에 따라 인간자연인보다 훨씬 오래 살 수 있고 그 기간이 불멸不滅까지는 아니겠지만 1000년 넘게 존재하는 경우도 있다앞에서 본 곤고구미를 상기하자. 하지만 법으로 만든 인간법인인 회사 역시 결국은 인간자연인과 마찬가지로 죽는다. 불멸의 인간이 존재하지 않듯이 불멸의 회사법인도 존재하지 않는다. 수많은 어려움을 넘기고 살아남기도 하지만 별것 아닌 것 같은 작은 실수로 결국은 회사가 없어지기도 한다영국의 베어링스

강성 당서기 시절 서복전시관을 방문해서 방명록에 서명했다고 한다.

2) 원호섭 · 김윤진, "노화세포 제거 · 질병유전자 바꿔 수명연장⋯ 과학으로 찾은 '新불로초'", 매일경제신문, 2018년 2월 5일, available at http://news.mk.co.kr/newsRead.php?year=2018&no=83438

은행은 200년의 역사를 갖고 있었지만 선물거래의 실패로 1995년 파산하였다. 그렇다보니 상법은 회사의 죽는 방법을 명기해 놓고 있다.

상법은 회사의 죽음에 대하여 두 부분에서 다룬다. 하나는 제9절 해산제517조부터 제521조의2까지 7개 조항이고, 또 다른 하나는 제12절의 청산제531조부터 제542조까지 12개 조항에서이다. 이를 본격적으로 살펴보기에 앞서서 일단 해산과 청산의 의미부터 알아보자. 우선 해산은 회사 소멸법인격의 소멸을 위한 절차의 시작인 데 반하여, 청산은 여러 해산 원인에 따라 회사를 없애는 절차의 최종적인 마무리 과정을 의미한다. 해산에는 여러 원인이 있고 이에 의해 회사라는 존재법인격가 없어지지만, 회사가 해산되었다고 해서 꼭 청산절차를 밟는 것은 아니다. 즉 회사의 해산이 없는 청산은 없지만 청산 없는 해산은 있을 수 있다. 예를 들어 삼성물산과 제일모직이 합병을 해서 하나의 회사가 되었지만삼성물산이라는 법인은 해산했고 제일모직이 살아남아 이름을 삼성물산으로 바꾸었다, 청산과정은 없었다. 두 회사가 합병하면서 한 법인은 남겨졌고 한 법인은 없어졌지만 남겨진 법인은 없어지는 법인의 모든 것을 인수했기 때문에 청산과정은 필요가 없었다. 하지만 한진해운은 여러 해산 원인 중에서 파산을 원인으로 해산을 했고 끝내 완전히 없어지고 말았다.[3] 즉 해산원인에 따라서 청산과정이 있을 수도 없을 수도 있는 것이다. 이러한 주식회사의 해산과 청산을 보다 자세하게 알아보도록 하자.

3) 한진해운의 청산은 파산을 원인으로 했기 때문에 상법의 청산절차가 아닌 채무자회생 및 파산에 관한 법률의 적용을 받았다. 청산 부분에서 좀 더 자세히 알아보자.

제1관 해산

음악에 별다른 관심이 없는 사람도 영국의 록밴드인 비틀즈에 대해서는 들어보았을 것이다. 나도 1960년에 리버풀에서 결성된 이 밴드에 대한 이야기를 자의든 타의든 수없이 들어야 했고 그들의 음악 역시 빠짐없이 들었다. 물론 그것에 대해서 별다른 불만은 없다. 그러나 전 세계에 6억 장 이상의 음반을 팔았고, 20번이라는 가장 많은 횟수로 빌보드 핫 100의 정상에 오른 이 위대한 밴드도 1970년에 '해산'의 길을 피하지는 못했다. 아무리 대중의 사랑을 받는 밴드라도 영원히 함께한다는 것은 쉽지 않은 모양이다.

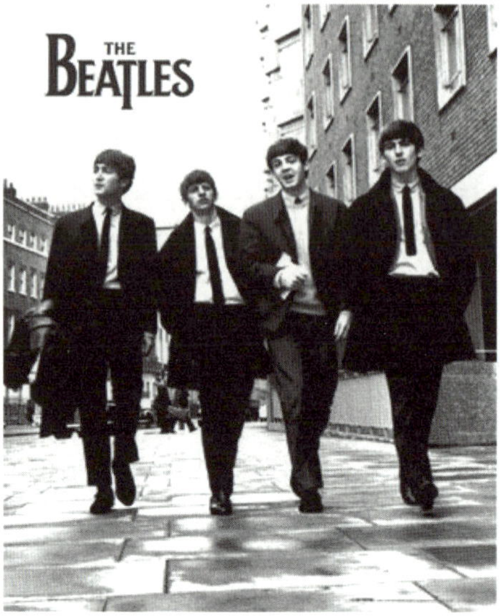

영국의 록밴드였던 비틀즈

비틀즈가 '해산'하였다라고 했을 때 '해산'의 뜻은 비틀즈라는 록밴드가 해체하여 없어졌다는 의미일 것이다. 주식회사의 해산 역시 비슷한 의미를 갖는다. 회사가 이제 더 이상 존재하지 않는다는 의미이기 때문이다. 그런데 이러한 해산이 일어나는 사유에 대하여 상법 제517조에서는 다음과 같이 규정하고 있다. 이를 살펴보면 존립기간의 만료 등과 같은 정관으로 정한 사유, 합병, 파산, 법원의 명령 또는 판결, 회사의 분할이나 분할합병, 그리고 주주총회의 결의 등이다.[4] 상법 제517조의 제1호에서는 제227조 제1호와 제4호 내지 제6호라 규정되어 있는데 바로 앞의 4가지존립기간의 만료 등과 같은 정관으로 정

4) 상법 제517조(해산사유) 주식회사는 다음의 사유로 인하여 해산한다. [개정 1998.12.28]
1. 제227조 제1호, 제4호 내지 제6호에 정한 사유
1의2. 제530조의2의 규정에 의한 회사의 분할 또는 분할합병
2. 주주총회의 결의

한 사유(제1호), 합병(제4호), 파산(제5호), 법원의 명령 또는 판결(제6호)가 이에 해당한다.

제1호인 존립기간의 만료 등과 같은 정관으로 정한 사유와 관련해서는 재미있는 사건이 하나 있다. 산도과자를 만드는 크라운제과가 없어질 뻔한 일이 벌어졌기 때문이다. 산도과자는 전 국민이 먹는다는 이야기가 있을 정도로 한동안 큰 인기를 끌었었다. 그런데 1970년대 이전에는 회사가 창립하면서 정관에 30년 정도의 존속기간을 삽입하는 경우가 많았다고 한다. 예를 들자면 크라운제과는 1968년에 설립하면서 1998년에는 해산하겠다고 회사의 정관에 미리 정해 놓은 것이다. 회사라는 것이 경쟁 속에서 언제 망할지 모르는데 한 세대인 30년 정도 버티면 그것으로 충분하다고 생각했었나보다. 그런데 이미 우리가 살펴본 바와 같이 회사의 정관은 회사 내에서는 일종의 자치법과 같은 역할을 한다. 따라서 그러한 내용의 정관조항이 있다면 지켜야 한다. 회사가 시장에서의 경쟁을 뚫고 잘 운영이 되어 이익을 남겨도 정관이 개정되지 않는 이상 존립기간이 30년을 넘게 되면 해산시킬 수밖에 없는 것이다. 물론 정관에 그런 조항이 있다 할지라도 이익이 나는 회사를 해산시킬 바보 같은 주주는 없을 것이고 정관의 개정을 통해 얼마든지 회사는 해산을 피할 수 있다. 하지만 주주 사이에 분쟁이 있다면 어떨까? 크라운제과에서 바로 그 같은 일이 벌여졌다. 제1대 주주와 제2대 주주 사이의 분쟁으로 인해크라운제과는 2대주주가 3분의 1 이상의 지분을 갖고 있다. 따라서 그가 반대하면 정관개정을 할 수 없다 회사가 정관을 개정할 수 없었고 정관의 존속기간에 관한 조항으로 인해 해산판결을 받은 것이다. 경영권 분쟁과 같은 개인과 개인주주와 주주의 싸움이 발생하면 합리적인 이유보다는 감정에 의해 행동하는 경우도 많다. 이 경우 회사를 지속시키지 않고 해산하는 쪽으로 결정하기도 한다.[5]

5) 윤진식, "해산 판결받은 크라운제과", 한국경제신문, 2001년 4월 11일, available at http://news.hankyung.com/article/2001041025171; 그렇지만 크라운제과는 제2심에서 정관은 이미 개정이 되었고 단지 등기만 되지 않았었다는 항변이 받아들여져 존속할 수 있었다: 최경선, "크라운제과, 1년간 매매정지 한풀이? … 75% 급등", 매일경제신문, 2002년 5월 19일, available at https://www.mk.co.kr/news/stock/view/2002/05/129830/; 이와 같은 사례는 크라운제과 이외에도 다수 존재한다: 김철수, "아이텍스필 내달 임시주총 … '존속 30년' 정관삭제", 한국경제신문, 2002년 6월 6일, available at https://www.

크라운제과의 산도는 없어질 뻔 했다

이와 같은 존속기간 만료 이외에도 정관으로 정한 사유가 충족되면 회사가 해산될 수 있다. 예를 들어 정관에 '누적 흑자가 1,000억원이면 해산하겠다'라는 규정이 있거나 아니면 거꾸로 '누적 적자가 1,000억원이면 해산하겠다'라는 규정이 있다면 이런 조건이 충족되면 해산하게 된다.

정관으로 정한 해산사유 이외에도 회사가 해산하는 많은 경우는 합병, 분할, 분할합병이 있다. 최근에 우리나라에서 일어난 합병 중 많은 사람들이 알고 있는 사례가 바로 카카오의 합병이다. 실질적으로는 카카오가 주도한 합병이라고 하지만 법률적으로 존속법인은 다음커뮤니케이션이었다. 즉 법률적으로 카카오와 다음이 합병을 해서 다음이라는 회사를 남기고회사이름은 다음카카오로 바꾸었다, 카카오는 해산한 것이다선택에 따라서는 존속법인 없이 다음과 카카오를 모두 해산시키고 새로운 회사인 다음카카오를 신설할 수도 있다. 이때 카카오라는 법인은 없어지기 때문에 해산이 되나 카카오의 모든 권리와 의무를 존속법인인 다음이 갖게 되므로 청산절차를 거칠 필요는 없게 된다.

파산 역시 주식회사의 해산사유 중 하나이다. 파산을 한다고 해도 파산에 관한 특별법인 '채무자 회생 및 파산에 관한 법률'에 의한 기업회생절차에 따라 기업은 다시 살아나는 경우가 많다.[6] 하지만 그 경우에도 기업회생안에 따라 기존 회사의 법인은 해산하고채무자 회생 및 파산에 관한 법률 제216조[7] 새로운 회사를 설립하기도 한다채무자 회생 및 파산에 관한 법률 제215조.[8]

---

hankyung.com/finance/article/2002060619461

6) 기업회생절차를 통하여 다시 생명을 되찾는 기업은 아주 많다: 이수민, "웅진에너지, 기업회생절차 밟는다", 서울경제신문, 2019년 5월 24일, 1면.

7) **채무자 회생 및 파산에 관한 법률 제216조(해산)** 채무자가 합병 · 분할 또는 분할합병에 의하지 아니하고 해산하는 때에는 회생계획에 그 뜻과 해산의 시기를 정하여야 한다.

8) **채무자 회생 및 파산에 관한 법률 제215조(주식회사 또는 유한회사의 신회사 설립)** ① 회생채권자 · 회생담보권자 · 주주 · 지분권자에 대하여 새로 납입 또는 현물출자를 하지 아니하고 주식 또는 출자지분을 인수하게 함으로써 신회사(주식회사 또는 유한회사에 한

또 다른 해산사유는 주주총회의 결의가 있다제517조 제2호.9) 회사의 주인인 주주가 원할 경우 주주총회에서 이를 결의할 수 있고 이를 통하여 회사가 해산할 수 있는데 이때는 주주총회의 특별결의가 필요하다제518조.10) 하지만 정관의 존립기간 만료나 주주총회의 결의에 의한 해산은 주주총회에서 다시 특별결의를 한다면 이를 번복할 수도 있다제519조.11) 그리고 주주 간에 분쟁이 생겨 정상적인 경영이 어려울 경우에는 법원이 10% 이상의 주식을 가진 주주의 청구에 의해 해산판결을 내릴 수도 있고제520조,12) 5년 이상 등기를 하지 않았을 경우에는 회사에 대하여 영업의 계속 여부를 신고할 기회를 준 뒤 신고가 없을 경우 해산시킬 수도 있다제520조의2.13) 여러 이유로 회사의 영업을

한다. 이하 이 조에서 같다)를 설립하는 때에는 회생계획에 다음 각 호의 사항을 정하여야 한다.

9) 제517조(해산사유) 주식회사는 다음의 사유로 인하여 해산한다. [개정 1998.12.28]
2. 주주총회의 결의

10) 제518조(해산의 결의) 해산의 결의는 제434조의 규정에 의하여야 한다.

11) 제519조(회사의 계속) 회사가 존립기간의 만료 기타 정관에 정한 사유의 발생 또는 주주총회의 결의에 의하여 해산한 경우에는 제434조의 규정에 의한 결의로 회사를 계속할 수 있다.

12) 제520조(해산판결) ① 다음의 경우에 부득이한 사유가 있는 때에는 발행주식의 총수의 100분의 10 이상에 해당하는 주식을 가진 주주는 회사의 해산을 법원에 청구할 수 있다.
1. 회사의 업무가 현저한 정돈상태를 계속하여 회복할 수 없는 손해가 생긴 때 또는 생길 염려가 있는 때
2. 회사재산의 관리 또는 처분의 현저한 실당으로 인하여 회사의 존립을 위태롭게 한 때
② 제186조와 제191조의 규정은 전항의 청구에 준용한다.

13) 제520조의2(휴면회사의 해산) ① 법원행정처장이 최후의 등기 후 5년을 경과한 회사는 본점의 소재지를 관할하는 법원에 아직 영업을 폐지하지 아니하였다는 뜻의 신고를 할 것을 관보로써 공고한 경우에, 그 공고한 날에 이미 최후의 등기 후 5년을 경과한 회사로써 공고한 날로부터 2월 이내에 대통령령이 정하는 바에 의하여 신고를 하지 아니한 때에는 그 회사는 그 신고기간이 만료된 때에 해산한 것으로 본다. 그러나 그 기간 내에 등기를 한 회사에 대하여는 그러하지 아니하다.
② 제1항의 공고가 있는 때에는 법원은 해당 회사에 대하여 그 공고가 있었다는 뜻의 통지를 발송하여야 한다.
③ 제1항의 규정에 의하여 해산한 것으로 본 회사는 그 후 3년 이내에는 제434조의 결의에 의하여 회사를 계속할 수 있다.

더 이상 하지 않으나 청산등기를 하지 않는 유령회사가 현실적으로 많기 때문에 도입한 조항이다.

지금까지 살펴본 해산 사유에 해당하게 되면 회사는 법원에 해산 등기를 해야 하고 회사는 법인격이 소멸하게 된다. 그리고 해산 원인이 합병이나 기업회생 등이 아닌 경우에 바로 뒤에서 살펴볼 청산절차를 거치게 되는 것이다.

---

④ 제1항의 규정에 의하여 해산한 것으로 본 회사가 제3항의 규정에 의하여 회사를 계속하지 아니한 경우에는 그 회사는 그 3년이 경과한 때에 청산이 종결된 것으로 본다. [본조신설 1984.4.10]

제2관 청산

내가 가르치는 학생들 중에서는 똑똑하고 성실한 친구들이 많다. 치열한 입시 경쟁을 치르며 어렵게 대학에 들어왔지만 곧 대학을 떠나 군대에 가야 하는 몇몇 남학생들이 잠시 학업을 망각(?)하는 경우도 있지만 대부분의 학생들은 열심히 공부한다. 그리고 수업이 우선순위가 아니었던 학생들도 F학점을 몇 개 맞은 후 군에 다녀와 복학을 하게 되면 대개 학점을 만회하기 위해서 더 열심히 하기 마련이다. 때로는 학생들이 고등학교 때보다도 대학에 와서 더 열심히 공부하는 게 아닐까 하는 생각이 들기도 한다. 그런데 이렇게 열심히 사회에 진출하기 위해 노력하는 학생들이 취업에 어려움을 겪고 고생하는 것을 보면 우리 사회가 어떤 구조적인 문제를 갖고 있는 것이 아닐까 하는 의문이 든다.

나의 학생들이 사회에 진출하는데 어려움을 겪고 있다면, 내 친구들은 현재 지위를 유지하는 것이 가장 큰 고민거리이다. 50대 초반의 나이는 때로는 명예퇴직을 요구받기도 하고 자의든 타의든 다른 회사로 옮기기도 한다. 정년까지 일하는 직원은 30%를 조금 넘고 실제 퇴직 나이는 평균 49세에 불과하다는 보도도 있었다.14) 그래서 친구들 중에는 어떻게 해야 직장에서 오래 버틸 수 있을까 고민 끝에 새로운 부서로 이동하기도 하고, 아예 자기 사업을 시작하기도 한다. 누구 밑에서 일할게 아니라 내 것을 해보고 싶다는 것이다. 그런데 문제는 새로 시작한 사업이 얼마나 살아남을 수 있느냐는 것이다.

청산된 한진해운

14) 이한듬, "'정년제도 있으나 마나'… 정년까지 일하는 직원 32% 불과", 머니S, 2019년 7월 23일, available at http://moneys.mt.co.kr/news/mwView.php?no=2019072308128012579

빚잔치

2017년 한해에 만들어진 신설법인은 모두 98,330개라 한다. 업종별로는 제조업20,629개, 21.0%, 도소매업19,463개, 19.8%, 건설업9,963개, 10.1%, 부동산임대업9,379개, 9.5% 등의 순으로 설립되었는데, 주로 40대35,086개, 35.7%, 50대26,527개, 27.0%가 만들었다.[15] 아마 직장을 자의나 타의에 의해서 그만둔 4·50대들이 법인 설립을 나선 이유가 원인이 되었을 것이다. 하지만 70,362개의 법인이 2017년 한해에 폐업하였는데 가장 큰 원인은 사업부진25,496개과 행정처분1,642개, 그리고 기타 사유40,031개 등이다.[16] 많은 법인이 만들어지는 것도 사실이지만 동시에 많은 기업이 사라지고 있는 것이다.

이렇게 사라지는 회사들은 과거에 빚잔치와 비슷한 절차를 거치게 된다. 빚잔치란 "부도나 파산 따위로 빚을 갚을 능력이 없을 때, 돈을 받을 사람에게 남아 있는 재산을 주어야 할 돈 대신 내놓고 빚을 청산하는 일"을 말한다. 사실 나도 빚잔치를 직접 경험하거나 보지는 못하고 이야기만 많이 들었다. 과거에는 우리나라에 파산제도가 활성화되어 있지 않았기 때문에IMF 사태 이후에 우리나라의 파산제도가 널리 이용되기 시작했다, 개인회생절차나 파산절차와 같은 공식적인 절차가 아니라 개인들이 관습적으로 오랜 기간 동안 이용한 빚잔치가 사용된 것이다.[17] 돈을 빌렸다가 갚지 못하게 되면 채권자들을 모두 자기 집으로 불러 모은다. 그리고 조금이라도 가치가 있는 물건을 모두 갖고 나와

15) 중소기업청, "2017년 연간 및 12월 신설법인 동향", 보도자료, 2018.1, 1면.

16) 통계청 웹사이트, available at http://kosis.kr/statHtml/statHtml.do?orgId=133&tblId=TX_13301_A169&vw_cd=MT_ZTITLE&list_id=133_13301_200_90_80&seqNo=&lang_mode=ko&language=kor&obj_var_id=&itm_id=&conn_path=MT_ZTITLE

17) 「인간시장」이라는 소설로 유명한 전직 국회의원인 김홍신 씨도 빚잔치를 경험했다고 한다: 최우리, "김홍신 '조직서 나가겠다고 하자 칼 든 후배가…'", 한겨레신문, 2012년 9월 28일, 16면.

채권액과 비례하여 나누어 갖고 채권 채무관계를 끝내는 것이다. 예를 들어 100만 원의 채권을 갖고 있는 순이 엄마는 냉장고를 갖고, 50만원의 철이 엄마는 텔레비전, 20만원인 영이 엄마는 믹서기를 갖는 식이다. 그런데 이러한 빚잔치는 사실 회사의 청산절차와 비슷하다. 채권자들이 자신들의 채권액과 순위를 바탕으로 해서 채무자의 자산을 매각한 자금을 나누어 갖기 때문이다. 하지만 아쉽게도 회사가 파산을 원인으로 해서 청산절차를 하게 되면 상법이 아니라 '채무자 회생 및 파산에 관한 법률'을 따르게 된다. 채무자 회생 및 파산에 관한 법률은 개인이나 법인 모두에게 해당하는 회생 및 파산절차에 관한 특별법이기 때문에 일반법인 상법보다 우선적으로 적용하게 된다. 따라서 상법에 의해 회사가 청산절차를 거치게 되는 것은 앞에서 본 정관의 개재사항이나 주주의 특별결의 그리고 법원의 해산판결과 같은 제한적인 경우에 한해서 이루어지게 된다.

청산인의 선임(제531조)

↓

주된 청산사무
① 현존사무의 종결처리
② 채권의 추심과 채무의 변제(제535조, 제536조, 제537조)
③ 재산의 환가처분
④ 잔여재산의 분배(제538조)
/
부수적 청산사무
ⓐ 법원에 대한 신고(제532조)
ⓑ 주주총회/법원에 대한 보고(제533조)
ⓒ 감사에 대한 보고와 재무제표 등의 비치 공시(제534조)

↓

청산주주총회에서의 승인(제540조)

↓

청산등기(제542조)

주식회사의 청산절차

하지만 파산절차를 밟거나 회생에 실패하여 채무자 회생 및 파산에 관한 법률상의 청산절차를 받게 된다면 그 과정은 우리가 지금 살펴볼 상법상의 청산절차와 매우 유사하다.

가령 앞에서 살펴본 크라운제과를 모델로 상상을 한번 해보자말 그대로 상상이다. 한 제과회사의 주주들이 더 이상 회사를 유지하지 말고 청산하기로 결정했다. 1대주주가 35%, 2대주주가 20%, 3대주주가 15%의 지분을 갖고 나머지 지분은 소액주주들의 소유였다. 서로 사이가 나빠져 공동경영이 불가능해졌지만 다행스럽게도 회사를 주주총회를 통해 해산하고 청산절차를 밟는 것에는 합의를 하였다. 이 경우 앞에서 본 것처럼 주주총회의 특별결의를 통한다면 회사는 해산을 할 수 있다. 해산 이후 재산을 분할하는 절차가 필요하다. 우선 청산절차를 진행할 청산인을 정하는 것이다. 보통 청산인은 회사의 이사가 하게 된다제531조.[18)]

청산인이 선정되어 법원에 신고한 이후부터 본격적으로 청산절차를 거치게 된다. 청산절차란 것이 기본적인 행위는 누구나 쉽게 생각할 수 있다. 특히 앞의 표에서 본 주된 청산사무라고 하는 것이 그렇다. 회사를 청산하려고 하면 일단 ① 하던 일을 정리해야 한다. 현존사무의 종결이라는 표현을 쓰고 있지만 우리가 상상하고 있는 크라운제과라고 한다면 주문받은 과자는 일단 출고를 하고 사기로 한 밀가루나 우유 같은 것은 받아야 하는 것과 같이 기존에 하던 일들을 일단 모두 끝내야 한다는 것을 의미한다. ② 그리고 공급했지만 아직 받지 못한 과자 값을 모두 받아내고 주어야 할 밀가루와 우유 값은 모두 갚아야 한다재535조, 제536조, 제537조.[19)] 즉 채권의 추심과 변제를 해야

18) 제531조(청산인의 결정) ① 회사가 해산한 때에는 합병 · 분할 · 분할합병 또는 파산의 경우 외에는 이사가 청산인이 된다. 다만, 정관에 다른 정함이 있거나 주주총회에서 타인을 선임한 때에는 그러하지 아니하다. [개정 1998.12.28]
② 전항의 규정에 의한 청산인이 없는 때에는 법원은 이해관계인의 청구에 의하여 청산인을 선임한다.

19) 제535조(회사채권자에의 최고) ① 청산인은 취임한 날로부터 2월 내에 회사채권자에 대하여 일정한 기간 내에 그 채권을 신고할 것과 그 기간 내에 신고하지 아니하면 청산에서 제외될 뜻을 2회 이상 공고로써 최고하여야 한다. 그러나 그 기간은 2월 이상이어

하는 것이다. 이처럼 줄 돈과 받을 돈을 모두 해결한 이후에는 ③ 갖고 있는 자산을 모두 현금으로 바꾸어야 한다. 크라운제과라면 본사 건물도 있을 것이고, 공장도 소유하고 있을 것이다. 또한 여러 상품에 대한 특허권이나 상표권도 있다. 이를 모두 팔아서 현금화하는 것이다. 그리고 ④ 그 돈에 대해서 자신이 갖고 있는 권리만큼 갖게 된다제538조.[20]

이 같은 주된 청산사무 말고도 부수적 청산사무로 ⓐ 법원에 대한 신고제532조,[21] ⓑ 주주총회와 법원에 대한 보고제533조,[22] ⓒ 감사에 대한 보고와 재무제표 등의 비치 공시제534조[23] 등의 절차가 필요하며, 이를 마친 후 주

야 한다.

② 청산인은 알고 있는 채권자에 대하여는 각별로 그 채권의 신고를 최고하여야 하며 그 채권자가 신고하지 아니한 경우에도 이를 청산에서 제외하지 못한다.

제536조(채권신고기간내의 변제) ① 청산인은 전조 제1항의 신고기간 내에는 채권자에 대하여 변제를 하지 못한다. 그러나 회사는 그 변제의 지연으로 인한 손해배상의 책임을 면하지 못한다.

② 청산인은 전항의 규정에 불구하고 소액의 채권, 담보있는 채권 기타 변제로 인하여 다른 채권자를 해할 염려가 없는 채권에 대하여는 법원의 허가를 얻어 이를 변제할 수 있다.

제537조(제외된 채권자에 대한 변제) ① 청산에서 제외된 채권자는 분배되지 아니한 잔여재산에 대하여서만 변제를 청구할 수 있다.

② 일부의 주주에 대하여 재산의 분배를 한 경우에는 그와 동일한 비율로 다른 주주에게 분배할 재산은 전항의 잔여재산에서 공제한다.

20) 제538조(잔여재산의 분배) 잔여재산은 각 주주가 가진 주식의 수에 따라 주주에게 분배하여야 한다. 그러나 제344조 제1항의 규정을 적용하는 경우에는 그러하지 아니하다.

21) 제532조(청산인의 신고) 청산인은 취임한 날로부터 2주간 내에 다음의 사항을 법원에 신고하여야 한다. [개정 1995.12.29]

1. 해산의 사유와 그 연월일
2. 청산인의 성명 · 주민등록번호 및 주소

22) 제533조(회사재산조사보고의무) ① 청산인은 취임한 후 지체없이 회사의 재산상태를 조사하여 재산목록과 대차대조표를 작성하고 이를 주주총회에 제출하여 그 승인을 얻어야 한다.

② 청산인은 전항의 승인을 얻은 후 지체없이 재산목록과 대차대조표를 법원에 제출하여야 한다.

23) 제534조(대차대조표 · 사무보고서 · 부속명세서의 제출 · 감사 · 공시 · 승인) ① 청산인은 정기총회회일로부터 4주간 전에 대차대조표 및 그 부속명세서와 사무보고서를 작성

주총회에서 청산절차를 승인하고제540조,24) 청산등기까지 마치면 청산절차가 완료하게 된다제542조.25) 우리가 회사를 설립할 때도 설립등기를 끝내면 설립이 완료되었는데 똑같이 청산등기를 끝내야만 청산절차가 완료되는 것이다.

^ 파산한 리먼 브라더스

하여 감사에게 제출하여야 한다.
② 감사는 정기총회회일로부터 1주간 전에 제1항의 서류에 관한 감사보고서를 청산인에게 제출하여야 한다.
③ 청산인은 정기총회회일의 1주간 전부터 제1항의 서류와 제2항의 감사보고서를 본점에 비치하여야 한다.
④ 제448조 제2항의 규정은 제3항의 서류에 관하여 이를 준용한다.
⑤ 청산인은 대차대조표 및 사무보고서를 정기총회에 제출하여 그 승인을 요구하여야 한다.
[전문개정 1984.4.10]

24) 제540조(청산의 종결) ① 청산사무가 종결한 때에는 청산인은 지체없이 결산보고서를 작성하고 이를 주주총회에 제출하여 승인을 얻어야 한다.
② 전항의 승인이 있는 때에는 회사는 청산인에 대하여 그 책임을 해제한 것으로 본다. 그러나 청산인의 부정행위에 대하여는 그러하지 아니하다.

25) 제542조(준용규정) ① 제245조, 제252조 내지 제255조, 제259조, 제260조와 제264조의 규정은 주식회사에 준용한다.
② 제362조, 제363조의2, 제366조, 제367조, 제373조, 제376조, 제377조, 제382조 제2항, 제386조, 제388조 내지 제394조, 제396조, 제398조 내지 제408조, 제411조 내지 제413조, 제414조 제3항, 제449조 제3항, 제450조와 제466조의 규정은 청산인에 준용한다.
[개정 1962.12.12, 1984.4.10, 1998.12.28]

우리가 지금 살펴본 상법에 의한 청산절차는 아니지만 한진해운이 청산할 때는 채무가 21조원인데도 불구하고 남은 자산은 2,500억원에 불과하여 이 작은 금액을 채권자들이 나누어야 하는 경우가 발생하기도 했고,[26) 2008년 세계금융위기의 원인이기도 한 리먼 브라더스Lehman Brothers의 경우에는 파산처리 비용만 2조원이 넘기도 했다. 파산 당시 자산이 무려 6,910억달러에 이를 정도로 거액이었기 때문에 이를 관리하는 인원도 많고 각종 소송비용이 워낙 크기 때문이었다고 한다.[27) 현실에서는 이러한 대형회사가 파산을 제외한 다른 이유로 청산하는 경우가 거의 없지만돈 잘 버는 회사를 청산하지는 않는다. 내가 갖고 싶지 않으면 팔면 그만이다 만약 하게 되어 가벼운(?) 상법의 청산절차를 거치게 된다면 이를 수행하기 위해서 거액이 드는 복잡한(?) 과정을 거칠 수도 있다. 그리고 이런 청산과정의 끝은 인간의 죽음과 같은 것이다. 이 세상에서의 존재가 없어지게 되는 것이며 언제인지는 모르지만 결국은 어느 회사나 맞이하게 된다.

26) 고도예, "한진해운 천문학적 '빚잔치' 예고 … 자산은 2,500억원, 채무는 21조원", 헤럴드경제신문, 2017년 2월 3일, available at http://news.heraldcorp.com/view.php?ud=20170203000162

27) 김남희, "리먼 파산 2년, 파산 처리 비용만 2조원 넘어", 조선일보, 2010년 9월 14일, available at http://news.chosun.com/site/data/html_dir/2010/09/14/2010091400767.html

제 10 절 ▶ 상장회사에 대한 특례

이번 공부할 내용은 상장회사에 대한 특례가 규정되어 있는 상법 제3편 제4장 제13절이다. 12개 조항으로 구성되어 있는데 상장회사가 무엇인지에 대한 정의규정에 해당하는 제542조의2와 회사법의 제2절 주식 부분에서 위치한 주식매수선택권 부여의 범위를 완화한 제542조의3을 제외하고는 대부분 제3절 회사의 기관에 해당하는 조항들이다. 우리는 이미 대부분의 조항들을 관련 부분에서 살펴보았다. 따라서 이 절에서는 상장회사에 대한 정의와 적용범위를 중심으로 알아본다.

우리가 상대적으로 큰 관심을 갖고 있지는 않지만 프로야구나 프로축구 모두 2부 리그야구는 KBO 퓨처스리그, 축구는 K리그2라고 불린다가 존재한다. KBO 퓨처스 리그는 다시 두 개의 리그로 나누어져 있는데, 북부리그에 6개 팀과 남부리그에 6개 팀으로 구성되어 있어 총 12개 팀이 경쟁하고 있다. 이에 비해서 축구는 10개 팀으로 구성되어 있는데 1부 리그에 해당하는 K리그1에 속한 팀 숫자가 12개인 것과 비교하면 하위리그의 팀 숫자가 상위리그의 팀 숫자보다 더 적은 독특한 모습을 보인다고 할 수 있다프리미어 리그를 운영하는 영국, 프리메가 리그를 운영하는 스페인 모두 2부 리그의 숫자가 1부 리그의 숫자보다 조금이라도 더 많다.

영국 프리미어 리그에서 활약하고 있는 손흥민 선수

똑같이 야구를 하고 축구를 해도 1부 리그에서 선수 생활을 하는 것과 2부 리그에서 하는 것은 처우에 있어서 큰 차이가 있다. 프로야구 롯데 자이언츠에서 뛰고 있는 이대호 선수의 경우 2018년에 연봉으로 25억원을 받고, 프로축구 전북 현대의 김신욱 선수는 16억원을 받았지만 프로야구의 최저 연봉은 2,700만원에 불과하고최저 연봉을 받는 선수가 무려 136명이고 이들을 포함한 연봉 5,000만원 이하의 선수가 340명이나 된다고 한다,[1] 프로축구의 경우 1부 리그 선수들의 평균 연봉은 1억 7천만원이 넘는데 비하여 2부 리그 선수들의 경우 5,600만원을 조금 넘는 수준이다.[2] 물론 미국 메이저리그 LA다저스에서 활약하고 있는 류현진 선수는 2019년도에 연봉으로 1,790만달러한화 약200억원를 받고 잉글랜드 프로축구 프리미어 리그의 토트넘에서 뛰고 있는 손흥민 선수는 728만파운드한화 약 107억원를 받는다고 하니 기량에 의해 어느 곳에서 운동하느냐에 따라 받는 대우는 정말 하늘과 땅차이이다.[3]

그런데 어느 곳에 속하느냐에 따라 다른 대접을 받는 것은 운동선수뿐만 아니라 기업도 마찬가지이다. 상장회사인 경우 같은 상법에서도 다른 규정의 적용을 받기 때문이다. 그렇다면 상장은 무엇일까? 상장Listing이란 주식회사가 발행한 주권이 일정한 요건을 충족하여 거래소에서 다수의 일반 대중들에 의해 자유롭게 거래되는 것을 말한다제542조의2에서는 증권의 매매를 위하여 개설된 시장에 주권을 발행한 것을 의미한다.[4] 따라서 상장희망기업은 반드시 일정한 법정절차

1) 이용균, "프로야구 연봉 빈익빈 부익부", 경향신문, 2016년 2월 11일, available at http://news.khan.co.kr/kh_news/khan_art_view.html?art_id=201602112107185; 5,000만원이라는 금액은 1군과 2군을 나누는 기준이 되기도 한다: 성환희, "선수 절반이 연봉 5,000만원 이하 '웃픈' 프로야구", 한국일보, 2017년 2월 9일, available at http://www.hankookilbo.com/News/Read/201702091564580662

2) 김상래, "억 소리 나는 프로스포츠 선수 연봉 세계", 일요신문, 2016년 12월 30일, available at http://ilyo.co.kr/?ac=article_view&entry_id=223274

3) 강대호, "류현진 2019시즌 연봉, 손흥민 1.89배", 매일경제신문, 2018년 11월 15일, available at http://sports.mk.co.kr/view.php?year=2018&no=716429

4) 제542조의2(적용범위) ① 이 절은 대통령령으로 정하는 증권시장(증권의 매매를 위하여 개설된 시장을 말한다)에 상장된 주권을 발행한 주식회사(이하 "상장회사"라 한다)에 대하여 적용한다.

와 방법에 따라 기업의 재무내용 등 기업의 실체를 알리고, 일반 대중을 대상으로 주주를 공개 모집하는 '기업공개(Going Public, IPO-Initial Public Offering)' 절차를 거쳐야만 하는데, 이에 따라 거래소는 기업공개 여부를 포함하여 기업의 계속성, 경영의 투명성, 투자자 보호를 위한 조치 등 거래소에서 자유롭게 거래되기 위한 조건들을 심사하여 상장 허용 여부를 판단하게 된다.5)

수많은 상장회사들의 로고

이 같은 상장을 하게 되면 기업은 상장을 통하여 자금조달을 원활히 할 수 있게 되고, 기업의 인지도를 높일 수 있게 된다. 또한, 주주들의 이익실현 기회를 제공하게 되는데 바로 증권거래소를 거쳐 보유 지분을 매각하는 방법을 통해서이다. 이는 비상장회사의 경우 매수자를 찾아 매매하는 것이 매우 어려운 것과 비교되며 투자자들에게 투자기회를 제공함으로써 기업 성장의 과실을 투자자들과 공유하게 되는 효과를 갖게 한다.

이러한 상장을 하게 되면 몇몇 법적 혜택이 존재한다. 제542조의3주

5) 금융위원회 기업금융나들목 사이트, available at http://www.smefn.or.kr/gs02/marketinfo/ipointro01.jsp

식매수선택권[6]에서는 주식매수선택권을 통한 새로운 주식의 발행한도를 늘려놓는 등발행주식총수의 100분의 10에서 20으로의 혜택이 있고, 제542조의4주주총회 소집공고 등[7]에서는 주주총회의 소집통지서 대신에 일간신문의 공고나 전자적 방법의 공고를 통해 대체할 수 있게 하는 등의 방법을 통해 간편하게 할 수 있는 대안을 제공하고 있다.

하지만 상장을 할 경우 이러한 이점만 있는 것이 아니라 더 엄격하게 법적용이 되는 경우도 많다. 소수주주권의 행사요건이 완화되기도 하고제542조의6에 의해 1백분의 3 이상에서 1천분의 15 이상으로,[8] 집중투표제의 요건 등 역시 완화되고 있으며제542조의7에 의해 1백분의 3 이상에서 1백분의 1 이상으로,[9] 이해관계자와의 거래는 보다 엄격히 금하고 있고제542조의9,[10] 또한 회사 내에 감시역할의 강화

---

6) 제542조의3(주식매수선택권) ② 상장회사는 제340조의2 제3항에도 불구하고 발행주식총수의 100분의 20의 범위에서 대통령령으로 정하는 한도까지 주식매수선택권을 부여할 수 있다.

7) 제542조의4(주주총회 소집공고 등) ① 상장회사가 주주총회를 소집하는 경우 대통령령으로 정하는 수 이하의 주식을 소유하는 주주에게는 정관으로 정하는 바에 따라 주주총회일의 2주 전에 주주총회를 소집하는 뜻과 회의의 목적사항을 둘 이상의 일간신문에 각각 2회 이상 공고하거나 대통령령으로 정하는 바에 따라 전자적 방법으로 공고함으로써 제363조 제1항의 소집통지를 갈음할 수 있다.

8) 제542조의6(소수주주권) ① 6개월 전부터 계속하여 상장회사 발행주식총수의 1천분의 15 이상에 해당하는 주식을 보유한 자는 제366조(제542조에서 준용하는 경우를 포함한다) 및 제467조에 따른 주주의 권리를 행사할 수 있다.

9) 제542조의7(집중투표에 관한 특례) ② 자산 규모 등을 고려하여 대통령령으로 정하는 상장회사의 의결권 없는 주식을 제외한 발행주식총수의 100분의 1 이상에 해당하는 주식을 보유한 자는 제382조의2에 따라 집중투표의 방법으로 이사를 선임할 것을 청구할 수 있다.

10) 제542조의9(주요주주 등 이해관계자와의 거래) ① 상장회사는 다음 각 호의 어느 하나에 해당하는 자를 상대방으로 하거나 그를 위하여 신용공여(금전 등 경제적 가치가 있는 재산의 대여, 채무이행의 보증, 자금 지원적 성격의 증권 매입, 그 밖에 거래상의 신용위험이 따르는 직접적 · 간접적 거래로서 대통령령으로 정하는 거래를 말한다. 이하 이 조에서 같다)를 하여서는 아니 된다. [개정 2011.4.14]

1. 주요주주 및 그의 특수관계인
2. 이사(제401조의2 제1항 각 호의 어느 하나에 해당하는 자를 포함한다. 이하 이 조에서 같다) 및 집행임원

를 위해서 사외이사와 감사 또는 감사위원회에 대한 관련 규정들과 함께 준법지원인에 대해서 다음과 같은 규정이 있다. 제542조의8사외이사의 선임,[11] 542조의10상근감사,[12] 제542조의11감사위원회,[13] 542조의12감사위원회의 구성 등,[14] 제542조의13준법통제기준 및 준법지원인[15] 등이다.

이러한 상장회사의 특례규정은 2009년 2월 4일부터 시행된 자본시장과 금융투자업에 관한 법률이 제정되기 전에는 증권거래법에서 규정하였었다. 자본시장법이 제정된 것을 계기로 상장회사의 지배구조에 관한 부분은 상법 제13절인 특례규정으로 옮겨지고 상장회사의 재무에 관련된 조항은 자본시장법에서 규정하고 있다.[16]

---

3. 감사

11) 제542조의8(사외이사의 선임) ① 상장회사는 자산 규모 등을 고려하여 대통령령으로 정하는 경우를 제외하고는 이사 총수의 4분의 1 이상을 사외이사로 하여야 한다. 다만, 자산 규모 등을 고려하여 대통령령으로 정하는 상장회사의 사외이사는 3명 이상으로 하되, 이사 총수의 과반수가 되도록 하여야 한다.

12) 제542조의10(상근감사) ① 대통령령으로 정하는 상장회사는 주주총회 결의에 의하여 회사에 상근하면서 감사업무를 수행하는 감사(이하 "상근감사"라고 한다)를 1명 이상 두어야 한다. 다만, 이 절 및 다른 법률에 따라 감사위원회를 설치한 경우(감사위원회 설치 의무가 없는 상장회사가 이 절의 요건을 갖춘 감사위원회를 설치한 경우를 포함한다)에는 그러하지 아니하다. [개정 2011.4.14]

13) 제542조의11(감사위원회) ① 자산 규모 등을 고려하여 대통령령으로 정하는 상장회사는 감사위원회를 설치하여야 한다.

14) 제542조의12(감사위원회의 구성 등) ① 제542조의11 제1항의 상장회사의 경우 제393조의2에도 불구하고 감사위원회위원을 선임하거나 해임하는 권한은 주주총회에 있다.
② 제542조의11 제1항의 상장회사는 주주총회에서 이사를 선임한 후 선임된 이사 중에서 감사위원회위원을 선임하여야 한다.

15) 제542조의13(준법통제기준 및 준법지원인) ① 자산 규모 등을 고려하여 대통령령으로 정하는 상장회사는 법령을 준수하고 회사경영을 적정하게 하기 위하여 임직원이 그 직무를 수행할 때 따라야 할 준법통제에 관한 기준 및 절차(이하 "준법통제기준"이라 한다)를 마련하여야 한다.
② 제1항의 상장회사는 준법통제기준의 준수에 관한 업무를 담당하는 사람(이하 "준법지원인"이라 한다)을 1명 이상 두어야 한다.

16) 김순석, "상장회사 특례제도의 문제점 및 개선방안", 「상사법연구」 제34권 제2호 (한국상사법학회, 2015), 129면.

상장회사는 고도로 주식이 분산되어 있어 많은 이해관계자가 있다는 점 등에 근거하여 다수의 특례규정이 적용되고 있다. 이러한 특례규정이 이 절에 규정되어 있고 이에 대해서 혜택은 적은 반면 부담은 크게 작용한다고 주장되기도 한다. 이는 곧 기업들이 상장을 기피하는 요인이 되어 자본시장을 발전시키는데 저해요소로 작용한다는 것이다.[17] 하지만 이러한 상장회사 특례규정에도 불구하고 상장회사는 꾸준히 늘어나 2017년에 2,000개가 넘어섰고,[18] 2020년도 기준으로 2,268개에 이르고 있다.[19] 비록 더 많은 규제를 받는다고 할지라도 상장을 통해 보다 격이 높은(?) 시장에서 경쟁하고 싶은 것이 회사의 심정인 모양이다.

17) 김순석, 앞의 글, 130면.

18) 권재희, "올해 상장기업 2,000개 돌파 … 코스닥이 견인", 한국일보, 2017년 2월 7일, available at http://www.hankookilbo.com/News/Read/201702070972920424

19) 통계청 e-나라지표 사이트; available at http://www.index.go.kr/potal/main/EachDtlPageDetail.do?idx_cd=1079

제3장

회사에 대한 기타 규정

제1절 외국회사

상법 제3편 제6장인 '외국회사'는 9개의 조항으로 구성되어 있으며 제614조부터 제621조까지이다. 조항수가 상대적으로 많지 않고 현실에서도 법 적용 시에 크게 문제된 적도 없다. 다만 국제화된 우리 경제현실에서 외국기업의 역할이 커지고 있는 것이 사실이기에 점차 관심이 커지고 있다. 우리 상법이 어떤 규정을 통해 외국기업을 규율하고 있는지 살펴보자.

미국 텍사스에서 공부를 하던 2009년 무렵 가족들과 함께 뉴욕을 방문했었다. 당시의 뉴욕방문은 특별한 목적을 갖고 있지 않았기 때문에 뉴욕이나 그 근처에 사는 친구들도 만날 수 있었고, 공원 등에서 산책을 하면서 느긋하게 시간을 보낼 수 있었다. 그때 오랜만에 본 사람이 치과의사를 하고 있던 집사람 친구다. 집사람은 물론이고 나도 결혼 전부터 보아왔기 때문에 무척 반가웠다. 그 친구가 텍사스에서 온 촌사람Texan인 우리들에게 뉴욕커New-Yorker로서 데려간 곳이 메디슨 스퀘어 파크의 일명 쉑쉑버거Shake Shack Burgers다. 10여분 정도의 줄을 선 끝에 햄버거와 쉐이크를 손에 넣을 수 있었는데 무엇보다 날씨도 그리고 공원의 여유로움도 좋았다. 그런데 맛은 기대가 너무 컸던 탓이었던지 자주 갔던 집 근처의 웬디스Wendy's 햄버거보다 무엇이 나은지 분간

이 안 갔다. 우리의 미적지근한 반응을 본 집사람 친구는 고기가 맛있기로 유명한 텍사스에서 와서 그렇게 느끼는 것이 아닐까 하고 이야기했지만 혹시 속으로는 텍사스 촌사람이라 뉴욕의 맛을 모른다고 생각했는지도 모르겠다.

메디슨 스퀘어 파크의 쉑쉑버거 본점

하지만 내 입맛이 촌스러운 것이 맞는 것 같다. 나에게는 별다른 감동을 주지 못했지만 쉑쉑버거는 우리나라에 들어오자마자 선풍적인 인기를 끌었기 때문이다. 2016년 쉐이크 쉑 국내1호점이 강남에서 개점한 이후 하루 평균 3,000개의 햄버거가 팔려나가고, 섭씨 34도가 넘는 폭염 속에서도 고객들이 햄버거의 맛을 보려고 매장 앞에서 줄을 서 기다리기도 했다.[1)] 심지어는 백화점들이 유명 맛집 유치에 열을 올리자 쉑쉑버거는 입점의 조건으로 명품브랜드인 '샤넬chanel' 수준을 요구했다는 기사가 나오기도 했다.[2)] 이렇게 미국의 프리미엄 햄버거가 인기를 끌자 인앤아웃버거IN · N · OUT Burger라는 미국의 3대 햄버거 브랜드도 국내에 팝업매장을 내기도 했다. 단 하루, 그것도 3시간 동안만 영업을 한다는 것이다.[3)] 그렇다면 이런 식으로 우리나라에서 잠시라도 영업을 할 경우 상법상 규제는 없는 것일까? 분명 상인이 돈

1) 정석만, "폭염도 못막은 '쉑쉑버거' 인기 … 韓 상륙 한달 만에 '이럴 수가'", 아시아투데이, 2016년 8월 21일, available at http://www.asiatoday.co.kr/view.php?key=20160819010010498

2) 이지영, "[유통가 뒷담화] 백화점에 '샤넬급 대우' 요구한 쉑쉑버거", 뉴스웨이, 2019년 6월 20일, available at http://www.newsway.co.kr/news/view?tp=1&ud=2019062016071259014

3) 김현아 · 이호길 · 하세린, "새벽부터 바글바글 … '인앤아웃버거' 직접 가보니", 머니투데이, 2019년 5월 22일, available at http://news.mt.co.kr/mtview.php?no=2019052217281584956

을 벌기 위한 활동인데 우리 상법은 이에 대해서 어떤 규정을 갖고 있을까?

사실 상법 제3편 제6장인 '외국회사'와 관련한 조항들은 다른 규정들에 비하여 현실에서 주목받고 있지는 못하다.[4] 외국회사란 외국법을 근거로 하여 설립된 회사를 말하는데설립준거주의, 제6장인 '외국회사'에 규정된 제614조부터 제621조까지 9개의 조항들은 외국회사에 대해 상법의 회사편을 적용하는 데 있어 특칙으로 작용하게 된다.[5] 하지만 실제 상거래에서는 앞의 조문들이 적용되는 것을 전제로 한 진지한 논의가 있지도 않았고 거래의 별다른 영향을 미치지도 않고 있다.[6] [7] 또한 외국에서 설립된 회사에 대해서 우리 상법의 적용이 문제되는 경우에는 상법에서가 아닌 여러 국가의 법률문제가 혼재된 법률관계에 관하여 국제재판관할권에 대한 원칙과 준거법을 정한 국제사법private international law이 이용되기에 더욱 그렇다.[8] 그럼에도 불구하고 본인이 생각하기에 몇몇 조항은 알아둘 필요가 있다.

우선 제614조대표자, 영업소의 설정과 등기[9]이다. 이 조항은 외국회사가 국내에서 영업을 하기 위해서는 대표자를 정하고 대한민국 내에 영업소를 설치하거나 대표자 중 1명 이상이 대한민국에 그 주소를 두어야 한다고 규정하고

4) 그래도 외국회사의 숫자는 2018년도 국세통계연보에 따르면 1,902개에 달한다.

5) 이철송, 「회사법강의」 (박영사, 제29판, 2021), 1235~1236면.

6) 황남석, "유사외국회사에 관한 고찰", 「법학논총」 제39권 제2호 (전남대학교 법학연구소, 2019), 165면.

7) 학계에서 무관심한 것은 크게 논란이 되고 있지 않기 때문에 그런 것이지 이 제도가 사용이 되고 있지 않다는 것은 아니다. 외국회사의 설립만 하더라도 2018년에 267건의 사례가 있었다: 법원행정처, 「사법연감」 (2018), 1067면

8) 김연미, "상법상 외국회사의 지위", 「BFL」 제42호 (서울대학교 금융법센터, 2010), 7면.

9) **제614조(대표자, 영업소의 설정과 등기)** ① 외국회사가 대한민국에서 영업을 하려면 대한민국에서의 대표자를 정하고 대한민국 내에 영업소를 설치하거나 대표자 중 1명 이상이 대한민국에 그 주소를 두어야 한다. [개정 2011.4.14]

② 전항의 경우에는 외국회사는 그 영업소의 설치에 관하여 대한민국에서 설립되는 동종의 회사 또는 가장 유사한 회사의 지점과 동일한 등기를 하여야 한다.

③ 전항의 등기에서는 회사설립의 준거법과 대한민국에서의 대표자의 성명과 그 주소를 등기하여야 한다.

④ 제209조와 제210조의 규정은 외국회사의 대표자에게 준용한다. [개정 1962.12.12]

있다. 앞에서 살펴본 인앤아웃버거도 그렇고 스마트폰이나 컴퓨터를 사용할 때 없어서는 안 되는 구글Google이나 마이크로소프트Microsoft와 같은 외국회사가 우리나라에서 영업을 하기 위해서도 지배인을 선임해서 영업소라는 지점에 두거나 대표자 중에 한 명이 우리나라에 살아야 한다는 것이다. 이는 인터넷 등 통신수단을 통한 영업이 활발해지면서 물리적인 영업의 장소를 국내에 두지 않고도 국내에서 영업을 하는 것이 얼마든지 가능한 현실을 반영한 것이지만 각종 통지 또는 벌칙의 대상이 되는 자가 국내에 거주하도록 함으로써 외국회사 관련 규정의 실효성을 확보하기 위한 것이다.[10] 물론 구글이나 마이크로소프트와 같이 우리나라에서의 매출이 큰 회사는 이런 형식으로 우리나라에서 영업을 하지 않고 앞에서 본 회사의 설립절차를 통하여 구글코리아나 마이크로소프트코리아라는 유한회사를 설립하여 영업을 하고 있다.[11] 하지만 우리나라에서의 영업이 영구적이 아니라 일시적인 것이거나 매출규모가 크지 않다면 이 조항을 이용할 필요가 있을 것이다인앤아웃버거가 어떤 수단을 이용해서 영업을 했는지는 모르겠다.

Google Microsoft

^ 구글과 마이크로소프트

다음으로 제617조유사외국회사[12]와 제621조외국회사의 지위[13]가 있다. 제617조는 "외국에서 설립된 회사라도 대한민국에 그 본점을 설치하거나 대한

10) 천경훈, "상법상 외국회사 규정의 몇 가지 문제점", 「상사법연구」 제32권 제4호 (한국상사법학회, 2014), 245면.

11) 구글의 한국에서의 매출은 2017년에 3조 2천억원에서 5조원 규모라고 한다. 백봉삼, "구글, 한국서 매출로 이미 네이버 꺾었다", ZENet Korea, 2018년 9월 21일, available at https://www.zdnet.co.kr/view/?no=20180920114626

12) 제617조(유사외국회사) 외국에서 설립된 회사라도 대한민국에 그 본점을 설치하거나 대한민국에서 영업할 것을 주된 목적으로 하는 때에는 대한민국에서 설립된 회사와 같은 규정에 따라야 한다. [전문개정 2011.4.14]

13) 제621조(외국회사의 지위) 외국회사는 다른 법률의 적용에 있어서는 법률에 다른 규정이 있는 경우 외에는 대한민국에서 성립된 동종 또는 가장 유사한 회사로 본다.

민국에서 영업할 것을 주된 목적으로 하는 때에는 대한민국에서 설립된 회사와 같은 규정을 따라야 한다"는 규정인데 이는 실질적으로는 우리나라 회사이면서도 외국의 법률에 따라 설립함으로써 국내법을 따르지 않으려는 것을 방지하는데 있다.[14] 이에 비해서 제621조는 "외국회사는 대한민국에 설립된 동종 또는 가장 유사한 회사로 본다"고 규정하여 우리나라 상법이 규정한 5가지 종류의 회사와 관련한 조항을 외국회사에 대해서도 동일하게 적용시키려 하고 있다. 결국 두 조항을 통해 외국회사라도 우리나라에서 영업을 할 경우 실질적으로 우리나라 상법의 적용을 받게 한 것이다.

이와 함께 우리나라에서의 영업과 관련해서 이미 알아본 제614조 말고도 제615조등기기간의 기산점,[15] 제616조등기전의 계속거래의 금지[16] 규정이 있고, 대차대조표 등의 공고와 관련하여 제616조의2대차대조표 또는 이에 상당하는 것의 공고,[17] 증권의 발행과 관련하여 제616조의2준용규정,[18] 영업소의 폐쇄와 청산과 관련하여 제619조영업소폐쇄명령[19]와 제620조한국에 있는 재산의 청산[20] 규정 등이 있다.

---

14) 천경훈, 앞의 글, 263면.

15) 제615조(등기기간의 기산점) 전조 제2항과 제3항의 규정에 의한 등기사항이 외국에서 생긴 때에는 등기기간은 그 통지가 도달한 날로부터 기산한다.

16) 제616조(등기전의 계속거래의 금지) ① 외국회사는 그 영업소의 소재지에서 제614조의 규정에 의한 등기를 하기 전에는 계속하여 거래를 하지 못한다.
② 전항의 규정에 위반하여 거래를 한 자는 그 거래에 대하여 회사와 연대하여 책임을 진다.

17) 제616조의2(대차대조표 또는 이에 상당하는 것의 공고) ① 외국회사로서 이 법에 따라 등기를 한 외국회사(대한민국에서의 같은 종류의 회사 또는 가장 비슷한 회사가 주식회사인 것만 해당한다)는 제449조에 따른 승인과 같은 종류의 절차 또는 이와 비슷한 절차가 종결된 후 지체 없이 대차대조표 또는 이에 상당하는 것으로서 대통령령으로 정하는 것을 대한민국에서 공고하여야 한다.
② 제1항의 공고에 대하여는 제289조 제3항부터 제6항까지의 규정을 준용한다. [본조신설 2011.4.14]

18) 제618조(준용규정) ① 제335조, 제335조의2부터 제335조의7까지, 제336조부터 제338조까지, 제340조 제1항, 제355조, 제356조, 제356조의2, 제478조 제1항, 제479조 및 제480조의 규정은 대한민국에서의 외국회사의 주권 또는 채권의 발행과 그 주식의 이전이나 입질 또는 사채의 이전에 준용한다. [개정 2014.5.20]
② 전항의 경우에는 처음 대한민국에 설치한 영업소를 본점으로 본다.

이런 규정들을 살펴보았을 때 외국회사가 우리나라에서 영업을 통해 돈을 벌 경우 이를 규제할 수 있는 최소한의 방안이 마련되어 있다고 할 수 있다. 그런데 구글이나 마이크로소프트와 같은 회사들이 우리나라에서 돈을 엄청나게 버는데 비하여 세금을 잘 내지 않는다는 주장이 있다.[21] 얼마 벌지도 못하는 나에게 자꾸 세금을 올리지 마시고, 구글이나 마이크로소프트처럼 많이 버는 회사에게 세금을 걷어달라고 말하면 이건 너무 무리한 주문일까?

19) 제619조(영업소폐쇄명령) ① 외국회사가 대한민국에 영업소를 설치한 경우에 다음의 사유가 있는 때에는 법원은 이해관계인 또는 검사의 청구에 의하여 그 영업소의 폐쇄를 명할 수 있다. [개정 1962.12.12]
1. 영업소의 설치목적이 불법한 것인 때
2. 영업소의 설치등기를 한 후 정당한 사유없이 1년 내에 영업을 개시하지 아니하거나 1년 이상 영업을 휴지한 때 또는 정당한 사유없이 지급을 정지한 때
3. 회사의 대표자 기타 업무를 집행하는 자가 법령 또는 선량한 풍속 기타 사회질서에 위반한 행위를 한 때

② 제176조 제2항 내지 제4항의 규정은 전항의 경우에 준용한다.

20) 제620조(한국에 있는 재산의 청산) ① 전조 제1항의 규정에 의하여 영업소의 폐쇄를 명한 경우에는 법원은 이해관계인의 신청에 의하여 또는 직권으로 대한민국에 있는 그 회사재산의 전부에 대한 청산의 개시를 명할 수 있다. 이 경우에는 법원은 청산인을 선임하여야 한다.
② 제535조 내지 제537조와 제542조의 규정은 그 성질이 허하지 아니하는 경우 외에는 전항의 청산에 준용한다.
③ 전2항의 규정은 외국회사가 스스로 영업소를 폐쇄한 경우에 준용한다.

21) 정해용, "한국서 매년 5조원 벌며 세금 안 내는 구글, 어떻게 과세할까", 조선일보, 2019년 5월 2일, available at http://biz.chosun.com/site/data/html_dir/2019/04/25/2019042503914.html

제2절 ▶ 회사에 대한 벌칙

이번에 볼 제2절은 상법 제7장의 '벌칙'에 관한 내용이다. 상법 제7장은 제622조부터 제637조의2까지 21개 조항으로 구성되어 있다. 제622조부터 제634조의2의 죄는 형사범에 해당하여 징역 · 벌금 · 몰수의 형벌이 적용되고, 제635조와 제636조의 죄는 행정범으로 과태료가 적용된다. 이 같은 형사범에 관한 죄는 일반적으로 형법총칙이 적용되며, 징역과 벌금은 같이 적용될 수 있다. 법인인 회사가 자연인처럼 어떤 식으로 벌을 받을 수 있는지에 대한 이야기를 지금부터 알아보자.

1. 회사에 대한 벌칙의 의의

요사이 우리 사회에서는 가족들이 함께 앉아 이야기를 하면서 식사를 하는 것과 같이 기본적인 행위조차 쉽지 않다고 한다. 온 가족이 함께 식사를 하는 횟수는 일주일에 많아야 네 번이고, 10가구 중 1가구는 한 끼 또는 이마저도 힘들다는 것이다.[22] 아마 부모들은 생계를 위해 회사 등에서 일을 해야 하고, 아이들은 학교와 학원에서 시간을 주로 보내야 하기 때문일 것이다. 그런데 다행스럽게도(?) 우리집은 이 같은 사회적 현상과는 조금 동떨어져 있다.

나는 일주일에 이틀이나 사흘 정도 밖에 수업이 없어 주로 집에 있고, 중학교 2학년에 올라가서야 처음으로 학원을 가기 시작한 큰아들에게 집밖에서의 식사는 아직도 낯설고 설레는 일일 뿐이다이런 집밖에서의 식사는 큰아들이 고2가 되면서 학원을 본격적으로 다니기 시작하자 일상화되었다. 이렇다보니 매일 같이 가족들의 식사준비를 해야 하는 집사람에게는 힘든 일상 중의 하나겠지만 우리 가족은 대부분 식사를 함께할 수 있다. 이런 이유로 가족들 간의 대화가 부족하지

22) 김병덕, "가족식사 대화 주도하는 사람은 '엄마', 아빠는 가장 소외", 파이낸셜뉴스, 2016년 5월 11일, available at http://www.fnnews.com/news/201605110942108785

는 않다. 친구, 학업, 시사 등의 다양한 이야기를 나누는데 그 중 자동차 이야기는 빠지지 않는다. "누구 아버지 차가 벤츠이고 BMW다"라는 이야기로 아이들이 나의 분발을 촉구하기도 하고, 오늘 학원 가다가 벤틀리와 같은 멋진 고급차를 보았다는 경험담을 말하기도 한다. 그런데 아이들이 폭스바겐의 배기가스 배출치 조작사건을 다룬 신문기사를 보고 나에게 이런 질문을 하는 것이었다.[23] "이런 조작사건은 누가 벌을 받는 것이에요? 회사에요? 아님 조작한 사람이에요?" 아이들의 질문 수준이 높아진 것은 반가운 일이지만 답을 하는데 필요한 시간과 수고 역시 많이 커질 수밖에 없었다. 이걸 뭐라고 해야지?

폭스바겐의 책임일까? 임직원의 책임일까?

사람이 죄를 저지르면 벌을 받아야 하는 것은 당연하며 이러한 법률관계는 대부분 형법에 기술되어 있다. 공무를 방해하거나, 범인을 은닉하고, 위증 또는 교통을 방해하고 상해나 폭행을 하는 등의 우리 일상생활에서 벌어질 수 있는 거의 모든 범죄는 형법 그것도 각칙형법 제87조 내지 372조에서 규정하고 있는 것이다. 따라서 이러한 죄를 저지를 경우 형법에 따라 처벌을 받게 된다. 그런데 회사를 둘러싼 복잡한 법률관계로 인하여 회사는 각종 재산범죄의 대상이 되거나 또는 스스로 주체가 될 수도 있다. 하지만 이러한 범죄에 대해서 규율하고 있는 일반법인 형법은 원래 진짜 사람을 나타내는 자연인自然人의 범죄를 예상하여 제정되었으므로 법인法人인 회사의 범죄를 다 나열하고 있지 못하며, 또한 회사관계의 범죄는 대부분 화이트 칼러형의 범죄이므로 비

23) 폭스바겐을 비롯한 유럽 자동차 회사들이 2005년부터 자사 디젤 자동차가 가솔린 자동차보다 더 청정하고 친환경적이라는 클린 디젤이라고 소개하면서 전 세계적으로 선전하면서 급성장해 왔으나, 배출가스량을 조작해온 사실이 2015년 뒤늦게 발각된 사건.

난가능성은 높은 반면 매우 기교적이어서 형법만으로는 규율하기 어려운 점이 많다.[24] 이러한 점 때문에 상법에서의 벌칙규정이 의미를 갖게 된다.

물론 이러한 상법규정의 존재의미와 실질적으로 현장에서 이용되고 있는지의 여부는 또 다른 문제이다. 상법을 위반한 사건의 발생건수는 2011년 이후 연간 100건 미만이며, 이에 의해 검거된 인원도 매년 200명 이하에 불과하다.[25] 게다가 상법 위반으로 재판을 받은 건수는 2014년 기준으로 95건에 그치며, 재판결과 징역형을 실제로 판결받은 사건은 8건뿐이었다. 대부분 집행유예31건나 벌금49건 처벌을 받은 것이다.[26] 이같이 상법의 처벌규정이 많이 이용되고 있지 않고 있는 것은 법집행기관의 적극적 집행의지의 부족에도 기인하지만 벌칙규정 자체의 입법적 부실에도 기인하고 있다.[27] 그럼에도 불구하고 상법의 벌칙규정이 전혀 무의미한 것은 아니다. 우리나라의 각종 기업들이 가입되어 있는 전국경제인연합회가 끊임없이 상법의 배임죄에 대한 개정을 요구하는 것을 보아서도 알 수 있다.[28][29]

24) 이철송, 「회사법강의」 (박영사, 제29판, 2021), 1243면.

25) 법무연수원, 「범죄백서」 (법무부, 2016), 136면 〈표 I -52〉 참조.

26) 법원행정처, 「사법연감」 (2016), 900~901면.

27) 한석훈, "상법 벌칙규정의 개정과제", 「기업법연구」 제27권 제2호 (한국기업법학회, 2013), 274면.

28) 정원석, "전경련, '경영판단으로 인한 손실' 배임죄 면책 적용 건의", 조선일보, 2015년 4월 20일, available at http://biz.chosun.com/site/data/html_dir/2015/04/20/2015042003613.html; 송민경 · 황국상 · 김종훈, "'걸면 걸리는' 배임죄 … 해법은 '경영판단 예외' 법제화", 머니투데이, 2018년 1월 15일, available at http://thel.mt.co.kr/newsView.html?no=2018011115018287820

29) 예를 들어, 이정은, "판례로 본 배임죄의 문제점" (전국경제인연합회, 이슈페이퍼 제209호, 2014)의 경우에도 배임죄에 대한 문제점을 지적하고 있으며. 전국경제인연합회 산하의 연구기관인 한국경제연구원에서도 최준선, "상법상 특별배임죄 규정의 문제점과 개선방안" 「KERI Insight」 13-06 (한국경제연구원, 2013) 등을 통하여 동일한 연구결과를 발표하고 있다.

2. 회사에 대한 벌칙의 내용

^ 이재현 CJ그룹 회장도 배임죄로 유죄판결을 받았다

이재현 CJ그룹 회장, 김승연 한화그룹 회장, 강덕수 전 STX그룹 회장, 조석래 전 효성그룹 회장, 박용성 전 두산그룹 회장, 윤석금 전 웅진그룹 회장, 장세주 동국제강 회장, 현재현 전 동양그룹 회장, 이석채 전 KT 회장의 공통점은 무엇일까? 바로 검찰이 최근 몇 년 사이에 배임죄 등의 혐의로 기소를 했다는 점이다.[30)] 이들 말고도 삼성그룹의 고 이건희 회장, 현대자동차 그룹의 정몽구 전 회장, SK그룹의 최태원 회장 역시 배임죄로 처벌받은 경험이 있다. 특히 최태원 회장의 경우는 한 번도 아니고 두 번이나 배임죄로 인하여 징역형을 살았다. 그런데 문제는 이러한 배임죄가 기준이 모호하고 대상이 폭넓어 기업을 경영하는 사람이라면 누구나 저촉될 수 있다는 것이다.[31)]

배임죄에 대한 규정은 상법 제622조발기인, 이사 기타의 임원 등의 특별배임죄,[32)] 제623조사채권자집회의 대표자 등의 특별배임죄,[33)] 제624조특별배임죄의 미수[34)]를 통하여

30) 안상희, "'회장님들의 천적은 배임죄?' … 집행유예와 실형의 차이는?", 조선일보, 2015년 12월 27일, available at http://biz.chosun.com/site/data/html_dir/2015/12/27/2015122700268.html

31) 이재훈, "'걸면 걸리는' 저승사자 배임죄", 파이낸셜뉴스, 2013년 3월 29일, 31면.

32) 제622조(발기인, 이사 기타의 임원 등의 특별배임죄) ① 회사의 발기인, 업무집행사원, 이사, 집행임원, 감사위원회 위원, 감사 또는 제386조 제2항, 제407조 제1항, 제415조 또는 제567조의 직무대행자, 지배인 기타 회사영업에 관한 어느 종류 또는 특정한 사항의 위임을 받은 사용인이 그 임무에 위배한 행위로써 재산상의 이익을 취하거나 제3자로 하여금 이를 취득하게 하여 회사에 손해를 가한 때에는 10년 이하의 징역 또는 3천만원 이하의 벌금에 처한다. [개정 1984.4.10, 1995.12.29, 1999.12.31, 2011.4.14]
② 회사의 청산인 또는 제542조 제2항의 직무대행자, 제175조의 설립위원이 제1항의 행위를 한 때에도 제1항과 같다. [개정 1984.4.10]

33) 제623조(사채권자집회의 대표자 등의 특별배임죄) 사채권자집회의 대표자 또는 그 결

'특별배임죄'의 형태로 규정되어 있다. 일반적으로 배임죄는 형법 제355조에 의해 "타인의 사무를 처리하는 사람이 임무에 위배하는 행위로써 재산상의 이익을 취득해 그 타인에게 손해를 가한 경우"로 정의한다.[35] 이게 모든 배임죄의 기본조항이다. 그런데 이러한 기본조항에 특별조항으로 형법상으로는 업무상 배임죄형법 제356조[36]가 있고, 회사의 경영진 등에 적용되는 상법상의 특별배임죄가 있으며, 배임의 이득금액에 따라 적용되는 특별경제범죄 가중처벌 등에 관한 법률이하 특경법이라 칭함의 제3조특정재산범죄의 가중처벌[37]가 또한 존재한다.

이러한 특별규정 중에서 회사의 경영진에 대해서는 행위주체의 특수성을 근거로 상법상의 특별배임죄가 형법상의 배임죄에 대한 특칙으로 적용되어야 할 것으로 보이나 현실은 오히려 배임의 이득금액에 따라 형법상의 배

의를 집행하는 자가 그 임무에 위배한 행위로써 재산상의 이익을 취하거나 제3자로 하여금 이를 취득하게 하여 사채권자에게 손해를 가한 때에는 7년 이하의 징역 또는 2천만원 이하의 벌금에 처한다. [개정 1984.4.10, 1995.12.29]

34) **제624조(특별배임죄의 미수)** 전2조의 미수범은 처벌한다.

35) **형법 제355조(횡령·배임)** ① 타인의 재물을 보관하는 자가 그 재물을 횡령하거나 그 반환을 거부한 때에는 5년 이하의 징역 또는 1천500만원 이하의 벌금에 처한다. [개정 1995.12.29]

② 타인의 사무를 처리하는 자가 그 임무에 위배하는 행위로써 재산상의 이익을 취득하거나 제삼자로 하여금 이를 취득하게 하여 본인에게 손해를 가한 때에도 전항의 형과 같다.

36) **형법 제356조(업무상의 횡령과 배임)** 업무상의 임무에 위배하여 제355조의 죄를 범한 자는 10년 이하의 징역 또는 3천만원 이하의 벌금에 처한다. [개정 1995.12.29]

37) **특정경제범죄 가중처벌 등에 관한 법률 제3조(특정재산범죄의 가중처벌)** ① 형법 제347조(사기), 제350조(공갈), 제350조의2(특수공갈), 제351조(제347조, 제350조 및 제350조의2의 상습범만 해당한다), 제355조(횡령·배임) 또는 제356조(업무상의 횡령과 배임)의 죄를 범한 사람은 그 범죄행위로 인하여 취득하거나 제3자로 하여금 취득하게 한 재물 또는 재산상 이익의 가액(이하 이 조에서 "이득액"이라 한다)이 5억원 이상일 때에는 다음 각 호의 구분에 따라 가중처벌한다. [개정 2016.1.6]

1. 이득액이 50억원 이상일 때: 무기 또는 5년 이상의 징역
2. 이득액이 5억원 이상 50억원 미만일 때: 3년 이상의 유기징역

② 제1항의 경우 이득액 이하에 상당하는 벌금을 병과(倂科)할 수 있다. [전문개정 2012.2.10]

임죄를 가중처벌토록 정하고 있는 특경법 제3조가 주로 적용된다. 만약 상법상 배임죄를 적용한다면 형도 특경법에 비하면 상대적으로 약하고 경영판단의 원칙을 근거로 적용범위도 제한받는데 비하여, 형법과 특경법만을 적용한다면 경영자들에게 훨씬 광범위하고 엄격한 처벌을 하게 되기 때문에 형사실무에서는 형법과 특경법이 주로 적용되는 현상이 벌어지고 있으며, 이에 대해 일각에서는 사법권 남용이라고 지탄하고 있는 것이다.[38] 결국 현실에서 상법상 배임죄가 큰 이슈가 되고 있기는 하지만 적용은 상대적으로 덜 되고 있다고 할 수 있다.

제622조발기인, 이사 기타의 임원 등의 특별배임죄, 제623조사채권자집회의 대표자 등의 특별배임죄, 제624조특별배임죄의 미수와 같은 배임죄와 관련된 조항을 제외하고도 상법의 벌칙규정에 명시되어 있는 죄는 다음과 같은 것이 있다.

우선 제624조의2조주요주주 등 이해관계자와의 거래 위반의 죄[39]이다. 이는 상장회사의 경우 제542조의9에 의하여 주요주주나 이사 등에게 신용공여돈을 빌려주는 등의 행위를 금지하고 있는데 이를 위반할 경우 5년 이하의 징역이나 2억원 이하의 벌금에 처하게 한 규정이다. 또한 제625조회사재산을 위태롭게 하는 죄,[40] 제

38) 이경렬, "배임죄 가중처벌 해소되나", 한국일보, 2013년 4월 9일, 29면.

39) **제624조의2(주요주주 등 이해관계자와의 거래 위반의 죄)** 제542조의9 제1항을 위반하여 신용공여를 한 자는 5년 이하의 징역 또는 2억원 이하의 벌금에 처한다. [본조신설 2009.1.30]

40) **제625조(회사재산을 위태롭게 하는 죄)** 제622조 제1항에 규정된 자, 검사인, 제298조 제3항 · 제299조의2 · 제310조 제3항 또는 제313조 제2항의 공증인(인가공증인의 공증담당변호사를 포함한다. 이하 이 章에서 같다)이나 제299조의2, 제310조 제3항 또는 제422조 제1항의 감정인이 다음의 행위를 한 때에는 5년 이하의 징역 또는 1천500만원 이하의 벌금에 처한다. [개정 2009.2.6, 2011.4.14]

1. 주식 또는 출자의 인수나 납입, 현물출자의 이행, 제290조, 제416조 제4호 또는 제544조에 규정된 사항에 관하여 법원 · 총회 또는 발기인에게 부실한 보고를 하거나 사실을 은폐한 때
2. 누구의 명의로 하거나를 불문하고 회사의 계산으로 부정하게 그 주식 또는 지분을 취득하거나 질권의 목적으로 이를 받은 때
3. 법령 또는 정관에 위반하여 이익배당을 한 때
4. 회사의 영업범위 외에서 투기행위를 하기 위하여 회사재산을 처분한 때

625조의2주식의 취득제한 등에 위반한 죄,41) 제626조부실보고죄,42) 제627조부실문서행사죄,43) 제628조납입가장죄등,44) 제629조초과발행죄,45) 제630조발기인, 이사, 기타의 임원의 독직죄,46) 제631조권리행사방해 등에 관한 증수뢰죄,47) 제634조납입책임면탈의 죄,48) 제634

41) 제625조의2(주식의 취득제한 등에 위반한 죄) 다음 각 호의 어느 하나에 해당하는 자는 2천만원 이하의 벌금에 처한다.
1. 제342조의2 제1항 또는 제2항을 위반한 자
2. 제360조의3 제7항을 위반한 자
3. 제523조의2 제2항을 위반한 자
4. 제530조의6 제5항을 위반한 자 [전문개정 2015.12.1]

42) 제626조(부실보고죄) 회사의 이사, 집행임원, 감사위원회 위원, 감사 또는 제386조 제2항, 제407조 제1항, 제415조 또는 제567조의 직무대행자가 제604조 또는 제607조의 조직변경의 경우에 제604조 제2항 또는 제607조 제2항의 순재산액에 관하여 법원 또는 총회에 부실한 보고를 하거나 사실을 은폐한 경우에는 5년 이하의 징역 또는 1천500만원 이하의 벌금에 처한다. [전문개정 2011.4.14]

43) 제627조(부실문서행사죄) ① 제622조 제1항에 게기한 자, 외국회사의 대표자, 주식 또는 사채의 모집의 위탁을 받은 자가 주식 또는 사채를 모집함에 있어서 중요한 사항에 관하여 부실한 기재가 있는 주식청약서, 사채청약서, 사업계획서, 주식 또는 사채의 모집에 관한 광고 기타의 문서를 행사한 때에는 5년 이하의 징역 또는 1천500만원 이하의 벌금에 처한다. [개정 1984.4.10, 1995.12.29]
② 주식 또는 사채를 매출하는 자가 그 매출에 관한 문서로서 중요한 사항에 관하여 부실한 기재가 있는 것을 행사한 때에도 제1항과 같다. [개정 1984.4.10]

44) 제628조(납입가장죄 등) ① 제622조 제1항에 게기한 자가 납입 또는 현물출자의 이행을 가장하는 행위를 한 때에는 5년 이하의 징역 또는 1천500만원 이하의 벌금에 처한다. [개정 1984.4.10, 1995.12.29]
② 제1항의 행위에 응하거나 이를 중개한 자도 제1항과 같다. [개정 1984.4.10]

45) 제629조(초과발행의 죄) 회사의 발기인, 이사, 집행임원 또는 제386조 제2항 또는 제407조 제1항의 직무대행자가 회사가 발행할 주식의 총수를 초과하여 주식을 발행한 경우에는 5년 이하의 징역 또는 1천500만원 이하의 벌금에 처한다. [전문개정 2011.4.14]

46) 제630조(발기인, 이사 기타의 임원의 독직죄) ① 제622조와 제623조에 규정된 자, 검사인, 제298조 제3항 · 제299조의2 · 제310조 제3항 또는 제313조 제2항의 공증인이나 제299조의2, 제310조 제3항 또는 제422조 제1항의 감정인이 그 직무에 관하여 부정한 청탁을 받고 재산상의 이익을 수수, 요구 또는 약속한 때에는 5년 이하의 징역 또는 1천500만원 이하의 벌금에 처한다. [개정 1984.4.10, 1995.12.29, 1998.12.28]
② 제1항의 이익을 약속, 공여 또는 공여의 의사를 표시한 자도 제1항과 같다. [개정 1984.4.10]

47) 제631조(권리행사방해 등에 관한 증수뢰죄) ① 다음의 사항에 관하여 부정한 청탁을 받

조의2주주의 권리행사에 관한 이익공여의 죄49) 등이 존재하는데 이들 범죄는 법률에 범죄로 규정되기 전에 행위 자체가 도덕적으로 반사회적인 행위라고 말하여지는 형사범에 해당한다. 따라서 이들 범죄를 저지르게 되면 징역과 벌금이 같이 부과되고제632조 징역과 벌금의 병과,50) 위반행위를 한 회사의 대표나 사용인과 같은 행위자를 벌하면서 동시에 그 회사도 처벌하게 된다제634조의3(양벌규정),51) 제637조법인에 대한 벌칙의 적용.52)

고 재산상의 이익을 수수, 요구 또는 약속한 자는 1년 이하의 징역 또는 300만원 이하의 벌금에 처한다. [개정 1962.12.12, 1984.4.10, 1995.12.29, 1998.12.28, 1999.12.31, 2011.4.14]

1. 창립총회, 사원총회, 주주총회 또는 사채권자집회에서의 발언 또는 의결권의 행사
2. 제3편에 정하는 소의 제기, 발행주식의 총수의 100분의 1 또는 100분의 3 이상에 해당하는 주주, 사채총액의 100분의 10 이상에 해당하는 사채권자 또는 자본금의 100분의 3 이상에 해당하는 출자좌수를 가진 사원의 권리의 행사
3. 제402조 또는 제424조에 정하는 권리의 행사

② 제1항의 이익을 약속, 공여 또는 공여의 의사를 표시한 자도 제1항과 같다. [개정 1984.4.10]

48) **제634조(납입책임면탈의 죄)** 납입의 책임을 면하기 위하여 타인 또는 가설인의 명의로 주식 또는 출자를 인수한 자는 1년 이하의 징역 또는 300만원 이하의 벌금에 처한다. [개정 1984.4.10, 1995.12.29]

49) **제634조의2(주주의 권리행사에 관한 이익공여의 죄)** ① 주식회사의 이사, 집행임원, 감사위원회 위원, 감사, 제386조 제2항 · 제407조 제1항 또는 제415조의 직무대행자, 지배인, 그 밖의 사용인이 주주의 권리 행사와 관련하여 회사의 계산으로 재산상의 이익을 공여(供與)한 경우에는 1년 이하의 징역 또는 300만원 이하의 벌금에 처한다. [개정 2011.4.14]

② 제1항의 이익을 수수하거나, 제3자에게 이를 공여하게 한 자도 제1항과 같다. [본조신설 1984.4.10]

50) **제632조(징역과 벌금의 병과)** 제622조 내지 전조의 징역과 벌금은 이를 병과할 수 있다.

51) **제634조의3(양벌규정)** 회사의 대표자나 대리인, 사용인, 그 밖의 종업원이 그 회사의 업무에 관하여 제624조의2의 위반행위를 하면 그 행위자를 벌하는 외에 그 회사에도 해당 조문의 벌금형을 과(科)한다. 다만, 회사가 제542조의13에 따른 의무를 성실히 이행한 경우 등 회사가 그 위반행위를 방지하기 위하여 해당 업무에 관하여 상당한 주의와 감독을 게을리하지 아니한 경우에는 그러하지 아니하다. [개정 2011.4.14] [본조신설 2009.1.30]

52) **제637조(법인에 대한 벌칙의 적용)** 제622조, 제623조, 제625조, 제627조, 제628조 또는 제630조 제1항에 규정된 자가 법인인 경우에는 이 장의 벌칙은 그 행위를 한 이사, 집

이와 같은 형사범에 대한 처벌규정과는 다르게 제635조과태료에 처할 행위[53])와 제636조등기전의 회사명의의 영업 등[54])과 같은 벌칙규정은 국가의 행정목적

행임원, 감사, 그 밖에 업무를 집행한 사원 또는 지배인에게 적용한다. [전문개정 2011.4.14]

53) 제635조(과태료에 처할 행위) ① 회사의 발기인, 설립위원, 업무집행사원, 업무집행자, 이사, 집행임원, 감사, 감사위원회 위원, 외국회사의 대표자, 검사인, 제298조 제3항·제299조의2·제310조 제3항 또는 제313조 제2항의 공증인, 제299조의2·제310조 제3항 또는 제422조 제1항의 감정인, 지배인, 청산인, 명의개서대리인, 사채모집을 위탁받은 회사와 그 사무승계자 또는 제386조 제2항·제407조 제1항·제415조·제542조 제2항 또는 제567조의 직무대행자가 다음 각 호의 어느 하나에 해당하는 행위를 한 경우에는 500만원 이하의 과태료를 부과한다. 다만, 그 행위에 대하여 형(刑)을 과(科)할 때에는 그러하지 아니하다. [개정 2011.4.14]

1. 이 편(編)에서 정한 등기를 게을리한 경우
2. 이 편에서 정한 공고 또는 통지를 게을리하거나 부정(不正)한 공고 또는 통지를 한 경우
3. 이 편에서 정한 검사 또는 조사를 방해한 경우
4. 이 편의 규정을 위반하여 정당한 사유 없이 서류의 열람 또는 등사, 등본 또는 초본의 발급을 거부한 경우
5. 관청, 총회, 사채권자집회 또는 발기인에게 부실한 보고를 하거나 사실을 은폐한 경우
6. 주권, 채권 또는 신주인수권증권에 적을 사항을 적지 아니하거나 부실하게 적은 경우
7. 정당한 사유 없이 주권의 명의개서를 하지 아니한 경우
8. 법률 또는 정관에서 정한 이사 또는 감사의 인원수를 궐(闕)한 경우에 그 선임절차를 게을리한 경우
9. 정관·주주명부 또는 그 복본(複本), 사원명부·사채원부 또는 그 복본, 의사록, 감사록, 재산목록, 대차대조표, 영업보고서, 사무보고서, 손익계산서, 그 밖에 회사의 재무상태와 경영성과를 표시하는 것으로서 제287조의33 및 제447조 제1항 제3호에 따라 대통령령으로 정하는 서류, 결산보고서, 회계장부, 제447조·제534조·제579조 제1항 또는 제613조 제1항의 부속명세서 또는 감사보고서에 적을 사항을 적지 아니하거나 부실하게 적은 경우
10. 법원이 선임한 청산인에 대한 사무의 인계(引繼)를 게을리하거나 거부한 경우
11. 청산의 종결을 늦출 목적으로 제247조 제3항, 제535조 제1항 또는 제613조 제1항의 기간을 부당하게 장기간으로 정한 경우
12. 제254조 제4항, 제542조 제1항 또는 제613조 제1항을 위반하여 파산선고 청구를 게을리한 경우
13. 제589조제2항을 위반하여 출자의 인수인을 공모한 경우
14. 제232조, 제247조 제3항, 제439조 제2항, 제527조의5, 제530조 제2항, 제530조의9 제4항, 제530조의11 제2항, 제597조, 제603조 또는 제608조를 위반하여 회사의

합병 · 분할 · 분할합병 또는 조직변경, 회사재산의 처분 또는 자본금의 감소를 한 경우
15. 제260조, 제542조 제1항 또는 제613조 제1항을 위반하여 회사재산을 분배한 경우
16. 제302조 제2항, 제347조, 제420조, 제420조의2, 제474조 제2항 또는 제514조를 위반하여 주식청약서, 신주인수권증서 또는 사채청약서를 작성하지 아니하거나 이에 적을 사항을 적지 아니하거나 또는 부실하게 적은 경우
17. 제342조 또는 제560조 제1항을 위반하여 주식 또는 지분의 실효 절차, 주식 또는 지분의 질권 처분을 게을리한 경우
18. 제343조 제1항 또는 제560조 제1항을 위반하여 주식 또는 출자를 소각한 경우
19. 제355조 제1항 · 제2항 또는 제618조를 위반하여 주권을 발행한 경우
20. 제358조의2 제2항을 위반하여 주주명부에 기재를 하지 아니한 경우
21. 제363조의2 제1항, 제542조 제2항 또는 제542조의6 제2항을 위반하여 주주가 제안한 사항을 주주총회의 목적사항으로 하지 아니한 경우
22. 제365조 제1항 · 제2항, 제578조, 제467조 제3항, 제582조 제3항에 따른 법원의 명령을 위반하여 주주총회를 소집하지 아니하거나, 정관으로 정한 곳 외의 장소에서 주주총회를 소집하거나, 제363조, 제364조, 제571조 제2항 · 제3항을 위반하여 주주총회를 소집한 경우
23. 제374조 제2항, 제530조 제2항 또는 제530조의11 제2항을 위반하여 주식매수청구권의 내용과 행사방법을 통지 또는 공고하지 아니하거나 부실한 통지 또는 공고를 한 경우
24. 제287조의34 제1항, 제396조 제1항, 제448조 제1항, 제510조 제2항, 제522조의2 제1항, 제527조의6 제1항, 제530조의7, 제534조 제3항, 제542조 제2항, 제566조 제1항, 제579조의3, 제603조 또는 제613조를 위반하여 장부 또는 서류를 갖추어 두지 아니한 경우
25. 제412조의5 제3항을 위반하여 정당한 이유 없이 감사 또는 감사위원회의 조사를 거부한 경우
26. 제458조부터 제460조까지 또는 제583조를 위반하여 준비금을 적립하지 아니하거나 이를 사용한 경우
27. 제464조의2 제1항의 기간에 배당금을 지급하지 아니한 경우
28. 제478조 제1항 또는 제618조를 위반하여 채권을 발행한 경우
29. 제536조 또는 제613조 제1항을 위반하여 채무 변제를 한 경우
30. 제542조의5를 위반하여 이사 또는 감사를 선임한 경우
31. 제555조를 위반하여 지분에 대한 지시식 또는 무기명식의 증권을 발행한 경우
32. 제619조 제1항에 따른 법원의 명령을 위반한 경우

② 발기인, 이사 또는 집행임원이 주권의 인수로 인한 권리를 양도한 경우에도 제1항과 같다. [개정 2011.4.14]

③ 제1항 각 호 외의 부분에 규정된 자가 다음 각 호의 어느 하나에 해당하는 행위를

상 범죄로 정한 행정범의 성격을 갖는 규정이다. 즉 반사회적인 범죄에 해당하는 형사범에 비하여 국가의 정책상 특별히 정한 규범을 위반한 행위에 해당하는 행정범에 해당한다. 따라서 이를 위반할 경우 형사범이 징역과 벌금, 몰수와 추징 등을 선고받을 수 있는데 비하여 상대적으로 가벼운 과태료 부과처분을 받는 것으로 그치게 된다제637조의2 과태료의 부과 · 징수.55)

한 경우에는 5천만원 이하의 과태료를 부과한다. [신설 2009.1.30]

1. 제542조의8 제1항을 위반하여 사외이사 선임의무를 이행하지 아니한 경우
2. 제542조의8 제4항을 위반하여 사외이사 후보추천위원회를 설치하지 아니하거나 사외이사가 총위원의 2분의 1 이상이 되도록 사외이사 후보추천위원회를 구성하지 아니한 경우
3. 제542조의8 제5항에 따라 사외이사를 선임하지 아니한 경우
4. 제542조의9 제3항을 위반하여 이사회 승인 없이 거래한 경우
5. 제542조의11 제1항을 위반하여 감사위원회를 설치하지 아니한 경우
6. 제542조의11 제2항을 위반하여 제415조의2 제2항 및 제542조의11 제2항 각 호의 감사위원회의 구성요건에 적합한 감사위원회를 설치하지 아니한 경우
7. 제542조의11 제4항 제1호 및 제2호를 위반하여 감사위원회가 제415조의2 제2항 및 제542조의11 제2항 각 호의 감사위원회의 구성요건에 적합하도록 하지 아니한 경우
8. 제542조의12 제2항을 위반하여 감사위원회위원의 선임절차를 준수하지 아니한 경우

④ 제1항 각 호 외의 부분에 규정된 자가 다음 각 호의 어느 하나에 해당하는 행위를 한 경우에는 1천만원 이하의 과태료를 부과한다. [신설 2009.1.30]

1. 제542조의4에 따른 주주총회 소집의 통지 · 공고를 게을리하거나 부정한 통지 또는 공고를 한 경우
2. 제542조의7 제4항 또는 제542조의12 제5항을 위반하여 의안을 별도로 상정하여 의결하지 아니한 경우

54) **제636조(등기 전의 회사명의의 영업 등)** ① 회사의 성립 전에 회사의 명의로 영업을 한 자는 회사설립의 등록세의 배액에 상당한 과태료에 처한다.
② 전항의 규정은 제616조 제1항의 규정에 위반한 자에 준용한다.

55) **제637조의2(과태료의 부과 · 징수)** ① 제635조(제1항 제1호는 제외한다) 또는 제636조에 따른 과태료는 대통령령으로 정하는 바에 따라 법무부장관이 부과 · 징수한다.
② 제1항에 따른 과태료 처분에 불복하는 자는 그 처분을 고지받은 날부터 60일 이내에 법무부장관에게 이의를 제기할 수 있다.
③ 제1항에 따른 과태료 처분을 받은 자가 제2항에 따라 이의를 제기한 때에는 법무부장관은 지체 없이 관할 법원에 그 사실을 통보하여야 하며, 그 통보를 받은 관할 법원은 「비송사건절차법」에 따른 과태료 재판을 한다.
④ 제2항에서 규정하는 기간 내에 이의를 제기하지 아니하고 과태료를 납부하지 아니

결국 회사라는 법인 역시 잘못을 저지르게 되면 우리 같은 자연인처럼 벌을 받게 되는데, 죄질이 중한 형사범인 경우 그 행위를 실질적으로 행한 대표이사와 같은 자연인과 함께 회사라는 법인 역시 같이 처벌을 받게 되며, 죄질이 상대적으로 가벼운 행정범인 경우에는 과태료로 처벌을 끝내게 되는 것이다. 그렇다면 비록 상법을 위반한 것은 아니지만 폭스바겐의 배기가스 조작사건의 경우는 어떨까? 폭스바겐의 경우 관련자들이 2017년 기소된지 3년 만에 유죄판결을 받아 전 사장에게는 징역 2년이 선고되고 '아우디폭스바겐코리아'라는 법인에게는 벌금 260억원이 선고되었다.[56] 유사한 사안인 포르쉐코리아의 경우 조작에 가담한 임직원들에게는 집행유예가, 법인인 포르쉐코리아의 경우에는 1심에서 벌금 7억 8,050만원이 선고되었다.[57] 이처럼 법인인 회사 역시 보통사람인 자연인과 같이 처벌을 받을 수 있으며 실질적으로 위법한 행위를 한 자연인인 대표이사나 직원들 역시 함께 책임을 지게 되는 것이다. 이와 같이 죄를 짓고서는 자연인이나 법인 모두 편안할 수는 없어야 한다. 그런데 포르쉐에게 8억원이 조금 못 미치는 돈이 크게 느껴지려나? 그건 잘 모르겠다.

한 때에는 국세 체납처분의 예에 따라 징수한다. [본조신설 2009.1.30]

56) 민나리, "'디젤게이트 3년 만에' … 폭스바겐 벌금 260억원", 서울신문, 2020년 2월 7일 12면.

57) 박사라, "'배출가스 조작' 포르쉐도 벌금 7억 … 한국 소비자가 봉이냐", 중앙일보, 2019년 6월 20일, available at https://news.joins.com/article/23501050

_글을 마치며

우리의 삶속에 회사라는 존재가 갖는 의미는 무척 크다. 회사가 만든 제품을 먹고 쓰고 이용하며, 회사에서 일을 하고, 회사가 발행한 주식과 사채에 투자를 한다. 하지만 이러한 상황에도 불구하고 우리는 회사와 관련한 법을 전혀 모른다.

나는 경제의 여러 현상을 쉽게 설명한 책들을 재미있게 본 경험이 있다. 내가 비록 경제학을 전공하지 않았고 특별한 재능이 있는 것도 아니지만 내용을 이해할 수 있었고 읽는 순간을 즐길 수 있었다. 이에 비해서 내가 경험한 법학과 관련한 책들은 너무 어려웠다. 나는 오랫동안 법학을 공부했고 관련한 일을 하고 있기 때문에 책을 읽으면서 이해할 수 있지만 대학에서 법학을 전공하지 않은 대부분의 사람들에게 법학과 관련한 책을 읽는다는 것은 재미없고 따분한 일이 될 수밖에 없을 것이다.

삼성그룹 창업주이신 이병철 회장님이 이건희 회장님을 교육하면서 이건희 회장님의 장인이셨던 홍진기 전 법무부 장관님을 통하여 헌법과 상법을 가르치게 했다는 이야기를 본적이 있다. 상법을 알아야 제대로 된 경영을 할 수 있다는 의미였다.

내가 이 책을 준비한 이유는 간단하다. 제일모직과 삼성물산의 합병 문제로 우리나라 최고 재벌 그룹의 소유자가 재판을 받는 정확한 이유를 사람들이 이해하게 하고 싶었다. 그리고 롯데그룹 창업주의 두 아들들이 소송을 통해 이루고자 했던 것이 과연 무엇인지를 알려주고 싶었다.

법을 아는 것이 쉽지만은 않지만 포기할 정도로 어려운 것은 결코 아니다. 그렇기에 이 책을 통하여 법에 대해서 조금이라도 관심 있는 분들이 회사와 관련한 법적 현상들을 좀 더 정확하게 이해하고 법에 대한 지식을 넓혔으면 좋겠다.

법학의 심오한 이론을 더욱 발전시키고 새로운 진보를 이루고자 하는 것은 이 책의 목적이 아니다. 이미 그런 목적을 이루어낸 여러 훌륭한 법학 교수님들이 계시고 나는 이 책을 통해 그 분들의 이론을 차용했을 뿐이다. 나는 이 자리를 빌려 이 책의 각주에 언급된 많은 책들과 논문을 저술하신 교수님들께 감사하고 싶다.

나는 이 책을 오랫동안 준비했다. 부지런하지 못한 탓도 있었고 예상치 못한 일들이 일어나기도 했다. 그 사이 나의 두 아들들은 부쩍 커버렸고 부모님들은 약해지셨다. 그리고 그런 긴 시간 동안 언제나 응원해준 나의 단짝도 조금씩 흰머리가 생기기도 했다. 하지만 이같은 가족의 존재가 언제나 나에게는 큰 힘이 되었다.

책의 내용이 이해할만한지 읽어 봐 달라는 나의 요구에 응해준 가족들이 많다. 집사람 은주와 두 아들 천규와 천무는 같이 산다는 이유로 시도 때도 없이 이 책의 원고를 보아야 했고, 동생과 제수씨 그리고 두 조카인 천욱과 천석까지도 나의 요구에 응답해야 했다. 너무나 고마운 마음뿐이다. 미리 이 책을 읽어주고 평해 주지 않았다면 책 내용이 지금보다도 더 어려워졌을 것이다. 다음으로 아버지와 어머니, 그리고 장인어른과 장모님께 깊은 곳에서 우러나오는 감사의 마음을 전하고 싶다. 부모님들은 나의 버팀목이었다. 특히 어머니께는 이제 더 이상 나의 목소리를 전할 수가 없다. 병상에서 오랫동안 삶과 죽음의 경계선에 서 계신 어머니께 나의 감사는 조금 뒤늦은 것 같다. 하지만 내가 언제나 사랑하고 존경했음을 어머니는 알고 계시리라 믿는다.

이 책을 처음 구상했을 때에는 상법 전 범위에 대해서 쉽고 이해할만한 책을 쓰고 싶었다. 분야도 상법개론을 비롯하여 바로 이 책에 해당하는 회사법, 그리고 증권거래법과 공정거래법, 마지막으로 도산법까지 거의 전 영역에 걸친 광범위한 것이었다. 사람들이 일상생활에서 수없이 접하게 되는 회사와 관련한 많은 법적 문제에 대해 정확히 이해하고 핵심을 파악했으면 하는 바람 때문이었다.

하지만 아쉽게도 상법개론과 회사법 이 두 부분만 쓸 수 있었고 출판은 이 책인 회사법만 가능했다. 우리 사회가 책에 대한 수요가 많이 줄었고, 특히 법학과 관련한 책은 더더욱 과거와는 달리 관심이 사라졌기 때문이다.

이런 상황에서도 이 책을 선택해서 읽는 독자라면 우리 사회에 대한 관심이 큰 사람일 것이다. 이 책을 통해 사회에 큰 영향을 행사하는 '회사'라는 존재를 독자들이 좀 더 정확하게 이해했으면 좋겠다. 그리고 이를 통해 우리 사회가 좀 더 나은 방향으로 한걸음이라도 갈 수 있다면 그것처럼 기쁜 일은 없을 것이다.

마지막으로 이 책에 대한 의문점이나 비판은 언제라도 환영하며 연락주시면 좋겠다(minwoo707@gmail.com / minwoo70@inha.ac.kr).

2022년 1월

박민우 드림

부록

기업과 법 그리고 세상이야기 | 회사를 다니면서 회사법을 몰라?

상 법

부록 1 상법 조문목록

부록 2 상법 제3편 회사

부록 1

상법 조문목록

[시행 2020.12.29] [법률 제17764호, 2020.12.29, 일부개정]

제1편 총칙

제1장 통칙

제1조 (상사적용법규)
제2조 (공법인의 상행위)
제3조 (일방적 상행위)

제2장 상인

제4조 (상인-당연상인)
제5조 (동전-의제상인)
제6조 (미성년자의 영업과 등기)
제7조 (미성년자와 무한책임사원)
제8조 (법정대리인에 의한 영업의 대리)
제9조 (소상인)

제3장 상업사용인

제10조 (지배인의 선임)
제11조 (지배인의 대리권)
제12조 (공동지배인)
제13조 (지배인의 등기)
제14조 (표현지배인)
제15조 (부분적 포괄대리권을 가진 사용인)
제16조 (물건판매점포의 사용인)
제17조 (상업사용인의 의무)

제4장 상호

제18조 (상호선정의 자유)
제19조 (회사의 상호)
제20조 (회사상호의 부당사용의 금지)

제21조 (상호의 단일성)
제22조 (상호등기의 효력)
제22조의2 (상호의 가등기)
제23조 (주체를 오인시킬 상호의 사용금지)
제24조 (명의대여자의 책임)
제25조 (상호의 양도)
제26조 (상호불사용의 효과)
제27조 (상호등기의 말소청구)
제28조 (상호 부정사용에 대한 제재)

제5장 상업장부

제29조 (상업장부의 종류 · 작성원칙)
제30조 (상업장부의 작성방법)
제31조 삭 제
제32조 (상업장부의 제출)
제33조 (상업장부등의 보존)

제6장 상업등기

제34조 (통칙)
제34조의2 삭 제
제35조 (지점소재지에서의 등기)
제36조 삭 제
제37조 (등기의 효력)
제38조 (지점소재지에서의 등기의 효력)
제39조 (부실의 등기)
제40조 (변경, 소멸의 등기)

제7장 영업양도

제41조 (영업양도인의 경업금지)
제42조 (상호를 속용하는 양수인의 책임)
제43조 (영업양수인에 대한 변제)
제44조 (채무인수를 광고한 양수인의 책임)
제45조 (영업양도인의 책임의 존속기간)

제2편 상행위

제1장 통칙

제46조 (기본적 상행위)
제47조 (보조적 상행위)
제48조 (대리의 방식)
제49조 (위임)
제50조 (대리권의 존속)

제4장의2 합자조합 [신설 2011.4.14]

제86조의2 (의의)
제86조의3 (조합계약)
제86조의4 (등기)
제86조의5 (업무집행조합원)
제86조의6 (유한책임조합원의 책임)
제86조의7 (조합원의 지분의 양도)
제86조의8 (준용규정)
제86조의9 (과태료)

제5장 대리상

제87조 (의의)
제88조 (통지의무)
제89조 (경업금지)
제90조 (통지를 받을 권한)
제91조 (대리상의 유치권)
제92조 (계약의 해지)
제92조의2 (대리상의 보상청구권)
제92조의3 (대리상의 영업비밀준수의무)

제6장 중개업

제93조 (의의)
제94조 (중개인의 급여수령대리권)
제95조 (견품보관의무)
제96조 (결약서교부의무)
제97조 (중개인의 장부작성의무)
제98조 (성명, 상호 묵비의 의무)
제99조 (중개인의 이행책임)
제100조 (보수청구권)

제7장 위탁매매업

제101조 (의의)
제102조 (위탁매매인의 지위)
제103조 (위탁물의 귀속)
제104조 (통지의무, 계산서제출의무)
제105조 (위탁매매인의 이행담보책임)
제106조 (지정가액준수의무)
제107조 (위탁매매인의 개입권)
제108조 (위탁물의 훼손, 하자 등의 효과)
제109조 (매수물의 공탁, 경매권)
제110조 (매수위탁자가 상인인 경우)
제111조 (준용규정)

제112조 (위임에 관한 규정의 적용)
제113조 (준위탁매매인)

제8장 운송주선업

제114조 (의의)
제115조 (손해배상책임)
제116조 (개입권)
제117조 (중간운송주선인의 대위)
제118조 (운송인의 권리의 취득)
제119조 (보수청구권)
제120조 (유치권)
제121조 (운송주선인의 책임의 시효)
제122조 (운송주선인의 채권의 시효)
제123조 (준용규정)
제124조 (동전)

제9장 운송업

제125조 (의의)

제1절 물건운송

제126조 (화물명세서)
제127조 (화물명세서의 허위기재에 대한 책임)
제128조 (화물상환증의 발행)
제129조 (화물상환증의 상환증권성)
제130조 (화물상환증의 당연한 지시증권성)
제131조 (화물상환증 기재의 효력)
제132조 (화물상환증의 처분증권성)
제133조 (화물상환증교부의 물권적 효력)
제134조 (운송물멸실과 운임)
제135조 (손해배상책임)
제136조 (고가물에 대한 책임)
제137조 (손해배상의 액)
제138조 (순차운송인의 연대책임, 구상권)
제139조 (운송물의 처분청구권)
제140조 (수하인의 지위)
제141조 (수하인의 의무)
제142조 (수하인불명의 경우의 공탁, 경매권)
제143조 (운송물의 수령거부, 수령불능의 경우)
제144조 (공시최고)
제145조 (준용규정)
제146조 (운송인의 책임소멸)
제147조 (준용규정)

제2절 여객운송

제148조 (여객이 받은 손해의 배상책임)

제149조 (인도를 받은 수하물에 대한 책임)

제150조 (인도를 받지 아니한 수하물에 대한 책임)

제10장 공중접객업 [개정 2010.5.14]

제151조 (의의)

제152조 (공중접객업자의 책임)

제153조 (고가물에 대한 책임)

제154조 (공중접객업자의 책임의 시효)

제11장 창고업

제155조 (의의)

제156조 (창고증권의 발행)

제157조 (준용규정)

제158조 (분할부분에 대한 창고증권의 청구)

제159조 (창고증권에 의한 입질과 일부출고)

제160조 (손해배상책임)

제161조 (임치물의 검사, 견품적취, 보존처분권)

제162조 (보관료청구권)

제163조 (임치기간)

제164조 (동전-부득이한 사유가 있는 경우)

제165조 (준용규정)

제166조 (창고업자의 책임의 시효)

제167조 (창고업자의 채권의 시효)

제168조 (준용규정)

제12장 금융리스업 [신설 2010.5.14]

제168조의2 (의의)

제168조의3 (금융리스업자와 금융리스이용자의 의무)

제168조의4 (공급자의 의무)

제168조의5 (금융리스계약의 해지)

제13장 가맹업 [신설 2010.5.14]

제168조의6 (의의)

제168조의7 (가맹업자의 의무)

제168조의8 (가맹상의 의무)

제168조의9 (가맹상의 영업양도)

제168조의10 (계약의 해지)

제14장 채권매입업 [신설 2010.5.14]

제168조의11 (의의)

제168조의12 (채권매입업자의 상환청구)

제3편 회사

제1장 통칙

제169조 (회사의 의의)
제170조 (회사의 종류)
제171조 (회사의 주소)
제172조 (회사의 성립)
제173조 (권리능력의 제한)
제174조 (회사의 합병)
제175조 (동전-설립위원)
제176조 (회사의 해산명령)
제177조 (등기기간의 기산점)

제2장 합명회사

제1절 설립

제178조 (정관의 작성)
제179조 (정관의 절대적 기재사항)
제180조 (설립의 등기)
제181조 (지점 설치의 등기)
제182조 (본점, 지점의 이전등기)
제183조 (변경등기)
제183조의2 (업무집행정지가처분 등의 등기)
제184조 (설립무효, 취소의 소)
제185조 (채권자에 의한 설립취소의 소)
제186조 (전속관할)
제187조 (소제기의 공고)
제188조 (소의 병합심리)
제189조 (하자의 보완 등과 청구의 기각)
제190조 (판결의 효력)
제191조 (패소원고의 책임)
제192조 (설립무효, 취소의 등기)
제193조 (설립무효, 취소판결의 효과)
제194조 (설립무효, 취소와 회사계속)

제2절 회사의 내부관계

제195조 (준용법규)
제196조 (채권출자)
제197조 (지분의 양도)
제198조 (사원의 경업의 금지)
제199조 (사원의 자기거래)
제200조 (업무집행의 권리의무)
제200조의2 (직무대행자의 권한)

제201조 (업무집행사원)
제202조 (공동업무집행사원)
제203조 (지배인의 선임과 해임)
제204조 (정관의 변경)
제205조 (업무집행사원의 권한상실선고)
제206조 (준용규정)

제3절 회사의 외부관계

제207조 (회사대표)
제208조 (공동대표)
제209조 (대표사원의 권한)
제210조 (손해배상책임)
제211조 (회사와 사원간의 소에 관한 대표권)
제212조 (사원의 책임)
제213조 (신입사원의 책임)
제214조 (사원의 항변)
제215조 (자칭사원의 책임)
제216조 (준용규정)

제4절 사원의 퇴사

제217조 (사원의 퇴사권)
제218조 (퇴사원인)
제219조 (사원사망 시 권리승계의 통지)
제220조 (제명의 선고)
제221조 (제명사원과 회사간의 계산)
제222조 (지분의 환급)
제223조 (지분의 압류)
제224조 (지분 압류채권자에 의한 퇴사청구)
제225조 (퇴사원의 책임)
제226조 (퇴사원의 상호변경청구권)

제5절 회사의 해산

제227조 (해산원인)
제228조 (해산등기)
제229조 (회사의 계속)
제230조 (합병의 결의)
제231조 삭　제
제232조 (채권자의 이의)
제233조 (합병의 등기)
제234조 (합병의 효력발생)
제235조 (합병의 효과)
제236조 (합병무효의 소의 제기)
제237조 (준용규정)

제276조 (유한책임사원의 지분양도)
제277조 (유한책임사원의 감시권)
제278조 (유한책임사원의 업무집행, 회사대표의 금지)
제279조 (유한책임사원의 책임)
제280조 (출자감소의 경우의 책임)
제281조 (자칭 무한책임사원의 책임)
제282조 (책임을 변경한 사원의 책임)
제283조 (유한책임사원의 사망)
제284조 (유한책임사원의 성년후견개시)
제285조 (해산, 계속)
제286조 (조직변경)
제287조 (청산인)

제3장의2 유한책임회사 [신설 2011.4.14]

제1절 설립 [신설 2011.4.14]

제287조의2 (정관의 작성)
제287조의3 (정관의 기재사항)
제287조의4 (설립 시의 출자의 이행)
제287조의5 (설립의 등기 등)
제287조의6 (준용규정)

제2절 유한책임회사의 내부관계 [신설 2011.4.14]

제287조의7 (사원의 책임)
제287조의8 (지분의 양도)
제287조의9 (유한책임회사에 의한 지분양수의 금지)
제287조의10 (업무집행자의 경업 금지)
제287조의11 (업무집행자와 유한책임회사 간의 거래)
제287조의12 (업무의 집행)
제287조의13 (직무대행자의 권한 등)
제287조의14 (사원의 감시권)
제287조의15 (법인이 업무집행자인 경우의 특칙)
제287조의16 (정관의 변경)
제287조의17 (업무집행자 등의 권한상실 선고)
제287조의18 (준용규정)

제3절 유한책임회사의 외부관계 [신설 2011.4.14]

제287조의19 (유한책임회사의 대표)
제287조의20 (손해배상책임)
제287조의21 (유한책임회사와 사원 간의 소)
제287조의22 (대표소송)

제4절 사원의 가입 및 탈퇴 [신설 2011.4.14]

제287조의23 (사원의 가입)

제287조의24 (사원의 퇴사권)
제287조의25 (퇴사 원인)
제287조의26 (사원사망 시 권리승계의 통지)
제287조의27 (제명의 선고)
제287조의28 (퇴사 사원 지분의 환급)
제287조의29 (지분압류채권자에 의한 퇴사)
제287조의30 (퇴사 사원의 지분 환급과 채권자의 이의)
제287조의31 (퇴사 사원의 상호변경 청구권)

제5절 회계 등 [신설 2011.4.14]

제287조의32 (회계 원칙)
제287조의33 (재무제표의 작성 및 보존)
제287조의34 (재무제표의 비치 · 공시)
제287조의35 (자본금의 액)
제287조의36 (자본금의 감소)
제287조의37 (잉여금의 분배)

제6절 해산 [신설 2011.4.14]

제287조의38 (해산 원인)
제287조의39 (해산등기)
제287조의40 (유한책임회사의 계속)
제287조의41 (유한책임회사의 합병)
제287조의42 (해산청구)

제7절 조직변경 [신설 2011.4.14]

제287조의43 (조직의 변경)
제287조의44 (준용규정)

제8절 청산 [신설 2011.4.14]

제287조의45 (청산)

제4장 주식회사

제1절 설립

제288조 (발기인)
제289조 (정관의 작성, 절대적 기재사항)
제290조 (변태설립사항)
제291조 (설립 당시의 주식발행사항의 결정)
제292조 (정관의 효력발생)
제293조 (발기인의 주식인수)
제294조 삭 제
제295조 (발기설립의 경우의 납입과 현물출자의 이행)
제296조 (발기설립의 경우의 임원선임)
제297조 (발기인의 의사록작성)
제298조 (이사 · 감사의 조사 · 보고와 검사인의 선임청구)

제299조 (검사인의 조사, 보고)
제299조의2 (현물출자 등의 증명)
제300조 (법원의 변경처분)
제301조 (모집설립의 경우의 주식모집)
제302조 (주식인수의 청약, 주식청약서의 기재사항)
제303조 (주식인수인의 의무)
제304조 (주식인수인 등에 대한 통지, 최고)
제305조 (주식에 대한 납입)
제306조 (납입금의 보관자 등의 변경)
제307조 (주식인수인의 실권절차)
제308조 (창립총회)
제309조 (창립총회의 결의)
제310조 (변태설립의 경우의 조사)
제311조 (발기인의 보고)
제312조 (임원의 선임)
제313조 (이사, 감사의 조사, 보고)
제314조 (변태설립사항의 변경)
제315조 (발기인에 대한 손해배상청구)
제316조 (정관변경, 설립폐지의 결의)
제317조 (설립의 등기)
제318조 (납입금 보관자의 증명과 책임)
제319조 (권리주의 양도)
제320조 (주식인수의 무효 주장, 취소의 제한)
제321조 (발기인의 인수, 납입담보책임)
제322조 (발기인의 손해배상책임)
제323조 (발기인, 임원의 연대책임)
제324조 (발기인의 책임면제, 주주의 대표소송)
제325조 (검사인의 손해배상책임)
제326조 (회사불성립의 경우의 발기인의 책임)
제327조 (유사발기인의 책임)
제328조 (설립무효의 소)

제2절 주식

제1관 주식과 주권 [신설 2001.7.24]

제329조 (자본금의 구성)
제329조의2 (주식의 분할)
제330조 (액면미달발행의 제한)
제331조 (주주의 책임)
제332조 (가설인, 타인의 명의에 의한 인수인의 책임)
제333조 (주식의 공유)
제334조 삭 제

제335조 (주식의 양도성)
제335조의2 (양도승인의 청구)
제335조의3 (양도상대방의 지정청구)
제335조의4 (지정된 자의 매도청구권)
제335조의5 (매도가액의 결정)
제335조의6 (주식의 매수청구)
제335조의7 (주식의 양수인에 의한 승인청구)
제336조 (주식의 양도방법)
제337조 (주식의 이전의 대항요건)
제338조 (주식의 입질)
제339조 (질권의 물상대위)
제340조 (주식의 등록질)
제340조의2 (주식매수선택권)
제340조의3 (주식매수선택권의 부여)
제340조의4 (주식매수선택권의 행사)
제340조의5 (준용규정)
제341조 (자기주식의 취득)
제341조의2 (특정목적에 의한 자기주식의 취득)
제341조의3 (자기주식의 질취)
제342조 (자기주식의 처분)
제342조의2 (자회사에 의한 모회사주식의 취득)
제342조의3 (다른 회사의 주식취득)
제343조 (주식의 소각)
제343조의2 삭 제
제344조 (종류주식)
제344조의2 (이익배당, 잔여재산분배에 관한 종류주식)
제344조의3 (의결권의 배제·제한에 관한 종류주식)
제345조 (주식의 상환에 관한 종류주식)
제346조 (주식의 전환에 관한 종류주식)
제347조 (전환주식발행의 절차)
제348조 (전환으로 인하여 발행하는 주식의 발행가액)
제349조 (전환의 청구)
제350조 (전환의 효력발생)
제351조 (전환의 등기)
제352조 (주주명부의 기재사항)
제352조의2 (전자주주명부)
제353조 (주주명부의 효력)
제354조 (주주명부의 폐쇄, 기준일)
제355조 (주권발행의 시기)
제356조 (주권의 기재사항)

제356조의2 (주식의 전자등록)
제357조 삭 제
제358조 삭 제
제358조의2 (주권의 불소지)
제359조 (주권의 선의취득)
제360조 (주권의 제권판결, 재발행)
제2관 주식의 포괄적 교환 [신설 2001.7.24]
제360조의2 (주식의 포괄적 교환에 의한 완전모회사의 설립)
제360조의3 (주식교환계약서의 작성과 주주총회의 승인 및 주식교환대가가 모회사 주식인 경우의 특칙)
제360조의4 (주식교환계약서 등의 공시)
제360조의5 (반대주주의 주식매수청구권)
제360조의6 삭 제
제360조의7 (완전모회사의 자본금 증가의 한도액)
제360조의8 (주권의 실효절차)
제360조의9 (간이주식교환)
제360조의10 (소규모 주식교환)
제360조의11 (단주처리 등에 관한 규정의 준용)
제360조의12 (주식교환사항을 기재한 서면의 사후공시)
제360조의13 (완전모회사의 이사 · 감사의 임기)
제360조의14 (주식교환무효의 소)
제3관 주식의 포괄적 이전 [신설 2001.7.24]
제360조의15 (주식의 포괄적 이전에 의한 완전모회사의 설립)
제360조의16 (주주총회에 의한 주식이전의 승인)
제360조의17 (주식이전계획서 등의 서류의 공시)
제360조의18 (완전모회사의 자본금의 한도액)
제360조의19 (주권의 실효절차)
제360조의20 (주식이전에 의한 등기)
제360조의21 (주식이전의 효력발생시기)
제360조의22 (주식교환 규정의 준용)
제360조의23 (주식이전무효의 소)
제4관 지배주주에 의한 소수주식의 전부 취득 [신설 2011.4.14]
제360조의24 (지배주주의 매도청구권)
제360조의25 (소수주주의 매수청구권)
제360조의26 (주식의 이전 등)

제3절 회사의 기관
제1관 주주총회
제361조 (총회의 권한)
제362조 (소집의 결정)
제363조 (소집의 통지)

제392조 (이사회의 연기 · 속행)
제393조 (이사회의 권한)
제393조의2 (이사회내 위원회)
제394조 (이사와 회사간의 소에 관한 대표)
제395조 (표현대표이사의 행위와 회사의 책임)
제396조 (정관 등의 비치, 공시의무)
제397조 (경업금지)
제397조의2 (회사의 기회 및 자산의 유용 금지)
제398조 (이사 등과 회사 간의 거래)
제399조 (회사에 대한 책임)
제400조 (회사에 대한 책임의 감면)
제401조 (제삼자에 대한 책임)
제401조의2 (업무집행지시자 등의 책임)
제402조 (유지청구권)
제403조 (주주의 대표소송)
제404조 (대표소송과 소송참가, 소송고지)
제405조 (제소주주의 권리의무)
제406조 (대표소송과 재심의 소)
제406조의2 (다중대표소송)
제407조 (직무집행정지, 직무대행자선임)
제408조 (직무대행자의 권한)
제408조의2 (집행임원 설치회사, 집행임원과 회사의 관계)
제408조의3 (집행임원의 임기)
제408조의4 (집행임원의 권한)
제408조의5 (대표집행임원)
제408조의6 (집행임원의 이사회에 대한 보고)
제408조의7 (집행임원의 이사회 소집 청구)
제408조의8 (집행임원의 책임)
제408조의9 (준용규정)

제3관 감사 및 감사위원회 [개정 1999.12.31]

제409조 (선임)
제409조의2 (감사의 해임에 관한 의견진술의 권리)
제410조 (임기)
제411조 (겸임금지)
제412조 (감사의 직무와 보고요구, 조사의 권한)
제412조의2 (이사의 보고의무)
제412조의3 (총회의 소집청구)
제412조의4 (감사의 이사회 소집 청구)
제412조의5 (자회사의 조사권)
제413조 (조사 · 보고의 의무)
제413조의2 (감사록의 작성)

제414조 (감사의 책임)
제415조 (준용규정)
제415조의2 (감사위원회)

제4절 신주의 발행

제416조 (발행사항의 결정)
제417조 (액면미달의 발행)
제418조 (신주인수권의 내용 및 배정일의 지정 · 공고)
제419조 (신주인수권자에 대한 최고)
제420조 (주식청약서)
제420조의2 (신주인수권증서의 발행)
제420조의3 (신주인수권의 양도)
제420조의4 (신주인수권의 전자등록)
제420조의5 (신주인수권증서에 의한 청약)
제421조 (주식에 대한 납입)
제422조 (현물출자의 검사)
제423조 (주주가 되는 시기, 납입해태의 효과)
제424조 (유지청구권)
제424조의2 (불공정한 가액으로 주식을 인수한 자의 책임)
제425조 (준용규정)
제426조 (미상각액의 등기)
제427조 (인수의 무효주장, 취소의 제한)
제428조 (이사의 인수담보책임)
제429조 (신주발행무효의 소)
제430조 (준용규정)
제431조 (신주발행무효판결의 효력)
제432조 (무효판결과 주주에의 환급)

제5절 정관의 변경

제433조 (정관변경의 방법)
제434조 (정관변경의 특별결의)
제435조 (종류주주총회)
제436조 (준용규정)
제437조 삭 제

제6절 자본금의 감소 [개정 2011.4.14]

제438조 (자본금 감소의 결의)
제439조 (자본금 감소의 방법, 절차)
제440조 (주식병합의 절차)
제441조 (동전)
제442조 (신주권의 교부)
제443조 (단주의 처리)
제444조 삭 제

제445조 (감자무효의 소)
제446조 (준용규정)

제7절 회사의 회계 [개정 2011.4.14]

제446조의2 (회계의 원칙)
제447조 (재무제표의 작성)
제447조의2 (영업보고서의 작성)
제447조의3 (재무제표등의 제출)
제447조의4 (감사보고서)
제448조 (재무제표 등의 비치 · 공시)
제449조 (재무제표 등의 승인 · 공고)
제449조의2 (재무제표 등의 승인에 대한 특칙)
제450조 (이사, 감사의 책임해제)
제451조 (자본금)
제452조 삭 제
제453조 삭 제
제453조의2 삭 제
제454조 삭 제
제455조 삭 제
제456조 삭 제
제457조 삭 제
제457조의2 삭 제
제458조 (이익준비금)
제459조 (자본준비금)
제460조 (법정준비금의 사용)
제461조 (준비금의 자본금 전입)
제461조의2 (준비금의 감소)
제462조 (이익의 배당)
제462조의2 (주식배당)
제462조의3 (중간배당)
제462조의4 (현물배당)
제463조 삭 제
제464조 (이익배당의 기준)
제464조의2 (이익배당의 지급시기)
제465조 삭 제
제466조 (주주의 회계장부열람권)
제467조 (회사의 업무, 재산상태의 검사)
제467조의2 (이익공여의 금지)
제468조 (사용인의 우선변제권)

제8절 사채

제1관 통칙

제469조 (사채의 발행)
제470조 삭 제
제471조 삭 제
제472조 삭 제
제473조 삭 제
제474조 (공모발행, 사채청약서)
제475조 (총액인수의 방법)
제476조 (납입)
제477조 삭 제
제478조 (채권의 발행)
제479조 (기명사채의 이전)
제480조 (기명식, 무기명식간의 전환)
제480조의2 (사채관리회사의 지정 · 위탁)
제480조의3 (사채관리회사의 자격)
제481조 (사채관리회사의 사임)
제482조 (사채관리회사의 해임)
제483조 (사채관리회사의 사무승계자)
제484조 (사채관리회사의 권한)
제484조의2 (사채관리회사의 의무 및 책임)
제485조 (둘 이상의 사채관리회사가 있는 경우의 권한과 의무)
제486조 (이권흠결의 경우)
제487조 (원리청구권의 시효)
제488조 (사채원부)
제489조 (~~준용규~~정)

제2관 사채권자집회

제490조 (결의사항)
제491조 (소집권자)
제491조의2 (소집의 통지, 공고)
제492조 (의결권)
제493조 (사채발행회사 또는 사채관리회사 대표자의 출석 등)
제494조 (사채발행회사의 대표자의 출석청구)
제495조 (결의의 방법)
제496조 (결의의 인가의 청구)
제497조 (결의의 불인가의 사유)
제498조 (결의의 효력)
제499조 (결의의 인가, 불인가의 공고)
제500조 (사채권자집회의 대표자)
제501조 (결의의 집행)
제502조 (수인의 대표자, 집행자가 있는 경우)

제503조 (사채상환에 관한 결의의 집행)
제504조 (대표자, 집행자의 해임 등)
제505조 삭 제
제506조 삭 제
제507조 (사채관리회사 등의 보수, 비용)
제508조 (사채권자집회의 비용)
제509조 (수종의 사채있는 경우의 사채권자집회)
제510조 (준용규정)
제511조 (사채관리회사에 의한 취소의 소)
제512조 (대표자등에 의한 취소의 소)

제3관 전환사채

제513조 (전환사채의 발행)
제513조의2 (전환사채의 인수권을 가진 주주의 권리)
제513조의3 (전환사채의 인수권을 가진 주주에 대한 최고)
제514조 (전환사채발행의 절차)
제514조의2 (전환사채의 등기)
제515조 (전환의 청구)
제516조 (준용규정)

제4관 신주인수권부사채

제516조의2 (신주인수권부사채의 발행)
제516조의3 (신주인수권부사채의 인수권을 가진 주주에 대한 최고)
제516조의4 (사채청약서 · 채권 · 사채원부의 기재사항)
제516조의5 (신주인수권증권의 발행)
제516조의6 (신주인수권의 양도)
제516조의7 (신주인수권의 전자등록)
제516조의8 (신주인수권부사채의 등기)
제516조의9 (신주인수권의 행사)
제516조의10 (주주가 되는 시기)
제516조의11 (준용규정)

제9절 해산

제517조 (해산사유)
제518조 (해산의 결의)
제519조 (회사의 계속)
제520조 (해산판결)
제520조의2 (휴면회사의 해산)
제521조 (해산의 통지, 공고)
제521조의2 (준용규정)

제10절 합병

제522조 (합병계약서와 그 승인결의)
제522조의2 (합병계약서 등의 공시)

제522조의3 (합병반대주주의 주식매수청구권)
제523조 (흡수합병의 합병계약서)
제523조의2 (합병대가가 모회사주식인 경우의 특칙)
제524조 (신설합병의 합병계약서)
제525조 (합명회사, 합자회사의 합병계약서)
제526조 (흡수합병의 보고총회)
제527조 (신설합병의 창립총회)
제527조의2 (간이합병)
제527조의3 (소규모합병)
제527조의4 (이사 · 감사의 임기)
제527조의5 (채권자보호절차)
제527조의6 (합병에 관한 서류의 사후공시)
제528조 (합병의 등기)
제529조 (합병무효의 소)
제530조 (준용규정)

제11절 회사의 분할

제530조의2 (회사의 분할 · 분할합병)
제530조의3 (분할계획서 · 분할합병계약서의 승인)
제530조의4 (분할에 의한 회사의 설립)
제530조의5 (분할계획서의 기재사항)
제530조의6 (분할합병계약서의 기재사항 및 분할합병대가가 모회사주식인 경우의 특칙)
제530조의7 (분할대차대조표 등의 공시)
제530조의8 삭 제
제530조의9 (분할 및 분할합병 후의 회사의 책임)
제530조의10 (분할 또는 분할합병의 효과)
제530조의11 (준용규정)
제530조의12 (물적 분할)

제12절 청산

제531조 (청산인의 결정)
제532조 (청산인의 신고)
제533조 (회사재산조사보고의무)
제534조 (대차대조표 · 사무보고서 · 부속명세서의 제출 · 감사 · 공시 · 승인)
제535조 (회사채권자에의 최고)
제536조 (채권신고기간내의 변제)
제537조 (제외된 채권자에 대한 변제)
제538조 (잔여재산의 분배)
제539조 (청산인의 해임)
제540조 (청산의 종결)
제541조 (서류의 보존)

제542조 (준용규정)

제13절 상장회사에 대한 특례 [신설 2009.1.30]

제542조의2 (적용범위)
제542조의3 (주식매수선택권)
제542조의4 (주주총회 소집공고 등)
제542조의5 (이사 · 감사의 선임방법)
제542조의6 (소수주주권)
제542조의7 (집중투표에 관한 특례)
제542조의8 (사외이사의 선임)
제542조의9 (주요주주 등 이해관계자와의 거래)
제542조의10 (상근감사)
제542조의11 (감사위원회)
제542조의12 (감사위원회의 구성 등)
제542조의13 (준법통제기준 및 준법지원인)

제5장 유한회사

제1절 설립

제543조 (정관의 작성, 절대적 기재사항)
제544조 (변태설립사항)
제545조 삭 제
제546조 (출자 1좌의 금액의 제한)
제547조 (초대이사의 선임)
제548조 (출자의 납입)
제549조 (설립의 등기)
제550조 (현물출자 등에 관한 회사성립시의 사원의 책임)
제551조 (출자미필액에 대한 회사성립시의 사원 등의 책임)
제552조 (설립무효, 취소의 소)

제2절 사원의 권리의무

제553조 (사원의 책임)
제554조 (사원의 지분)
제555조 (지분에 관한 증권)
제556조 (지분의 양도)
제557조 (지분이전의 대항요건)
제558조 (지분의 공유)
제559조 (지분의 입질)
제560조 (준용규정)

제3절 회사의 관리

제561조 (이사)
제562조 (회사대표)
제563조 (이사, 회사간의 소에 관한 대표)

제564조 (업무집행의 결정, 이사와 회사간의 거래)
제564조의2 (유지청구권)
제565조 (사원의 대표소송)
제566조 (서류의 비치, 열람)
제567조 (준용규정)
제568조 (감사)
제569조 (감사의 권한)
제570조 (준용규정)
제571조 (사원총회의 소집)
제572조 (소수사원에 의한 총회소집청구)
제573조 (소집절차의 생략)
제574조 (총회의 정족수, 결의방법)
제575조 (사원의 의결권)
제576조 (유한회사의 영업양도 등에 특별결의를 받아야 할 사항)
제577조 (서면에 의한 결의)
제578조 (준용규정)
제579조 (재무제표의 작성)
제579조의2 (영업보고서의 작성)
제579조의3 (재무제표등의 비치 · 공시)
제580조 (이익배당의 기준)
제581조 (사원의 회계장부열람권)
제582조 (업무, 재산상태의 검사)
제583조 (준용규정)

제4절 정관의 변경

제584조 (정관변경의 방법)
제585조 (정관변경의 특별결의)
제586조 (자본금 증가의 결의)
제587조 (자본금 증가의 경우의 출자인수권의 부여)
제588조 (사원의 출자인수권)
제589조 (출자인수의 방법)
제590조 (출자인수인의 지위)
제591조 (자본금 증가의 등기)
제592조 (자본금 증가의 효력발생)
제593조 (현물출자등에 관한 사원의 책임)
제594조 (미인수출자 등에 관한 이사 등의 책임)
제595조 (증자무효의 소)
제596조 (준용규정)
제597조 (동전)

제5절 합병과 조직변경

제598조 (합병의 방법)
제599조 (설립위원의 선임)
제600조 (유한회사와 주식회사의 합병)
제601조 (물상대위)
제602조 (합병의 등기)
제603조 (준용규정)
제604조 (주식회사의 유한회사에의 조직변경)
제605조 (이사, 주주의 순재산액전보책임)
제606조 (조직변경의 등기)
제607조 (유한회사의 주식회사로의 조직변경)
제608조 (준용규정)

제6절 해산과 청산

제609조 (해산사유)
제610조 (회사의 계속)
제611조 (준용규정)
제612조 (잔여재산의 분배)
제613조 (준용규정)

제6장 외국회사

제614조 (대표자, 영업소의 설정과 등기)
제615조 (등기기간의 기산점)
제616조 (등기전의 계속거래의 금지)
제616조의2 (대차대조표 또는 이에 상당하는 것의 공고)
제617조 (유사외국회사)
제618조 (준용규정)
제619조 (영업소폐쇄명령)
제620조 (한국에 있는 재산의 청산)
제621조 (외국회사의 지위)

제7장 벌칙

제622조 (발기인, 이사 기타의 임원등의 특별배임죄)
제623조 (사채권자집회의 대표자 등의 특별배임죄)
제624조 (특별배임죄의 미수)
제624조의2 (주요주주 등 이해관계자와의 거래 위반의 죄)
제625조 (회사재산을 위태롭게 하는 죄)
제625조의2 (주식의 취득제한 등에 위반한 죄)
제626조 (부실보고죄)
제627조 (부실문서행사죄)
제628조 (납입가장죄등)
제629조 (초과발행의 죄)
제630조 (발기인, 이사 기타의 임원의 독직죄)

제4편 보험

제1장 통칙

제659조 (보험자의 면책사유)
제660조 (전쟁위험 등으로 인한 면책)
제661조 (재보험)
제662조 (소멸시효)
제663조 (보험계약자 등의 불이익변경금지)
제664조 (상호보험, 공제 등에의 준용)

제2장 손해보험

제1절 통칙

제665조 (손해보험자의 책임)
제666조 (손해보험증권)
제667조 (상실이익 등의 불산입)
제668조 (보험계약의 목적)
제669조 (초과보험)
제670조 (기평가보험)
제671조 (미평가보험)
제672조 (중복보험)
제673조 (중복보험과 보험자 1인에 대한 권리포기)
제674조 (일부보험)
제675조 (사고발생 후의 목적멸실과 보상책임)
제676조 (손해액의 산정기준)
제677조 (보험료체납과 보상액의 공제)
제678조 (보험자의 면책사유)
제679조 (보험목적의 양도)
제680조 (손해방지의무)
제681조 (보험목적에 관한 보험대위)
제682조 (제3자에 대한 보험대위)

제2절 화재보험

제683조 (화재보험자의 책임)
제684조 (소방 등의 조치로 인한 손해의 보상)
제685조 (화재보험증권)
제686조 (집합보험의 목적)
제687조 (동전)

제3절 운송보험

제688조 (운송보험자의 책임)
제689조 (운송보험의 보험가액)
제690조 (운송보험증권)
제691조 (운송의 중지나 변경과 계약효력)
제692조 (운송보조자의 고의, 중과실과 보험자의 면책)

제4절 해상보험
제693조 (해상보험자의 책임)
제694조 (공동해손분담액의 보상)
제694조의2 (구조료의 보상)
제694조의3 (특별비용의 보상)
제695조 (해상보험증권)
제696조 (선박보험의 보험가액과 보험목적)
제697조 (적하보험의 보험가액)
제698조 (희망이익보험의 보험가액)
제699조 (해상보험의 보험기간의 개시)
제700조 (해상보험의 보험기간의 종료)
제701조 (항해변경의 효과)
제701조의2 (이로)
제702조 (발항 또는 항해의 지연의 효과)
제703조 (선박변경의 효과)
제703조의2 (선박의 양도 등의 효과)
제704조 (선박미확정의 적하예정보험)
제705조 삭 제
제706조 (해상보험자의 면책사유)
제707조 삭 제
제707조의2 (선박의 일부손해의 보상)
제708조 (적하의 일부손해의 보상)
제709조 (적하매각으로 인한 손해의 보상)
제710조 (보험위부의 원인)
제711조 (선박의 행방불명)
제712조 (대선에 의한 운송의 계속과 위부권의 소멸)
제713조 (위부의 통지)
제714조 (위부권행사의 요건)
제715조 (다른 보험계약등에 관한 통지)
제716조 (위부의 승인)
제717조 (위부의 불승인)
제718조 (위부의 효과)

제5절 책임보험
제719조 (책임보험자의 책임)
제720조 (피보험자가 지출한 방어비용의 부담)
제721조 (영업책임보험의 목적)
제722조 (피보험자의 배상청구 사실 통지의무)
제723조 (피보험자의 변제 등의 통지와 보험금액의 지급)
제724조 (보험자와 제3자와의 관계)
제725조 (보관자의 책임보험)

제725조의2 (수개의 책임보험)
제726조 (재보험에의 준용)

제6절 자동차보험
제726조의2 (자동차보험자의 책임)
제726조의3 (자동차 보험증권)
제726조의4 (자동차의 양도)

제7절 보증보험 [신설 2014.3.11]
제726조의5 (보증보험자의 책임)
제726조의6 (적용 제외)
제726조의7 (준용규정)

제3장 인보험

제1절 통칙
제727조 (인보험자의 책임)
제728조 (인보험증권)
제729조 (제3자에 대한 보험대위의 금지)

제2절 생명보험
제730조 (생명보험자의 책임)
제731조 (타인의 생명의 보험)
제732조 (15세미만자등에 대한 계약의 금지)
제732조의2 (중과실로 인한 보험사고 등)
제733조 (보험수익자의 지정 또는 변경의 권리)
제734조 (보험수익자지정권 등의 통지)
제735조 삭 제
제735조의2 삭 제
제735조의3 (단체보험)
제736조 (보험적립금반환의무 등)

제3절 상해보험
제737조 (상해보험자의 책임)
제738조 (상해보험증권)
제739조 (준용규정)

제4절 질병보험 [신설 2014.3.11]
제739조의2 (질병보험자의 책임)
제739조의3 (질병보험에 대한 준용규정)

제5편 해상 [개정 2007.8.3]

제1장 해상기업 [개정 2007.8.3]

제1절 선박 [개정 2007.8.3]
제740조 (선박의 의의)

제741조 (적용범위)
제742조 (선박의 종물)
제743조 (선박소유권의 이전)
제744조 (선박의 압류 · 가압류)

제2절 선장 [개정 2007.8.3]

제745조 (선장의 선임 · 해임)
제746조 (선장의 부당한 해임에 대한 손해배상청구권)
제747조 (선장의 계속직무집행의 책임)
제748조 (선장의 대선장 선임의 권한 및 책임)
제749조 (대리권의 범위)
제750조 (특수한 행위에 대한 권한)
제751조 (대리권에 대한 제한)
제752조 (이해관계인을 위한 적하의 처분)
제753조 (선박경매권)
제754조 (선박의 수선불능)
제755조 (보고 · 계산의 의무)

제3절 선박공유 [개정 2007.8.3]

제756조 (선박공유자의 업무결정)
제757조 (선박공유와 비용의 부담)
제758조 (손익분배)
제759조 (지분의 양도)
제760조 (공유선박의 국적상실과 지분의 매수 또는 경매청구)
제761조 (결의반대자의 지분매수청구권)
제762조 (해임선장의 지분매수청구권)
제763조 (항해 중 선박 등의 양도)
제764조 (선박관리인의 선임 · 등기)
제765조 (선박관리인의 권한)
제766조 (선박관리인의 권한의 제한)
제767조 (장부의 기재 · 비치)
제768조 (선박관리인의 보고 · 승인)

제4절 선박소유자 등의 책임제한 [개정 2007.8.3]

제769조 (선박소유자의 유한책임)
제770조 (책임의 한도액)
제771조 (동일한 사고로 인한 반대채권액의 공제)
제772조 (책임제한을 위한 선박톤수)
제773조 (유한책임의 배제)
제774조 (책임제한을 할 수 있는 자의 범위)
제775조 (구조자의 책임제한)
제776조 (책임제한의 절차)

제5절 선박담보 [개정 2007.8.3]

제777조 (선박우선특권 있는 채권)
제778조 (선박 · 운임에 부수한 채권)
제779조 (운임에 대한 우선특권)
제780조 (보험금 등의 제외)
제781조 (선박사용인의 고용계약으로 인한 채권)
제782조 (동일항해로 인한 채권에 대한 우선특권의 순위)
제783조 (수회항해에 관한 채권에 대한 우선특권의 순위)
제784조 (동일순위의 우선특권이 경합한 경우)
제785조 (우선특권의 추급권)
제786조 (우선특권의 소멸)
제787조 (선박저당권)
제788조 (선박저당권 등과 우선특권의 경합)
제789조 (등기선박의 입질불허)
제790조 (건조 중의 선박에의 준용)

제2장 운송과 용선 [개정 2007.8.3]

제1절 개품운송 [개정 2007.8.3]

제791조 (개품운송계약의 의의)
제792조 (운송물의 제공)
제793조 (운송에 필요한 서류의 교부)
제794조 (감항능력 주의의무)
제795조 (운송물에 관한 주의의무)
제796조 (운송인의 면책사유)
제797조 (책임의 한도)
제798조 (비계약적 청구에 대한 적용)
제799조 (운송인의 책임경감금지)
제800조 (위법선적물의 처분)
제801조 (위험물의 처분)
제802조 (운송물의 수령)
제803조 (운송물의 공탁 등)
제804조 (운송물의 일부 멸실 · 훼손에 관한 통지)
제805조 (운송물의 중량 · 용적에 따른 운임)
제806조 (운송기간에 따른 운임)
제807조 (수하인의 의무, 선장의 유치권)
제808조 (운송인의 운송물경매권)
제809조 (항해용선자 등의 재운송계약시 선박소유자의 책임)
제810조 (운송계약의 종료사유)
제811조 (법정사유로 인한 해제 등)
제812조 (운송물의 일부에 관한 불가항력)
제813조 (선장의 적하처분과 운임)

제814조 (운송인의 채권 · 채무의 소멸)
제815조 (준용규정)
제816조 (복합운송인의 책임)

제2절 해상여객운송 [개정 2007.8.3]
제817조 (해상여객운송계약의 의의)
제818조 (기명식의 선표)
제819조 (식사 · 거처제공의무 등)
제820조 (수하물 무임운송의무)
제821조 (승선지체와 선장의 발항권)
제822조 (여객의 계약해제와 운임)
제823조 (법정사유에 의한 해제)
제824조 (사망한 여객의 수하물처분의무)
제825조 (법정종료사유)
제826조 (준용규정)

제3절 항해용선 [개정 2007.8.3]
제827조 (항해용선계약의 의의)
제828조 (용선계약서)
제829조 (선적준비완료의 통지, 선적기간)
제830조 (제3자가 선적인인 경우의 통지 · 선적)
제831조 (용선자의 발항청구권, 선장의 발항권)
제832조 (전부용선의 발항 전의 계약해제 등)
제833조 (일부용선과 발항 전의 계약해제 등)
제834조 (부수비용 · 체당금 등의 지급의무)
제835조 (선적 · 양륙비용의 부담)
제836조 (선적기간 내의 불선적의 효과)
제837조 (발항 후의 계약해지)
제838조 (운송물의 양륙)
제839조 (선박소유자의 책임경감 금지)
제840조 (선박소유자의 채권 · 채무의 소멸)
제841조 (준용규정)

제4절 정기용선 [개정 2007.8.3]
제842조 (정기용선계약의 의의)
제843조 (정기용선자의 선장지휘권)
제844조 (선박소유자의 운송물유치권 및 경매권)
제845조 (용선료의 연체와 계약해지 등)
제846조 (정기용선계약상의 채권의 소멸)

제5절 선체용선 [개정 2007.8.3]
제847조 (선체용선계약의 의의)
제848조 (법적 성질)
제849조 (선체용선자의 등기청구권, 등기의 효력)

제850조 (선체용선과 제3자에 대한 법률관계)
제851조 (선체용선계약상의 채권의 소멸)

제6절 운송증서 [개정 2007.8.3]

제852조 (선하증권의 발행)
제853조 (선하증권의 기재사항)
제854조 (선하증권 기재의 효력)
제855조 (용선계약과 선하증권)
제856조 (등본의 교부)
제857조 (수통의 선하증권과 양륙항에 있어서의 운송물의 인도)
제858조 (수통의 선하증권과 양륙항 외에서의 운송물의 인도)
제859조 (2인 이상 소지인의 운송물인도청구와 공탁)
제860조 (수인의 선하증권소지인의 순위)
제861조 (준용규정)
제862조 (전자선하증권)
제863조 (해상화물운송장의 발행)
제864조 (해상화물운송장의 효력)

제3장 해상위험 [개정 2007.8.3]

제1절 공동해손 [개정 2007.8.3]

제865조 (공동해손의 요건)
제866조 (공동해손의 분담)
제867조 (공동해손분담액의 산정)
제868조 (공동해손분담자의 유한책임)
제869조 (공동해손의 손해액산정)
제870조 (책임있는 자에 대한 구상권)
제871조 (공동해손분담제외)
제872조 (공동해손분담청구에서의 제외)
제873조 (적하가격의 부실기재와 공동해손)
제874조 (공동해손인 손해의 회복)
제875조 (공동해손 채권의 소멸)

제2절 선박충돌 [개정 2007.8.3]

제876조 (선박충돌에의 적용법규)
제877조 (불가항력으로 인한 충돌)
제878조 (일방의 과실로 인한 충돌)
제879조 (쌍방의 과실로 인한 충돌)
제880조 (도선사의 과실로 인한 충돌)
제881조 (선박충돌채권의 소멸)

제3절 해난구조 [개정 2007.8.3]

제882조 (해난구조의 요건)
제883조 (보수의 결정)

제884조 (보수의 한도)
제885조 (환경손해방지작업에 대한 특별보상)
제886조 (구조료의 지급의무)
제887조 (구조에 관한 약정)
제888조 (공동구조자 간의 구조료 분배)
제889조 (1선박 내부의 구조료 분배)
제890조 (예선의 구조의 경우)
제891조 (동일소유자에 속한 선박 간의 보수)
제892조 (구조료청구권 없는 자)
제893조 (구조자의 우선특권)
제894조 (구조료지급에 관한 선장의 권한)
제895조 (구조료청구권의 소멸)

제6편 항공운송 [신설 2011.5.23]

제1장 통칙 [신설 2011.5.23]

제896조 (항공기의 의의)
제897조 (적용범위)
제898조 (운송인 등의 책임감면)

제2장 운송 [신설 2011.5.23]

제1절 통칙 [신설 2011.5.23]

제899조 (비계약적 청구에 대한 적용 등)
제900조 (실제운송인에 대한 청구)
제901조 (순차운송)
제902조 (운송인 책임의 소멸)
제903조 (계약조항의 무효)

제2절 여객운송 [신설 2011.5.23]

제904조 (운송인의 책임)
제905조 (운송인의 책임한도액)
제906조 (선급금의 지급)
제907조 (연착에 대한 책임)
제908조 (수하물의 멸실 · 훼손에 대한 책임)
제909조 (수하물의 연착에 대한 책임)
제910조 (수하물에 대한 책임한도액)
제911조 (위탁수하물의 일부 멸실 · 훼손 등에 관한 통지)
제912조 (휴대수하물의 무임운송의무)

제3절 물건운송 [신설 2011.5.23]

제913조 (운송물의 멸실 · 훼손에 대한 책임)
제914조 (운송물 연착에 대한 책임)

제915조 (운송물에 대한 책임한도액)
제916조 (운송물의 일부 멸실 · 훼손 등에 관한 통지)
제917조 (운송물의 처분청구권)
제918조 (운송물의 인도)
제919조 (운송인의 채권의 시효)
제920조 (준용규정)

제4절 운송증서 [신설 2011.5.23]

제921조 (여객항공권)
제922조 (수하물표)
제923조 (항공화물운송장의 발행)
제924조 (항공화물운송장의 대체)
제925조 (복수의 운송물)
제926조 (운송물의 성질에 관한 서류)
제927조 (항공운송증서에 관한 규정 위반의 효과)
제928조 (항공운송증서 등의 기재사항에 관한 책임)
제929조 (항공운송증서 기재의 효력)

제3장 지상 제3자의 손해에 대한 책임 [신설 2011.5.23]

제930조 (항공기 운항자의 배상책임)
제931조 (면책사유)
제932조 (항공기 운항자의 유한책임)
제933조 (유한책임의 배제)
제934조 (항공기 운항자의 책임의 소멸)
제935조 (책임제한의 절차)

부록 2

상법 제3편 회사

제1장 통칙

제169조(회사의 의의) 이 법에서 "회사"란 상행위나 그 밖의 영리를 목적으로 하여 설립한 법인을 말한다.

[전문개정 2011.4.14]

제170조(회사의 종류) 회사는 합명회사, 합자회사, 유한책임회사, 주식회사와 유한회사의 5종으로 한다.

[전문개정 2011.4.14]

제171조(회사의 주소) 회사의 주소는 본점소재지에 있는 것으로 한다.

[전문개정 2011.4.14]

제172조(회사의 성립) 회사는 본점소재지에서 설립등기를 함으로써 성립한다.

제173조(권리능력의 제한) 회사는 다른 회사의 무한책임사원이 되지 못한다.

제174조(회사의 합병) ① 회사는 합병을 할 수 있다.

② 합병을 하는 회사의 일방 또는 쌍방이 주식회사, 유한회사 또는 유한책임회사인 경우에는 합병 후 존속하는 회사나 합병으로 설립되는 회사는 주식회사, 유한회사 또는 유한책임회사이어야 한다. [개정 2011.4.14]

③ 해산후의 회사는 존립 중의 회사를 존속하는 회사로 하는 경우에 한하여 합병을 할 수 있다.

제175조(동전-설립위원) ① 회사의 합병으로 인하여 신회사를 설립하는 경우에는 정관의 작성 기타 설립에 관한 행위는 각 회사에서 선임한 설립위원이 공동으로 하여야 한다.

② 제230조, 제434조와 제585조의 규정은 전항의 선임에 준용한다.

제176조(회사의 해산명령) ① 법원은 다음의 사유가 있는 경우에는 이해관계인이나 검사의 청구에 의하여 또는 직권으로 회사의 해산을 명할 수 있다.

1. 회사의 설립목적이 불법한 것인 때
2. 회사가 정당한 사유없이 설립후 1년내에 영업을 개시하지 아니하거나 1년 이상 영업을 휴지하는 때
3. 이사 또는 회사의 업무를 집행하는 사원이 법령 또는 정관에 위반하여 회사의 존

속을 허용할 수 없는 행위를 한 때

② 전항의 청구가 있는 때에는 법원은 해산을 명하기 전일지라도 이해관계인이나 검사의 청구에 의하여 또는 직권으로 관리인의 선임 기타 회사재산의 보전에 필요한 처분을 할 수 있다.

③ 이해관계인이 제1항의 청구를 한 때에는 법원은 회사의 청구에 의하여 상당한 담보를 제공할 것을 명할 수 있다.

④ 회사가 전항의 청구를 함에는 이해관계인의 청구가 악의임을 소명하여야 한다.

제177조(등기기간의 기산점) 본편의 규정에 의하여 등기할 사항으로서 관청의 허가 또는 인가를 요하는 것에 관하여는 그 서류가 도달한 날로부터 등기기간을 기산한다.

제2장 합명회사

제1절 설립

제178조(정관의 작성) 합명회사의 설립에는 2인 이상의 사원이 공동으로 정관을 작성하여야 한다.

제179조(정관의 절대적 기재사항) 정관에는 다음의 사항을 기재하고 총사원이 기명날인 또는 서명하여야 한다. [개정 1995.12.29]

1. 목적
2. 상호
3. 사원의 성명 · 주민등록번호 및 주소
4. 사원의 출자의 목적과 가격 또는 그 평가의 표준
5. 본점의 소재지
6. 정관의 작성년월일

제180조(설립의 등기) 합명회사의 설립등기에 있어서는 다음의 사항을 등기하여야 한다. [개정 1995.12.29, 2011.4.14]

1. 제179조 제1호 내지 제3호 및 제5호의 사항과 지점을 둔 때에는 그 소재지. 다만, 회사를 대표할 사원을 정한 때에는 그 외의 사원의 주소를 제외한다.
2. 사원의 출자의 목적, 재산출자에는 그 가격과 이행한 부분
3. 존립기간 기타 해산사유를 정한 때에는 그 기간 또는 사유
4. 회사를 대표할 사원을 정한 경우에는 그 성명 · 주소 및 주민등록번호
5. 수인의 사원이 공동으로 회사를 대표할 것을 정한 때에는 그 규정

제181조(지점 설치의 등기) ① 회사의 설립과 동시에 지점을 설치하는 경우에는 설립등기를 한 후 2주 내에 지점소재지에서 제180조 제1호 본문(다른 지점의 소재지는 제외한다) 및 제3호부터 제5호까지의 사항을 등기하여야 한다. 다만, 회사를 대표할 사원을 정한 경우에는 그 외의 사원은 등기하지 아니한다.

② 회사의 성립 후에 지점을 설치하는 경우에는 본점소재지에서는 2주 내에 그 지점소재지와 설치 연월일을 등기하고, 그 지점소재지에서는 3주 내에 제180조 제1호 본문(다른 지점의 소재지는 제외한다) 및 제3호부터 제5호까지의 사항을 등기하여야 한다. 다만, 회사를 대표할 사원을 정한 경우에는 그 밖의 사원은 등기하지 아니한다.

[전문개정 2011.4.14]

제182조(본점, 지점의 이전등기) ① 회사가 본점을 이전하는 경우에는 2주간내에 구소재지에서는 신소재지와 이전년월일을, 신소재지에서는 제180조 각호의 사항을 등기하여야 한다. [개정 1995.12.29]

② 회사가 지점을 이전하는 경우에는 2주 내에 본점과 구지점소재지에서는 신지점소재지와 이전 연월일을 등기하고, 신지점소재지에서는 제180조 제1호 본문(다른 지점의 소재지는 제외한다) 및 제3호부터 제5호까지의 사항을 등기하여야 한다. 다만, 회사를 대표할 사원을 정한 경우에는 그 밖의 사원은 등기하지 아니한다. [개정 2011.4.14]

③ 삭제 [1995.12.29]

제183조(변경등기) 제180조에 게기한 사항에 변경이 있는 때에는 본점소재지에서는 2주간 내, 지점소재지에서는 3주간 내에 변경등기를 하여야 한다.

제183조의2(업무집행정지가처분 등의 등기) 사원의 업무집행을 정지하거나 직무대행자를 선임하는 가처분을 하거나 그 가처분을 변경 · 취소하는 경우에는 본점 및 지점이 있는 곳의 등기소에서 이를 등기하여야 한다.

[본조신설 2001.12.29]

제184조(설립무효, 취소의 소) ① 회사의 설립의 무효는 그 사원에 한하여, 설립의 취소는 그 취소권있는 자에 한하여 회사성립의 날로부터 2년내에 소만으로 이를 주장할 수 있다.

② 민법 제140조의 규정은 전항의 설립의 취소에 준용한다.

제185조(채권자에 의한 설립취소의 소) 사원이 그 채권자를 해할 것을 알고 회사를 설립한 때에는 채권자는 그 사원과 회사에 대한 소로 회사의 설립취소를 청구할 수 있다.

제186조(전속관할) 전2조의 소는 본점소재지의 지방법원의 관할에 전속한다.

제187조(소제기의 공고) 설립무효의 소 또는 설립취소의 소가 제기된 때에는 회사는 지체없이 공고하여야 한다.

제188조(소의 병합심리) 수개의 설립무효의 소 또는 설립취소의 소가 제기된 때에는 법원은 이를 병합심리하여야 한다.

제189조(하자의 보완 등과 청구의 기각) 설립무효의 소 또는 설립취소의 소가 그 심리중에 원인이 된 하자가 보완되고 회사의 현황과 제반사정을 참작하여 설립을 무효 또는 취소하는 것이 부적당하다고 인정한 때에는 법원은 그 청구를 기각할 수 있다.

제190조(판결의 효력) 설립무효의 판결 또는 설립취소의 판결은 제3자에 대하여도 그 효력이 있다. 그러나 판결확정전에 생긴 회사와 사원 및 제3자간의 권리의무에 영향을 미치지 아니한다.

제191조(패소원고의 책임) 설립무효의 소 또는 설립취소의 소를 제기한 자가 패소한 경우에 악의 또는 중대한 과실이 있는 때에는 회사에 대하여 연대하여 손해를 배상할 책임이 있다.

제192조(설립무효, 취소의 등기) 설립무효의 판결 또는 설립취소의 판결이 확정된 때에는 본점과 지점의 소재지에서 등기하여야 한다.

제193조(설립무효, 취소판결의 효과) ① 설립무효의 판결 또는 설립취소의 판결이 확정된 때에는 해산의 경우에 준하여 청산하여야 한다.

② 전항의 경우에는 법원은 사원 기타의 이해관계인의 청구에 의하여 청산인을 선임

할 수 있다.

제194조(설립무효, 취소와 회사계속) ① 설립무효의 판결 또는 설립취소의 판결이 확정된 경우에 그 무효나 취소의 원인이 특정한 사원에 한한 것인 때에는 다른 사원 전원의 동의로써 회사를 계속할 수 있다.
② 전항의 경우에는 그 무효 또는 취소의 원인이 있는 사원은 퇴사한 것으로 본다.
③ 제229조 제2항과 제3항의 규정은 전2항의 경우에 준용한다.

제2절 회사의 내부관계

제195조(준용법규) 합명회사의 내부관계에 관하여는 정관 또는 본법에 다른 규정이 없으면 조합에 관한 민법의 규정을 준용한다.

제196조(채권출자) 채권을 출자의 목적으로 한 사원은 그 채권이 변제기에 변제되지 아니한 때에는 그 채권액을 변제할 책임을 진다. 이 경우에는 이자를 지급하는 외에 이로 인하여 생긴 손해를 배상하여야 한다.

제197조(지분의 양도) 사원은 다른 사원의 동의를 얻지 아니하면 그 지분의 전부 또는 일부를 타인에게 양도하지 못한다.

제198조(사원의 경업의 금지) ① 사원은 다른 사원의 동의가 없으면 자기 또는 제3자의 계산으로 회사의 영업부류에 속하는 거래를 하지 못하며 동종영업을 목적으로 하는 다른 회사의 무한책임사원 또는 이사가 되지 못한다.
② 사원이 전항의 규정에 위반하여 거래를 한 경우에 그 거래가 자기의 계산으로 한 것인 때에는 회사는 이를 회사의 계산으로 한 것으로 볼 수 있고 제3자의 계산으로 한것인 때에는 그 사원에 대하여 회사는 이로 인한 이득의 양도를 청구할 수 있다. [개정 1962.12.12]
③ 전항의 규정은 회사의 그 사원에 대한 손해배상의 청구에 영향을 미치지 아니한다.
④ 제2항의 권리는 다른 사원 과반수의 결의에 의하여 행사하여야 하며 다른 사원의 1인이 그 거래를 안 날로부터 2주간을 경과하거나 그 거래가 있은 날로부터 1년을 경과하면 소멸한다.

제199조(사원의 자기거래) 사원은 다른 사원 과반수의 결의가 있는 때에 한하여 자기 또는 제삼자의 계산으로 회사와 거래를 할 수 있다. 이 경우에는 민법 제124조의 규정을 적용하지 아니한다.

제200조(업무집행의 권리의무) ① 각 사원은 정관에 다른 규정이 없는 때에는 회사의 업무를 집행할 권리와 의무가 있다.
② 각 사원의 업무집행에 관한 행위에 대하여 다른 사원의 이의가 있는 때에는 곧 행위를 중지하고 총사원과반수의 결의에 의하여야 한다.

제200조의2(직무대행자의 권한) ① 제183조의2의 직무대행자는 가처분명령에 다른 정함이 있는 경우 외에는 법인의 통상업무에 속하지 아니한 행위를 하지 못한다. 다만, 법원의 허가를 얻은 경우에는 그러하지 아니하다.
② 직무대행자가 제1항의 규정에 위반한 행위를 한 경우에도 회사는 선의의 제3자에 대하여 책임을 진다.
[본조신설 2001.12.29]

제201조(업무집행사원) ① 정관으로 사원의 1인 또는 수인을 업무집행사원으로 정한 때

에는 그 사원이 회사의 업무를 집행할 권리와 의무가 있다.

② 수인의 업무집행사원이 있는 경우에 그 각 사원의 업무집행에 관한 행위에 대하여 다른 업무집행사원의 이의가 있는 때에는 곧 그 행위를 중지하고 업무집행사원 과반수의 결의에 의하여야 한다.

제202조(공동업무집행사원) 정관으로 수인의 사원을 공동업무집행사원으로 정한 때에 그 전원의 동의가 없으면 업무집행에 관한 행위를 하지 못한다. 그러나 지체할 염려가 있는 때에는 그러하지 아니하다.

제203조(지배인의 선임과 해임) 지배인의 선임과 해임은 정관에 다른 정함이 없으면 업무집행사원이 있는 경우에도 총사원 과반수의 결의에 의하여야 한다.

제204조(정관의 변경) 정관을 변경함에는 총사원의 동의가 있어야 한다.

제205조(업무집행사원의 권한상실선고) ① 사원이 업무를 집행함에 현저하게 부적임하거나 중대한 의무에 위반한 행위가 있는 때에는 법원은 사원의 청구에 의하여 업무집행권한의 상실을 선고할 수 있다.

② 전항의 판결이 확정된 때에는 본점과 지점의 소재지에서 등기하여야 한다.

제206조(준용규정) 제186조의 규정은 전조의 소에 준용한다.

제3절 회사의 외부관계

제207조(회사대표) 정관으로 업무집행사원을 정하지 아니한 때에는 각 사원은 회사를 대표한다. 수인의 업무집행사원을 정한 경우에 각 업무집행사원은 회사를 대표한다. 그러나 정관 또는 총사원의 동의로 업무집행사원중 특히 회사를 대표할 자를 정할 수 있다.

제208조(공동대표) ① 회사는 정관 또는 총사원의 동의로 수인의 사원이 공동으로 회사를 대표할 것을 정할 수 있다.

② 전항의 경우에도 제삼자의 회사에 대한 의사표시는 공동대표의 권한있는 사원 1인에 대하여 이를 함으로써 그 효력이 생긴다.

제209조(대표사원의 권한) ① 회사를 대표하는 사원은 회사의 영업에 관하여 재판상 또는 재판외의 모든 행위를 할 권한이 있다.

② 전항의 권한에 대한 제한은 선의의 제삼자에게 대항하지 못한다.

제210조(손해배상책임) 회사를 대표하는 사원이 그 업무집행으로 인하여 타인에게 손해를 가한 때에는 회사는 그 사원과 연대하여 배상할 책임이 있다.

제211조(회사와 사원간의 소에 관한 대표권) 회사가 사원에 대하여 또는 사원이 회사에 대하여 소를 제기하는 경우에 회사를 대표할 사원이 없을 때에는 다른 사원 과반수의 결의로 선정하여야 한다.

제212조(사원의 책임) ① 회사의 재산으로 회사의 채무를 완제할 수 없는 때에는 각 사원은 연대하여 변제할 책임이 있다.

② 회사재산에 대한 강제집행이 주효하지 못한 때에도 전항과 같다.

③ 전항의 규정은 사원이 회사에 변제의 자력이 있으며 집행이 용이한 것을 증명한 때에는 적용하지 아니한다.

제213조(신입사원의 책임) 회사성립후에 가입한 사원은 그 가입전에 생긴 회사채무에 대하여 다른 사원과 동일한 책임을 진다.

제214조(사원의 항변) ① 사원이 회사채무에 관하여 변제의 청구를 받은 때에는 회사가 주장할 수 있는 항변으로 그 채권자에게 대항할 수 있다.

② 회사가 그 채권자에 대하여 상계, 취소 또는 해제할 권리가 있는 경우에는 사원은 전항의 청구에 대하여 변제를 거부할 수 있다.

제215조(자칭사원의 책임) 사원이 아닌 자가 타인에게 자기를 사원이라고 오인시키는 행위를 하였을 때에는 오인으로 인하여 회사와 거래한 자에 대하여 사원과 동일한 책임을 진다.

제216조(준용규정) 제205조와 제206조의 규정은 회사의 대표사원에 준용한다.

제4절 사원의 퇴사

제217조(사원의 퇴사권) ① 정관으로 회사의 존립기간을 정하지 아니하거나 어느 사원의 종신까지 존속할 것을 정한 때에는 사원은 영업년도말에 한하여 퇴사할 수 있다. 그러나 6월전에 이를 예고하여야 한다.

② 사원이 부득이한 사유가 있을 때에는 언제든지 퇴사할 수 있다.

제218조(퇴사원인) 사원은 전조의 경우 외에 다음의 사유로 인하여 퇴사한다.

1. 정관에 정한 사유의 발생
2. 총사원의 동의
3. 사망
4. 성년후견개시
5. 파산
6. 제명

[전문개정 2018.9.18]

제219조(사원사망 시 권리승계의 통지) ① 정관으로 사원이 사망한 경우에 그 상속인이 회사에 대한 피상속인의 권리의무를 승계하여 사원이 될 수 있음을 정한 때에는 상속인은 상속의 개시를 안 날로부터 3월내에 회사에 대하여 승계 또는 포기의 통지를 발송하여야 한다.

② 상속인이 전항의 통지 없이 3월을 경과한 때에는 사원이 될 권리를 포기한 것으로 본다.

제220조(제명의 선고) ① 사원에게 다음의 사유가 있는 때에는 회사는 다른 사원 과반수의 결의에 의하여 그 사원의 제명의 선고를 법원에 청구할 수 있다.

1. 출자의 의무를 이행하지 아니한 때
2. 제198조 제1항의 규정에 위반한 행위가 있는 때
3. 회사의 업무집행 또는 대표에 관하여 부정한 행위가 있는 때, 권한없이 업무를 집행하거나 회사를 대표한 때
4. 기타 중요한 사유가 있는 때

② 제205조 제2항과 제206조의 규정은 전항의 경우에 준용한다.

제221조(제명사원과 회사간의 계산) 제명된 사원과 회사와의 계산은 제명의 소를 제기한 때의 회사재산의 상태에 따라서 하며 그 때부터 법정이자를 붙여야 한다.

제222조(지분의 환급) 퇴사한 사원은 노무 또는 신용으로 출자의 목적으로 한 경우에도 그 지분의 환급을 받을 수 있다. 그러나 정관에 다른 규정이 있는 때에는 그러하지

아니하다.

제223조(지분의 압류) 사원의 지분의 압류는 사원이 장래이익의 배당과 지분의 환급을 청구하는 권리에 대하여도 그 효력이 있다.

제224조(지분 압류채권자에 의한 퇴사청구) ① 사원의 지분을 압류한 채권자는 영업년도말에 그 사원을 퇴사시킬 수 있다. 그러나 회사와 그 사원에 대하여 6월전에 그 예고를 하여야 한다.

② 전항 단서의 예고는 사원이 변제를 하거나 상당한 담보를 제공한 때에는 그 효력을 잃는다.

제225조(퇴사원의 책임) ① 퇴사한 사원은 본점소재지에서 퇴사등기를 하기 전에 생긴 회사채무에 대하여는 등기후 2년내에는 다른 사원과 동일한 책임이 있다.

② 전항의 규정은 지분을 양도한 사원에 준용한다.

제226조(퇴사원의 상호변경청구권) 퇴사한 사원의 성명이 회사의 상호 중에 사용된 경우에는 그 사원은 회사에 대하여 그 사용의 폐지를 청구할 수 있다.

제5절 회사의 해산

제227조(해산원인) 회사는 다음의 사유로 인하여 해산한다.

1. 존립기간의 만료 기타 정관으로 정한 사유의 발생
2. 총사원의 동의
3. 사원이 1인으로 된 때
4. 합병
5. 파산
6. 법원의 명령 또는 판결

제228조(해산등기) 회사가 해산된 때에는 합병과 파산의 경우 외에는 그 해산사유가 있은 날로부터 본점소재지에서는 2주간내, 지점소재지에서는 3주간내에 해산등기를 하여야 한다.

제229조(회사의 계속) ① 제227조 제1호와 제2호의 경우에는 사원의 전부 또는 일부의 동의로 회사를 계속할 수 있다. 그러나 동의를 하지 아니한 사원은 퇴사한 것으로 본다.

② 제227조 제3호의 경우에는 새로 사원을 가입시켜서 회사를 계속할 수 있다.

③ 전2항의 경우에 이미 회사의 해산등기를 하였을 때에는 본점소재지에서는 2주간내, 지점소재지에서는 3주간내에 회사의 계속등기를 하여야 한다.

④ 제213조의 규정은 제2항의 신입사원의 책임에 준용한다.

제230조(합병의 결의) 회사가 합병을 함에는 총사원의 동의가 있어야 한다.

제231조 삭제 [1984.4.10]

제232조(채권자의 이의) ① 회사는 합병의 결의가 있은 날부터 2주내에 회사채권자에 대하여 합병에 이의가 있으면 일정한 기간내에 이를 제출할 것을 공고하고 알고 있는 채권자에 대하여는 따로따로 이를 최고하여야 한다. 이 경우 그 기간은 1월 이상이어야 한다. [개정 1984.4.10, 1998.12.28]

② 채권자가 제1항의 기간내에 이의를 제출하지 아니한 때에는 합병을 승인한 것으로 본다. [개정 1984.4.10]

③ 이의를 제출한 채권자가 있는 때에는 회사는 그 채권자에 대하여 변제 또는 상당한 담보를 제공하거나 이를 목적으로 하여 상당한 재산을 신탁회사에 신탁하여야 한다.

제233조(합병의 등기) 회사가 합병을 한 때에는 본점소재지에서는 2주간 내, 지점소재지에서는 3주간 내에 합병후 존속하는 회사의 변경등기, 합병으로 인하여 소멸하는 회사의 해산등기, 합병으로 인하여 설립되는 회사의 설립등기를 하여야 한다.

제234조(합병의 효력발생) 회사의 합병은 합병후 존속하는 회사 또는 합병으로 인하여 설립되는 회사가 그 본점소재지에서 전조의 등기를 함으로써 그 효력이 생긴다.

제235조(합병의 효과) 합병후 존속한 회사 또는 합병으로 인하여 설립된 회사는 합병으로 인하여 소멸된 회사의 권리의무를 승계한다.

제236조(합병무효의 소의 제기) ① 회사의 합병의 무효는 각 회사의 사원, 청산인, 파산관재인 또는 합병을 승인하지 아니한 회사채권자에 한하여 소만으로 이를 주장할 수 있다.

② 전항의 소는 제233조의 등기가 있은 날로부터 6월내에 제기하여야 한다.

제237조(준용규정) 제176조 제3항과 제4항의 규정은 회사채권자가 전조의 소를 제기한 때에 준용한다.

제238조(합병무효의 등기) 합병을 무효로 한 판결이 확정된 때에는 본점과 지점의 소재지에서 합병후 존속한 회사의 변경등기, 합병으로 인하여 소멸된 회사의 회복등기, 합병으로 인하여 설립된 회사의 해산등기를 하여야 한다.

제239조(무효판결확정과 회사의 권리의무의 귀속) ① 합병을 무효로 한 판결이 확정된 때에는 합병을 한 회사는 합병후 존속한 회사 또는 합병으로 인하여 설립된 회사의 합병후 부담한 채무에 대하여 연대하여 변제할 책임이 있다.

② 합병후 존속한 회사 또는 합병으로 인하여 설립한 회사의 합병후 취득한 재산은 합병을 한 회사의 공유로 한다.

③ 전2항의 경우에 각 회사의 협의로 그 부담부분 또는 지분을 정하지 못한 때에는 법원은 그 청구에 의하여 합병당시의 각 회사의 재산상태 기타의 사정을 참작하여 이를 정한다.

제240조(준용규정) 제186조 내지 제191조의 규정은 합병무효의 소에 준용한다.

제241조(사원에 의한 해산청구) ① 부득이한 사유가 있는 때에는 각 사원은 회사의 해산을 법원에 청구할 수 있다.

② 제186조와 제191조의 규정은 전항의 경우에 준용한다.

제242조(조직변경) ① 합명회사는 총사원의 동의로 일부사원을 유한책임사원으로 하거나 유한책임사원을 새로 가입시켜서 합자회사로 변경할 수 있다.

② 전항의 규정은 제229조 제2항의 규정에 의하여 회사를 계속하는 경우에 준용한다.

제243조(조직변경의 등기) 합명회사를 합자회사로 변경한 때에는 본점소재지에서는 2주간내, 지점소재지에서는 3주간내에 합명회사에 있어서는 해산등기, 합자회사에 있어서는 설립등기를 하여야 한다.

제244조(조직변경에 의하여 유한책임사원이 된 자의 책임) 합명회사사원으로서 제242조 제1항의 규정에 의하여 유한책임사원이 된 자는 전조의 규정에 의한 본점등기를 하기 전에 생긴 회사채무에 대하여는 등기 후 2년내에는 무한책임사원의 책임을 면하

지 못한다.

제6절 청산

제245조(청산 중의 회사) 회사는 해산된 후에도 청산의 목적범위내에서 존속하는 것으로 본다.

제246조(수인의 지분상속인이 있는 경우) 회사의 해산후 사원이 사망한 경우에 그 상속인이 수인인 때에는 청산에 관한 사원의 권리를 행사할 자 1인을 정하여야 한다. 이를 정하지 아니한 때에는 회사의 통지 또는 최고는 그 중의 1인에 대하여 하면 전원에 대하여 그 효력이 있다.

제247조(임의청산) ① 해산된 회사의 재산처분방법은 정관 또는 총사원의 동의로 이를 정할 수 있다. 이 경우에는 해산사유가 있는 날로부터 2주간내에 재산목록과 대차대조표를 작성하여야 한다.

② 전항의 규정은 회사가 제227조 제3호 또는 제6호의 사유로 인하여 해산한 경우에는 이를 적용하지 아니한다.

③ 제232조의 규정은 제1항의 경우에 준용한다.

④ 제1항의 경우에 사원의 지분을 압류한 자가 있는 때에는 그 동의를 얻어야 한다.

⑤ 제1항의 회사는 그 재산의 처분을 완료한 날부터 본점소재지에서는 2주간내에, 지점소재지에서는 3주간내에 청산종결의 등기를 하여야 한다. [신설 1995.12.29]

제248조(임의청산과 채권자보호) ① 회사가 전조 제3항의 규정에 위반하여 그 재산을 처분함으로써 회사채권자를 해한 때에는 회사채권자는 그 처분의 취소를 법원에 청구할 수 있다.

② 제186조와 민법제406조 제1항 단서, 제2항 및 제407조의 규정은 전항의 취소의 청구에 준용한다.

제249조(지분압류채권자의 보호) 회사가 제247조 제4항의 규정에 위반하여 그 재산을 처분한 때에는 사원의 지분을 압류한 자는 회사에 대하여 그 지분에 상당하는 금액의 지급을 청구할 수 있다. 이 경우에는 전조의 규정을 준용한다.

제250조(법정청산) 제247조 제1항의 규정에 의하여 회사재산의 처분방법을 정하지 아니한 때에는 합병과 파산의 경우를 제외하고 제251조 내지 제265조의 규정에 따라서 청산을 하여야 한다.

제251조(청산인) ① 회사가 해산된 때에는 총사원 과반수의 결의로 청산인을 선임한다.

② 청산인의 선임이 없는 때에는 업무집행사원이 청산인이 된다.

제252조(법원선임에 의한 청산인) 회사가 제227조 제3호 또는 제6호의 사유로 인하여 해산된 때에는 법원은 사원 기타의 이해관계인이나 검사의 청구에 의하여 또는 직권으로 청산인을 선임한다.

제253조(청산인의 등기) ① 청산인이 선임된 때에는 그 선임된 날로부터, 업무집행사원이 청산인이 된 때에는 해산된 날로부터 본점소재지에서는 2주간내, 지점소재지에서는 3주간내에 다음의 사항을 등기하여야 한다. [개정 1995.12.29]

1. 청산인의 성명·주민등록번호 및 주소. 다만, 회사를 대표할 청산인을 정한 때에는 그 외의 청산인의 주소를 제외한다.
2. 회사를 대표할 청산인을 정한 때에는 그 성명

3. 수인의 청산인이 공동으로 회사를 대표할 것을 정한 때에는 그 규정

② 제183조의 규정은 제1항의 등기에 준용한다. [개정 1995.12.29]

제254조(청산인의 직무권한) ① 청산인의 직무는 다음과 같다.

1. 현존사무의 종결
2. 채권의 추심과 채무의 변제
3. 재산의 환가처분
4. 잔여재산의 분배

② 청산인이 수인인 때에는 청산의 직무에 관한 행위는 그 과반수의 결의로 정한다.

③ 회사를 대표할 청산인은 제1항의 직무에 관하여 재판상 또는 재판외의 모든 행위를 할 권한이 있다.

④ 민법 제93조의 규정은 합명회사에 준용한다.

제255조(청산인의 회사대표) ① 업무집행사원이 청산인으로 된 경우에는 종전의 정함에 따라 회사를 대표한다.

② 법원이 수인의 청산인을 선임하는 경우에는 회사를 대표할 자를 정하거나 수인이 공동하여 회사를 대표할 것을 정할 수 있다.

제256조(청산인의 의무) ① 청산인은 취임한 후 지체없이 회사의 재산상태를 조사하고 재산목록과 대차대조표를 작성하여 각 사원에게 교부하여야 한다.

② 청산인은 사원의 청구가 있는 때에는 언제든지 청산의 상황을 보고하여야 한다.

제257조(영업의 양도) 청산인이 회사의 영업의 전부 또는 일부를 양도함에는 총사원 과반수의 결의가 있어야 한다.

제258조(채무완제불능과 출자청구) ① 회사의 현존재산이 그 채무를 변제함에 부족한 때에는 청산인은 변제기에 불구하고 각 사원에 대하여 출자를 청구할 수 있다.

② 전항의 출자액은 각 사원의 출자의 비율로 이를 정한다.

제259조(채무의 변제) ① 청산인은 변제기에 이르지 아니한 회사채무에 대하여도 이를 변제할 수 있다.

② 전항의 경우에 이자없는 채권에 관하여는 변제기에 이르기까지의 법정이자를 가산하여 그 채권액에 달할 금액을 변제하여야 한다.

③ 전항의 규정은 이자있는 채권으로서 그 이율이 법정이율에 달하지 못하는 것에 이를 준용한다.

④ 제1항의 경우에는 조건부채권, 존속기간이 불확정한 채권 기타 가액이 불확정한 채권에 대하여는 법원이 선임한 감정인의 평가에 의하여 변제하여야 한다.

제260조(잔여재산의 분배) 청산인은 회사의 채무를 완제한 후가 아니면 회사재산을 사원에게 분배하지 못한다. 그러나 다툼이 있는 채무에 대하여는 그 변제에 필요한 재산을 보류하고 잔여재산을 분배할 수 있다.

제261조(청산인의 해임) 사원이 선임한 청산인은 총사원 과반수의 결의로 해임할 수 있다.

제262조(동전) 청산인이 그 직무를 집행함에 현저하게 부적임하거나 중대한 임무에 위반한 행위가 있는 때에는 법원은 사원 기타의 이해관계인의 청구에 의하여 청산인을 해임할 수 있다.

제263조(청산인의 임무종료) ① 청산인은 그 임무가 종료한 때에는 지체없이 계산서를 작성하여 각 사원에게 교부하고 그 승인을 얻어야 한다.

② 전항의 계산서를 받은 사원이 1월내에 이의를 하지 아니한 때에는 그 계산을 승인한 것으로 본다. 그러나 청산인에게 부정행위가 있는 경우에는 그러하지 아니하다.

제264조(청산종결의 등기) 청산이 종결된 때에는 청산인은 전조의 규정에 의한 총사원의 승인이 있은 날로부터 본점소재지에서는 2주간내, 지점소재지에서는 3주간내에 청산종결의 등기를 하여야 한다.

제265조(준용규정) 제183조의2 · 제199조 · 제200조의2 · 제207조 · 제208조 · 제209조 제2항 · 제210조 · 제382조 제2항 · 제399조 및 제401조의 규정은 청산인에 준용한다.
[전문개정 2001.12.29]

제266조(장부, 서류의 보존) ① 회사의 장부와 영업 및 청산에 관한 중요서류는 본점소재지에서 청산종결의 등기를 한 후 10년간 이를 보존하여야 한다. 다만, 전표 또는 이와 유사한 서류는 5년간 이를 보존하여야 한다. [개정 1995.12.29]
② 제1항의 경우에는 총사원 과반수의 결의로 보존인과 보존방법을 정하여야 한다.
[개정 1995.12.29]

제267조(사원의 책임의 소멸시기) ① 제212조의 규정에 의한 사원의 책임은 본점소재지에서 해산등기를 한 후 5년을 경과하면 소멸한다.
② 전항의 기간경과후에도 분배하지 아니한 잔여재산이 있는 때에는 회사채권자는 이에 대하여 변제를 청구할 수 있다.

제3장 합자회사

제268조(회사의 조직) 합자회사는 무한책임사원과 유한책임사원으로 조직한다.

제269조(준용규정) 합자회사에는 본장에 다른 규정이 없는 사항은 합명회사에 관한 규정을 준용한다.

제270조(정관의 절대적 기재사항) 합자회사의 정관에는 제179조에 게기한 사항외에 각 사원의 무한책임 또는 유한책임인 것을 기재하여야 한다.

제271조(등기사항) ① 합자회사의 설립등기를 할 때에는 제180조 각 호의 사항 외에 각 사원의 무한책임 또는 유한책임인 것을 등기하여야 한다.
② **합자회사가 지점을 설치하거나 이전할 때에는 지점소재지 또는 신지점소재지에서 제180조제1호 본문(다른 지점의 소재지는 제외한다)** 및 제3호부터 제5호까지의 사항을 등기하여야 한다. 다만, 무한책임사원만을 등기하되, 회사를 대표할 사원을 정한 경우에는 다른 사원은 등기하지 아니한다.
[전문개정 2011.4.14]

제272조(유한책임사원의 출자) 유한책임사원은 신용 또는 노무를 출자의 목적으로 하지 못한다.

제273조(업무집행의 권리의무) 무한책임사원은 정관에 다른 규정이 없는 때에는 각자가 회사의 업무를 집행할 권리와 의무가 있다.

제274조(지배인의 선임, 해임) 지배인의 선임과 해임은 업무집행사원이 있는 경우에도 무한책임사원 과반수의 결의에 의하여야 한다.

제275조(유한책임사원의 경업의 자유) 유한책임사원은 다른 사원의 동의없이 자기 또는 제삼자의 계산으로 회사의 영업부류에 속하는 거래를 할 수 있고 동종영업을 목적으

로 하는 다른 회사의 무한책임사원 또는 이사가 될 수 있다.

제276조(유한책임사원의 지분양도) 유한책임사원은 무한책임사원 전원의 동의가 있으면 그 지분의 전부 또는 일부를 타인에게 양도할 수 있다. 지분의 양도에 따라 정관을 변경하여야 할 경우에도 같다.

제277조(유한책임사원의 감시권) ① 유한책임사원은 영업년도말에 있어서 영업시간 내에 한하여 회사의 회계장부·대차대조표 기타의 서류를 열람할 수 있고 회사의 업무와 재산상태를 검사할 수 있다. [개정 1984.4.10]

② 중요한 사유가 있는 때에는 유한책임사원은 언제든지 법원의 허가를 얻어 제1항의 열람과 검사를 할 수 있다. [개정 1984.4.10]

제278조(유한책임사원의 업무집행, 회사대표의 금지) 유한책임사원은 회사의 업무집행이나 대표행위를 하지 못한다.

제279조(유한책임사원의 책임) ① 유한책임사원은 그 출자가액에서 이미 이행한 부분을 공제한 가액을 한도로 하여 회사채무를 변제할 책임이 있다.

② 회사에 이익이 없음에도 불구하고 배당을 받은 금액은 변제책임을 정함에 있어서 이를 가산한다.

제280조(출자감소의 경우의 책임) 유한책임사원은 그 출자를 감소한 후에도 본점소재지에서 등기를 하기 전에 생긴 회사채무에 대하여는 등기후 2년내에는 전조의 책임을 면하지 못한다.

제281조(자칭 무한책임사원의 책임) ① 유한책임사원이 타인에게 자기를 무한책임사원이라고 오인시키는 행위를 한 때에는 오인으로 인하여 회사와 거래를 한 자에 대하여 무한책임사원과 동일한 책임이 있다.

② 전항의 규정은 유한책임사원이 그 책임의 한도를 오인시키는 행위를 한 경우에 준용한다.

제282조(책임을 변경한 사원의 책임) 제213조의 규정은 유한책임사원이 무한책임사원으로 된 경우에, 제225조의 규정은 무한책임사원이 유한책임사원으로 된 경우에 준용한다.

제283조(유한책임사원의 사망) ① 유한책임사원이 사망한 때에는 그 상속인이 그 지분을 승계하여 사원이 된다.

② 전항의 경우에 상속인이 수인인 때에는 사원의 권리를 행사할 자 1인을 정하여야 한다. 이를 정하지 아니한 때에는 회사의 통지 또는 최고는 그 중의 1인에 대하여 하면 전원에 대하여 그 효력이 있다.

제284조(유한책임사원의 성년후견개시) 유한책임사원은 성년후견개시 심판을 받은 경우에도 퇴사되지 아니한다.

[전문개정 2018.9.18]

제285조(해산, 계속) ① 합자회사는 무한책임사원 또는 유한책임사원의 전원이 퇴사한 때에는 해산된다.

② 전항의 경우에 잔존한 무한책임사원 또는 유한책임사원은 전원의 동의로 새로 유한책임사원 또는 무한책임사원을 가입시켜서 회사를 계속할 수 있다.

③ 제213조와 제229조 제3항의 규정은 전항의 경우에 준용한다.

제286조(조직변경) ① 합자회사는 사원전원의 동의로 그 조직을 합명회사로 변경하여

계속할 수 있다.

② 유한책임사원전원이 퇴사한 경우에도 무한책임사원은 그 전원의 동의로 합명회사로 변경하여 계속할 수 있다.

③ 전2항의 경우에는 본점소재지에서는 2주간내, 지점소재지에서는 3주간내에 합자회사에 있어서는 해산등기를, 합명회사에 있어서는 설립등기를 하여야 한다.

제287조(청산인) 합자회사의 청산인은 무한책임사원 과반수의 의결로 선임한다. 이를 선임하지 아니한 때에는 업무집행사원이 청산인이 된다.

제3장의2 유한책임회사 [신설 2011.4.14]

제1절 설립 [신설 2011.4.14]

제287조의2(정관의 작성) 유한책임회사를 설립할 때에는 사원은 정관을 작성하여야 한다.
[본조신설 2011.4.14]

제287조의3(정관의 기재사항) 정관에는 다음 각 호의 사항을 적고 각 사원이 기명날인하거나 서명하여야 한다.

1. 제179조 제1호부터 제3호까지, 제5호 및 제6호에서 정한 사항
2. 사원의 출자의 목적 및 가액
3. 자본금의 액
4. 업무집행자의 성명(법인인 경우에는 명칭) 및 주소

[본조신설 2011.4.14]

제287조의4(설립 시의 출자의 이행) ① 사원은 신용이나 노무를 출자의 목적으로 하지 못한다.

② 사원은 정관의 작성 후 설립등기를 하는 때까지 금전이나 그 밖의 재산의 출자를 전부 이행하여야 한다.

③ 현물출자를 하는 사원은 납입기일에 지체 없이 유한책임회사에 출자의 목적인 재산을 인도하고, 등기, 등록, 그 밖의 권리의 설정 또는 이전이 필요한 경우에는 이에 관한 서류를 모두 갖추어 교부하여야 한다.

[본조신설 2011.4.14]

제287조의5(설립의 등기 등) ① 유한책임회사는 본점의 소재지에서 다음 각 호의 사항을 등기함으로써 성립한다.

1. 제179조 제1호 · 제2호 및 제5호에서 정한 사항과 지점을 둔 경우에는 그 소재지
2. 제180조 제3호에서 정한 사항
3. 자본금의 액
4. 업무집행자의 성명, 주소 및 주민등록번호(법인인 경우에는 명칭, 주소 및 법인등록번호). 다만, 유한책임회사를 대표할 업무집행자를 정한 경우에는 그 외의 업무집행자의 주소는 제외한다.
5. 유한책임회사를 대표할 자를 정한 경우에는 그 성명 또는 명칭과 주소
6. 정관으로 공고방법을 정한 경우에는 그 공고방법
7. 둘 이상의 업무집행자가 공동으로 회사를 대표할 것을 정한 경우에는 그 규정

② 유한책임회사가 지점을 설치하는 경우에는 제181조를 준용한다.

③ 유한책임회사가 본점이나 지점을 이전하는 경우에는 제182조를 준용한다.

④ 제1항 각 호의 사항이 변경된 경우에는 본점소재지에서는 2주 내에 변경등기를 하고, 지점소재지에서는 3주 내에 변경등기를 하여야 한다.

⑤ 유한책임회사의 업무집행자의 업무집행을 정지하거나 직무대행자를 선임하는 가처분을 하거나 그 가처분을 변경 또는 취소하는 경우에는 본점 및 지점이 있는 곳의 등기소에서 등기하여야 한다.

[본조신설 2011.4.14]

제287조의6(준용규정) 유한책임회사의 설립의 무효와 취소에 관하여는 제184조부터 제194조까지의 규정을 준용한다. 이 경우 제184조 중 "사원"은 "사원 및 업무집행자"로 본다.

[본조신설 2011.4.14]

제2절 유한책임회사의 내부관계 [신설 2011.4.14]

제287조의7(사원의 책임) 사원의 책임은 이 법에 다른 규정이 있는 경우 외에는 그 출자금액을 한도로 한다.

[본조신설 2011.4.14]

제287조의8(지분의 양도) ① 사원은 다른 사원의 동의를 받지 아니하면 그 지분의 전부 또는 일부를 타인에게 양도하지 못한다.

② 제1항에도 불구하고 업무를 집행하지 아니한 사원은 업무를 집행하는 사원 전원의 동의가 있으면 지분의 전부 또는 일부를 타인에게 양도할 수 있다. 다만, 업무를 집행하는 사원이 없는 경우에는 사원 전원의 동의를 받아야 한다.

③ 제1항과 제2항에도 불구하고 정관으로 그에 관한 사항을 달리 정할 수 있다.

[본조신설 2011.4.14]

제287조의9(유한책임회사에 의한 지분양수의 금지) ① 유한책임회사는 그 지분의 전부 또는 일부를 양수할 수 없다.

② 유한책임회사가 지분을 취득하는 경우에 그 지분은 취득한 때에 소멸한다.

[본조신설 2011.4.14]

제287조의10(업무집행자의 경업 금지) ① 업무집행자는 사원 전원의 동의를 받지 아니하고는 자기 또는 제3자의 계산으로 회사의 영업부류(營業部類)에 속한 거래를 하지 못하며, 같은 종류의 영업을 목적으로 하는 다른 회사의 업무집행자·이사 또는 집행임원이 되지 못한다.

② 업무집행자가 제1항을 위반하여 거래를 한 경우에는 제198조 제2항부터 제4항까지의 규정을 준용한다.

[본조신설 2011.4.14]

제287조의11(업무집행자와 유한책임회사 간의 거래) 업무집행자는 다른 사원 과반수의 결의가 있는 경우에만 자기 또는 제3자의 계산으로 회사와 거래를 할 수 있다. 이 경우에는 「민법」 제124조를 적용하지 아니한다.

[본조신설 2011.4.14]

제287조의12(업무의 집행) ① 유한책임회사는 정관으로 사원 또는 사원이 아닌 자를 업무집행자로 정하여야 한다.

② 1명 또는 둘 이상의 업무집행자를 정한 경우에는 업무집행자 각자가 회사의 업무를 집행할 권리와 의무가 있다. 이 경우에는 제201조 제2항을 준용한다.

③ 정관으로 둘 이상을 공동업무집행자로 정한 경우에는 그 전원의 동의가 없으면 업무집행에 관한 행위를 하지 못한다.

[본조신설 2011.4.14]

제287조의13(직무대행자의 권한 등) 제287조의5 제5항에 따라 선임된 직무대행자의 권한에 대하여는 제200조의2를 준용한다.

[본조신설 2011.4.14]

제287조의14(사원의 감시권) 업무집행자가 아닌 사원의 감시권에 대하여는 제277조를 준용한다.

[본조신설 2011.4.14]

제287조의15(법인이 업무집행자인 경우의 특칙) ① 법인이 업무집행자인 경우에는 그 법인은 해당 업무집행자의 직무를 행할 자를 선임하고, 그 자의 성명과 주소를 다른 사원에게 통지하여야 한다.

② 제1항에 따라 선임된 직무수행자에 대하여는 제287조의11과 제287조의12를 준용한다.

[본조신설 2011.4.14]

제287조의16(정관의 변경) 정관에 다른 규정이 없는 경우 정관을 변경하려면 총사원의 동의가 있어야 한다.

[본조신설 2011.4.14]

제287조의17(업무집행자 등의 권한상실 선고) ① 업무집행자의 업무집행권한의 상실에 관하여는 제205조를 준용한다.

② 제1항의 소(訴)는 본점소재지의 지방법원의 관할에 전속한다.

[본조신설 2011.4.14]

제287조의18(준용규정) 유한책임회사의 내부관계에 관하여는 정관이나 이 법에 다른 규정이 없으면 합명회사에 관한 규정을 준용한다.

[본조신설 2011.4.14]

제3절 유한책임회사의 외부관계 [신설 2011.4.14]

제287조의19(유한책임회사의 대표) ① 업무집행자는 유한책임회사를 대표한다.

② 업무집행자가 둘 이상인 경우 정관 또는 총사원의 동의로 유한책임회사를 대표할 업무집행자를 정할 수 있다.

③ 유한책임회사는 정관 또는 총사원의 동의로 둘 이상의 업무집행자가 공동으로 회사를 대표할 것을 정할 수 있다.

④ 제3항의 경우에 제3자의 유한책임회사에 대한 의사표시는 공동대표의 권한이 있는 자 1인에 대하여 함으로써 그 효력이 생긴다.

⑤ 유한책임회사를 대표하는 업무집행자에 대하여는 제209조를 준용한다.

[본조신설 2011.4.14]

제287조의20(손해배상책임) 유한책임회사를 대표하는 업무집행자가 그 업무집행으로 타인에게 손해를 입힌 경우에는 회사는 그 업무집행자와 연대하여 배상할 책임이 있다.

[본조신설 2011.4.14]

제287조의21(유한책임회사와 사원 간의 소) 유한책임회사가 사원(사원이 아닌 업무집행자를 포함한다. 이하 이 조에서 같다)에 대하여 또는 사원이 유한책임회사에 대하여 소를 제기하는 경우에 유한책임회사를 대표할 사원이 없을 때에는 다른 사원 과반수의 결의로 대표할 사원을 선정하여야 한다.

[본조신설 2011.4.14]

제287조의22(대표소송) ① 사원은 회사에 대하여 업무집행자의 책임을 추궁하는 소의 제기를 청구할 수 있다.

② 제1항의 소에 관하여는 제403조 제2항부터 제4항까지, 제6항, 제7항 및 제404조부터 제406조까지의 규정을 준용한다.

[본조신설 2011.4.14]

제4절 사원의 가입 및 탈퇴 [신설 2011.4.14]

제287조의23(사원의 가입) ① 유한책임회사는 정관을 변경함으로써 새로운 사원을 가입시킬 수 있다.

② 제1항에 따른 사원의 가입은 정관을 변경한 때에 효력이 발생한다. 다만, 정관을 변경한 때에 해당 사원이 출자에 관한 납입 또는 재산의 전부 또는 일부의 출자를 이행하지 아니한 경우에는 그 납입 또는 이행을 마친 때에 사원이 된다.

③ 사원 가입 시 현물출자를 하는 사원에 대하여는 제287조의4 제3항을 준용한다.

[본조신설 2011.4.14]

제287조의24(사원의 퇴사권) 사원의 퇴사에 관하여는 정관으로 달리 정하지 아니하는 경우에는 제217조 제1항을 준용한다.

[본조신설 2011.4.14]

제287조의25(퇴사 원인) 사원의 퇴사 원인에 관하여는 제218조를 준용한다.

[본조신설 2011.4.14]

제287조의26(사원사망 시 권리승계의 통지) 사원이 사망한 경우에는 제219조를 준용한다.

[본조신설 2011.4.14]

제287조의27(제명의 선고) 사원의 제명에 관하여는 제220조를 준용한다. 다만, 사원의 제명에 필요한 결의는 정관으로 달리 정할 수 있다.

[본조신설 2011.4.14]

제287조의28(퇴사 사원 지분의 환급) ① 퇴사 사원은 그 지분의 환급을 금전으로 받을 수 있다.

② 퇴사 사원에 대한 환급금액은 퇴사 시의 회사의 재산 상황에 따라 정한다.

③ 퇴사 사원의 지분 환급에 대하여는 정관으로 달리 정할 수 있다.

[본조신설 2011.4.14]

제287조의29(지분압류채권자에 의한 퇴사) 사원의 지분을 압류한 채권자가 그 사원을 퇴사시키는 경우에는 제224조를 준용한다.

[본조신설 2011.4.14]

제287조의30(퇴사 사원의 지분 환급과 채권자의 이의) ① 유한책임회사의 채권자는 퇴사하는 사원에게 환급하는 금액이 제287조의37에 따른 잉여금을 초과한 경우에는 그

환급에 대하여 회사에 이의를 제기할 수 있다.

② 제1항의 이의제기에 관하여는 제232조를 준용한다. 다만, 제232조 제3항은 지분을 환급하더라도 채권자에게 손해를 끼칠 우려가 없는 경우에는 준용하지 아니한다.

[본조신설 2011.4.14]

제287조의31(퇴사 사원의 상호변경 청구권) 퇴사한 사원의 성명이 유한책임회사의 상호 중에 사용된 경우에는 그 사원은 유한책임회사에 대하여 그 사용의 폐지를 청구할 수 있다.

[본조신설 2011.4.14]

제5절 회계 등 [신설 2011.4.14]

제287조의32(회계 원칙) 유한책임회사의 회계는 이 법과 대통령령으로 규정한 것 외에는 일반적으로 공정하고 타당한 회계관행에 따른다.

[본조신설 2011.4.14]

제287조의33(재무제표의 작성 및 보존) 업무집행자는 결산기마다 대차대조표, 손익계산서, 그 밖에 유한책임회사의 재무상태와 경영성과를 표시하는 것으로서 대통령령으로 정하는 서류를 작성하여야 한다.

[본조신설 2011.4.14]

제287조의34(재무제표의 비치·공시) ① 업무집행자는 제287조의33에 규정된 서류를 본점에 5년간 갖추어 두어야 하고, 그 등본을 지점에 3년간 갖추어 두어야 한다.

② 사원과 유한책임회사의 채권자는 회사의 영업시간 내에는 언제든지 제287조의33에 따라 작성된 재무제표(財務諸表)의 열람과 등사를 청구할 수 있다.

[본조신설 2011.4.14]

제287조의35(자본금의 액) 사원이 출자한 금전이나 그 밖의 재산의 가액을 유한책임회사의 자본금으로 한다.

[본조신설 2011.4.14]

제287조의36(자본금의 감소) ① 유한책임회사는 정관 변경의 방법으로 자본금을 감소할 수 있다.

② 제1항의 경우에는 제232조를 준용한다. 다만, 감소 후의 자본금의 액이 순자산액 이상인 경우에는 그러하지 아니하다.

[본조신설 2011.4.14]

제287조의37(잉여금의 분배) ① 유한책임회사는 대차대조표상의 순자산액으로부터 자본금의 액을 뺀 액(이하 이 조에서 "잉여금"이라 한다)을 한도로 하여 잉여금을 분배할 수 있다.

② 제1항을 위반하여 잉여금을 분배한 경우에는 유한책임회사의 채권자는 그 잉여금을 분배받은 자에 대하여 회사에 반환할 것을 청구할 수 있다.

③ 제2항의 청구에 관한 소는 본점소재지의 지방법원의 관할에 전속한다.

④ 잉여금은 정관에 다른 규정이 없으면 각 사원이 출자한 가액에 비례하여 분배한다.

⑤ 잉여금의 분배를 청구하는 방법이나 그 밖에 잉여금의 분배에 관한 사항은 정관으로 정할 수 있다.

⑥ 사원의 지분의 압류는 잉여금의 배당을 청구하는 권리에 대하여도 그 효력이 있다.

[본조신설 2011.4.14]

제6절 해산 [신설 2011.4.14]

제287조의38(해산 원인) 유한책임회사는 다음 각 호의 어느 하나에 해당하는 사유로 해산한다.

1. 제227조 제1호·제2호 및 제4호부터 제6호까지에서 규정한 사항에 해당하는 경우
2. 사원이 없게 된 경우

[본조신설 2011.4.14]

제287조의39(해산등기) 유한책임회사가 해산된 경우에는 합병과 파산의 경우 외에는 그 해산사유가 있었던 날부터 본점소재지에서는 2주 내에 해산등기를 하고, 지점소재지에서는 3주 내에 해산등기를 하여야 한다.

[본조신설 2011.4.14]

제287조의40(유한책임회사의 계속) 제287조의38의 해산 원인 중 제227조 제1호 및 제2호의 경우에는 제229조 제1항 및 제3항을 준용한다.

[본조신설 2011.4.14]

제287조의41(유한책임회사의 합병) 유한책임회사의 합병에 관하여는 제230조, 제232조부터 제240조까지의 규정을 준용한다.

[본조신설 2011.4.14]

제287조의42(해산청구) 유한책임회사의 사원이 해산을 청구하는 경우에는 제241조를 준용한다.

[본조신설 2011.4.14]

제7절 조직변경 [신설 2011.4.14]

제287조의43(조직의 변경) ① 주식회사는 총회에서 총주주의 동의로 결의한 경우에는 그 조직을 변경하여 이 장에 따른 유한책임회사로 할 수 있다.

② 유한책임회사는 총사원의 동의에 의하여 주식회사로 변경할 수 있다.

[본조신설 2011.4.14]

제287조의44(준용규정) 유한책임회사의 조직의 변경에 관하여는 제232조 및 제604조부터 제607조까지의 규정을 준용한다.

[본조신설 2011.4.14]

제8절 청산 [신설 2011.4.14]

제287조의45(청산) 유한책임회사의 청산(淸算)에 관하여는 제245조, 제246조, 제251조부터 제257조까지 및 제259조부터 제267조까지의 규정을 준용한다.

[본조신설 2011.4.14]

제4장 주식회사

제1절 설립

제288조(발기인) 주식회사를 설립함에는 발기인이 정관을 작성하여야 한다.
[전문개정 2001.7.24]

제289조(정관의 작성, 절대적 기재사항) ① 발기인은 정관을 작성하여 다음의 사항을 적고 각 발기인이 기명날인 또는 서명하여야 한다. [개정 1984.4.10, 1995.12.29, 2001.7.24, 2011.4.14]

1. 목적
2. 상호
3. 회사가 발행할 주식의 총수
4. 액면주식을 발행하는 경우 1주의 금액
5. 회사의 설립 시에 발행하는 주식의 총수
6. 본점의 소재지
7. 회사가 공고를 하는 방법
8. 발기인의 성명·주민등록번호 및 주소
9. 삭제 [1984.4.10]

② 삭제 [2011.4.14]

③ 회사의 공고는 관보 또는 시사에 관한 사항을 게재하는 일간신문에 하여야 한다. 다만, 회사는 그 공고를 정관으로 정하는 바에 따라 전자적 방법으로 할 수 있다. [개정 2009.5.28]

④ 회사는 제3항에 따라 전자적 방법으로 공고할 경우 대통령령으로 정하는 기간까지 계속 공고하고, 재무제표를 전자적 방법으로 공고할 경우에는 제450조에서 정한 기간까지 계속 공고하여야 한다. 다만, 공고기간 이후에도 누구나 그 내용을 열람할 수 있도록 하여야 한다. [신설 2009.5.28]

⑤ 회사가 전자적 방법으로 공고를 할 경우에는 게시 기간과 게시 내용에 대하여 증명하여야 한다. [신설 2009.5.28]

⑥ 회사의 전자적 방법으로 하는 공고에 관하여 필요한 사항은 대통령령으로 정한다. [신설 2009.5.28]

제290조(변태설립사항) 다음의 사항은 정관에 기재함으로써 그 효력이 있다.

1. 발기인이 받을 특별이익과 이를 받을 자의 성명
2. 현물출자를 하는 자의 성명과 그 목적인 재산의 종류, 수량, 가격과 이에 대하여 부여할 주식의 종류와 수
3. 회사성립후에 양수할 것을 약정한 재산의 종류, 수량, 가격과 그 양도인의 성명
4. 회사가 부담할 설립비용과 발기인이 받을 보수액

제291조(설립 당시의 주식발행사항의 결정) 회사설립 시에 발행하는 주식에 관하여 다음의 사항은 정관으로 달리 정하지 아니하면 발기인 전원의 동의로 이를 정한다.

1. 주식의 종류와 수
2. 액면주식의 경우에 액면 이상의 주식을 발행할 때에는 그 수와 금액
3. 무액면주식을 발행하는 경우에는 주식의 발행가액과 주식의 발행가액 중 자본금

으로 계상하는 금액

[전문개정 2011.4.14]

제292조(정관의 효력발생) 정관은 공증인의 인증을 받음으로써 효력이 생긴다. 다만, 자본금 총액이 10억원 미만인 회사를 제295조 제1항에 따라 발기설립(發起設立)하는 경우에는 제289조 제1항에 따라 각 발기인이 정관에 기명날인 또는 서명함으로써 효력이 생긴다.

[전문개정 2009.5.28]

제293조(발기인의 주식인수) 각 발기인은 서면에 의하여 주식을 인수하여야 한다.

제294조 삭제 [1995.12.29]

제295조(발기설립의 경우의 납입과 현물출자의 이행) ① 발기인이 회사의 설립 시에 발행하는 주식의 총수를 인수한 때에는 지체없이 각 주식에 대하여 그 인수가액의 전액을 납입하여야 한다. 이 경우 발기인은 납입을 맡을 은행 기타 금융기관과 납입장소를 지정하여야 한다. [개정 1995.12.29]

② 현물출자를 하는 발기인은 납입기일에 지체없이 출자의 목적인 재산을 인도하고 등기, 등록 기타 권리의 설정 또는 이전을 요할 경우에는 이에 관한 서류를 완비하여 교부하여야 한다.

제296조(발기설립의 경우의 임원선임) ① 전조의 규정에 의한 납입과 현물출자의 이행이 완료된 때에는 발기인은 지체없이 의결권의 과반수로 이사와 감사를 선임하여야 한다.

② 발기인의 의결권은 그 인수주식의 1주에 대하여 1개로 한다.

제297조(발기인의 의사록작성) 발기인은 의사록을 작성하여 의사의 경과와 그 결과를 기재하고 기명날인 또는 서명하여야 한다. [개정 1995.12.29]

제298조(이사·감사의 조사·보고와 검사인의 선임청구) ① 이사와 감사는 취임후 지체없이 회사의 설립에 관한 모든 사항이 법령 또는 정관의 규정에 위반되지 아니하는지의 여부를 조사하여 발기인에게 보고하여야 한다.

② 이사와 감사중 발기인이었던 자·현물출자자 또는 회사성립후 양수할 재산의 계약당사자인 자는 제1항의 조사·보고에 참가하지 못한다.

③ 이사와 감사의 전원이 제2항에 해당하는 때에는 이사는 공증인으로 하여금 제1항의 조사·보고를 하게 하여야 한다.

④ 정관으로 제290조 각호의 사항을 정한 때에는 이사는 이에 관한 조사를 하게 하기 위하여 검사인의 선임을 법원에 청구하여야 한다. 다만, 제299조의2의 경우에는 그러하지 아니하다.

[전문개정 1995.12.29]

제299조(검사인의 조사, 보고) ① 검사인은 제290조 각 호의 사항과 제295조에 따른 현물출자의 이행을 조사하여 법원에 보고하여야 한다.

② 제1항은 다음 각 호의 어느 하나에 해당할 경우에는 적용하지 아니한다.

1. 제290조 제2호 및 제3호의 재산총액이 자본금의 5분의 1을 초과하지 아니하고 대통령령으로 정한 금액을 초과하지 아니하는 경우
2. 제290조 제2호 또는 제3호의 재산이 거래소에서 시세가 있는 유가증권인 경우로서 정관에 적힌 가격이 대통령령으로 정한 방법으로 산정된 시세를 초과하지 아

니하는 경우

3. 그 밖에 제1호 및 제2호에 준하는 경우로서 대통령령으로 정하는 경우

③ 검사인은 제1항의 조사보고서를 작성한 후 지체 없이 그 등본을 각 발기인에게 교부하여야 한다.

④ 검사인의 조사보고서에 사실과 다른 사항이 있는 경우에는 발기인은 이에 대한 설명서를 법원에 제출할 수 있다.

[전문개정 2011.4.14]

제299조의2(현물출자 등의 증명) 제290조 제1호 및 제4호에 기재한 사항에 관하여는 공증인의 조사ㆍ보고로, 제290조 제2호 및 제3호의 규정에 의한 사항과 제295조의 규정에 의한 현물출자의 이행에 관하여는 공인된 감정인의 감정으로 제299조 제1항의 규정에 의한 검사인의 조사에 갈음할 수 있다. 이 경우 공증인 또는 감정인은 조사 또는 감정결과를 법원에 보고하여야 한다. [개정 1998.12.28]

[본조신설 1995.12.29]

제300조(법원의 변경처분) ① 법원은 검사인 또는 공증인의 조사보고서 또는 감정인의 감정결과와 발기인의 설명서를 심사하여 제290조의 규정에 의한 사항을 부당하다고 인정한 때에는 이를 변경하여 각 발기인에게 통고할 수 있다. [개정 1998.12.28]

② 제1항의 변경에 불복하는 발기인은 그 주식의 인수를 취소할 수 있다. 이 경우에는 정관을 변경하여 설립에 관한 절차를 속행할 수 있다. [개정 1998.12.28]

③ 법원의 통고가 있은 후 2주내에 주식의 인수를 취소한 발기인이 없는 때에는 정관은 통고에 따라서 변경된 것으로 본다. [개정 1998.12.28]

제301조(모집설립의 경우의 주식모집) 발기인이 회사의 설립시에 발행하는 주식의 총수를 인수하지 아니하는 때에는 주주를 모집하여야 한다.

제302조(주식인수의 청약, 주식청약서의 기재사항) ① 주식인수의 청약을 하고자 하는 자는 주식청약서 2통에 인수할 주식의 종류 및 수와 주소를 기재하고 기명날인 또는 서명하여야 한다. [개정 1995.12.29]

② 주식청약서는 발기인이 작성하고 다음의 사항을 적어야 한다. [개정 1962.12.12, 1984.4.10, 1995.12.29, 2011.4.14]

1. 정관의 인증년월일과 공증인의 성명
2. 제289조 제1항과 제290조에 게기한 사항
3. 회사의 존립기간 또는 해산사유를 정한 때에는 그 규정
4. 각 발기인이 인수한 주식의 종류와 수
5. 제291조에 게기한 사항

5의2. 주식의 양도에 관하여 이사회의 승인을 얻도록 정한 때에는 그 규정

6. 삭제 [2011.4.14]
7. 주주에게 배당할 이익으로 주식을 소각할 것을 정한 때에는 그 규정
8. 일정한 시기까지 창립총회를 종결하지 아니한 때에는 주식의 인수를 취소할 수 있다는 뜻
9. 납입을 맡을 은행 기타 금융기관과 납입장소
10. 명의개서대리인을 둔 때에는 그 성명ㆍ주소 및 영업소

③ 민법 제107조 제1항 단서의 규정은 주식인수의 청약에는 적용하지 아니한다. [개

정 1962.12.12]

제303조(주식인수인의 의무) 주식인수를 청약한 자는 발기인이 배정한 주식의 수에 따라서 인수가액을 납입할 의무를 부담한다.

제304조(주식인수인 등에 대한 통지, 최고) ① 주식인수인 또는 주식청약인에 대한 통지나 최고는 주식인수증 또는 주식청약서에 기재한 주소 또는 그 자로부터 회사에 통지한 주소로 하면 된다.

② 전항의 통지 또는 최고는 보통 그 도달할 시기에 도달한 것으로 본다.

제305조(주식에 대한 납입) ① 회사설립시에 발행하는 주식의 총수가 인수된 때에는 발기인은 지체없이 주식인수인에 대하여 각 주식에 대한 인수가액의 전액을 납입시켜야 한다.

② 전항의 납입은 주식청약서에 기재한 납입장소에서 하여야 한다.

③ 제295조 제2항의 규정은 제1항의 경우에 준용한다.

제306조(납입금의 보관자 등의 변경) 납입금의 보관자 또는 납입장소를 변경할 때에는 법원의 허가를 얻어야 한다.

제307조(주식인수인의 실권절차) ① 주식인수인이 제305조의 규정에 의한 납입을 하지 아니한 때에는 발기인은 일정한 기일을 정하여 그 기일내에 납입을 하지 아니하면 그 권리를 잃는다는 뜻을 기일의 2주간전에 그 주식인수인에게 통지하여야 한다.

② 전항의 통지를 받은 주식인수인이 그 기일내에 납입의 이행을 하지 아니한 때에는 그 권리를 잃는다. 이 경우에는 발기인은 다시 그 주식에 대한 주주를 모집할 수 있다.

③ 전2항의 규정은 그 주식인수인에 대한 손해배상의 청구에 영향을 미치지 아니한다.

제308조(창립총회) ① 제305조의 규정에 의한 납입과 현물출자의 이행을 완료한 때에는 발기인은 지체없이 창립총회를 소집하여야 한다.

② 제363조 제1항 · 제2항, 제364조, 제368조 제2항 · 제3항, 제368조의2, 제369조 제1항, 제371조 제2항, 제372조, 제373조, 제376조 내지 제381조와 제435조의 규정은 창립총회에 준용한다. [개정 1984.4.10, 2014.5.20]

제309조(창립총회의 결의) 창립총회의 결의는 출석한 주식인수인의 의결권의 3분의 2 이상이며 인수된 주식의 총수의 과반수에 해당하는 다수로 하여야 한다.

제310조(변태설립의 경우의 조사) ① 정관으로 제290조에 게기한 사항을 정한 때에는 발기인은 이에 관한 조사를 하게 하기 위하여 검사인의 선임을 법원에 청구하여야 한다.

② 전항의 검사인의 보고서는 이를 창립총회에 제출하여야 한다.

③ 제298조 제4항 단서 및 제299조의2의 규정은 제1항의 조사에 관하여 이를 준용한다. [신설 1995.12.29]

제311조(발기인의 보고) ① 발기인은 회사의 창립에 관한 사항을 서면에 의하여 창립총회에 보고하여야 한다.

② 전항의 보고서에는 다음의 사항을 명확히 기재하여야 한다.

1. 주식인수와 납입에 관한 제반상황
2. 제290조에 게기한 사항에 관한 실태

제312조(임원의 선임) 창립총회에서는 이사와 감사를 선임하여야 한다.

제313조(이사, 감사의 조사, 보고) ① 이사와 감사는 취임후 지체없이 회사의 설립에 관한 모든 사항이 법령 또는 정관의 규정에 위반되지 아니하는지의 여부를 조사하여 창립총회에 보고하여야 한다. [개정 1962.12.12, 1995.12.29]

② 제298조 제2항 및 제3항의 규정은 제1항의 조사와 보고에 관하여 이를 준용한다. [개정 1995.12.29]

③ 삭제 [1995.12.29]

제314조(변태설립사항의 변경) ① 창립총회에서는 제290조에 게기한 사항이 부당하다고 인정한 때에는 이를 변경할 수 있다.

② 제300조 제2항과 제3항의 규정은 전항의 경우에 준용한다.

제315조(발기인에 대한 손해배상청구) 전조의 규정은 발기인에 대한 손해배상의 청구에 영향을 미치지 아니한다.

제316조(정관변경, 설립폐지의 결의) ① 창립총회에서는 정관의 변경 또는 설립의 폐지를 결의할 수 있다.

② 전항의 결의는 소집통지서에 그 뜻의 기재가 없는 경우에도 이를 할 수 있다.

제317조(설립의 등기) ① 주식회사의 설립등기는 발기인이 회사설립시에 발행한 주식의 총수를 인수한 경우에는 제299조와 제300조의 규정에 의한 절차가 종료한 날로부터, 발기인이 주주를 모집한 경우에는 창립총회가 종결한 날 또는 제314조의 규정에 의한 절차가 종료한 날로부터 2주간내에 이를 하여야 한다.

② 제1항의 설립등기에 있어서는 다음의 사항을 등기하여야 한다. [개정 1962.12.12, 1984.4.10, 1995.12.29, 1999.12.31, 2009.1.30, 2011.4.14]

1. 제289조 제1항 제1호 내지 제4호, 제6호와 제7호에 게기한 사항
2. 자본금의 액
3. 발행주식의 총수, 그 종류와 각종주식의 내용과 수

3의2. 주식의 양도에 관하여 이사회의 승인을 얻도록 정한 때에는 그 규정

3의3. 주식매수선택권을 부여하도록 정한 때에는 그 규정

3의4. 지점의 소재지

4. 회사의 존립기간 또는 해산사유를 정한 때에는 그 기간 또는 사유
5. 삭제 [2011.4.14]
6. 주주에게 배당할 이익으로 주식을 소각할 것을 정한 때에는 그 규정
7. 전환주식을 발행하는 경우에는 제347조에 게기한 사항
8. 사내이사, 사외이사, 그 밖에 상무에 종사하지 아니하는 이사, 감사 및 집행임원의 성명과 주민등록번호
9. 회사를 대표할 이사 또는 집행임원의 성명·주민등록번호 및 주소
10. 둘 이상의 대표이사 또는 대표집행임원이 공동으로 회사를 대표할 것을 정한 경우에는 그 규정
11. 명의개서대리인을 둔 때에는 그 상호 및 본점소재지
12. 감사위원회를 설치한 때에는 감사위원회 위원의 성명 및 주민등록번호

③ 주식회사의 지점 설치 및 이전 시 지점소재지 또는 신지점소재지에서 등기를 할 때에는 제289조 제1항 제1호·제2호·제6호 및 제7호와 이 조 제2항 제4호·제9호

및 제10호에 따른 사항을 등기하여야 한다. [개정 2011.4.14]

④ 제181조 내지 제183조의 규정은 주식회사의 등기에 준용한다.

제318조(납입금 보관자의 증명과 책임) ① 납입금을 보관한 은행이나 그 밖의 금융기관은 발기인 또는 이사의 청구를 받으면 그 보관금액에 관하여 증명서를 발급하여야 한다.

② 제1항의 은행이나 그 밖의 금융기관은 증명한 보관금액에 대하여는 납입이 부실하거나 그 금액의 반환에 제한이 있다는 것을 이유로 회사에 대항하지 못한다.

③ 자본금 총액이 10억원 미만인 회사를 제295조 제1항에 따라 발기설립하는 경우에는 제1항의 증명서를 은행이나 그 밖의 금융기관의 잔고증명서로 대체할 수 있다. [전문개정 2009.5.28]

제319조(권리주의 양도) 주식의 인수로 인한 권리의 양도는 회사에 대하여 효력이 없다.

제320조(주식인수의 무효 주장, 취소의 제한) ① 회사성립후에는 주식을 인수한 자는 주식청약서의 요건의 흠결을 이유로 하여 그 인수의 무효를 주장하거나 사기, 강박 또는 착오를 이유로 하여 그 인수를 취소하지 못한다.

② 창립총회에 출석하여 그 권리를 행사한 자는 회사의 성립전에도 전항과 같다.

제321조(발기인의 인수, 납입담보책임) ① 회사설립시에 발행한 주식으로서 회사성립후에 아직 인수되지 아니한 주식이 있거나 주식인수의 청약이 취소된 때에는 발기인이 이를 공동으로 인수한 것으로 본다.

② 회사성립후 제295조 제1항 또는 제305조 제1항의 규정에 의한 납입을 완료하지 아니한 주식이 있는 때에는 발기인은 연대하여 그 납입을 하여야 한다.

③ 제315조의 규정은 전2항의 경우에 준용한다.

제322조(발기인의 손해배상책임) ① 발기인이 회사의 설립에 관하여 그 임무를 해태한 때에는 그 발기인은 회사에 대하여 연대하여 손해를 배상할 책임이 있다.

② 발기인이 악의 또는 중대한 과실로 인하여 그 임무를 해태한 때에는 그 발기인은 제삼자에 대하여도 연대하여 손해를 배상할 책임이 있다.

제323조(발기인, 임원의 연대책임) 이사 또는 감사가 제313조 제1항의 규정에 의한 임무를 해태하여 회사 또는 제삼자에 대하여 손해를 배상할 책임을 지는 경우에 발기인도 책임을 질때에는 그 이사, 감사와 발기인은 연대하여 손해를 배상할 책임이 있다.

제324조(발기인의 책임면제, 주주의 대표소송) 제400조, 제403조부터 제406조까지 및 제406조의2는 발기인에 준용한다. [개정 2020.12.29]

제325조(검사인의 손해배상책임) 법원이 선임한 검사인이 악의 또는 중대한 과실로 인하여 그 임무를 해태한 때에는 회사 또는 제삼자에 대하여 손해를 배상할 책임이 있다.

제326조(회사불성립의 경우의 발기인의 책임) ① 회사가 성립하지 못한 경우에는 발기인은 그 설립에 관한 행위에 대하여 연대하여 책임을 진다.

② 전항의 경우에 회사의 설립에 관하여 지급한 비용은 발기인이 부담한다.

제327조(유사발기인의 책임) 주식청약서 기타 주식모집에 관한 서면에 성명과 회사의 설립에 찬조하는 뜻을 기재할 것을 승낙한 자는 발기인과 동일한 책임이 있다.

제328조(설립무효의 소) ① 회사설립의 무효는 주주·이사 또는 감사에 한하여 회사성립의 날로부터 2년내에 소만으로 이를 주장할 수 있다. [개정 1984.4.10]

② 제186조 내지 제193조의 규정은 제1항의 소에 준용한다. [개정 1984.4.10]

제2절 주식

제1관 주식과 주권 [신설 2001.7.24]

제329조(자본금의 구성) ① 회사는 정관으로 정한 경우에는 주식의 전부를 무액면주식으로 발행할 수 있다. 다만, 무액면주식을 발행하는 경우에는 액면주식을 발행할 수 없다.

② 액면주식의 금액은 균일하여야 한다.

③ 액면주식 1주의 금액은 100원 이상으로 하여야 한다.

④ 회사는 정관으로 정하는 바에 따라 발행된 액면주식을 무액면주식으로 전환하거나 무액면주식을 액면주식으로 전환할 수 있다.

⑤ 제4항의 경우에는 제440조, 제441조 본문 및 제442조를 준용한다.

[전문개정 2011.4.14]

제329조의2(주식의 분할) ① 회사는 제434조의 규정에 의한 주주총회의 결의로 주식을 분할할 수 있다.

② 제1항의 경우에 분할 후의 액면주식 1주의 금액은 제329조 제3항에 따른 금액 미만으로 하지 못한다. [개정 2011.4.14]

③ 제440조부터 제443조까지의 규정은 제1항의 규정에 의한 주식분할의 경우에 이를 준용한다. [개정 2014.5.20]

[본조신설 1998.12.28]

제330조(액면미달발행의 제한) 주식은 액면미달의 가액으로 발행하지 못한다. 그러나 제417조의 경우에는 그러하지 아니하다.

제331조(주주의 책임) 주주의 책임은 그가 가진 주식의 인수가액을 한도로 한다.

제332조(가설인, 타인의 명의에 의한 인수인의 책임) ① 가설인의 명의로 주식을 인수하거나 타인의 승락없이 그 명의로 주식을 인수한 자는 주식인수인으로서의 책임이 있다.

② 타인의 승락을 얻어 그 명의로 주식을 인수한 자는 그 타인과 연대하여 납입할 책임이 있다.

제333조(주식의 공유) ① 수인이 공동으로 주식을 인수한 자는 연대하여 납입할 책임이 있다.

② 주식이 수인의 공유에 속하는 때에는 공유자는 주주의 권리를 행사할 자 1인을 정하여야 한다.

③ 주주의 권리를 행사할 자가 없는 때에는 공유자에 대한 통지나 최고는 그 1인에 대하여 하면 된다.

제334조 삭제 [2011.4.14]

제335조(주식의 양도성) ① 주식은 타인에게 양도할 수 있다. 다만, 회사는 정관으로 정하는 바에 따라 그 발행하는 주식의 양도에 관하여 이사회의 승인을 받도록 할 수 있다. [개정 2011.4.14]

② 제1항 단서의 규정에 위반하여 이사회의 승인을 얻지 아니한 주식의 양도는 회사에 대하여 효력이 없다. [신설 1995.12.29]

③ 주권발행전에 한 주식의 양도는 회사에 대하여 효력이 없다. 그러나 회사성립후 또는 신주의 납입기일후 6월이 경과한 때에는 그러하지 아니하다. [개정 1984.4.10]

제335조의2(양도승인의 청구) ① 주식의 양도에 관하여 이사회의 승인을 얻어야 하는

경우에는 주식을 양도하고자 하는 주주는 회사에 대하여 양도의 상대방 및 양도하고자 하는 주식의 종류와 수를 기재한 서면으로 양도의 승인을 청구할 수 있다.

② 회사는 제1항의 청구가 있는 날부터 1월 이내에 주주에게 그 승인여부를 서면으로 통지하여야 한다.

③ 회사가 제2항의 기간내에 주주에게 거부의 통지를 하지 아니한 때에는 주식의 양도에 관하여 이사회의 승인이 있는 것으로 본다.

④ 제2항의 양도승인거부의 통지를 받은 주주는 통지를 받은 날부터 20일내에 회사에 대하여 양도의 상대방의 지정 또는 그 주식의 매수를 청구할 수 있다.

[본조신설 1995.12.29]

제335조의3(양도상대방의 지정청구) ① 주주가 양도의 상대방을 지정하여 줄 것을 청구한 경우에는 이사회는 이를 지정하고, 그 청구가 있은 날부터 2주간내에 주주 및 지정된 상대방에게 서면으로 이를 통지하여야 한다.

② 제1항의 기간내에 주주에게 상대방지정의 통지를 하지 아니한 때에는 주식의 양도에 관하여 이사회의 승인이 있는 것으로 본다.

[본조신설 1995.12.29]

제335조의4(지정된 자의 매도청구권) ① 제335조의3 제1항의 규정에 의하여 상대방으로 지정된 자는 지정통지를 받은 날부터 10일 이내에 지정청구를 한 주주에 대하여 서면으로 그 주식을 자기에게 매도할 것을 청구할 수 있다.

② 제335조의3 제2항의 규정은 주식의 양도상대방으로 지정된 자가 제1항의 기간내에 매도의 청구를 하지 아니한 때에 이를 준용한다.

[본조신설 1995.12.29]

[제목개정 2001.7.24]

제335조의5(매도가액의 결정) ① 제335조의4의 경우에 그 주식의 매도가액은 주주와 매도청구인간의 협의로 이를 결정한다. [개정 2001.7.24]

② 제374조의2 제4항 및 제5항의 규정은 제335조의4 제1항의 규정에 의한 청구를 받은 날부터 30일 이내에 제1항의 규정에 의한 협의가 이루어지지 아니하는 경우에 이를 준용한다. [개정 2001.7.24]

[본조신설 1995.12.29]

[제목개정 2001.7.24]

제335조의6(주식의 매수청구) 제374조의2 제2항 내지 제5항의 규정은 제335조의2 제4항의 규정에 의하여 주주가 회사에 대하여 주식의 매수를 청구한 경우에 이를 준용한다. [개정 2001.7.24]

[본조신설 1995.12.29]

제335조의7(주식의 양수인에 의한 승인청구) ① 주식의 양도에 관하여 이사회의 승인을 얻어야 하는 경우에 주식을 취득한 자는 회사에 대하여 그 주식의 종류와 수를 기재한 서면으로 그 취득의 승인을 청구할 수 있다.

② 제335조의2 제2항 내지 제4항, 제335조의3 내지 제335조의6의 규정은 제1항의 경우에 이를 준용한다.

[본조신설 1995.12.29]

제336조(주식의 양도방법) ① 주식의 양도에 있어서는 주권을 교부하여야 한다.

② 주권의 점유자는 이를 적법한 소지인으로 추정한다.

[전문개정 1984.4.10]

제337조(주식의 이전의 대항요건) ① 주식의 이전은 취득자의 성명과 주소를 주주명부에 기재하지 아니하면 회사에 대항하지 못한다. [개정 2014.5.20]

② 회사는 정관이 정하는 바에 의하여 명의개서대리인을 둘 수 있다. 이 경우 명의개서대리인이 취득자의 성명과 주소를 주주명부의 복본에 기재한 때에는 제1항의 명의개서가 있는 것으로 본다. [신설 1984.4.10]

[제목개정 2014.5.20]

제338조(주식의 입질) ① 주식을 질권의 목적으로 하는 때에는 주권을 질권자에게 교부하여야 한다. [개정 2014.5.20]

② 질권자는 계속하여 주권을 점유하지 아니하면 그 질권으로써 제삼자에게 대항하지 못한다.

[제목개정 2014.5.20]

제339조(질권의 물상대위) 주식의 소각, 병합, 분할 또는 전환이 있는 때에는 이로 인하여 종전의 주주가 받을 금전이나 주식에 대하여도 종전의 주식을 목적으로한 질권을 행사할 수 있다. [개정 1998.12.28]

제340조(주식의 등록질) ① 주식을 질권(質權)의 목적으로 한 경우에 회사가 질권설정자의 청구에 따라 그 성명과 주소를 주주명부에 덧붙여 쓰고 그 성명을 주권(株券)에 적은 경우에는 질권자는 회사로부터 이익배당, 잔여재산의 분배 또는 제339조에 따른 금전의 지급을 받아 다른 채권자에 우선하여 자기채권의 변제에 충당할 수 있다. [개정 2011.4.14, 2014.5.20]

② 민법 제353조 제3항의 규정은 전항의 경우에 준용한다.

③ 제1항의 질권자는 회사에 대하여 전조의 주식에 대한 주권의 교부를 청구할 수 있다.

[제목개정 2014.5.20]

제340조의2(주식매수선택권) ① 회사는 정관으로 정하는 바에 따라 제434조의 주주총회의 결의로 회사의 설립 · 경영 및 기술혁신 등에 기여하거나 기여할 수 있는 회사의 이사, 집행임원, 감사 또는 피용자(被用者)에게 미리 정한 가액(이하 "주식매수선택권의 행사가액"이라 한다)으로 신주를 인수하거나 자기의 주식을 매수할 수 있는 권리(이하 "주식매수선택권"이라 한다)를 부여할 수 있다. 다만, 주식매수선택권의 행사가액이 주식의 실질가액보다 낮은 경우에 회사는 그 차액을 금전으로 지급하거나 그 차액에 상당하는 자기의 주식을 양도할 수 있다. 이 경우 주식의 실질가액은 주식매수선택권의 행사일을 기준으로 평가한다.

② 다음 각 호의 어느 하나에 해당하는 자에게는 제1항의 주식매수선택권을 부여할 수 없다.

1. 의결권 없는 주식을 제외한 발행주식총수의 100분의 10 이상의 주식을 가진 주주
2. 이사 · 집행임원 · 감사의 선임과 해임 등 회사의 주요 경영사항에 대하여 사실상 영향력을 행사하는 자
3. 제1호와 제2호에 규정된 자의 배우자와 직계존비속

③ 제1항에 따라 발행할 신주 또는 양도할 자기의 주식은 회사의 발행주식총수의

100분의 10을 초과할 수 없다.

④ 제1항의 주식매수선택권의 행사가액은 다음 각 호의 가액 이상이어야 한다.

1. 신주를 발행하는 경우에는 주식매수선택권의 부여일을 기준으로 한 주식의 실질가액과 주식의 권면액(券面額) 중 높은 금액. 다만, 무액면주식을 발행한 경우에는 자본으로 계상되는 금액 중 1주에 해당하는 금액을 권면액으로 본다.
2. 자기의 주식을 양도하는 경우에는 주식매수선택권의 부여일을 기준으로 한 주식의 실질가액

[전문개정 2011.4.14]

제340조의3(주식매수선택권의 부여) ① 제340조의2 제1항의 주식매수선택권에 관한 정관의 규정에는 다음 각호의 사항을 기재하여야 한다.

1. 일정한 경우 주식매수선택권을 부여할 수 있다는 뜻
2. 주식매수선택권의 행사로 발행하거나 양도할 주식의 종류와 수
3. 주식매수선택권을 부여받을 자의 자격요건
4. 주식매수선택권의 행사기간
5. 일정한 경우 이사회결의로 주식매수선택권의 부여를 취소할 수 있다는 뜻

② 제340조의2 제1항의 주식매수선택권에 관한 주주총회의 결의에 있어서는 다음 각호의 사항을 정하여야 한다.

1. 주식매수선택권을 부여받을 자의 성명
2. 주식매수선택권의 부여방법
3. 주식매수선택권의 행사가액과 그 조정에 관한 사항
4. 주식매수선택권의 행사기간
5. 주식매수선택권을 부여받을 자 각각에 대하여 주식매수선택권의 행사로 발행하거나 양도할 주식의 종류와 수

③ 회사는 제2항의 주주총회결의에 의하여 주식매수선택권을 부여받은 자와 계약을 체결하고 상당한 기간내에 그에 관한 계약서를 작성하여야 한다.

④ 회사는 제3항의 계약서를 주식매수선택권의 행사기간이 종료할 때까지 본점에 비치하고 주주로 하여금 영업시간내에 이를 열람할 수 있도록 하여야 한다.

[본조신설 1999.12.31]

제340조의4(주식매수선택권의 행사) ① 제340조의2 제1항의 주식매수선택권은 제340조의3 제2항 각호의 사항을 정하는 주주총회결의일부터 2년 이상 재임 또는 재직하여야 이를 행사할 수 있다.

② 제340조의2 제1항의 주식매수선택권은 이를 양도할 수 없다. 다만, 동조 제2항의 규정에 의하여 주식매수선택권을 행사할 수 있는 자가 사망한 경우에는 그 상속인이 이를 행사할 수 있다.

[본조신설 1999.12.31]

제340조의5(준용규정) 제350조 제2항, 제351조, 제516조의9 제1항 · 제3항 · 제4항 및 제516조의10 전단은 주식매수선택권의 행사로 신주를 발행하는 경우에 이를 준용한다. [개정 2011.4.14, 2020.12.29]

[본조신설 1999.12.31]

제341조(자기주식의 취득) ① 회사는 다음의 방법에 따라 자기의 명의와 계산으로 자기

의 주식을 취득할 수 있다. 다만, 그 취득가액의 총액은 직전 결산기의 대차대조표상의 순자산액에서 제462조 제1항 각 호의 금액을 뺀 금액을 초과하지 못한다.

1. 거래소에서 시세(時勢)가 있는 주식의 경우에는 거래소에서 취득하는 방법
2. 제345조 제1항의 주식의 상환에 관한 종류주식의 경우 외에 각 주주가 가진 주식 수에 따라 균등한 조건으로 취득하는 것으로서 대통령령으로 정하는 방법

② 제1항에 따라 자기주식을 취득하려는 회사는 미리 주주총회의 결의로 다음 각 호의 사항을 결정하여야 한다. 다만, 이사회의 결의로 이익배당을 할 수 있다고 정관으로 정하고 있는 경우에는 이사회의 결의로써 주주총회의 결의를 갈음할 수 있다.

1. 취득할 수 있는 주식의 종류 및 수
2. 취득가액의 총액의 한도
3. 1년을 초과하지 아니하는 범위에서 자기주식을 취득할 수 있는 기간

③ 회사는 해당 영업연도의 결산기에 대차대조표상의 순자산액이 제462조 제1항 각 호의 금액의 합계액에 미치지 못할 우려가 있는 경우에는 제1항에 따른 주식의 취득을 하여서는 아니 된다.

④ 해당 영업연도의 결산기에 대차대조표상의 순자산액이 제462조 제1항 각 호의 금액의 합계액에 미치지 못함에도 불구하고 회사가 제1항에 따라 주식을 취득한 경우 이사는 회사에 대하여 연대하여 그 미치지 못한 금액을 배상할 책임이 있다. 다만, 이사가 제3항의 우려가 없다고 판단하는 때에 주의를 게을리하지 아니하였음을 증명한 경우에는 그러하지 아니하다.

[전문개정 2011.4.14]

제341조의2(특정목적에 의한 자기주식의 취득) 회사는 다음 각 호의 어느 하나에 해당하는 경우에는 제341조에도 불구하고 자기의 주식을 취득할 수 있다.

1. 회사의 합병 또는 다른 회사의 영업전부의 양수로 인한 경우
2. 회사의 권리를 실행함에 있어 그 목적을 달성하기 위하여 필요한 경우
3. 단주(端株)의 처리를 위하여 필요한 경우
4. 주주가 주식매수청구권을 행사한 경우

[전문개정 2011.4.14]

제341조의3(자기주식의 질취) 회사는 발행주식총수의 20분의 1을 초과하여 자기의 주식을 질권의 목적으로 받지 못한다. 다만, 제341조의2 제1호 및 제2호의 경우에는 그 한도를 초과하여 질권의 목적으로 할 수 있다.

[전문개정 2011.4.14]

제342조(자기주식의 처분) 회사가 보유하는 자기의 주식을 처분하는 경우에 다음 각 호의 사항으로서 정관에 규정이 없는 것은 이사회가 결정한다.

1. 처분할 주식의 종류와 수
2. 처분할 주식의 처분가액과 납입기일
3. 주식을 처분할 상대방 및 처분방법

[전문개정 2011.4.14]

제342조의2(자회사에 의한 모회사주식의 취득) ① 다른 회사의 발행주식의 총수의 100분의 50을 초과하는 주식을 가진 회사(이하 "母會社"라 한다)의 주식은 다음의 경우를 제외하고는 그 다른 회사(이하 "子會社"라 한다)가 이를 취득할 수 없다. [개정 2001.7.24]

1. 주식의 포괄적 교환, 주식의 포괄적 이전, 회사의 합병 또는 다른 회사의 영업전부의 양수로 인한 때

2. 회사의 권리를 실행함에 있어 그 목적을 달성하기 위하여 필요한 때

② 제1항 각호의 경우 자회사는 그 주식을 취득한 날로부터 6월 이내에 모회사의 주식을 처분하여야 한다.

③ 다른 회사의 발행주식의 총수의 100분의 50을 초과하는 주식을 모회사 및 자회사 또는 자회사가 가지고 있는 경우 그 다른 회사는 이 법의 적용에 있어 그 모회사의 자회사로 본다. [개정 2001.7.24]

[본조신설 1984.4.10]

제342조의3(다른 회사의 주식취득) 회사가 다른 회사의 발행주식총수의 10분의 1을 초과하여 취득한 때에는 그 다른 회사에 대하여 지체없이 이를 통지하여야 한다.

[본조신설 1995.12.29]

제343조(주식의 소각) ① 주식은 자본금 감소에 관한 규정에 따라서만 소각(消却)할 수 있다. 다만, 이사회의 결의에 의하여 회사가 보유하는 자기주식을 소각하는 경우에는 그러하지 아니하다.

② 자본금감소에 관한 규정에 따라 주식을 소각하는 경우에는 제440조 및 제441조를 준용한다.

[전문개정 2011.4.14]

제343조의2 삭제 [2011.4.14]

제344조(종류주식) ① 회사는 이익의 배당, 잔여재산의 분배, 주주총회에서의 의결권의 행사, 상환 및 전환 등에 관하여 내용이 다른 종류의 주식(이하 "종류주식"이라 한다)을 발행할 수 있다.

② 제1항의 경우에는 정관으로 각 종류주식의 내용과 수를 정하여야 한다.

③ 회사가 종류주식을 발행하는 때에는 정관에 다른 정함이 없는 경우에도 주식의 종류에 따라 신주의 인수, 주식의 병합·분할·소각 또는 회사의 합병·분할로 인한 주식의 배정에 관하여 특수하게 정할 수 있다.

④ 종류주식 주주의 종류주주총회의 결의에 관하여는 제435조 제2항을 준용한다.

[전문개정 2011.4.14]

제344조의2(이익배당, 잔여재산분배에 관한 종류주식) ① 회사가 이익의 배당에 관하여 내용이 다른 종류주식을 발행하는 경우에는 정관에 그 종류주식의 주주에게 교부하는 배당재산의 종류, 배당재산의 가액의 결정방법, 이익을 배당하는 조건 등 이익배당에 관한 내용을 정하여야 한다.

② 회사가 잔여재산의 분배에 관하여 내용이 다른 종류주식을 발행하는 경우에는 정관에 잔여재산의 종류, 잔여재산의 가액의 결정방법, 그 밖에 잔여재산분배에 관한 내용을 정하여야 한다.

[본조신설 2011.4.14]

제344조의3(의결권의 배제·제한에 관한 종류주식) ① 회사가 의결권이 없는 종류주식이나 의결권이 제한되는 종류주식을 발행하는 경우에는 정관에 의결권을 행사할 수 없는 사항과, 의결권행사 또는 부활의 조건을 정한 경우에는 그 조건 등을 정하여야 한다.

② 제1항에 따른 종류주식의 총수는 발행주식총수의 4분의 1을 초과하지 못한다. 이

경우 의결권이 없거나 제한되는 종류주식이 발행주식총수의 4분의 1을 초과하여 발행된 경우에는 회사는 지체 없이 그 제한을 초과하지 아니하도록 하기 위하여 필요한 조치를 하여야 한다.

[본조신설 2011.4.14]

제345조(주식의 상환에 관한 종류주식) ① 회사는 정관으로 정하는 바에 따라 회사의 이익으로써 소각할 수 있는 종류주식을 발행할 수 있다. 이 경우 회사는 정관에 상환가액, 상환기간, 상환의 방법과 상환할 주식의 수를 정하여야 한다.

② 제1항의 경우 회사는 상환대상인 주식의 취득일부터 2주 전에 그 사실을 그 주식의 주주 및 주주명부에 적힌 권리자에게 따로 통지하여야 한다. 다만, 통지는 공고로 갈음할 수 있다.

③ 회사는 정관으로 정하는 바에 따라 주주가 회사에 대하여 상환을 청구할 수 있는 종류주식을 발행할 수 있다. 이 경우 회사는 정관에 주주가 회사에 대하여 상환을 청구할 수 있다는 뜻, 상환가액, 상환청구기간, 상환의 방법을 정하여야 한다.

④ 제1항 및 제3항의 경우 회사는 주식의 취득의 대가로 현금 외에 유가증권(다른 종류주식은 제외한다)이나 그 밖의 자산을 교부할 수 있다. 다만, 이 경우에는 그 자산의 장부가액이 제462조에 따른 배당가능이익을 초과하여서는 아니 된다.

⑤ 제1항과 제3항에서 규정한 주식은 종류주식(상환과 전환에 관한 것은 제외한다)에 한정하여 발행할 수 있다.

[전문개정 2011.4.14]

제346조(주식의 전환에 관한 종류주식) ① 회사가 종류주식을 발행하는 경우에는 정관으로 정하는 바에 따라 주주는 인수한 주식을 다른 종류주식으로 전환할 것을 청구할 수 있다. 이 경우 전환의 조건, 전환의 청구기간, 전환으로 인하여 발행할 주식의 수와 내용을 정하여야 한다.

② 회사가 종류주식을 발행하는 경우에는 정관에 일정한 사유가 발생할 때 회사가 주주의 인수 주식을 다른 종류주식으로 전환할 수 있음을 정할 수 있다. 이 경우 회사는 전환의 사유, 전환의 조건, 전환의 기간, 전환으로 인하여 발행할 주식의 수와 내용을 정하여야 한다.

③ 제2항의 경우에 이사회는 다음 각 호의 사항을 그 주식의 주주 및 주주명부에 적힌 권리자에게 따로 통지하여야 한다. 다만, 통지는 공고로 갈음할 수 있다.

1. 전환할 주식
2. 2주 이상의 일정한 기간 내에 그 주권을 회사에 제출하여야 한다는 뜻
3. 그 기간 내에 주권을 제출하지 아니할 때에는 그 주권이 무효로 된다는 뜻

④ 제344조 제2항에 따른 종류주식의 수 중 새로 발행할 주식의 수는 전환청구기간 또는 전환의 기간 내에는 그 발행을 유보(留保)하여야 한다.

[전문개정 2011.4.14]

제347조(전환주식발행의 절차) 제346조의 경우에는 주식청약서 또는 신주인수권증서에 다음의 사항을 적어야 한다. [개정 1984.4.10, 2011.4.14]

1. 주식을 다른 종류의 주식으로 전환할 수 있다는 뜻
2. 전환의 조건
3. 전환으로 인하여 발행할 주식의 내용

4. 전환청구기간 또는 전환의 기간

제348조(전환으로 인하여 발행하는 주식의 발행가액) 전환으로 인하여 신주식을 발행하는 경우에는 전환전의 주식의 발행가액을 신주식의 발행가액으로 한다.

제349조(전환의 청구) ① 주식의 전환을 청구하는 자는 청구서 2통에 주권을 첨부하여 회사에 제출하여야 한다.

② 제1항의 청구서에는 전환하고자 하는 주식의 종류, 수와 청구년월일을 기재하고 기명날인 또는 서명하여야 한다. [개정 1995.12.29]

③ 삭제 [1995.12.29]

제350조(전환의 효력발생) ① 주식의 전환은 주주가 전환을 청구한 경우에는 그 청구한 때에, 회사가 전환을 한 경우에는 제346조 제3항 제2호의 기간이 끝난 때에 그 효력이 발생한다. [개정 2011.4.14]

② 제354조 제1항의 기간 중에 전환된 주식의 주주는 그 기간 중의 총회의 결의에 관하여는 의결권을 행사할 수 없다.

③ 삭제 [2020.12.29]

[전문개정 1995.12.29]

제351조(전환의 등기) 주식의 전환으로 인한 변경등기는 전환을 청구한 날 또는 제346조 제3항 제2호의 기간이 끝난 날이 속하는 달의 마지막 날부터 2주 내에 본점소재지에서 하여야 한다.

[전문개정 2011.4.14]

제352조(주주명부의 기재사항) ① 주식을 발행한 때에는 주주명부에 다음의 사항을 기재하여야 한다. [개정 1984.4.10, 2014.5.20]

1. 주주의 성명과 주소
2. 각 주주가 가진 주식의 종류와 그 수

2의2. 각 주주가 가진 주식의 주권을 발행한 때에는 그 주권의 번호

3. 각주식의 취득년월일

② 제1항의 경우에 전환주식을 발행한 때에는 제347조에 게기한 사항도 주주명부에 기재하여야 한다. [개정 1984.4.10, 2014.5.20]

제352조의2(전자주주명부) ① 회사는 정관으로 정하는 바에 따라 전자문서로 주주명부(이하 "전자주주명부"라 한다)를 작성할 수 있다.

② 전자주주명부에는 제352조 제1항의 기재사항 외에 전자우편주소를 적어야 한다.

③ 전자주주명부의 비치 · 공시 및 열람의 방법에 관하여 필요한 사항은 대통령령으로 정한다.

[본조신설 2009.5.28]

제353조(주주명부의 효력) ① 주주 또는 질권자에 대한 회사의 통지 또는 최고는 주주명부에 기재한 주소 또는 그 자로부터 회사에 통지한 주소로 하면 된다.

② 제304조 제2항의 규정은 전항의 통지 또는 최고에 준용한다.

제354조(주주명부의 폐쇄, 기준일) ① 회사는 의결권을 행사하거나 배당을 받을 자 기타 주주 또는 질권자로서 권리를 행사할 자를 정하기 위하여 일정한 기간을 정하여 주주명부의 기재변경을 정지하거나 일정한 날에 주주명부에 기재된 주주 또는 질권자를 그 권리를 행사할 주주 또는 질권자로 볼 수 있다. [개정 1984.4.10]

② 제1항의 기간은 3월을 초과하지 못한다. [개정 1984.4.10]
③ 제1항의 날은 주주 또는 질권자로서 권리를 행사할 날에 앞선 3월내의 날로 정하여야 한다. [개정 1984.4.10]
④ 회사가 제1항의 기간 또는 날을 정한 때에는 그 기간 또는 날의 2주간전에 이를 공고하여야 한다. 그러나 정관으로 그 기간 또는 날을 지정한 때에는 그러하지 아니하다.

제355조(주권발행의 시기) ① 회사는 성립후 또는 신주의 납입기일후 지체없이 주권을 발행하여야 한다.
② 주권은 회사의 성립후 또는 신주의 납입기일후가 아니면 발행하지 못한다.
③ 전항의 규정에 위반하여 발행한 주권은 무효로 한다. 그러나 발행한 자에 대한 손해배상의 청구에 영향을 미치지 아니한다.

제356조(주권의 기재사항) 주권에는 다음의 사항과 번호를 기재하고 대표이사가 기명날인 또는 서명하여야 한다. [개정 1995.12.29, 2011.4.14]
1. 회사의 상호
2. 회사의 성립년월일
3. 회사가 발행할 주식의 총수
4. 액면주식을 발행하는 경우 1주의 금액
5. 회사의 성립후 발행된 주식에 관하여는 그 발행 연월일
6. 종류주식이 있는 경우에는 그 주식의 종류와 내용
6의2. 주식의 양도에 관하여 이사회의 승인을 얻도록 정한 때에는 그 규정
7. 삭제 [2011.4.14]
8. 삭제 [2011.4.14]

제356조의2(주식의 전자등록) ① 회사는 주권을 발행하는 대신 정관으로 정하는 바에 따라 전자등록기관(유가증권 등의 전자등록 업무를 취급하는 기관을 말한다. 이하 같다)의 전자등록부에 주식을 등록할 수 있다. [개정 2016.3.22]
② 전자등록부에 등록된 주식의 양도나 입질(入質)은 전자등록부에 등록하여야 효력이 발생한다.
③ 전자등록부에 주식을 등록한 자는 그 등록된 주식에 대한 권리를 적법하게 보유한 것으로 추정하며, 이러한 전자등록부를 선의(善意)로, 그리고 중대한 과실 없이 신뢰하고 제2항의 등록에 따라 권리를 취득한 자는 그 권리를 적법하게 취득한다.
④ 전자등록의 절차·방법 및 효과, 전자등록기관에 대한 감독, 그 밖에 주식의 전자등록 등에 필요한 사항은 따로 법률로 정한다. [개정 2016.3.22]
[본조신설 2011.4.14]

제357조 삭제 [2014.5.20]

제358조 삭제 [2014.5.20]

제358조의2(주권의 불소지) ① 주주는 정관에 다른 정함이 있는 경우를 제외하고는 그 주식에 대하여 주권의 소지를 하지 아니하겠다는 뜻을 회사에 신고할 수 있다. [개정 2014.5.20]
② 제1항의 신고가 있는 때에는 회사는 지체없이 주권을 발행하지 아니한다는 뜻을 주주명부와 그 복본에 기재하고, 그 사실을 주주에게 통지하여야 한다. 이 경우 회사

는 그 주권을 발행할 수 없다.

③ 제1항의 경우 이미 발행된 주권이 있는 때에는 이를 회사에 제출하여야 하며, 회사는 제출된 주권을 무효로 하거나 명의개서대리인에게 임치하여야 한다.

④ 제1항 내지 제3항의 규정에 불구하고 주주는 언제든지 회사에 대하여 주권의 발행 또는 반환을 청구할 수 있다.

[전문개정 1995.12.29]

제359조(주권의 선의취득) 수표법 제21조의 규정은 주권에 관하여 이를 준용한다.

[전문개정 1984.4.10]

제360조(주권의 제권판결, 재발행) ① 주권은 공시최고의 절차에 의하여 이를 무효로 할 수 있다.

② 주권을 상실한 자는 제권판결을 얻지 아니하면 회사에 대하여 주권의 재발행을 청구하지 못한다.

제2관 주식의 포괄적 교환 [신설 2001.7.24]

제360조의2(주식의 포괄적 교환에 의한 완전모회사의 설립) ① 회사는 이 관의 규정에 의한 주식의 포괄적 교환에 의하여 다른 회사의 발행주식의 총수를 소유하는 회사(이하 "완전모회사"라 한다)가 될 수 있다. 이 경우 그 다른 회사를 "완전자회사"라 한다.

② 주식의 포괄적 교환(이하 이 관에서 "주식교환"이라 한다)에 의하여 완전자회사가 되는 회사의 주주가 가지는 그 회사의 주식은 주식을 교환하는 날에 주식교환에 의하여 완전모회사가 되는 회사에 이전하고, 그 완전자회사가 되는 회사의 주주는 그 완전모회사가 되는 회사가 주식교환을 위하여 발행하는 신주의 배정을 받거나 그 회사 자기주식의 이전을 받음으로써 그 회사의 주주가 된다. [개정 2015.12.1]

[본조신설 2001.7.24]

제360조의3(주식교환계약서의 작성과 주주총회의 승인 및 주식교환대가가 모회사 주식인 경우의 특칙) ① 주식교환을 하고자 하는 회사는 주식교환계약서를 작성하여 주주총회의 승인을 얻어야 한다.

② 제1항의 승인결의는 제434조의 규정에 의하여야 한다.

③ 주식교환계약서에는 다음 각호의 사항을 적어야 한다. [개정 2011.4.14, 2015.12.1]

1. 완전모회사가 되는 회사가 주식교환으로 인하여 정관을 변경하는 경우에는 그 규정
2. 완전모회사가 되는 회사가 주식교환을 위하여 신주를 발행하거나 자기주식을 이전하는 경우에는 발행하는 신주 또는 이전하는 자기주식의 총수·종류, 종류별 주식의 수 및 완전자회사가 되는 회사의 주주에 대한 신주의 배정 또는 자기주식의 이전에 관한 사항
3. 완전모회사가 되는 회사의 자본금 또는 준비금이 증가하는 경우에는 증가할 자본금 또는 준비금에 관한 사항
4. 완전자회사가 되는 회사의 주주에게 제2호에도 불구하고 그 대가의 전부 또는 일부로서 금전이나 그 밖의 재산을 제공하는 경우에는 그 내용 및 배정에 관한 사항
5. 각 회사가 제1항의 결의를 할 주주총회의 기일
6. 주식교환을 할 날

7. 각 회사가 주식교환을 할 날까지 이익배당을 할 때에는 그 한도액
8. 삭제 [2015.12.1]
9. 완전모회사가 되는 회사에 취임할 이사와 감사 또는 감사위원회의 위원을 정한 때에는 그 성명 및 주민등록번호

④ 회사는 제363조의 규정에 의한 통지에 다음 각호의 사항을 기재하여야 한다. [개정 2014.5.20]

1. 주식교환계약서의 주요내용
2. 제360조의5 제1항의 규정에 의한 주식매수청구권의 내용 및 행사방법
3. 일방회사의 정관에 주식의 양도에 관하여 이사회의 승인을 요한다는 뜻의 규정이 있고 다른 회사의 정관에 그 규정이 없는 경우 그 뜻

⑤ 주식교환으로 인하여 주식교환에 관련되는 각 회사의 주주의 부담이 가중되는 경우에는 제1항 및 제436조의 결의 외에 그 주주 전원의 동의가 있어야 한다. [신설 2011.4.14]

⑥ 제342조의2 제1항에도 불구하고 제3항 제4호에 따라 완전자회사가 되는 회사의 주주에게 제공하는 재산이 완전모회사가 되는 회사의 모회사 주식을 포함하는 경우에는 완전모회사가 되는 회사는 그 지급을 위하여 그 모회사의 주식을 취득할 수 있다. [신설 2015.12.1]

⑦ 완전모회사가 되는 회사는 제6항에 따라 취득한 그 회사의 모회사 주식을 주식교환 후에도 계속 보유하고 있는 경우 주식교환의 효력이 발생하는 날부터 6개월 이내에 그 주식을 처분하여야 한다. [신설 2015.12.1]

[본조신설 2001.7.24]

[제목개정 2015.12.1]

제360조의4(주식교환계약서 등의 공시) ① 이사는 제360조의3 제1항의 주주총회의 회일의 2주전부터 주식교환의 날 이후 6월이 경과하는 날까지 다음 각호의 서류를 본점에 비치하여야 한다. [개정 2015.12.1]

1. 주식교환계약서
2. 완전모회사가 되는 회사가 주식교환을 위하여 신주를 발행하거나 자기주식을 이전하는 경우에는 완전자회사가 되는 회사의 주주에 대한 신주의 배정 또는 자기주식의 이전에 관하여 그 이유를 기재한 서면
3. 제360조의3 제1항의 주주총회의 회일(제360조의9의 규정에 의한 간이주식교환의 경우에는 동조 제2항의 규정에 의하여 공고 또는 통지를 한 날)전 6월 이내의 날에 작성한 주식교환을 하는 각 회사의 최종 대차대조표 및 손익계산서

② 제1항의 서류에 관하여는 제391조의3 제3항의 규정을 준용한다.

[본조신설 2001.7.24]

제360조의5(반대주주의 주식매수청구권) ① 제360조의3 제1항의 규정에 의한 승인사항에 관하여 이사회의 결의가 있는 때에 그 결의에 반대하는 주주(의결권이 없거나 제한되는 주주를 포함한다. 이하 이 조에서 같다)는 주주총회전에 회사에 대하여 서면으로 그 결의에 반대하는 의사를 통지한 경우에는 그 총회의 결의일부터 20일 이내에 주식의 종류와 수를 기재한 서면으로 회사에 대하여 자기가 소유하고 있는 주식의 매수를 청구할 수 있다. [개정 2015.12.1]

② 제360조의9 제2항의 공고 또는 통지를 한 날부터 2주내에 회사에 대하여 서면으

로 주식교환에 반대하는 의사를 통지한 주주는 그 기간이 경과한 날부터 20일 이내에 주식의 종류와 수를 기재한 서면으로 회사에 대하여 자기가 소유하고 있는 주식의 매수를 청구할 수 있다.

③ 제1항 및 제2항의 매수청구에 관하여는 제374조의2 제2항 내지 제5항의 규정을 준용한다.

[본조신설 2001.7.24]

제360조의6 삭제 [2015.12.1]

제360조의7(완전모회사의 자본금 증가의 한도액) ① 완전모회사가 되는 회사의 자본금은 주식교환의 날에 완전자회사가 되는 회사에 현존하는 순자산액에서 다음 각호의 금액을 뺀 금액을 초과하여 증가시킬 수 없다. [개정 2011.4.14, 2015.12.1]

1. 완전자회사가 되는 회사의 주주에게 제공할 금전이나 그 밖의 재산의 가액
2. 제360조의3 제3항 제2호에 따라 완전자회사가 되는 회사의 주주에게 이전하는 자기주식의 장부가액의 합계액

② 완전모회사가 되는 회사가 주식교환 이전에 완전자회사가 되는 회사의 주식을 이미 소유하고 있는 경우에는 완전모회사가 되는 회사의 자본금은 주식교환의 날에 완전자회사가 되는 회사에 현존하는 순자산액에 그 회사의 발행주식총수에 대한 주식교환으로 인하여 완전모회사가 되는 회사에 이전하는 주식의 수의 비율을 곱한 금액에서 제1항 각호의 금액을 뺀 금액의 한도를 초과하여 이를 증가시킬 수 없다. [개정 2011.4.14]

[본조신설 2001.7.24]

[제목개정 2011.4.14]

제360조의8(주권의 실효절차) ① 주식교환에 의하여 완전자회사가 되는 회사는 주주총회에서 제360조의3 제1항의 규정에 의한 승인을 한 때에는 다음 각호의 사항을 주식교환의 날 1월전에 공고하고, 주주명부에 기재된 주주와 질권자에 대하여 따로 따로 그 통지를 하여야 한다.

1. 제360조의3 제1항의 규정에 의한 승인을 한 뜻
2. 주식교환의 날의 전날까지 주권을 회사에 제출하여야 한다는 뜻
3. 주식교환의 날에 주권이 무효가 된다는 뜻

② 제442조의 규정은 제360조의3 제1항의 규정에 의한 승인을 한 경우에 이를 준용한다. [개정 2014.5.20]

[본조신설 2001.7.24]

제360조의9(간이주식교환) ① 완전자회사가 되는 회사의 총주주의 동의가 있거나 그 회사의 발행주식총수의 100분의 90 이상을 완전모회사가 되는 회사가 소유하고 있는 때에는 완전자회사가 되는 회사의 주주총회의 승인은 이를 이사회의 승인으로 갈음할 수 있다.

② 제1항의 경우에 완전자회사가 되는 회사는 주식교환계약서를 작성한 날부터 2주내에 주주총회의 승인을 얻지 아니하고 주식교환을 한다는 뜻을 공고하거나 주주에게 통지하여야 한다. 다만, 총주주의 동의가 있는 때에는 그러하지 아니하다.

[본조신설 2001.7.24]

제360조의10(소규모 주식교환) ① 완전모회사가 되는 회사가 주식교환을 위하여 발행하는 신주 및 이전하는 자기주식의 총수가 그 회사의 발행주식총수의 100분의 10을

초과하지 아니하는 경우에는 그 회사에서의 제360조의3 제1항의 규정에 의한 주주총회의 승인은 이를 이사회의 승인으로 갈음할 수 있다. 다만, 완전자회사가 되는 회사의 주주에게 제공할 금전이나 그 밖의 재산을 정한 경우에 그 금액 및 그 밖의 재산의 가액이 제360조의4 제1항 제3호에서 규정한 최종 대차대조표에 의하여 완전모회사가 되는 회사에 현존하는 순자산액의 100분의 5를 초과하는 때에는 그러하지 아니하다. [개정 2015.12.1]

② 삭제 [2015.12.1]

③ 제1항 본문의 경우에는 주식교환계약서에 완전모회사가 되는 회사에 관하여는 제360조의3 제1항의 규정에 의한 주주총회의 승인을 얻지 아니하고 주식교환을 할 수 있는 뜻을 기재하여야 하며, 동조 제3항 제1호의 사항은 이를 기재하지 못한다.

④ 완전모회사가 되는 회사는 주식교환계약서를 작성한 날부터 2주내에 완전자회사가 되는 회사의 상호와 본점, 주식교환을 할 날 및 제360조의3 제1항의 승인을 얻지 아니하고 주식교환을 한다는 뜻을 공고하거나 주주에게 통지하여야 한다.

⑤ 완전모회사가 되는 회사의 발행주식총수의 100분의 20 이상에 해당하는 주식을 가지는 주주가 제4항에 따른 공고 또는 통지를 한 날부터 2주 내에 회사에 대하여 서면으로 제1항 본문에 따른 주식교환에 반대하는 의사를 통지한 경우에는 이 조에 따른 주식교환을 할 수 없다. [개정 2011.4.14]

⑥ 제1항 본문의 경우에 완전모회사가 되는 회사에 관하여 제360조의4 제1항의 규정을 적용함에 있어서는 동조동항 각호외의 부분중 "제360조의3 제1항의 주주총회의 회일의 2주전" 및 동조동항 제3호중 "제360조의3 제1항의 주주총회의 회일"은 각각 "이 조 제4항의 규정에 의한 공고 또는 통지의 날"로 한다.

⑦ 제1항 본문의 경우에는 제360조의5의 규정은 이를 적용하지 아니한다.

[본조신설 2001.7.24]

제360조의11(단주처리 등에 관한 규정의 준용) ① 제443조의 규정은 회사의 주식교환의 경우에 이를 준용한다.

② 제339조 및 제340조 제3항의 규정은 주식교환의 경우에 완전자회사가 되는 회사의 주식을 목적으로 하는 질권에 이를 준용한다.

[본조신설 2001.7.24]

제360조의12(주식교환사항을 기재한 서면의 사후공시) ① 이사는 다음 각호의 사항을 기재한 서면을 주식교환의 날부터 6월간 본점에 비치하여야 한다.

1. 주식교환의 날
2. 주식교환의 날에 완전자회사가 되는 회사에 현존하는 순자산액
3. 주식교환으로 인하여 완전모회사에 이전한 완전자회사의 주식의 수
4. 그 밖의 주식교환에 관한 사항

② 제1항의 서면에 관하여는 제391조의3 제3항의 규정을 준용한다.

[본조신설 2001.7.24]

제360조의13(완전모회사의 이사·감사의 임기) 주식교환에 의하여 완전모회사가 되는 회사의 이사 및 감사로서 주식교환전에 취임한 자는 주식교환계약서에 다른 정함이 있는 경우를 제외하고는 주식교환후 최초로 도래하는 결산기에 관한 정기총회가 종료하는 때에 퇴임한다.

[본조신설 2001.7.24]

제360조의14(주식교환무효의 소) ① 주식교환의 무효는 각 회사의 주주 · 이사 · 감사 · 감사위원회의 위원 또는 청산인에 한하여 주식교환의 날부터 6월내에 소만으로 이를 주장할 수 있다.

② 제1항의 소는 완전모회사가 되는 회사의 본점소재지의 지방법원의 관할에 전속한다.

③ 주식교환을 무효로 하는 판결이 확정된 때에는 완전모회사가 된 회사는 주식교환을 위하여 발행한 신주 또는 이전한 자기주식의 주주에 대하여 그가 소유하였던 완전자회사가 된 회사의 주식을 이전하여야 한다. [개정 2015.12.1]

④ 제187조 내지 제189조, 제190조 본문, 제191조, 제192조, 제377조 및 제431조의 규정은 제1항의 소에, 제339조 및 제340조 제3항의 규정은 제3항의 경우에 각각 이를 준용한다.

[본조신설 2001.7.24]

제3관 주식의 포괄적 이전 [신설 2001.7.24]

제360조의15(주식의 포괄적 이전에 의한 완전모회사의 설립) ① 회사는 이 관의 규정에 의한 주식의 포괄적 이전(이하 이 관에서 "주식이전"이라 한다)에 의하여 완전모회사를 설립하고 완전자회사가 될 수 있다.

② 주식이전에 의하여 완전자회사가 되는 회사의 주주가 소유하는 그 회사의 주식은 주식이전에 의하여 설립하는 완전모회사에 이전하고, 그 완전자회사가 되는 회사의 주주는 그 완전모회사가 주식이전을 위하여 발행하는 주식의 배정을 받음으로써 그 완전모회사의 주주가 된다.

[본조신설 2001.7.24]

제360조의16(주주총회에 의한 주식이전의 승인) ① 주식이전을 하고자 하는 회사는 다음 각호의 사항을 적은 주식이전계획서를 작성하여 주주총회의 승인을 받아야 한다. [개정 2011.4.14, 2015.12.1]

1. 설립하는 완전모회사의 정관의 규정
2. 설립하는 완전모회사가 주식이전에 있어서 발행하는 주식의 종류와 수 및 완전자회사가 되는 회사의 주주에 대한 주식의 배정에 관한 사항
3. 설립하는 완전모회사의 자본금 및 자본준비금에 관한 사항
4. 완전자회사가 되는 회사의 주주에게 제2호에도 불구하고 금전이나 그 밖의 재산을 제공하는 경우에는 그 내용 및 배정에 관한 사항
5. 주식이전을 할 시기
6. 완전자회사가 되는 회사가 주식이전의 날까지 이익배당을 할 때에는 그 한도액
7. 설립하는 완전모회사의 이사와 감사 또는 감사위원회의 위원의 성명 및 주민등록번호
8. 회사가 공동으로 주식이전에 의하여 완전모회사를 설립하는 때에는 그 뜻

② 제1항의 승인결의는 제434조의 규정에 의하여야 한다.

③ 제360조의3 제4항의 규정은 제1항의 경우의 주주총회의 승인에 이를 준용한다.

④ 주식이전으로 인하여 주식이전에 관련되는 각 회사의 주주의 부담이 가중되는 경

우에는 제1항 및 제436조의 결의 외에 그 주주 전원의 동의가 있어야 한다. [신설 2011.4.14]

[본조신설 2001.7.24]

제360조의17(주식이전계획서 등의 서류의 공시) ① 이사는 제360조의16 제1항의 규정에 의한 주주총회의 회일의 2주전부터 주식이전의 날 이후 6월을 경과하는 날까지 다음 각호의 서류를 본점에 비치하여야 한다.

1. 제360조의16 제1항의 규정에 의한 주식이전계획서
2. 완전자회사가 되는 회사의 주주에 대한 주식의 배정에 관하여 그 이유를 기재한 서면
3. 제360조의16 제1항의 주주총회의 회일전 6월 이내의 날에 작성한 완전자회사가 되는 회사의 최종 대차대조표 및 손익계산서

② 제1항의 서류에 관하여는 제391조의3 제3항의 규정을 준용한다.

[본조신설 2001.7.24]

제360조의18(완전모회사의 자본금의 한도액) 설립하는 완전모회사의 자본금은 주식이전의 날에 완전자회사가 되는 회사에 현존하는 순자산액에서 그 회사의 주주에게 제공할 금전 및 그 밖의 재산의 가액을 뺀 액을 초과하지 못한다. [개정 2011.4.14, 2015.12.1]

[본조신설 2001.7.24]

[제목개정 2011.4.14]

제360조의19(주권의 실효절차) ① 주식이전에 의하여 완전자회사가 되는 회사는 제360조의16 제1항의 규정에 의한 결의를 한 때에는 다음 각호의 사항을 공고하고, 주주명부에 기재된 주주와 질권자에 대하여 따로 따로 그 통지를 하여야 한다.

1. 제360조의16 제1항의 규정에 의한 결의를 한 뜻
2. 1월을 초과하여 정한 기간내에 주권을 회사에 제출하여야 한다는 뜻
3. 주식이전의 날에 주권이 무효가 된다는 뜻

② 제442조의 규정은 제360조의16 제1항의 규정에 의한 결의를 한 경우에 이를 준용한다. [개정 2014.5.20]

[본조신설 2001.7.24]

제360조의20(주식이전에 의한 등기) 주식이전을 한 때에는 설립한 완전모회사의 본점의 소재지에서는 2주내에, 지점의 소재지에서는 3주내에 제317조 제2항에서 정하는 사항을 등기하여야 한다.

[본조신설 2001.7.24]

제360조의21(주식이전의 효력발생시기) 주식이전은 이로 인하여 설립한 완전모회사가 그 본점소재지에서 제360조의20의 규정에 의한 등기를 함으로써 그 효력이 발생한다.

[본조신설 2001.7.24]

제360조의22(주식교환 규정의 준용) 제360조의5, 제360조의11 및 제360조의12의 규정은 주식이전의 경우에 이를 준용한다.

[본조신설 2001.7.24]

제360조의23(주식이전무효의 소) ① 주식이전의 무효는 각 회사의 주주 · 이사 · 감사 · 감사위원회의 위원 또는 청산인에 한하여 주식이전의 날부터 6월내에 소만으로 이를 주장할 수 있다.

② 제1항의 소는 완전모회사가 되는 회사의 본점소재지의 지방법원의 관할에 전속한다.
③ 주식이전을 무효로 하는 판결이 확정된 때에는 완전모회사가 된 회사는 주식이전을 위하여 발행한 주식의 주주에 대하여 그가 소유하였던 완전자회사가 된 회사의 주식을 이전하여야 한다.
④ 제187조 내지 제193조 및 제377조의 규정은 제1항의 소에, 제339조 및 제340조 제3항의 규정은 제3항의 경우에 각각 이를 준용한다.
[본조신설 2001.7.24]

제4관 지배주주에 의한 소수주식의 전부 취득 [신설 2011.4.14]

제360조의24(지배주주의 매도청구권) ① 회사의 발행주식총수의 100분의 95 이상을 자기의 계산으로 보유하고 있는 주주(이하 이 관에서 "지배주주"라 한다)는 회사의 경영상 목적을 달성하기 위하여 필요한 경우에는 회사의 다른 주주(이하 이 관에서 "소수주주"라 한다)에게 그 보유하는 주식의 매도를 청구할 수 있다.
② 제1항의 보유주식의 수를 산정할 때에는 모회사와 자회사가 보유한 주식을 합산한다. 이 경우 회사가 아닌 주주가 발행주식총수의 100분의 50을 초과하는 주식을 가진 회사가 보유하는 주식도 그 주주가 보유하는 주식과 합산한다.
③ 제1항의 매도청구를 할 때에는 미리 주주총회의 승인을 받아야 한다.
④ 제3항의 주주총회의 소집을 통지할 때에는 다음 각 호에 관한 사항을 적어야 하고, 매도를 청구하는 지배주주는 주주총회에서 그 내용을 설명하여야 한다.
1. 지배주주의 회사 주식의 보유 현황
2. 매도청구의 목적
3. 매매가액의 산정 근거와 적정성에 관한 공인된 감정인의 평가
4. 매매가액의 지급보증
⑤ 지배주주는 매도청구의 날 1개월 전까지 다음 각 호의 사실을 공고하고, 주주명부에 적힌 주주와 질권자에게 따로 그 통지를 하여야 한다.
1. 소수주주는 매매가액의 수령과 동시에 주권을 지배주주에게 교부하여야 한다는 뜻
2. 교부하지 아니할 경우 매매가액을 수령하거나 지배주주가 매매가액을 공탁(供託)한 날에 주권은 무효가 된다는 뜻
⑥ 제1항의 매도청구를 받은 소수주주는 매도청구를 받은 날부터 2개월 내에 지배주주에게 그 주식을 매도하여야 한다.
⑦ 제6항의 경우 그 매매가액은 매도청구를 받은 소수주주와 매도를 청구한 지배주주 간의 협의로 결정한다.
⑧ 제1항의 매도청구를 받은 날부터 30일 내에 제7항의 매매가액에 대한 협의가 이루어지지 아니한 경우에는 매도청구를 받은 소수주주 또는 매도청구를 한 지배주주는 법원에 매매가액의 결정을 청구할 수 있다.
⑨ 법원이 제8항에 따라 주식의 매매가액을 결정하는 경우에는 회사의 재산상태와 그 밖의 사정을 고려하여 공정한 가액으로 산정하여야 한다.
[본조신설 2011.4.14]

제360조의25(소수주주의 매수청구권) ① 지배주주가 있는 회사의 소수주주는 언제든지 지배주주에게 그 보유주식의 매수를 청구할 수 있다.
② 제1항의 매수청구를 받은 지배주주는 매수를 청구한 날을 기준으로 2개월 내에 매수를 청구한 주주로부터 그 주식을 매수하여야 한다.
③ 제2항의 경우 그 매매가액은 매수를 청구한 주주와 매수청구를 받은 지배주주 간의 협의로 결정한다.
④ 제2항의 매수청구를 받은 날부터 30일 내에 제3항의 매매가액에 대한 협의가 이루어지지 아니한 경우에는 매수청구를 받은 지배주주 또는 매수청구를 한 소수주주는 법원에 대하여 매매가액의 결정을 청구할 수 있다.
⑤ 법원이 제4항에 따라 주식의 매매가액을 결정하는 경우에는 회사의 재산상태와 그 밖의 사정을 고려하여 공정한 가액으로 산정하여야 한다.
[본조신설 2011.4.14]

제360조의26(주식의 이전 등) ① 제360조의24와 제360조의25에 따라 주식을 취득하는 지배주주가 매매가액을 소수주주에게 지급한 때에 주식이 이전된 것으로 본다.
② 제1항의 매매가액을 지급할 소수주주를 알 수 없거나 소수주주가 수령을 거부할 경우에는 지배주주는 그 가액을 공탁할 수 있다. 이 경우 주식은 공탁한 날에 지배주주에게 이전된 것으로 본다.
[본조신설 2011.4.14]

제3절 회사의 기관

제1관 주주총회

제361조(총회의 권한) 주주총회는 본법 또는 정관에 정하는 사항에 한하여 결의할 수 있다.

제362조(소집의 결정) 총회의 소집은 본법에 다른 규정이 있는 경우 외에는 이사회가 이를 결정한다.

제363조(소집의 통지) ① 주주총회를 소집할 때에는 주주총회일의 2주 전에 각 주주에게 서면으로 통지를 발송하거나 각 주주의 동의를 받아 전자문서로 통지를 발송하여야 한다. 다만, 그 통지가 주주명부상 주주의 주소에 계속 3년간 도달하지 아니한 경우에는 회사는 해당 주주에게 총회의 소집을 통지하지 아니할 수 있다.
② 제1항의 통지서에는 회의의 목적사항을 적어야 한다.
③ 제1항에도 불구하고 자본금 총액이 10억원 미만인 회사가 주주총회를 소집하는 경우에는 주주총회일의 10일 전에 각 주주에게 서면으로 통지를 발송하거나 각 주주의 동의를 받아 전자문서로 통지를 발송할 수 있다. [개정 2014.5.20]
④ 자본금 총액이 10억원 미만인 회사는 주주 전원의 동의가 있을 경우에는 소집절차 없이 주주총회를 개최할 수 있고, 서면에 의한 결의로써 주주총회의 결의를 갈음할 수 있다. 결의의 목적사항에 대하여 주주 전원이 서면으로 동의를 한 때에는 서면에 의한 결의가 있는 것으로 본다. [개정 2014.5.20]
⑤ 제4항의 서면에 의한 결의는 주주총회의 결의와 같은 효력이 있다. [개정 2014.5.20]
⑥ 서면에 의한 결의에 대하여는 주주총회에 관한 규정을 준용한다. [개정 2014.5.20]
⑦ 제1항부터 제4항까지의 규정은 의결권 없는 주주에게는 적용하지 아니한다. 다

만, 제1항의 통지서에 적은 회의의 목적사항에 제360조의5, 제360조의22, 제374조의 2, 제522조의3 또는 제530조의11에 따라 반대주주의 주식매수청구권이 인정되는 사항이 포함된 경우에는 그러하지 아니하다. [개정 2014.5.20, 2015.12.1]

[전문개정 2009.5.28]

[제목개정 2014.5.20]

제363조의2(주주제안권) ① 의결권없는 주식을 제외한 발행주식총수의 100분의 3 이상에 해당하는 주식을 가진 주주는 이사에게 주주총회일(정기주주총회의 경우 직전 연도의 정기주주총회일에 해당하는 그 해의 해당일. 이하 이 조에서 같다)의 6주 전에 서면 또는 전자문서로 일정한 사항을 주주총회의 목적사항으로 할 것을 제안(이하 '株主提案'이라 한다)할 수 있다. [개정 2009.1.30]

② 제1항의 주주는 이사에게 주주총회일의 6주 전에 서면 또는 전자문서로 회의의 목적으로 할 사항에 추가하여 당해 주주가 제출하는 의안의 요령을 제363조에서 정하는 통지에 기재할 것을 청구할 수 있다. [개정 2009.1.30, 2014.5.20]

③ 이사는 제1항에 의한 주주제안이 있는 경우에는 이를 이사회에 보고하고, 이사회는 주주제안의 내용이 법령 또는 정관을 위반하는 경우와 그 밖에 대통령령으로 정하는 경우를 제외하고는 이를 주주총회의 목적사항으로 하여야 한다. 이 경우 주주제안을 한 자의 청구가 있는 때에는 주주총회에서 당해 의안을 설명할 기회를 주어야 한다. [개정 2009.1.30]

[본조신설 1998.12.28]

제364조(소집지) 총회는 정관에 다른 정함이 없으면 본점소재지 또는 이에 인접한 지에 소집하여야 한다.

제365조(총회의 소집) ① 정기총회는 매년 1회 일정한 시기에 이를 소집하여야 한다.

② 연 2회 이상의 결산기를 정한 회사는 매기에 총회를 소집하여야 한다.

③ 임시총회는 필요있는 경우에 수시 이를 소집한다.

제366조(소수주주에 의한 소집청구) ① 발행주식총수의 100분의 3 이상에 해당하는 주식을 가진 주주는 회의의 목적사항과 소집의 이유를 적은 서면 또는 전자문서를 이사회에 제출하여 임시총회의 소집을 청구할 수 있다. [개정 2009.5.28]

② 제1항의 청구가 있은 후 지체 없이 총회소집의 절차를 밟지 아니한 때에는 청구한 주주는 법원의 허가를 받아 총회를 소집할 수 있다. 이 경우 주주총회의 의장은 법원이 이해관계인의 청구나 직권으로 선임할 수 있다. [개정 2011.4.14]

③ 제1항 및 제2항의 규정에 의한 총회는 회사의 업무와 재산상태를 조사하게 하기 위하여 검사인을 선임할 수 있다. [개정 1998.12.28]

제366조의2(총회의 질서유지) ① 총회의 의장은 정관에서 정함이 없는 때에는 총회에서 선임한다.

② 총회의 의장은 총회의 질서를 유지하고 의사를 정리한다.

③ 총회의 의장은 고의로 의사진행을 방해하기 위한 발언·행동을 하는 등 현저히 질서를 문란하게 하는 자에 대하여 그 발언의 정지 또는 퇴장을 명할 수 있다.

[본조신설 1999.12.31]

제367조(검사인의 선임) ① 총회는 이사가 제출한 서류와 감사의 보고서를 조사하게 하기 위하여 검사인(檢査人)을 선임할 수 있다.

② 회사 또는 발행주식총수의 100분의 1 이상에 해당하는 주식을 가진 주주는 총회

의 소집절차나 결의방법의 적법성을 조사하기 위하여 총회 전에 법원에 검사인의 선임을 청구할 수 있다.
[전문개정 2011.4.14]

제368조(총회의 결의방법과 의결권의 행사) ① 총회의 결의는 이 법 또는 정관에 다른 정함이 있는 경우를 제외하고는 출석한 주주의 의결권의 과반수와 발행주식총수의 4분의 1 이상의 수로써 하여야 한다. [개정 1995.12.29]
② 주주는 대리인으로 하여금 그 의결권을 행사하게 할 수 있다. 이 경우에는 그 대리인은 대리권을 증명하는 서면을 총회에 제출하여야 한다. [개정 2014.5.20]
③ 총회의 결의에 관하여 특별한 이해관계가 있는 자는 의결권을 행사하지 못한다. [개정 2014.5.20]

제368조의2(의결권의 불통일행사) ① 주주가 2 이상의 의결권을 가지고 있는 때에는 이를 통일하지 아니하고 행사할 수 있다. 이 경우 주주총회일의 3일전에 회사에 대하여 서면 또는 전자문서로 그 뜻과 이유를 통지하여야 한다. [개정 2009.5.28]
② 주주가 주식의 신탁을 인수하였거나 기타 타인을 위하여 주식을 가지고 있는 경우외에는 회사는 주주의 의결권의 불통일행사를 거부할 수 있다.
[본조신설 1984.4.10]

제368조의3(서면에 의한 의결권의 행사) ① 주주는 정관이 정한 바에 따라 총회에 출석하지 아니하고 서면에 의하여 의결권을 행사할 수 있다.
② 회사는 총회의 소집통지서에 주주가 제1항의 규정에 의한 의결권을 행사하는데 필요한 서면과 참고자료를 첨부하여야 한다.
[본조신설 1999.12.31]

제368조의4(전자적 방법에 의한 의결권의 행사) ① 회사는 이사회의 결의로 주주가 총회에 출석하지 아니하고 전자적 방법으로 의결권을 행사할 수 있음을 정할 수 있다.
② 회사는 제363조에 따라 소집통지를 할 때에는 주주가 제1항에 따른 방법으로 의결권을 행사할 수 있다는 내용을 통지하여야 한다. [개정 2014.5.20]
③ 회사가 제1항에 따라 전자적 방법에 의한 의결권행사를 정한 경우에 주주는 주주 확인절차 등 대통령령으로 정하는 바에 따라 의결권을 행사하여야 한다. 이 경우 회사는 의결권행사에 필요한 양식과 참고자료를 주주에게 전자적 방법으로 제공하여야 한다.
④ 동일한 주식에 관하여 제1항 또는 제368조의3 제1항에 따라 의결권을 행사하는 경우 전자적 방법 또는 서면 중 어느 하나의 방법을 선택하여야 한다.
⑤ 회사는 의결권행사에 관한 전자적 기록을 총회가 끝난 날부터 3개월간 본점에 갖추어 두어 열람하게 하고 총회가 끝난 날부터 5년간 보존하여야 한다.
⑥ 주주 확인절차 등 전자적 방법에 의한 의결권행사의 절차와 그 밖에 필요한 사항은 대통령령으로 정한다.
[본조신설 2009.5.28]

제369조(의결권) ① 의결권은 1주마다 1개로 한다.
② 회사가 가진 자기주식은 의결권이 없다.
③ 회사, 모회사 및 자회사 또는 자회사가 다른 회사의 발행주식의 총수의 10분의 1을 초과하는 주식을 가지고 있는 경우 그 다른 회사가 가지고 있는 회사 또는 모회

사의 주식은 의결권이 없다. [신설 1984.4.10]

제370조 삭제 [2011.4.14]

제371조(정족수, 의결권수의 계산) ① 총회의 결의에 관하여는 제344조의3 제1항과 제369조 제2항 및 제3항의 의결권 없는 주식의 수는 발행주식총수에 산입하지 아니한다.

② 총회의 결의에 관하여는 제368조 제3항에 따라 행사할 수 없는 주식의 의결권 수와 제409조 제2항 및 제542조의12 제4항에 따라 그 비율을 초과하는 주식으로서 행사할 수 없는 주식의 의결권 수는 출석한 주주의 의결권의 수에 산입하지 아니한다. [개정 2014.5.20, 2020.12.29]

[전문개정 2011.4.14]

제372조(총회의 연기, 속행의 결의) ① 총회에서는 회의의 속행 또는 연기의 결의를 할 수 있다.

② 전항의 경우에는 제363조의 규정을 적용하지 아니한다.

제373조(총회의 의사록) ① 총회의 의사에는 의사록을 작성하여야 한다.

② 의사록에는 의사의 경과요령과 그 결과를 기재하고 의장과 출석한 이사가 기명날인 또는 서명하여야 한다. [개정 1995.12.29]

제374조(영업양도, 양수, 임대등) ① 회사가 다음 각 호의 어느 하나에 해당하는 행위를 할 때에는 제434조에 따른 결의가 있어야 한다. [개정 2011.4.14]

1. 영업의 전부 또는 중요한 일부의 양도
2. 영업 전부의 임대 또는 경영위임, 타인과 영업의 손익 전부를 같이 하는 계약, 그 밖에 이에 준하는 계약의 체결 · 변경 또는 해약
3. 회사의 영업에 중대한 영향을 미치는 다른 회사의 영업 전부 또는 일부의 양수

② 제1항의 행위에 관한 주주총회의 소집의 통지를 하는 때에는 제374조의2 제1항 및 제2항의 규정에 의한 주식매수청구권의 내용 및 행사방법을 명시하여야 한다. [신설 1995.12.29, 2014.5.20]

제374조의2(반대주주의 주식매수청구권) ① 제374조에 따른 결의사항에 반대하는 주주(의결권이 없거나 제한되는 주주를 포함한다. 이하 이 조에서 같다)는 주주총회 전에 회사에 대하여 서면으로 그 결의에 반대하는 의사를 통지한 경우에는 그 총회의 결의일부터 20일 이내에 주식의 종류와 수를 기재한 서면으로 회사에 대하여 자기가 소유하고 있는 주식의 매수를 청구할 수 있다. [개정 2015.12.1]

② 제1항의 청구를 받으면 해당 회사는 같은 항의 매수 청구 기간(이하 이 조에서 "매수청구기간"이라 한다)이 종료하는 날부터 2개월 이내에 그 주식을 매수하여야 한다. [개정 2015.12.1]

③ 제2항의 규정에 의한 주식의 매수가액은 주주와 회사간의 협의에 의하여 결정한다. [개정 2001.7.24]

④ 매수청구기간이 종료하는 날부터 30일 이내에 제3항의 규정에 의한 협의가 이루어지지 아니한 경우에는 회사 또는 주식의 매수를 청구한 주주는 법원에 대하여 매수가액의 결정을 청구할 수 있다. [개정 2001.7.24, 2015.12.1]

⑤ 법원이 제4항의 규정에 의하여 주식의 매수가액을 결정하는 경우에는 회사의 재산상태 그 밖의 사정을 참작하여 공정한 가액으로 이를 산정하여야 한다. [신설

2001.7.24]
[본조신설 1995.12.29]
[제목개정 2015.12.1]

제374조의3(간이영업양도, 양수, 임대 등) ① 제374조 제1항 각 호의 어느 하나에 해당하는 행위를 하는 회사의 총주주의 동의가 있거나 그 회사의 발행주식총수의 100분의 90 이상을 해당 행위의 상대방이 소유하고 있는 경우에는 그 회사의 주주총회의 승인은 이를 이사회의 승인으로 갈음할 수 있다.
② 제1항의 경우에 회사는 영업양도, 양수, 임대 등의 계약서 작성일부터 2주 이내에 주주총회의 승인을 받지 아니하고 영업양도, 양수, 임대 등을 한다는 뜻을 공고하거나 주주에게 통지하여야 한다. 다만, 총주주의 동의가 있는 경우에는 그러하지 아니하다.
③ 제2항의 공고 또는 통지를 한 날부터 2주 이내에 회사에 대하여 서면으로 영업양도, 양수, 임대 등에 반대하는 의사를 통지한 주주는 그 기간이 경과한 날부터 20일 이내에 주식의 종류와 수를 기재한 서면으로 회사에 대하여 자기가 소유하고 있는 주식의 매수를 청구할 수 있다. 이 경우 제374조의2 제2항부터 제5항까지의 규정을 준용한다.
[본조신설 2015.12.1]

제375조(사후설립) 회사가 그 성립 후 2년 내에 그 성립 전부터 존재하는 재산으로서 영업을 위하여 계속하여 사용하여야 할 것을 자본금의 100분의 5 이상에 해당하는 대가로 취득하는 계약을 하는 경우에는 제374조를 준용한다.
[전문개정 2011.4.14]

제376조(결의취소의 소) ① 총회의 소집절차 또는 결의방법이 법령 또는 정관에 위반하거나 현저하게 불공정한 때 또는 그 결의의 내용이 정관에 위반한 때에는 주주·이사 또는 감사는 결의의 날로부터 2월내에 결의취소의 소를 제기할 수 있다. [개정 1984.4.10, 1995.12.29]
② 제186조 내지 제188조, 제190조 본문과 제191조의 규정은 제1항의 소에 준용한다. [개정 1984.4.10, 1995.12.29]

제377조(제소주주의 담보제공의무) ① 주주가 결의취소의 소를 제기한 때에는 법원은 회사의 청구에 의하여 상당한 담보를 제공할 것을 명할 수 있다. 그러나 그 주주가 이사 또는 감사인 때에는 그러하지 아니하다. [개정 1984.4.10]
② 제176조 제4항의 규정은 제1항의 청구에 준용한다. [개정 1984.4.10]

제378조(결의취소의 등기) 결의한 사항이 등기된 경우에 결의취소의 판결이 확정된 때에는 본점과 지점의 소재지에서 등기하여야 한다.

제379조(법원의 재량에 의한 청구기각) 결의취소의 소가 제기된 경우에 결의의 내용, 회사의 현황과 제반사정을 참작하여 그 취소가 부적당하다고 인정한 때에는 법원은 그 청구를 기각할 수 있다.

제380조(결의무효 및 부존재확인의 소) 제186조 내지 제188조, 제190조 본문, 제191조, 제377조와 제378조의 규정은 총회의 결의의 내용이 법령에 위반한 것을 이유로 하여 결의무효의 확인을 청구하는 소와 총회의 소집절차 또는 결의방법에 총회결의가 존재한다고 볼 수 없을 정도의 중대한 하자가 있는 것을 이유로 하여 결의부존재의 확인을 청구하는 소에 이를 준용한다. [개정 1984.4.10, 1995.12.29]

제381조(부당결의의 취소, 변경의 소) ① 주주가 제368조 제3항의 규정에 의하여 의결권을 행사할 수 없었던 경우에 결의가 현저하게 부당하고 그 주주가 의결권을 행사하였더라면 이를 저지할 수 있었을 때에는 그 주주는 그 결의의 날로부터 2월내에 결의의 취소의 소 또는 변경의 소를 제기할 수 있다. [개정 2014.5.20]

② 제186조 내지 제188조, 제190조 본문, 제191조, 제377조와 제378조의 규정은 제1항의 소에 준용한다. [개정 1998.12.28]

제2관 이사와 이사회

제382조(이사의 선임, 회사와의 관계 및 사외이사) ① 이사는 주주총회에서 선임한다.

② 회사와 이사의 관계는 「민법」의 위임에 관한 규정을 준용한다.

③ 사외이사(社外理事)는 해당 회사의 상무(常務)에 종사하지 아니하는 이사로서 다음 각 호의 어느 하나에 해당하지 아니하는 자를 말한다. 사외이사가 다음 각 호의 어느 하나에 해당하는 경우에는 그 직을 상실한다. [개정 2011.4.14]

1. 회사의 상무에 종사하는 이사·집행임원 및 피용자 또는 최근 2년 이내에 회사의 상무에 종사한 이사·감사·집행임원 및 피용자
2. 최대주주가 자연인인 경우 본인과 그 배우자 및 직계 존속·비속
3. 최대주주가 법인인 경우 그 법인의 이사·감사·집행임원 및 피용자
4. 이사·감사·집행임원의 배우자 및 직계 존속·비속
5. 회사의 모회사 또는 자회사의 이사·감사·집행임원 및 피용자
6. 회사와 거래관계 등 중요한 이해관계에 있는 법인의 이사·감사·집행임원 및 피용자
7. 회사의 이사·집행임원 및 피용자가 이사·집행임원으로 있는 다른 회사의 이사·감사·집행임원 및 피용자

[전문개정 2009.1.30]

제382조의2(집중투표) ① 2인 이상의 이사의 선임을 목적으로 하는 총회의 소집이 있는 때에는 의결권없는 주식을 제외한 발행주식총수의 100분의 3 이상에 해당하는 주식을 가진 주주는 정관에서 달리 정하는 경우를 제외하고는 회사에 대하여 집중투표의 방법으로 이사를 선임할 것을 청구할 수 있다.

② 제1항의 청구는 주주총회일의 7일 전까지 서면 또는 전자문서로 하여야 한다. [개정 2009.5.28]

③ 제1항의 청구가 있는 경우에 이사의 선임결의에 관하여 각 주주는 1주마다 선임할 이사의 수와 동일한 수의 의결권을 가지며, 그 의결권은 이사 후보자 1인 또는 수인에게 집중하여 투표하는 방법으로 행사할 수 있다.

④ 제3항의 규정에 의한 투표의 방법으로 이사를 선임하는 경우에는 투표의 최다수를 얻은 자부터 순차적으로 이사에 선임되는 것으로 한다.

⑤ 제1항의 청구가 있는 경우에는 의장은 의결에 앞서 그러한 청구가 있다는 취지를 알려야 한다.

⑥ 제2항의 서면은 총회가 종결될 때까지 이를 본점에 비치하고 주주로 하여금 영업시간내에 열람할 수 있게 하여야 한다.

[본조신설 1998.12.28]

제382조의3(이사의 충실의무) 이사는 법령과 정관의 규정에 따라 회사를 위하여 그 직무를 충실하게 수행하여야 한다.

[본조신설 1998.12.28]

제382조의4(이사의 비밀유지의무) 이사는 재임중 뿐만 아니라 퇴임후에도 직무상 알게 된 회사의 영업상 비밀을 누설하여서는 아니된다.

[본조신설 2001.7.24]

제383조(원수, 임기) ① 이사는 3명 이상이어야 한다. 다만, 자본금 총액이 10억원 미만인 회사는 1명 또는 2명으로 할 수 있다. [개정 2009.5.28]

② 이사의 임기는 3년을 초과하지 못한다. [개정 1984.4.10]

③ 제2항의 임기는 정관으로 그 임기 중의 최종의 결산기에 관한 정기주주총회의 종결에 이르기까지 연장할 수 있다. [개정 1984.4.10]

④ 제1항 단서의 경우에는 제302조 제2항 제5호의2, 제317조 제2항 제3호의2, 제335조 제1항 단서 및 제2항, 제335조의2 제1항·제3항, 제335조의3 제1항·제2항, 제335조의7 제1항, 제340조의3 제1항 제5호, 제356조 제6호의2, 제397조 제1항·제2항, 제397조의2 제1항, 제398조, 제416조 본문, 제451조 제2항, 제461조 제1항 본문 및 제3항, 제462조의3 제1항, 제464조의2 제1항, 제469조, 제513조 제2항 본문 및 제516조의2 제2항 본문(준용되는 경우를 포함한다) 중 "이사회"는 각각 "주주총회"로 보며, 제360조의5 제1항 및 제522조의3 제1항 중 "이사회의 결의가 있는 때"는 "제363조 제1항에 따른 주주총회의 소집통지가 있는 때"로 본다. [개정 2009.5.28, 2011.4.14]

⑤ 제1항 단서의 경우에는 제341조 제2항 단서, 제390조, 제391조, 제391조의2, 제391조의3, 제392조, 제393조 제2항부터 제4항까지, 제399조 제2항, 제408조의2 제3항·제4항, 제408조의3 제2항, 제408조의4 제2호, 제408조의5 제1항, 제408조의6, 제408조의7, 제412조의4, 제449조의2, 제462조 제2항 단서, 제526조 제3항, 제527조 제4항, 제527조의2, 제527조의3 제1항 및 제527조의5 제2항은 적용하지 아니한다. [개정 2009.5.28, 2011.4.14]

⑥ 제1항 단서의 경우에는 각 이사(정관에 따라 대표이사를 정한 경우에는 그 대표이사를 말한다)가 회사를 대표하며 제343조 제1항 단서, 제346조 제3항, 제362조, 제363조의2 제3항, 제366조 제1항, 제368조의4 제1항, 제393조 제1항, 제412조의3 제1항 및 제462조의3 제1항에 따른 이사회의 기능을 담당한다. [개정 2009.5.28, 2011.4.14]

제384조 삭제 [1995.12.29]

제385조(해임) ① 이사는 언제든지 제434조의 규정에 의한 주주총회의 결의로 이를 해임할 수 있다. 그러나 이사의 임기를 정한 경우에 정당한 이유없이 그 임기만료전에 이를 해임한 때에는 그 이사는 회사에 대하여 해임으로 인한 손해의 배상을 청구할 수 있다.

② 이사가 그 직무에 관하여 부정행위 또는 법령이나 정관에 위반한 중대한 사실이 있음에도 불구하고 주주총회에서 그 해임을 부결한 때에는 발행주식의 총수의 100분의 3 이상에 해당하는 주식을 가진 주주는 총회의 결의가 있은 날부터 1월내에 그 이사의 해임을 법원에 청구할 수 있다. [개정 1998.12.28]

③ 제186조의 규정은 전항의 경우에 준용한다.

제386조(결원의 경우) ① 법률 또는 정관에 정한 이사의 원수를 결한 경우에는 임기의

만료 또는 사임으로 인하여 퇴임한 이사는 새로 선임된 이사가 취임할 때까지 이사의 권리의무가 있다.
② 제1항의 경우에 필요하다고 인정할 때에는 법원은 이사, 감사 기타의 이해관계인의 청구에 의하여 일시 이사의 직무를 행할 자를 선임할 수 있다. 이 경우에는 본점의 소재지에서 그 등기를 하여야 한다. [개정 1995.12.29]

제387조(자격주) 정관으로 이사가 가질 주식의 수를 정한 경우에 다른 규정이 없는 때에는 이사는 그 수의 주권을 감사에게 공탁하여야 한다.

제388조(이사의 보수) 이사의 보수는 정관에 그 액을 정하지 아니한 때에는 주주총회의 결의로 이를 정한다.

제389조(대표이사) ① 회사는 이사회의 결의로 회사를 대표할 이사를 선정하여야 한다. 그러나 정관으로 주주총회에서 이를 선정할 것을 정할 수 있다.
② 전항의 경우에는 수인의 대표이사가 공동으로 회사를 대표할 것을 정할 수 있다.
③ 제208조 제2항, 제209조, 제210조와 제386조의 규정은 대표이사에 준용한다. [개정 1962.12.12]

제390조(이사회의 소집) ① 이사회는 각 이사가 소집한다. 그러나 이사회의 결의로 소집할 이사를 정한 때에는 그러하지 아니하다.
② 제1항 단서의 규정에 의하여 소집권자로 지정되지 않은 다른 이사는 소집권자인 이사에게 이사회 소집을 요구할 수 있다. 소집권자인 이사가 정당한 이유없이 이사회 소집을 거절하는 경우에는 다른 이사가 이사회를 소집할 수 있다. [신설 2001.7.24]
③ 이사회를 소집함에는 회일을 정하고 그 1주간전에 각 이사 및 감사에 대하여 통지를 발송하여야 한다. 그러나 그 기간은 정관으로 단축할 수 있다. [개정 1984.4.10]
④ 이사회는 이사 및 감사 전원의 동의가 있는 때에는 제3항의 절차없이 언제든지 회의할 수 있다. [개정 1984.4.10, 2001.7.24]

제391조(이사회의 결의방법) ① 이사회의 결의는 이사과반수의 출석과 출석이사의 과반수로 하여야 한다. 그러나 정관으로 그 비율을 높게 정할 수 있다.
② 정관에서 달리 정하는 경우를 제외하고 이사회는 이사의 전부 또는 일부가 직접 회의에 출석하지 아니하고 모든 이사가 음성을 동시에 송수신하는 원격통신수단에 의하여 결의에 참가하는 것을 허용할 수 있다. 이 경우 당해 이사는 이사회에 직접 출석한 것으로 본다. [신설 1999.12.31, 2011.4.14]
③ 제368조 제3항 및 제371조 제2항의 규정은 제1항의 경우에 이를 준용한다. [개정 2014.5.20]
[전문개정 1984.4.10]

제391조의2(감사의 이사회출석 · 의견진술권) ① 감사는 이사회에 출석하여 의견을 진술할 수 있다.
② 감사는 이사가 법령 또는 정관에 위반한 행위를 하거나 그 행위를 할 염려가 있다고 인정한 때에는 이사회에 이를 보고하여야 한다.
[본조신설 1984.4.10]

제391조의3(이사회의 의사록) ① 이사회의 의사에 관하여는 의사록을 작성하여야 한다.
② 의사록에는 의사의 안건, 경과요령, 그 결과, 반대하는 자와 그 반대이유를 기재

하고 출석한 이사 및 감사가 기명날인 또는 서명하여야 한다. [개정 1995.12.29, 1999.12.31]

③ 주주는 영업시간내에 이사회의사록의 열람 또는 등사를 청구할 수 있다. [신설 1999.12.31]

④ 회사는 제3항의 청구에 대하여 이유를 붙여 이를 거절할 수 있다. 이 경우 주주는 법원의 허가를 얻어 이사회의사록을 열람 또는 등사할 수 있다. [신설 1999.12.31]

[본조신설 1984.4.10]

제392조(이사회의 연기·속행) 제372조의 규정은 이사회에 관하여 이를 준용한다.

[전문개정 1984.4.10]

제393조(이사회의 권한) ① 중요한 자산의 처분 및 양도, 대규모 재산의 차입, 지배인의 선임 또는 해임과 지점의 설치·이전 또는 폐지 등 회사의 업무집행은 이사회의 결의로 한다. [개정 2001.7.24]

② 이사회는 이사의 직무의 집행을 감독한다.

③ 이사는 대표이사로 하여금 다른 이사 또는 피용자의 업무에 관하여 이사회에 보고할 것을 요구할 수 있다. [신설 2001.7.24]

④ 이사는 3월에 1회 이상 업무의 집행상황을 이사회에 보고하여야 한다. [신설 2001.7.24]

[전문개정 1984.4.10]

제393조의2(이사회내 위원회) ① 이사회는 정관이 정한 바에 따라 위원회를 설치할 수 있다.

② 이사회는 다음 각호의 사항을 제외하고는 그 권한을 위원회에 위임할 수 있다.

1. 주주총회의 승인을 요하는 사항의 제안
2. 대표이사의 선임 및 해임
3. 위원회의 설치와 그 위원의 선임 및 해임
4. 정관에서 정하는 사항

③ 위원회는 2인 이상의 이사로 구성한다.

④ 위원회는 결의된 사항을 각 이사에게 통지하여야 한다. 이 경우 이를 통지받은 각 이사는 이사회의 소집을 요구할 수 있으며, 이사회는 위원회가 결의한 사항에 대하여 다시 결의할 수 있다.

⑤ 제386조 제1항·제390조·제391조·제391조의3 및 제392조의 규정은 위원회에 관하여 이를 준용한다.

[본조신설 1999.12.31]

제394조(이사와 회사간의 소에 관한 대표) ① 회사가 이사에 대하여 또는 이사가 회사에 대하여 소를 제기하는 경우에 감사는 그 소에 관하여 회사를 대표한다. 회사가 제403조 제1항 또는 제406조의2 제1항의 청구를 받은 경우에도 또한 같다. [개정 2020.12.29]

② 제415조의2의 규정에 의한 감사위원회의 위원이 소의 당사자인 경우에는 감사위원회 또는 이사는 법원에 회사를 대표할 자를 선임하여 줄 것을 신청하여야 한다. [신설 1999.12.31]

[전문개정 1984.4.10]

제395조(표현대표이사의 행위와 회사의 책임) 사장, 부사장, 전무, 상무 기타 회사를 대

표할 권한이 있는 것으로 인정될 만한 명칭을 사용한 이사의 행위에 대하여는 그 이사가 회사를 대표할 권한이 없는 경우에도 회사는 선의의 제삼자에 대하여 그 책임을 진다.

제396조(정관 등의 비치, 공시의무) ① 이사는 회사의 정관, 주주총회의 의사록을 본점과 지점에, 주주명부, 사채원부를 본점에 비치하여야 한다. 이 경우 명의개서대리인을 둔 때에는 주주명부나 사채원부 또는 그 복본을 명의개서대리인의 영업소에 비치할 수 있다. [개정 1984.4.10, 1999.12.31]

② 주주와 회사채권자는 영업시간 내에 언제든지 제1항의 서류의 열람 또는 등사를 청구할 수 있다. [개정 1984.4.10]

제397조(경업금지) ① 이사는 이사회의 승인이 없으면 자기 또는 제삼자의 계산으로 회사의 영업부류에 속한 거래를 하거나 동종영업을 목적으로 하는 다른 회사의 무한책임사원이나 이사가 되지 못한다. [개정 1995.12.29]

② 이사가 제1항의 규정에 위반하여 거래를 한 경우에 회사는 이사회의 결의로 그 이사의 거래가 자기의 계산으로 한 것인 때에는 이를 회사의 계산으로 한 것으로 볼 수 있고 제삼자의 계산으로 한 것인 때에는 그 이사에 대하여 이로 인한 이득의 양도를 청구할 수 있다. [개정 1962.12.12, 1995.12.29]

③ 제2항의 권리는 거래가 있은 날로부터 1년을 경과하면 소멸한다. [개정 1995.12.29]

제397조의2(회사의 기회 및 자산의 유용 금지) ① 이사는 이사회의 승인 없이 현재 또는 장래에 회사의 이익이 될 수 있는 다음 각 호의 어느 하나에 해당하는 회사의 사업기회를 자기 또는 제3자의 이익을 위하여 이용하여서는 아니 된다. 이 경우 이사회의 승인은 이사 3분의 2 이상의 수로써 하여야 한다.

1. 직무를 수행하는 과정에서 알게 되거나 회사의 정보를 이용한 사업기회
2. 회사가 수행하고 있거나 수행할 사업과 밀접한 관계가 있는 사업기회

② 제1항을 위반하여 회사에 손해를 발생시킨 이사 및 승인한 이사는 연대하여 손해를 배상할 책임이 있으며 이로 인하여 이사 또는 제3자가 얻은 이익은 손해로 추정한다.

[본조신설 2011.4.14]

제398조(이사 등과 회사 간의 거래) 다음 각 호의 어느 하나에 해당하는 자가 자기 또는 제3자의 계산으로 회사와 거래를 하기 위하여는 미리 이사회에서 해당 거래에 관한 중요사실을 밝히고 이사회의 승인을 받아야 한다. 이 경우 이사회의 승인은 이사 3분의 2 이상의 수로써 하여야 하고, 그 거래의 내용과 절차는 공정하여야 한다.

1. 이사 또는 제542조의8 제2항 제6호에 따른 주요주주
2. 제1호의 자의 배우자 및 직계존비속
3. 제1호의 자의 배우자의 직계존비속
4. 제1호부터 제3호까지의 자가 단독 또는 공동으로 의결권 있는 발행주식 총수의 100분의 50 이상을 가진 회사 및 그 자회사
5. 제1호부터 제3호까지의 자가 제4호의 회사와 합하여 의결권 있는 발행주식총수의 100분의 50 이상을 가진 회사

[전문개정 2011.4.14]

제399조(회사에 대한 책임) ① 이사가 고의 또는 과실로 법령 또는 정관에 위반한 행위

를 하거나 그 임무를 게을리한 경우에는 그 이사는 회사에 대하여 연대하여 손해를 배상할 책임이 있다. [개정 2011.4.14]

② 전항의 행위가 이사회의 결의에 의한 것인 때에는 그 결의에 찬성한 이사도 전항의 책임이 있다.

③ 전항의 결의에 참가한 이사로서 이의를 한 기재가 의사록에 없는 자는 그 결의에 찬성한 것으로 추정한다.

제400조(회사에 대한 책임의 감면) ① 제399조에 따른 이사의 책임은 주주 전원의 동의로 면제할 수 있다.

② 회사는 정관으로 정하는 바에 따라 제399조에 따른 이사의 책임을 이사가 그 행위를 한 날 이전 최근 1년간의 보수액(상여금과 주식매수선택권의 행사로 인한 이익 등을 포함한다)의 6배(사외이사의 경우는 3배)를 초과하는 금액에 대하여 면제할 수 있다. 다만, 이사가 고의 또는 중대한 과실로 손해를 발생시킨 경우와 제397조 제397조의2 및 제398조에 해당하는 경우에는 그러하지 아니하다.

[전문개정 2011.4.14]

제401조(제삼자에 대한 책임) ① 이사가 고의 또는 중대한 과실로 그 임무를 게을리한 때에는 그 이사는 제3자에 대하여 연대하여 손해를 배상할 책임이 있다. [개정 2011.4.14]

② 제399조 제2항, 제3항의 규정은 전항의 경우에 준용한다.

제401조의2(업무집행지시자 등의 책임) ① 다음 각 호의 어느 하나에 해당하는 자가 그 지시하거나 집행한 업무에 관하여 제399조, 제401조, 제403조 및 제406조의2를 적용하는 경우에는 그 자를 "이사"로 본다. [개정 2020.12.29]

1. 회사에 대한 자신의 영향력을 이용하여 이사에게 업무집행을 지시한 자
2. 이사의 이름으로 직접 업무를 집행한 자
3. 이사가 아니면서 명예회장 · 회장 · 사장 · 부사장 · 전무 · 상무 · 이사 기타 회사의 업무를 집행할 권한이 있는 것으로 인정될 만한 명칭을 사용하여 회사의 업무를 집행한 자

② 제1항의 경우에 회사 또는 제3자에 대하여 손해를 배상할 책임이 있는 이사는 제1항에 규정된 자와 연대하여 그 책임을 진다.

[본조신설 1998.12.28]

제402조(유지청구권) 이사가 법령 또는 정관에 위반한 행위를 하여 이로 인하여 회사에 회복할 수 없는 손해가 생길 염려가 있는 경우에는 감사 또는 발행주식의 총수의 100분의 1 이상에 해당하는 주식을 가진 주주는 회사를 위하여 이사에 대하여 그 행위를 유지할 것을 청구할 수 있다. [개정 1984.4.10, 1998.12.28]

제403조(주주의 대표소송) ① 발행주식의 총수의 100분의 1 이상에 해당하는 주식을 가진 주주는 회사에 대하여 이사의 책임을 추궁할 소의 제기를 청구할 수 있다. [개정 1998.12.28]

② 제1항의 청구는 그 이유를 기재한 서면으로 하여야 한다. [개정 1998.12.28]

③ 회사가 전항의 청구를 받은 날로부터 30일내에 소를 제기하지 아니한 때에는 제1항의 주주는 즉시 회사를 위하여 소를 제기할 수 있다.

④ 제3항의 기간의 경과로 인하여 회사에 회복할 수 없는 손해가 생길 염려가 있는

경우에는 전항의 규정에 불구하고 제1항의 주주는 즉시 소를 제기할 수 있다. [개정 1998.12.28]
⑤ 제3항과 제4항의 소를 제기한 주주의 보유주식이 제소후 발행주식총수의 100분의 1 미만으로 감소한 경우(發行株式을 보유하지 아니하게 된 경우를 제외한다)에도 제소의 효력에는 영향이 없다. [신설 1998.12.28]
⑥ 회사가 제1항의 청구에 따라 소를 제기하거나 주주가 제3항과 제4항의 소를 제기한 경우 당사자는 법원의 허가를 얻지 아니하고는 소의 취하, 청구의 포기·인락·화해를 할 수 없다. [신설 1998.12.28, 2011.4.14]
⑦ 제176조 제3항, 제4항과 제186조의 규정은 본조의 소에 준용한다.

제404조(대표소송과 소송참가, 소송고지) ① 회사는 전조 제3항과 제4항의 소송에 참가할 수 있다.
② 전조 제3항과 제4항의 소를 제기한 주주는 소를 제기한 후 지체없이 회사에 대하여 그 소송의 고지를 하여야 한다.

제405조(제소주주의 권리의무) ① 제403조 제3항과 제4항의 규정에 의하여 소를 제기한 주주가 승소한 때에는 그 주주는 회사에 대하여 소송비용 및 그 밖에 소송으로 인하여 지출한 비용중 상당한 금액의 지급을 청구할 수 있다. 이 경우 소송비용을 지급한 회사는 이사 또는 감사에 대하여 구상권이 있다. [개정 1962.12.12, 2001.7.24]
② 제403조 제3항과 제4항의 규정에 의하여 소를 제기한 주주가 패소한 때에는 악의인 경우 외에는 회사에 대하여 손해를 배상할 책임이 없다.

제406조(대표소송과 재심의 소) ① 제403조의 소가 제기된 경우에 원고와 피고의 공모로 인하여 소송의 목적인 회사의 권리를 사해할 목적으로써 판결을 하게 한 때에는 회사 또는 주주는 확정한 종국판결에 대하여 재심의 소를 제기할 수 있다.
② 전조의 규정은 전항의 소에 준용한다.

제406조의2(다중대표소송) ① 모회사 발행주식총수의 100분의 1 이상에 해당하는 주식을 가진 주주는 자회사에 대하여 자회사 이사의 책임을 추궁할 소의 제기를 청구할 수 있다.
② 제1항의 주주는 자회사가 제1항의 청구를 받은 날부터 30일 내에 소를 제기하지 아니한 때에는 즉시 자회사를 위하여 소를 제기할 수 있다.
③ 제1항 및 제2항의 소에 관하여는 제176조 제3항·제4항, 제403조 제2항, 같은 조 제4항부터 제6항까지 및 제404조부터 제406조까지의 규정을 준용한다.
④ 제1항의 청구를 한 후 모회사가 보유한 자회사의 주식이 자회사 발행주식총수의 100분의 50 이하로 감소한 경우(발행주식을 보유하지 아니하게 된 경우를 제외한다)에도 제1항 및 제2항에 따른 제소의 효력에는 영향이 없다.
⑤ 제1항 및 제2항의 소는 자회사의 본점소재지의 지방법원의 관할에 전속한다.
[본조신설 2020.12.29]

제407조(직무집행정지, 직무대행자선임) ① 이사선임결의의 무효나 취소 또는 이사해임의 소가 제기된 경우에는 법원은 당사자의 신청에 의하여 가처분으로써 이사의 직무집행을 정지할 수 있고 또는 직무대행자를 선임할 수 있다. 급박한 사정이 있는 때에는 본안소송의 제기전에도 그 처분을 할 수 있다.
② 법원은 당사자의 신청에 의하여 전항의 가처분을 변경 또는 취소할 수 있다.
③ 전2항의 처분이 있는 때에는 본점과 지점의 소재지에서 그 등기를 하여야 한다.

제408조(직무대행자의 권한) ① 전조의 직무대행자는 가처분명령에 다른 정함이 있는 경우 외에는 회사의 상무에 속하지 아니한 행위를 하지 못한다. 그러나 법원의 허가를 얻은 경우에는 그러하지 아니하다.

② 직무대행자가 전항의 규정에 위반한 행위를 한 경우에도 회사는 선의의 제삼자에 대하여 책임을 진다.

제408조의2(집행임원 설치회사, 집행임원과 회사의 관계) ① 회사는 집행임원을 둘 수 있다. 이 경우 집행임원을 둔 회사(이하 "집행임원 설치회사"라 한다)는 대표이사를 두지 못한다.

② 집행임원 설치회사와 집행임원의 관계는 「민법」 중 위임에 관한 규정을 준용한다.

③ 집행임원 설치회사의 이사회는 다음의 권한을 갖는다.

1. 집행임원과 대표집행임원의 선임 · 해임
2. 집행임원의 업무집행 감독
3. 집행임원과 집행임원 설치회사의 소송에서 집행임원 설치회사를 대표할 자의 선임
4. 집행임원에게 업무집행에 관한 의사결정의 위임(이 법에서 이사회 권한사항으로 정한 경우는 제외한다)
5. 집행임원이 여러 명인 경우 집행임원의 직무 분담 및 지휘 · 명령관계, 그 밖에 집행임원의 상호관계에 관한 사항의 결정
6. 정관에 규정이 없거나 주주총회의 승인이 없는 경우 집행임원의 보수 결정

④ 집행임원 설치회사는 이사회의 회의를 주관하기 위하여 이사회 의장을 두어야 한다. 이 경우 이사회 의장은 정관의 규정이 없으면 이사회 결의로 선임한다.

[본조신설 2011.4.14]

제408조의3(집행임원의 임기) ① 집행임원의 임기는 정관에 다른 규정이 없으면 2년을 초과하지 못한다.

② 제1항의 임기는 정관에 그 임기 중의 최종 결산기에 관한 정기주주총회가 종결한 후 가장 먼저 소집하는 이사회의 종결 시까지로 정할 수 있다.

[본조신설 2011.4.14]

제408조의4(집행임원의 권한) 집행임원의 권한은 다음 각 호의 사항으로 한다.

1. 집행임원 설치회사의 업무집행
2. 정관이나 이사회의 결의에 의하여 위임받은 업무집행에 관한 의사결정

[본조신설 2011.4.14]

제408조의5(대표집행임원) ① 2명 이상의 집행임원이 선임된 경우에는 이사회 결의로 집행임원 설치회사를 대표할 대표집행임원을 선임하여야 한다. 다만, 집행임원이 1명인 경우에는 그 집행임원이 대표집행임원이 된다.

② 대표집행임원에 관하여는 이 법에 다른 규정이 없으면 주식회사의 대표이사에 관한 규정을 준용한다.

③ 집행임원 설치회사에 대하여는 제395조를 준용한다.

[본조신설 2011.4.14]

제408조의6(집행임원의 이사회에 대한 보고) ① 집행임원은 3개월에 1회 이상 업무의 집행상황을 이사회에 보고하여야 한다.

② 집행임원은 제1항의 경우 외에도 이사회의 요구가 있으면 언제든지 이사회에 출

석하여 요구한 사항을 보고하여야 한다.

③ 이사는 대표집행임원으로 하여금 다른 집행임원 또는 피용자의 업무에 관하여 이사회에 보고할 것을 요구할 수 있다.

[본조신설 2011.4.14]

제408조의7(집행임원의 이사회 소집 청구) ① 집행임원은 필요하면 회의의 목적사항과 소집이유를 적은 서면을 이사(소집권자가 있는 경우에는 소집권자를 말한다. 이하 이 조에서 같다)에게 제출하여 이사회 소집을 청구할 수 있다.

② 제1항의 청구를 한 후 이사가 지체 없이 이사회 소집의 절차를 밟지 아니하면 소집을 청구한 집행임원은 법원의 허가를 받아 이사회를 소집할 수 있다. 이 경우 이사회 의장은 법원이 이해관계자의 청구에 의하여 또는 직권으로 선임할 수 있다.

[본조신설 2011.4.14]

제408조의8(집행임원의 책임) ① 집행임원이 고의 또는 과실로 법령이나 정관을 위반한 행위를 하거나 그 임무를 게을리한 경우에는 그 집행임원은 집행임원 설치회사에 손해를 배상할 책임이 있다.

② 집행임원이 고의 또는 중대한 과실로 그 임무를 게을리한 경우에는 그 집행임원은 제3자에게 손해를 배상할 책임이 있다.

③ 집행임원이 집행임원 설치회사 또는 제3자에게 손해를 배상할 책임이 있는 경우에 다른 집행임원·이사 또는 감사도 그 책임이 있으면 다른 집행임원·이사 또는 감사와 연대하여 배상할 책임이 있다.

[본조신설 2011.4.14]

제408조의9(준용규정) 집행임원에 대해서는 제382조의3, 제382조의4, 제396조, 제397조, 제397조의2, 제398조, 제400조, 제401조의2, 제402조부터 제406조까지, 제406조의2, 제407조, 제408조, 제412조 및 제412조의2를 준용한다. [개정 2020.12.29]

[본조신설 2011.4.14]

제3관 감사 및 감사위원회 [개정 1999.12.31]

제409조(선임) ① 감사는 주주총회에서 선임한다.

② 의결권없는 주식을 제외한 발행주식의 총수의 100분의 3(정관에서 더 낮은 주식 보유비율을 정할 수 있으며, 정관에서 더 낮은 주식 보유비율을 정한 경우에는 그 비율로 한다)을 초과하는 수의 주식을 가진 주주는 그 초과하는 주식에 관하여 제1항의 감사의 선임에 있어서는 의결권을 행사하지 못한다. [개정 1984.4.10, 2020.12.29]

③ 회사가 제368조의4 제1항에 따라 전자적 방법으로 의결권을 행사할 수 있도록 한 경우에는 제368조 제1항에도 불구하고 출석한 주주의 의결권의 과반수로써 제1항에 따른 감사의 선임을 결의할 수 있다. [개정 2020.12.29]

④ 제1항, 제296조 제1항 및 제312조에도 불구하고 자본금의 총액이 10억원 미만인 회사의 경우에는 감사를 선임하지 아니할 수 있다. [신설 2009.5.28]

⑤ 제4항에 따라 감사를 선임하지 아니한 회사가 이사에 대하여 또는 이사가 그 회사에 대하여 소를 제기하는 경우에 회사, 이사 또는 이해관계인은 법원에 회사를 대표할 자를 선임하여 줄 것을 신청하여야 한다. [신설 2009.5.28]

⑥ 제4항에 따라 감사를 선임하지 아니한 경우에는 제412조, 제412조의2 및 제412조

의5 제1항 · 제2항 중 "감사"는 각각 "주주총회"로 본다. [신설 2009.5.28, 2011.4.14]

제409조의2(감사의 해임에 관한 의견진술의 권리) 감사는 주주총회에서 감사의 해임에 관하여 의견을 진술할 수 있다.

[본조신설 1995.12.29]

제410조(임기) 감사의 임기는 취임후 3년내의 최종의 결산기에 관한 정기총회의 종결시까지로 한다. [개정 1995.12.29]

[전문개정 1984.4.10]

제411조(겸임금지) 감사는 회사 및 자회사의 이사 또는 지배인 기타의 사용인의 직무를 겸하지 못한다. [개정 1995.12.29]

제412조(감사의 직무와 보고요구, 조사의 권한) ① 감사는 이사의 직무의 집행을 감사한다.

② 감사는 언제든지 이사에 대하여 영업에 관한 보고를 요구하거나 회사의 업무와 재산상태를 조사할 수 있다.

③ 감사는 회사의 비용으로 전문가의 도움을 구할 수 있다. [신설 2011.4.14]

[전문개정 1984.4.10]

[제목개정 2011.4.14]

제412조의2(이사의 보고의무) 이사는 회사에 현저하게 손해를 미칠 염려가 있는 사실을 발견한 때에는 즉시 감사에게 이를 보고하여야 한다.

[본조신설 1995.12.29]

제412조의3(총회의 소집청구) ① 감사는 회의의 목적사항과 소집의 이유를 기재한 서면을 이사회에 제출하여 임시총회의 소집을 청구할 수 있다.

② 제366조 제2항의 규정은 감사가 총회를 소집하는 경우에 이를 준용한다.

[본조신설 1995.12.29]

제412조의4(감사의 이사회 소집 청구) ① 감사는 필요하면 회의의 목적사항과 소집이유를 서면에 적어 이사(소집권자가 있는 경우에는 소집권자를 말한다. 이하 이 조에서 같다)에게 제출하여 이사회 소집을 청구할 수 있다.

② 제1항의 청구를 하였는데도 이사가 지체 없이 이사회를 소집하지 아니하면 그 청구한 감사가 이사회를 소집할 수 있다.

[본조신설 2011.4.14]

[종전 제412조의4는 제412조의5로 이동 [2011.4.14]]

제412조의5(자회사의 조사권) ① 모회사의 감사는 그 직무를 수행하기 위하여 필요한 때에는 자회사에 대하여 영업의 보고를 요구할 수 있다.

② 모회사의 감사는 제1항의 경우에 자회사가 지체없이 보고를 하지 아니할 때 또는 그 보고의 내용을 확인할 필요가 있는 때에는 자회사의 업무와 재산상태를 조사할 수 있다.

③ 자회사는 정당한 이유가 없는 한 제1항의 규정에 의한 보고 또는 제2항의 규정에 의한 조사를 거부하지 못한다.

[본조신설 1995.12.29]

[제412조의4에서 이동 [2011.4.14]]

제413조(조사 · 보고의 의무) 감사는 이사가 주주총회에 제출할 의안 및 서류를 조사하여 법령 또는 정관에 위반하거나 현저하게 부당한 사항이 있는지의 여부에 관하여 주주총회에 그 의견을 진술하여야 한다.

[전문개정 1984.4.10]

제413조의2(감사록의 작성) ① 감사는 감사에 관하여 감사록을 작성하여야 한다.

② 감사록에는 감사의 실시요령과 그 결과를 기재하고 감사를 실시한 감사가 기명날인 또는 서명하여야 한다. [개정 1995.12.29]

[본조신설 1984.4.10]

제414조(감사의 책임) ① 감사가 그 임무를 해태한 때에는 그 감사는 회사에 대하여 연대하여 손해를 배상할 책임이 있다.

② 감사가 악의 또는 중대한 과실로 인하여 그 임무를 해태한 때에는 그 감사는 제삼자에 대하여 연대하여 손해를 배상할 책임이 있다.

③ 감사가 회사 또는 제삼자에 대하여 손해를 배상할 책임이 있는 경우에 이사도 그 책임이 있는 때에는 그 감사와 이사는 연대하여 배상할 책임이 있다.

제415조(준용규정) 제382조 제2항, 제382조의4, 제385조, 제386조, 제388조, 제400조, 제401조, 제403조부터 제406조까지, 제406조의2 및 제407조는 감사에 준용한다. [개정 1984.4.10, 2001.7.24, 2020.12.29]

제415조의2(감사위원회) ① 회사는 정관이 정한 바에 따라 감사에 갈음하여 제393조의2의 규정에 의한 위원회로서 감사위원회를 설치할 수 있다. 감사위원회를 설치한 경우에는 감사를 둘 수 없다.

② 감사위원회는 제393조의2 제3항에도 불구하고 3명 이상의 이사로 구성한다. 다만, 사외이사가 위원의 3분의 2 이상이어야 한다. [개정 2009.1.30]

③ 감사위원회의 위원의 해임에 관한 이사회의 결의는 이사 총수의 3분의 2 이상의 결의로 하여야 한다.

④ 감사위원회는 그 결의로 위원회를 대표할 자를 선정하여야 한다. 이 경우 수인의 위원이 공동으로 위원회를 대표할 것을 정할 수 있다.

⑤ 감사위원회는 회사의 비용으로 전문가의 조력을 구할 수 있다.

⑥ 감사위원회에 대하여는 제393조의2 제4항 후단을 적용하지 아니 한다. [신설 2009.1.30]

⑦ 제296조 · 제312조 · 제367조 · 제387조 · 제391조의2 제2항 · 제394조 제1항 · 제400조 · 제402조 내지 제407조 · 제412조 내지 제414조 · 제447조의3 · 제447조의4 · 제450조 · 제527조의4 · 제530조의5 제1항 제9호 · 제530조의6 제1항 제10호 및 제534조의 규정은 감사위원회에 관하여 이를 준용한다. 이 경우 제530조의5 제1항 제9호 및 제530조의6 제1항 제10호중 "감사"는 "감사위원회 위원"으로 본다. [개정 2009.1.30]

[본조신설 1999.12.31]

제4절 신주의 발행

제416조(발행사항의 결정) 회사가 그 성립 후에 주식을 발행하는 경우에는 다음의 사항으로서 정관에 규정이 없는 것은 이사회가 결정한다. 다만, 이 법에 다른 규정이 있거나 정관으로 주주총회에서 결정하기로 정한 경우에는 그러하지 아니하다. [개정 1984.4.10, 2011.4.14]

1. 신주의 종류와 수
2. 신주의 발행가액과 납입기일

2의2. 무액면주식의 경우에는 신주의 발행가액 중 자본금으로 계상하는 금액
3. 신주의 인수방법
4. 현물출자를 하는 자의 성명과 그 목적인 재산의 종류, 수량, 가액과 이에 대하여 부여할 주식의 종류와 수
5. 주주가 가지는 신주인수권을 양도할 수 있는 것에 관한 사항
6. 주주의 청구가 있는 때에만 신주인수권증서를 발행한다는 것과 그 청구기간

제417조(액면미달의 발행) ① 회사가 성립한 날로부터 2년을 경과한 후에 주식을 발행하는 경우에는 회사는 제434조의 규정에 의한 주주총회의 결의와 법원의 인가를 얻어서 주식을 액면미달의 가액으로 발행할 수 있다. [개정 1962.12.12]
② 전항의 주주총회의 결의에서는 주식의 최저발행가액을 정하여야 한다.
③ 법원은 회사의 현황과 제반사정을 참작하여 최저발행가액을 변경하여 인가할 수 있다. 이 경우에 법원은 회사의 재산상태 기타 필요한 사항을 조사하게 하기 위하여 검사인을 선임할 수 있다.
④ 제1항의 주식은 법원의 인가를 얻은 날로부터 1월내에 발행하여야 한다. 법원은 이 기간을 연장하여 인가할 수 있다.

제418조(신주인수권의 내용 및 배정일의 지정 · 공고) ① 주주는 그가 가진 주식 수에 따라서 신주의 배정을 받을 권리가 있다. [개정 2001.7.24]
② 회사는 제1항의 규정에 불구하고 정관에 정하는 바에 따라 주주 외의 자에게 신주를 배정할 수 있다. 다만, 이 경우에는 신기술의 도입, 재무구조의 개선 등 회사의 경영상 목적을 달성하기 위하여 필요한 경우에 한한다. [신설 2001.7.24]
③ 회사는 일정한 날을 정하여 그 날에 주주명부에 기재된 주주가 제1항의 권리를 가진다는 뜻과 신주인수권을 양도할 수 있을 경우에는 그 뜻을 그 날의 2주간전에 공고하여야 한다. 그러나 그 날이 제354조 제1항의 기간 중인 때에는 그 기간의 초일의 2주간전에 이를 공고하여야 한다. [신설 1984.4.10]
④ 제2항에 따라 주주 외의 자에게 신주를 배정하는 경우 회사는 제416조 제1호, 제2호, 제2호의2, 제3호 및 제4호에서 정하는 사항을 그 납입기일의 2주 전까지 주주에게 통지하거나 공고하여야 한다. [신설 2011.4.14]

제419조(신주인수권자에 대한 최고) ① 회사는 신주의 인수권을 가진 자에 대하여 그 인수권을 가지는 주식의 종류 및 수와 일정한 기일까지 주식인수의 청약을 하지 아니하면 그 권리를 잃는다는 뜻을 통지하여야 한다. 이 경우 제416조 제5호 및 제6호에 규정한 사항의 정함이 있는 때에는 그 내용도 통지하여야 한다.
② 제1항의 통지는 제1항의 기일의 2주간전에 이를 하여야 한다. [개정 2014.5.20]
③ 제1항의 통지에도 불구하고 그 기일까지 주식인수의 청약을 하지 아니한 때에는 신주의 인수권을 가진 자는 그 권리를 잃는다. [개정 2014.5.20]
[전문개정 1984.4.10]

제420조(주식청약서) 이사는 주식청약서를 작성하여 다음의 사항을 적어야 한다. [개정 1984.4.10, 2011.4.14]
1. 제289조 제1항 제2호 내지 제4호에 게기한 사항
2. 제302조 제2항 제7호 · 제9호 및 제10호에 게기한 사항
3. 제416조 제1호 내지 제4호에 게기한 사항

4. 제417조에 따른 주식을 발행한 경우에는 그 발행조건과 미상각액(未償却額)
5. 주주에 대한 신주인수권의 제한에 관한 사항 또는 특정한 제삼자에게 이를 부여할 것을 정한 때에는 그 사항
6. 주식발행의 결의연월일

제420조의2(신주인수권증서의 발행) ① 제416조 제5호에 규정한 사항을 정한 경우에 회사는 동조 제6호의 정함이 있는 때에는 그 정함에 따라, 그 정함이 없는 때에는 제419조 제1항의 기일의 2주간전에 신주인수권증서를 발행하여야 한다.
② 신주인수권증서에는 다음 사항과 번호를 기재하고 이사가 기명날인 또는 서명하여야 한다. [개정 1995.12.29]
1. 신주인수권증서라는 뜻의 표시
2. 제420조에 규정한 사항
3. 신주인수권의 목적인 주식의 종류와 수
4. 일정기일까지 주식의 청약을 하지 아니할 때에는 그 권리를 잃는다는 뜻

[본조신설 1984.4.10]

제420조의3(신주인수권의 양도) ① 신주인수권의 양도는 신주인수권증서의 교부에 의하여서만 이를 행한다.
② 제336조 제2항 및 수표법 제21조의 규정은 신주인수권증서에 관하여 이를 준용한다.
[본조신설 1984.4.10]

제420조의4(신주인수권의 전자등록) 회사는 신주인수권증서를 발행하는 대신 정관으로 정하는 바에 따라 전자등록기관의 전자등록부에 신주인수권을 등록할 수 있다. 이 경우 제356조의2 제2항부터 제4항까지의 규정을 준용한다.
[본조신설 2011.4.14]
[종전 제420조의4는 제420조의5로 이동 [2011.4.14]]

제420조의5(신주인수권증서에 의한 청약) ① 신주인수권증서를 발행한 경우에는 신주인수권증서에 의하여 주식의 청약을 한다. 이 경우에는 제302조 제1항의 규정을 준용한다.
② 신주인수권증서를 상실한 자는 주식청약서에 의하여 주식의 청약을 할 수 있다. 그러나 그 청약은 신주인수권증서에 의한 청약이 있는 때에는 그 효력을 잃는다.
[본조신설 1984.4.10]
[제420조의4에서 이동 [2011.4.14]]

제421조(주식에 대한 납입) ① 이사는 신주의 인수인으로 하여금 그 배정한 주수(株數)에 따라 납입기일에 그 인수한 주식에 대한 인수가액의 전액을 납입시켜야 한다.
② 신주의 인수인은 회사의 동의 없이 제1항의 납입채무와 주식회사에 대한 채권을 상계할 수 없다.
[전문개정 2011.4.14]

제422조(현물출자의 검사) ① 현물출자를 하는 자가 있는 경우에는 이사는 제416조 제4호의 사항을 조사하게 하기 위하여 검사인의 선임을 법원에 청구하여야 한다. 이 경우 공인된 감정인의 감정으로 검사인의 조사에 갈음할 수 있다. [개정 1998.12.28]
② 다음 각 호의 어느 하나에 해당할 경우에는 제1항을 적용하지 아니한다. [신설 2011.4.14]

1. 제416조 제4호의 현물출자의 목적인 재산의 가액이 자본금의 5분의 1을 초과하지 아니하고 대통령령으로 정한 금액을 초과하지 아니하는 경우
2. 제416조 제4호의 현물출자의 목적인 재산이 거래소의 시세 있는 유가증권인 경우 제416조 본문에 따라 결정된 가격이 대통령령으로 정한 방법으로 산정된 시세를 초과하지 아니하는 경우
3. 변제기가 돌아온 회사에 대한 금전채권을 출자의 목적으로 하는 경우로서 그 가액이 회사장부에 적혀 있는 가액을 초과하지 아니하는 경우
4. 그 밖에 제1호부터 제3호까지의 규정에 준하는 경우로서 대통령령으로 정하는 경우

③ 법원은 검사인의 조사보고서 또는 감정인 감정결과를 심사하여 제1항의 사항을 부당하다고 인정한 때에는 이를 변경하여 이사와 현물출자를 한 자에게 통고할 수 있다. [개정 1998.12.28, 2011.4.14]

④ 전항의 변경에 불복하는 현물출자를 한 자는 그 주식의 인수를 취소할 수 있다. [개정 2011.4.14]

⑤ 법원의 통고가 있은 후 2주내에 주식의 인수를 취소한 현물출자를 한 자가 없는 때에는 제1항의 사항은 통고에 따라 변경된 것으로 본다. [개정 1998.12.28, 2011.4.14]

제423조(주주가 되는 시기, 납입해태의 효과) ① 신주의 인수인은 납입 또는 현물출자의 이행을 한 때에는 납입기일의 다음 날로부터 주주의 권리의무가 있다. [개정 1984.4.10, 1995.12.29, 2020.12.29]

② 신주의 인수인이 납입기일에 납입 또는 현물출자의 이행을 하지 아니한 때에는 그 권리를 잃는다.

③ 제2항의 규정은 신주의 인수인에 대한 손해배상의 청구에 영향을 미치지 아니한다. [개정 1984.4.10]

제424조(유지청구권) 회사가 법령 또는 정관에 위반하거나 현저하게 불공정한 방법에 의하여 주식을 발행함으로써 주주가 불이익을 받을 염려가 있는 경우에는 그 주주는 회사에 대하여 그 발행을 유지할 것을 청구할 수 있다.

제424조의2(불공정한 가액으로 주식을 인수한 자의 책임) ① 이사와 통모하여 현저하게 불공정한 발행가액으로 주식을 인수한 자는 회사에 대하여 공정한 발행가액과의 차액에 상당한 금액을 지급할 의무가 있다.

② 제403조 내지 제406조의 규정은 제1항의 지급을 청구하는 소에 관하여 이를 준용한다.

③ 제1항 및 제2항의 규정은 이사의 회사 또는 주주에 대한 손해배상의 책임에 영향을 미치지 아니한다.

[본조신설 1984.4.10]

제425조(준용규정) ① 제302조 제1항, 제3항, 제303조, 제305조 제2항, 제3항, 제306조, 제318조와 제319조의 규정은 신주의 발행에 준용한다.

② 제305조 제2항의 규정은 신주인수권증서를 발행하는 경우에 이를 준용한다. [신설 1984.4.10]

제426조(미상각액의 등기) 제417조에 따른 주식을 발행한 경우에 주식의 발행에 따른 변경등기에는 미상각액을 등기하여야 한다.

[전문개정 2011.4.14]

제427조(인수의 무효주장, 취소의 제한) 신주의 발행으로 인한 변경등기를 한 날로부터 1년을 경과한 후에는 신주를 인수한 자는 주식청약서 또는 신주인수권증서의 요건의 흠결을 이유로 하여 그 인수의 무효를 주장하거나 사기, 강박 또는 착오를 이유로 하여 그 인수를 취소하지 못한다. 그 주식에 대하여 주주의 권리를 행사한 때에도 같다. [개정 1962.12.12, 1984.4.10]

제428조(이사의 인수담보책임) ① 신주의 발행으로 인한 변경등기가 있은 후에 아직 인수하지 아니한 주식이 있거나 주식인수의 청약이 취소된 때에는 이사가 이를 공동으로 인수한 것으로 본다.

② 전항의 규정은 이사에 대한 손해배상의 청구에 영향을 미치지 아니한다.

제429조(신주발행무효의 소) 신주발행의 무효는 주주 · 이사 또는 감사에 한하여 신주를 발행한 날로부터 6월내에 소만으로 이를 주장할 수 있다. [개정 1984.4.10]

제430조(준용규정) 제186조 내지 제189조 · 제190조 본문 · 제191조 · 제192조 및 제377조의 규정은 제429조의 소에 관하여 이를 준용한다.

[전문개정 1995.12.29]

제431조(신주발행무효판결의 효력) ① 신주발행무효의 판결이 확정된 때에는 신주는 장래에 대하여 그 효력을 잃는다.

② 전항의 경우에는 회사는 지체없이 그 뜻과 일정한 기간내에 신주의 주권을 회사에 제출할 것을 공고하고 주주명부에 기재된 주주와 질권자에 대하여는 각별로 그 통지를 하여야 한다. 그러나 그 기간은 3월 이상으로 하여야 한다.

제432조(무효판결과 주주에의 환급) ① 신주발행무효의 판결이 확정된 때에는 회사는 신주의 주주에 대하여 그 납입한 금액을 반환하여야 한다.

② 전항의 금액이 전조 제1항의 판결확정시의 회사의 재산상태에 비추어 현저하게 부당한 때에는 법원은 회사 또는 전항의 주주의 청구에 의하여 그 금액의 증감을 명할 수 있다.

③ 제339조와 제340조 제1항, 제2항의 규정은 제1항의 경우에 준용한다.

제5절 정관의 변경

제433조(정관변경의 방법) ① 정관의 변경은 주주총회의 결의에 의하여야 한다.

② 정관의 변경에 관한 의안의 요령은 제363조에 따른 통지에 기재하여야 한다. [개정 2014.5.20]

제434조(정관변경의 특별결의) 제433조 제1항의 결의는 출석한 주주의 의결권의 3분의 2 이상의 수와 발행주식총수의 3분의 1 이상의 수로써 하여야 한다.

[전문개정 1995.12.29]

제435조(종류주주총회) ① 회사가 종류주식을 발행한 경우에 정관을 변경함으로써 어느 종류주식의 주주에게 손해를 미치게 될 때에는 주주총회의 결의 외에 그 종류주식의 주주의 총회의 결의가 있어야 한다. [개정 2011.4.14]

② 제1항의 결의는 출석한 주주의 의결권의 3분의 2 이상의 수와 그 종류의 발행주식총수의 3분의 1 이상의 수로써 하여야 한다. [개정 1995.12.29]

③ 주주총회에 관한 규정은 의결권없는 종류의 주식에 관한 것을 제외하고 제1항의 총회에 준용한다.

제436조(준용규정) 제344조 제3항에 따라 주식의 종류에 따라 특수하게 정하는 경우와 회사의 분할 또는 분할합병, 주식교환, 주식이전 및 회사의 합병으로 인하여 어느 종류의 주주에게 손해를 미치게 될 경우에는 제435조를 준용한다.

[전문개정 2011.4.14]

제437조 삭제 [1995.12.29]

제6절 자본금의 감소 [개정 2011.4.14]

제438조(자본금 감소의 결의) ① 자본금의 감소에는 제434조에 따른 결의가 있어야 한다.

② 제1항에도 불구하고 결손의 보전(補塡)을 위한 자본금의 감소는 제368조 제1항의 결의에 의한다.

③ 자본금의 감소에 관한 의안의 주요내용은 제363조에 따른 통지에 적어야 한다. [개정 2014.5.20]

[전문개정 2011.4.14]

제439조(자본금 감소의 방법, 절차) ① 자본금 감소의 결의에서는 그 감소의 방법을 정하여야 한다.

② 자본금 감소의 경우에는 제232조를 준용한다. 다만, 결손의 보전을 위하여 자본금을 감소하는 경우에는 그러하지 아니하다.

③ 사채권자가 이의를 제기하려면 사채권자집회의 결의가 있어야 한다. 이 경우에는 법원은 이해관계인의 청구에 의하여 사채권자를 위하여 이의 제기 기간을 연장할 수 있다.

[전문개정 2011.4.14]

제440조(주식병합의 절차) 주식을 병합할 경우에는 회사는 1월 이상의 기간을 정하여 그 뜻과 그 기간 내에 주권을 회사에 제출할 것을 공고하고 주주명부에 기재된 주주와 질권자에 대하여는 각별로 그 통지를 하여야 한다. [개정 1995.12.29]

제441조(동전) 주식의 병합은 전조의 기간이 만료한 때에 그 효력이 생긴다. 그러나 제232조의 규정에 의한 절차가 종료하지 아니한 때에는 그 종료한 때에 효력이 생긴다.

제442조(신주권의 교부) ① 주식을 병합하는 경우에 구주권을 회사에 제출할 수 없는 자가 있는 때에는 회사는 그 자의 청구에 의하여 3월 이상의 기간을 정하고 이해관계인에 대하여 그 주권에 대한 이의가 있으면 그 기간 내에 제출할 뜻을 공고하고 그 기간이 경과한 후에 신주권을 청구자에게 교부할 수 있다.

② 전항의 공고의 비용은 청구자의 부담으로 한다.

제443조(단주의 처리) ① 병합에 적당하지 아니한 수의 주식이 있는 때에는 그 병합에 적당하지 아니한 부분에 대하여 발행한 신주를 경매하여 각 주수에 따라 그 대금을 종전의 주주에게 지급하여야 한다. 그러나 거래소의 시세있는 주식은 거래소를 통하여 매각하고, 거래소의 시세없는 주식은 법원의 허가를 받아 경매외의 방법으로 매각할 수 있다. [개정 1984.4.10]

② 제442조의 규정은 제1항의 경우에 준용한다. [개정 1984.4.10]

제444조 삭제 [2014.5.20]

제445조(감자무효의 소) 자본금 감소의 무효는 주주 · 이사 · 감사 · 청산인 · 파산관재인

또는 자본금의 감소를 승인하지 아니한 채권자만이 자본금 감소로 인한 변경등기가 된 날부터 6개월 내에 소(訴)만으로 주장할 수 있다.
[전문개정 2011.4.14]

제446조(준용규정) 제186조 내지 제189조 · 제190조 본문 · 제191조 · 제192조 및 제377조의 규정은 제445조의 소에 관하여 이를 준용한다.
[전문개정 1995.12.29]

제7절 회사의 회계 [개정 2011.4.14]

제446조의2(회계의 원칙) 회사의 회계는 이 법과 대통령령으로 규정한 것을 제외하고는 일반적으로 공정하고 타당한 회계관행에 따른다.
[본조신설 2011.4.14]

제447조(재무제표의 작성) ① 이사는 결산기마다 다음 각 호의 서류와 그 부속명세서를 작성하여 이사회의 승인을 받아야 한다.
1. 대차대조표
2. 손익계산서
3. 그 밖에 회사의 재무상태와 경영성과를 표시하는 것으로서 대통령령으로 정하는 서류

② 대통령령으로 정하는 회사의 이사는 연결재무제표(聯結財務諸表)를 작성하여 이사회의 승인을 받아야 한다.
[전문개정 2011.4.14]

제447조의2(영업보고서의 작성) ① 이사는 매결산기에 영업보고서를 작성하여 이사회의 승인을 얻어야 한다.
② 영업보고서에는 대통령령이 정하는 바에 의하여 영업에 관한 중요한 사항을 기재하여야 한다.
[본조신설 1984.4.10]

제447조의3(재무제표등의 제출) 이사는 정기총회회일의 6주간전에 제447조 및 제447조의2의 서류를 감사에게 제출하여야 한다.
[본조신설 1984.4.10]

제447조의4(감사보고서) ① 감사는 제447조의3의 서류를 받은 날부터 4주 내에 감사보고서를 이사에게 제출하여야 한다.
② 제1항의 감사보고서에는 다음 각 호의 사항을 적어야 한다.
1. 감사방법의 개요
2. 회계장부에 기재될 사항이 기재되지 아니하거나 부실기재된 경우 또는 대차대조표나 손익계산서의 기재 내용이 회계장부와 맞지 아니하는 경우에는 그 뜻
3. 대차대조표 및 손익계산서가 법령과 정관에 따라 회사의 재무상태와 경영성과를 적정하게 표시하고 있는 경우에는 그 뜻
4. 대차대조표 또는 손익계산서가 법령이나 정관을 위반하여 회사의 재무상태와 경영성과를 적정하게 표시하지 아니하는 경우에는 그 뜻과 이유
5. 대차대조표 또는 손익계산서의 작성에 관한 회계방침의 변경이 타당한지 여부와 그 이유

6. 영업보고서가 법령과 정관에 따라 회사의 상황을 적정하게 표시하고 있는지 여부
7. 이익잉여금의 처분 또는 결손금의 처리가 법령 또는 정관에 맞는지 여부
8. 이익잉여금의 처분 또는 결손금의 처리가 회사의 재무상태나 그 밖의 사정에 비추어 현저하게 부당한 경우에는 그 뜻
9. 제447조의 부속명세서에 기재할 사항이 기재되지 아니하거나 부실기재된 경우 또는 회계장부·대차대조표·손익계산서나 영업보고서의 기재 내용과 맞지 아니하게 기재된 경우에는 그 뜻
10. 이사의 직무수행에 관하여 부정한 행위 또는 법령이나 정관의 규정을 위반하는 중대한 사실이 있는 경우에는 그 사실

③ 감사가 감사를 하기 위하여 필요한 조사를 할 수 없었던 경우에는 감사보고서에 그 뜻과 이유를 적어야 한다.

[전문개정 2011.4.14]

제448조(재무제표 등의 비치·공시) ① 이사는 정기총회회일의 1주간전부터 제447조 및 제447조의2의 서류와 감사보고서를 본점에 5년간, 그 등본을 지점에 3년간 비치하여야 한다. [개정 1962.12.12, 1984.4.10]

② 주주와 회사채권자는 영업시간내에 언제든지 제1항의 비치서류를 열람할 수 있으며 회사가 정한 비용을 지급하고 그 서류의 등본이나 초본의 교부를 청구할 수 있다. [개정 1984.4.10]

제449조(재무제표 등의 승인·공고) ① 이사는 제447조의 각 서류를 정기총회에 제출하여 그 승인을 요구하여야 한다. [개정 2011.4.14]

② 이사는 제447조의2의 서류를 정기총회에 제출하여 그 내용을 보고하여야 한다. [신설 1984.4.10]

③ 이사는 제1항의 서류에 대한 총회의 승인을 얻은 때에는 지체없이 대차대조표를 공고하여야 한다. [개정 1984.4.10]

제449조의2(재무제표 등의 승인에 대한 특칙) ① 제449조에도 불구하고 회사는 정관으로 정하는 바에 따라 제447조의 각 서류를 이사회의 결의로 승인할 수 있다. 다만, 이 경우에는 다음 각 호의 요건을 모두 충족하여야 한다.

1. 제447조의 각 서류가 법령 및 정관에 따라 회사의 재무상태 및 경영성과를 적정하게 표시하고 있다는 외부감사인의 의견이 있을 것
2. 감사(감사위원회 설치회사의 경우에는 감사위원을 말한다) 전원의 동의가 있을 것

② 제1항에 따라 이사회가 승인한 경우에는 이사는 제447조의 각 서류의 내용을 주주총회에 보고하여야 한다.

[본조신설 2011.4.14]

제450조(이사, 감사의 책임해제) 정기총회에서 전조 제1항의 승인을 한 후 2년내에 다른 결의가 없으면 회사는 이사와 감사의 책임을 해제한 것으로 본다. 그러나 이사 또는 감사의 부정행위에 대하여는 그러하지 아니하다.

제451조(자본금) ① 회사의 자본금은 이 법에서 달리 규정한 경우 외에는 발행주식의 액면총액으로 한다.

② 회사가 무액면주식을 발행하는 경우 회사의 자본금은 주식 발행가액의 2분의 1 이상의 금액으로서 이사회(제416조 단서에서 정한 주식발행의 경우에는 주주총회를

말한다)에서 자본금으로 계상하기로 한 금액의 총액으로 한다. 이 경우 주식의 발행가액 중 자본금으로 계상하지 아니하는 금액은 자본준비금으로 계상하여야 한다.
③ 회사의 자본금은 액면주식을 무액면주식으로 전환하거나 무액면주식을 액면주식으로 전환함으로써 변경할 수 없다.
[전문개정 2011.4.14]

第452조 삭제 [2011.4.14]

第453조 삭제 [2011.4.14]

第453조의2 삭제 [2011.4.14]

第454조 삭제 [2011.4.14]

第455조 삭제 [2011.4.14]

第456조 삭제 [2011.4.14]

第457조 삭제 [2011.4.14]

第457조의2 삭제 [2011.4.14]

第458조(이익준비금) 회사는 그 자본금의 2분의 1이 될 때까지 매 결산기 이익배당액의 10분의 1 이상을 이익준비금으로 적립하여야 한다. 다만, 주식배당의 경우에는 그러하지 아니하다.
[전문개정 2011.4.14]

第459조(자본준비금) ① 회사는 자본거래에서 발생한 잉여금을 대통령령으로 정하는 바에 따라 자본준비금으로 적립하여야 한다.
② 합병이나 제530조의2에 따른 분할 또는 분할합병의 경우 소멸 또는 분할되는 회사의 이익준비금이나 그 밖의 법정준비금은 합병 · 분할 · 분할합병 후 존속되거나 새로 설립되는 회사가 승계할 수 있다.
[전문개정 2011.4.14]

第460조(법정준비금의 사용) 제458조 및 제459조의 준비금은 자본금의 결손 보전에 충당하는 경우 외에는 처분하지 못한다.
[전문개정 2011.4.14]

第461조(준비금의 자본금 전입) ① 회사는 이사회의 결의에 의하여 준비금의 전부 또는 일부를 자본금에 전입할 수 있다. 그러나 정관으로 주주총회에서 결정하기로 정한 경우에는 그러하지 아니하다. [개정 2011.4.14]
② 제1항의 경우에는 주주에 대하여 그가 가진 주식의 수에 따라 주식을 발행하여야 한다. 이 경우 1주에 미달하는 단수에 대하여는 제443조 제1항의 규정을 준용한다.
③ 제1항의 이사회의 결의가 있은 때에는 회사는 일정한 날을 정하여 그 날에 주주명부에 기재된 주주가 제2항의 신주의 주주가 된다는 뜻을 그 날의 2주간전에 공고하여야 한다. 그러나 그 날이 제354조 제1항의 기간 중인 때에는 그 기간의 초일의 2주간전에 이를 공고하여야 한다.
④ 제1항 단서의 경우에 주주는 주주총회의 결의가 있은 때로부터 제2항의 신주의 주주가 된다.
⑤ 제3항 또는 제4항의 규정에 의하여 신주의 주주가 된 때에는 이사는 지체없이 신주를 받은 주주와 주주명부에 기재된 질권자에 대하여 그 주주가 받은 주식의 종류와 수를 통지하여야 한다. [개정 2014.5.20]

⑥ 제339조의 규정은 제2항의 규정에 의하여 주식의 발행이 있는 경우에 이를 준용한다. [개정2020.12.29]

[전문개정 1984.4.10]

[제목개정 2011.4.14]

제461조의2(준비금의 감소) 회사는 적립된 자본준비금 및 이익준비금의 총액이 자본금의 1.5배를 초과하는 경우에 주주총회의 결의에 따라 그 초과한 금액 범위에서 자본준비금과 이익준비금을 감액할 수 있다.

[본조신설 2011.4.14]

제462조(이익의 배당) ① 회사는 대차대조표의 순자산액으로부터 다음의 금액을 공제한 액을 한도로 하여 이익배당을 할 수 있다.

1. 자본금의 액
2. 그 결산기까지 적립된 자본준비금과 이익준비금의 합계액
3. 그 결산기에 적립하여야 할 이익준비금의 액
4. 대통령령으로 정하는 미실현이익

② 이익배당은 주주총회의 결의로 정한다. 다만, 제449조의2 제1항에 따라 재무제표를 이사회가 승인하는 경우에는 이사회의 결의로 정한다.

③ 제1항을 위반하여 이익을 배당한 경우에 회사채권자는 배당한 이익을 회사에 반환할 것을 청구할 수 있다.

④ 제3항의 청구에 관한 소에 대하여는 제186조를 준용한다.

[전문개정 2011.4.14]

제462조의2(주식배당) ① 회사는 주주총회의 결의에 의하여 이익의 배당을 새로이 발행하는 주식으로써 할 수 있다. 그러나 주식에 의한 배당은 이익배당총액의 2분의 1에 상당하는 금액을 초과하지 못한다.

② 제1항의 배당은 주식의 권면액으로 하며, 회사가 종류주식을 발행한 때에는 각각 그와 같은 종류의 주식으로 할 수 있다. [개정 1995.12.29, 2011.4.14]

③ 주식으로 배당할 이익의 금액중 주식의 권면액에 미달하는 단수가 있는 때에는 그 부분에 대하여는 제443조 제1항의 규정을 준용한다. [개정 1995.12.29]

④ 주식으로 배당을 받은 주주는 제1항의 결의가 있는 주주총회가 종결한 때부터 신주의 주주가 된다. [개정 1995.12.29, 2020.12.29]

⑤ 이사는 제1항의 결의가 있는 때에는 지체없이 배당을 받을 주주와 주주명부에 기재된 질권자에게 그 주주가 받을 주식의 종류와 수를 통지하여야 한다. [개정 2014.5.20]

⑥ 제340조 제1항의 질권자의 권리는 제1항의 규정에 의한 주주가 받을 주식에 미친다. 이 경우 제340조 제3항의 규정을 준용한다.

[본조신설 1984.4.10]

제462조의3(중간배당) ① 년 1회의 결산기를 정한 회사는 영업년도중 1회에 한하여 이사회의 결의로 일정한 날을 정하여 그 날의 주주에 대하여 이익을 배당(이하 이 條에서 "中間配當"이라 한다)할 수 있음을 정관으로 정할 수 있다. [개정 2011.4.14]

② 중간배당은 직전 결산기의 대차대조표상의 순자산액에서 다음 각호의 금액을 공제한 액을 한도로 한다. [개정 2001.7.24, 2011.4.14]

1. 직전 결산기의 자본금의 액

2. 직전 결산기까지 적립된 자본준비금과 이익준비금의 합계액
3. 직전 결산기의 정기총회에서 이익으로 배당하거나 또는 지급하기로 정한 금액
4. 중간배당에 따라 당해 결산기에 적립하여야 할 이익준비금

③ 회사는 당해 결산기의 대차대조표상의 순자산액이 제462조 제1항 각호의 금액의 합계액에 미치지 못할 우려가 있는 때에는 중간배당을 하여서는 아니된다. [개정 2001.7.24]

④ 당해 결산기 대차대조표상의 순자산액이 제462조 제1항 각호의 금액의 합계액에 미치지 못함에도 불구하고 중간배당을 한 경우 이사는 회사에 대하여 연대하여 그 차액(配當額이 그 差額보다 적을 경우에는 配當額)을 배상할 책임이 있다. 다만, 이사가 제3항의 우려가 없다고 판단함에 있어 주의를 게을리하지 아니하였음을 증명한 때에는 그러하지 아니하다. [개정 2001.7.24]

⑤ 제340조 제1항, 제344조 제1항, 제354조 제1항, 제458조, 제464조 및 제625조 제3호의 규정의 적용에 관하여는 중간배당을 제462조 제1항의 규정에 의한 이익의 배당으로 본다. [개정 2011.4.14, 2020.12.29]

⑥ 제399조 제2항 · 제3항 및 제400조의 규정은 제4항의 이사의 책임에 관하여, 제462조 제3항 및 제4항은 제3항의 규정에 위반하여 중간배당을 한 경우에 이를 준용한다. [개정 2011.4.14]

[본조신설 1998.12.28]

제462조의4(현물배당) ① 회사는 정관으로 금전 외의 재산으로 배당을 할 수 있음을 정할 수 있다.

② 제1항에 따라 배당을 결정한 회사는 다음 사항을 정할 수 있다.

1. 주주가 배당되는 금전 외의 재산 대신 금전의 지급을 회사에 청구할 수 있도록 한 경우에는 그 금액 및 청구할 수 있는 기간
2. 일정 수 미만의 주식을 보유한 주주에게 금전 외의 재산 대신 금전을 지급하기로 한 경우에는 그 일정 수 및 금액

[본조신설 2011.4.14]

제463조 삭제 [2011.4.14]

제464조(이익배당의 기준) 이익배당은 각 주주가 가진 주식의 수에 따라 한다. 다만, 제344조 제1항을 적용하는 경우에는 그러하지 아니하다.

[전문개정 2011.4.14]

제464조의2(이익배당의 지급시기) ① 회사는 제464조에 따른 이익배당을 제462조 제2항의 주주총회나 이사회의 결의 또는 제462조의3 제1항의 결의를 한 날부터 1개월 내에 하여야 한다. 다만, 주주총회 또는 이사회에서 배당금의 지급시기를 따로 정한 경우에는 그러하지 아니하다. [개정 2011.4.14]

② 제1항의 배당금의 지급청구권은 5년간 이를 행사하지 아니하면 소멸시효가 완성한다.

[본조신설 1984.4.10]

[제목개정 2011.4.14]

제465조 삭제 [1984.4.10]

제466조(주주의 회계장부열람권) ① 발행주식의 총수의 100분의 3 이상에 해당하는 주식을 가진 주주는 이유를 붙인 서면으로 회계의 장부와 서류의 열람 또는 등사를

청구할 수 있다. [개정 1998.12.28]

② 회사는 제1항의 주주의 청구가 부당함을 증명하지 아니하면 이를 거부하지 못한다. [개정 1998.12.28]

제467조(회사의 업무, 재산상태의 검사) ① 회사의 업무집행에 관하여 부정행위 또는 법령이나 정관에 위반한 중대한 사실이 있음을 의심할 사유가 있는 때에는 발행주식의 총수의 100분의 3 이상에 해당하는 주식을 가진 주주는 회사의 업무와 재산상태를 조사하게 하기 위하여 법원에 검사인의 선임을 청구할 수 있다. [개정 1998.12.28]

② 검사인은 그 조사의 결과를 법원에 보고하여야 한다.

③ 법원은 제2항의 보고에 의하여 필요하다고 인정한 때에는 대표이사에게 주주총회의 소집을 명할 수 있다. 제310조 제2항의 규정은 이 경우에 준용한다. [개정 1962.12.12, 1995.12.29]

④ 이사와 감사는 지체없이 제3항의 규정에 의한 검사인의 보고서의 정확여부를 조사하여 이를 주주총회에 보고하여야 한다. [신설 1995.12.29]

제467조의2(이익공여의 금지) ① 회사는 누구에게든지 주주의 권리행사와 관련하여 재산상의 이익을 공여할 수 없다.

② 회사가 특정의 주주에 대하여 무상으로 재산상의 이익을 공여한 경우에는 주주의 권리행사와 관련하여 이를 공여한 것으로 추정한다. 회사가 특정의 주주에 대하여 유상으로 재산상의 이익을 공여한 경우에 있어서 회사가 얻은 이익이 공여한 이익에 비하여 현저하게 적은 때에도 또한 같다.

③ 회사가 제1항의 규정에 위반하여 재산상의 이익을 공여한 때에는 그 이익을 공여받은 자는 이를 회사에 반환하여야 한다. 이 경우 회사에 대하여 대가를 지급한 것이 있는 때에는 그 반환을 받을 수 있다.

④ 제403조 내지 제406조의 규정은 제3항의 이익의 반환을 청구하는 소에 대하여 이를 준용한다.

[본조신설 1984.4.10]

제468조(사용인의 우선변제권) 신원보증금의 반환을 받을 채권 기타 회사와 사용인간의 고용관계로 인한 채권이 있는 자는 회사의 총재산에 대하여 우선변제를 받을 권리가 있다. 그러나 질권·저당권이나 「동산·채권 등의 담보에 관한 법률」에 따른 담보권에 우선하지 못한다. [개정 2010.6.10]

제8절 사채

제1관 통칙

제469조(사채의 발행) ① 회사는 이사회의 결의에 의하여 사채(社債)를 발행할 수 있다.

② 제1항의 사채에는 다음 각 호의 사채를 포함한다.

1. 이익배당에 참가할 수 있는 사채
2. 주식이나 그 밖의 다른 유가증권으로 교환 또는 상환할 수 있는 사채
3. 유가증권이나 통화 또는 그 밖에 대통령령으로 정하는 자산이나 지표 등의 변동과 연계하여 미리 정하여진 방법에 따라 상환 또는 지급금액이 결정되는 사채

③ 제2항에 따라 발행하는 사채의 내용 및 발행 방법 등 발행에 필요한 구체적인 사항은 대통령령으로 정한다.

④ 제1항에도 불구하고 정관으로 정하는 바에 따라 이사회는 대표이사에게 사채의 금액 및 종류를 정하여 1년을 초과하지 아니하는 기간 내에 사채를 발행할 것을 위임할 수 있다.

[전문개정 2011.4.14]

제470조 삭제 [2011.4.14]

제471조 삭제 [2011.4.14]

제472조 삭제 [2011.4.14]

제473조 삭제 [2011.4.14]

제474조(공모발행, 사채청약서) ① 사채의 모집에 응하고자 하는 자는 사채청약서 2통에 그 인수할 사채의 수와 주소를 기재하고 기명날인 또는 서명하여야 한다. [개정 1995.12.29]

② 사채청약서는 이사가 작성하고 다음의 사항을 적어야 한다. [개정 1984.4.10, 1995.12.29, 2011.4.14]

1. 회사의 상호
2. 자본금과 준비금의 총액
3. 최종의 대차대조표에 의하여 회사에 현존하는 순재산액
4. 사채의 총액
5. 각 사채의 금액
6. 사채발행의 가액 또는 그 최저가액
7. 사채의 이율
8. 사채의 상환과 이자지급의 방법과 기한
9. 사채를 수회에 분납할 것을 정한 때에는 그 분납금액과 시기
10. 채권을 기명식 또는 무기명식에 한한 때에는 그 뜻

10의2. 채권을 발행하는 대신 전자등록기관의 전자등록부에 사채권자의 권리를 등록하는 때에는 그 뜻

11. 전에 모집한 사채가 있는 때에는 그 상환하지 아니한 금액
12. 삭제 [2011.4.14]
13. 사채모집의 위탁을 받은 회사가 있는 때에는 그 상호와 주소

13의2. 사채관리회사가 있는 때에는 그 상호와 주소

13의3. 사채관리회사가 사채권자집회결의에 의하지 아니하고 제484조 제4항 제2호의 행위를 할 수 있도록 정한 때에는 그 뜻

14. 제13호의 위탁을 받은 회사가 그 모집액이 총액에 달하지 못한 경우에 그 잔액을 인수할 것을 약정한 때에는 그 뜻
15. 명의개서대리인을 둔 때에는 그 성명·주소 및 영업소

③ 사채발행의 최저가액을 정한 경우에는 응모자는 사채청약서에 응모가액을 기재하여야 한다.

제475조(총액인수의 방법) 전조의 규정은 계약에 의하여 사채의 총액을 인수하는 경우에는 이를 적용하지 아니한다. 사채모집의 위탁을 받은 회사가 사채의 일부를 인수하는 경우에는 그 일부에 대하여도 같다.

제476조(납입) ① 사채의 모집이 완료한 때에는 이사는 지체없이 인수인에 대하여 각

사채의 전액 또는 제1회의 납입을 시켜야 한다.

② 사채모집의 위탁을 받은 회사는 그 명의로 위탁회사를 위하여 제474조 제2항과 전항의 행위를 할 수 있다.

제477조 삭제 [1984.4.10]

제478조(채권의 발행) ① 채권은 사채전액의 납입이 완료한 후가 아니면 이를 발행하지 못한다.

② 채권에는 다음의 사항을 적고 대표이사가 기명날인 또는 서명하여야 한다. [개정 2011.4.14]

1. 채권의 번호
2. 제474조 제2항 제1호 · 제4호 · 제5호 · 제7호 · 제8호 · 제10호 · 제13호 · 제13호의2 및 제13호의3에 규정된 사항

③ 회사는 제1항의 채권(債券)을 발행하는 대신 정관으로 정하는 바에 따라 전자등록기관의 전자등록부에 채권(債權)을 등록할 수 있다. 이 경우 제356조의2 제2항부터 제4항까지의 규정을 준용한다. [신설 2011.4.14]

제479조(기명사채의 이전) ① 기명사채의 이전은 취득자의 성명과 주소를 사채원부에 기재하고 그 성명을 채권에 기재하지 아니하면 회사 기타의 제3자에게 대항하지 못한다.

② 제337조 제2항의 규정은 기명사채의 이전에 대하여 이를 준용한다. [신설 1984.4.10]

제480조(기명식, 무기명식간의 전환) 사채권자는 언제든지 기명식의 채권을 무기명식으로, 무기명식의 채권을 기명식으로 할 것을 회사에 청구할 수 있다. 그러나 채권을 기명식 또는 무기명식에 한할 것으로 정한 때에는 그러하지 아니하다.

제480조의2(사채관리회사의 지정 · 위탁) 회사는 사채를 발행하는 경우에 사채관리회사를 정하여 변제의 수령, 채권의 보전, 그 밖에 사채의 관리를 위탁할 수 있다.

[본조신설 2011.4.14]

제480조의3(사채관리회사의 자격) ① 은행, 신탁회사, 그 밖에 대통령령으로 정하는 자가 아니면 사채관리회사가 될 수 없다.

② 사채의 인수인은 그 사채의 사채관리회사가 될 수 없다.

③ 사채를 발행한 회사와 특수한 이해관계가 있는 자로서 대통령령으로 정하는 자는 사채관리회사가 될 수 없다.

[본조신설 2011.4.14]

제481조(사채관리회사의 사임) 사채관리회사는 사채를 발행한 회사와 사채권자집회의 동의를 받아 사임할 수 있다. 부득이한 사유가 있어 법원의 허가를 받은 경우에도 같다.

[전문개정 2011.4.14]

제482조(사채관리회사의 해임) 사채관리회사가 그 사무를 처리하기에 적임이 아니거나 그 밖에 정당한 사유가 있을 때에는 법원은 사채를 발행하는 회사 또는 사채권자집회의 청구에 의하여 사채관리회사를 해임할 수 있다.

[전문개정 2011.4.14]

제483조(사채관리회사의 사무승계자) ① 사채관리회사의 사임 또는 해임으로 인하여 사

채관리회사가 없게 된 경우에는 사채를 발행한 회사는 그 사무를 승계할 사채관리회사를 정하여 사채권자를 위하여 사채 관리를 위탁하여야 한다. 이 경우 회사는 지체 없이 사채권자집회를 소집하여 동의를 받아야 한다. [개정 2011.4.14]

② 부득이한 사유가 있는 때에는 이해관계인은 사무승계자의 선임을 법원에 청구할 수 있다.

[제목개정 2011.4.14]

제484조(사채관리회사의 권한) ① 사채관리회사는 사채권자를 위하여 사채에 관한 채권을 변제받거나 채권의 실현을 보전하기 위하여 필요한 재판상 또는 재판 외의 모든 행위를 할 수 있다.

② 사채관리회사는 제1항의 변제를 받으면 지체 없이 그 뜻을 공고하고, 알고 있는 사채권자에게 통지하여야 한다.

③ 제2항의 경우에 사채권자는 사채관리회사에 사채 상환액 및 이자 지급을 청구할 수 있다. 이 경우 사채권이 발행된 때에는 사채권과 상환하여 상환액지급청구를 하고, 이권(利券)과 상환하여 이자지급청구를 하여야 한다.

④ 사채관리회사가 다음 각 호의 어느 하나에 해당하는 행위(사채에 관한 채권을 변제받거나 채권의 실현을 보전하기 위한 행위는 제외한다)를 하는 경우에는 사채권자집회의 결의에 의하여야 한다. 다만, 사채를 발행하는 회사는 제2호의 행위를 사채관리회사가 사채권자집회결의에 의하지 아니하고 할 수 있음을 정할 수 있다.

1. 해당 사채 전부에 대한 지급의 유예, 그 채무의 불이행으로 발생한 책임의 면제 또는 화해
2. 해당 사채 전부에 관한 소송행위 또는 채무자회생 및 파산에 관한 절차에 속하는 행위

⑤ 사채관리회사가 제4항 단서에 따라 사채권자집회의 결의에 의하지 아니하고 제4항 제2호의 행위를 한 때에는 지체 없이 그 뜻을 공고하고, 알고 있는 사채권자에게는 따로 통지하여야 한다.

⑥ 제2항과 제5항의 공고는 사채를 발행한 회사가 하는 공고와 같은 방법으로 하여야 한다.

⑦ 사채관리회사는 그 관리를 위탁받은 사채에 관하여 제1항 또는 제4항 각 호에서 정한 행위를 위하여 필요하면 법원의 허가를 받아 사채를 발행한 회사의 업무와 재산상태를 조사할 수 있다.

[전문개정 2011.4.14]

제484조의2(사채관리회사의 의무 및 책임) ① 사채관리회사는 사채권자를 위하여 공평하고 성실하게 사채를 관리하여야 한다.

② 사채관리회사는 사채권자에 대하여 선량한 관리자의 주의로 사채를 관리하여야 한다.

③ 사채관리회사가 이 법이나 사채권자집회결의를 위반한 행위를 한 때에는 사채권자에 대하여 연대하여 이로 인하여 발생한 손해를 배상할 책임이 있다.

[본조신설 2011.4.14]

제485조(둘 이상의 사채관리회사가 있는 경우의 권한과 의무) ① 사채관리회사가 둘 이상 있을 때에는 그 권한에 속하는 행위는 공동으로 하여야 한다.

② 제1항의 경우에 사채관리회사가 제484조 제1항의 변제를 받은 때에는 사채관리

회사는 사채권자에 대하여 연대하여 변제액을 지급할 의무가 있다.
[전문개정 2011.4.14]

제486조(이권흠결의 경우) ① 이권있는 무기명식의 사채를 상환하는 경우에 이권이 흠결된 때에는 그 이권에 상당한 금액을 상환액으로부터 공제한다.
② 전항의 이권소지인은 언제든지 그 이권과 상환하여 공제액의 지급을 청구할 수 있다.

제487조(원리청구권의 시효) ① 사채의 상환청구권은 10년간 행사하지 아니하면 소멸시효가 완성한다.
② 제484조 제3항의 청구권도 전항과 같다.
③ 사채의 이자와 전조 제2항의 청구권은 5년간 행사하지 아니하면 소멸시효가 완성한다.

제488조(사채원부) 회사는 사채원부를 작성하고 다음 각 호의 사항을 적어야 한다.
1. 사채권자(무기명식 채권이 발행되어 있는 사채의 사채권자는 제외한다)의 성명과 주소
2. 채권의 번호
3. 제474조 제2항 제4호, 제5호, 제7호부터 제9호까지, 제13호, 제13호의2 및 제13호의3에 규정된 사항
4. 각 사채의 납입금액과 납입연월일
5. 채권의 발행연월일 또는 채권을 발행하는 대신 전자등록기관의 전자등록부에 사채권자의 권리를 등록하는 때에는 그 뜻
6. 각 사채의 취득연월일
7. 무기명식 채권을 발행한 때에는 그 종류, 수, 번호와 발행연월일

[전문개정 2011.4.14]

제489조(준용규정) ① 제353조의 규정은 사채응모자 또는 사채권자에 대한 통지와 최고에 준용한다.
② 제333조의 규정은 사채가 수인의 공유에 속하는 경우에 준용한다.

제2관 사채권자집회

제490조(결의사항) 사채권자집회는 이 법에서 규정하고 있는 사항 및 사채권자의 이해관계가 있는 사항에 관하여 결의를 할 수 있다.
[전문개정 2011.4.14]

제491조(소집권자) ① 사채권자집회는 사채를 발행한 회사 또는 사채관리회사가 소집한다. [개정 2011.4.14]
② 사채의 종류별로 해당 종류의 사채 총액(상환받은 액은 제외한다)의 10분의 1 이상에 해당하는 사채를 가진 사채권자는 회의 목적인 사항과 소집 이유를 적은 서면 또는 전자문서를 사채를 발행한 회사 또는 사채관리회사에 제출하여 사채권자집회의 소집을 청구할 수 있다. [개정 2011.4.14]
③ 제366조 제2항의 규정은 전항의 경우에 준용한다.
④ 무기명식의 채권을 가진 자는 그 채권을 공탁하지 아니하면 전2항의 권리를 행사하지 못한다.

제491조의2(소집의 통지, 공고) ① 제363조 제1항 및 제2항은 사채권자집회를 소집할 경우에 이를 준용한다.

② 제1항에도 불구하고 회사가 무기명식의 채권을 발행한 경우에는 주주총회일의 3주(자본금 총액이 10억원 미만인 회사는 2주) 전에 사채권자집회를 소집하는 뜻과 회의의 목적사항을 공고하여야 한다.

[본조신설 2014.5.20]

제492조(의결권) ① 각 사채권자는 그가 가지는 해당 종류의 사채 금액의 합계액(상환받은 액은 제외한다)에 따라 의결권을 가진다. [개정 2011.4.14]

② 무기명식의 채권을 가진 자는 회일로부터 1주간전에 채권을 공탁하지 아니하면 그 의결권을 행사하지 못한다.

제493조(사채발행회사 또는 사채관리회사 대표자의 출석 등) ① 사채를 발행한 회사 또는 사채관리회사는 그 대표자를 사채권자집회에 출석하게 하거나 서면으로 의견을 제출할 수 있다. [개정 2011.4.14]

② 사채권자집회의 소집은 전항의 회사에 통지하여야 한다.

③ 제363조 제1항과 제2항의 규정은 전항의 통지에 준용한다.

[제목개정 2011.4.14]

제494조(사채발행회사의 대표자의 출석청구) 사채권자집회 또는 그 소집자는 필요있다고 인정하는 때에는 사채를 발행한 회사에 대하여 그 대표자의 출석을 청구할 수 있다.

제495조(결의의 방법) ① 제434조의 규정은 사채권자집회의 결의에 준용한다.

② 제481조부터 제483조까지 및 제494조의 동의 또는 청구는 제1항에도 불구하고 출석한 사채권자 의결권의 과반수로 결정할 수 있다. [개정 2011.4.14]

③ 사채권자집회에 출석하지 아니한 사채권자는 서면에 의하여 의결권을 행사할 수 있다. [신설 2011.4.14]

④ 서면에 의한 의결권행사는 의결권행사서면에 필요한 사항을 적어 사채권자집회 전일까지 의결권행사서면을 소집자에게 제출하여야 한다. [신설 2011.4.14]

⑤ 제4항에 따라 서면에 의하여 행사한 의결권의 수는 출석한 의결권자의 의결권 수에 포함한다. [신설 2011.4.14]

⑥ 사채권자집회에 대하여는 제368조의4를 준용한다. [신설 2011.4.14]

제496조(결의의 인가의 청구) 사채권자집회의 소집자는 결의한 날로부터 1주간내에 결의의 인가를 법원에 청구하여야 한다.

제497조(결의의 불인가의 사유) ① 법원은 다음의 경우에는 사채권자집회의 결의를 인가하지 못한다.

1. 사채권자집회소집의 절차 또는 그 결의방법이 법령이나 사채모집의 계획서의 기재에 위반한 때
2. 결의가 부당한 방법에 의하여 성립하게 된 때
3. 결의가 현저하게 불공정한 때
4. 결의가 사채권자의 일반의 이익에 반하는 때

② 전항 제1호와 제2호의 경우에는 법원은 결의의 내용 기타 모든 사정을 참작하여 결의를 인가할 수 있다.

제498조(결의의 효력) ① 사채권자집회의 결의는 법원의 인가를 받음으로써 그 효력이

생긴다. 다만, 그 종류의 사채권자 전원이 동의한 결의는 법원의 인가가 필요하지 아니하다.

② 사채권자집회의 결의는 그 종류의 사채를 가진 모든 사채권자에게 그 효력이 있다.

[전문개정 2011.4.14]

제499조(결의의 인가, 불인가의 공고) 사채권자집회의 결의에 대하여 인가 또는 불인가의 결정이 있은 때에는 사채를 발행한 회사는 지체없이 그 뜻을 공고하여야 한다.

제500조(사채권자집회의 대표자) ① 사채권자집회는 해당 종류의 사채 총액(상환받은 금액은 제외한다)의 500분의 1 이상을 가진 사채권자 중에서 1명 또는 여러 명의 대표자를 선임하여 그 결의할 사항의 결정을 위임할 수 있다. [개정 2011.4.14]

② 대표자가 수인인 때에는 전항의 결정은 그 과반수로 한다.

제501조(결의의 집행) 사채권자집회의 결의는 사채관리회사가 집행하고, 사채관리회사가 없는 때에는 제500조의 대표자가 집행한다. 다만, 사채권자집회의 결의로써 따로 집행자를 정한 때에는 그러하지 아니하다.

[전문개정 2011.4.14]

제502조(수인의 대표자, 집행자가 있는 경우) 제485조 제1항의 규정은 대표자나 집행자가 수인인 경우에 준용한다.

제503조(사채상환에 관한 결의의 집행) 제484조, 제485조 제2항과 제487조 제2항의 규정은 대표자나 집행자가 사채의 상환에 관한 결의를 집행하는 경우에 준용한다.

제504조(대표자, 집행자의 해임 등) 사채권자집회는 언제든지 대표자나 집행자를 해임하거나 위임한 사항을 변경할 수 있다.

제505조 삭제 [2011.4.14]

제506조 삭제 [2011.4.14]

제507조(사채관리회사 등의 보수, 비용) ① 사채관리회사, 대표자 또는 집행자에게 줄 보수와 그 사무 처리에 필요한 비용은 사채를 발행한 회사와의 계약에 약정된 경우 외에는 법원의 허가를 받아 사채를 발행한 회사로 하여금 부담하게 할 수 있다.

② 사채관리회사, 대표자 또는 집행자는 사채에 관한 채권을 변제받은 금액에서 사채권자보다 우선하여 제1항의 보수와 비용을 변제받을 수 있다.

[전문개정 2011.4.14]

제508조(사채권자집회의 비용) ① 사채권자집회에 관한 비용은 사채를 발행한 회사가 부담한다.

② 제496조의 청구에 관한 비용은 회사가 부담한다. 그러나 법원은 이해관계인의 신청에 의하여 또는 직권으로 그 전부 또는 일부에 관하여 따로 부담자를 정할 수 있다.

제509조(수종의 사채있는 경우의 사채권자집회) 수종의 사채를 발행한 경우에는 사채권자집회는 각종의 사채에 관하여 이를 소집하여야 한다.

제510조(준용규정) ① 제368조 제2항 · 제3항, 제369조 제2항 및 제371조부터 제373조까지의 규정은 사채권자집회에 준용한다. [개정 2014.5.20]

② 사채권자집회의 의사록은 사채를 발행한 회사가 그 본점에 비치하여야 한다.

③ 사채관리회사와 사채권자는 영업시간 내에 언제든지 제2항의 의사록 열람을 청구할 수 있다. [개정 2011.4.14]

제511조(사채관리회사에 의한 취소의 소) ① 회사가 어느 사채권자에게 한 변제, 화해, 그 밖의 행위가 현저하게 불공정한 때에는 사채관리회사는 소(訴)만으로 그 행위의 취소를 청구할 수 있다. [개정 2011.4.14]

② 제1항의 소는 사채관리회사가 취소의 원인인 사실을 안 때부터 6개월, 행위가 있은 때부터 1년 내에 제기하여야 한다. [개정 2011.4.14]

③ 제186조와 민법 제406조 제1항 단서 및 제407조의 규정은 제1항의 소에 준용한다.

[제목개정 2011.4.14]

제512조(대표자등에 의한 취소의 소) 사채권자집회의 결의가 있는 때에는 대표자 또는 집행자도 전조 제1항의 소를 제기할 수 있다. 그러나 행위가 있은 때로부터 1년내에 한한다.

제3관 전환사채

제513조(전환사채의 발행) ① 회사는 전환사채를 발행할 수 있다.

② 제1항의 경우에 다음의 사항으로서 정관에 규정이 없는 것은 이사회가 이를 결정한다. 그러나 정관으로 주주총회에서 이를 결정하기로 정한 경우에는 그러하지 아니하다.

1. 전환사채의 총액
2. 전환의 조건
3. 전환으로 인하여 발행할 주식의 내용
4. 전환을 청구할 수 있는 기간
5. 주주에게 전환사채의 인수권을 준다는 뜻과 인수권의 목적인 전환사채의 액
6. 주주외의 자에게 전환사채를 발행하는 것과 이에 대하여 발행할 전환사채의 액

③ 주주외의 자에 대하여 전환사채를 발행하는 경우에 그 발행할 수 있는 전환사채의 액, 전환의 조건, 전환으로 인하여 발행할 주식의 내용과 전환을 청구할 수 있는 기간에 관하여 정관에 규정이 없으면 제434조의 결의로써 이를 정하여야 한다. 이 경우 제418조 제2항 단서의 규정을 준용한다. [개정 2001.7.24]

④ 제3항의 결의에 있어서 전환사채의 발행에 관한 의안의 요령은 제363조의 규정에 의한 통지에 기재하여야 한다. [개정 2014.5.20]

[전문개정 1984.4.10]

제513조의2(전환사채의 인수권을 가진 주주의 권리) ① 전환사채의 인수권을 가진 주주는 그가 가진 주식의 수에 따라서 전환사채의 배정을 받을 권리가 있다. 그러나 각 전환사채의 금액중 최저액에 미달하는 단수에 대하여는 그러하지 아니하다.

② 제418조 제3항은 주주가 전환사채의 인수권을 가진 경우에 이를 준용한다. [개정 2011.4.14]

[본조신설 1984.4.10]

제513조의3(전환사채의 인수권을 가진 주주에 대한 최고) ① 주주가 전환사채의 인수권을 가진 경우에는 각 주주에 대하여 그 인수권을 가지는 전환사채의 액, 발행가액, 전환의 조건, 전환으로 인하여 발행할 주식의 내용, 전환을 청구할 수 있는 기간과 일정한 기일까지 전환사채의 청약을 하지 아니하면 그 권리를 잃는다는 뜻을 통지하여야 한다.

② 제419조 제2항 및 제3항의 규정은 제1항의 경우에 이를 준용한다. [개정 2014.5.20]
[본조신설 1984.4.10]

제514조(전환사채발행의 절차) ① 전환사채에 관하여는 사채청약서, 채권과 사채원부에 다음의 사항을 기재하여야 한다. [개정 1995.12.29]
1. 사채를 주식으로 전환할 수 있다는 뜻
2. 전환의 조건
3. 전환으로 인하여 발행할 주식의 내용
4. 전환을 청구할 수 있는 기간
5. 주식의 양도에 관하여 이사회의 승인을 얻도록 정한 때에는 그 규정

② 삭제 [1984.4.10]

제514조의2(전환사채의 등기) ① 회사가 전환사채를 발행한 때에는 제476조의 규정에 의한 납입이 완료된 날로부터 2주간내에 본점의 소재지에서 전환사채의 등기를 하여야 한다. [개정 1995.12.29]
② 제1항의 규정에 의하여 등기할 사항은 다음 각호와 같다.
1. 전환사채의 총액
2. 각 전환사채의 금액
3. 각 전환사채의 납입금액
4. 제514조 제1호 내지 제4호에 정한 사항

③ 제183조의 규정은 제2항의 등기에 대하여 이를 준용한다.
④ 외국에서 전환사채를 모집한 경우에 등기할 사항이 외국에서 생긴 때에는 등기기간은 그 통지가 도달한 날로부터 기산한다.
[본조신설 1984.4.10]

제515조(전환의 청구) ① 전환을 청구하는 자는 청구서 2통에 채권을 첨부하여 회사에 제출하여야 한다. 다만, 제478조 제3항에 따라 채권(債券)을 발행하는 대신 전자등록기관의 전자등록부에 채권(債權)을 등록한 경우에는 그 채권을 증명할 수 있는 자료를 첨부하여 회사에 제출하여야 한다. [개정 2011.4.14]
② 제1항의 청구서에는 전환하고자 하는 사채와 청구의 연월일을 기재하고 기명날인 또는 서명하여야 한다. [개정 1995.12.29]

제516조(준용규정) ① 제346조 제4항, 제424조 및 제424조의2의 규정은 전환사채의 발행의 경우에 이를 준용한다. [개정 2011.4.14]
② 제339조, 제348조, 제350조 및 제351조의 규정은 사채의 전환의 경우에 이를 준용한다. [개정 1995.12.29]
[전문개정 1984.4.10]

제4관 신주인수권부사채

제516조의2(신주인수권부사채의 발행) ① 회사는 신주인수권부사채를 발행할 수 있다.
② 제1항의 경우에 다음의 사항으로서 정관에 규정이 없는 것은 이사회가 이를 결정한다. 그러나 정관으로 주주총회에서 이를 결정하도록 정한 경우에는 그러하지 아니하다. [개정 2011.4.14]
1. 신주인수권부사채의 총액

2. 각 신주인수권부사채에 부여된 신주인수권의 내용
3. 신주인수권을 행사할 수 있는 기간
4. 신주인수권만을 양도할 수 있는 것에 관한 사항
5. 신주인수권을 행사하려는 자의 청구가 있는 때에는 신주인수권부사채의 상환에 갈음하여 그 발행가액으로 제516조의9 제1항의 납입이 있는 것으로 본다는 뜻
6. 삭제 [1995.12.29]
7. 주주에게 신주인수권부사채의 인수권을 준다는 뜻과 인수권의 목적인 신주인수권부사채의 액
8. 주주외의 자에게 신주인수권부사채를 발행하는 것과 이에 대하여 발행할 신주인수권부사채의 액

③ 각 신주인수권부사채에 부여된 신주인수권의 행사로 인하여 발행할 주식의 발행가액의 합계액은 각 신주인수권부사채의 금액을 초과할 수 없다.

④ 주주외의 자에 대하여 신주인수권부사채를 발행하는 경우에 그 발행할 수 있는 신주인수권부사채의 액, 신주인수권의 내용과 신주인수권을 행사할 수 있는 기간에 관하여 정관에 규정이 없으면 제434조의 결의로써 이를 정하여야 한다. 이 경우 제418조 제2항 단서의 규정을 준용한다. [개정 2001.7.24]

⑤ 제513조 제4항의 규정은 제4항의 경우에 이를 준용한다.

[본조신설 1984.4.10]

제516조의3(신주인수권부사채의 인수권을 가진 주주에 대한 최고) ① 주주가 신주인수권부사채의 인수권을 가진 경우에는 각 주주에 대하여 인수권을 가지는 신주인수권부사채의 액, 발행가액, 신주인수권의 내용, 신주인수권을 행사할 수 있는 기간과 일정한 기일까지 신주인수권부사채의 청약을 하지 아니하면 그 권리를 잃는다는 뜻을 통지하여야 한다. 이 경우 제516조의2 제2항 제4호 또는 제5호에 규정한 사항의 정함이 있는 때에는 그 내용도 통지하여야 한다.

② 제419조 제2항 및 제3항의 규정은 제1항의 경우에 이를 준용한다. [개정 2014.5.20]

[본조신설 1984.4.10]

제516조의4(사채청약서 · 채권 · 사채원부의 기재사항) 신주인수권부사채에 있어서는 사채청약서 · 채권 및 사채원부에 다음의 사항을 기재하여야 한다. 그러나 제516조의5 제1항의 신주인수권증권을 발행할 때에는 채권에는 이를 기재하지 아니한다. [개정 1995.12.29, 2011.4.14]

1. 신주인수권부사채라는 뜻
2. 제516조의2 제2항 제2호 내지 제5호에 정한 사항
3. 제516조의9에 따라 납입을 맡을 은행이나 그 밖의 금융기관 및 납입장소
4. 주식의 양도에 관하여 이사회의 승인을 얻도록 정한 때에는 그 규정

[본조신설 1984.4.10]

제516조의5(신주인수권증권의 발행) ① 제516조의2 제2항 제4호에 규정한 사항을 정한 경우에는 회사는 채권과 함께 신주인수권증권을 발행하여야 한다.

② 신주인수권증권에는 다음의 사항과 번호를 기재하고 이사가 기명날인 또는 서명하여야 한다. [개정 1995.12.29]

1. 신주인수권증권이라는 뜻의 표시

2. 회사의 상호
3. 제516조의2 제2항 제2호·제3호 및 제5호에 정한 사항
4. 제516조의4 제3호에 정한 사항
5. 주식의 양도에 관하여 이사회의 승인을 얻도록 정한 때에는 그 규정
[본조신설 1984.4.10]

제516조의6(신주인수권의 양도) ① 신주인수권증권이 발행된 경우에 신주인수권의 양도는 신주인수권증권의 교부에 의하여서만 이를 행한다.
② 제336조 제2항, 제360조 및 수표법 제21조의 규정은 신주인수권증권에 관하여 이를 준용한다.
[본조신설 1984.4.10]

제516조의7(신주인수권의 전자등록) 회사는 신주인수권증권을 발행하는 대신 정관으로 정하는 바에 따라 전자등록기관의 전자등록부에 신주인수권을 등록할 수 있다. 이 경우 제356조의2 제2항부터 제4항까지의 규정을 준용한다.
[본조신설 2011.4.14]
[종전 제516조의7은 제516조의8로 이동 [2011.4.14]]

제516조의8(신주인수권부사채의 등기) ① 회사가 신주인수권부사채를 발행한 때에는 다음의 사항을 등기하여야 한다.
1. 신주인수권부사채라는 뜻
2. 신주인수권의 행사로 인하여 발행할 주식의 발행가액의 총액
3. 각 신주인수권부사채의 금액
4. 각 신주인수권부사채의 납입금액
5. 제516조의2 제2항 제1호 내지 제3호에 정한 사항
② 제514조의2 제1항·제3항 및 제4항의 규정은 제1항의 등기에 관하여 이를 준용한다.
[본조신설 1984.4.10]
[제516조의7에서 이동, 종전 제516조의8은 제516조의9로 이동 [2011.4.14]]

제516조의9(신주인수권의 행사) ① 신주인수권을 행사하려는 자는 청구서 2통을 회사에 제출하고, 신주의 발행가액의 전액을 납입하여야 한다.
② 제1항의 규정에 의하여 청구서를 제출하는 경우에 신주인수권증권이 발행된 때에는 신주인수권증권을 첨부하고, 이를 발행하지 아니한 때에는 채권을 제시하여야 한다. 다만, 제478조 제3항 또는 제516조의7에 따라 채권(債券)이나 신주인수권증권을 발행하는 대신 전자등록기관의 전자등록부에 채권(債權)이나 신주인수권을 등록한 경우에는 그 채권이나 신주인수권을 증명할 수 있는 자료를 첨부하여 회사에 제출하여야 한다. [개정 2011.4.14]
③ 제1항의 납입은 채권 또는 신주인수권증권에 기재한 은행 기타 금융기관의 납입장소에서 하여야 한다.
④ 제302조 제1항의 규정은 제1항의 청구서에, 제306조 및 제318조의 규정은 제3항의 납입을 맡은 은행 기타 금융기관에 이를 준용한다.
[본조신설 1984.4.10]
[제516조의8에서 이동, 종전 제516조의9는 제516조의10으로 이동 [2011.4.14]]

제516조의10(주주가 되는 시기) 제516조의9 제1항에 따라 신주인수권을 행사한 자는 동

항의 납입을 한 때에 주주가 된다. 이 경우 제350조 제2항을 준용한다. [개정 1995.12.29, 2011.4.14, 2020.12.29]
[본조신설 1984.4.10]
[제516조의9에서 이동, 종전 제516조의10은 제516조의11로 이동 [2011.4.14]]

제516조의11(준용규정) 제351조의 규정은 신주인수권의 행사가 있는 경우에, 제513조의2 및 제516조 제1항의 규정은 신주인수권부사채에 관하여 이를 준용한다. [개정 1995.12.29]
[본조신설 1984.4.10]
[제516조의10에서 이동 [2011.4.14]]

제9절 해산

제517조(해산사유) 주식회사는 다음의 사유로 인하여 해산한다. [개정 1998.12.28]
1. 제227조 제1호, 제4호 내지 제6호에 정한 사유
1의2. 제530조의2의 규정에 의한 회사의 분할 또는 분할합병
2. 주주총회의 결의

제518조(해산의 결의) 해산의 결의는 제434조의 규정에 의하여야 한다.

제519조(회사의 계속) 회사가 존립기간의 만료 기타 정관에 정한 사유의 발생 또는 주주총회의 결의에 의하여 해산한 경우에는 제434조의 규정에 의한 결의로 회사를 계속할 수 있다.

제520조(해산판결) ① 다음의 경우에 부득이한 사유가 있는 때에는 발행주식의 총수의 100분의 10 이상에 해당하는 주식을 가진 주주는 회사의 해산을 법원에 청구할 수 있다.
1. 회사의 업무가 현저한 정돈상태를 계속하여 회복할 수 없는 손해가 생긴 때 또는 생길 염려가 있는 때
2. 회사재산의 관리 또는 처분의 현저한 실당으로 인하여 회사의 존립을 위태롭게 한 때

② 제186조와 제191조의 규정은 전항의 청구에 준용한다.

제520조의2(휴면회사의 해산) ① 법원행정처장이 최후의 등기후 5년을 경과한 회사는 본점의 소재지를 관할하는 법원에 아직 영업을 폐지하지 아니하였다는 뜻의 신고를 할 것을 관보로써 공고한 경우에, 그 공고한 날에 이미 최후의 등기후 5년을 경과한 회사로써 공고한 날로부터 2월 이내에 대통령령이 정하는 바에 의하여 신고를 하지 아니한 때에는 그 회사는 그 신고기간이 만료된 때에 해산한 것으로 본다. 그러나 그 기간내에 등기를 한 회사에 대하여는 그러하지 아니하다.
② 제1항의 공고가 있는 때에는 법원은 해당 회사에 대하여 그 공고가 있었다는 뜻의 통지를 발송하여야 한다.
③ 제1항의 규정에 의하여 해산한 것으로 본 회사는 그 후 3년 이내에는 제434조의 결의에 의하여 회사를 계속할 수 있다.
④ 제1항의 규정에 의하여 해산한 것으로 본 회사가 제3항의 규정에 의하여 회사를 계속하지 아니한 경우에는 그 회사는 그 3년이 경과한 때에 청산이 종결된 것으로 본다.
[본조신설 1984.4.10]

제521조(해산의 통지, 공고) 회사가 해산한 때에는 파산의 경우 외에는 이사는 지체없이 주주에 대하여 그 통지를 하여야 한다. [개정 2014.5.20]

제521조의2(준용규정) 제228조와 제229조 제3항의 규정은 주식회사의 해산에 관하여 이를 준용한다.

[본조신설 1998.12.28]

제10절 합병

제522조(합병계약서와 그 승인결의) ① 회사가 합병을 함에는 합병계약서를 작성하여 주주총회의 승인을 얻어야 한다. [개정 1995.12.29, 1998·12·28]

② 합병계약의 요령은 제363조에 정한 통지에 기재하여야 한다. [개정 2014.5.20]

③ 제1항의 승인결의는 제434조의 규정에 의하여야 한다. [개정 1998.12.28]

제522조의2(합병계약서 등의 공시) ① 이사는 제522조 제1항의 주주총회 회일의 2주 전부터 합병을 한 날 이후 6개월이 경과하는 날까지 다음 각 호의 서류를 본점에 비치하여야 한다. [개정 1998.12.28, 2015.12.1]

1. 합병계약서
2. 합병을 위하여 신주를 발행하거나 자기주식을 이전하는 경우에는 합병으로 인하여 소멸하는 회사의 주주에 대한 신주의 배정 또는 자기주식의 이전에 관하여 그 이유를 기재한 서면
3. 각 회사의 최종의 대차대조표와 손익계산서

② 주주 및 회사채권자는 영업시간내에는 언제든지 제1항 각호의 서류의 열람을 청구하거나, 회사가 정한 비용을 지급하고 그 등본 또는 초본의 교부를 청구할 수 있다. [개정 1998.12.28]

[본조신설 1984.4.10]

[제목개정 2015.12.1]

제522조의3(합병반대주주의 주식매수청구권) ① 제522조 제1항에 따른 결의사항에 관하여 이사회의 결의가 있는 때에 그 결의에 반대하는 주주(의결권이 없거나 제한되는 주주를 포함한다. 이하 이 조에서 같다)는 주주총회 전에 회사에 대하여 서면으로 그 결의에 반대하는 의사를 통지한 경우에는 그 총회의 결의일부터 20일 이내에 주식의 종류와 수를 기재한 서면으로 회사에 대하여 자기가 소유하고 있는 주식의 매수를 청구할 수 있다. [개정 2015.12.1]

② 제527조의2 제2항의 공고 또는 통지를 한 날부터 2주내에 회사에 대하여 서면으로 합병에 반대하는 의사를 통지한 주주는 그 기간이 경과한 날부터 20일 이내에 주식의 종류와 수를 기재한 서면으로 회사에 대하여 자기가 소유하고 있는 주식의 매수를 청구할 수 있다. [신설 1998.12.28]

[본조신설 1995.12.29]

[제목개정 2015.12.1]

제523조(흡수합병의 합병계약서) 합병할 회사의 일방이 합병 후 존속하는 경우에는 합병계약서에 다음의 사항을 적어야 한다. 〈개정 1998. 12. 28., 2001. 7. 24., 2011. 4. 14., 2015. 12. 1.〉

1. 존속하는 회사가 합병으로 인하여 그 발행할 주식의 총수를 증가하는 때에는 그

증가할 주식의 총수, 종류와 수
2. 존속하는 회사의 자본금 또는 준비금이 증가하는 경우에는 증가할 자본금 또는 준비금에 관한 사항
3. 존속하는 회사가 합병을 하면서 신주를 발행하거나 자기주식을 이전하는 경우에는 발행하는 신주 또는 이전하는 자기주식의 총수, 종류와 수 및 합병으로 인하여 소멸하는 회사의 주주에 대한 신주의 배정 또는 자기주식의 이전에 관한 사항
4. 존속하는 회사가 합병으로 소멸하는 회사의 주주에게 제3호에도 불구하고 그 대가의 전부 또는 일부로서 금전이나 그 밖의 재산을 제공하는 경우에는 그 내용 및 배정에 관한 사항
5. 각 회사에서 합병의 승인결의를 할 사원 또는 주주의 총회의 기일
6. 합병을 할 날
7. 존속하는 회사가 합병으로 인하여 정관을 변경하기로 정한 때에는 그 규정
8. 각 회사가 합병으로 이익배당을 할 때에는 그 한도액
9. 합병으로 인하여 존속하는 회사에 취임할 이사와 감사 또는 감사위원회의 위원을 정한 때에는 그 성명 및 주민등록번호

[제목개정 2015.12.1]

제523조의2(합병대가가 모회사주식인 경우의 특칙) ① 제342조의2에도 불구하고 제523조 제4호에 따라 소멸하는 회사의 주주에게 제공하는 재산이 존속하는 회사의 모회사주식을 포함하는 경우에는 존속하는 회사는 그 지급을 위하여 모회사주식을 취득할 수 있다. [개정 2015.12.1]

② 존속하는 회사는 제1항에 따라 취득한 모회사의 주식을 합병 후에도 계속 보유하고 있는 경우 합병의 효력이 발생하는 날부터 6개월 이내에 그 주식을 처분하여야 한다. [신설 2015.12.1]

[본조신설 2011.4.14]

제524조(신설합병의 합병계약서) 합병으로 회사를 설립하는 경우에는 합병계약서에 다음의 사항을 적어야 한다. [개정 2001.7.24, 2011.4.14, 2015.12.1]

1. 설립되는 회사에 대하여 제289조 제1항 제1호부터 제4호까지에 규정된 사항과 종류주식을 발행할 때에는 그 종류, 수와 본점소재지
2. 설립되는 회사가 합병당시에 발행하는 주식의 총수와 종류, 수 및 각 회사의 주주에 대한 주식의 배정에 관한 사항
3. 설립되는 회사의 자본금과 준비금의 총액
4. 각 회사의 주주에게 제2호에도 불구하고 금전이나 그 밖의 재산을 제공하는 경우에는 그 내용 및 배정에 관한 사항
5. 제523조 제5호 및 제6호에 규정된 사항
6. 합병으로 인하여 설립되는 회사의 이사와 감사 또는 감사위원회의 위원을 정한 때에는 그 성명 및 주민등록번호

[제목개정 2015.12.1]

제525조(합명회사, 합자회사의 합병계약서) ① 합병후 존속하는 회사 또는 합병으로 인하여 설립되는 회사가 주식회사인 경우에 합병할 회사의 일방 또는 쌍방이 합명회사 또는 합자회사인 때에는 총사원의 동의를 얻어 합병계약서를 작성하여야 한다.

② 전2조의 규정은 전항의 합병계약서에 준용한다.

제526조(흡수합병의 보고총회) ① 합병을 하는 회사의 일방이 합병후 존속하는 경우에는 그 이사는 제527조의5의 절차의 종료후, 합병으로 인한 주식의 병합이 있을 때에는 그 효력이 생긴 후, 병합에 적당하지 아니한 주식이 있을 때에는 합병후, 존속하는 회사에 있어서는 제443조의 처분을 한 후, 소규모합병의 경우에는 제527조의3 제3항 및 제4항의 절차를 종료한 후 지체없이 주주총회를 소집하고 합병에 관한 사항을 보고하여야 한다. [개정 1998.12.28]

② 합병당시에 발행하는 신주의 인수인은 제1항의 주주총회에서 주주와 동일한 권리가 있다. [개정 1998.12.28]

③ 제1항의 경우에 이사회는 공고로써 주주총회에 대한 보고에 갈음할 수 있다. [신설 1995.12.29]

제527조(신설합병의 창립총회) ① 합병으로 인하여 회사를 설립하는 경우에는 설립위원은 제527조의5의 절차의 종료후, 합병으로 인한 주식의 병합이 있을 때에는 그 효력이 생긴 후, 병합에 적당하지 아니한 주식이 있을 때에는 제443조의 처분을 한 후 지체없이 창립총회를 소집하여야 한다. [개정 1998.12.28]

② 창립총회에서는 정관변경의 결의를 할 수 있다. 그러나 합병계약의 취지에 위반하는 결의는 하지 못한다.

③ 제308조 제2항, 제309조, 제311조, 제312조와 제316조 제2항의 규정은 제1항의 창립총회에 준용한다.

④ 제1항의 경우에 이사회는 공고로써 주주총회에 대한 보고에 갈음할 수 있다. [신설 1998.12.28]

제527조의2(간이합병) ① 합병할 회사의 일방이 합병후 존속하는 경우에 합병으로 인하여 소멸하는 회사의 총주주의 동의가 있거나 그 회사의 발행주식총수의 100분의 90 이상을 합병후 존속하는 회사가 소유하고 있는 때에는 합병으로 인하여 소멸하는 회사의 주주총회의 승인은 이를 이사회의 승인으로 갈음할 수 있다.

② 제1항의 경우에 합병으로 인하여 소멸하는 회사는 합병계약서를 작성한 날부터 2주내에 주주총회의 승인을 얻지 아니하고 합병을 한다는 뜻을 공고하거나 주주에게 통지하여야 한다. 다만, 총주주의 동의가 있는 때에는 그러하지 아니하다.

[본조신설 1998.12.28.]

제527조의3(소규모합병) ① 합병 후 존속하는 회사가 합병으로 인하여 발행하는 신주 및 이전하는 자기주식의 총수가 그 회사의 발행주식총수의 100분의 10을 초과하지 아니하는 경우에는 그 존속하는 회사의 주주총회의 승인은 이를 이사회의 승인으로 갈음할 수 있다. 다만, 합병으로 인하여 소멸하는 회사의 주주에게 제공할 금전이나 그 밖의 재산을 정한 경우에 그 금액 및 그 밖의 재산의 가액이 존속하는 회사의 최종 대차대조표상으로 현존하는 순자산액의 100분의 5를 초과하는 경우에는 그러하지 아니하다. [개정 2015.12.1]

② 제1항의 경우에 존속하는 회사의 합병계약서에는 주주총회의 승인을 얻지 아니하고 합병을 한다는 뜻을 기재하여야 한다.

③ 제1항의 경우에 존속하는 회사는 합병계약서를 작성한 날부터 2주내에 소멸하는 회사의 상호 및 본점의 소재지, 합병을 할 날, 주주총회의 승인을 얻지 아니하고 합병을 한다는 뜻을 공고하거나 주주에게 통지하여야 한다.

④ 합병후 존속하는 회사의 발행주식총수의 100분의 20 이상에 해당하는 주식을 소

유한 주주가 제3항의 규정에 의한 공고 또는 통지를 한 날부터 2주내에 회사에 대하여 서면으로 제1항의 합병에 반대하는 의사를 통지한 때에는 제1항 본문의 규정에 의한 합병을 할 수 없다.

⑤ 제1항 본문의 경우에는 제522조의3의 규정은 이를 적용하지 아니한다.

[본조신설 1998. 12. 28.]

[제목개정 2015. 12. 1.]

제527조의4(이사 · 감사의 임기) ① 합병을 하는 회사의 일방이 합병후 존속하는 경우에 존속하는 회사의 이사 및 감사로서 합병전에 취임한 자는 합병계약서에 다른 정함이 있는 경우를 제외하고는 합병후 최초로 도래하는 결산기의 정기총회가 종료하는 때에 퇴임한다.

② 삭제 [2001.7.24]

[본조신설 1998.12.28]

제527조의5(채권자보호절차) ① 회사는 제522조의 주주총회의 승인결의가 있은 날부터 2주내에 채권자에 대하여 합병에 이의가 있으면 1월이상의 기간내에 이를 제출할 것을 공고하고 알고 있는 채권자에 대하여는 따로따로 이를 최고하여야 한다.

② 제1항의 규정을 적용함에 있어서 제527조의2 및 제527조의3의 경우에는 이사회의 승인결의를 주주총회의 승인결의로 본다.

③ 제232조 제2항 및 제3항의 규정은 제1항 및 제2항의 경우에 이를 준용한다.

[본조신설 1998.12.28]

제527조의6(합병에 관한 서류의 사후공시) ① 이사는 제527조의5에 규정한 절차의 경과, 합병을 한 날, 합병으로 인하여 소멸하는 회사로부터 승계한 재산의 가액과 채무액 기타 합병에 관한 사항을 기재한 서면을 합병을 한 날부터 6월간 본점에 비치하여야 한다.

② 제522조의2 제2항의 규정은 제1항의 서면에 관하여 이를 준용한다.

[본조신설 1998.12.28]

제528조(합병의 등기) ① 회사가 합병을 한 때에는 제526조의 주주총회가 종결한 날 또는 보고에 갈음하는 공고일, 제527조의 창립총회가 종결한 날 또는 보고에 갈음하는 공고일부터 본점소재지에서는 2주내, 지점소재지에서는 3주내에 합병후 존속하는 회사에 있어서는 변경의 등기, 합병으로 인하여 소멸하는 회사에 있어서는 해산의 등기, 합병으로 인하여 설립된 회사에 있어서는 제317조에 정하는 등기를 하여야 한다. [개정 1998.12.28]

② 합병후 존속하는 회사 또는 합병으로 인하여 설립된 회사가 합병으로 인하여 전환사채 또는 신주인수권부사채를 승계한 때에는 제1항의 등기와 동시에 사채의 등기를 하여야 한다. [개정 1984.4.10]

제529조(합병무효의 소) ① 합병무효는 각 회사의 주주 · 이사 · 감사 · 청산인 · 파산관재인 또는 합병을 승인하지 아니한 채권자에 한하여 소만으로 이를 주장할 수 있다. [개정 1984.4.10]

② 제1항의 소는 제528조의 등기가 있은 날로부터 6월내에 제기하여야 한다. [개정 1984.4.10]

제530조(준용규정) ① 삭제 [1998.12.28]

② 제234조, 제235조, 제237조 내지 제240조, 제329조의2, 제374조 제2항, 제374조의

2 제2항 내지 제5항 및 제439조 제3항의 규정은 주식회사의 합병에 관하여 이를 준용한다. [개정 1995.12.29, 1998.12.28, 2001.7.24]

③ 제440조부터 제443조까지의 규정은 회사의 합병으로 인한 주식병합 또는 주식분할의 경우에 준용한다. [개정 1998.12.28, 2014.5.20]

④ 제339조와 제340조 제3항의 규정은 주식을 병합하지 아니하는 경우에 합병으로 인하여 소멸하는 회사의 주식을 목적으로 하는 질권에 준용한다.

제11절 회사의 분할

제530조의2(회사의 분할·분할합병) ① 회사는 분할에 의하여 1개 또는 수개의 회사를 설립할 수 있다.

② 회사는 분할에 의하여 1개 또는 수개의 존립 중의 회사와 합병(이하 "分割合併"이라 한다)할 수 있다.

③ 회사는 분할에 의하여 1개 또는 수개의 회사를 설립함과 동시에 분할합병할 수 있다.

④ 해산후의 회사는 존립중의 회사를 존속하는 회사로 하거나 새로 회사를 설립하는 경우에 한하여 분할 또는 분할합병할 수 있다.

[본조신설 1998.12.28]

제530조의3(분할계획서·분할합병계약서의 승인) ① 회사가 분할 또는 분할합병을 하는 때에는 분할계획서 또는 분할합병계약서를 작성하여 주주총회의 승인을 얻어야 한다.

② 제1항의 승인결의는 제434조의 규정에 의하여야 한다.

③ 제2항의 결의에 관하여는 제344조의3 제1항에 따라 의결권이 배제되는 주주도 의결권이 있다. [개정 2011.4.14]

④ 분할계획 또는 분할합병계약의 요령은 제363조에 정한 통지에 기재하여야 한다. [개정 2014.5.20]

⑤ 삭제 [2011.4.14]

⑥ 회사의 분할 또는 분할합병으로 인하여 분할 또는 분할합병에 관련되는 각 회사의 주주의 부담이 가중되는 경우에는 제1항 및 제436조의 결의외에 그 주주 전원의 동의가 있어야 한다. [개정 2011.4.14]

[본조신설 1998.12.28]

제530조의4(분할에 의한 회사의 설립) 제530조의2에 따른 회사의 설립에 관하여는 이 장 제1절의 회사설립에 관한 규정을 준용한다. 다만, 분할되는 회사(이하 "분할회사"라 한다)의 출자만으로 회사가 설립되는 경우에는 제299조를 적용하지 아니한다.

[전문개정 2015.12.1]

제530조의5(분할계획서의 기재사항) ① 분할에 의하여 회사를 설립하는 경우에는 분할계획서에 다음 각 호의 사항을 기재하여야 한다. [개정 2011.4.14, 2015.12.1]

1. 분할에 의하여 설립되는 회사(이하 "단순분할신설회사"라 한다)의 상호, 목적, 본점의 소재지 및 공고의 방법
2. 단순분할신설회사가 발행할 주식의 총수 및 액면주식·무액면주식의 구분
3. 단순분할신설회사가 분할 당시에 발행하는 주식의 총수, 종류 및 종류주식의 수, 액면주식·무액면주식의 구분

4. 분할회사의 주주에 대한 단순분할신설회사의 주식의 배정에 관한 사항 및 배정에 따른 주식의 병합 또는 분할을 하는 경우에는 그에 관한 사항
5. 분할회사의 주주에게 제4호에도 불구하고 금전이나 그 밖의 재산을 제공하는 경우에는 그 내용 및 배정에 관한 사항
6. 단순분할신설회사의 자본금과 준비금에 관한 사항
7. 단순분할신설회사에 이전될 재산과 그 가액
8. 제530조의9 제2항의 정함이 있는 경우에는 그 내용
8의2. 분할을 할 날
9. 단순분할신설회사의 이사와 감사를 정한 경우에는 그 성명과 주민등록번호
10. 단순분할신설회사의 정관에 기재할 그 밖의 사항

② 분할후 회사가 존속하는 경우에는 존속하는 회사에 관하여 분할계획서에 다음 각 호의 사항을 기재하여야 한다. [개정 2011.4.14]

1. 감소할 자본금과 준비금의 액
2. 자본감소의 방법
3. 분할로 인하여 이전할 재산과 그 가액
4. 분할후의 발행주식의 총수
5. 회사가 발행할 주식의 총수를 감소하는 경우에는 그 감소할 주식의 총수, 종류 및 종류별 주식의 수
6. 정관변경을 가져오게 하는 그 밖의 사항

[본조신설 1998.12.28]
[제목개정 2015.12.1]

제530조의6(분할합병계약서의 기재사항 및 분할합병대가가 모회사주식인 경우의 특칙)

① 분할회사의 일부가 다른 회사와 합병하여 그 다른 회사(이하 "분할합병의 상대방 회사"라 한다)가 존속하는 경우에는 분할합병계약서에 다음 각 호의 사항을 기재하여야 한다. [개정 2015.12.1]

1. 분할합병의 상대방 회사로서 존속하는 회사(이하 "분할승계회사"라 한다)가 분할합병으로 인하여 발행할 주식의 총수를 증가하는 경우에는 증가할 주식의 총수, 종류 및 종류별 주식의 수
2. 분할승계회사가 분할합병을 하면서 신주를 발행하거나 자기주식을 이전하는 경우에는 그 발행하는 신주 또는 이전하는 자기주식의 총수, 종류 및 종류별 주식의 수
3. 분할승계회사가 분할합병을 하면서 신주를 발행하거나 자기주식을 이전하는 경우에는 분할회사의 주주에 대한 분할승계회사의 신주의 배정 또는 자기주식의 이전에 관한 사항 및 주식의 병합 또는 분할을 하는 경우에는 그에 관한 사항
4. 분할승계회사가 분할회사의 주주에게 제3호에도 불구하고 그 대가의 전부 또는 일부로서 금전이나 그 밖의 재산을 제공하는 경우에는 그 내용 및 배정에 관한 사항
5. 분할승계회사의 자본금 또는 준비금이 증가하는 경우에는 증가할 자본금 또는 준비금에 관한 사항
6. 분할회사가 분할승계회사에 이전할 재산과 그 가액
7. 제530조의9 제3항의 정함이 있는 경우에는 그 내용

8. 각 회사에서 제530조의3 제2항의 결의를 할 주주총회의 기일
9. 분할합병을 할 날
10. 분할승계회사의 이사와 감사를 정한 경우에는 그 성명과 주민등록번호
11. 분할승계회사의 정관변경을 가져오게 하는 그 밖의 사항

② 분할회사의 일부가 다른 분할회사의 일부 또는 다른 회사와 분할합병을 하여 회사를 설립하는 경우에는 분할합병계약서에 다음 각 호의 사항을 기재하여야 한다. [개정 2015.12.1]

1. 제530조의5 제1항 제1호·제2호·제6호·제7호·제8호·제8호의2·제9호·제10호에 규정된 사항
2. 분할합병을 하여 설립되는 회사(이하 "분할합병신설회사"라 한다)가 분할합병을 하면서 발행하는 주식의 총수, 종류 및 종류별 주식의 수
3. 각 회사의 주주에 대한 주식의 배정에 관한 사항과 배정에 따른 주식의 병합 또는 분할을 하는 경우에는 그 규정
4. 각 회사가 분할합병신설회사에 이전할 재산과 그 가액
5. 각 회사의 주주에게 지급할 금액을 정한 때에는 그 규정
6. 각 회사에서 제530조의3 제2항의 결의를 할 주주총회의 기일
7. 분할합병을 할 날

③ 제530조의5의 규정은 제1항 및 제2항의 경우에 각 회사의 분할합병을 하지 아니하는 부분의 기재에 관하여 이를 준용한다.

④ 제342조의2 제1항에도 불구하고 제1항 제4호에 따라 분할회사의 주주에게 제공하는 재산이 분할승계회사의 모회사 주식을 포함하는 경우에는 분할승계회사는 그 지급을 위하여 모회사 주식을 취득할 수 있다. [신설 2015.12.1]

⑤ 분할승계회사는 제4항에 따라 취득한 모회사의 주식을 분할합병 후에도 계속 보유하고 있는 경우 분할합병의 효력이 발생하는 날부터 6개월 이내에 그 주식을 처분하여야 한다. [신설 2015.12.1]

[본조신설 1998.12.28]

[제목개정 2015.12.1]

제530조의7(분할대차대조표 등의 공시) ① 분할회사의 이사는 제530조의3 제1항에 따른 주주총회 회일의 2주 전부터 분할의 등기를 한 날 또는 분할합병을 한 날 이후 6개월 간 다음 각 호의 서류를 본점에 비치하여야 한다. [개정 2015.12.1]

1. 분할계획서 또는 분할합병계약서
2. 분할되는 부분의 대차대조표
3. 분할합병의 경우 분할합병의 상대방 회사의 대차대조표
4. 분할 또는 분할합병을 하면서 신주가 발행되거나 자기주식이 이전되는 경우에는 분할회사의 주주에 대한 신주의 배정 또는 자기주식의 이전에 관하여 그 이유를 기재한 서면

② 제530조의6 제1항의 분할승계회사의 이사는 분할합병을 승인하는 주주총회 회일의 2주 전부터 분할합병의 등기를 한 후 6개월 간 다음 각 호의 서류를 본점에 비치하여야 한다. [개정 2015.12.1]

1. 분할합병계약서
2. 분할회사의 분할되는 부분의 대차대조표

3. 분할합병을 하면서 신주를 발행하거나 자기주식을 이전하는 경우에는 분할회사의 주주에 대한 신주의 배정 또는 자기주식의 이전에 관하여 그 이유를 기재한 서면

③ 제522조의2 제2항의 규정은 제1항 및 제2항의 서류에 관하여 이를 준용한다.

[본조신설 1998.12.28]

[제목개정 2015.12.1]

제530조의8 삭제 [2015.12.1]

제530조의9(분할 및 분할합병 후의 회사의 책임) ① 분할회사, 단순분할신설회사, 분할승계회사 또는 분할합병신설회사는 분할 또는 분할합병 전의 분할회사 채무에 관하여 연대하여 변제할 책임이 있다.

② 제1항에도 불구하고 분할회사가 제530조의3 제2항에 따른 결의로 분할에 의하여 회사를 설립하는 경우에는 단순분할신설회사는 분할회사의 채무 중에서 분할계획서에 승계하기로 정한 채무에 대한 책임만을 부담하는 것으로 정할 수 있다. 이 경우 분할회사가 분할 후에 존속하는 경우에는 단순분할신설회사가 부담하지 아니하는 채무에 대한 책임만을 부담한다.

③ 분할합병의 경우에 분할회사는 제530조의3 제2항에 따른 결의로 분할합병에 따른 출자를 받는 분할승계회사 또는 분할합병신설회사가 분할회사의 채무 중에서 분할합병계약서에 승계하기로 정한 채무에 대한 책임만을 부담하는 것으로 정할 수 있다. 이 경우 제2항 후단을 준용한다.

④ 제2항의 경우에는 제439조 제3항 및 제527조의5를 준용한다.

[전문개정 2015.12.1]

제530조의10(분할 또는 분할합병의 효과) 단순분할신설회사, 분할승계회사 또는 분할합병신설회사는 분할회사의 권리와 의무를 분할계획서 또는 분할합병계약서에서 정하는 바에 따라 승계한다.

[전문개정 2015.12.1]

제530조의11(준용규정) ① 분할 또는 분할합병의 경우에는 제234조, 제237조부터 제240조까지, 제329조의2, 제440조부터 제443조까지, 제526조, 제527조, 제527조의6, 제528조 및 제529조를 준용한다. 다만, 제527조의 설립위원은 대표이사로 한다. [개정 2011.4.14, 2014.5.20]

② 제374조 제2항, 제439조 제3항, 제522조의3, 제527조의2, 제527조의3 및 제527조의5의 규정은 분할합병의 경우에 이를 준용한다. [개정 1999.12.31]

[본조신설 1998.12.28]

제530조의12(물적 분할) 이 절의 규정은 분할되는 회사가 분할 또는 분할합병으로 인하여 설립되는 회사의 주식의 총수를 취득하는 경우에 이를 준용한다.

[본조신설 1998.12.28]

제12절 청산

제531조(청산인의 결정) ① 회사가 해산한 때에는 합병 · 분할 · 분할합병 또는 파산의 경우 외에는 이사가 청산인이 된다. 다만, 정관에 다른 정함이 있거나 주주총회에서 타인을 선임한 때에는 그러하지 아니하다. [개정 1998.12.28]

② 전항의 규정에 의한 청산인이 없는 때에는 법원은 이해관계인의 청구에 의하여

청산인을 선임한다.

제532조(청산인의 신고) 청산인은 취임한 날로부터 2주간내에 다음의 사항을 법원에 신고하여야 한다. [개정 1995.12.29]

1. 해산의 사유와 그 연월일
2. 청산인의 성명·주민등록번호 및 주소

제533조(회사재산조사보고의무) ① 청산인은 취임한 후 지체없이 회사의 재산상태를 조사하여 재산목록과 대차대조표를 작성하고 이를 주주총회에 제출하여 그 승인을 얻어야 한다.

② 청산인은 전항의 승인을 얻은 후 지체없이 재산목록과 대차대조표를 법원에 제출하여야 한다.

제534조(대차대조표·사무보고서·부속명세서의 제출·감사·공시·승인) ① 청산인은 정기총회회일로부터 4주간전에 대차대조표 및 그 부속명세서와 사무보고서를 작성하여 감사에게 제출하여야 한다.

② 감사는 정기총회회일로부터 1주간전에 제1항의 서류에 관한 감사보고서를 청산인에게 제출하여야 한다.

③ 청산인은 정기총회회일의 1주간전부터 제1항의 서류와 제2항의 감사보고서를 본점에 비치하여야 한다.

④ 제448조 제2항의 규정은 제3항의 서류에 관하여 이를 준용한다.

⑤ 청산인은 대차대조표 및 사무보고서를 정기총회에 제출하여 그 승인을 요구하여야 한다.

[전문개정 1984.4.10]

제535조(회사채권자에의 최고) ① 청산인은 취임한 날로부터 2월내에 회사채권자에 대하여 일정한 기간내에 그 채권을 신고할 것과 그 기간내에 신고하지 아니하면 청산에서 제외될 뜻을 2회 이상 공고로써 최고하여야 한다. 그러나 그 기간은 2월 이상이어야 한다.

② 청산인은 알고 있는 채권자에 대하여는 각별로 그 채권의 신고를 최고하여야 하며 그 채권자가 신고하지 아니한 경우에도 이를 청산에서 제외하지 못한다.

제536조(채권신고기간내의 변제) ① 청산인은 전조 제1항의 신고기간내에는 채권자에 대하여 변제를 하지 못한다. 그러나 회사는 그 변제의 지연으로 인한 손해배상의 책임을 면하지 못한다.

② 청산인은 전항의 규정에 불구하고 소액의 채권, 담보있는 채권 기타 변제로 인하여 다른 채권자를 해할 염려가 없는 채권에 대하여는 법원의 허가를 얻어 이를 변제할 수 있다.

제537조(제외된 채권자에 대한 변제) ① 청산에서 제외된 채권자는 분배되지 아니한 잔여재산에 대하여서만 변제를 청구할 수 있다.

② 일부의 주주에 대하여 재산의 분배를 한 경우에는 그와 동일한 비율로 다른 주주에게 분배할 재산은 전항의 잔여재산에서 공제한다.

제538조(잔여재산의 분배) 잔여재산은 각 주주가 가진 주식의 수에 따라 주주에게 분배하여야 한다. 그러나 제344조 제1항의 규정을 적용하는 경우에는 그러하지 아니하다.

제539조(청산인의 해임) ① 청산인은 법원이 선임한 경우 외에는 언제든지 주주총회의

결의로 이를 해임할 수 있다.

② 청산인이 그 업무를 집행함에 현저하게 부적임하거나 중대한 임무에 위반한 행위가 있는 때에는 발행주식의 총수의 100분의 3 이상에 해당하는 주식을 가진 주주는 법원에 그 청산인의 해임을 청구할 수 있다. [개정 1998.12.28]

③ 제186조의 규정은 제2항의 청구에 관한 소에 준용한다. [개정 1998.12.28]

제540조(청산의 종결) ① 청산사무가 종결한 때에는 청산인은 지체없이 결산보고서를 작성하고 이를 주주총회에 제출하여 승인을 얻어야 한다.

② 전항의 승인이 있는 때에는 회사는 청산인에 대하여 그 책임을 해제한 것으로 본다. 그러나 청산인의 부정행위에 대하여는 그러하지 아니하다.

제541조(서류의 보존) ① 회사의 장부 기타 영업과 청산에 관한 중요한 서류는 본점소재지에서 청산종결의 등기를 한 후 10년간 이를 보존하여야 한다. 다만, 전표 또는 이와 유사한 서류는 5년간 이를 보존하여야 한다. [개정 1995.12.29]

② 전항의 보존에 관하여는 청산인 기타의 이해관계인의 청구에 의하여 법원이 보존인과 보존방법을 정한다.

제542조(준용규정) ① 제245조, 제252조 내지 제255조, 제259조, 제260조와 제264조의 규정은 주식회사에 준용한다.

② 제362조, 제363조의2, 제366조, 제367조, 제373조, 제376조, 제377조, 제382조 제2항, 제386조, 제388조 내지 제394조, 제396조, 제398조부터 제406조까지, 제406조의2, 제407조, 제408조, 제411조 내지 제413조, 제414조 제3항, 제449조 제3항, 제450조와 제466조는 청산인에 준용한다. [개정 1962.12.12, 1984.4.10, 1998.12.28, 2020.12.29]

제13절 상장회사에 대한 특례 [신설 2009.1.30]

제542조의2(적용범위) ① 이 절은 대통령령으로 정하는 증권시장(증권의 매매를 위하여 개설된 시장을 말한다)에 상장된 주권을 발행한 주식회사(이하 "상장회사"라 한다)에 대하여 적용한다. 다만, 집합투자(2인 이상에게 투자권유를 하여 모은 금전이나 그 밖의 재산적 가치가 있는 재산을 취득·처분, 그 밖의 방법으로 운용하고 그 결과를 투자자에게 배분하여 귀속시키는 것을 말한다)를 수행하기 위한 기구로서 대통령령으로 정하는 주식회사는 제외한다.

② 이 절은 이 장 다른 절에 우선하여 적용한다.

[본조신설 2009.1.30]

제542조의3(주식매수선택권) ① 상장회사는 제340조의2 제1항 본문에 규정된 자 외에도 대통령령으로 정하는 관계 회사의 이사, 집행임원, 감사 또는 피용자에게 주식매수선택권을 부여할 수 있다. 다만, 제542조의8 제2항 제5호의 최대주주 등 대통령령으로 정하는 자에게는 주식매수선택권을 부여할 수 없다. [개정 2011.4.14]

② 상장회사는 제340조의2 제3항에도 불구하고 발행주식총수의 100분의 20의 범위에서 대통령령으로 정하는 한도까지 주식매수선택권을 부여할 수 있다.

③ 상장회사는 제340조의2 제1항 본문에도 불구하고 정관으로 정하는 바에 따라 발행주식총수의 100분의 10의 범위에서 대통령령으로 정하는 한도까지 이사회가 제340조의3 제2항 각 호의 사항을 결의함으로써 해당 회사의 집행임원·감사 또는 피용자 및 제1항에 따른 관계 회사의 이사·집행임원·감사 또는 피용자에게 주식매

수선택권을 부여할 수 있다. 이 경우 주식매수선택권을 부여한 후 처음으로 소집되는 주주총회의 승인을 받아야 한다. [개정 2011.4.14]

④ 상장회사의 주식매수선택권을 부여받은 자는 제340조의4 제1항에도 불구하고 대통령령으로 정하는 경우를 제외하고는 주식매수선택권을 부여하기로 한 주주총회 또는 이사회의 결의일부터 2년 이상 재임하거나 재직하여야 주식매수선택권을 행사할 수 있다.

⑤ 제1항부터 제4항까지에서 규정한 사항 외에 상장회사의 주식매수선택권 부여, 취소, 그 밖에 필요한 사항은 대통령령으로 정한다.

[본조신설 2009.1.30]

제542조의4(주주총회 소집공고 등) ① 상장회사가 주주총회를 소집하는 경우 대통령령으로 정하는 수 이하의 주식을 소유하는 주주에게는 정관으로 정하는 바에 따라 주주총회일의 2주 전에 주주총회를 소집하는 뜻과 회의의 목적사항을 둘 이상의 일간신문에 각각 2회 이상 공고하거나 대통령령으로 정하는 바에 따라 전자적 방법으로 공고함으로써 제363조 제1항의 소집통지를 갈음할 수 있다.

② 상장회사가 이사·감사의 선임에 관한 사항을 목적으로 하는 주주총회를 소집통지 또는 공고하는 경우에는 이사·감사 후보자의 성명, 약력, 추천인, 그 밖에 대통령령으로 정하는 후보자에 관한 사항을 통지하거나 공고하여야 한다.

③ 상장회사가 주주총회 소집의 통지 또는 공고를 하는 경우에는 사외이사 등의 활동내역과 보수에 관한 사항, 사업개요 등 대통령령으로 정하는 사항을 통지 또는 공고하여야 한다. 다만, 상장회사가 그 사항을 대통령령으로 정하는 방법으로 일반인이 열람할 수 있도록 하는 경우에는 그러하지 아니하다.

[본조신설 2009.1.30]

제542조의5(이사·감사의 선임방법) 상장회사가 주주총회에서 이사 또는 감사를 선임하려는 경우에는 제542조의4 제2항에 따라 통지하거나 공고한 후보자 중에서 선임하여야 한다.

[본조신설 2009.1.30]

제542조의6(소수주주권) ① 6개월 전부터 계속하여 상장회사 발행주식총수의 1천분의 15 이상에 해당하는 주식을 보유한 자는 제366조(제542조에서 준용하는 경우를 포함한다) 및 제467조에 따른 주주의 권리를 행사할 수 있다.

② 6개월 전부터 계속하여 상장회사의 의결권 없는 주식을 제외한 발행주식총수의 1천분의 10(대통령령으로 정하는 상장회사의 경우에는 1천분의 5) 이상에 해당하는 주식을 보유한 자는 제363조의2(제542조에서 준용하는 경우를 포함한다)에 따른 주주의 권리를 행사할 수 있다.

③ 6개월 전부터 계속하여 상장회사 발행주식총수의 1만분의 50(대통령령으로 정하는 상장회사의 경우에는 1만분의 25) 이상에 해당하는 주식을 보유한 자는 제385조(제415조에서 준용하는 경우를 포함한다) 및 제539조에 따른 주주의 권리를 행사할 수 있다.

④ 6개월 전부터 계속하여 상장회사 발행주식총수의 1만분의 10(대통령령으로 정하는 상장회사의 경우에는 1만분의 5) 이상에 해당하는 주식을 보유한 자는 제466조(제542조에서 준용하는 경우를 포함한다)에 따른 주주의 권리를 행사할 수 있다.

⑤ 6개월 전부터 계속하여 상장회사 발행주식총수의 10만분의 50(대통령령으로 정

하는 상장회사의 경우에는 10만분의 25) 이상에 해당하는 주식을 보유한 자는 제402조(제408조의9 및 제542조에서 준용하는 경우를 포함한다)에 따른 주주의 권리를 행사할 수 있다. [개정 2011.4.14]

⑥ 6개월 전부터 계속하여 상장회사 발행주식총수의 1만분의 1 이상에 해당하는 주식을 보유한 자는 제403조(제324조, 제408조의9, 제415조, 제424조의2, 제467조의2 및 제542조에서 준용하는 경우를 포함한다)에 따른 주주의 권리를 행사할 수 있다. [개정 2011.4.14]

⑦ 6개월 전부터 계속하여 상장회사 발행주식총수의 1만분의 50 이상에 해당하는 주식을 보유한 자는 제406조의2(제324조, 제408조의9, 제415조 및 제542조에서 준용하는 경우를 포함한다)에 따른 주주의 권리를 행사할 수 있다. [신설 2020.12.29]

⑧ 상장회사는 정관에서 제1항부터 제6항까지 규정된 것보다 단기의 주식 보유기간을 정하거나 낮은 주식 보유비율을 정할 수 있다. [개정 2020.12.29]

⑨ 제1항부터 제6항까지 및 제542조의7 제2항에서 "주식을 보유한 자"란 주식을 소유한 자, 주주권 행사에 관한 위임을 받은 자, 2명 이상 주주의 주주권을 공동으로 행사하는 자를 말한다. [개정 2020.12.29]

⑩ 제1항부터 제7항까지는 제542조의2 제2항에도 불구하고 이 장의 다른 절에 따른 소수주주권의 행사에 영향을 미치지 아니한다. [신설 2020.12.29]

[본조신설 2009.1.30.]

제542조의7(집중투표에 관한 특례) ① 상장회사에 대하여 제382조의2에 따라 집중투표의 방법으로 이사를 선임할 것을 청구하는 경우 주주총회일(정기주주총회의 경우에는 직전 연도의 정기주주총회일에 해당하는 그 해의 해당일. 이하 제542조의8 제5항에서 같다)의 6주 전까지 서면 또는 전자문서로 회사에 청구하여야 한다.

② 자산 규모 등을 고려하여 대통령령으로 정하는 상장회사의 의결권 없는 주식을 제외한 발행주식총수의 100분의 1 이상에 해당하는 주식을 보유한 자는 제382조의2에 따라 집중투표의 방법으로 이사를 선임할 것을 청구할 수 있다.

③ 제2항의 상장회사가 정관으로 집중투표를 배제하거나 그 배제된 정관을 변경하려는 경우에는 의결권 없는 주식을 제외한 발행주식총수의 100분의 3을 초과하는 수의 주식을 가진 주주는 그 초과하는 주식에 관하여 의결권을 행사하지 못한다. 다만, 정관에서 이보다 낮은 주식 보유비율을 정할 수 있다.

④ 제2항의 상장회사가 주주총회의 목적사항으로 제3항에 따른 집중투표 배제에 관한 정관 변경에 관한 의안을 상정하려는 경우에는 그 밖의 사항의 정관 변경에 관한 의안과 별도로 상정하여 의결하여야 한다.

[본조신설 2009.1.30]

제542조의8(사외이사의 선임) ① 상장회사는 자산 규모 등을 고려하여 대통령령으로 정하는 경우를 제외하고는 이사 총수의 4분의 1 이상을 사외이사로 하여야 한다. 다만, 자산 규모 등을 고려하여 대통령령으로 정하는 상장회사의 사외이사는 3명 이상으로 하되, 이사 총수의 과반수가 되도록 하여야 한다.

② 상장회사의 사외이사는 제382조 제3항 각 호 뿐만 아니라 다음 각 호의 어느 하나에 해당되지 아니하여야 하며, 이에 해당하게 된 경우에는 그 직을 상실한다. [개정 2011.4.14, 2018.9.18]

1. 미성년자, 피성년후견인 또는 피한정후견인
2. 파산선고를 받고 복권되지 아니한 자
3. 금고 이상의 형을 선고받고 그 집행이 끝나거나 집행이 면제된 후 2년이 지나지 아니한 자
4. 대통령령으로 별도로 정하는 법률을 위반하여 해임되거나 면직된 후 2년이 지나지 아니한 자
5. 상장회사의 주주로서 의결권 없는 주식을 제외한 발행주식총수를 기준으로 본인 및 그와 대통령령으로 정하는 특수한 관계에 있는 자(이하 "특수관계인"이라 한다)가 소유하는 주식의 수가 가장 많은 경우 그 본인(이하 "최대주주"라 한다) 및 그의 특수관계인
6. 누구의 명의로 하든지 자기의 계산으로 의결권 없는 주식을 제외한 발행주식총수의 100분의 10 이상의 주식을 소유하거나 이사·집행임원·감사의 선임과 해임 등 상장회사의 주요 경영사항에 대하여 사실상의 영향력을 행사하는 주주(이하 "주요주주"라 한다) 및 그의 배우자와 직계 존속·비속
7. 그 밖에 사외이사로서의 직무를 충실하게 수행하기 곤란하거나 상장회사의 경영에 영향을 미칠 수 있는 자로서 대통령령으로 정하는 자

③ 제1항의 상장회사는 사외이사의 사임·사망 등의 사유로 인하여 사외이사의 수가 제1항의 이사회의 구성요건에 미달하게 되면 그 사유가 발생한 후 처음으로 소집되는 주주총회에서 제1항의 요건에 합치되도록 사외이사를 선임하여야 한다.

④ 제1항 단서의 상장회사는 사외이사 후보를 추천하기 위하여 제393조의2의 위원회(이하 이 조에서 "사외이사 후보추천위원회"라 한다)를 설치하여야 한다. 이 경우 사외이사 후보추천위원회는 사외이사가 총위원의 과반수가 되도록 구성하여야 한다. [개정 2011.4.14]

⑤ 제1항 단서에서 규정하는 상장회사가 주주총회에서 사외이사를 선임하려는 때에는 사외이사 후보추천위원회의 추천을 받은 자 중에서 선임하여야 한다. 이 경우 사외이사 후보추천위원회가 사외이사 후보를 추천할 때에는 제363조의2 제1항, 제542조의6 제1항·제2항의 권리를 행사할 수 있는 요건을 갖춘 주주가 주주총회일(정기주주총회의 경우 직전연도의 정기주주총회일에 해당하는 해당 연도의 해당일)의 6주 전에 추천한 사외이사 후보를 포함시켜야 한다. [개정 2011.4.14]

[본조신설 2009.1.30]

제542조의9(주요주주 등 이해관계자와의 거래) ① 상장회사는 다음 각 호의 어느 하나에 해당하는 자를 상대방으로 하거나 그를 위하여 신용공여(금전 등 경제적 가치가 있는 재산의 대여, 채무이행의 보증, 자금 지원적 성격의 증권 매입, 그 밖에 거래상의 신용위험이 따르는 직접적·간접적 거래로서 대통령령으로 정하는 거래를 말한다. 이하 이 조에서 같다)를 하여서는 아니 된다. [개정 2011.4.14]

1. 주요주주 및 그의 특수관계인
2. 이사(제401조의2 제1항 각 호의 어느 하나에 해당하는 자를 포함한다. 이하 이 조에서 같다) 및 집행임원
3. 감사

② 제1항에도 불구하고 다음 각 호의 어느 하나에 해당하는 경우에는 신용공여를

할 수 있다. [개정 2011.4.14]

1. 복리후생을 위한 이사 · 집행임원 또는 감사에 대한 금전대여 등으로서 대통령령으로 정하는 신용공여
2. 다른 법령에서 허용하는 신용공여
3. 그 밖에 상장회사의 경영건전성을 해칠 우려가 없는 금전대여 등으로서 대통령령으로 정하는 신용공여

③ 자산 규모 등을 고려하여 대통령령으로 정하는 상장회사는 최대주주, 그의 특수관계인 및 그 상장회사의 특수관계인으로서 대통령령으로 정하는 자를 상대방으로 하거나 그를 위하여 다음 각 호의 어느 하나에 해당하는 거래(제1항에 따라 금지되는 거래는 제외한다)를 하려는 경우에는 이사회의 승인을 받아야 한다.

1. 단일 거래규모가 대통령령으로 정하는 규모 이상인 거래
2. 해당 사업연도 중에 특정인과의 해당 거래를 포함한 거래총액이 대통령령으로 정하는 규모 이상이 되는 경우의 해당 거래

④ 제3항의 경우 상장회사는 이사회의 승인 결의 후 처음으로 소집되는 정기주주총회에 해당 거래의 목적, 상대방, 그 밖에 대통령령으로 정하는 사항을 보고하여야 한다.

⑤ 제3항에도 불구하고 상장회사가 경영하는 업종에 따른 일상적인 거래로서 다음 각 호의 어느 하나에 해당하는 거래는 이사회의 승인을 받지 아니하고 할 수 있으며, 제2호에 해당하는 거래에 대하여는 그 거래내용을 주주총회에 보고하지 아니할 수 있다.

1. 약관에 따라 정형화된 거래로서 대통령령으로 정하는 거래
2. 이사회에서 승인한 거래총액의 범위 안에서 이행하는 거래

[본조신설 2009.1.30]

제542조의10(상근감사) ① 대통령령으로 정하는 상장회사는 주주총회 결의에 의하여 회사에 상근하면서 감사업무를 수행하는 감사(이하 "상근감사"라고 한다)를 1명 이상 두어야 한다. 다만, 이 절 및 다른 법률에 따라 감사위원회를 설치한 경우(감사위원회 설치 의무가 없는 상장회사가 이 절의 요건을 갖춘 감사위원회를 설치한 경우를 포함한다)에는 그러하지 아니하다. [개정 2011.4.14]

② 다음 각 호의 어느 하나에 해당하는 자는 제1항 본문의 상장회사의 상근감사가 되지 못하며, 이에 해당하게 되는 경우에는 그 직을 상실한다. [개정 2011.4.14]

1. 제542조의8 제2항 제1호부터 제4호까지 및 제6호에 해당하는 자
2. 회사의 상무(常務)에 종사하는 이사 · 집행임원 및 피용자 또는 최근 2년 이내에 회사의 상무에 종사한 이사 · 집행임원 및 피용자. 다만, 이 절에 따른 감사위원회 위원으로 재임 중이거나 재임하였던 이사는 제외한다.
3. 제1호 및 제2호 외에 회사의 경영에 영향을 미칠 수 있는 자로서 대통령령으로 정하는 자

[본조신설 2009.1.30]

제542조의11(감사위원회) ① 자산 규모 등을 고려하여 대통령령으로 정하는 상장회사는 감사위원회를 설치하여야 한다.

② 제1항의 상장회사의 감사위원회는 제415조의2 제2항의 요건 및 다음 각 호의 요

건을 모두 갖추어야 한다.

1. 위원 중 1명 이상은 대통령령으로 정하는 회계 또는 재무 전문가일 것
2. 감사위원회의 대표는 사외이사일 것

③ 제542조의10 제2항 각 호의 어느 하나에 해당하는 자는 제1항의 상장회사의 사외이사가 아닌 감사위원회위원이 될 수 없고, 이에 해당하게 된 경우에는 그 직을 상실한다.

④ 상장회사는 감사위원회위원인 사외이사의 사임·사망 등의 사유로 인하여 사외이사의 수가 다음 각 호의 감사위원회의 구성요건에 미달하게 되면 그 사유가 발생한 후 처음으로 소집되는 주주총회에서 그 요건에 합치되도록 하여야 한다.

1. 제1항에 따라 감사위원회를 설치한 상장회사는 제2항 각 호 및 제415조의2 제2항의 요건
2. 제415조의2 제1항에 따라 감사위원회를 설치한 상장회사는 제415조의2 제2항의 요건

[본조신설 2009.1.30]

제542조의12(감사위원회의 구성 등) ① 제542조의11 제1항의 상장회사의 경우 제393조의2에도 불구하고 감사위원회위원을 선임하거나 해임하는 권한은 주주총회에 있다.

② 제542조의11 제1항의 상장회사는 주주총회에서 이사를 선임한 후 선임된 이사 중에서 감사위원회위원을 선임하여야 한다. 다만, 감사위원회위원 중 1명(정관에서 2명 이상으로 정할 수 있으며, 정관으로 정한 경우에는 그에 따른 인원으로 한다)은 주주총회 결의로 다른 이사들과 분리하여 감사위원회위원이 되는 이사로 선임하여야 한다. [개정 2020.12.29]

③ 제1항에 따른 감사위원회위원은 제434조에 따른 주주총회의 결의로 해임할 수 있다. 이 경우 제2항 단서에 따른 감사위원회위원은 이사와 감사위원회위원의 지위를 모두 상실한다. [개정 2020.12.29]

④ 제1항에 따른 감사위원회위원을 선임 또는 해임할 때에는 상장회사의 의결권 없는 주식을 제외한 발행주식총수의 100분의 3(정관에서 더 낮은 주식 보유비율을 정할 수 있으며, 정관에서 더 낮은 주식 보유비율을 정한 경우에는 그 비율로 한다)을 초과하는 수의 주식을 가진 주주(최대주주인 경우에는 사외이사가 아닌 감사위원회위원을 선임 또는 해임할 때에 그의 특수관계인, 그 밖에 대통령령으로 정하는 자가 소유하는 주식을 합산한다)는 그 초과하는 주식에 관하여 의결권을 행사하지 못한다. [개정 2020.12.29]

⑤ 상장회사가 주주총회의 목적사항으로 감사의 선임 또는 감사의 보수결정을 위한 의안을 상정하려는 경우에는 이사의 선임 또는 이사의 보수결정을 위한 의안과는 별도로 상정하여 의결하여야 한다.

⑥ 상장회사의 감사 또는 감사위원회는 제447조의4 제1항에도 불구하고 이사에게 감사보고서를 주주총회일의 1주 전까지 제출할 수 있다.

⑦ 제4항은 상장회사가 감사를 선임하거나 해임할 때에 준용한다. 이 경우 주주가 최대주주인 경우에는 그의 특수관계인, 그 밖에 대통령령으로 정하는 자가 소유하는 주식을 합산한다. [신설 2020.12.29]

⑧ 회사가 제368조의4 제1항에 따라 전자적 방법으로 의결권을 행사할 수 있도록

한 경우에는 제368조 제1항에도 불구하고 출석한 주주의 의결권의 과반수로써 제1항에 따른 감사위원회위원의 선임을 결의할 수 있다. [신설 2020.12.29]

[본조신설 2009.1.30]

제542조의13(준법통제기준 및 준법지원인) ① 자산 규모 등을 고려하여 대통령령으로 정하는 상장회사는 법령을 준수하고 회사경영을 적정하게 하기 위하여 임직원이 그 직무를 수행할 때 따라야 할 준법통제에 관한 기준 및 절차(이하 "준법통제기준"이라 한다)를 마련하여야 한다.

② 제1항의 상장회사는 준법통제기준의 준수에 관한 업무를 담당하는 사람(이하 "준법지원인"이라 한다)을 1명 이상 두어야 한다.

③ 준법지원인은 준법통제기준의 준수여부를 점검하여 그 결과를 이사회에 보고하여야 한다.

④ 제1항의 상장회사는 준법지원인을 임면하려면 이사회 결의를 거쳐야 한다.

⑤ 준법지원인은 다음 각 호의 사람 중에서 임명하여야 한다.

1. 변호사 자격을 가진 사람
2. 「고등교육법」 제2조에 따른 학교에서 법률학을 가르치는 조교수 이상의 직에 5년 이상 근무한 사람
3. 그 밖에 법률적 지식과 경험이 풍부한 사람으로서 대통령령으로 정하는 사람

⑥ 준법지원인의 임기는 3년으로 하고, 준법지원인은 상근으로 한다.

⑦ 준법지원인은 선량한 관리자의 주의로 그 직무를 수행하여야 한다.

⑧ 준법지원인은 재임 중뿐만 아니라 퇴임 후에도 직무상 알게 된 회사의 영업상 비밀을 누설하여서는 아니 된다.

⑨ 제1항의 상장회사는 준법지원인이 그 직무를 독립적으로 수행할 수 있도록 하여야 하고, 제1항의 상장회사의 임직원은 준법지원인이 그 직무를 수행할 때 자료나 정보의 제출을 요구하는 경우 이에 성실하게 응하여야 한다.

⑩ 제1항의 상장회사는 준법지원인이었던 사람에 대하여 그 직무수행과 관련된 사유로 부당한 인사상의 불이익을 주어서는 아니 된다.

⑪ 준법지원인에 관하여 다른 법률에 특별한 규정이 있는 경우를 제외하고는 이 법에서 정하는 바에 따른다. 다만, 다른 법률의 규정이 준법지원인의 임기를 제6항보다 단기로 정하고 있는 경우에는 제6항을 다른 법률에 우선하여 적용한다.

⑫ 그 밖의 준법통제기준 및 준법지원인에 관하여 필요한 사항은 대통령령으로 정한다.

[본조신설 2011.4.14]

제5장 유한회사

제1절 설립

제543조(정관의 작성, 절대적 기재사항) ① 유한회사를 설립함에는 사원이 정관을 작성하여야 한다. [개정 2001.7.24]

② 정관에는 다음의 사항을 기재하고 각 사원이 기명날인 또는 서명하여야 한다. [개정 1984.4.10, 1995.12.29, 2001.7.24, 2011.4.14]

1. 제179조 제1호 내지 제3호에 정한 사항

2. 자본금의 총액
3. 출자1좌의 금액
4. 각 사원의 출자좌수
5. 본점의 소재지
③ 제292조의 규정은 유한회사에 준용한다.

제544조(변태설립사항) 다음의 사항은 정관에 기재함으로써 그 효력이 있다.
1. 현물출자를 하는 자의 성명과 그 목적인 재산의 종류, 수량, 가격과 이에 대하여 부여하는 출자좌수
2. 회사의 설립후에 양수할 것을 약정한 재산의 종류, 수량, 가격과 그 양도인의 성명
3. 회사가 부담할 설립비용

제545조 삭제 [2011.4.14]

제546조(출자 1좌의 금액의 제한) 출자 1좌의 금액은 100원 이상으로 균일하게 하여야 한다.
[전문개정 2011.4.14]

제547조(초대이사의 선임) ① 정관으로 이사를 정하지 아니한 때에는 회사성립전에 사원총회를 열어 이를 선임하여야 한다.
② 전항의 사원총회는 각 사원이 소집할 수 있다.

제548조(출자의 납입) ① 이사는 사원으로 하여금 출자전액의 납입 또는 현물출자의 목적인 재산전부의 급여를 시켜야 한다.
② 제295조 제2항의 규정은 사원이 현물출자를 하는 경우에 준용한다.

제549조(설립의 등기) ① 유한회사의 설립등기는 제548조의 납입 또는 현물출자의 이행이 있은 날로부터 2주간 내에 하여야 한다. [개정 1995.12.29]
② 제1항의 등기에서 다음 각 호의 사항을 등기하여야 한다. [개정 1995.12.29, 2011.4.14]
1. 제179조 제1호·제2호 및 제5호에 규정된 사항과 지점을 둔 때에는 그 소재지
2. 제543조 제2항 제2호와 제3호에 게기한 사항
3. 이사의 성명·주민등록번호 및 주소. 다만, 회사를 대표할 이사를 정한 때에는 그 외의 이사의 주소를 제외한다.
4. 회사를 대표할 이사를 정한 때에는 그 성명, 주소와 주민등록번호
5. 수인의 이사가 공동으로 회사를 대표할 것을 정한 때에는 그 규정
6. 존립기간 기타의 해산사유를 정한 때에는 그 기간과 사유
7. 감사가 있는 때에는 그 성명 및 주민등록번호

③ 유한회사의 지점 설치 및 이전 시 지점소재지 또는 신지점소재지에서 등기를 하는 때에는 제2항 제3호부터 제6호까지에 규정된 사항과 제179조 제1호·제2호 및 제5호에 규정된 사항을 등기하여야 한다. 다만, 회사를 대표할 이사를 정한 때에는 그 외의 이사는 등기하지 아니한다. [개정 2011.4.14]
④ 제181조 내지 제183조의 규정은 유한회사의 등기에 준용한다. [개정 1962.12.12]

제550조(현물출자 등에 관한 회사성립시의 사원의 책임) ① 제544조 제1호와 제2호의 재산의 회사성립당시의 실가가 정관에 정한 가격에 현저하게 부족한 때에는 회사성립당시의 사원은 회사에 대하여 그 부족액을 연대하여 지급할 책임이 있다.

② 전항의 사원의 책임은 면제하지 못한다. [신설 1962.12.12]

제551조(출자미필액에 대한 회사성립시의 사원 등의 책임) ① 회사성립후에 출자금액의 납입 또는 현물출자의 이행이 완료되지 아니하였음이 발견된 때에는 회사성립당시의 사원, 이사와 감사는 회사에 대하여 그 납입되지 아니한 금액 또는 이행되지 아니한 현물의 가액을 연대하여 지급할 책임이 있다. [개정 1962.12.12]

② 전항의 사원의 책임은 면제하지 못한다. [신설 1962.12.12]

③ 제1항의 이사와 감사의 책임은 총사원의 동의가 없으면 면제하지 못한다. [신설 1962.12.12]

제552조(설립무효, 취소의 소) ① 회사의 설립의 무효는 그 사원, 이사와 감사에 한하여 설립의 취소는 그 취소권있는 자에 한하여 회사설립의 날로부터 2년내에 소만으로 이를 주장할 수 있다.

② 제184조 제2항과 제185조 내지 제193조의 규정은 전항의 소에 준용한다.

[전문개정 1962.12.12]

제2절 사원의 권리의무

제553조(사원의 책임) 사원의 책임은 본법에 다른 규정이 있는 경우 외에는 그 출자금액을 한도로 한다.

제554조(사원의 지분) 각 사원은 그 출자좌수에 따라 지분을 가진다.

제555조(지분에 관한 증권) 유한회사는 사원의 지분에 관하여 지시식 또는 무기명식의 증권을 발행하지 못한다.

제556조(지분의 양도) 사원은 그 지분의 전부 또는 일부를 양도하거나 상속할 수 있다. 다만, 정관으로 지분의 양도를 제한할 수 있다.

[전문개정 2011.4.14]

제557조(지분이전의 대항요건) 지분의 이전은 취득자의 성명, 주소와 그 목적이 되는 출자좌수를 사원명부에 기재하지 아니하면 이로써 회사와 제삼자에게 대항하지 못한다.

제558조(지분의 공유) 제333조의 규정은 지분이 수인의 공유에 속하는 경우에 준용한다.

제559조(지분의 입질) ① 지분은 질권의 목적으로 할 수 있다.

② 제556조와 제557조의 규정은 지분의 입질에 준용한다.

제560조(준용규정) ① 사원의 지분에 대하여는 제339조, 제340조 제1항 · 제2항, 제341조의2, 제341조의3, 제342조 및 제343조 제1항을 준용한다. [개정 2011.4.14]

② 제353조의 규정은 사원에 대한 통지 또는 최고에 준용한다.

제3절 회사의 관리

제561조(이사) 유한회사에는 1인 또는 수인의 이사를 두어야 한다.

제562조(회사대표) ① 이사는 회사를 대표한다.

② 이사가 수인인 경우에 정관에 다른 정함이 없으면 사원총회에서 회사를 대표할 이사를 선정하여야 한다.

③ 정관 또는 사원총회는 수인의 이사가 공동으로 회사를 대표할 것을 정할 수 있다.

④ 제208조 제2항의 규정은 전항의 경우에 준용한다.

제563조(이사, 회사간의 소에 관한 대표) 회사가 이사에 대하여 또는 이사가 회사에 대하여 소를 제기하는 경우에는 사원총회는 그 소에 관하여 회사를 대표할 자를 선정하여야 한다.

제564조(업무집행의 결정, 이사와 회사간의 거래) ① 이사가 수인인 경우에 정관에 다른 정함이 없으면 회사의 업무집행, 지배인의 선임 또는 해임과 지점의 설치·이전 또는 폐지는 이사 과반수의 결의에 의하여야 한다. [개정 1984.4.10]

② 사원총회는 제1항의 규정에 불구하고 지배인의 선임 또는 해임을 할 수 있다. [개정 1984.4.10]

③ 이사는 감사가 있는 때에는 그 승인이, 감사가 없는 때에는 사원총회의 승인이 있는 때에 한하여 자기 또는 제삼자의 계산으로 회사와 거래를 할 수 있다. 이 경우에는 민법 제124조의 규정을 적용하지 아니한다. [신설 1962.12.12]

제564조의2(유지청구권) 이사가 법령 또는 정관에 위반한 행위를 하여 이로 인하여 회사에 회복할 수 없는 손해가 생길 염려가 있는 경우에는 감사 또는 자본금 총액의 100분의 3 이상에 해당하는 출자좌수를 가진 사원은 회사를 위하여 이사에 대하여 그 행위를 유지할 것을 청구할 수 있다. [개정 2011.4.14]

[본조신설 1999.12.31]

제565조(사원의 대표소송) ① 자본금 총액의 100분의 3 이상에 해당하는 출자좌수를 가진 사원은 회사에 대하여 이사의 책임을 추궁할 소의 제기를 청구할 수 있다. [개정 1999.12.31, 2011.4.14]

② 제403조 제2항 내지 제7항과 제404조 내지 제406조의 규정은 제1항의 경우에 준용한다. [개정 1998.12.28]

제566조(서류의 비치, 열람) ① 이사는 정관과 사원총회의 의사록을 본점과 지점에, 사원명부를 본점에 비치하여야 한다.

② 사원명부에는 사원의 성명, 주소와 그 출자좌수를 기재하여야 한다.

③ 사원과 회사채권자는 영업시간 내에 언제든지 제1항에 게기한 서류의 열람 또는 등사를 청구할 수 있다.

제567조(준용규정) 제209조, 제210조, 제382조, 제385조, 제386조, 제388조, 제395조, 제397조, 제399조 내지 제401조, 제407조와 제408조의 규정은 유한회사의 이사에 준용한다. 이 경우 제397조의 "이사회"는 이를 "사원총회"로 한다. [개정 1962.12.12, 1998.12.28, 1999.12.31]

제568조(감사) ① 유한회사는 정관에 의하여 1인 또는 수인의 감사를 둘 수 있다.

② 제547조의 규정은 정관에서 감사를 두기로 정한 경우에 준용한다.

제569조(감사의 권한) 감사는 언제든지 회사의 업무와 재산상태를 조사할 수 있고 이사에 대하여 영업에 관한 보고를 요구할 수 있다.

제570조(준용규정) 제382조, 제385조 제1항, 제386조, 제388조, 제400조, 제407조, 제411조, 제413조, 제414조와 제565조의 규정은 감사에 준용한다.

제571조(사원총회의 소집) ① 사원총회는 이 법에서 달리 규정하는 경우 외에는 이사가 소집한다. 그러나 임시총회는 감사도 소집할 수 있다.

② 사원총회를 소집할 때에는 사원총회일의 1주 전에 각 사원에게 서면으로 통지서

를 발송하거나 각 사원의 동의를 받아 전자문서로 통지서를 발송하여야 한다.
③ 사원총회의 소집에 관하여는 제363조 제2항 및 제364조를 준용한다.
[전문개정 2011.4.14]

제572조(소수사원에 의한 총회소집청구) ① 자본금 총액의 100분의 3 이상에 해당하는 출자좌수를 가진 사원은 회의의 목적사항과 소집의 이유를 기재한 서면을 이사에게 제출하여 총회의 소집을 청구할 수 있다. [개정 1999.12.31, 2011.4.14]
② 전항의 규정은 정관으로 다른 정함을 할 수 있다.
③ 제366조 제2항과 제3항의 규정은 제1항의 경우에 준용한다.

제573조(소집절차의 생략) 총사원의 동의가 있을 때에는 소집절차없이 총회를 열 수 있다.

제574조(총회의 정족수, 결의방법) 사원총회의 결의는 정관 또는 본법에 다른 규정이 있는 경우 외에는 총사원의 의결권의 과반수를 가지는 사원이 출석하고 그 의결권의 과반수로써 하여야 한다.

제575조(사원의 의결권) 각 사원은 출자1좌마다 1개의 의결권을 가진다. 그러나 정관으로 의결권의 수에 관하여 다른 정함을 할 수 있다.

제576조(유한회사의 영업양도 등에 특별결의를 받아야 할 사항) ① 유한회사가 제374조 제1항 제1호부터 제3호까지의 규정에 해당되는 행위를 하려면 제585조에 따른 총회의 결의가 있어야 한다. [개정 2011.4.14]
② 전항의 규정은 유한회사가 그 성립후 2년내에 성립전으로부터 존재하는 재산으로서 영업을 위하여 계속하여 사용할 것을 자본금의 20분의 1 이상에 상당한 대가로 취득하는 계약을 체결하는 경우에 준용한다. [개정 2011.4.14]
[제목개정 2011.4.14]

제577조(서면에 의한 결의) ① 총회의 결의를 하여야 할 경우에 총사원의 동의가 있는 때에는 서면에 의한 결의를 할 수 있다.
② 결의의 목적사항에 대하여 총사원이 서면으로 동의를 한 때에는 서면에 의한 결의가 있은 것으로 본다.
③ 서면에 의한 결의는 총회의 결의와 동일한 효력이 있다.
④ 총회에 관한 규정은 서면에 의한 결의에 준용한다.

제578조(준용규정) 제365조, 제367조, 제368조 제2항 · 제3항, 제369조 제2항, 제371조 제2항, 제372조, 제373조와 제376조 내지 제381조의 규정은 사원총회에 준용한다.
[개정 2014.5.20]

제579조(재무제표의 작성) ① 이사는 매결산기에 다음의 서류와 그 부속명세서를 작성하여야 한다. [개정 2011.4.14]
1. 대차대조표
2. 손익계산서
3. 그 밖에 회사의 재무상태와 경영성과를 표시하는 것으로서 제447조 제1항 제3호에 따른 서류

② 감사가 있는 때에는 이사는 정기총회회일로부터 4주간전에 제1항의 서류를 감사에게 제출하여야 한다.
③ 감사는 제2항의 서류를 받은 날로부터 3주간내에 감사보고서를 이사에게 제출하여야 한다.
[전문개정 1984.4.10]

제579조의2(영업보고서의 작성) ① 이사는 매결산기에 영업보고서를 작성하여야 한다.
② 제579조 제2항 및 제3항의 규정은 제1항의 영업보고서에 관하여 이를 준용한다.
[본조신설 1984.4.10]

제579조의3(재무제표등의 비치 · 공시) ① 이사는 정기총회회일의 1주간전부터 5년간 제579조 및 제579조의2의 서류와 감사보고서를 본점에 비치하여야 한다.
② 제448조 제2항의 규정은 제1항의 서류에 관하여 이를 준용한다.
[본조신설 1984.4.10]

제580조(이익배당의 기준) 이익의 배당은 정관에 다른 정함이 있는 경우 외에는 각사원의 출자좌수에 따라 하여야 한다.

제581조(사원의 회계장부열람권) ① 자본금의 100분의 3 이상에 해당하는 출자좌수를 가진 사원은 회계의 장부와 서류의 열람 또는 등사를 청구할 수 있다. [개정 1999.12.31, 2011.4.14]
② 회사는 정관으로 각 사원이 제1항의 청구를 할 수 있다는 뜻을 정할 수 있다. 이 경우 제579조 제1항의 규정에 불구하고 부속명세서는 이를 작성하지 아니한다. [개정 1984.4.10]

제582조(업무, 재산상태의 검사) ① 회사의 업무집행에 관하여 부정행위 또는 법령이나 정관에 위반한 중대한 사유가 있는 때에는 자본금 총액의 100분의 3 이상에 해당하는 출자좌수를 가진 사원은 회사의 업무와 재산상태를 조사하게 하기 위하여 법원에 검사인의 선임을 청구할 수 있다. [개정 1999.12.31, 2011.4.14]
② 검사인은 그 조사의 결과를 서면으로 법원에 보고하여야 한다.
③ 법원은 전항의 보고서에 의하여 필요하다고 인정한 경우에는 감사가 있는 때에는 감사에게, 감사가 없는 때에는 이사에게 사원총회의 소집을 명할 수 있다. 제310조 제2항의 규정은 이 경우에 준용한다. [개정 1962.12.12]

제583조(준용규정) ① 유한회사의 계산에 대하여는 제449조 제1항 · 제2항, 제450조, 제458조부터 제460조까지, 제462조, 제462조의3 및 제466조를 준용한다. [개정 2011.4.14]
② 제468조의 규정은 유한회사와 피용자간에 고용관계로 인하여 생긴 채권에 준용한다. [개정 1999.12.31]

제4절 정관의 변경

제584조(정관변경의 방법) 정관을 변경함에는 사원총회의 결의가 있어야 한다.

제585조(정관변경의 특별결의) ① 전조의 결의는 총사원의 반수 이상이며 총사원의 의결권의 4분의 3 이상을 가지는 자의 동의로 한다.
② 전항의 규정을 적용함에 있어서는 의결권을 행사할 수 없는 사원은 이를 총사원의 수에, 그 행사할 수 없는 의결권은 이를 의결권의 수에 산입하지 아니한다.

제586조(자본금 증가의 결의) 다음 각 호의 사항은 정관에 다른 정함이 없더라도 자본금 증가의 결의에서 정할 수 있다.

1. 현물출자를 하는 자의 성명과 그 목적인 재산의 종류, 수량, 가격과 이에 대하여 부여할 출자좌수
2. 자본금 증가 후에 양수할 것을 약정한 재산의 종류, 수량, 가격과 그 양도인의

성명
3. 증가할 자본금에 대한 출자의 인수권을 부여할 자의 성명과 그 권리의 내용
[전문개정 2011.4.14]

第587条(자본금 증가의 경우의 출자인수권의 부여) 유한회사가 특정한 자에 대하여 장래 그 자본금을 증가할 때 출자의 인수권을 부여할 것을 약속하는 경우에는 제585조에서 정하는 결의에 의하여야 한다.
[전문개정 2011.4.14]

第588条(사원의 출자인수권) 사원은 증가할 자본금에 대하여 그 지분에 따라 출자를 인수할 권리가 있다. 그러나 전2조의 결의에서 출자의 인수자를 정한 때에는 그러하지 아니하다. [개정 2011.4.14]

第589条(출자인수의 방법) ① 자본금 증가의 경우에 출자의 인수를 하고자 하는 자는 인수를 증명하는 서면에 그 인수할 출자의 좌수와 주소를 기재하고 기명날인 또는 서명하여야 한다. [개정 1995.12.29, 2011.4.14]
② 유한회사는 광고 기타의 방법에 의하여 인수인을 공모하지 못한다.

第590条(출자인수인의 지위) 자본금 증가의 경우에 출자의 인수를 한 자는 출자의 납입의 기일 또는 현물출자의 목적인 재산의 급여의 기일로부터 이익배당에 관하여 사원과 동일한 권리를 가진다. [개정 2011.4.14]

第591条(자본금 증가의 등기) 유한회사는 자본금 증가로 인한 출자 전액의 납입 또는 현물출자의 이행이 완료된 날부터 2주 내에 본점소재지에서 자본금 증가로 인한 변경등기를 하여야 한다.
[전문개정 2011.4.14]

第592条(자본금 증가의 효력발생) 자본금의 증가는 본점소재지에서 제591조의 등기를 함으로써 효력이 생긴다.
[전문개정 2011.4.14]

第593条(현물출자등에 관한 사원의 책임) ① 제586조 제1호와 제2호의 재산의 자본금 증가당시의 실가가 자본금 증가의 결의에 의하여 정한 가격에 현저하게 부족한 때에는 그 결의에 동의한 사원은 회사에 대하여 그 부족액을 연대하여 지급할 책임이 있다. [개정 2011.4.14]
② 제550조 제2항과 제551조 제2항의 규정은 전항의 경우에 준용한다. [개정 1962.12.12]

第594条(미인수출자 등에 관한 이사 등의 책임) ① 자본금 증가후에 아직 인수되지 아니한 출자가 있는 때에는 이사와 감사가 공동으로 이를 인수한 것으로 본다. [개정 1962.12.12, 2011.4.14]
② 자본금 증가후에 아직 출자전액의 납입 또는 현물출자의 목적인 재산의 급여가 미필된 출자가 있는 때에는 이사와 감사는 연대하여 그 납입 또는 급여미필재산의 가액을 지급할 책임이 있다. [개정 1962.12.12, 2011.4.14]
③ 제551조 제3항의 규정은 전항의 경우에 준용한다. [개정 1962.12.12]

第595条(증자무효의 소) ① 자본금 증가의 무효는 사원, 이사 또는 감사에 한하여 제591조의 규정에 의한 본점소재지에서의 등기를 한 날로부터 6월내에 소만으로 이를 주장할 수 있다. [개정 1962.12.12, 2011.4.14]

② 제430조 내지 제432조의 규정은 전항의 경우에 준용한다.

제596조(준용규정) 제421조 제2항, 제548조와 제576조 제2항의 규정은 자본금 증가의 경우에 준용한다. [개정 1962.12.12, 2011.4.14]

제597조(동전) 제439조 제1항, 제2항, 제443조, 제445조와 제446조의 규정은 자본금감소의 경우에 준용한다. [개정 2011.4.14]

제5절 합병과 조직변경

제598조(합병의 방법) 유한회사가 다른 회사와 합병을 함에는 제585조의 규정에 의한 사원총회의 결의가 있어야 한다.

제599조(설립위원의 선임) 제175조의 규정에 의한 설립위원의 선임은 제585조의 규정에 의한 사원총회의 결의에 의하여야 한다.

제600조(유한회사와 주식회사의 합병) ① 유한회사가 주식회사와 합병하는 경우에 합병후 존속하는 회사 또는 합병으로 인하여 설립되는 회사가 주식회사인 때에는 법원의 인가를 얻지 아니하면 합병의 효력이 없다.

② 합병을 하는 회사의 일방이 사채의 상환을 완료하지 아니한 주식회사인 때에는 합병후 존속하는 회사 또는 합병으로 인하여 설립되는 회사는 유한회사로 하지 못한다.

제601조(물상대위) ① 유한회사가 주식회사와 합병하는 경우에 합병후 존속하는 회사 또는 합병으로 인하여 설립되는 회사가 유한회사인 때에는 제339조의 규정은 종전의 주식을 목적으로 하는 질권에 준용한다.

② 전항의 경우에 질권의 목적인 지분에 관하여 출자좌수와 질권자의 성명 및 주소를 사원명부에 기재하지 아니하면 그 질권으로써 회사 기타의 제삼자에 대항하지 못한다.

제602조(합병의 등기) 유한회사가 합병을 한 때에는 제603조에서 준용하는 제526조 또는 제527조의 규정에 의한 사원총회가 종결한 날로부터 본점소재지에서는 2주간, 지점소재지에서는 3주간내에 합병후 존속하는 유한회사에 있어서는 변경등기, 합병으로 인하여 소멸되는 유한회사에 있어서는 해산등기, 합병으로 인하여 설립되는 유한회사에 있어서는 제549조 제2항에 정한 등기를 하여야 한다.

제603조(준용규정) 제232조, 제234조, 제235조, 제237조 내지 제240조, 제443조, 제522조 제1항 · 제2항, 제522조의2, 제523조, 제524조, 제526조 제1항 · 제2항, 제527조 제1항 내지 제3항 및 제529조의 규정은 유한회사의 합병의 경우에 준용한다. [개정 1962.12.12, 1984.4.10, 1998.12.28]

제604조(주식회사의 유한회사에의 조직변경) ① 주식회사는 총주주의 일치에 의한 총회의 결의로 그 조직을 변경하여 이를 유한회사로 할 수 있다. 그러나 사채의 상환을 완료하지 아니한 경우에는 그러하지 아니하다.

② 전항의 조직변경의 경우에는 회사에 현존하는 순재산액보다 많은 금액을 자본금의 총액으로 하지 못한다. [개정 2011.4.14]

③ 제1항의 결의에 있어서는 정관 기타 조직변경에 필요한 사항을 정하여야 한다.

④ 제601조의 규정은 제1항의 조직변경의 경우에 준용한다.

제605조(이사, 주주의 순재산액전보책임) ① 전조의 조직변경의 경우에 회사에 현존하는 순재산액이 자본금의 총액에 부족하는 때에는 전조 제1항의 결의당시의 이사와 주

주는 회사에 대하여 연대하여 그 부족액을 지급할 책임이 있다. [개정 2011.4.14]

② 제550조 제2항과 제551조 제2항, 제3항의 규정은 전항의 경우에 준용한다. [개정 1962.12.12]

제606조(조직변경의 등기) 주식회사가 제604조의 규정에 의하여 그 조직을 변경한 때에는 본점소재지에서는 2주간, 지점소재지에서는 3주간내에 주식회사에 있어서는 해산등기, 유한회사에 있어서는 제549조 제2항에 정하는 등기를 하여야 한다.

제607조(유한회사의 주식회사로의 조직변경) ① 유한회사는 총사원의 일치에 의한 총회의 결의로 주식회사로 조직을 변경할 수 있다. 다만, 회사는 그 결의를 정관으로 정하는 바에 따라 제585조의 사원총회의 결의로 할 수 있다.

② 제1항에 따라 조직을 변경할 때 발행하는 주식의 발행가액의 총액은 회사에 현존하는 순재산액을 초과하지 못한다.

③ 제1항의 조직변경은 법원의 인가를 받지 아니하면 효력이 없다.

④ 제1항에 따라 조직을 변경하는 경우 회사에 현존하는 순재산액이 조직변경으로 발행하는 주식의 발행가액 총액에 부족할 때에는 제1항의 결의 당시의 이사, 감사 및 사원은 연대하여 회사에 그 부족액을 지급할 책임이 있다. 이 경우에 제550조 제2항 및 제551조 제2항 · 제3항을 준용한다.

⑤ 제1항에 따라 조직을 변경하는 경우 제340조 제3항, 제601조 제1항, 제604조 제3항 및 제606조를 준용한다.

[전문개정 2011.4.14]

제608조(준용규정) 제232조의 규정은 제604조와 제607조의 조직변경의 경우에 준용한다. [개정 1984.4.10]

제6절 해산과 청산

제609조(해산사유) ① 유한회사는 다음의 사유로 인하여 해산한다. [개정 2001.7.24]

1. 제227조 제1호 · 제4호 내지 제6호에 규정된 사유
2. 사원총회의 결의

② 전항 제2호의 결의는 제585조의 규정에 의하여야 한다.

제610조(회사의 계속) ① 제227조 제1호 또는 전조 제1항 제2호의 사유로 인하여 회사가 해산한 경우에는 제585조의 규정에 의한 사원총회의 결의로써 회사를 계속할 수 있다.

② 삭제 [2001.7.24]

제611조(준용규정) 제229조 제3항의 규정은 전조의 회사 계속의 경우에 준용한다.

제612조(잔여재산의 분배) 잔여재산은 정관에 다른 정함이 있는 경우 외에는 각사원의 출자좌수에 따라 사원에게 분배하여야 한다.

제613조(준용규정) ① 제228조, 제245조, 제252조 내지 제255조, 제259조, 제260조, 제264조, 제520조, 제531조 내지 제537조, 제540조와 제541조의 규정은 유한회사에 준용한다. [개정 1962.12.12]

② 제209조, 제210조, 제366조 제2항 · 제3항, 제367조, 제373조 제2항, 제376조, 제377조, 제382조 제2항, 제386조, 제388조, 제399조 내지 제402조, 제407조, 제408조, 제411조 내지 제413조, 제414조 제3항, 제450조, 제466조 제2항, 제539조, 제562조,

제563조, 제564조 제3항, 제565조, 제566조, 제571조, 제572조 제1항과 제581조의 규정은 유한회사의 청산인에 준용한다. [개정 1962.12.12, 1984.4.10]

제6장 외국회사

제614조(대표자, 영업소의 설정과 등기) ① 외국회사가 대한민국에서 영업을 하려면 대한민국에서의 대표자를 정하고 대한민국 내에 영업소를 설치하거나 대표자 중 1명 이상이 대한민국에 그 주소를 두어야 한다. [개정 2011.4.14]

② 전항의 경우에는 외국회사는 그 영업소의 설치에 관하여 대한민국에서 설립되는 동종의 회사 또는 가장 유사한 회사의 지점과 동일한 등기를 하여야 한다.

③ 전항의 등기에서는 회사설립의 준거법과 대한민국에서의 대표자의 성명과 그 주소를 등기하여야 한다.

④ 제209조와 제210조의 규정은 외국회사의 대표자에게 준용한다. [개정 1962.12.12]

제615조(등기기간의 기산점) 전조 제2항과 제3항의 규정에 의한 등기사항이 외국에서 생긴 때에는 등기기간은 그 통지가 도달한 날로부터 기산한다.

제616조(등기전의 계속거래의 금지) ① 외국회사는 그 영업소의 소재지에서 제614조의 규정에 의한 등기를 하기 전에는 계속하여 거래를 하지 못한다.

② 전항의 규정에 위반하여 거래를 한 자는 그 거래에 대하여 회사와 연대하여 책임을 진다.

제616조의2(대차대조표 또는 이에 상당하는 것의 공고) ① 외국회사로서 이 법에 따라 등기를 한 외국회사(대한민국에서의 같은 종류의 회사 또는 가장 비슷한 회사가 주식회사인 것만 해당한다)는 제449조에 따른 승인과 같은 종류의 절차 또는 이와 비슷한 절차가 종결된 후 지체 없이 대차대조표 또는 이에 상당하는 것으로서 대통령령으로 정하는 것을 대한민국에서 공고하여야 한다.

② 제1항의 공고에 대하여는 제289조 제3항부터 제6항까지의 규정을 준용한다.

[본조신설 2011.4.14]

제617조(유사외국회사) 외국에서 설립된 회사라도 대한민국에 그 본점을 설치하거나 대한민국에서 영업할 것을 주된 목적으로 하는 때에는 대한민국에서 설립된 회사와 같은 규정에 따라야 한다.

[전문개정 2011.4.14]

제618조(준용규정) ① 제335조, 제335조의2부터 제335조의7까지, 제336조부터 제338조까지, 제340조 제1항, 제355조, 제356조, 제356조의2, 제478조 제1항, 제479조 및 제480조의 규정은 대한민국에서의 외국회사의 주권 또는 채권의 발행과 그 주식의 이전이나 입질 또는 사채의 이전에 준용한다. [개정 2014.5.20]

② 전항의 경우에는 처음 대한민국에 설치한 영업소를 본점으로 본다.

제619조(영업소폐쇄명령) ① 외국회사가 대한민국에 영업소를 설치한 경우에 다음의 사유가 있는 때에는 법원은 이해관계인 또는 검사의 청구에 의하여 그 영업소의 폐쇄를 명할 수 있다. [개정 1962.12.12]

1. 영업소의 설치목적이 불법한 것인 때
2. 영업소의 설치등기를 한 후 정당한 사유없이 1년내에 영업을 개시하지 아니하거

나 1년 이상 영업을 휴지한 때 또는 정당한 사유없이 지급을 정지한 때

3. 회사의 대표자 기타 업무를 집행하는 자가 법령 또는 선량한 풍속 기타 사회질서에 위반한 행위를 한 때

② 제176조 제2항 내지 제4항의 규정은 전항의 경우에 준용한다.

제620조(한국에 있는 재산의 청산) ① 전조 제1항의 규정에 의하여 영업소의 폐쇄를 명한 경우에는 법원은 이해관계인의 신청에 의하여 또는 직권으로 대한민국에 있는 그 회사재산의 전부에 대한 청산의 개시를 명할 수 있다. 이 경우에는 법원은 청산인을 선임하여야 한다.

② 제535조 내지 제537조와 제542조의 규정은 그 성질이 허하지 아니하는 경우 외에는 전항의 청산에 준용한다.

③ 전2항의 규정은 외국회사가 스스로 영업소를 폐쇄한 경우에 준용한다.

제621조(외국회사의 지위) 외국회사는 다른 법률의 적용에 있어서는 법률에 다른 규정이 있는 경우 외에는 대한민국에서 성립된 동종 또는 가장 유사한 회사로 본다.

제7장 벌칙

제622조(발기인, 이사 기타의 임원등의 특별배임죄) ① 회사의 발기인, 업무집행사원, 이사, 집행임원, 감사위원회 위원, 감사 또는 제386조 제2항, 제407조 제1항, 제415조 또는 제567조의 직무대행자, 지배인 기타 회사영업에 관한 어느 종류 또는 특정한 사항의 위임을 받은 사용인이 그 임무에 위배한 행위로써 재산상의 이익을 취하거나 제삼자로 하여금 이를 취득하게 하여 회사에 손해를 가한 때에는 10년 이하의 징역 또는 3천만원 이하의 벌금에 처한다. [개정 1984.4.10, 1995.12.29, 1999.12.31, 2011.4.14]

② 회사의 청산인 또는 제542조 제2항의 직무대행자, 제175조의 설립위원이 제1항의 행위를 한 때에도 제1항과 같다. [개정 1984.4.10]

제623조(사채권자집회의 대표자 등의 특별배임죄) 사채권자집회의 대표자 또는 그 결의를 집행하는 자가 그 임무에 위배한 행위로써 재산상의 이익을 취하거나 제삼자로 하여금 이를 취득하게 하여 사채권자에게 손해를 가한 때에는 7년 이하의 징역 또는 2천만원 이하의 벌금에 처한다. [개정 1984.4.10, 1995.12.29]

제624조(특별배임죄의 미수) 전2조의 미수범은 처벌한다.

제624조의2(주요주주 등 이해관계자와의 거래 위반의 죄) 제542조의9 제1항을 위반하여 신용공여를 한 자는 5년 이하의 징역 또는 2억원 이하의 벌금에 처한다.
[본조신설 2009.1.30]

제625조(회사재산을 위태롭게 하는 죄) 제622조 제1항에 규정된 자, 검사인, 제298조 제3항 · 제299조의2 · 제310조 제3항 또는 제313조 제2항의 공증인(인가공증인의 공증담당변호사를 포함한다. 이하 이 章에서 같다)이나 제299조의2, 제310조 제3항 또는 제422조 제1항의 감정인이 다음의 행위를 한 때에는 5년 이하의 징역 또는 1천500만원 이하의 벌금에 처한다. [개정 2009.2.6, 2011.4.14]

1. 주식 또는 출자의 인수나 납입, 현물출자의 이행, 제290조, 제416조 제4호 또는 제544조에 규정된 사항에 관하여 법원 · 총회 또는 발기인에게 부실한 보고를 하거나 사실을 은폐한 때

2. 누구의 명의로 하거나를 불문하고 회사의 계산으로 부정하게 그 주식 또는 지분을 취득하거나 질권의 목적으로 이를 받은 때
3. 법령 또는 정관에 위반하여 이익배당을 한 때
4. 회사의 영업범위외에서 투기행위를 하기 위하여 회사재산을 처분한 때

제625조의2(주식의 취득제한 등에 위반한 죄) 다음 각 호의 어느 하나에 해당하는 자는 2천만원 이하의 벌금에 처한다.
1. 제342조의2 제1항 또는 제2항을 위반한 자
2. 제360조의3 제7항을 위반한 자
3. 제523조의2 제2항을 위반한 자
4. 제530조의6 제5항을 위반한 자

[전문개정 2015.12.1]

제626조(부실보고죄) 회사의 이사, 집행임원, 감사위원회 위원, 감사 또는 제386조 제2항, 제407조 제1항, 제415조 또는 제567조의 직무대행자가 제604조 또는 제607조의 조직변경의 경우에 제604조 제2항 또는 제607조 제2항의 순재산액에 관하여 법원 또는 총회에 부실한 보고를 하거나 사실을 은폐한 경우에는 5년 이하의 징역 또는 1천500만원 이하의 벌금에 처한다.

[전문개정 2011.4.14]

제627조(부실문서행사죄) ① 제622조 제1항에 게기한 자, 외국회사의 대표자, 주식 또는 사채의 모집의 위탁을 받은 자가 주식 또는 사채를 모집함에 있어서 중요한 사항에 관하여 부실한 기재가 있는 주식청약서, 사채청약서, 사업계획서, 주식 또는 사채의 모집에 관한 광고 기타의 문서를 행사한 때에는 5년 이하의 징역 또는 1천500만원 이하의 벌금에 처한다. [개정 1984.4.10, 1995.12.29]

② 주식 또는 사채를 매출하는 자가 그 매출에 관한 문서로서 중요한 사항에 관하여 부실한 기재가 있는 것을 행사한 때에도 제1항과 같다. [개정 1984.4.10]

제628조(납입가장죄등) ① 제622조 제1항에 게기한 자가 납입 또는 현물출자의 이행을 가장하는 행위를 한 때에는 5년 이하의 징역 또는 1천500만원 이하의 벌금에 처한다. [개정 1984.4.10, 1995.12.29]

② 제1항의 행위에 응하거나 이를 중개한 자도 제1항과 같다. [개정 1984.4.10]

제629조(초과발행의 죄) 회사의 발기인, 이사, 집행임원 또는 제386조 제2항 또는 제407조 제1항의 직무대행자가 회사가 발행할 주식의 총수를 초과하여 주식을 발행한 경우에는 5년 이하의 징역 또는 1천500만원 이하의 벌금에 처한다.

[전문개정 2011.4.14]

제630조(발기인, 이사 기타의 임원의 독직죄) ① 제622조와 제623조에 규정된 자, 검사인, 제298조 제3항 · 제299조의2 · 제310조 제3항 또는 제313조 제2항의 공증인이나 제299조의2, 제310조 제3항 또는 제422조 제1항의 감정인이 그 직무에 관하여 부정한 청탁을 받고 재산상의 이익을 수수, 요구 또는 약속한 때에는 5년 이하의 징역 또는 1천500만원 이하의 벌금에 처한다. [개정 1984.4.10, 1995.12.29, 1998.12.28]

② 제1항의 이익을 약속, 공여 또는 공여의 의사를 표시한 자도 제1항과 같다. [개정 1984.4.10]

제631조(권리행사방해 등에 관한 증수뢰죄) ① 다음의 사항에 관하여 부정한 청탁을 받

고 재산상의 이익을 수수, 요구 또는 약속한 자는 1년 이하의 징역 또는 300만원 이하의 벌금에 처한다. [개정 1962.12.12, 1984.4.10, 1995.12.29, 1998.12.28, 1999.12.31, 2011.4.14]

1. 창립총회, 사원총회, 주주총회 또는 사채권자집회에서의 발언 또는 의결권의 행사
2. 제3편에 정하는 소의 제기, 발행주식의 총수의 100분의 1 또는 100분의 3 이상에 해당하는 주주, 사채총액의 100분의 10 이상에 해당하는 사채권자 또는 자본금의 100분의 3 이상에 해당하는 출자좌수를 가진 사원의 권리의 행사
3. 제402조 또는 제424조에 정하는 권리의 행사

② 제1항의 이익을 약속, 공여 또는 공여의 의사를 표시한 자도 제1항과 같다. [개정 1984.4.10]

제632조(징역과 벌금의 병과) 제622조 내지 전조의 징역과 벌금은 이를 병과할 수 있다.

제633조(몰수, 추징) 제630조 제1항 또는 제631조 제1항의 경우에는 범인이 수수한 이익은 이를 몰수한다. 그 전부 또는 일부를 몰수하기 불능한 때에는 그 가액을 추징한다.

제634조(납입책임면탈의 죄) 납입의 책임을 면하기 위하여 타인 또는 가설인의 명의로 주식 또는 출자를 인수한 자는 1년 이하의 징역 또는 300만원 이하의 벌금에 처한다. [개정 1984.4.10, 1995.12.29]

제634조의2(주주의 권리행사에 관한 이익공여의 죄) ① 주식회사의 이사, 집행임원, 감사위원회 위원, 감사, 제386조 제2항 · 제407조 제1항 또는 제415조의 직무대행자, 지배인, 그 밖의 사용인이 주주의 권리 행사와 관련하여 회사의 계산으로 재산상의 이익을 공여(供與)한 경우에는 1년 이하의 징역 또는 300만원 이하의 벌금에 처한다. [개정 2011.4.14]

② 제1항의 이익을 수수하거나, 제3자에게 이를 공여하게 한 자도 제1항과 같다. [본조신설 1984.4.10]

제634조의3(양벌규정) 회사의 대표자나 대리인, 사용인, 그 밖의 종업원이 그 회사의 업무에 관하여 제624조의2의 위반행위를 하면 그 행위자를 벌하는 외에 그 회사에도 해당 조문의 벌금형을 과(科)한다. 다만, 회사가 제542조의13에 따른 의무를 성실히 이행한 경우 등 회사가 그 위반행위를 방지하기 위하여 해당 업무에 관하여 상당한 주의와 감독을 게을리하지 아니한 경우에는 그러하지 아니하다. [개정 2011.4.14] [본조신설 2009.1.30]

제635조(과태료에 처할 행위) ① 회사의 발기인, 설립위원, 업무집행사원, 업무집행자, 이사, 집행임원, 감사, 감사위원회 위원, 외국회사의 대표자, 검사인, 제298조 제3항 · 제299조의2 · 제310조 제3항 또는 제313조 제2항의 공증인, 제299조의2 · 제310조 제3항 또는 제422조 제1항의 감정인, 지배인, 청산인, 명의개서대리인, 사채모집을 위탁받은 회사와 그 사무승계자 또는 제386조 제2항 · 제407조 제1항 · 제415조 · 제542조 제2항 또는 제567조의 직무대행자가 다음 각 호의 어느 하나에 해당하는 행위를 한 경우에는 500만원 이하의 과태료를 부과한다. 다만, 그 행위에 대하여 형(刑)을 과(科)할 때에는 그러하지 아니하다. [개정 2011.4.14]

1. 이 편(編)에서 정한 등기를 게을리한 경우
2. 이 편에서 정한 공고 또는 통지를 게을리하거나 부정(不正)한 공고 또는 통지를

한 경우
3. 이 편에서 정한 검사 또는 조사를 방해한 경우
4. 이 편의 규정을 위반하여 정당한 사유 없이 서류의 열람 또는 등사, 등본 또는 초본의 발급을 거부한 경우
5. 관청, 총회, 사채권자집회 또는 발기인에게 부실한 보고를 하거나 사실을 은폐한 경우
6. 주권, 채권 또는 신주인수권증권에 적을 사항을 적지 아니하거나 부실하게 적은 경우
7. 정당한 사유 없이 주권의 명의개서를 하지 아니한 경우
8. 법률 또는 정관에서 정한 이사 또는 감사의 인원수를 궐(闕)한 경우에 그 선임절차를 게을리한 경우
9. 정관 · 주주명부 또는 그 복본(複本), 사원명부 · 사채원부 또는 그 복본, 의사록, 감사록, 재산목록, 대차대조표, 영업보고서, 사무보고서, 손익계산서, 그 밖에 회사의 재무상태와 경영성과를 표시하는 것으로서 제287조의33 및 제447조 제1항 제3호에 따라 대통령령으로 정하는 서류, 결산보고서, 회계장부, 제447조 · 제534조 · 제579조 제1항 또는 제613조 제1항의 부속명세서 또는 감사보고서에 적을 사항을 적지 아니하거나 부실하게 적은 경우
10. 법원이 선임한 청산인에 대한 사무의 인계(引繼)를 게을리하거나 거부한 경우
11. 청산의 종결을 늦출 목적으로 제247조 제3항, 제535조 제1항 또는 제613조 제1항의 기간을 부당하게 장기간으로 정한 경우
12. 제254조 제4항, 제542조 제1항 또는 제613조 제1항을 위반하여 파산선고 청구를 게을리한 경우
13. 제589조 제2항을 위반하여 출자의 인수인을 공모한 경우
14. 제232조, 제247조 제3항, 제439조 제2항, 제527조의5, 제530조 제2항, 제530조의9 제4항, 제530조의11 제2항, 제597조, 제603조 또는 제608조를 위반하여 회사의 합병 · 분할 · 분할합병 또는 조직변경, 회사재산의 처분 또는 자본금의 감소를 한 경우
15. 제260조, 제542조 제1항 또는 제613조 제1항을 위반하여 회사재산을 분배한 경우
16. 제302조 제2항, 제347조, 제420조, 제420조의2, 제474조 제2항 또는 제514조을 위반하여 주식청약서, 신주인수권증서 또는 사채청약서를 작성하지 아니하거나 이에 적을 사항을 적지 아니하거나 또는 부실하게 적은 경우
17. 제342조 또는 제560조 제1항을 위반하여 주식 또는 지분의 실효 절차, 주식 또는 지분의 질권 처분을 게을리한 경우
18. 제343조 제1항 또는 제560조 제1항을 위반하여 주식 또는 출자를 소각한 경우
19. 제355조 제1항 · 제2항 또는 제618조를 위반하여 주권을 발행한 경우
20. 제358조의2 제2항을 위반하여 주주명부에 기재를 하지 아니한 경우
21. 제363조의2 제1항, 제542조 제2항 또는 제542조의6 제2항을 위반하여 주주가 제안한 사항을 주주총회의 목적사항으로 하지 아니한 경우
22. 제365조 제1항 · 제2항, 제578조, 제467조 제3항, 제582조 제3항에 따른 법원의 명령을 위반하여 주주총회를 소집하지 아니하거나, 정관으로 정한 곳 외의 장소

에서 주주총회를 소집하거나, 제363조, 제364조, 제571조 제2항 · 제3항을 위반하여 주주총회를 소집한 경우
23. 제374조 제2항, 제530조 제2항 또는 제530조의11 제2항을 위반하여 주식매수청구권의 내용과 행사방법을 통지 또는 공고하지 아니하거나 부실한 통지 또는 공고를 한 경우
24. 제287조의34제1항, 제396조 제1항, 제448조 제1항, 제510조 제2항, 제522조의2 제1항, 제527조의6 제1항, 제530조의7, 제534조 제3항, 제542조 제2항, 제566조 제1항, 제579조의3, 제603조 또는 제613조를 위반하여 장부 또는 서류를 갖추어 두지 아니한 경우
25. 제412조의5 제3항을 위반하여 정당한 이유 없이 감사 또는 감사위원회의 조사를 거부한 경우
26. 제458조부터 제460조까지 또는 제583조를 위반하여 준비금을 적립하지 아니하거나 이를 사용한 경우
27. 제464조의2 제1항의 기간에 배당금을 지급하지 아니한 경우
28. 제478조 제1항 또는 제618조를 위반하여 채권을 발행한 경우
29. 제536조 또는 제613조 제1항을 위반하여 채무 변제를 한 경우
30. 제542조의5를 위반하여 이사 또는 감사를 선임한 경우
31. 제555조를 위반하여 지분에 대한 지시식 또는 무기명식의 증권을 발행한 경우
32. 제619조 제1항에 따른 법원의 명령을 위반한 경우

② 발기인, 이사 또는 집행임원이 주권의 인수로 인한 권리를 양도한 경우에도 제1항과 같다. [개정 2011.4.14]

③ 제1항 각 호 외의 부분에 규정된 자가 다음 각 호의 어느 하나에 해당하는 행위를 한 경우에는 5천만원 이하의 과태료를 부과한다. [신설 2009.1.30]

1. 제542조의8 제1항을 위반하여 사외이사 선임의무를 이행하지 아니한 경우
2. 제542조의8 제4항을 위반하여 사외이사 후보추천위원회를 설치하지 아니하거나 사외이사가 총위원의 2분의 1 이상이 되도록 사외이사 후보추천위원회를 구성하지 아니한 경우
3. 제542조의8 제5항에 따라 사외이사를 선임하지 아니한 경우
4. 제542조의9 제3항을 위반하여 이사회 승인 없이 거래한 경우
5. 제542조의11 제1항을 위반하여 감사위원회를 설치하지 아니한 경우
6. 제542조의11 제2항을 위반하여 제415조의2 제2항 및 제542조의11 제2항 각 호의 감사위원회의 구성요건에 적합한 감사위원회를 설치하지 아니한 경우
7. 제542조의11 제4항 제1호 및 제2호를 위반하여 감사위원회가 제415조의2 제2항 및 제542조의11 제2항 각 호의 감사위원회의 구성요건에 적합하도록 하지 아니한 경우
8. 제542조의12 제2항을 위반하여 감사위원회위원의 선임절차를 준수하지 아니한 경우

④ 제1항 각 호 외의 부분에 규정된 자가 다음 각 호의 어느 하나에 해당하는 행위를 한 경우에는 1천만원 이하의 과태료를 부과한다. [신설 2009.1.30]

1. 제542조의4에 따른 주주총회 소집의 통지 · 공고를 게을리하거나 부정한 통지 또

는 공고를 한 경우

2. 제542조의7 제4항 또는 제542조의12 제5항을 위반하여 의안을 별도로 상정하여 의결하지 아니한 경우

제636조(등기전의 회사명의의 영업 등) ① 회사의 성립전에 회사의 명의로 영업을 한 자는 회사설립의 등록세의 배액에 상당한 과태료에 처한다.

② 전항의 규정은 제616조 제1항의 규정에 위반한 자에 준용한다.

제637조(법인에 대한 벌칙의 적용) 제622조, 제623조, 제625조, 제627조, 제628조 또는 제630조 제1항에 규정된 자가 법인인 경우에는 이 장의 벌칙은 그 행위를 한 이사, 집행임원, 감사, 그 밖에 업무를 집행한 사원 또는 지배인에게 적용한다.

[전문개정 2011.4.14]

제637조의2(과태료의 부과 · 징수) ① 제635조(제1항 제1호는 제외한다) 또는 제636조에 따른 과태료는 대통령령으로 정하는 바에 따라 법무부장관이 부과 · 징수한다.

② 제1항에 따른 과태료 처분에 불복하는 자는 그 처분을 고지받은 날부터 60일 이내에 법무부장관에게 이의를 제기할 수 있다.

③ 제1항에 따른 과태료 처분을 받은 자가 제2항에 따라 이의를 제기한 때에는 법무부장관은 지체 없이 관할 법원에 그 사실을 통보하여야 하며, 그 통보를 받은 관할 법원은 「비송사건절차법」에 따른 과태료 재판을 한다.

④ 제2항에서 규정하는 기간 내에 이의를 제기하지 아니하고 과태료를 납부하지 아니한 때에는 국세 체납처분의 예에 따라 징수한다.

[본조신설 2009.1.30]

| 저자소개 |

박민우

1970년에 서울에서 태어나 군인이셨던 아버지 덕분에 전국을 돌아다니면서 성장하였습니다.

우리나라에서 법학으로 학사, 석사, 박사 학위를 마쳤으며 전공은 상법입니다. 뒤늦게 미국 유학을 떠나 공부를 조금 더 하게 되었으며 뉴욕주 변호사 자격증을 갖게 되고 Jamail Law Center 등에서 미국법을 연구하였습니다. 귀국 후에는 인하대학교, 서울시립대학교 그리고 이화여자대학교 등의 연구소에서 활동하였으며, 현재는 인하대학교 법학전문대학원의 초빙교수로서 상법과 관련한 강의를 하고 있습니다. 상사법 학회와 비교사법 학회, 도산법 연구회 등의 회원으로 있으며, 각종 회사의 Corporate Governance 등의 컨설팅 업무와 계약업무 그리고 자산관리 등에 관한 일을 하고 있습니다.

기업과 법 그리고 세상이야기 회사를 다니면서 회사법을 몰라?

2022년 2월 15일 1판 1쇄 발행
2023년 1월 10일 1판 2쇄 발행

저　자 | 박민우
발행인 | 이수영
발행처 | 도서출판 청람
　　　　서울시 마포구 독막로 288(대흥동, 세양상가 109호)
전　화 | 02)3272-2601~2
팩　스 | 02)3272-2603
이메일 | crbooks@daum.net
홈페이지 | http://www.crbooks.co.kr
등　록 | 2000년 8월 26일 제6-0509호

ISBN 978-89-5972-858-9 93320 [정가 28,000원]